〈2015년 개역판〉

# 자 본 론

## -정치경제학 비판-

### 제 I 권 자본의 생산과정 (상)

카를 마르크스 지음

김수행 옮김

비봉출판사

Karl Marx

## 마르크스의 생애와 저작

〈2015년의 개역에 부쳐〉

　2007년부터 터지기 시작한 미국의 금융공황이 지구 전체로 퍼지면서 경제뿐 아니라 정치와 사상과 인간성을 포함한 자본주의적 문명 전체가 치명적 타격을 입고 있다. 한편에서 1930년대의 세계대공황에 버금가는 거대한 실업자와 빈민이 날마다 격증하고 있는데, 다른 한편에서 정부와 국회와 사법부는 이번 공황의 원인이기도 한 '부자를 위한, 부자에 의한, 부자의 정치'(이른바 신자유주의)를 오히려 강화하면서 국가 재정을 모두 부자를 위해 쏟아붓고 있다. 열강들은 외국을 침략하여 부를 약탈하면서 약소국의 인민 대중을 죽이는 것을 컴퓨터게임처럼 여기고 있고, 국내에서도 무자비한 경찰력과 정보사찰 등 파시즘적 국가권력이 인민 대중의 민주주의적 권리를 말할 수 없이 유린하고 있다. 이런 막다른 골목에서 세계의 모든 인민이 자본주의체제를 타도하려고 떨쳐나서는 것은 필연적이라고 말하지 않을 수 없다. "자살하는 것만이 당신이 살 길이다."고 다그치는 지배계급에게 "너희들의 재산을 모두 빼앗아 우리 모두가 잘 살 수 있는 새로운 사회를 만들겠다."고 응수하는 것이 인간의 도리가 될 수밖에 없는 전혀 상상하지 못한 특별한 상황이 지금 세계 전체에서 벌어지고 있다.

　1990년대 초에 소련과 동유럽의 이른바 '공산주의체제'가 붕괴했을 때, 자본가계급에 아첨하는 여론조작꾼들은 이제 "영구 불멸할 자본주의체제가 인류를 천년왕국으로 이끌 것이다"고 희희낙락했다. 그러나 자본가계급과 그 아첨꾼들은 자본주의체제의 핵심적 진실을 전혀 몰랐을 뿐 아니라 "새로운 사회는 일당 독재의 공산주의체제 이외에도 얼마든지 있다"는 사실을 생각하지도 못한 것이다.

자본주의체제는 재산을 가진 자본가들이 가진 것이라고는 노동력뿐인 임금노동자를 착취하는 사회이고, 부자가 빈민을 억압하는 사회이기 때문에, 자본주의체제는 모두가 자유롭고 평등하며 더불어 사는 사회가 될 수가 없다. 그렇다고 이 사회의 지도층이나 부자들이 이 사회를 위해 임금노동자보다 더 큰 일을 하지도 않는다. 재산을 가진 자본가들은 주식회사의 주식을 사서 그 회사의 주인이 된다. 주주는 아무 일도 하지 않지만 그 회사의 이윤을 배당으로 받아 잘 살 수 있다. "노동하지 않으면 먹지도 말라"는 격언을 제대로 이해한다면 주주들은 "먹지도 말아야 한다." "주식을 산 돈은 내가 옛날에 열심히 일해서 모은 돈이기 때문에" 지금은 "노동하지 않더라도 먹을 수 있다"고 주장할지도 모른다. 그러나 자본가가 된 인사들은 자기의 노동으로 새로운 부를 생산하여 자기의 재산을 증가시키기보다는, 대체로 권력에 빌붙거나 토지와 아파트에 투기하거나 고리대금업을 하거나 시장을 독과점적으로 지배하거나 상공업을 운영하여 일반 대중의 주머니를 털거나 임금노동자를 착취함으로써 자기의 재산을 증가시킨 경우가 많기 때문에 "내가 열심히 일해서 모은 돈"이라고 주장한다면 모두가 비웃을 것이다. 그리고 자본가가 근검절약하여 주식을 샀다고 하더라도, 그 돈은 몇 년 동안의 배당이나 주가 상승에 의해 이미 보상받았을 것이다.

현실적으로 거대 기업을 운영하는 사람들은 월급쟁이 사장을 비롯하여 임금노동자들이다. 생산라인뿐 아니라 기획 · 자금조달 · 판매 · 기술개발 등 모든 부문에서 임금노동자들이 일하고 있다. 회사에 기생하는 주주들이 없더라도 회사의 운영에는 아무런 타격을 받지 않는다는 점이다. 임금노동자 또는 하급관리들이 모든 일을 도맡아 하고 있다는 사실은 기업뿐 아니라 정부기관이나 국회나 법원에서도 마찬가지다.

　지금 자본가들이나 부자들이나 고급관리들은 이처럼 임금수준을 낮게 유지함으로써 노동자들을 착취하여 더 많은 돈을 벌자는 욕심뿐일 것이지만, 상대방인 임금노동자들은 생산의 3요소(자본·토지·노동)가 남아도는데도 우리가 굶어죽고 있는 것은 '자본주의체제 때문이라는 확신'을 굳히고 있다. 서로 다른 의견을 가진 집단들이 자기들의 주장을 관철하기 위해서는 '투쟁'하는 수밖에 없고, 사람 수와 투쟁 경력 및 새로운 사회의 비전에서 부자집단들을 능가하는 일반 대중과 노동자계급이 승리하는 것은 어쩔 수 없는 일이다.

　위에서 말한 바와 같은 경제적·정치적·사상적·혁명적 지식을 제공하는 책이 바로 『자본론』이다. 이 책은 자본주의체제가 어떻게 탄생했는가, 다시 말해 자본가계급은 어떻게 돈을 모았으며 임금노동자들은 어떻게 모든 것을 잃고 노동력을 팔 수밖에 없는 처지가 되었는가를 알려준다. 자본가계급은 식민지 수탈, 고리대금업, 국채투기, 상공업거래, 농민수탈 등을 통해 화폐자본을 모으게 되었다는 점과, 임금노동자계급은 주로 농촌에서 토지를 빼앗겨서 도시로 나오지 않을 수 없었다는 점을 지적하고 있다. 자본주의체제의 성립(과 유지)에 필수불가결한 조건은 노동력 이외에는 아무것도 가지지 않은 대규모 무산대중(프롤레타리아트)의 탄생(과 존재)이다.

　그리고　임금노동자를 고용하여 일을 시키는 생산과정에서 자본가는 노동자가 하루의 노동시간에 창조한 새로운 가치 중에서 노동자의 임금에 해당하는 가치를 넘는 잉여가치(또는 '대가를 지불하지 않는 잉여노동')를 공짜로 가져가는데, 이것이 바로 '이윤의 원천'이라는 것이다. 이리하여 잉여가치를 증가시키기 위해 자본가들은 하루의 노동시간을 연장하는 장시간 저임금 전략을 채택하기도 하고, 노동생산성을 향상시켜 노동자들의 생활수단들을 값싸게 생산하여 임금에 해당하는 가치를 감소시킴으로써 잉여가치를 증가시키는 전략을 채택하게 된다.

그런데 노동생산성을 향상시키는 기계화·자동화·로봇화는 노동자들을 생산과정에서 자꾸 몰아내기 때문에, 실업자가 증가하는 경향이 생긴다. 물론 생산규모를 더욱 확대하면 취업자가 증가할 수도 있지만, 어쨌든 이윤을 증가시키려는 기계화는 실업자를 증가시키는 요소들 중 가장 큰 요소이다. 방금 도입한 새로운 능률적인 기계는 오직 500명의 노동자를 필요로 하기 때문에 지금의 취업노동자 1,200명 중 700명을 해고하지 않을 수 없게 된다. 이 해고된 노동자, 또는 취직하려다가 일자리를 얻지 못하는 사람이 바로 실업자가 되는 것이다. 실업자는 자본가의 이윤추구 욕심에 비해 과잉인 노동자를 가리키므로 노동자의 스펙과는 거의 아무 관련이 없다. 이 실업자가 '산업예비군'으로 대기하기 때문에, 자본가는 임금수준이나 노동시간이나 기타 노동조건의 결정에서 취업노동자들에게 독재적 권력을 행사하게 된다. 이리하여 임금노동자는 '임금노예'에 불과할 정도로 자본가의 독재에 시달리고 있다.

이 '임금노예'는, 처음부터 작은 토지나마 소유하고 있든지 수공업 사업장을 소유하고 있었다면 지금과 같이 자본가의 노예가 될 필요가 없었다는 것을 깨닫는다. 자기 자신을 위해 일하는 것이 아니라 자본가를 위해 '강제로' 일하기 때문에, 일하기도 싫고 회사에 나가기도 싫으며, 신성한 삶의 주요한 일부인 노동이 '희생'이라는 감정을 버릴 수가 없게 된다. 이런 근본적인 문제를 해결하는 방법은, 노동자들 모두가 현재 현실적으로 공동 점유하고 있는 공장 전체나 회사 전체를 자기들 모두의 공동 소유, 즉 사회적 소유로 전환시켜, 자기들의 집단적 지성에 따라 운영하게 된다면 '임금노예'의 상태에서 벗어날 뿐 아니라 '주인의식'을 가지면서 자기들의 개성과 능력을 자발적으로 헌신적으로 기분 좋게 발휘함으로써 사회를 더욱 풍부하게 할 수 있을 것이다. 이런 사회가 바로 '자유로운 개인들의 연합'이라는 새로운 사회모형인데, 소련의 공산주의와는 전혀 다른 '민주적이고 자유롭고 평등한 사회'다.

『자본론』의 이런 내용을 지금 막다른 골목으로 떠밀리고 있는 다수의 사람들에게 알려야 할 긴박한 필요성 때문에, 나는 너무 오래된 옛날 번역을 버리고 다시 번역하게 되었다. 특히『자본론』제1권의 출판 150주년이 되는 2017년에 앞서서 나의 정력이 남아있는 지금 미리 축하하려는 의도도 가지고 있다.

둘째로 2015년 개역판을 내게 된 것은, 내가 이오덕 선생님이 쓴『우리 글 바로쓰기』(전5권, 2011, 한길사)를 읽으면서 크게 반성했기 때문이다. 한자나 영어를 쓰는 것이 독자들의 이해를 돕는 것이 아니라 대중들에게 책을 읽을 기회를 빼앗는다는 점을 절실히 느꼈기 때문에, 이전의 번역을 처음부터 끝까지 하나하나 알기 쉬운 우리말로 바꾸어 보자고 결심한 것이다. 그러나 알기 쉬운 말로 바꾸어 내용을 좀 더 알기 쉽게 하는 것조차 쉽지 않은 과제였다. 왜냐하면 마르크스는 자기의 경제학 '혁명'에 알맞는 '용어들'을 개발했는데, 이 용어들은 다른 경제학 교과서에서는 전혀 사용하지 않아서 모두에게 너무 낯이 설기 때문이었다. 그리고 현재 우리나라에는 반공 이데올로기가 여전히 강력한 영향력을 발휘하고 있어서 마르크스 경제학에 관심을 가지는 사람의 수가 적기 때문에 어느 수준까지 개념과 용어를 쉬운 말로 바꾸어야 하는가를 쉽게 결정할 수 없었기 때문이었다. 또한 마르크스이론은 자본주의체제의 문제점을 지적하고 해명하며 변혁하는 것이 주된 과제인데, 우리가 계속 듣는 것은 "자본주의체제가 좋다"는 선전뿐이므로, 독자들에게 자본주의체제의 문제점을 쉽게 설명하기가 매우 어렵기 때문이었다.

더욱이 기존의 '이른바 좌파지식인들'은 대체로 자본주의 이후의 새로운 사회가 '자유로운 개인들의 연합'이라는 것을 알지 못하고 소련·쿠바·북한의 '공산주의체제'로 이해하여, 소련이 패망한 1990년 전후로 모두 "마르크스주의는 죽었다"고 하면서 여러 갈래로 도망갔기 때문에, 나이가 좀 덜 먹은 정의감에 넘치는, 연애도 결혼도 포기할 수밖에 없는 활기찬 젊은 층에게 "자본주의체제는 바로 이런 것이다."라고 호소하는 것이 매우 중요하다는 생각에서 될수록 쉬운 우리글이 되도록 노력했다는 점을 다시 밝힌다.

셋째로 본문과 주에는 사람과 책의 이름을 모두 우리글로 적었는데, 이것은 외국어가 주는 스트레스를 좀 줄이기 위한 것이다. 제1 · 2 · 3권과는 달리 발간되는 '별책'이 『자본론』 전체에 나오는 〈참고문헌〉, 〈인명해설〉, 〈도량형 환산표〉, 〈찾아보기〉를 모아놓았으므로, 쉽게 원어를 알아볼 수 있다. 마르크스는 화폐 · 무게 · 길이 · 넓이 · 부피의 단위를 그 당시 국제적으로 널리 사용되는 것을 이용했기 때문에, 특히 영국의 화폐단위 ─ £1(파운드 스털링) = 20s.(실링) = 240d.(펜스) ─ 는 십진법(£1 = 100p.로 바꾼 것은 1971년 2월 15일이었다)이 아니어서 우리에게는 매우 불편했다. 따라서 그 당시의 경제상황을 알리는 곳에서는 영국의 화폐단위를 그대로 사용하고, 다른 곳에서는 모두 우리 돈 '원'으로 고쳤다. 왜냐하면 5파운드 6실링 6펜스와 7파운드 3실링 6펜스를 5.325원과 7.175원으로 바꾸어 놓아야 두 금액 사이의 차이를 쉽게 알 수 있기 때문이다. 특히 제3권 6편(초과이윤이 지대로 전환)에서는 우리 돈의 사용이 이론을 이해하는 데 큰 도움을 줄 것이다. 그리고 〈찾아보기〉를 더욱 친절하고 자세하게 정리하여 독자들이 이용하기 훨씬 편리하게 했다.

넷째로 이번 개역에서는 다음 두 책을 특히 많이 이용했다. 하나는 Karl Marx & Frederick Engels, *Collected Works*, Volume 35(1996), 36(1997), 37(1998)인데, 이것이 가장 최근의 영어판이다. 『자본론』에 인용된 마르크스와 엥겔스의 저작은 모두 *Collected Works*의 쪽수[예: CW 29: 269]를 새로 적어 넣어 독자들이 더 연구하기에 편리하게 했다. 다른 하나는 新日本出版社, 『資本論』, I(2003년 인쇄), II(2003년 인쇄), III(2002년 인쇄)이다. 영어판과 일본어판에는 독일어 각 판의 내용 수정이나 불어판, 스페인어판 따위가 지적한 독어판의 오류 · 탈자 · 오자가 잘 지적되어 있다. 따라서 이제는 독어판이나 영어판이나 일본어판 사이의 차이는 마르크스의 이론을 어떻게 제대로 이해하여 독자들에게 알기 쉽게 전달하는가에 있다고 본다.

번역에서 ( )는 마르크스가 사용한 것이고, [ ]는 내가 독자의 이해를 돕기 위해 문장을 나눈 것이다. 〔 〕는 내가 짧은 역자 주를 넣은 것이고, 긴 역자 주는 *를 붙이고 그 아래에서 설명했다. {엥겔스: }는 엥겔스가 추가한 것을 가리킨다.

2015년 개역판이 읽고 이해하기가 훨씬 더 쉽게 된 것은 특히 몇몇 동지의 열렬한 학문적 정열과 기여 때문이었다. 첫째로 강성윤 박사의 공헌을 지적하지 않을 수 없다. 강 박사는 서울대학교에서 마르크스이론에 관한 석사ㆍ박사 논문을 썼고, 『자본론』 세미나와 학교 강의를 10여 년 계속하면서 항상 젊은 층과 접촉했기 때문에, 이전의 번역을 수정하는 작업에 최대의 기여를 했다. 사실상 그가 먼저 번역하면 내가 다시 고치고 내가 먼저 번역하면 그가 다시 고치는 과정을 몇 차례 거쳤으므로 공역했다고 말할 수 있을 정도다. 그리고 강 박사가 출판과정을 도맡았다. 둘째로 오랫동안 중국과 무역거래를 하다가 늦은 나이에 성공회대학교 정치경제학 석사과정에 입학한 최영열 선생께 감사하지 않을 수 없다. 내가 "이제 『자본론』을 '마지막으로' 개역해야 하겠다"고 강의시간에 선언하니까, 그는 조금도 서슴지 않고 "제가 가장 최근의 중국어판 『자본론』과 선생님의 『자본론』을 비교하여 개선할 점을 찾아보겠다"고 제의했는데, 그는 이 제의를 너무나 충실히 완수했다. 그가 지적한 것을 검토하다가 오자와 탈자를 많이 교정하게 되었고, 마르크스가 의도하는 문장의 의미를 더욱 깊게 파악할 수 있게 되었다. 다음으로 성공회대에서 나의 '정치경제학' 강의를 수강한 학부 학생 김휘인 군에게도 고마움을 전한다. 나는 그에게 개역판의 초교를 주면서 "읽어보고 자네가 이해하기 어려운 부분과, 자네들이 흔히 사용하지 않는 단어와 문장을 지적해 달라"고 요구했는데, 그는 많은 개선점을 제시했다. 나는 모두가 이해하리라고 생각하고 그냥 넘어갔던 부분들을 다시 고칠 수 있게 되었고, 우리가 사용하는 수많은 한자·영어식 말을 어떻게 우리말로 바꿔야 할까를 더욱 고민하게 되었다.

끝으로 제1권의 불어판과 독어판·영어판을 비교하여 독어판·영어판의 애매함을 지적해준 박승호 박사에게도 감사한다.

수많은 어린 학생들을 죽이고도 1년동안 진실을 밝히는 노력을 거부하는 현 보수정권은 언제나 집권세력은 오로지 자본가계급과 이들의 정치적·사상적 대변자들의 재산 증식과 권력 확대에만 열중하고 있다. 이것이 '자본주의체제의 기본 특징'이다. 우리가 우리 사회의 거대한 인적·물적 자원을 이용하여 모두가 함께 사는 민주적이고 평등한 사회를 건설하는 과제에 이번에 개역하는 『자본론』이 조금이라도 도움이 되기를 한없이 빈다.

2015년 7월
천안시 입장면에서
김 수 행 씀

# 〈제2차 개역에 부쳐〉(2001)

이번의 개역은 책에 있는 한자를 제거하기 위해 시작한 것이다. 왜냐하면 점점 더 독자들이 한자를 모르게 되었기 때문이다. 사실 비봉출판사 박기봉 사장은, 우리 말은 대부분 한자어로 되어 있는데 추상적 개념이 많이 사용되고 있는 『자본론』과 같은 경우에는 한자를 모르면 그 개념을 정확하게 이해할 수 없기 때문에, 이 책에서 한자를 없애는 것에 계속 반대했다. 그러나 나는 독자들이 읽을 수 없다고 불평하는 이 마당에 한자를 고수하는 것은 『자본론』의 대중화를 가로막는다고 응수했다. 이리하여 하나의 타협으로 한자를 괄호 안에 넣기로 했는데, 어떤 단어는 한자보다는 영어가 더 나을 것 같아 영어도 가끔 넣었다.

물론 한자를 없애려면 문장 전체를 우리 말로 다시 쓸 필요도 있었다. 또한 번역의 정확성을 점검하기 위해 한글판을 영어판과 다시 하나하나 대조하면서 번역을 완전히 다시 하게 되었다. 이 과정에서 책의 내용이 더욱 분명하게 되었고, 문장이 더욱 알기 쉽고 읽기 쉽게 되었다.

또한 애덤 스미스의 『국부론』과 데이비드 리카도의 『정치경제학 및 과세의 원리』는 이미 한글판이 나왔으므로, 『자본론』에 인용되고 있는 두 책에 한글판을 사용하기로 했다. 여기에서 사용한 한글판은 김수행 역 『국부론』(상)(하)(동아출판사, 1992년)과 정윤형 역 『정치경제학 및 과세의 원리』(비봉출판사, 1991년)이다. 나의 조교인 서울대 대학원의 정혁 군과 오종석 군이 한글판의 쪽수를 찾아내는 작업을 맡아 주었다.

이전에는 제3권 끝에 색인을 모두 모아 두었는데, 이제는 제1권을 하나의 독립된 책으로 간주해 색인을 제1권(하)의 끝에 붙였다. 독자들이 관심있는 용어나 단어를 찾아볼 때 언제나 '색인'을 참조하면 될 것이다.

제2차 개역판이 지금과 같은 대혼란기에 나오는 것은 큰 의미가 있다. 자본가들을 살리려는 구조조정 과정에서 노동자들이 실직·임금삭감·고용불안·노동3권의 상실과 기아를 경험하고 있으며, 일반시민들은 자기의 세금이 '공적 자금'이라는 이름으로 깨진 독에 물 붓기 식으로 낭비되고 있는 것을 본다. 이러한 현실이 자본주의의 비합리성·잔인성·폭력성을 그대로 폭로하기 때문에, 『자본론』을 읽으면 금방 "이 이야기가 우리에 대한 이야기"라는 것을 알아차릴 수 있다. 또한 많은 사람들이 "그렇다면 자본주의를 어떻게 변혁해야 하는가"를 고민하고 있는데, 이에 대한 해답의 하나가 분명히 『자본론』에 숨어 있다. 쉽게 말해, 모든 주민이 부와 고통을 함께 나누는 사회가 '올바른' 사회라고 한다면, 『자본론』은 그런 사회가 어떻게 탄생할 수 있는가를 가르쳐 주고 있기 때문이다.

불황과 공황을 겪으면서 모든 사람들은 '주류경제학'이 엉터리라는 것을 점점 더 느끼게 되었다. "시장에 맡기면 모든 것이 잘 된다.""임금을 깎으면 경제가 회복된다.""해고를 자유롭게 하면 경제가 산다.""기업은 가정이고 사용자와 노동자는 한 가족이다.""개인의 이익이 사회의 이익으로 된다." 따위의 이야기를 아무도 믿지 않게 되었다. 이러한 상황에서 『자본론』을 읽으면 전혀 다른 경제관을 가질 뿐 아니라 새로운 진보적인 인생관과 세계관을 가지게 될 것이다.

그런데 『자본론』을 번역한 내가 나 자신에 대해 불만인 것은, 마르크스는 천지를 진동시킬 이론을 발견하는 데 일생을 보냈는데, 나는 마르크스의 책을 번역하고 해설하는 데 일생을 보내고 있기 때문이다. 물론 나는 최근 『알기 쉬운 정치경제학』(서울대 출판부, 2001)을 출판해 현실의 한국경제와 세계경제를 분석하는 전반적인 틀을 제공하려고 노력했지만, 그 다음 책은 『자본론 해설』[『자본론』의 현대적 해석』으로 서울대 출판부에서 2002년 출판]과 『현대마르크스경제학』[ 김수행 · 신정완 편, 『현대 마르크스경제학의 쟁점들』로 서울대 출판부에서 2002년 출판]이 될 수밖에 없다. 이제 6년 뒤 정년퇴임하지만, 그 동안이라도 계속 연구할 수 있기를 바랄 뿐이다.

엥겔스가 본문이나 주에 첨가한 부분은 {엥겔스: }로 표시했고, ( )는 원문에 있는 그대로며, 원문의 이해를 돕기 위해 역자가 필요하다고 생각하는 경우에는 [ ]로 문장을 잘랐다. 역주는 ⟦ ⟧속에 넣었고, 역주가 긴 경우에는 *로 표시해 그 쪽의 밑에 추가했다.


2001년 6월 20일
서울대학교 경제연구소 소장실에서
김 수 행

## 〈제1차 개역에 부쳐〉(1991)

『자본론』 제2권과 제3권은 마르크스가 죽은 뒤 엥겔스가 마르크스의 원고를 편집해 출판했지만, 제1권은 마르크스가 몸소 제2판까지 출판한 책이다. 따라서 제1권에는 마르크스의 학식과 인격이 더욱 명확하게 표현되어 있다. 또한 제1권은 자본주의 사회의 기본적 계급관계인 자본과 노동 사이의 적대관계를 직접적으로 해명하고 있기 때문에 그 자체로서 하나의 독립적인 의의를 지니고 있다. 따라서 자본주의 사회에서 노동자계급의 지위와 상태, 그리고 그들의 투쟁 대상과 투쟁 목표를 연구하는 사람들은 당연히 제1권에 전념하게 된다.

나는 제1권(상)(하)를 1989년 3월 번역 · 출판한 이래 그 번역을 좀 더 알기 쉽게 표현할 수 없을까 하고 고심해 왔다. 특히 그 초판은 내가 누구에게 읽혀 상의할 겨를도 없이 출판되었으므로 용어와 체계에서 제2권과 제3권의 그것과 조금 상이했다. 그리하여 제3권(상)을 번역 · 출판한 1990년 2월 이후 상대적으로 쉬운 제1권(하)를 개역하기 시작해 1990년 6월에 출판했다. 그리고 제3권(하)의 번역 · 출판을 끝마친 1990년 11월 이후 제1권(상)의 개역에 착수한 것이다.

제1권(상)의 번역이 상대적으로 어려운 것은 제1편의 상품과 화폐, 특히 가치분석에는 매우 어려운 용어들이 등장하기 때문이다. 될수록 풀어 번역해 그 의미를 정확하게 전달하려고 애썼다. 다행히 초판의 경우와는 달리 서울대학교 대학원의 정치경제학 전공자들이 내 원고를 자세히 읽어 주었으므로 문체가 더욱 현대적인 우리 글로 되었다.

이 개역판이 초판과 다른 점은 다음과 같다.

첫째, 한자를 크게 줄였다.

둘째, 문장은 소설을 읽듯 진행되도록 알기 쉽게 했다.

셋째, 분명하지 못한 문장은 역자 주를 넣으면서 분명하게 했다. 다시 말해 내 지식을 모두 동원해 마르크스의 문장을 이해하려고 노력했다.

넷째, 역자 주는 ｜｜속에 넣어 작은 글자로 표시하고, 역자 주가 긴 경우에는 *로 표시해 그 쪽 밑에 추가해 두었다.

이제『자본론』세 권 전체의 번역은 용어와 체계에서 일관성을 지니게 되었다. 그동안『자본론』을 구독해 준 독자 여러분, 여러 가지의 개선책을 제시해 준 여러분, 서울대학교 대학원생, 나의 조교 신현호 군과 신기선 군, 그리고 비봉출판사 편집부 여러분에게 감사를 표한다.


1991년 10월 5일
서울대학교 교수아파트에서
김 수 행

## 〈한글 초판 번역자의 말〉(1989)

1. 번역에는 다음의 책들을 이용했다.

Penguin Books Limited, *Capital*, I (1976, Ben Fowkes역), II (1978, David Fernbach역), III (1981, David Fernbach역).

Progress Publishers(Moscow)[이것은 뒤에 Lawrence & Wishart(London) 에 의해 복사 · 출판되었다], *Capital*, I (1954 : 1970), II (1956 : 1972), III (1959 : 1972).

大月書店, 『資本論』, 1982.

조선로동당 출판사, 『맑스 엥겔스 전집』, 제23권(1965), 제24권(1980), 제25권(1984).

2. 『자본론』의 이론적 토대는 주로 영국의 고전파 경제학에 대한 비판이고, 『자본론』의 이론을 증명하기 위해 든 예들(예증들)은 주로 영국사회에 관한 것이기 때문에, 영어판이 번역에 훨씬 유리하다고 생각했으며, 내가 런던에서 10년 이상 살면서 연구했다는 사실도 번역에 큰 도움을 주었다. 따라서 이 번역서의 편 · 장 · 절의 구성은 엥겔스가 감수한 영어판에 따랐다. 일본의 大月書店(대월서점)판과 북한판은 내용의 이해와 문장의 구성 및 단어의 선택에서 나의 노력을 크게 경감시켜 주었다. "후발자의 모든 이익"을 누렸음에 거듭 감사를 드린다.

3. 이 책을 번역해야지 하면서도 선뜻 착수하지 못했던 이유는 우리나라의 악법 「국가보안법」 때문이었다. 번역이 상당히 진행되고 있던 중 1988년 9월 이론과실천사의 대표가 『자본론』의 일부를 번역해 출간했다는 이유로 구속되었는데, 이것이 또한 나의 작업을 지연시키기도 했다.

그러나 1987년 6월의 시민항쟁 이후 학문과 사상의 공간이 점차로 넓어지고 있으며, 이런 경향의 연장선 위에 이 책의 출판도 가능하게 된 것이다. 모든 민주영령과 민주투사 및 양심세력에게 감사를 드린다.

4. 나는 이 책이 불후의 명작이므로 모든 사람이 반드시 읽어야 한다고 믿고 있다. 따라서 모든 사람이 손쉽게 읽을 수 있도록 번역에 모든 정력을 쏟았다. 문장을 알기 쉽게 짧게 쓰고, 관계대명사에 의한 수식구가 문장 전체의 의미에 혼란을 일으키지 않도록 하며, 마르크스의 그 박식(성경·문학·과학·역사 등)에 뒤따라가지 못하는 우리들을 위해 역주를 달아야 하고, 마르크스가 잘못 사용한 용어는 앞뒤가 맞게 고치는 따위에 매우 세심한 주의를 쏟았음을 밝혀둔다.

5. 이 번역에 미쳐 세 아들의 고뇌에 동참하지 못한 것에 대해 미안하게 생각하며, 또한 가장을 대신해 성공적으로 가사를 꾸려온 아내에게 고마움을 느낀다.

6. 비봉출판사의 박기봉 사장은 역자가 의기소침해질 때마다 작업의 진행을 독려해 주었고, 거의 매일 역자의 집을 방문하는 수고를 아끼지 않았다. 그의 집념이 번역기간을 단축시킨 큰 계기가 되었음을 자인하면서 감사를 드린다. 그리고 편집부의 모든 분들이 이 일에 정성을 다해 주었는데 그 중에서도 김현미 양의 노고에 더욱 고마움을 표시하고 싶다.

7. 영국의 화폐단위는 1971년 2월 15일부터 £1=100p.(펜스)로 10진화가 되기 이전에는 £1=20s.(실링)=240d.(펜스)여서, 금액들을 서로 비교하기가 매우 어려웠다. 따라서 그 당시의 경제상황에 관한 것 등 꼭 필요한 경우를 제외하고는 모두 우리 돈 '원'으로 고쳤다.

8. 엥겔스가 본문이나 주에 첨가한 부분은 {엥겔스: }로 표시했고, ( )는 원문에 있는 그대로며, 원문의 이해를 돕기 위해 역자가 필요하다고 생각되는 경우에는 [ ]로 문장을 잘랐다. 역주는 [ ] 속에 넣어 아주 작은 글자로 표시했는데, 역주가 긴 경우에는 *로 해 그 쪽의 밑에 추가해

두었다.

  9. 인명색인과 문헌색인은 각권의 마지막에 붙였으며, 사항색인은 모두를 제3권 말에 붙여 두었다.


1989년 2월 송파동에서

김 수 행

# 제 I 권 자본의 생산과정(상)

## 차 례

### 제1편 상품과 화폐

# 제3편 절대적 잉여가치의 생산

# 제4편 상대적 잉여가치의 생산

－이상 제Ⅰ권 (상)－

# 제 I 권 자본의 생산과정(하)

## 차 례

# 제5편 절대적 · 상대적 잉여가치의 생산

# 제6편 임 금

# 제7편 자본의 축적과정

## 제8편 이른바 시초축적

－ 이상 제Ⅰ권 (하) －

# 자 본 론

## ─정치경제학 비판─

### 제 I 권 자본의 생산과정 (상)

나의 잊을 수 없는 벗

프롤레타리아트의 용감하고 성실하며 고결한 선봉 투사

빌헬름 볼프에게 바친다


1809년 6월 21일 타르나우에서 태어나
1864년 5월 9일 망명 중 맨체스터에서 죽다*

---

* 1867년 발간된 『자본론』 제1권의 제1독어판은 마르크스와 엥겔스의 평생 친구였으며, 죽을 때 자신의 유산 대부분을 마르크스에게 남긴 빌헬름 볼프에게 바쳤다.

## 제1독어판 서문 [ 1867 ]

　내가 이제 제1권을 세상에 내놓는 이 책은 1859년에 발간된 내 책『정치경제학 비판을 위하여 *Zur Kritik der Politischen Ökonomie*』[ CW 29 : 257–417 ] 의 계속이다. 그 책과 이 책 사이에 이처럼 긴 간격이 생긴 것은 몇 해 동안 병으로 나의 작업이 거듭 중단되었기 때문이다.

　먼저 나온 위 책의 내용은 이 책 제1장 [ 제2독어판 이후부터는 제1~3장 ] 에 요약되어 있다. 내가 이렇게 한 것은 서술의 전후 연결과 완벽을 이루기 위해서뿐 아니라 서술 자체를 개선하기 위해서였다. 사정이 허락하는 한, 이전의 책에서는 지적하는 데 그친 많은 점들은 이 책에서 더 상세하게 전개했고, 또 반대로 거기에서 상세하게 설명한 점들은 여기에서는 다만 간단하게 지적되어 있다. 가치와 화폐의 학설사에 관한 절들이 여기에서는 완전히 삭제되었음은 물론이다. 그러나『정치경제학 비판을 위하여』를 읽은 독자는 이 책 제1장의 주들에서 이 학설사에 관한 새로운 자료들을 발견하게 될 것이다.

　첫 부분이 항상 어렵다는 것은 어느 과학에서나 마찬가지다. 그러므로 여기에서도 제1장, 특히 상품분석이 들어 있는 절을 이해하기가 가장 힘들 것이다. 나는 가치의 실체와 가치량의 분석을 될 수 있는 한 쉽게 했다.[1] 화폐형태로 완성되는 가치형태는 매우 초보적이고 단순하다. 그런

----

1) 나의 쉬운 설명이 더욱 필요하게 된 것은, 슐체–딜리치를 반박한 라살의 저작 중 그가 이 주제에 관한 내 연구의 '지적 핵심'을 제공한다고 말하고 있는 절에서조차 중대한 오해가 있기 때문이다. 라살은 자기 경제학 저작의 모든 일반적

데도 인간의 지혜는 2,000년 이상이나 이 가치형태를 해명하려고 노력했지만 실패한 반면에, 훨씬 더 내용이 풍부하고 복잡한 형태들의 분석에는 적어도 거의 성공했다. 무슨 까닭인가? 발달한 신체는 신체의 세포보다 연구하기가 쉽기 때문이다. 그뿐 아니라 경제적 형태의 분석에서는 현미경도 시약도 소용이 없고 추상력이 이것들을 대신하지 않으면 안 된다. 그런데 부르주아 사회에서는 노동생산물의 상품형태 또는 상품의 가치형태가 경제적 세포형태다. 겉만 관찰하는 사람에게는 이 형태 분석은 아주 사소한 것을 늘어놓는 것처럼 보일 것이다. 사실 그것은 아주 작은 것을 다루고 있다. 그러나 그 작은 것들은 미생물 해부학이 다루고 있는 그런 종류의 작은 것이다.

가치형태에 관한 절을 제외한다면, 이 책을 이해하기 어렵다고 비난할 수는 없다. 이것은 물론 무엇이건 새로운 것을 배우려 하며 따라서 또 독자적으로 사색하려는 독자들을 두고 하는 말이다.

물리학자는 자연과정이 교란적인 영향을 가장 적게 받아 가장 명확한 형태로 나타나는 곳에서 그것을 관찰하든가, 또는 가능하다면 그 과정이 정상적으로 진행될 수 있는 조건에서 실험을 한다. 이 책에서 내 연구대상은 자본주의적 생산방식, 그것에 대응하는 생산관계와 교환관계다. 이 것들이 전형적으로 나타나고 있는 나라는 지금까지는 잉글랜드〔이하에서는 많은 곳에서 우리에게 익숙한 '영국'으로 번역했다〕다. 영국이 나의 이론전개에서 주요한 증거가 되는 이유는 이 때문이다. 그러나 만약 독일 독자가 누구든지 영국의 공업 · 농업 노동자들의 형편에 대해 눈살을 찌푸리든

---

인 이론적 명제들[예컨대 자본의 역사적 성격, 생산관계와 생산방식 사이의 관련 따위에 관한 명제들]과 용어에 이르기까지 내 저작에서 거의 문자 그대로 출처도 밝히지 않고 빌려가고 있는데, 이것은 물론 선전을 고려했기 때문일 것이다. 이 명제들에 관한 그의 자세한 서술과 실제 적용에 대해 나는 물론 언급하지 않겠다. 그것들은 나와는 아무런 관련도 없다.

가, 독일에서는 사태가 결코 그렇게 나쁘지 않다고 낙관적으로 자기를 위안하려 한다면, 나는 그에게 "이것은 너를 두고 하는 말이다!"고 외칠 것이다.

자본주의적 생산의 자연법칙들에서 생기는 사회적 적대관계의 발전정도가 높은가 낮은가는 여기에서는 문제가 되지 않는다. 문제는 이 법칙들 자체에 있으며, 움직일 수 없는 필연성을 가지고 작용해 관철되는 이 경향들 자체에 있다. 공업이 더 발달한 나라는 덜 발달한 나라의 미래상을 보여주고 있을 따름이다.

그뿐 아니라 독일에서 자본주의적 생산이 완전히 확립되어 있는 곳[예컨대 진정한 공장]에서는, 공장법이라는 규제가 없기 때문에 사태는 영국보다 훨씬 더 나쁘다. 기타의 모든 분야에서, 우리는 서유럽 대륙의 다른 모든 나라와 마찬가지로, 자본주의적 생산의 발전에 의해서뿐 아니라 그 발전의 불완전성에 의해서도 고통을 받고 있다. 현대의 고통과 아울러 과거에서 내려오는 수많은 고통[이것은 구태의연하고 시대에 뒤떨어진 생산방식들이 낡은 사회적·정치적 관계들과 함께 존속하기 때문에 생긴다]이 우리를 억누르고 있다. 우리는 살아있는 것 때문만이 아니라 죽은 것 때문에도 고통을 받고 있다. 죽은 것이 살아있는 사람을 괴롭히고 있다!

독일과 서유럽 대륙 기타 나라들의 사회통계는 영국의 통계에 비하면 형편없다. 그렇지만 이 통계라도 메두사의 대가리가 보일 만큼은 면사포를 걷어 올려주고 있다. 만약 우리 정부와 의회가 영국에서처럼 경제상황에 관한 정기조사위원회를 임명한다면, 만약 이 위원회가 영국에서처럼 진실을 규명할 그런 전권을 가진다면, 그리고 만약 이 목적을 위해 영국의 공장감독관, 공중위생에 관한 보고서를 작성하는 영국의 의사, 그리고 여성·아동의 착취, 주택·영양 등의 상태를 조사하는 영국의 위원회 위원들과 같은 전문지식이 있고 편견이 없는 공정한 사람들을 발견할 수 있다면, 우리는 우리 자신의 상태에 깜짝 놀랄 것이다. 페르세우스는 괴물을 추격하기 위해 도깨비감투를 써야 했지만, 우리는 괴물의 존재 자체를 부인하기 위해 도깨비감투를 눈과 귀 밑까지 깊이 눌러쓰고 있는 셈이다.

우리의 상태에 대해 우리 스스로를 속이지 말자. 미국 독립전쟁 [ 1775~1783년 ] 이 18세기에 유럽 중산계급에게 경종을 울린 것 [ 미국 독립전쟁이 프랑스대혁명에 큰 영향을 미쳤다 ] 과 마찬가지로, 19세기에는 미국 남북전쟁 [ 1861~1865년에 노동자와 농민의 힘에 의거해 북부가 남부 노예주들에 승리했다 ] 이 유럽의 노동자계급에게 경종을 울렸다. 영국에서는 변혁과정이 이미 뚜렷이 보인다. 일정한 단계에 도달하면 그것은 응당 대륙으로 옮아올 것이다. 대륙에서 변혁과정은 노동자계급 자체의 발전 정도에 따라 더 가혹한 형태를 취하든가 더 인도적 형태를 취할 것이다. 더 고상한 동기가 있든 없든, 현재의 지배계급은 노동자계급의 자유로운 발전을 가로막는 장애물 중 법률로 제거할 수 있는 것은 모두 제거하는 것이 자기들의 이익에 가장 잘 맞는다고 생각하게 될 것이다. 특히 이런 이유 때문에 나는 이 책에서 영국 공장법의 역사 · 내용 · 결과에 매우 많은 지면을 썼다. 어떤 국민이든 다른 국민으로부터 배워야 하며, 또 배울 수 있다. 한 사회가 비록 자기 운동의 자연법칙을 발견했다 하더라도—사실 현대 사회의 경제적 운동법칙을 발견하는 것이 이 책의 최종 목적이다—자연적 발전단계들을 뛰어넘을 수도 없으며 법령으로 폐지할 수도 없다. 그러나 그 사회는 그런 발전의 진통을 단축시키고 경감시킬 수는 있다.

있을지도 모를 오해를 피하기 위해 한 마디 하겠다. 자본가와 지주를 나는 결코 장밋빛으로 아름답게 그리지는 않는다. 그러나 여기서 개인들이 문제로 되는 것은 오직 그들이 경제적 범주의 인격화, 일정한 계급관계와 계급이익의 담당자인 한에서다. 경제적 사회구성체의 발전을 자연사적 과정으로 보는 내 관점에서는, 다른 관점과는 달리, 개인이 이런 관계들에 책임이 있다고 생각하지 않는다. 또한 개인은 주관적으로는 아무리 이런 관계들을 초월하고 있다고 하더라도, 사회적으로는 여전히 그것들의 산물이다.

　정치경제학 분야의 자유로운 과학적 연구는 다른 모든 분야에서도 부닥칠 수 있는 그런 적들과 부닥치는 것만은 아니다. 정치경제학이 취급하는 문제의 독특한 성격 때문에, 사람의 감정 중에서 가장 맹렬하고 가장 저열하며 가장 추악한 감정—즉 사리사욕이라는 복수의 여신—이 자유로운 과학적 연구를 막는 투쟁 마당에 들어오게 된다. 예컨대 영국 국교는 자기의 신앙조항 39개 중 38개를 침해하는 것은 용서할지언정 자기수입의 1/39을 침해하는 것은 결코 용서하지 않을 것이다. 오늘날에는 무신론 그 자체는 기존 소유관계에 대한 비판에 비하면 작은 죄다. 그렇지만 여기에서도 변화가 일어나고 있는 것은 의심할 바 없다. 그 한 예로, 최근 몇 주 사이에 발표된 영국 정부 보고서,『공업문제와 노동조합에 관한 제국帝國 해외 사절의 보고』를 지적하고 싶다. 영국왕의 해외 사절들은 이 보고에서 독일과 프랑스, 요컨대 유럽 대륙의 모든 문명국에서, 자본과 노동 사이의 지금 관계의 근본적 변화가 영국에서와 마찬가지로 분명해지고 있으며 또 불가피하다고 분명히 밝히고 있다. 이와 때를 같이 하여 대서양 저쪽에서 미국 부통령 웨이드는 공개집회에서 노예제도의 폐지 이후 현재의 자본관계와 토지소유관계의 근본적 변화가 다음 과제로 되어 있다고 언명했다. 시대의 대세가 이러하므로, 이 대세는 진홍색 망토 [ 왕권 ] 로도 흑색 법의法衣 [ 종교 ] 로도 감추지 못한다. 이것은 물론 내일이라도 기적이 일어나리라는 것을 의미하지는 않는다. 그러나 이것은 오늘날의 사회가 딱딱한 고체가 아니라 변화할 수 있으며 또 끊임없이 변화하고 있는 유기체라는 예감이 지배계급 안에서도 일어나기 시작했다는 것을 의미한다.

　이 책의 제2권은 자본의 유통과정(제2부)과 자본의 총과정의 각종 형태들(제3부)을 취급하게 될 것이며, 마지막 제3권(제4부)은 경제학설사를 취급하게 될 것이다. [이 계획은 실현되지 못했고, 제2권(자본의 유통과정)과 제3권(자본주의적 생산의 총과정)이 엥겔스에 의해 편집되어 출판되었다.]

나는 과학적 비판에 근거한 의견이라면 무엇이든 환영한다. 그러나 내가 한 번도 양보한 일이 없는 이른바 여론이라는 편견에 대해서는 저 위대한 플로렌스사람 [단테]의 다음과 같은 말이 항상 변함없이 나의 좌우명이다.

"제 갈 길을 가라, 남이야 뭐라든!"

1867년 7월 25일
런던
카를 마르크스

# 제2독어판 후기 〚 1873 〛

나는 먼저 제1판의 독자들에게 제2판에 가한 변경에 대해 말해야겠다. 언뜻 보아도 분명한 바와 같이, 책의 구성이 한층 더 알기 쉽게 되었다. 추가한 주는 모두 제2판의 주라고 명시했다. 본문 자체에 관해 말한다면, 가장 중요한 것은 다음과 같은 점들이다.

제1장 제1절에서는 교환가치가 표현되는 등식의 분석을 통해 가치를 이끌어내는 것이 과학적으로 한층 더 엄밀하게 행해졌으며, 또 가치의 실체와 사회적으로 필요한 노동시간에 의한 가치량의 결정 사이의 관련이 제1판에서는 간단히 언급되었지만 여기에서는 특히 강조되었다. 제1장 제3절(가치형태)은 완전히 개정되었는데, 그 이유는 제1판에서는 서술이 이중으로 되어 있었기 때문이다. 그런데 그 이중적 서술은 내 벗인 하노버의 쿠겔만의 권고에 따른 것이었다. 1867년 봄 내가 그를 방문했을 때 함부르크로부터 초교지가 도착했는데, 그때 그는 대다수의 독자를 위해 가치형태의 보충적인, 한층 더 강의식 해설이 필요하다고 나를 설득했던 것이다. 제1장의 마지막 절 "상품의 물신적…"은 대부분 개정했다. 제3장 제1절(가치의 척도)은 자세히 수정했다. 그 이유는, 제1판에서 이 절은 산만하게 서술되었고 독자들에게 『정치경제학 비판을 위하여』에 있는 설명 〚 CW29: 303-314 〛을 참조하라고 했던 까닭이다. 제7장 특히 제2절 〚 이 한글판에서는 제9장 제2절 '생산물 가치의 구성부분들을 생산물 자체의 해당 부분들로 표시.' 영어판 서문을 참조하라 〛은 많이 고쳤다.

때로는 단순히 문체를 고친 곳도 군데군데 있는데, 이런 수정을 일일

이 다 지적하는 것은 쓸모없다. 이런 수정은 책 전체에 걸쳐 있다. 그렇지만 나는 지금 파리에서 발간되고 있는 불어판 [ 1872~1875년 신문에 게재 ] 을 교열하면서, 독일어 원본의 어떤 곳은 근본적으로 다시 써야 하고 또 어떤 곳은 문장을 고치거나 우연적인 착오를 자세히 제거할 필요가 있다는 것을 알았다. 그러나 그렇게 할 시간이 나에게는 없었다. 왜냐하면 책이 다 팔려 1872년 1월에는 재판 인쇄를 시작해야 한다는 소식을 내가 다른 긴급한 일을 하고 있었던 1871년 가을에야 들었기 때문이다.

『자본론』이 독일 노동자계급의 광범한 층에서 이처럼 빨리 평가받게 된 것은 내 노력에 대한 최대의 보상이다. 경제문제에서는 부르주아적 관점을 대변하는 비엔나의 공장주 마이어는 보불전쟁 [ 1870년 7월~1871년 5월에 프로이센과 프랑스가 벌인 전쟁인데, 프로이센이 승리하면서 독일을 통일했다 ] 때 발간한 소책자에서, 독일인의 세습재산이라고 인정되어 온 이론적 사색의 탁월한 재능은 독일의 이른바 지식인층에서는 완전히 소멸했으나 그 대신 독일의 노동자계급 속에서 부활하고 있다고 아주 올바르게 말한 바 있다.

독일에서는 정치경제학이 오늘날까지 외국 학문이다. 귈리히는 자기 저서 『현대의 가장 중요한 상업국들의 상업 · 공업 · 농업의 역사적 서술』[ 전5권. 예나 1830~45 ], 특히 1830년에 발간된 이 책의 첫 두 권에서, 독일에서 자본주의적 생산양식의 발전, 따라서 또 현대 부르주아 사회의 형성을 막은 역사적 사정을 이미 대부분 해명했다. 다시 말해 정치경제학이 육성될 수 있는 토양이 없었던 것이다. 이 학문은 영국과 프랑스에서 기성품의 형태로 수입될 수밖에 없었고 독일 교수들은 항상 학생이었다. 그들은 외국 현실의 이론적 표현을 자기 주위의 소상인적 세계의 정신으로 해석해 [즉 잘못 해석해] 하나의 교리집으로 만들어버렸다. 그들은 완전히 극복할 수 없는 과학적 무능감과, 사실상 서투른 분야를 정복해야 한다는 불안감을 은폐하려고 애쓴 나머지, 문헌사적 박식으로 풍을

떨거나 이른바 관방학官房學cameralism ‖ 중세 이래 대학에서 가르친 행정·금
융·경제·기타 과학의 과정 ‖ 에서 빌려온 전혀 관계없는 자료들을 혼합하
는 것을 일삼아 왔다. 희망에 넘치는 독일 관리후보자들은 이런 잡다한
지식의 시련을 견뎌야 했던 것이다.

　1848년 이래 자본주의적 생산은 독일에서 급속히 발전했고 현재는 벌
써 투기와 사기가 성행하는 시기에 들어섰다. 그러나 운명의 여신은 아
직도 독일 경제학 교수들에게 미소를 짓지 않고 있다. 그들이 편견 없이
경제학을 연구할 수 있었을 때는 독일 현실에 현대적 경제관계가 존재하
지 않았고, 현대적 경제관계가 나타났을 때는 부르주아적 견해를 가지면
서도 그것을 편견 없이 연구하는 것을 더 이상 허용하지 않는 환경이 만
들어져 버렸던 것이다. 정치경제학이 부르주아적 안목을 벗어버리지 않
는 한, 즉 정치경제학이 자본주의제도를 사회적 생산의 하나의 과도적인
역사적 발전단계로 보지 않고 사회적 생산의 절대적이고 궁극적인 형태
로 보는 한, 정치경제학은 계급투쟁이 아직 잠재적이거나 오직 고립적이
고 드문드문 일어나는 동안만 과학으로 남아있을 수 있다.

　영국을 예로 들어 보자. 고전파 경제학은 계급투쟁이 아직 발전하지
않았던 시기의 것이다. 고전파 경제학의 최후의 위대한 대표자 리카도는
사실상 의식적으로 계급적 이익의 대립 [즉 임금과 이윤, 그리고 이윤과
지대 사이의 대립]을 자기 연구의 출발점으로 삼았지만, 그는 소박하게
도 이 대립을 자연이 강요하는 사회법칙으로 보았다. 그러나 리카도의
공헌을 마지막으로 부르주아 경제학은 넘을 수 없는 한계에 부닥쳤다.
리카도가 살아 있을 때에 벌써 그에 대립해 시스몽디라는 인물을 통해
부르주아 경제학에 대한 비판이 나타났다.[1]

　다음 시기인 1820~1830년에 영국에서는 정치경제학 분야에서 활기찬

---

1) 마르크스, 『정치경제학 비판을 위하여』‖ CW 29: 300-301 ‖ 를 보라.

학문적 활동이 눈에 띈다. 이 시기는 리카도이론이 속류화되어 보급된 시기인 동시에 그의 이론이 종래의 학파와 투쟁한 시기였다. 볼만한 편싸움이 벌어졌다. 이 시기의 논쟁 내용은 유럽 대륙에는 거의 알려져 있지 않다. 왜냐하면 논쟁은 대부분 잡지 · 임시간행물 · 소책자 등에서 분산적으로 전개되었기 때문이다. 이 논쟁의 공평무사한 성격은—비록 리카도이론이 그때 벌써 예외적으로는 부르주아 경제체제를 공격하는 무기로 이용되었지만〖예: 리카도파 사회주의〗—그 당시 사정에 의해 설명된다. 한편으로 대공업 자체는 겨우 유년기를 벗어난 데 불과했는데, 이 사실은 1825년의 공황에 의해 비로소 대공업이 주기적 순환이라는 자기의 근대적 생애를 개시하게 된다는 것만 보아도 명백하다. 다른 한편으로 자본과 노동 사이의 계급투쟁은 뒷전으로 밀려나 있었다. 왜냐하면 정치분야에서는 신성동맹神聖同盟Holy Alliance〖1815년에 결성한 러시아 · 프러시아 · 오스트리아 왕들의 연합〗의 주위에 뭉친 정부들과 봉건영주들을 한편으로 하고, 부르주아지가 지도하는 국민대중을 다른 한편으로 하는 양자 사이의 알력 때문이었고, 경제분야에서는 산업자본과 귀족적 토지소유 사이의 반목 때문이었다. 이 후자의 반목은 프랑스에서는 소토지소유와 대토지소유 사이의 이익대립의 배후에 숨어 있었으나, 영국에서는 곡물법〖1815-1846년의 곡물수입 제한법〗의 실시 이래 공개적으로 폭발했다. 이 시대 영국의 정치경제학 문헌들은 케네의 사망 뒤 프랑스에 있었던 경제학적 질풍노도기를 상기시키지만, 그것은 오직 초겨울의 따뜻한 날씨가 봄을 상기시키는 것과 같은 의미에서다. 다시 말해 1830년에는 최종적인 결정적 위기가 닥쳐왔다.

프랑스와 영국에서는 부르주아지가 정권을 쟁취했다. 이 순간부터 계급투쟁은 실천과 이론 모두에서 더욱더 공개적이고 위협적인 형태를 취했다. 이와 더불어 과학적인 부르주아 경제학은 사라졌다. 그 뒤부터는 벌써 어떤 이론이 옳은가 옳지 않은가가 문제로 되는 것이 아니라, 그것

이 자본에 유리한가 불리한가, 편리한가 불편한가, 정치적으로 위험한가
아닌가가 문제로 되었다. 객관적인 학자들 대신 고용된 앞잡이들이 나타
났으며, 진정한 과학적 연구 대신 비양심적으로 속이는 변호론이 나타났
다. 그러나 공장주 콥덴과 브라이트를 선두로 한 곡물법 반대동맹이 세
상에 내놓은 건방진 글들도, 지주귀족을 반대해 논쟁을 걸었다는 점에
서, 비록 과학적인 흥미는 아닐지라도 일정한 역사적인 흥미는 준다. 그
러나 그 뒤 필의 자유무역법은 이 최후의 자극조차 속류경제학으로부터
빼앗아 버렸다.

1848-1849년의 대륙혁명은 영국에서도 반향을 일으켰다. 아직도 약
간의 과학적 명성을 지니고 있으며 지배계급의 단순한 궤변가 · 아첨꾼
으로 되는 데 만족하지 않던 사람들은 자본의 정치경제학을 이제는 더
이상 무시할 수 없게 된 프롤레타리아트의 요구와 조화시키려고 애썼다.
이로부터 존 스튜어트 밀 [ 1806~1873 ] 을 대표자로 하는 천박한 절충주
의가 나왔다. 이것은 러시아의 위대한 학자이며 평론가인 체르니셰브스
키가 자기 저서 『밀의 정치경제학 개론』 [ 1861년 ] 에서 훌륭하게 해명한
바와 같이, '부르주아' 경제학의 파산선고였다.

독일에서는 자본주의적 생산양식은, 그것의 적대적 성격이 프랑스와
영국에서 역사적인 소란스러운 투쟁을 통해 나타난 뒤에야 겨우 성숙했
다. 더욱이 독일 프롤레타리아트는 독일 부르주아지보다 훨씬 더 이론적
으로 명확한 계급의식을 지니고 있었다. 그리하여 과학적인 부르주아 경
제학이 드디어 가능할 것 같았던 바로 그 순간에 그것은 다시 불가능하
게 되어버린 것이다.

이와 같은 사정에서 부르주아 경제학의 대변자들은 두 진영으로 분열
되었다. 총명한 실무가들은 변호론적 속류경제학의 가장 천박한, 따라서
가장 성공적인 대표자 바스티아의 깃발 아래 뭉쳤고, 교수인 체하며 자
기들의 학문적 위신을 자랑하는 인간들은 타협불가능한 것을 타협하게

하려는 존 스튜어트 밀의 뒤를 따랐다. 독일사람들은 부르주아 경제학의 몰락기에도 그 고전적인 시기에서와 마찬가지로 여전히 외국학자의 단순한 학생 · 맹종자 · 모방자이고 외국회사 제품의 판매인이었다.

독일사회의 역사적 발전이 이와 같이 특수했기 때문에 부르주아 경제학의 독창적 발전은 전혀 불가능했다. 그렇다고 해서 부르주아 경제학에 대한 비판까지 불가능하게 된 것은 아니다. 이런 비판이 하나의 계급을 대변한다면, 그 비판은 자본주의적 생산양식의 타도와 모든 계급의 최종적 철폐를 자기의 역사적 사명으로 하고 있는 계급, 즉 프롤레타리아트를 대변할 수 있을 뿐이다.

독일 부르주아지의 대변인들은 학자든 아니든 나의 이전 저작에 대해 그렇게 해서 성공한 것처럼, 『자본론』을 먼저 묵살하려 했다. 그러나 이런 전술이 더 이상 시대의 정세에 적합하지 않다는 것을 알게 되자마자, 그들은 내 책을 비판한다는 핑계로 '부르주아적 마음을 안정시키기 위한' 처방들을 써냈다.[2] 그러나 그들은 노동자신문에서 유력한 반대자들을 만나게 되었는데[예컨대 『인민국가』지의 요제프 디츠겐의 논문들을 보라], 부르주아 대변인들은 지금까지 이들에게 답변하지 못하고 있다.

『자본론』의 훌륭한 러시아어 번역 [ 번역자는 로파틴과 다니엘슨 ] 이 1872

---

2) 독일 속류경제학의 서투른 수다쟁이들은 내 책의 문체를 비난한다. 『자본론』의 문체상 결함은 나 자신이 누구보다도 더 잘 안다. 그러나 이 신사들과 그들 독자층의 편의와 기쁨을 위해 나는 여기에 영국인의 의견과 러시아인의 의견을 하나씩 인용하려 한다. 매우 적대적인 『새터데이 리뷰』는 제1판에 대한 서평에서, "서술방식은 가장 무미건조한 경제문제에까지도 독특한 매력을 주고 있다."고 말했다. 『상트 페테르부르크스키에 비에도모스티』[상트 페테르부르크 신문 ]는 1872년 4월 20일자에서, "그의 서술은 매우 전문적인 약간의 부분을 제외하면 쉽고 명료하며, 그 대상이 과학적으로 복잡한 문제임에도 불구하고 매우 생동적인 것이 특징이다. 이 점에서 저자는…보통 사람을 골치 아프게 하는 모호한 말로 책을 쓰는…독일의 대다수 학자들을 전혀 닮지 않고 있다."고 말했다.

년 봄에 상트 페테르부르크에서 나왔다. 3,000부가 발간되었으나 현재 거의 다 팔렸다. 이미 1871년에 키예프대학 정치경제학 교수 지베르는 자기 저서 『리카도의 가치와 자본에 관한 이론』에서 나의 가치·화폐·자본에 관한 이론이 그 기본적인 점에서 스미스와 리카도 학설의 필연적인 발전임을 증명했다. 그의 가치 있는 책을 읽고 서유럽 사람들이 놀라는 것은 순수이론적인 입장을 철저하게 지키고 있다는 점이다.

『자본론』에 적용된 방법을 거의 이해하지 못하고 있다는 것은 그 방법에 대한 상호 모순되는 해석을 보아도 알 수 있다.

예컨대 파리의 『실증주의 철학평론』은 한편으로 내가 경제학을 '형이상학적으로' 고찰하고 있다고 비난하고, 다른 한편으로—무엇인지 추측해 보라!—내가 '주어진 사실의 비판적 분석'에 국한하고 미래의 음식점을 위한 요리법(콩트류의 ?)을 서술하지 않는다고 비난하고 있다. 형이상학적이라는 비난에 대해 지베르 교수는 다음과 같이 말하고 있다.

"이론 그 자체에 관한 한, 마르크스의 방법은 영국학파 전체가 사용하는 연역적 방법인데, 이 방법의 결점과 장점은 가장 우수한 이론경제학자들 모두가 공유하고 있다."

블로크는 논문 「독일의 사회주의 이론가들. 『경제학자 잡지』 1872년 7월과 8월호의 발췌」에서 내 방법이 분석적이라는 것을 발견하고 다음과 같이 말하고 있다.

"마르크스는 이 저작으로 가장 탁월한 분석적 재능이 있는 사상가의 하나로 되었다."

독일 평론가들은 물론 나의 '헤겔식 궤변'을 욕하고 있다. 상트 페테르

부르크의 『유럽통신』은 『자본론』의 방법만을 취급한 논문(1872년 5월 호: 427~436)에서 나의 조사방법은 엄격히 실재론적realistic이지만 서술 방법은 불행하게도 독일 변증법적dialectic이라는 것을 지적하고 있다. 논 평자 [ 카우프만 ] 는 다음과 같이 말한다.

"만약 서술의 외부형식에 의해 판단한다면 마르크스는 최대의 관념 론자, 그것도 이 말의 독일적 의미[즉 나쁜 의미]에서 관념론 철학자인 듯하다. 그러나 사실상 그는 경제(학)적 비판에서는 그의 모든 선행자 들보다 훨씬 더 실재론자다…그를 관념론자라고 말할 수는 도저히 없 다."

이 논평자 자신의 비판으로부터 약간 발췌하는 것이 그에 대한 나의 가장 훌륭한 회답이 될 것이다. 또한 이 발췌는 러시아어 원문을 입수할 수 없는 독자들에게는 흥미를 일으킬 것이다.

내 방법의 유물론적 바탕이 설명되어 있는 『정치경제학 비판을 위하 여』, 서문 IV-VII쪽 [ CW 29: 263-264 ] 을 인용한 다음, 논평자는 계속해 서 다음과 같이 말하고 있다.

"마르크스에게 중요한 것은 그가 조사하고 있는 현상들의 법칙을 발 견하는 것이다. 또한 그에게 중요한 것은, 현상들의 일정한 형태가 주 어진 역사적 시기와 상호관련을 가지는 경우, 그 현상들을 지배하는 법칙만이 아니다. 그에게 더 중요한 것은 현상들의 변화의 법칙, 현상 들의 발전의 법칙, 즉 한 형태로부터 다른 형태로 이행하는 법칙, 상호 관계의 한 질서로부터 다른 질서로 이행하는 법칙이다. 그는 일단 이 법칙을 발견하자 이 법칙이 사회생활에서 일으키는 결과들을 상세하 게 조사한다…따라서 마르크스는 오직 다음 하나에 전념한다. 즉 정밀한 과학적 조사에 의해 사회관계의 일정한 계기적 질서의 필연성을 증명하며, 자기의 기본적 출발점으로 되는 사실들을 될수록 무사공평하게 확인하는 것이다. 이를 위해서는 현재 질서의 필연성과, 현재 질서가 반드시 이행하게 되는 다른 질서의 필연성을 동시에 증명하면 충분하다. 사람들이 이 필연성을 믿든 안 믿든, 의식하든 의식하지 않든 전혀 상관이 없다. 마르크스는 사회의 운동을, 인간의 의지·의식·의도와는 독립해 있을 뿐 아니라 오히려 인간의 의지·의식·의도를 결정하는 법칙이 지배하는, 하나의 자연사적 과정이라고 본다…만약 의식적 요소가 문명사에서 이런 종속적 기능을 한다면, 문명 자체를 대상으로 하는 비판적 조사가 의식의 어떤 형태나 어떤 결과를 결코 자기의 토대로 삼을 수 없다는 것은 분명하다. 다시 말해 조사의 출발점으로 될 수 있는 것은 관념이 아니고 오직 물질적 현상이다. 이와 같은 조사는 한 사실을 관념과 비교하고 대조하는 것이 아니라 다른 사실과 비교하고 대조하게 될 것이다. 조사에서 중요한 것은, 두 개의 사실을 가능한 한 정확하게 탐구하고 실제로 그것들이 발전의 상이한 계기를 이루고 있다는 것을 알아내는 일이다. 그러나 무엇보다도 중요한 것은 상이한 발전단계를 표현하는 일련의 순서·순차성·관련성을 정확하게 분석하는 것이다. 그런데 어떤 사람은, 경제생활의 일반법칙은 현재에 적용되든 과거에 적용되든 동일하다고 말할 것이다. 바로 이것을 마르크스는 부인한다. 그에 따르면, 그런 추상적 법칙은 존재하지 않는다…반대로 각각의 역사적 시기는 자기 자신의 법칙을 가지고 있다…경제생활이 일정한 발전시기를 경과해 일정한 단계로부터 다른 단계로 이행하자마자, 경제생활은 다른 법칙에 의해 지배받기 시작한다. 한 마디로 말하면, 경제생활은 생물학에서 말하는 진화의 역사와 비슷한 현상을 우리에게 보여준다…종래의 경제학자들은 경제법칙을 물리학·화학의 법칙과 동일시함으로써 경제법칙의 성질을 잘못 이해했던 것이다…현상을 더 깊이 분석하면, 사회적 유기체들도 식물·동물과 마찬가지로 그들 사이에 근본적인 차이가 있다는 것을 알 수 있다…하나의 동일한 현상이라도 이 유기체들의 상이한 총체적 구조, 그것들의 개개 기관器官organ의 다양성, 기관이 기능하는 조건들의 차이 따위로 말미암아 전혀 다른 법칙의 지배를 받는다. 마르크스는 예컨대 인구법칙이 어느 시대, 어느 곳에서나 동일하다는 것을 부인한다. 그는 반대로 각각의 발전단계는 자기 자신의 인구법칙을 가지고 있다고 주장한다…생산력의 발전 수준의 차이에 따라 사회적 관계들과 그것들을 규제하는 법칙들도 달라진다. 이런 관점에서 자본주의적 경제질서를 연구하고 해명하려는 마르크스는 경제생활의 정확한 연구가 반드시 가져야 할 목표를 엄밀히 과학적으로 정식화하고 있을 따름이다…이와 같은 연구의 과학적 가치는 일정한 사회유기체의 발생·생존·발전·사멸과 더 높은 다른 사회유기체에 의한 교체를 규제하는 특수법칙들을 해명하는 데 있다. 또 이런 가치를 마르크스의 책은 실제로 가지고 있다.”

이 논평자는 나 자신의 방법이라고 생각하는 것을 아주 정확하게 묘사하고 있으며, 또 나 자신이 이 방법을 적용하는 것을 아주 호의적으로 묘사하고 있다. 그가 묘사하고 있는 것은 바로 다름 아닌 ‘변증법적 방법’이 아닌가?

물론 발표[서술] 방법은 형식의 면에서 조사[탐구] 방법과 다르지 않을 수 없다. 조사는 마땅히 세밀하게 재료를 파악하고, 재료의 상이한 발전형태들을 분석하며, 이 형태들의 내적 관련을 구명해야 한다. 이 조사가 끝난 뒤에라야 비로소 현실의 운동을 적절하게 발표[서술]할 수 있다. 조사가 잘 되어 재료의 일생이 관념에 반영된다면, 우리가 마치 선험적인 논리구성을 한 것처럼 보일 수도 있다.

나의 변증법적 방법은 그 근본에서 헤겔의 그것과 다를 뿐 아니라 정반대다. 헤겔에게는 그가 이념Idea이라는 명칭 아래 자립적인 주체로까지 전환시키고 있는 생각하는 과정이 현실세계의 창조자고, 현실세계는 이념의 외부 현상에 지나지 않는다. 나에게는, 반대로, 관념적인 것은 물질적인 것이 인간의 두뇌에 반영되어 생각의 형태로 변형된 것에 지나지 않는다.

나는 약 30년 전에 헤겔 변증법이 아직 유행하고 있던 시기에 헤겔 변증법의 신비로운 측면을 비판했다. 그러나 내가 『자본론』 제1권을 저술하던 때는, 독일 지식인들 사이에서 활개치는 불평 많고 거만하며 또 형편없는 아류들이 헤겔을, 일찍이 레싱 시대에 용감한 멘델스존이 스피노자를 대하듯이, '죽은 개'로 취급하는 것을 기쁨으로 삼기 시작했다. 그러므로 나는 나 자신을 이 위대한 사상가의 제자라고 공언하고 가치론에 관한 장에서는 군데군데 헤겔의 특유한 표현방식을 흉내 내기까지 했다. 변증법이 헤겔의 수중에서 신비화되기는 했지만, 변증법의 일반적 운동형태를 포괄적으로 또 알아볼 수 있게 서술한 최초의 사람은 헤겔이다. 헤겔에게는 변증법이 거꾸로 서 있다. 신비한 껍질 속에 들어 있는 합리적인 알맹이를 찾아내기 위해서는 그것을 바로 세워야 한다.

변증법은 그 신비로운 형태로 독일에서 유행했다. 왜냐하면 변증법이 현존하는 것을 찬미하는 것 같았기 때문이다. 그러나 변증법은 그 합리적인 형태에서는 부르주아지와 그 이론적 대변인들에게 분노와 공포를 줄 뿐이다. 왜냐하면 변증법은 현존하는 것을 긍정적으로 이해하면서도 동시에 그것의 부정, 즉 그것의 불가피한 파멸을 인정하기 때문이며, 또 변증법은 역사적으로 전개되는 모든 형태들을 유동상태·운동상태에 있다고 여김으로써 그것들의 일시적 측면을 동시에 파악하기 때문이며, 또한 변증법은 본질상 비판적·혁명적이어서 어떤 것에 의해서도 제약을 받지 않기 때문이다.

자본주의 사회의 운동이 모순들로 꽉 차 있다는 사실은 산업활동의 주기적 순환[이것의 봉우리가 일반적 공황general crisis이다]을 통해 실무적인 부르주아지에게 매우 분명히 알려져 있다. 이 일반적 공황은 비록 아직은 그 초기단계에 있지만 또다시 가까이 닥쳐오고 있으며, 또 그것은 그 영향권의 전면성과 그 작용의 강도에 의해 새로운 신성 프러시아 독일제국의 졸부들의 머릿속까지 변증법을 새겨 넣을 것이다.

1873년 1월 24일
런던
카를 마르크스

## 불어판 서문 [ 1872 ]

모리스 라샤트르 귀하

『자본론』 번역판을 시리즈로 발간하려는 당신의 제안에 나는 전적으로 찬성합니다. 이와 같은 형태로 출판되면 이 책은 노동자계급에게 한층 더 접근하기 쉬워질 것입니다. 그리고 이 점이 나에게는 가장 중요한 관심사입니다.

이것은 당신 제안의 좋은 측면입니다. 그러나 그 반대측면도 있습니다. 내가 사용하고 있는 분석방법은 지금까지 경제문제에 적용된 적이 없기 때문에 첫 몇 장은 읽기가 대단히 힘듭니다. 따라서 염려되는 것은, 항상 결론을 얻으려고 성급히 서두르며 일반적인 원리가 자기들이 관심을 가진 당면과제들과 어떤 관련을 가지고 있는가를 알려고 갈망하는 프랑스 독자들이 당장에 더 이상 앞으로 나갈 수 없을 때 이 책에 대한 흥미를 잃어버리지 않을까 하는 점입니다.

이것은 하나의 불리한 점입니다만 나로서는 어찌할 수가 없습니다. 다만 진리를 열망하는 독자들에게 처음부터 이 사실을 알려주고 그들에게 미리 경고할 수 있을 뿐입니다. 학문에는 지름길이 없습니다. 오직 피로를 두려워하지 않고 학문의 가파른 오솔길을 기어 올라가는 사람만이 학문의 빛나는 꼭대기에 도달할 수 있습니다.

친애하는 귀하, 진심으로 인사를 드립니다.

1872년 3월 18일
런던
카를 마르크스

# 불어판 후기 〚1875〛

독자에게

로아는 될수록 정확한, 심지어 직역하는 식의 번역을 시작해 아주 깨끗하게 완수했습니다. 바로 그의 정확성이 나로 하여금 독자들이 한층 더 쉽게 이해할 수 있도록 문장을 수정하게 했습니다. 책이 시리즈로 발간됨에 따라 그때그때 수정했기 때문에 수정이 한결같이 자세하지 못했고, 따라서 문체가 한결같이 고르지 못했습니다.

그러나 일단 교열작업에 착수했을 때, 나는 원본(제2독어판)도 개정해 어떤 논의는 간략하게 하고 어떤 논의는 보충하며 역사적 또는 통계적 자료를 추가하고 비판적 주석을 붙이는 것 등이 필요하다는 것을 느꼈습니다. 따라서 이 불어판에 어떤 문장상의 결함이 있다 하더라도, 불어판은 원본과는 독립적인 과학적 가치를 가지므로 독어판을 읽은 독자들도 이 불어판을 참조하는 것이 필요할 것입니다.

나는 독일의 경제학 발전과 이 책에서 사용한 방법을 설명한 제2독어판 후기의 발췌문을 아래에 첨부합니다. 〚앞에 있기 때문에 여기에서는 생략〛

1875년 4월 28일
런던
카를 마르크스

# 제3독어판 서문 〚 1883 〛

마르크스는 이 제3판의 출판을 몸소 준비할 수가 없었다. 그의 위대함에 그의 적대자들까지도 지금은 머리를 숙이는 위력 있는 사상가는 1883년 3월 14일에 죽었다.

40년에 걸친 내 가장 훌륭한 벗, 말로 다 표현할 수 없을 만큼 내가 은혜를 입은 벗 마르크스를 잃어버린 나에게 이제 이 제1권 제3판과 마르크스가 원고 형태로 남긴 제2권의 발간을 준비할 의무가 부과되었다. 내가 이 의무의 첫 부분을 어떻게 수행했는가에 대해 여기서 독자에게 보고하고자 한다.

마르크스는 처음에는 제1권 본문의 대부분을 다시 쓰고, 많은 이론적 명제들을 더 명확하게 정식화하며, 새로운 것을 삽입하고, 역사적·통계적 자료를 최신의 것으로 만들 것을 계획하고 있었다. 그러나 그는 질병과 제2권의 최종 편집을 해야 할 필요성 때문에 이것을 단념했다. 가장 필요한 것만을 고치고, 이 시기에 발간된 불어판(*Le Capital,* par Karl Marx, Paris, Lachâtre, 1872~1875)에 이미 실려 있는 보충만을 삽입하지 않을 수 없었다.

마르크스가 남긴 책들 가운데서 마르크스 자신이 군데군데 정정했고 또 불어판을 참조하라고 명시한 독어판 『자본론』 한 권이 발견되었고, 그리고 마르크스가 새로운 독어판에 이용하려고 생각한 모든 단락이 정확하게 표시되어 있는 불어판 한 권이 발견되었다. 이 정정과 보충은 거의 예외 없이 "자본의 축적과정"이라는 편 〚 영어판으로는 제7편과 제8편 〛에 국한되어 있었다. 이 편의 본문은 최초의 초고를 거의 그대로 반영한 부분이었다[비록 다른 편들은 최초의 초고를 근본적으로 개작했지만]. 그러므로 여기에는 문체가 더 생기발랄하며 더 미끈하기는 하나, 다른 부분에 비해 좀 경솔했으며 영어식 어법이 혼용되었고 군데군데 명확하지 못한 곳이 있었다. 논증의 제시에는 여기저기 틈이 있었고 약간의 중요한 점들이 언급될 뿐이었다.

문체에 관해 말하면, 마르크스 자신이 여러 절을 근본적으로 수정했는데, 이 수정과 많은 대화로부터 내가 어느 정도로 영어식 용어와 영어식 어법을 없애야 할 것인가를 알 수 있었다. 물론 마르크스가 살아 있다면 추가와 보충을 더욱 검토했을 것이며, 유창한 프랑스어를 자기의 간결한 독일어로 바꾸어 놓았을 것이다. 그러나 나는 그것들을 원래의 본문과 가장 적합하도록 번역하는 것에 만족해야만 했다.

이 제3판에서 나는, 저자 자신도 고쳤으리라고 확신하지 않는 한, 일언반구도 고치지 않았다. 나는 독일 경제학자들이 흔히 쓰는 통용어들—예컨대 현금을 주고 타인의 노동을 얻는 사람을 노동[또는 일]공급자(Arbeit*geber*)라고 부르며, 삯을 받고 자기 노동을 제공하는 사람을 노동[또는 일]수취자(Arbeit*nehmer*)라고 부르는 이 잠꼬대 같은 말—을 『자본론』에 도입할 생각은 조금도 없었다. 프랑스어에서도 역시 일상생활에서 '일'이라는 의미로 '노동'이라는 말이 사용된다. 그러나 경제학자가 자본가를 노동공급자, 노동자를 노동수취자라고 부른다면, 프랑스 사람들도 응당 그 경제학자를 미친 사람이라고 생각할 것이다.

나는 원문에서 계속 사용하고 있는 영국식 화폐와 도량형을 새로운 독일의 그것들로 전환하지 않았다. 『자본론』 제1판이 나왔을 당시 독일에는 1년의 날짜 수만큼이나 많은 종류의 도량형이 있었다. 그 위에 또 두 종류의 마르크가 있었고(라이히스 마르크는 당시에는 1830년대 말에 그것을 고안해 낸 죄트베르의 머릿속에서만 통용되고 있었다), 두 종류의 길더gulden가 있었으며, 적어도 세 종류의 탈러taler가 있었는데, 그 중 하나는 노이에스 쯔바이드리텔neues Zweidrittel이었다. 자연과학은 미터제도가 지배하고 세계시장은 영국 도량형이 지배했다. 이런 조건에서 그 사실적 예증들을 거의 전적으로 영국의 산업사정에서 취해 오지 않을 수 없었던 이 책에서 영국의 도량형 단위를 이용한 것은 매우 자연스러운 일이었다. 이것은 오늘날에도 마찬가지다. 세계시장의 사정들이 거의 변하지 않았고, 특히 가장 중요한 공업부문[즉 철공업과 면공업]에서는 현재도 거의 전적으로 영국의 도량형이 지배하고 있기 때문이다.

마지막으로, 사람들이 거의 이해하고 있지 않은 마르크스의 인용방식에 관해 약간 말하려 한다. 인용이 사실의 순수한 진술(예: 영국 정부보고서의 인용)이라면 그 인용은 문헌상의 증거가 되는 단순한 예다. 그러나 다른 경제학자들의 이론적 견해가 인용되는 경우에는 사정이 다르다. 이 경우의 인용은, 자기의 이론적 전개과정에서 형성된 경제사상이 어디에서, 언제, 누구에 의해 처음으로 명백하게 표명되었는가를 지적하려 할 뿐이다. 이때 고려되는 것은, 문제의 경제학적 견해가 학문의 역사에서 의의를 가지고 있다는 것, 그리고 그것이 그 당시 경제상태의 다소 적절한 이론적 표현이라는 것뿐이다. 그 견해가 마르크스의 관점에서 보아 아직도 절대적 또는 상대적 타당성을 가지고 있는가, 또는 이미 지나가버린 것인가는 전혀 중요하지 않다. 그러므로 이런 인용들은 오직 본문에 대한 부수적인 주석, 경제학의 역사에서 빌려온 주석에 불과하며, 경제이론 분야에서 달성한 몇 개의 중요한 진보의 연대와 창시자를 확정해 준다. 그리고 그렇게 하는 것이 경제학과 같은 학문에서는 특히 필요했다. 왜냐하면 이때까지 경제학의 역사가들은 출세주의자들의 특징인 편파적 지식만을 가지고 있었기 때문이다. 이제 독자들은 왜 마르크스가, 제2판 후기에서 지적하고 있는 바와 같이, 독일 경제학자들을 매우 예외적으로만 인용하게 되었는가를 이해할 수 있을 것이다.

제2권은 1884년 중에 발간할 수 있으리라고 생각한다. 〚 실제로 제2권은
1885년에 발간되었다. 〛

1883년 11월 7일
런던
프리드리히 엥겔스

# 영어판 서문 [ 1886 ]

『자본론』의 영어판 출판을 해명할 필요는 없다. 오히려 반대로, 이 책에서 전개된 이론이 과거 수년간 영국과 미국의 정기간행물과 시사문제지에서 끊임없이 논의의 대상으로, 공격과 옹호, 해석과 곡해의 대상으로 되어 왔음에도 왜 영어판이 지금까지 지연되었는가를 설명해야 할 것이다.

1883년 『자본론』의 저자가 죽은 뒤 얼마 되지 않아 이 책의 영어판이 실제로 필요하다는 것이 명백하게 되었을 때, 마르크스와 이 서문 필자의 옛 벗이며 아마 누구보다도 이 책의 내용에 정통한 사람인 사뮤엘 무어가 마르크스가 남긴 저작의 관리인들이 그 발간을 열망하고 있던 영어판을 위한 번역을 담당할 것을 승낙했다. 나는 그의 원고를 원본과 대조해 필요하다고 인정되는 정정을 가하기로 되어 있었다. 그런데 무어는 자기 전문사업 때문에 우리 전체가 요망하는 것처럼 빨리 그 번역을 완료할 수 없다는 것이 얼마 되지 않아 판명되었을 때, 우리는 이 번역의 일부를 담당하겠다는 애빌링 [ 마르크스의 막내 사위 ] 의 제의를 기꺼이 받아들였다. 동시에 마르크스의 막내딸인 애빌링 부인 [ 엘리너 마르크스 ] 은 인용문들을 원문과 대조하며 또 마르크스가 영어 저서들과 정부 보고서로부터 발췌해 독일어로 번역한 무수한 인용문을 그 원문대로 복구시키는 일을 하겠다고 제의했다. 애빌링 부인은 이 작업을 몇 개의 불가피한 예외를 제외하고는 완수했다.

이 책의 다음 부분들은 애빌링이 번역했다.* (1) 제10장(노동일)과 제

11장(잉여가치율과 잉여가치량), (2) 제6편(제19장에서 제22장에 걸치는 임금), (3) 제24장 제4절(잉여가치가…사정들)로부터 제25장과 제8편 전부(제26장~제33장)를 포함하는 이 책의 마지막까지, (4) 저자의 두 개의 서문. 그 외의 부분은 모두 무어가 번역했다. 이와 같이 각 번역자는 오직 자기 작업부분에 대해서만 책임을 지며, 나는 작업 전체에 대해 공동 책임을 진다.

우리 작업의 토대가 된 제3독어판은 1883년에 내가 준비했다. 그 준비에서 나는 제2판의 어떤 부분을 1872~1875년에 발간된 불어판[1]의 것으로 바꾸라는 저자의 비망록을 이용했다. 제2판 본문에 가한 변경은 약 10년 전 미국에서 계획했다가 적당한 역자가 없었던 탓으로 포기한 영어 번역판에 대한 마르크스의 일련의 각서에서 지적한 변경과 대체로 일치했다. 이 각서를 뉴저지주 호브켄의 우리의 오랜 벗 조르게가 우리에게 넘겨주었다. 거기에는 불어판으로부터 약간의 추가 삽입이 지적되어 있다. 그러나 이 각서는 독일어 제3판을 위한 최후의 지시보다 여러 해 전의 것이기 때문에 나는 오직 예외적으로만, 주로 그것이 우리의 곤란을 극복하는 데 도움이 되는 경우에만 이용하는 것이 옳다고 생각했다. 원

---

\* 엥겔스는 불어판에 따라 영어판에서도, 독어판의 편과 장의 구분을 다음과 같이 변경했다. 이 한글판에서는 영어판의 구분을 따랐다.

|  | 독일어판 | 영어판 |
|---|---|---|
| 장 | 1~3 | 1~3 |
|  | 4 | 4~6 |
|  | 5~23 | 7~25 |
|  | 24 | 26~32 |
|  | 25 | 33 |
| 편 | 1~6 | 1~6 |
|  | 7 | 7~8 |

1) 마르크스, *Le Capital*, J. 로아 옮김. 저자 완전 교열. 파리, 라샤트르 출판사. 이 불어판, 특히 후반 부분에는 제2독어판의 본문에 대한 상당한 정정과 추가가 포함되어 있다.

문의 전체 의미 중 어떤 것을 번역에서 희생시켜야 했을 때, 저자 자신은 어떤 것을 희생시켰을까를 알기 위한 지침으로, 불어판도 대다수의 어려운 단락들에서 참조했다.

그렇지만 우리가 독자들의 어려움을 가볍게 해 줄 수 없었던 한 가지 점이 있다. 그것은 마르크스가 약간의 용어를 일상생활에서뿐 아니라 보통 정치경제학에서 쓰는 것과도 다른 의미로 사용하고 있다는 점이다. 그러나 그것은 불가피했다. 과학의 모든 새로운 진보는 그 과학의 용어 혁명과 함께 한다. 이것은 화학에서 가장 잘 나타나고 있는데, 화학에서는 용어 전체가 약 20년에 한 번씩 근본적으로 변경되고 있으며, 일련의 서로 다른 명칭으로 부르지 않는 유기화합물은 단 하나도 찾아볼 수 없다. 정치경제학은 일반적으로 상공업계의 용어들을 그냥 그대로 받아들여 사용하는 것에 만족해 왔는데, 정치경제학은 그렇게 함으로써 그 용어들이 표현하는 관념들의 좁은 범위 안에 자신을 묶고 있다는 것을 전혀 깨닫지 못했다. 예컨대 고전파 경제학은, 이윤과 지대는 생산물 중 노동자가 자기의 고용주에게 공짜로 제공해야 하는 부분, 즉 지불받지 않는 부분(고용주는 이 부분의 최초 취득자일 뿐이고 그 궁극의 배타적 소유자는 아니다)의 분할부분·몫에 지나지 않는다는 것을 잘 알고 있었지만, 이윤과 지대에 관한 통속적 관념의 한계를 넘지 못했고, 생산물의 지불받지 않는 부분(마르크스가 잉여생산물이라고 부른 부분)을 하나의 전체로서 연구한 적이 없었으며, 그리하여 이 지불받지 않는 부분의 기원과 성질을, 또는 그 가치의 분배를 규제하는 법칙을 명백하게 이해할 수 없었던 것이다. 〔산업자본가가 고용한 임금노동자들이 창조한 잉여가치가 상업이윤·이자·지대·산업이윤 등으로 분배된다고 마르크스는 분석했다.〕 이와 마찬가지로 농업과 수공업을 제외하고는 모든 산업이 구별 없이 매뉴팩처라는 용어에 포괄되어 왔다. 그리하여 경제사의 본질적으로 다른 두 개의 큰 시기―즉 손노동의 분업에 근거하는 진정한 매뉴팩처 시기와 기계의 사용에 근거하는 현대적 공업 시기—사이의 구별이 없어졌다. 그러므로 현대적 자본주의 생산을 인류 경제사의 과도적 단계로 보는 이론은, 이 생산형태를 영원하고 궁극적인 것으로 여기는 저술가들이 습관적으로 쓰는 용어와는 다른 용어를 사용해야 한다는 것은 명백하다.

저자의 인용방법에 대해 한마디 하는 것은 쓸모없는 일이 아닐 것이다. 대다수의 경우 인용문은 본문의 주장을 옹호하는 문헌적 증거로 기능한다. 그렇지만 일정한 명제가 언제, 어디서, 누구에 의해 처음으로 명백하게 표명되었는가를 보여주기 위해 경제저술가로부터 구절들이 인용되는 경우도 많다. 인용되는 명제가 그 당시에 지배적이었던 사회적 생산·교환의 다소 적절한 표현으로서 중요성을 가지는 경우에는, 그것의 일반적 타당성을 마르크스가 인정하는가 않는가에 전혀 관계없이 인용하고 있다. 그러므로 이런 인용문들은 경제학의 역사에서 뽑은 부수적인 주석으로 본문을 보충하는 것이다.

우리의 번역은 이 책의 제1권뿐이다. 그러나 제1권은 그 자체가 뛰어나게 하나의 전체를 이루고 있으며, 또 20년 동안 독립적인 저서의 지위를 차지하고 있었다. 1885년에 내가 독일에서 편집·출판한 제2권은 제3권 없이는 분명히 불완전하다. 제3권은 아마 1887년 말 이전에는 발간할 수 없을 것이다. 〔실제로는 1894년에 발간되었다.〕 제3권이 독일어 원문으로 출판되는 그때에 이 두 권의 영어판을 준비해도 늦지 않을 것이다.

유럽대륙에서는 『자본론』을 가끔 '노동자계급의 성경'이라고 부른다. 노동운동을 잘 아는 사람이라면 누구나 이 책에서 도달한 결론들이 나날이 더욱더 독일과 스위스뿐 아니라 프랑스·네덜란드·벨기에·미국 심지어 이탈리아와 스페인에서까지도 거대한 노동운동의 기본원리로 되고 있다는 것, 모든 곳에서 노동자계급은 이 결론들을 자기의 처지와 희망의 가장 정확한 표현으로 인정하고 있다는 것을 부인하지 못할 것이다. 또 영국에서도 바로 지금 마르크스이론은 노동자계급의 대열 안에서와 마찬가지로 '교양 있는' 사람들 [ 예 : 페이비언협회원 ] 사이에도 보급되고 있는 사회주의 운동에 강력한 영향을 미치고 있다. 그러나 이것이 전부가 아니다. 영국의 경제사정을 철저하게 연구하는 것이 불가피하게 국민 전체의 과제로 등장할 시대가 급속히 다가오고 있다. 생산과 시장의 계속적이고 급속한 확대 없이는 불가능한 영국 산업체계의 운동은 지금 완전히 정지상태에 빠지고 있다. 자유무역은 이론과 정책에서 그 바닥이 드러났고, 맨체스터까지도 자기가 주장해 온 이 경제적 복음에 의심을 품고 있다.2) 급속히 발전하고 있는 외국 공업은 모든 곳에서 영국의 생산물과 경쟁하기 시작했는데, 이 경쟁은 보호관세에 의해 보호되고 있는 시장에서뿐 아니라 중립시장에서도, 심지어 영국에서까지도 그렇다. 생산력은 기하급수적으로 증대하고 있는데 시장은 기껏해야 산술급수적으로 확대하고 있다. 1825년부터 1867년에 이르기까지 끊임없이 반복되어 온 침체 · 번영 · 과잉생산 · 공황의 10년 주기의 순환은 사실상 끝난 것 같이 보이고, 우리는 오래 계속되는 만성적 불황이라는 절망의 진흙탕 속에 빠지고 말 것 같다. 그처럼 열렬히 기다리는 번영기는 좀처럼 오지 않을 것이다. 왜냐하면 번영기가 닥쳐오는 듯한 징조가 느껴지자마자 곧 또다시 사라지곤 했기 때문이다. 겨울이 닥쳐올 때마다 "실업자를 어떻게 할 것인가?"하는 중대한 문제가 또다시 제기된다. 실업자의 수는 해마다 증가하지만 누구도 이 문제에 대답하지 못하고 있다. 우리는 실업자들이 참다못해 자기 운명을 자기 수중에 틀어쥐게 될 순간이 오리라는 것을 확실히 예상할 수 있다. 그와 같은 순간에는 마르크스의 목소리를

---

2) "오늘 오후에 개최된 맨체스터 상공회의소 분기별 정기회의에서는 자유무역에 관해 열렬한 토론이 벌어졌다. 다음과 같은 결의문이 동의되었다. '다른 나라들이 영국 자유무역 모델을 뒤따르리라고 40년이나 기다렸으나 쓸모없이 되었으므로, 이 상공회의소는 이제 자기의 처지를 재검토할 시기가 왔다고 생각한다.' 결의문은 단 1표 차이, 즉 찬성 21표, 반대 22표로 부결되었다."(『이브닝 스탠다드』, 1886년 11월 1일자)

응당 들어야 할 것이다. 그는 생애 전체에 걸쳐 영국의 경제사와 경제사정을 연구한 뒤 자기의 전체 이론을 수립했고, 이 연구에 의거해 적어도 유럽에서는 영국만이 전적으로 평화적 · 합법적 수단으로 필연적인 사회혁명을 수행할 수 있는 유일한 나라라는 결론에 도달한 것이다. 그러면서도 그는 영국의 지배계급들이 '노예제도 옹호반란' [ 미국의 남북전쟁을 가리킨다. 여기서는 자본주의 체제를 옹호하는 반란이라는 뜻이다 ] 없이 이 평화적 · 합법적 혁명에 굴복하리라고는 거의 기대할 수 없다고 덧붙여 말하는 것을 결코 잊지 않았다.


1886년 11월 5일
프리드리히 엥겔스

# 제4독어판 서문 [ 1890 ]

제4판에서 나는 본문과 주를 최종적으로 완전하게 할 필요가 있다고 생각했다. 어떻게 내가 이 과업을 수행했는가를 간단히 말하고자 한다.

나는 다시 한 번 불어판과 마르크스 친필 각서를 대조한 다음, 불어판에서 약간의 부분을 취해 독어판 본문에 새로 보충했다. 그것들은 [한글판의] 151~152쪽, 664~667쪽, 796~801쪽, 854~857쪽, 860쪽의 주13에서 볼 수 있다. 그리고 또 나는 불어판과 영어판의 예에 따라 광산노동자에 관한 긴 주를 본문(667~678쪽)에 추가했다. 기타의 작은 변경들은 순전히 기술적 성격을 띤 것이다.

다음으로 나는 역사적 조건의 변화로 말미암아 필요하다고 생각되는 곳에는 약간의 해설적인 주를 보충했다. 이런 보충적 주는 모두 괄호 속에 넣고 내 성명의 약자를 기입했다. [한글판에서는 { 엥겔스: }로 표시했다.]

얼마 전에 영어판이 나왔기 때문에 수많은 인용문을 완전히 교열하는 것이 필요하게 되었다. 영어판을 위해 마르크스의 막내 딸 엘리너가 인용 전체를 원문과 대조해 준 결과 인용문의 압도적 다수를 이루는 영어 인용문이 영어판에서는 독어판의 재번역이 아니고 영어 원문 그대로다. 그러므로 나는 제4판에서는 이 영어판을 참고하지 않으면 안 되었다. 여러 곳에서 사소한 부정확한 점이 발견되었다. 인용 쪽수의 잘못이 있었는데, 일부는 노트에서 옮겨 쓸 때 잘못 쓴 데서, 일부는 판을 세 번 거듭하는 동안 쌓인 인쇄 잘못에서 생긴 것이었다. 인용부호 또는 생략점의 위치가 잘못된 곳이 있었는데, 이것은 발췌장에서 대량으로 인용할 때

불가피하게 생긴 착오였다. 또한 그리 적절하지 못한 번역어가 여기저기
있었다. 특히 마르크스가 아직 영어를 몰라 경제학 영어서적들을 불어
번역판으로 읽고 있을 때인 1843~1845년 파리에서 작성한 낡은 노트로
부터 인용되어 이중 번역 때문에 인용문의 의미가 약간 달라진 곳[예컨
대 스튜어트, 유어 따위의 경우]도 있었는데, 이 경우 나는 영어 원문을
이용하지 않으면 안 되었다. 이밖에도 이와 비슷한 사소한 부정확성과
부주의는 있었다. 그러나 만약 독자들이 이 제4판을 이전 판들과 비교해
본다면, 이 모든 힘 드는 교정과정에도 불구하고 이 책은 조금도 변경되
지 않았다는 것을 알 수 있을 것이다. 오직 하나의 인용문만이 그 출처를
찾을 수 없었는데, 그것은 리처드 존스로부터 인용한 것(한글판 Ⅰ(하),
817쪽, 주35)이었다. 아마도 마르크스가 책의 이름을 잘못 쓴 것 같다.
[ 나중에 존스로부터의 인용임이 밝혀졌다. ] 기타의 인용문은 모두 올바르게
인용되었으며, 현재와 같은 정확한 형태를 갖춤으로써 인용의 정확성이
더욱 빛나게 되었다.

그러나 나는 여기서 하나의 오래된 이야기를 하지 않을 수 없다.

내가 알기로는 마르크스가 인용한 문장의 정확성이 의심받았던 경우
는 단 한 번밖에 없었다. 그런데 마르크스가 죽은 뒤에도 이것이 문제로
되고 있기 때문에 나는 여기에서 그것을 모르는 체 그대로 넘길 수가 없
다.

1872년 3월 7일 독일 공장주협회 기관지인 베를린의『콘코르디아』에
"카를 마르크스는 어떻게 인용하는가" 하는 하나의 익명 논문이 실렸다.
이 논문에서 필자는 도덕적으로 분개해 무례한 말들을 한껏 써가면서,
1863년 4월 16일의 글래드스턴 예산연설로부터 마르크스가 인용한 것
(1864년 국제노동자협회 [ 제1인터내셔널 ] 창립선언에도 인용되었고,『자본
론』, Ⅰ(하), 888쪽에도 인용되었다)은 위조라고 주장했다. 즉 마르크스가
인용한 "이 실신할 정도의 부와 권력의 증대는…전적으로 재산소유자계

급에 국한되어 있다."는 문구는『핸서드Hansard』[ 의회 의사록 ]의 준관보적 속기록에는 한 마디도 실려 있지 않다는 것이다. "이 문구는 글래드스턴의 연설에는 아무데도 없다. 그 연설은 정반대의 말을 하고 있다."(이 다음부터는 굵은 활자로) "마르크스는 이 문장을 형식과 내용 모두에서 위조 첨가했다."고.

그 해 5월에『콘코르디아』의 이 해당 잡지를 받은 마르크스는 이 익명의 필자에게『폴크스슈타트』6월 1일호에서 답변했다. 그는 자기가 어떤 신문기사로부터 인용했는가를 기억할 수 없었기 때문에, 먼저 두 개의 영국 간행물에 있는 위와 같은 의미의 인용문을 지적한 다음,『더 타임즈』의 보도를 인용하는 데 국한했다.『더 타임즈』에 따르면, 글래드스턴은 다음과 같이 말했다.

"이것이 이 나라의 부의 현상이다. 만약 실신할 정도의 부와 권력의 증대가 오직 부유한 계급에 국한되어 있다는 것이 확실하다면, 나는 그것을 불안하고 비통한 마음으로 주시할 것이라는 것을 고백하지 않을 수 없다. 이 현상은 노동자의 상태를 전혀 고려하지 않고 있다. 정확하다고 생각되는 자료에 따르면, 내가 방금 말한 부의 증대는 전적으로 재산소유자계급에게만 국한되고 있다."

여기서 글래드스턴은, 만약 그렇다면 유감천만인데, 사실상 바로 그렇다고 말하고 있다. 즉 이 실신할 정도의 부와 권력의 증대는 전적으로 재산소유자계급에 국한되어 있다고 말하고 있는 것이다. 그리고 준관보적인『핸서드』에 관해 마르크스는 다음과 같이 말했다.

"글래드스턴은 나중에 그 연설문을 수정하여, 영국 대장성 장관의 말로서는 확실히 말썽이 날 수 있는 그 단락을 삭제했다. 그렇지만 이것은 영국 의회의 전통적인 관례이지 결코 베벨을 공격하기 위해 꼬마 라스커가 만들어낸 발명 [독일 의회에서 라스커가 베벨에게 행한 자기의 욕설을 속기록에서 빼도록 한 사건] 은 아니다."

익명의 필자는 더욱 화를 냈다. 7월 4일 『콘코르디아』의 답변에서, 그는 모든 이차적 자료는 젖혀놓은 채, 의회 연설은 속기록에서 인용하는 것이 '관례'로 되어 있다고 조심스럽게 말했다. 그리고 계속해 『더 타임즈』의 보도(이 속에는 '위조'된 문구가 들어 있다)와 『핸서드』의 보도(여기에는 이 문구가 없다)는 '실질적으로 완전히 일치'하며, 또 『더 타임즈』의 보도는 '국제노동자협회 창립선언 중의 그 악명 높은 단락과는 정반대의 뜻'을 포함하고 있다고 말했다. 그런데 이 사람은 『더 타임즈』의 보도에는 이 이른바 '정반대'의 것과 아울러 바로 그 '악명 높은 단락'도 분명히 포함되어 있다는 사실에 대해서는 애써 침묵을 지키고 있다. 이 모든 것에도 불구하고, 익명의 필자는 자기가 난처하게 되었다는 것과 오직 새로운 탈출구만이 자기를 구원할 수 있다는 것을 느꼈다. 그리하여 그는 '뻔뻔스러운 거짓'으로 가득찬 자기의 논문에서 '악의', '부정직', '허위주장', '이 허위인용', '뻔뻔스러운 거짓', '완전히 위조된 인용', '이런 위조', '단순히 수치스러운' 따위의 극단적인 욕설을 퍼부으면서도, 동시에 논쟁점을 슬며시 다른 분야로 넘기는 것이 필요하다고 생각해, "우리가 글래드스턴 말의 내용에 어떤 의의를 부여해야 하는가를 별개의 논문에서 설명" 하겠다고 약속했다. 전혀 보잘것없는 그의 견해가 마치 조금이라도 그 문제 [부와 권력의 불균등 분배] 와 관계가 있는 듯이! 이 별개의 논문은 7월 11일의 『콘코르디아』에 실렸다.

마르크스는 이에 대해 8월 7일의 『폴크스슈타트』에서 다시 한 번 답변했는데, 이번에는 해당 단락을 1863년 4월 17일의 『모닝 스타』와 『모닝 애드버타이저』로부터도 인용했다. 이 두 신문에 따르면, 글래드스턴은 다음과 같이 말했다. 만약 실신할 정도의 부와 권력의 증대가 실제로 '부유한 계급'에 국한되어 있다는 것이 확실하다면, 자기는 그것을 불안하게 생각할 것이다. 그런데 사실상 이런 증대는 '완전히 재산소유자계급에게만 국한되어 있다.'라고. 이와 같이 이 기사들에도 마르크스가 '위조 첨가'했다는 문구가 문자 그대로 들어있다. 더 나아가 마르크스는 그 다음 날 아침 서로 독립적으로 나온 세 개의 신문기사가 그 점에서 완전히 일치하기 때문에 사실 그렇게 말했다는 것이 증명되는 그 문장이 잘 알려진 '관례'[ 연설자가 검열하는 관례 ] 에 따라 『핸서드』의 의사록에는 실려 있지 않다는 것과, 글래드스턴은 그것을, 마르크스의 말을 빌린다면, "그 뒤 슬쩍 삭제했다"는 것을 『더 타임즈』와 『핸서드』의 원문들을 비교함으로써 다시 한 번 확증했다. 끝으로 마르크스는 익명의 필자를 더 이상 상대할 시간이 없다고 말했다. 익명의 필자도 더 할 말이 없었던지 적어도 마르크스는 그 뒤 『콘코르디아』를 받지 않았다.

　이로써 사건은 종말을 짓고 잊혀진 것같이 보였다. 하기는 그 뒤 케임브리지대학과 관계가 있는 사람들로부터, 마르크스가 『자본론』에서 언어도단의 문필상 죄악을 범했다는 정체불명의 풍문이 한두 차례 전해온 적은 있었다. 그러나 아무리 조사해도 확실한 것은 도무지 알 도리가 없었다. 그러던 차에 1883년 11월 9일, 즉 마르크스가 죽은 뒤 8개월이 지나 『더 타임즈』에 케임브리지 트리니티대학의 테일러라는 사람의 편지가 실렸다. 매우 온건한 협동조합 활동을 하고 있는 이 사람은 그 편지에서 전혀 뜻밖에도 케임브리지의 풍문에 관해서뿐 아니라 『콘코르디아』의 익명 필자에 관해서도 말했다. 이 사람은 다음과 같이 말하고 있다.

　"아주 이상하게 생각되는 것은, 글래드스턴의 연설로부터 인용한 것을 〔국제노동자협회 창립〕 선언에 넣도록 했던 마르크스의 악의를 브렌타노 교수(당시에는 브레슬라우 대학에 있었고 현재는 슈트라스부르크

대학에 있다)가 비로소 폭로…할 수 있었다는 사실이다. 그 인용문을
변호하려고 시도한…카를 마르크스는 브렌타노가 한 번 멋있게 치자
넘어졌으나, 그래도 뱃심 좋게 주장하기를, 글래드스턴은 1863년 4월
17일의 『더 타임즈』에 실린 자기의 연설 보도를 『핸서드』에 싣기 전에
뜯어고쳐 영국 대장성 장관의 말로서는 '확실히 말썽이 날 수 있는' 단
락을 '삭제'했다는 것이다. 브렌타노가, 교활하게도 앞뒤를 끊어버리
고 인용함으로써 글래드스턴의 말이 가지게 된 그런 의미를 절대로 포
함하고 있지 않다는 점에서 『더 타임즈』와 『핸서드』의 보도가 일치한
다는 것을 원문을 세밀히 대조해 증명했을 때, 마르크스는 '시간이 없
다'는 구실로 물러나 버렸던 것이다."

사건의 진상은 바로 이러했다! 그리고 『콘코르디아』에서 브렌타노가
제기한 익명 논쟁은 케임브리지 생산협동조합원의 관념에 그처럼 휘황하
게 반영되었던 것이다. 독일 공장주협회의 세인트 조지인 브렌타노가 칼
을 휘둘러 '멋있게 한 번 치니', 저승의 용 마르크스는 그만 '넘어져' 그
의 발밑에서 '최후의 숨'을 거두었다는 것이다.

그런데 이 모든 아리오스토적 전쟁장면은 우리의 세인트 조지의 탈출
을 숨기기 위한 것에 지나지 않는다. 여기서 문제로 되고 있는 것은 이미
'위조 첨가된 것', '위조'가 아니라, 오직 '교활하게도 앞뒤를 끊어버리고
인용한 것'이다. 문제 전체는 어느새 다른 분야로 옮아갔는데, 세인트 조
지와 케임브리지의 방패막이는 왜 그렇게 하는 것이 필요한가를 잘 알고
있었던 것이다.

엘리너 마르크스는 『더 타임즈』가 자기의 편지를 게재하는 것을 거절
했으므로, 월간잡지 『투데이』(1884년 2월호)에서 테일러에게 답변했다.
이 답변에서 엘리너는 논쟁을 일찍이 문제로 되었던 단 한 점, 즉 마르크
스가 문제의 문장을 '위조 첨가'했는가 아니했는가에 집중시켰다. 테일러

는 이에 대해 다음과 같이 응답했다. 그의 의견에 따르면, 마르크스와 브렌타노 사이의 논쟁에서는

"글래드스턴의 연설 가운데 어떤 한 문장이 있었느냐 없었느냐 하는 문제는, 인용의 의도가 글래드스턴 말의 진의를 그대로 전달하는 데 있었는가 그것을 왜곡하는 데 있었는가 하는 문제에 비하면 매우 부차적인 의의밖에 가지지 못했다."

그 다음 테일러는 『더 타임즈』의 보도가 "실제로 모순되는 말을 내포하고 있다."는 사실을 인정했다. 그러나 만약 문맥을 정당하게, 다시 말해 자유주의적–글래드스턴적 의미로 해석한다면, 그 문맥은 글래드스턴이 말하기를 원했던 것을 보여주고 있다고 주장했다(『투데이』1884년 3월호). 여기서 가장 우스운 것은, 케임브리지의 소인이 이제는 연설을 『핸서드』로부터 인용하지 않고—익명 필자 브렌타노의 의견에 따르면 그렇게 하는 것이 '관례'임에도 불구하고—그 보도가 "조잡하지 않을 수 없다."고 브렌타노가 특징지은 『더 타임즈』로부터 열심히 인용하고 있다는 사실이다. 『핸서드』에는 이 시끄러운 문장이 들어 있지 않으니 그렇게 할 수밖에.

엘리너 마르크스가 『투데이』의 같은 호에서 테일러의 논의를 부수어 버리는 것은 쉬운 일이었다. 둘 중에 하나일 것이다. 테일러가 1872년의 논쟁을 읽었다면 그는 지금 '거짓'말을 하는 것이다. 없던 것을 '위조 첨가'할 뿐 아니라 있던 것을 '삭제'하고 있는 것이다. 또는 그가 그 논쟁을 읽지 않았다면 발언할 권리가 없는 것이다. 아무튼 그는 마르크스가 '위조 첨가'했다는 자기 벗 브렌타노의 고발을 감히 지지하지 못한 것만은 확실하다. 반대로 이제는 마르크스가 위조 첨가한 것이 아니고 하나의 중요한 문장을 삭제했다는 것이다. 그러나 바로 그 문장은 창립선언 제5

쪽에 이른바 '위조 첨가'되었다는 문장보다 몇 줄 앞에 인용되어 있다. 글래드스턴의 연설 가운데 있는 '모순'에 관해 말한다면, '1863년과 1864년의 글래드스턴의 예산안 제안연설에 나타난 끊임없는 놀라운 모순들'을 『자본론』[ I(하), 889쪽, 주 40 ]에서 지적한 사람이 바로 마르크스가 아니고 누구인가? 그는 다만 이 모순들을 테일러식으로 자유주의적 자기만족감 속에 해소시키려고 시도하지 않았을 뿐이다. 엘리너 마르크스는 답변의 결론에서 다음과 같이 요약하고 있다.

"마르크스는 인용할 가치 있는 것을 삭제하지도 않았고 아무것도 '위조 첨가'하지 않았다. 그는 글래드스턴이 연설에서는 확실히 말했으나 어쩐 일인지 『핸서드』의 기록에는 탈락된 한 문장을 부활시켜 망각에서 구해냈던 것이다."

이것으로 세들리 테일러도 진정했다. 20년 동안 두 큰 나라에 걸쳐 진행된 교수들의 공동 모의 전체를 부수어버린 결과 누구도 마르크스의 문필적 양심을 비방하지 못하게 되었다. 또 이제부터 브렌타노는 『핸서드』에는 절대로 과오가 있을 수 없다는 것을 믿지 않을 것이며, 마찬가지로 세들리 테일러는 브렌타노의 문헌적 전투보고를 믿지 않게 될 것이다.

1890년 6월 25일
런던
프리드리히 엥겔스

# 제1편
# 상품과 화폐

# 제1장
# 상 품

## 제1절 상품의 두 요소: 사용가치와 가치(가치의 실체, 가치의 크기)

자본주의적 생산양식이 지배하는 사회의 부는 '방대한 상품더미'[1]로 나타나며, 개개의 상품은 부의 기본형태다. 그러므로 우리 연구는 상품의 분석에서 시작한다.

상품은 먼저 우리 외부에 있는 하나의 대상이며, 이것의 속성들에 의해 인간의 온갖 욕구를 충족시켜 주는 물건이다. 이 욕구의 성질이 어떠한가, 예컨대 욕구가 위장에서 나오는가 또는 환상에서 생기는가는 전혀 문제가 되지 않는다.[2] 또한 물건이 인간의 욕구를 어떻게 만족시키는가, 즉 생활수단〖소비재〗으로서 직접 만족시키는가, 아니면 생산수단으로서 간접적으로 만족시키는가도 전혀 문제가 되지 않는다.

철 · 종이 따위의 유용한 물건은 질과 양의 두 측면에서 고찰할 수

---

1) 마르크스, 『정치경제학 비판을 위하여』〖CW 29: 269〗.

2) "욕구는 결핍을 전제로 한다. 욕구는 마음의 식욕으로서, 육체의 배고픔처럼 자연스럽다. 대다수의 물건은 마음의 결핍을 충족시켜 주기 때문에 가치를 갖는다."(바본, 『더욱 가벼운 신화폐의 주조에 관한 이야기』: 2~3)

있다. 유용한 물건은 수많은 속성들을 가지고 있으며, 따라서 여러 가지로 쓸모가 있다. 물건들의 다양한 용도를 발견하는 것은 역사의 과제다.3) 유용한 물건의 양을 측정하는 사회적 척도 [ 예: kg, m ] 를 찾아내는 것 또한 그렇다. 상품의 척도들이 다양하게 된 이유는 일부는 측정되는 대상의 성질이 여러 가지이기 때문이고, 또 일부는 사회적 관습 때문이다.

한 물건의 유용성은 그 물건으로 하여금 사용가치use-value가 되게 한다.4) 그러나 이 유용성은 공중에 떠있는 것이 아니라 상품의 물리적 속성에 의해 주어지고 있으며, 그 상품체商品體와 별도로 존재할 수 없다. 그러므로 철·밀·금강석 따위 상품체 자체가 사용가치 또는 유용한 물건이다. 상품의 이런 속성은, 그 유용성을 취득하는 데 인간노동이 많이 드는가 적게 드는가 하고는 관계가 없다. 사용가치를 고찰할 때 우리는 항상 일정한 양(예: 몇 개의 시계, 몇 톤의 철, 몇 미터의 아마포)을 다루고 있다. 상품의 사용가치는 상품학이라는 특수 분야의 연구대상이다.5) 사용가치는 오직 사용 또는 소비에서만 실현된다. 사용가치는 부의 사회적 형태가 어떠하건 부의 소재적 내용을 이룬다. 우리가 고찰하는 사회

---

3) "물건은 어디에서나 변하지 않는 내재적 속성"(이것은 사용가치를 나타내는 바본의 독특한 용어다)"을 가진다. 예컨대 철을 끌어당기는 자석의 능력과 같은 것이 그것이다."(바본, 같은 책: 6) 철을 끌어당기는 자석의 속성은, 자석의 두 끝이 발견되고 나서야 비로소 유용하게 되었다.

4) "물건의 자연적 가치는 그것이 인간생활의 필요를 충족시키거나 편의에 이바지하는 데 적합하다는 점에 있다."(로크, 『이자 인하의 결과들에 관한 몇 가지 고찰』: 28) 우리는 17세기 영국 저술가들이 'worth'를 사용가치의 의미로, 'value'를 교환가치의 의미로 사용한 것을 자주 발견하는데, 이것은 현실적 사물은 게르만계통의 언어로, 사물의 반영은 라틴계통의 언어로 표현하기를 좋아하는 영어의 정신에 아주 잘 맞는다.

5) 부르주아 사회에서는 누구나 상품구매자로서 상품에 대한 백과사전식 지식을 가지고 있다는 법적 가설이 지배하고 있다.

형태에서 사용가치는 동시에 교환가치를 지니는 물건이다.

교환가치exchange-value는 먼저 양적 관계, 즉 어떤 종류의 사용가치가 다른 종류의 사용가치와 교환되는 비율6)로 나타난다. 그런데 이 비율은 시간과 장소에 따라 끊임없이 변동하므로, 교환가치는 어떤 우연적이고 순전히 상대적인 것처럼 보이고, 따라서 상품 자체에 고유한 내재적 교환가치라는 것은 일종의 형용모순인 것처럼 보인다.7) 이 문제를 좀 더 자세히 고찰해 보자.

일정한 상품(예컨대 1리터의 밀)은 X량의 구두약, Y량의 명주, Z량의 금 등, 요컨대 상이한 상품들과 다양한 비율로 교환된다. 따라서 밀은 단 하나의 교환가치를 가지는 것이 아니라 수많은 교환가치를 가진다. X량의 구두약, Y량의 명주, Z량의 금 등은 모두 밀 1리터의 교환가치를 표현한다. 따라서 X량의 구두약, Y량의 명주, Z량의 금 등은 교환가치로서는 서로 대체할 수 있는 동일한 크기임에 틀림없다. 이로부터 알 수 있는 것은, 첫째로 특정한 상품의 서로 다른 교환가치들은 동일한 그 무엇을 표현하고 있으며, 둘째로 교환가치는 교환가치와는 구별되는 그 어떤 내용의 표현양식 또는 '현상형태'에 지나지 않는다는 점이다.

두 개의 상품, 밀과 철을 예로 들어 보자. 그들이 교환되는 비율은 그 비율이 어떻든 밀의 주어진 양이 철의 일정한 양과 같게 되는 하나의 등식, 예컨대 1리터의 밀=X킬로그램의 철로 표시할 수 있다. 이 등식은 무엇을 의미하는가? 두 개의 서로 다른 물건―즉 1리터의 밀과 X킬로그램의 철―에는 공통한 그 무엇이 동일한 양만큼 들어 있다는 것을 의미한다. 따라서 이 두 개는 둘 중의 어느 하나가 아닌 제3자와 같으며, 각각

---

6) "가치란 어떤 물건과 다른 물건, 어떤 생산물의 일정한 양과 다른 생산물의 일정한 양이 교환되는 비율이다."(르 트로느, 『사회적 이익에 대해』: 889)
7) "어떤 물건도 내재적 가치를 가질 수 없다."(바본, 앞의 책: 6) 또는 버틀러가 말한 바와 같이, "물건의 가치는 그 물건이 가져오는 것과 똑같은 크기다."

은 교환가치인 한, 이 제3자로 환원될 수 있어야 한다.

간단한 기하학의 실례를 가지고 이것을 설명해 보자. 많은 종류의 다각형의 면적을 결정하고 비교하기 위해 우리는 그것을 삼각형으로 분해한다. 또 그 삼각형 자체를 그 외견상의 모습과는 전혀 다른 표현[즉 밑변과 높이의 곱의 $\frac{1}{2}$]으로 환원한다. 이와 마찬가지로 상품의 교환가치들도 하나의 공통적인 것—이것의 어떤 양을 교환가치는 표시한다—으로 환원되어야 한다.

이 공통적인 '그 무엇'은 상품의 기하학적·물리학적·화학적 또는 기타의 자연적 속성일 수 없다. 그런 속성들은 상품들의 유용성에 영향을 미치고, 따라서 그것들을 사용가치로 만드는 한에서만 우리의 관심 대상이 된다. 그러나 상품들의 교환관계는 분명히 상품의 사용가치를 고려하지 않는다는 특징을 갖고 있다. 즉 상품의 교환관계에서는 어떤 하나의 사용가치는, 그것이 충분히 있기만 하다면, 다른 어떤 사용가치와 마찬가지로 유용하다. 또는 노련한 바본이 말하는 바와 같이,

"어떤 한 종류의 상품과 다른 종류의 상품은, 만약 그 교환가치가 같다면, 다를 것이 없다. 같은 크기의 교환가치를 가지는 물건들 사이에는 아무런 차이도 구별도 없다…100원의 가치를 가지는 납이나 철은 100원의 가치를 갖는 금이나 은과 똑같은 크기의 교환가치를 가진다."[8]

사용가치로서 상품은 무엇보다도 질적으로 구별되지만, 교환가치로서 상품은 오직 양적 차이를 가질 뿐이고, 따라서 교환가치에는 사용가치가 조금도 포함되어 있지 않다.

---

8) 바본, 앞의 책: 53, 57.

만약 상품의 사용가치를 무시한다면, 거기에는 오직 하나의 속성, 즉 그것이 노동생산물이라는 속성만 남는다. 그러나 그 노동생산물 자체도 전혀 새로운 의미를 가진다. 만약 우리가 노동생산물의 사용가치를 무시한다면, 우리는 동시에 그 노동생산물을 사용가치로 되게 하는 물적 구성요소와 형태들까지도 무시하게 된다. 이제 이 노동생산물은 책상·집·면사 또는 기타의 어떤 유용한 물건도 아니다. 감각적으로 포착할 수 있는 그것의 모든 속성들은 사라져 버린다. 그것은 더 이상 가구공·벽돌공·방적공의 노동생산물이 아니며, 기타 어떤 특정한 생산적 노동의 생산물도 아니다. 노동생산물의 유용성이 사라짐과 동시에 노동생산물에 체현된 〔또는 '대상화된', 또는 '구체화된'〕 노동의 유용한 성질도 사라지고, 따라서 노동의 상이한 구체적 형태도 사라진다. 이들 노동은 더 이상 서로 구별되지 않는 동일한 종류의 노동〔인간노동 일반〕, 즉 추상적 인간노동으로 환원된다.

이제 노동생산물들은 유령 같은 모양, 동질적인 인간노동이 응고되어 있는 모양을 띠게 된다. 다시 말해 노동생산물들은 인간노동력이 그 지출형태와는 관계없이 지출되어 응고된 것에 불과하다. 이 모든 것이 우리에게 말해 주는 것은, 그것들의 생산에 인간의 노동력이 지출되었다는 것, 인간노동이 그것들 속에 퇴적되어 있다는 것이다. 모든 노동생산물은 그들에게 공통적인 이런 사회적 실체가 응고되어 있다는 점에서 가치value, 상품가치다.

우리는 이미 상품들이 교환될 때 그들의 교환가치는 사용가치와는 전혀 관계없다는 것을 보았다. 만약 우리가 상품의 사용가치를 무시해 버린다면, 남는 것은 위에서 규정한 바와 같은 상품의 가치뿐이다. 따라서 상품의 교환관계 또는 교환가치에서 나타나는 공통인자는 바로 상품의 가치다. 우리는 연구가 진행됨에 따라 교환가치야말로 가치의 필연적인 표현양식 또는 현상형태임을 보게 될 것이다. 그러나 당분간 가치의 성질을 그 현상형태와는 관계없이 고찰해야 한다.

사용가치 또는 유용한 물건이 가치를 가지는 것은 오직 거기에 추상적 인간노동이 대상화되거나 체현되어 있기 때문이다. 그러면 그 가치의 크기는 어떻게 측정하는가? 그 물건에 들어 있는 '가치를 형성하는 실체 substance'인 노동의 양에 의해 측정한다. 노동의 양은 노동의 계속시간으로 측정하고, 노동의 계속시간은 시간·일·주 등을 기준으로 측정한다.

만약 상품의 가치가 그것을 생산하기 위해 지출된 노동량에 의해 결정된다면, 상품을 생산하는 노동자가 게으르거나 숙련도가 낮을수록 상품을 생산하는 데 더 많은 시간이 요구되므로 상품의 가치는 그만큼 더 클 것이라 생각할 수도 있다. 그러나 가치의 실체를 이루는 노동은 동등한 인간노동이며, 동일한 인간노동력의 지출이다. 상품세계의 가치로 자기를 표현하는 사회의 총노동력은, 비록 무수한 개인 단위의 노동력으로 구성되어 있지만, 여기에서는 거대한 하나의 동질의 인간노동력으로 계산된다. 각 단위의 노동력은 노동력의 사회적 평균단위라는 성격을 가지고 또 이와 같이 작용하는 한, 다시 말해 한 상품의 생산에 평균적으로 필요한, 즉 사회적으로 필요한 노동시간만 걸리는 한, 서로 다름 없는 동일한 인간노동력이다. 사회적으로 필요한 노동시간socially necessary labour time이란 주어진 사회의 정상적인 생산조건과 그 사회에서 지배적인 평균적 노동숙련도와 노동강도에서 어떤 사용가치를 생산하는 데 드는 노동시간이다. 예컨대 영국에서는 증기직기의 도입으로 일정량의 실을 천으로 전환시키는 데 걸리는 노동이 반으로 줄었다. 증기직기가 도입된 뒤에도 영국의 수직공들은 이런 직조에 종전과 같은 노동시간이 걸렸지만, 이제는 수직공의 개별노동 1시간의 생산물은 $\frac{1}{2}$시간의 사회적 노동밖에 대표하지 못함으로써 그 생산물의 가치는 이전 가치의 절반으로 떨어지게 되었다.

이와 같이 어떤 물건의 가치량을 결정하는 것은 오직 사회적으로 필요

한 노동량, 즉 그것의 생산에 사회적으로 드는 노동시간이다.9) 이 경우
개개의 상품은 그것이 속한 종류의 평균적 표본으로 여겨질 뿐이다.10)
따라서 동일한 노동량이 들어 있는 상품들, 동일한 노동시간에 생산할
수 있는 상품들은 동일한 가치량을 가진다. 한 상품의 가치와 다른 상품
의 가치 사이의 비율은 전자의 생산에 걸리는 노동시간과 후자의 생산에
걸리는 노동시간 사이의 비율과 같다. "가치로서는 모든 상품은 일정한
크기의 응고된 노동시간에 불과하다."11)

그러므로 만약 상품의 생산에 걸리는 노동시간이 변하지 않는다면, 그
상품의 가치도 변하지 않을 것이다. 그러나 노동시간은 노동생산성이 변
할 때마다 변한다. 노동생산성은 여러 가지 사정에 의해 결정되는데, 그
중에서도 특히 노동자들의 평균적 숙련도, 과학과 그 기술적 응용의 발
전 정도, 생산과정의 사회적 조직, 생산수단의 규모와 능률, 그리고 자연
적 조건에 의해 결정된다. 동일한 양의 노동이라도 예컨대 풍년에는 8리
터의 밀을 생산하고 흉년에는 겨우 4리터의 밀을 생산한다. 동일한 양의
노동이라도 풍부한 광산에서는 빈약한 광산에서보다 더 많은 금속을 생
산해 낸다. 다이아몬드는 지표에 나와 있는 경우가 없으므로 그것을 발
견하는 데는 평균적으로 더 많은 노동시간이 걸린다. 따라서 다이아몬드
는 적은 양으로 많은 노동을 대표한다. 제이콥은 금에 대해 그 완전한

---

9) "그것들"(소비재들)"이 서로 교환될 때, 그것들의 가치는 그것들의 생산에 필
　연적으로 요구되며, 또 일반적으로 드는 노동량에 의해 규정된다."([『금리 일
　반과 특히 공채이자에 관한 고찰』]: 36~37) 18세기의 이 주목할 만한 익명의
　저서는 발행연도가 표시되어 있지 않다. 그러나 그 내용으로 보아 조지 2세 시
　대인 1739년 또는 1740년에 발간된 것이 분명하다.

10) "동일한 종류의 생산물 전체는 본래 하나의 덩어리를 형성하며, 그것의 가격
　은 개별적인 조건과는 관계없이 전체적으로 결정된다."(르 트로느, 앞의 책:
　893)

11) 마르크스, 앞의 책 [ CW 29: 272 ].

가치가 지불된 적이 있었는지를 의심하고 있다. 이것은 다이아몬드에 더욱 적합한 말이다. 에슈베게에 따르면, 1823년까지의 80년간 브라질 다이아몬드 광산의 총산출액은 브라질의 사탕 또는 커피 농장의 1년 반 분의 평균생산물 가격에도 미달했다[비록 다이아몬드가 훨씬 더 많은 노동을, 따라서 더 많은 가치를 대표하고 있었지만]. 만약 광산이 더 풍부하다면 동일한 양의 노동은 그만큼 더 많은 양의 다이아몬드로 대상화될 것이며, 따라서 다이아몬드의 가치는 그만큼 떨어질 것이다. 만약 아주 적은 노동으로 석탄을 다이아몬드로 전환시키는 데 성공한다면, 다이아몬드의 가치는 벽돌의 가치보다 낮아질 수 있을 것이다. 일반적으로, 노동생산성이 높으면 높을수록 한 물품의 생산에 걸리는 노동시간은 그만큼 작아지며, 그 물품에 응고되는 노동량도 그만큼 적어지고, 따라서 그 물품의 가치도 그만큼 작아진다. 반대로 노동생산성이 낮으면 낮을수록 물품의 생산에 걸리는 노동시간은 그만큼 커지며, 그 물품의 가치도 그만큼 커진다. 이와 같이 상품의 가치는 그 상품에 체현되어 있는 노동량에 정비례하고 노동생산성에 반비례한다.*

어떤 물건은 가치를 가지지 않으면서 사용가치일 수 있다. 인간에 대한 그 물건의 유용성이 노동에 의해 매개되지 않는 경우에 그러하다. 예를 들면 공기, 처녀지[미개간지], 자연의 초원, 야생의 수목 등이 그러하다. 어떤 물건 그리고 인간노동의 어떤 생산물은 상품이 아니면서 유용할 수 있다. 자기 노동의 생산물로써 자기 자신의 욕구를 충족시키는 사람은 사용가치를 만들기는 하지만 상품을 만들지는 않는다. 상품을 생산하기 위해서 그는 사용가치를 생산할 뿐 아니라 타인을 위한 사용가

---

* 제1독어판에는 이후 다음과 같은 단락이 계속되고 있다. "이제 우리는 가치의 실체를 알았다. 그것은 노동이다. 우리는 가치의 크기의 척도를 알았다. 그것은 노동시간이다. 가치에 교환가치라는 도장을 찍는 가치의 형태는 아직 분석되어야 한다. 그러나 그 전에 이미 찾아낸 규정들을 좀더 상세히 전개해야 하겠다."

치, 즉 사회적 사용가치를 생산해야 한다. {엥겔스: 또 단순히 타인을 위한 사용가치를 생산하는 것만으로는 충분하지 않다. 중세의 농민은 봉건 영주를 위해 공납으로 바칠 곡물을 생산했고, 성직자를 위해 십일조 『1/10세』로 바칠 곡물을 생산했다. 그러나 공납으로 바친 곡물이나 십일조로 바친 곡물은, 타인을 위해 생산되었다는 이유만으로는 아직 상품이 되지 않았다. 생산물이 상품이 되기 위해서는 그 생산물을 사용가치로 쓰는 사람에게 교환을 통해 이전되어야 한다.}[11][a] 끝으로, 어떤 물건도 사용대상이 아니고서는 가치일 수 없다. 만약 어떤 물건이 쓸모없는 것이라면, 거기에 들어 있는 노동도 쓸모없는 것이어서 노동으로 계산되지 않으며, 따라서 아무런 가치도 형성하지 못한다.

## 제2절  상품에 체현되어 있는 노동의 이중성

처음 상품은 사용가치와 교환가치라는 이중성을 가진 물건으로 나타났다. 그 뒤 노동도 또한 이중성을 가지고 나타났다. 즉 노동이 가치로 표현되는 경우에는 더 이상 사용가치를 창조하는 성격을 가지지 않는다. 상품에 체현되어 있는 노동의 이중성은 내가 처음으로 지적하고 비판적으로 검토했다.[12] 노동의 이중성은 정치경제학의 이해에 결정적으로 중요하기 때문에 좀 더 자세히 설명할 필요가 있다.

두 상품, 즉 1개의 저고리와 10미터의 아마포를 예로 들어 보자. 전자

---

11)[a] {엥겔스: 이 괄호 안에 들어 있는 말이 없었던 탓으로 마치 마르크스가 생산자 이외의 사람들이 소비하는 생산물은 무엇이든 상품으로 여겼다는 오해가 자주 생겼기 때문에, 나는 이것을 삽입하기로 했다.}
12) 마르크스, 앞의 책『CW 29: 276 이하』을 참조하라.

의 가치는 후자 가치의 두 배라고 하고, 10미터의 아마포=W라면, 1개의 저고리=2W다.

저고리는 특정의 욕구를 충족시키는 사용가치다. 그것을 생산하기 위해서는 특수한 종류의 생산활동이 필요하다. 이 생산활동은 그 목적·작업방식·수단·결과에 의해 결정된다. 우리는 노동의 유용성이 생산물의 사용가치로 표현되는 노동, 또는 노동의 생산물을 사용가치로 만들어 스스로를 표현하는 노동을 간단히 유용노동useful labour이라고 부른다. 이 경우 우리는 노동의 유용효과만 고려한다.

저고리와 아마포가 질적으로 다른 사용가치인 것과 마찬가지로, 그것들을 만들어 낸 노동도 질적으로 서로 다른 것(즉 재봉노동과 직조노동)이다. 만약 이 두 물건이 질적으로 다른 사용가치가 아니라면, 따라서 질적으로 다른 유용노동의 생산물이 아니라면, 그것들은 결코 상품으로 서로 마주할 수 없을 것이다. 저고리는 저고리와는 교환되지 않으며, 어떤 사용가치가 동일한 사용가치와 교환되는 일도 없다.

다양한 사용가치들[상품체들]의 총체는 다양한 유용노동들[유類·속屬·종種·변종變種으로 분류된다]의 총체, 즉 사회적 분업을 반영한다. 이 사회적 분업은 상품생산의 필요조건이다. 그러나 반대로 상품생산이 사회적 분업의 필요조건은 아니다. 고대 인도의 공동체에서 노동은 사회적으로 분할되어 있었지만 그 생산물은 상품이 아니었다. 더 가까운 예를 든다면, 어떤 공장에도 노동은 체계적으로 분할되어 있으나, 이 분업은 노동자들이 자기의 개별 생산물을 교환함으로써 유지되고 있는 것은 아니다. 독립적으로 행해지고 상호 의존하지 않는 사적 노동의 생산물만이 서로 상품으로 마주한다.

이제 이상에서 말한 것을 요약하면 다음과 같다. 각 상품의 사용가치에는 유용노동, 일정한 종류의 합목적적 생산활동이 들어 있다. 여러 가지 사용가치는, 만약 거기에 질적으로 다른 유용노동이 들어 있지 않다면, 상품으로 서로 마주할 수 없다. 생산물이 일반적으로 상품 형태를 취하고 있는 사회, 즉 상품생산자 사회에서는, 개별 생산자들이 상호 독립적으로 자기 자신의 계산에 따라 수행하는 여러 가지 형태의 유용노동 사이의 질적 차이는 하나의 복잡한 체계, 사회적 분업으로 발전한다.

재봉사 자신이 저고리를 입든 그의 고객이 저고리를 입든, 저고리는 사용가치로 기능한다. 마찬가지로 저고리와 그것을 생산하는 노동 사이의 관계도 재봉일이 특수한 직업, 즉 사회적 분업의 독립적인 일환으로 된다고 해서 달라지지는 않는다. 인간은 옷을 입어야만 했기 때문에 전문적인 재봉사가 나타나기 몇 천 년 전부터 재봉일을 했다. 그러나 저고리와 아마포는, 물적 부 중 자연이 미리 제공하지 않는 다른 모든 요소들과 마찬가지로, 언제나 특정의 자연소재를 특정의 인간욕구를 충족시키게끔 변형시키는 특수한 합목적적 생산활동을 거쳐서 창조되지 않으면 안 된다. 그러므로 사용가치의 창조자로서 노동, 유용노동으로서 노동은 사회 형태와 무관한 인간생존의 조건이며, 인간과 자연 사이의 물질대사, 따라서 인간생활 자체를 매개하는 영원한 자연적 필연성이다.

사용가치인 저고리 · 아마포 따위, 즉 상품체는 자연재료와 노동이라는 두 요소의 결합이다. 저고리 · 아마포 등에 들어 있는 여러 가지 유용노동 모두를 제거한다면, 남는 것은 언제나 인간의 어떤 개입 없이 자연이 제공하는 일정한 물질적 바탕뿐이다. 인간은 생산과정에서 오직 자연 자체가 하는 것처럼 일할 수 있을 뿐이다. 다시 말해 오직 물질의 형태를 변경할 수 있을 뿐이다.[13] 더구나 이런 형태를 변경하는 노동에서까지

---

13) "우주의 모든 현상은, 인간 손에 의해 생기든 물리학의 일반법칙에 의해 생기든, 실제의 창조가 아니고 오직 물질의 변형에 지나지 않는다. 결합과 분리는 인간 정신이 재생산이라는 관념을 분석할 때마다 발견하는 유일한 요소다. 이것은 가치"(사용가치를 말한다. 비록 베리 자신은 중농주의자와 행한 논쟁에서 자기가 어떤 종류의 가치를 말하고 있는가를 똑똑히 알지는 못했지만)

인간은 끊임없이 자연력의 도움을 받는다. 따라서 노동은 노동에 의해 생산되는 사용가치, 즉 물적 부의 유일한 원천은 아니다. 윌리엄 페티가 말한 바와 같이, 노동은 물적 부의 아버지이고, 토지는 그 어머니이다.

이제 사용대상인 상품에서 상품의 가치로 넘어가자.

우리의 가정에 따르면, 저고리는 아마포보다 두 배의 가치를 가진다. 그러나 이것은 양적 차이에 지나지 않으며, 이 양적 차이는 지금 당장은 우리의 관심사가 아니다. 그러므로 여기에서 우리는 만약 1개의 저고리 가치가 10미터 아마포 가치의 두 배라면, 20미터의 아마포는 1개의 저고리와 동일한 가치를 가진다고 생각하면 된다. 가치로서 저고리와 아마포는 동일한 실체를 가지므로, 동질 노동의 객체적 표현이다. 그러나 재봉과 직조는 질적으로 다른 노동형태다. 그렇지만 동일한 인간이 번갈아 가면서 재봉도 하고 직조도 하는 사회상태도 있다. 이 경우 두 가지 서로 다른 노동방식은 동일한 개인이 행하는 노동의 변종에 지나지 않으며, 서로 다른 개인들의 고정된 기능이 아니다. 그것은 마치 재봉사가 오늘은 저고리를 만들고 내일은 바지를 만들기 위해 자기 자신의 개인노동을 변경시키는 것과 마찬가지다. 더욱이 자본주의 사회에서는 노동에 대한 수요의 방향이 변함에 따라 사회적 노동의 일정한 부분이 번갈아 가면서 재봉의 형태로 또는 직조의 형태로 공급되고 있다는 것을 곧 알 수 있다. 노동형태의 이와 같은 변화가 마찰 없이 일어난다고는 말할 수 없으나, 어쨌든 일어날 수밖에 없다.

만약 생산활동의 명확한 질, 따라서 노동의 유용한 성격을 무시한다면, 생산활동은 다만 인간노동력의 지출에 지나지 않는다. 재봉과 직조

---

"와 부의 재생산에서도 마찬가지다. 예컨대 토지·공기·물이 들에서 밀로 전환되든, 곤충의 분비물이 인간 손에 의해 명주로 전환되든, 몇 개의 금속조각이 결합하여 시계가 만들어지든, 그러하다."(베리, 『정치경제학에 관한 고찰』: 21~22).

는, 비록 질적으로 다른 생산활동이지만, 모두 인간의 두뇌·근육·신
경·손 등의 생산적 소비이고, 이 의미에서 모두 인간노동이다. 재봉과
직조는 인간노동력 지출의 두 가지 서로 다른 형태에 지나지 않는다. 물
론 인간의 노동력이 다양한 형태로 지출되기 위해서는 노동력 그 자체가
어느 정도의 발전단계에 도달해야 한다. 그러나 상품의 가치는 순수하고
단순한 인간노동, 즉 인간노동력 일반의 지출을 표현하고 있다. 부르주
아 사회에서는 장군이나 은행가는 거대한 기능을 하지만 평범한 인간은
매우 보잘것없는 기능밖에 하지 못하는데,14) 인간노동의 경우도 마찬가
지다. 인간노동은 특수한 방향으로 발달하지 않은 평범한 인간이 자기의
육체 안에 평균적으로 가지고 있는 단순한 노동력을 지출하는 것이다.
물론 단순한 평균적 노동 simple average labour 자체도 나라가 다르고 문화의
발전단계가 다르면 그 성격도 달라지지만, 일정한 사회에서는 이미 알려
져 있다. 더 복잡한 노동은 강화된 또는 몇 배로 된 단순노동으로 여길
뿐이며, 따라서 적은 양의 복잡노동은 더 많은 양의 단순노동과 동등하
게 여긴다. 이와 같은 환산이 끊임없이 이루어지고 있다는 것은 경험으
로 안다. 어떤 상품이 복잡한 노동의 생산물이라 하더라도, 자기의 가치
를 통해 단순노동의 생산물과 동등하게 되고 일정한 양의 단순노동을 대
표할 뿐이다.15) 서로 다른 종류의 노동이 그 측정단위인 단순노동으로
환원되는 비율은 생산자들의 배후에서 진행되는 하나의 사회적 과정에
의해 결정되며, 따라서 생산자들에게는 관습에 의해 전해 내려온 것처럼
보인다. 단순화를 위해 이하에서는 각종 노동력을 단순노동력으로 여길
것인데, 이것은 오직 환산의 수고를 덜기 위해서다.

14) 헤겔, 『법철학』: 250, 제190단락을 보라.
15) 여기서 문제로 삼는 것은 노동자가 예컨대 하루 노동의 대가로 받는 임금(또
   는 가치)이 아니라 하루 노동이 대상화되는 상품의 가치다. 임금이라는 범주
   는 우리 발표[서술]의 이 단계에서는 아직 나타나지 않는다.

가치로서 저고리와 아마포를 고찰할 때 우리가 사용가치의 차이를 무시하는 것과 마찬가지로, 그것들의 가치로 표시되는 노동에서 우리는 재봉과 직조라는 노동의 유용형태상의 차이를 무시한다. 사용가치로서 저고리와 아마포는 특정 목적의 생산활동이 천이나 실과 결합한 것이지만, 가치로서 저고리와 아마포는 동질노동의 응고물일 뿐이다. 이와 마찬가지로, 그것들의 가치에 들어 있는 노동도 천이나 실에 대한 생산적 작용에 의해 의미를 가지는 것이 아니라 오직 인간노동력의 지출로서만 의미를 가진다. 재봉과 직조는 질적으로 상이하기 때문에 사용가치인 저고리와 아마포의 형성요소로 된다. 그러나 재봉과 직조의 특수한 질이 무시되고 양자가 인간노동이라는 동일한 질을 가지는 한, 재봉과 직포는 저고리와 아마포의 가치의 실체를 형성한다.

그러나 저고리와 아마포는 가치일반일 뿐만 아니라 일정한 크기의 가치이며, 우리의 가정에서는 1개의 저고리는 10미터 아마포의 두 배 가치를 가진다. 가치량의 이와 같은 차이는 무엇 때문인가? 아마포는 저고리에 들어 있는 노동의 절반을 포함하고 있으며, 그리하여 저고리의 생산에는 아마포의 생산에 드는 시간보다 두 배나 길게 노동력이 지출되어야만 하기 때문이다.

그러므로 상품에 체현되어 있는 노동은 사용가치와의 관련에서는 질적으로만 고려되고, 가치와의 관련에서는 노동이 벌써 단순한 인간노동으로 환원되어 있으므로 양적으로만 고려된다. 전자의 경우에는 노동이 '어떻게' 수행되며, 또 '무엇을' 생산하는가가 문제로 되며, 후자의 경우에는 노동력이 '얼마나' 지출되는가, 즉 노동의 계속시간이 문제로 된다. 상품 가치의 크기는 그 상품에 들어 있는 노동량만을 표시하기 때문에, 상품들은 어떤 일정한 비율을 취하면 그 가치가 동일하게 된다.

만약 저고리의 생산에 필요한 모든 유용노동의 생산성이 변하지 않는다면, 생산된 저고리의 가치량은 저고리의 양에 비례해 증가할 것이다.

만약 1개의 저고리가 X일의 노동을 대표한다면, 2개의 저고리는 2X일의 노동을 대표하게 된다. 그런데 저고리의 생산에 필요한 노동이 두 배로 증가하거나 절반으로 감소한다고 가정하면, 전자의 경우에는 1개의 저고리가 이전의 2개 저고리의 가치를 가지게 될 것이며, 후자의 경우에는 2개의 저고리가 이전의 1개 저고리의 가치밖에 가지지 못할 것이다. 비록 두 경우에 1개의 저고리가 변함없이 동일한 편의를 제공하고, 저고리에 들어 있는 유용노동이 변함없이 유용하더라도, 그렇다. 어쨌든 저고리의 생산에 드는 노동량이 변한 것이다.

상품의 양적 증가는 그 자체로 물적 부의 증가다. 2개의 저고리는 1개의 저고리보다 더 많은 물적 부다. 왜냐하면 2개의 저고리는 두 사람을 입힐 수 있지만 1개의 저고리는 오직 한 사람을 입힐 수 있을 뿐이기 때문이다. 그런데도 물적 부의 양적 증대가 그 가치량의 감소를 동반할 수 있다. 이런 모순되는 운동은 노동의 이중성에서 발생한다. '생산성'은 물론 언제나 구체적 유용노동의 생산성을 의미하는데, 이것은 어떤 특수한 생산활동이 주어진 시간에 주어진 목표를 얼마나 잘 달성하는가를 가리키는 것이다. 그러므로 유용노동은 그 생산성의 상승 또는 저하에 비례해서 생산물을 많거나 적게 생산한다. 이와는 반대로, 생산성의 변동은 가치로 표현되는 노동 그것에 전혀 영향을 미치지 않는다. 생산성은 구체적 유용형태를 취한 노동의 속성이므로, 노동의 구체적 유용형태가 무시되어 버린다면 생산성은 가치로 표현되는 노동과 아무런 관련도 없게 되는 것은 당연하다. 따라서 동일한 시간에 수행되는 노동은 생산성의 변동과는 관계없이 항상 동일한 가치량을 창조한다. 그러나 생산성이 변동할 때 노동은 동일한 길이의 시간에 상이한 양의 상품을 생산한다. 즉 생산성이 상승하면 더 많은 상품을, 생산성이 저하하면 더 적은 상품을 생산한다. 생산성의 상승은 일정한 시간에 생산되는 상품 총량을 증가시키고, 이리하여 이 상품 총량의 생산에 필요한 총노동시간을 단축시킨다면, 이 상품 총량의 총가치는 감소하게 된다. 반대의 경우에는 반대로 된다.

한편으로 모든 노동은 생리학적 의미에서 인간노동력의 지출이며, 이 동등한 또는 추상적인 인간노동이라는 속성에서 상품의 가치를 형성한다. 다른 한편으로 모든 노동은 특수한 합목적적 형태로 인간노동력을 지출하는 것이며, 이런 구체적 유용노동이라는 속성에서 사용가치를 생산한다.16)

---

16) "노동은 유일하게 보편적이고 유일하게 정확한 가치의 척도며, 모든 시기와 장소에서 상이한 상품들의 가치를 비교할 수 있는 유일한 표준"이라는 것을 증명하기 위해 애덤 스미스는 다음과 같이 말하고 있다. "동등한 양의 노동은 때와 장소를 가리지 않고 노동자에게는 동등한 가치가 있다고 말할 수 있을 것이다. 노동자는 자기의 건강·체력·혈기의 보통 상태에서는, 그리고 자기의 기교·숙련의 보통 정도에서는, 동등한 양의 노동에 대해 동일한 분량의 안식·자유 그리고 행복을 희생해야만 한다."(『국부론』(상): 46–47, 41) 한편으로 스미스는 여기에서(그러나 모든 곳에서 그런 것은 아니다) 상품의 생산에 지출된 노동량에 의한 가치 결정을 노동의 가치 [ 임금 ] 에 의한 상품 가치의 결정과 혼동하고 있으며, 따라서 같은 양의 노동은 항상 동일한 가치 [ 임금 ] 를 가진다는 것을 증명하려고 시도하고 있다. 다른 한편으로 그는, 노동이 상품가치로 표현되는 한, 노동은 노동력의 지출을 의미할 뿐이라는 것을 느끼고 있었지만, 이 지출을 그는 다시 안락·자유·행복의 희생으로만 생각하고 인간의 정상적인 생명활동이라고는 생각하지 않고 있다. 물론 그가 염두에 두고 있는 것은 근대적 임금노동자다. 주 9)에 인용한 익명의 필자인 스미스 선행자가 훨씬 더 적절하게 다음과 같이 말하고 있다. "어떤 사람이 이 생활필수품을 만드는 데 1주일이 걸렸다…그리고 그것과 교환으로 어떤 다른 물건이 제공된다면, 그는 그 물건이 상대방으로 하여금 동일한 노동과 시간을 들이게 했는가를 계산함으로써, 그 물건이 자기 물건의 적당한 등가물인가를 가장 잘 알 수 있다. 여기서 사실상 일어나는 일은, 어떤 사람이 일정한 시간에 어떤 물건을 생산하는 데 쏟은 노동이 그와 동일한 시간에 다른 사람이 다른 물건을 생산하는 데 쏟은 노동과 교환되는 것이다."(『금리 일반과 특히 공채이자에 관한 고찰』: 39) {엥겔스: 영어에는 노동의 이 두 측면을 표현하는 두 개의 다른 단어가 있다는 장점을 가지고 있다. 사용가치를 창조하는, 질적으로 규정된 노동은 work라고 부르며, 가치를 창조하는, 오직 양적으로만 측정되는 노동은 labour라고 부른다.}

## 제3절  가치형태 또는 교환가치

상품은 철·아마포·밀 등과 같은 사용가치[또는 상품체]의 형태로 세상에 등장한다. 이것이 상품의 평범한 현물형태다. 그러나 그것들이 상품인 것은 그것들의 이중적 성격, 즉 사용의 대상임과 동시에 가치를 지니고 있기 때문이다. 그러므로 그것들은 오직 이중적 형태[현물형태와 가치형태]를 가지는 경우에만 상품으로 나타난다. 다시 말해 상품이라는 형태를 가지게 된다.

상품의 가치가 객관적으로 실재한다는 것은 "어느 누구도 그것이 어디 있는지 알 수 없다"는 점에서 과부 퀴클리와는 구별된다.〔셰익스피어,『헨리 4세』, 제1부, 제3막, 제3장의 대사 일부를 살짝 바꾼 표현〕상품 가치의 실재에는 상품체의 감각적이고 거친 객관적 실재와는 정반대로 단 한 분자의 물질도 들어 있지 않다. 그러므로 사람들이 어떤 하나의 상품을 아무리 돌려가며 만지면서 조사해 보더라도 그것이 가치를 가진 물건이라는 것을 알 수 없다. 그러나 만약 우리가 모든 상품은 인간노동이라는 동일한 사회적 실체의 표현일 경우에만 가치로서 객관적 성격을 가지게 된다는 것, 따라서 가치로서 상품의 객관적 성격은 순수히 사회적인 것이라는 것을 기억한다면, 가치는 오직 상품과 상품 사이의 사회적 관계에서만 나타날 수 있다는 것은 자명하다. 사실 우리는 상품들의 교환가치 또는 교환관계로부터 출발해 상품 속에 숨어 있는 가치를 찾아냈다. 이제 우리는 다시 이 가치의 현상형태로 되돌아가야 하겠다.

상품들은 사용가치의 잡다한 현물형태와 뚜렷이 구별되는 하나의 공통적인 가치형태, 즉 화폐형태를 가지고 있다는 것은 누구나 [다른 것은 아무것도 모른다 하더라도] 다 알고 있다. 그러나 여기서 우리는 부르주아 경제학이 일찍이 시도조차 하지 못했던 것을 수행해야 한다. 즉 이 화폐형태의 발생기원을 밝혀야 한다. 다시 말해 상품들의 가치관계에 포함되어 있는 가치표현의 발전을 가장 단순한, 거의 눈에 띄지 않는 형태로부터 휘황찬란한 화폐형태에 이르기까지 추적해야 한다. 이것이 달성될 때 화폐의 신비는 곧 사라질 것이다.

가장 단순한 가치관계는 두말할 것도 없이 어떤 상품과 다른 종류[그것이 어떤 것이든]의 한 상품 사이의 가치관계다. 그러므로 두 상품의 가치들 사이의 관계는 한 상품의 가치의 가장 단순한 표현을 제공한다.


## A. 단순한, 개별적 또는 우연적 가치형태 〔제1형태〕

X량의 상품 A=Y량의 상품 B
또는 X량의 상품 A는 Y량의 상품 B와 가치가 같다.
(20미터의 아마포=1개의 저고리
또는 20미터의 아마포는 1개의 저고리와 가치가 같다.)

### 1. 가치표현의 두 끝: 상대적 가치형태와 등가형태

모든 가치형태의 비밀은 이 단순한 가치형태 속에 숨어 있다. 그러므로 이 가치형태의 분석이 우리의 중요한 난관이다.

종류가 다른 두 상품 A와 B(우리의 예에서는 아마포와 저고리)는 여기서 분명히 두 개의 서로 다른 기능을 한다. 아마포는 자기 가치를 저고리로 표현하며, 저고리는 이런 가치표현의 재료가 된다. 제1상품은 능동적 기능을 하며, 제2상품은 수동적 기능을 한다. 〔20미터의 아마포를 가진 사람이 시장에서 1개의 저고리를 주면 자기의 아마포를 팔겠다고 외치는 상황을 상상하면 이해하기 쉽다. 이 경우 저고리를 가진 사람은 틀림없이 아마포를 가질 수 있다. ∥ 제1상품은 자기 가치를 상대적 가치로 표현한다. 바꾸어 말해 그 상품은 상대적 가치형태로 있다. 제2상품은 등가물로서 기능한다. 다시 말해 그 상품은 등가형태로 있다.

상대적 가치형태와 등가형태는 상호 의존하고 상호 제약하는 불가분의 요소들이지만, 이와 동시에 상호 배제하는 또는 상호 대립하는 극단들[즉 가치표현의 두 끝]이다. 이 두 끝은 가치표현에 의해 상호 관련 맺는 상이한 상품들이 맡는다. 예를 들어 아마포의 가치를 아마포로 표현할 수는 없다. 20미터의 아마포=20미터의 아마포는 결코 가치표현이 아니다. 이 등식이 의미하고 있는 것은 오히려 그 반대의 것이다. 20미터의 아마포는 20미터의 아마포, 즉 사용대상으로 고찰한 아마포의 일정량에 지나지 않는다는 것이다. 따라서 아마포의 가치는 상대적으로만, 다시 말해 다른 상품으로써만 표현할 수 있다. 그러므로 아마포의 상대적 가치형태는 어떤 다른 상품이 등가형태로 아마포와 마주하는 것을 전제한다. 다른 한편으로 등가물의 기능을 하는 다른 상품은 동시에 상대적 가치형태로 있을 수는 없다. 왜냐하면 이 다른 상품은 자기 가치를 표현하는 것이 아니라, 오직 제1상품의 가치를 표현하는 재료를 제공하고 있을 뿐이기 때문이다.

물론 20미터 아마포=1개 저고리, 즉 20미터 아마포는 1개 저고리와 가치가 같다는 표현은, 1개 저고리=20미터 아마포, 즉 1개 저고리는 20미터 아마포와 가치가 같다는 역의 관계를 내포하고 있다. 그렇다 하더라도 저고리의 가치를 상대적으로 표현하기 위해서는 등식을 거꾸로 놓아야 한다. 그렇게 되면 저고리 대신 아마포가 등가물로 된다. 따라서 동일한 상품은 동일한 가치표현에서는 동시에 두 형태를 취할 수 없다. 두 형태는 정반대의 것으로 서로 배제한다.

어떤 상품이 상대적 가치형태로 있는가 아니면 반대로 등가형태로 있는가는 오로지 가치표현에서 그 상품이 차지하는 현실적 위치에 달려 있다. 다시 말해 그 상품이 자기 가치를 표현하는 상품인가 또는 남의 가치를 표현해 주는 상품인가에 달려 있다.

## 2. 상대적 가치형태

### (a) 상대적 가치형태의 내용

한 상품이 가지는 가치의 단순한 표현이 어떻게 두 상품의 가치관계 속에 숨어 있는가를 해명하기 위해서는 이 가치관계를 먼저 그 양적 측면으로부터 완전히 떠나 고찰할 필요가 있다. 그런데 사람들은 보통 이와 정반대의 연구방법을 취해, 가치관계에서 두 가지 상품의 일정한 양이 서로 같게 되는 비율만을 본다. 그들은 이때 상이한 물건들의 크기는 동일한 단위로 환원된 뒤에야 비로소 양적으로 비교할 수 있다는 사실을 잊어버리고 있다. 동일한 단위로 표현했을 때만 그 물건들의 크기는 공통분모를 가지며 따라서 서로 비교할 수 있는 것이다.[17]

20미터 아마포=1개 저고리든, 20미터 아마포=20개 저고리든, 또는 20미터 아마포=X개 저고리든, 다시 말해 일정한 양의 아마포가 많은 저고리와 가치가 같든 적은 저고리와 가치가 같든, 이런 비율의 존재 자체는 가치량으로서 아마포와 저고리가 동일한 단위의 표현들이며 동일한 성질을 가진 물건들이라는 것을 항상 전제하고 있다. 아마포=저고리라는 것

---

17) 베일리와 같이 가치형태의 분석에 전념해온 소수의 경제학자들이 아무런 성과도 거둘 수 없었던 것은, 첫째로 그들이 가치형태를 가치 자체와 혼동했기 때문이고, 둘째로 그들이 실무적 부르주아의 거칠고 잡스러운 영향을 받아 처음부터 오로지 가치형태의 양적 측면에만 주의를 돌렸기 때문이다. "양量에 대한 지배가…가치를 형성한다."(베일리, 『화폐와 그 가치변동』: 11)

이 이 등식의 기초다.

 그러나 질적으로 같은 이 두 상품이 동일한 기능을 하는 것은 아니다. 이 등식에서는 아마포의 가치만이 표현될 뿐이다. 어떻게 표현되는가? 아마포가 자기의 '등가물', 또는 자기와 '교환될 수 있는 물건'인 저고리와의 관계를 통해 자기의 가치를 표현한다. 이 관계에서 저고리는 가치의 존재형태, 즉 가치의 물적 모습으로 여겨진다. 왜냐하면 저고리는 오직 그런 것으로서만 아마포와 동일하기 때문이다. 다른 한편으로 이 관계에서 아마포 자신의 가치로서의 실재가 독립적인 표현을 얻는다. 왜냐하면 오직 가치로서만 아마포는 저고리[등가이자 자기와 교환될 수 있는 물건]와 관계를 맺을 수 있기 때문이다. 화학으로부터 예를 빌린다면, 부티르산과 포름산 프로필은 서로 다른 물질이다. 그러나 이 둘은 모두 동일한 화학적 실체인 탄소(C)와 수소(H)와 산소(O)로, 그것도 동일한 비율[즉 $C_4H_8O_2$]로 구성되어 있다. 이제 만약 우리가 부티르산을 포름산 프로필과 같다고 표시한다면, 이 관계에서는 첫째로 포름산 프로필은 $C_4H_8O_2$의 존재형태에 지나지 않으며, 둘째로 부티르산도 역시 $C_4H_8O_2$로 구성되어 있다는 것을 의미할 것이다. 이와 같이 부티르산을 포름산 프로필과 등치[=]시킴으로써 우리는 그것들의 물적 형태와는 다른 화학적 구성을 표현하게 되는 것이다.

 우리가 가치로서 상품은 인간노동의 단순한 응고물이라고 말할 때, 우리의 분석은 상품을 추상적 가치의 차원으로 환원하는 것이기는 하지만 그 현물형태와는 다른 가치형태를 상품에게 주는 것은 아니다. 그러나 제2상품에 대한 제1상품의 가치관계에서는 그렇지 않다. 왜냐하면 여기에서는 제1상품의 가치성격이 제2상품에 대한 자기 자신의 관계를 통해 표면에 나타나기 때문이다.

 우리는 저고리를 아마포의 등가물로 삼음으로써 저고리에 체현되어 있는 노동이 아마포에 들어 있는 노동과 같다고 표현한다. 저고리를 만드는 재봉과 아마포를 만드는 직조는 그 종류가 다른 구체적 노동임에 틀림없다. 그러나 재봉을 직조에 등치시키는 것은 사실상 재봉을 두 가지 노동에서 진실로 똑같은 것[즉 인간노동이라는 양쪽에 공통된 성격]으로 환원시키는 것이다. 그리고 이것은 직조도 또한 [가치를 짜는 한] 재봉과 구별되지 않으며 따라서 추상적 인간노동일 뿐이라는 것을 말하는 우회적 방식이다. 상이한 상품들 사이의 등가 표현만이, 상이한 상품들에 들어 있는 각종 노동을 그것들에 공통된 것, 즉 인간노동 일반으로 실제로 환원함으로써, 가치형성 노동의 독자적 성격을 분명하게 하고 있다.[18]

그러나 아마포의 가치를 형성하는 노동의 독특한 성격을 표현하는 것만으로는 부족하다. 인간노동력이 운동하는 것[즉 인간노동]은 가치를 창조하지만 그 자체가 가치는 아니다. 인간노동은 어떤 대상의 형태로 응고된 상태에서만 가치로 된다. 아마포의 가치를 인간노동의 응고물로 표현하기 위해서는, 아마포의 가치는 아마포 그 자체와는 물적으로 구별되면서, 또 동시에 아마포와 기타 모든 상품에 공통되는 하나의 '객관적 실재'를 가지는 것으로 표현되어야 한다. 이 문제는 벌써 해결되었다.

저고리에 대한 아마포의 가치관계에서 저고리는 질적으로 아마포와 같은 것[같은 종류의 것]으로 여겨지는데, 그것은 저고리가 가치이기 때

---

18) 페티에 이어 가치의 성질을 파악한 최초의 경제학자 중 한 사람이었던 유명한 프랭클린은, "상업이란 일반적으로 한 노동을 다른 노동과 교환하는 행위에 불과하므로 모든 물건의 가치는…노동에 의해 가장 정당하게 측정된다."고 말한다. (『국민의 부에 관해 검토해야 할 견해들』: 267) 프랭클린은 모든 물건의 가치를 '노동'으로 측정함으로써, 교환되는 노동 종류들 사이의 차이를 고려하지 않고 그것들을 동일한 인간노동으로 환원하고 있다는 것을 의식하지 못하고 있다. 그러나 그는 의식하지 않은 채 그것을 말하고 있다. 왜냐하면 그는 처음에는 어떤 '한 노동'에 관해 말하고, 다음에는 '다른 노동'에 관해 말하며, 끝으로 모든 물건의 가치 실체로서는 아무런 수식어 없는 '노동'에 관해 말하고 있기 때문이다.

문이다. 그러므로 여기에서 저고리는 가치가 표현되는 물건, 즉 가치를 손으로 만져 느낄 수 있는 현물형태로 표현하는 물건이다. 그러나 저고리 그 자체[상품인 저고리의 물체]는 순수히 사용가치다. 저고리 그 자체가 가치를 표현하지 못하는 것은 임의의 아마포 한 조각이 스스로 가치를 표현하지 못하는 것과 마찬가지다. 〖 왜냐하면 상품은 자기 가치를 가치관계 속에서만 표현할 수 있기 때문이다. 〗 이 사실은 저고리가 아마포와의 가치관계 안에 있을 때는 그 외부에 있을 때보다 큰 의의를 가진다는 것을 보여 주고 있다. 이것은 마치 많은 사람들이 금으로 장식된 제복을 입을 때는 그것을 입지 않을 때보다 큰 중요성을 지니게 되는 것과 같다.

저고리의 생산에는 실제로 재봉이라는 형태로 인간의 노동력이 지출되었다. 따라서 저고리에는 인간노동이 쌓여 있다. 이 측면에서 본다면 저고리는 '가치를 지니고 있는 존재'다. 물론 이런 저고리의 속성은 저고리가 아무리 닳아 얇아져도 들여다보이는 것은 아니다. 가치등식에서 아마포의 등가물로서 저고리는 이런 자격, 즉 구체적 형상을 띠고 있는 가치 또는 가치체로 기능한다. 저고리가 단추를 채우고 나타났음에도, 아마포는 그 속에 있는 아름다운 동류의식[가치라는 동류의식]을 느낀다. 그러나 아마포에 대해 저고리가 가치를 대표하려면 아마포에게는 가치가 저고리의 형태를 취해야만 한다. 그것은 마치 개인 A가 개인 B로부터 '국왕'으로 숭배를 받으려면, B의 눈에 국왕이 A의 육신을 가지고 나타나야 하며, 더욱이 A의 용모와 머리털과 기타 여러 가지가 '국왕'이 교체될 때마다 변해야 하는 것과 마찬가지다.

따라서 저고리가 아마포의 등가물로 되는 가치관계에서 저고리의 형태는 가치형태로 여겨진다. 그러므로 상품 아마포의 가치는 상품 저고리의 물체로 표현된다. 즉 한 상품의 가치는 다른 상품의 사용가치로 표현된다. 사용가치로서 아마포는 저고리와 분명히 구별되는 물건이지만, 가치로서 아마포는 저고리와 같은 것이며, 따라서 저고리처럼 보인다. 이

와 같이 아마포는 자기의 현물형태와는 다른 가치형태를 얻는다. 아마포
의 가치로서의 존재는 아마포와 저고리의 동등성으로 나타나는데, 이것
은 마치 기독교도의 양¥과 같은 성질을 기독교도=신의 새끼양이라고 표
현하는 것과 마찬가지다.

상품가치의 분석이 이전에 우리에게 말해준 모든 것을, 아마포 자신이
저고리와 교제하게 되자마자 우리에게 또다시 들려주고 있다. 다만 아마
포는 자기만 아는 언어, 즉 상품어로 자기 생각을 표현한다. 노동은 인간
노동이라는 추상적 속성에서 아마포 자신의 가치를 창조한다는 것을 말
하기 위해, 아마포는 저고리가 자기와 동등하다고 여겨지는 경우에만
[즉 가치일 경우에만] 자기와 동일한 노동으로 구성되어 있다고 말하는
것이다. 가치라는 자기의 고상한 객관적 실재는 자기의 거친 육체와는
다르다는 것을 말하기 위해, 아마포는 저고리의 형태로 자기 가치를 표
현하며, 따라서 자기 자신도 가치물인 한, 저고리와 조금도 다르지 않다
고 말한다. 덧붙여 말하면, 상품어도 히브리어 이외에 다소 정확한 많은
방언들을 가지고 있다. 예를 들어 상품 B를 상품 A에 등치〚 = 〛하는 것
이 상품 A의 가치를 표현하는 방식이라는 것을 나타낼 때, 독일어의
'Wertsein'〚가치가 있다〛은 라틴어 계통의 동사 'Valere', 'Valer', 'Valoir'
보다는 적절하지 못하다. 파리는 확실히 미사를 받을 만하다!〚1593년 앙
리 4세가 파리 사람들이 자신을 왕으로 인정하는 것을 조건으로 신교에서 가톨릭으로
개종할 때 했던 말이라고 한다.〛

이와 같이 가치관계를 매개로 상품 B의 현물형태는 상품 A의 가치형
태로 된다. 다시 말해 상품 B의 물체는 상품 A의 가치를 드러내는 거울
로 된다.[19) 상품 A는, 가치체이자 인간노동의 체현물인 상품 B와 관계

---

19) 어떤 의미에서 인간도 상품과 같은 상황에 있다. 인간은 손에 거울을 들고
   탄생하는 것도 아니며, "나는 나다."하고 주장하는 피히테류의 철학자로 탄생
   하는 것도 아니므로, 인간은 먼저 다른 사람을 통해 자신을 보게 된다. 인간

를 맺음으로써, 사용가치 B를 자기 자신의 가치의 표현재료로 삼는다. 상품 A의 가치는 이와 같이 상품 B의 사용가치로 표현되어 상대적 가치형태를 얻게 된다.

### (b) 상대적 가치형태의 양적 규정

자기의 가치를 표현해야 하는 각 상품은, 예컨대 15리터의 밀, 100그램의 커피 따위와 같이, 일정한 양의 유용한 물건이다. 이 주어진 상품량에는 인간노동의 일정량이 들어 있다. 따라서 가치형태는 가치 일반뿐 아니라 양적으로 규정된 가치, 가치량도 표현해야 한다. 그러므로 상품 A의 상품 B에 대한 가치관계, 아마포의 저고리에 대한 가치관계에서는 저고리라는 상품 종류가 가치체 일반으로 아마포에 질적으로 등치될 뿐 아니라, 일정량의 가치체 또는 등가물[예컨대 1개의 저고리]이 일정한 양의 아마포[예컨대 20미터의 아마포]에 등치된다.

"20미터 아마포=1개 저고리, 즉 20미터 아마포는 1개 저고리와 가치가 같다."하는 등식은, 1개 저고리에는 20미터 아마포에 들어 있는 것과 같은 양의 가치 실체가 들어 있다는 것, 따라서 양쪽의 상품량은 같은 양의 노동 또는 동일한 노동시간을 필요로 한다는 것을 의미한다. 그러나 20미터 아마포나 1개 저고리의 생산에 걸리는 노동시간은 재봉 또는 직조의 생산성이 변동할 때마다 변동한다. 이제 이런 변동이 가치량의 상대적 표현에 미치는 영향을 한층 더 상세히 연구해야 한다.

---

베드로는 자기와 닮았다고 생각되는 다른 인간 바울과 관계를 맺음으로써 비로소 인간으로서의 자기 자신과 마주하게 된다. 그러나 그렇게 됨으로써 바울은 바울이라는 온전한 육체를 가진 그대로 베드로에 대해 인류의 현상형태로 되는 것이다.

ⅰ. 아마포의 가치는 변하는데[20] 저고리의 가치는 변하지 않는 경우

만약 아마포의 생산에 걸리는 노동시간이, 예컨대 아마를 재배하는 토지의 비옥도가 떨어졌기 때문에 두 배로 된다면, 아마포의 가치도 두 배로 될 것이다. 20미터의 아마포=1개의 저고리 대신 20미터의 아마포=2개의 저고리로 될 것이다. 왜냐하면 1개의 저고리는 이제 20미터의 아마포에 드는 노동시간의 반밖에 들지 않기 때문이다. 이와 반대로 만약 아마포의 생산에 필요한 노동시간이 예컨대 토지개량에 의해 반으로 감소한다면, 아마포의 가치도 절반으로 줄어들 것이다. 이에 따라 이제 20미터의 아마포=$\frac{1}{2}$개의 저고리로 된다. 이와 같이 상품 B의 가치는 불변이라도 상품 A의 상대적 가치[즉 상품 B로 표현하는 상품 A의 가치]는 상품 A의 가치에 정비례해 상승 또는 하락한다.

ⅱ. 아마포의 가치는 불변인데 저고리의 가치가 변동하는 경우

저고리의 생산에 필요한 노동시간이 예컨대 양털의 흉작 때문에 두 배로 된다면, 20미터의 아마포=1개의 저고리가 아니라 이제는 20미터의 아마포=$\frac{1}{2}$개의 저고리로 될 것이다. 반대로 저고리의 가치가 절반으로 떨어진다면 20미터의 아마포=2개의 저고리로 될 것이다. 그러므로 상품 A의 가치는 불변이라도, 상품 B로 표현하는 상품 A의 상대적 가치는 상품 B의 가치변동에 반비례해 하락 또는 상승한다.

ⅰ과 ⅱ의 여러 가지 경우를 비교해 보면, 상대적 가치의 동일한 양적 변동이 정반대의 원인으로 발생할 수 있다는 것을 알 수 있다. 예컨대

---

20) 여기에서는 '가치'라는 표현을 이미 앞의 몇 곳에서도 그랬던 것처럼, 양적으로 규정된 가치, 즉 가치량이라는 의미로 사용한다.

20미터의 아마포=1개의 저고리라는 등식이 20미터의 아마포=2개의 저고리로 되는 것은, 어떤 때는 아마포의 가치가 두 배로 되기 때문이고, 또 어떤 때는 저고리의 가치가 절반으로 떨어지기 때문이다. 그리고 그 등식이 20미터의 아마포=$\frac{1}{2}$개의 저고리로 되는 것은, 어떤 때는 아마포의 가치가 절반으로 떨어지기 때문이고, 또 어떤 때는 저고리의 가치가 두 배로 등귀하기 때문이다.

iii. 아마포와 저고리의 생산에 필요한 노동량이 동시에 동일한 방향으로 그리고 동일한 비율로 변동하는 경우

이 경우 이 상품들의 가치가 아무리 변동하더라도 여전히 20미터의 아마포=1개의 저고리다. 이 상품들의 가치변동은 이 상품들을 가치가 변하지 않은 제3의 상품과 비교할 때만 드러난다. 만약 모든 상품의 가치가 동시에 동일한 비율로 상승하거나 하락한다면, 그 상품들의 상대적 가치는 변하지 않을 것이다. 이 경우 상품가치의 현실적인 변동은 동일한 노동시간에 생산되는 상품량이 이전에 비해 더 많은가 더 적은가로 드러날 것이다.

iv. 아마포와 저고리 각각의 생산에 필요한 노동시간, 그것들의 가치가 동시에 동일한 방향이면서 서로 상이한 정도로, 또는 반대방향으로 변동하는 경우.

이와 같은 각종 조합이 한 상품의 상대적 가치에 주는 영향은 i, ii, iii의 경우를 적용해 간단히 알 수 있다.

이와 같이 가치량의 현실적 변동은 가치량의 상대적 표현[즉 상대적

가치의 크기]에 명확하고 완전하게 반영되지는 않는다. 한 상품의 상대적 가치는 자기 가치가 불변이라도 변동할 수 있으며, 또한 자기 가치가 변동하더라도 여전히 불변일 수도 있다. 끝으로, 그 상품의 가치량과 이 가치량의 상대적 표현이 동시에 변동하더라도 그 변동이 반드시 일치하지도 않는다.[21]

### 3. 등가형태

이미 본 바와 같이, 상품 A(아마포)는 자기 가치를 자기와는 다른 종류의 상품 B(저고리)의 사용가치로 표현함으로써, 상품 B에 하나의 독특한 가치형태, 즉 등가물이라는 가치형태를 준다. 상품 아마포는, 저고리

---

21) 가치량과 그 상대적 표현 사이의 이와 같은 불일치를 속류경제학은 늘 그랬던 것처럼 교묘하게 이용했다. 예를 들면 다음과 같다. "A와 교환되는 B가 등귀하기 때문에, A에 드는 노동이 이전에 비해 감소하지 않는데도, A가 하락한다는 사실을 인정하기만 한다면, 당신들의 일반적 가치이론은 붕괴할 것이다…만약 A의 가치가 B에 대해 상대적으로 상승하는 결과 B의 가치가 A에 대해 상대적으로 하락한다는 사실을 인정한다면, 한 상품의 가치는 언제나 거기에 체현된 노동량에 의해 규정된다는 리카도 대명제의 토대는 무너지고 말 것이다. 왜냐하면 만약 A의 생산비 변동이, A와 교환되는 B에 대한 A의 상대적 가치를 변경시킬 뿐 아니라, B의 생산에 필요한 노동량에는 아무런 변동도 일어나지 않았는데도 A에 대한 B의 상대적 가치까지도 변경시킨다면, 어떤 상품에 지출된 노동량이 그 상품의 가치를 규제한다는 학설뿐 아니라 상품의 생산비가 그것의 가치를 규제한다는 학설도 무너지기 때문이다."(브로드허스트, 『정치경제학』: 11, 14) 브로드허스트는 마찬가지로 다음과 같은 엉터리 이야기를 할 수도 있을 것이다. 10/20나 10/50이나 10/100 등의 분수를 보라. 10이라는 수는 언제나 불변이지만, 20, 50, 100에 대한 10의 상대적 크기는 끊임없이 감소한다. 따라서 어떤 정수整數[예를 들어 10]의 크기는 거기에 포함되어 있는 1이라는 단위 수에 의해 '규제'된다는 대원칙은 무너지게 된다고.

가 자기의 현물형태와는 구별되는 가치형태를 취하지 않으면서도 아마포
와 등치될 수 있다는 사실을 통해, 가치로서의 자기 자신의 존재를 외부
에 드러낸다. 저고리는 직접 아마포와 교환될 수 있는데, 이런 형식을 통
해 아마포는 사실상 가치로서 자기 자신의 존재를 표현한다. 따라서 어
떤 상품이 등가형태로 있다면, 등가형태의 상품은 다른 상품들과 직접
교환될 수 있다는 것을 가리킨다.

  어떤 하나의 상품종류[예컨대 저고리]가 다른 상품종류[예컨대 아마
포]를 위해 등가물로 기능하며, 그리하여 아마포와 직접 교환할 수 있는
독특한 속성을 획득한다고 하더라도, 이것에 의해 저고리와 아마포가 서
로 교환되는 비율이 주어지는 것은 결코 아니다. 이 비율은 아마포의 가
치량이 주어진 것이라면 저고리의 가치량에 의해 결정된다. 저고리가 등
가물로 표현되고 아마포가 상대적 가치로 표현되든, 또는 반대로 아마포
가 등가물로 표현되고 저고리가 상대적 가치로 표현되든, 저고리의 가치
량은 여전히 저고리의 생산에 필요한 노동시간에 의해 저고리의 가치형
태와는 관계없이 규정된다. 그러나 저고리가 가치표현에서 등가물의 위
치를 차지하게 되면, 저고리의 가치는 양적으로 표현될 수 없으며, 저고
리는 가치등식에서 사용가치의 일정량으로 나타날 뿐이다.

  예컨대 40미터의 아마포는 얼마의 가치가 있는가? 2개의 저고리와 같
다. 상품종류인 저고리가 여기에서는 등가물의 기능을 하며, 사용가치인
저고리가 아마포에 대해 가치체로서 인정되고 있으므로, 일정량의 저고
리는 아마포의 가치량을 표현하는 데 충분하다. 그러므로 2개의 저고리
는 40미터 아마포의 가치량을 표현할 수 있지만 결코 자기 자신의 가치
량을 표현할 수는 없다. 가치등식에서 등가물은 항상 어떤 물건, 어떤 사
용가치의 양의 형태만을 취한다는 사실을 피상적으로 이해했기 때문에,
베일리나 그의 선행자·후계자의 다수는 가치표현에서 오직 양적 관계
만을 보는 오류를 범했다. 그런데 사실 어떤 상품이 등가물로 기능할 때,

그 상품가치의 양적 크기는 표현되고 있지 않다.

등가형태를 고찰할 때 눈에 띄는 첫째 특징은 사용가치가 자기의 대립물인 가치의 현상형태로 된다는 점이다.

상품의 현물형태가 가치형태로 되는 것이다. 그러나 주의하라. 이런 전환을 상품 B(저고리나 밀 또는 철)가 겪는 것은, 임의의 다른 상품 A(아마포 등)가 상품 B와 가치관계를 맺기 때문이며 그리고 오직 이 가치관계 안에서의 일이다. 어떤 상품도 자기 자신에 대해 등가물로 관계를 맺을 수 없으며, 따라서 자기 자신의 현물형태를 자기 자신의 가치 표현으로 삼을 수는 없기 때문에, 상품은 반드시 다른 상품을 등가물로 삼아 그것과 관계를 맺어야 한다. 즉 다른 상품의 현물형태를 자기 자신의 가치형태로 삼아야 한다.

이것을 쉽게 설명하기 위해 상품체로서 상품[사용가치로서 상품]을 측정하는 데 사용되는 척도를 예로 들어보자. 덩어리 사탕은 물체인 까닭에 무겁고 따라서 일정한 무게를 가지고 있지만, 사람들은 그 무게를 직접 눈으로 볼 수도 없고 손으로 감지할 수도 없다. 그러므로 우리는 그 무게가 미리 확정되어 있는 각종의 쇳조각[저울추]을 가져온다. 추의 물체형태는 그 자체로 보면 덩어리 사탕과 마찬가지로 무게의 현상형태는 아니다. 그런데도 덩어리 사탕을 무게로 표현하기 위해 우리는 사탕을 추와 중량관계에 놓는다. 이 관계에서 추는 무게 이외에는 아무것도 표시하지 않는 하나의 물체로 기능한다. 그러므로 추의 크기는 사탕의 무게를 측정하는 일을 하며, 덩어리 사탕에 대해 오직 무게의 화신化身 또는 무게의 현상형태를 대표한다. 추가 이런 기능을 하는 것은 무게가 측정되어야 할 사탕 또는 어떤 물체가 추와 맺는 관계의 내부에서뿐이다. 만약 이 두 물체가 모두 무게를 가지지 않는다면 그것들은 이런 관계를 맺을 수 없을 것이며, 따라서 그것들 중의 한 쪽이 다른 쪽의 무게를 표현할 수도 없을 것이다. 우리가 이 두 물체를 저울 위에 놓을 때, 우리는 그들이 무게라는 점에서는 동일하며, 따라서 일정한 비율을 취하면 동일한 무게를 가진다는 것을 확인하게 된다. 추라는 물체가 무게의 척도로서 덩어리 사탕과 맺는 관계에서 오직 무게만을 대표하는 것과 마찬가지로, 우리의 가치표현에서는 저고리라는 물체가 아마포와의 관계에서 오직 가치만을 대표한다.

그러나 유사성은 여기에서 끝난다. 덩어리 사탕의 무게표현에서 추는 두 물체에 공통된 자연적 속성, 즉 그들의 무게를 대표하고 있지만, 아마포의 가치표현에서 저고리는 두 물건의 그 어떤 초자연적인 [순수히 사회적인] 속성, 즉 그들의 가치를 대표한다.

어떤 한 상품 예컨대 아마포의 상대적 가치형태는 아마포의 가치존재를 아마포의 물체나 그 속성들과는 전혀 다른 것으로, 예컨대 저고리와 같은 것으로 표현하고 있으므로, 이 표현 자체가 벌써 그 배후에 어떤 사회적 관계가 숨어 있다는 것을 암시하고 있다. 등가형태는 이것과는 반대다. 등가형태에서는 어떤 상품체(예컨대 저고리)가 있는 모습 그대로 가치를 표현하며, 따라서 처음부터 가치형태다. 물론 이것은 상품인 저고리가 상품인 아마포에 대해 등가물로 되어 있는 가치관계 안에서만 그러하다.[22] 그러나 어떤 물건의 속성은, 그 물건이 다른 물건과 맺는 관계로부터 발생하는 것이 아니고, 오히려 그런 관계 속에서 실증되는 데 지나지 않는다. 그런데도 저고리가 무게가 있다든가 체온을 보존하는 속성을 가지고 있는 것과 꼭 마찬가지로, 등가형태[즉 다른 상품과 직접적으로 교환가능하다는 속성]를 처음부터 가지고 있는 것처럼 생각할 수 있다. 등가형태의 신비성이 이로부터 생기는데, 경제학자의 거친 부르주

---

22) 이와 같이 상호관계에 의거한 규정[헤겔이 말하는 반성규정reflex categories]은 기묘하다. 예를 들어 어떤 사람이 왕인 것은 오직 다른 사람들이 그를 받들어 신하로서 복종하기 때문이다. 그러나 사람들은 반대로 그가 왕이기 때문에 자기들은 신하라고 생각한다.

아적 안목은 이 등가형태가 완성되어 화폐로 자기 앞에 나타날 때 비로소 이 신비성에 주목하게 된다. 그때 경제학자는 금과 은의 신비성을 타파하기 위해 금과 은을 그보다 덜 찬란한 상품들로 대체하며 일찍이 상품의 등가물로 기능한 바 있는 모든 보통 상품들의 목록을 항상 새로운 만족감으로 암송하곤 한다. 그는 20미터의 아마포=1개의 저고리라는 가장 단순한 가치표현이 벌써 우리가 풀어야 할 등가형태의 수수께끼를 제기하고 있다는 것을 깨닫지 못한다.

등가물로 기능하는 상품체는 항상 추상적 인간노동이 구체적 형태를 취해 나타난 것으로 통용되지만, 등가물은 항상 특정의 유용한 구체적 노동의 생산물이다. 그리하여 구체적 노동이 추상적 인간노동을 표현하게 된다. 예컨대 저고리가 단순히 추상적 인간노동의 구체화라면, 저고리에 실제로 실현되어 있는 재봉노동은 단순히 눈에 보이는 추상적 인간노동이다. 아마포의 가치표현에서, 재봉의 유용성은 의복[그리하여 인품人品]을 만드는 데 있는 것이 아니라, 우리들이 가치[즉 아마포의 가치에 대상화되어 있는 노동과 조금도 구별되지 않는 노동의 응고물]로 인정하는 물체를 만드는 데 있다. 가치의 거울로 기능하기 위해서는, 재봉 그 자체는 인간노동이라는 그 추상적 속성 이외에는 다른 아무것도 반영해서는 안 된다.

인간의 노동력은 재봉의 형태로도 직조의 형태로도 지출된다. 그러므로 두 형태는 인간노동이라는 일반적 속성을 가지고 있으며, 따라서 어떤 경우[예컨대 가치의 생산]에는 오직 이 관점에서만 고찰되어야 한다. 여기에는 조금도 신비로운 것이 없다. 그러나 상품의 가치표현에서는 사정이 완전히 달라진다. 예를 들어, 직조는 직조라는 구체적 노동에 의해서가 아니라 인간노동이라는 일반적 속성에 의해 아마포의 가치를 형성한다는 것을 표현하기 위해, 우리는 아마포의 등가물을 생산하는 구체적 노동(즉 재봉)을 직조와 대비시키고 있다. 지금 재봉은 추상적 인간노동이 눈에 보이는 형태로 실현된 것이다.

등가형태의 둘째 특징은 이와 같이 구체적 노동이 그 대립물인 추상적 인간노동의 현상형태로 된다는 것이다.

이 구체적 노동[즉 재봉]이 무차별적인 인간노동의 표현으로 인정되기 때문에, 이 노동은 다른 노동[즉 아마포에 들어 있는 노동]과 동일하다는 성질을 가지게 된다. 따라서 이 노동은 다른 모든 상품생산노동처럼 사적 노동이지만 또한 직접적으로 사회적 형태의 노동인 것이다. 바로 그렇기 때문에 이 노동은, 다른 상품들과 직접 교환될 수 있는 생산물의 모습으로 우리에게 나타나는 것이다. 이와 같이 사적 노동이 그 대립물의 형태, 즉 직접적으로 사회적 형태의 노동으로 된다는 것이 등가형태의 셋째 특징이다.

등가형태의 마지막 두 특징은 사고형태 · 사회형태 · 자연형태와 함께 가치형태를 처음으로 분석한 저 위대한 연구자로 거슬러 올라가면 한층 더 이해하기 쉬울 것이다. 그 사람은 바로 아리스토텔레스다.

아리스토텔레스는 먼저 상품의 화폐형태는 단순한 가치형태[즉 어떤 상품의 가치를 임의의 다른 한 상품으로 표현한 것]가 한층 발전한 모습에 지나지 않는다는 것을 명백히 지적하고 있다. 왜냐하면 그가 다음과 같이 말하고 있기 때문이다.

> "5개의 침대=한 채의 가옥"
> 이라고 말하는 것은
> "5개의 침대=얼마의 화폐"
> 라고 말하는 것과 "다르지 않다."

그는 더 나아가 이런 가치표현 그 자체를 제공하는 가치관계는 가옥이 침대와 질적으로 동일하다는 것을 조건으로 한다는 것, 그리고 이 감각적으로 다른 물건들은 이와 같은 본질상의 동일성 없이는 같은 단위로 잴 수 있는 크기로 서로 비교할 수 없다는 것을 통찰하고 있다. 그는 다음과 같이 말한다. "교환은 동일성 없이는 있을 수 없고, 동일성은 측량의 공통성 없이는 있을 수 없다." 여기에서 그는 난관에 봉착해 가치형태를 더 이상 분석하는 것을 포기하고 있다. "그러나 종류가 서로 다른 물건들이 같은 단위로 측정된다는 것은", 즉 질적으로 동일하다는 것은, "실제로는 불가능하다." 그와 같은 등식은 물건들의 진정한 성질과는 다른 것일 수밖에 없으며, 따라서 오직 '실제상의 필요를 위한 임시변통'일 따름이다.*

이와 같이 아리스토텔레스는 더 이상 분석할 수 없게 된 것이 무엇인가를 몸소 우리에게 말해 주고 있다. 그것은 바로 가치개념을 가지고 있지 않다는 점이다. 이 동일한 것, 즉 침대의 가치표현에서 가옥이 침대를 위해 표현하는 그 공통적 실체는 무엇인가? 그런 것은 "실제로는 존재할 수 없다."고 아리스토텔레스는 말한다. 없기는 왜 없어? 가옥이, 침대와 가옥 모두가 가진 진실로 똑같은 것을 대표하는 한, 가옥은 침대에 대해 어떤 동일한 것을 표현하게 된다. 그것이 바로 인간노동이다.

상품가치의 형태에서는 모든 노동은 동등한 인간노동, 따라서 동등한 질의 노동으로 표현된다는 사실을 아리스토텔레스는 가치형태의 분석에서 끌어내지 못했다. 왜냐하면 그리스 사회는 노예노동에 의거하고 있었고, 따라서 사람들도 같지 않고 그들의 노동력도 같지 않다는 것을 사회의 자연적 토대로 삼고 있었기 때문이다. 모든 노동은 인간노동 일반이기 때문에, 그리고 그런 경우에만, 동등하며 동일하다는 가치표현의 비밀은, 인간들이 서로 동등하다는 개념이 대중의 선입관으로 확립되었을 때 비로소 해명할 수 있는 것이다. 그러나 이것은 상품형태가 노동생산물의 일반적 형태며, 따라서 인간들이 상품소유자로서 맺는 관계가 지배적인 사회

---

* 아리스토텔레스, 『니코마코스 윤리학』, 제5편 제5장.

관계로 되는 사회에서만 비로소 가능한 것이다. 아리스토텔레스의 천재성은 바로 그가 상품의 가치표현에서 하나의 동등관계를 발견한 데서 훌륭하게 나타나고 있다. 다만, 그가 살고 있던 사회의 역사적 한계 때문에 바로 이 동등관계가 '실제로' 무엇인가를 해명할 수 없었던 것이다.

### 4. 전체로 본 단순한 가치형태

어떤 한 상품의 단순한 가치형태는 종류가 다른 한 상품에 대한 가치관계 속에, 다시 말해 종류가 다른 어떤 상품과 교환하는 관계 속에 포함되어 있다. 상품 A의 가치는, 질적으로는, 상품 B가 상품 A와 직접 교환될 수 있다는 사실에 의해 표현되고 있으며, 양적으로는, 일정한 양의 상품 B가 주어진 양의 상품 A와 교환될 수 있다는 사실에 의해 표현되고 있다. 바꾸어 말해, 한 상품의 가치는 자신의 '교환가치'가 주어져야만 독립적인 표현을 얻게 된다. 이 장의 첫 부분에서 우리는 보통 말하는 방식에 따라 상품은 사용가치임과 동시에 교환가치라고 말했지만, 이것은 엄밀히 말하면 옳지 않다. 상품은 사용가치, 유용한 물체임과 동시에 가치인 것이다. 상품은, 자기 가치가 자기의 현물형태와는 구별되는 하나의 독특한 표현형태, 즉 교환가치를 가지게 될 때, 그 이중성을 드러낸다. 상품은 고립적으로 고찰할 때는 교환가치라는 형태를 취하는 일이 없고, 그와 종류가 다른 한 상품에 대한 가치관계 또는 교환관계에서만 이 형태를 취한다. 그러나 우리가 이것을 이해하고 있기만 한다면, 앞에서 말한 부정확한 표현방식〔상품은 사용가치임과 동시에 교환가치다〕도 유해한 것이 아니라 오히려 간편한 것으로 된다.

우리의 분석에서 증명한 바와 같이, 상품의 가치형태 또는 가치표현은 상품가치의 본성으로부터 나오는 것이며, 가치와 가치량이 상품의 교환가치의 표현방식으로부터 나오는 것은 아니다. 이 후자의 사고방식은 중상주의자들(과 그들의 근대적 추종자인 페리에, 가닐 등[23]))이 지니고 있던 망상이었으며, 또한 그들과는 정반대의 처지에 있던 근대의 자유무역론자인 바스티아나 그의 동료들이 지니고 있던 망상이었다. 중상주의자들은 가치표현의 질적인 측면, 따라서 화폐를 그 완성형태로 하는 상품의 등가형태에 중점을 두지만, 이와는 반대로 어떤 가격에서든 자기 상품을 팔아치우지 않으면 안 되는 근대의 자유무역 행상인들은 상대적 가치형태의 양적인 측면에 중점을 둔다. 그 결과 그들에게는 상품의 가치·가치량은 교환관계의 표현에만 존재하며, 따라서 매일의 상품시세표에만 존재할 뿐이다. 롬바르드가 [ 런던의 금융중심지 ] 의 매우 혼란된 관념들을 그럴 듯하게 정리하는 것을 자기 직책으로 삼고 있는 스코틀랜드 사람 매클라우드는 미신적인 중상주의자와 개화된 자유무역 행상인 사이의 훌륭한 혼혈아다.

상품 A와 B의 가치관계에 포함되어 있는 상품 A의 가치표현을 더욱 상세하게 고찰하면, 이 관계 안에서는 상품 A의 현물형태는 오직 사용가치의 모습으로, 상품 B의 현물형태는 오직 가치형태 또는 가치의 모습으로 나타난다는 것을 알 수 있다. 그리하여 상품 안에 숨어 있는 사용가치와 가치 사이의 내적 대립은 하나의 외적 대립을 통해, 즉 두 상품 사이의 관계—자기 가치를 표현해야 할 한 쪽 상품은 직접적으로는 사용가치로서만 여겨지고, 반면에 전자의 가치를 표현해야 할 다른 쪽 상품은 직접 교환가치로서만 여겨진다—를 통해 밖으로 나타난다. 따라서 한 상품의 단순한 가치형태는 그 상품 안에 있는 사용가치와 가치 사이의 대립의 단순한 현상형태다.

노동생산물은 어떤 사회제도에서도 사용대상이지만, 그것의 생산에 들어간 노동이 그 물건의 '객관적' 속성, 즉 가치로 나타나는 것은 오직

---

23) 페리에(세관 부검사관), 『상업과의 관계에서 고찰한 정부』; 가닐, 『정치경제학의 체계』.

역사적으로 특수한 발전단계에 속하는 일이다. 바로 그런 발전단계에서
노동생산물이 상품으로 전환된다. 그러므로 상품의 단순한 가치형태는
동시에 노동생산물의 단순한 상품형태며, 상품형태의 발전은 가치형태
의 발전과 나란히 진행한다.

　단순한 가치형태가 불충분하다는 것은 첫눈에도 명백하다. 그것은 가
격형태『상품의 가치를 화폐량으로 표현하는 것』로 성숙하기 전에 일련의 형
태변화를 거쳐야 하는 싹에 지나지 않는다.

　상품 A의 가치를 다른 어떤 상품 B로 표현하는 것은 상품 A의 가치를
자기 자신의 사용가치와 구별할 따름이다. 그러므로 이 표현은 상품 A를
다른 어떤 하나의 상품종류와 교환관계에 놓을 뿐이고, 다른 모든 상품
들과 상품 A 사이의 질적인 동등성과 양적인 비율을 표현하는 것은 아니
다. 한 상품의 단순한 상대적 가치형태에는 다른 한 상품의 개별적인 등
가형태가 대응한다. 그리하여 아마포의 상대적 가치표현에서 저고리는
이 하나의 상품종류 아마포에 대해서만 등가형태, 직접적 교환가능성의
형태를 취한다.

　그러나 단순한 가치형태는 스스로 더 완전한 형태로 옮겨간다. 물론
단순한 가치형태는 한 상품 A의 가치를 하나의 다른 종류의 상품으로 표
현할 뿐이다. 그러나 이 제2의 상품이 어떤 종류의 것이든, 저고리나 쇠
나 밀이나 기타 그 무엇이든 전혀 상관이 없다. 그러므로 상품 A가 다른
어떤 상품종류와 가치관계를 맺느냐에 따라 상품 A의 단순한 가치표현
들이 여러 가지로 나타나게 된다.[24] 이런 가치표현의 수는 상품 A가 아
닌 다른 상품의 종류 수에 의해서만 제한될 뿐이다. 그러므로 상품 A의
개별적인 가치표현은 무한한 시리즈의 각종의 단순한 가치표현들로 전환
된다.

---

24) 예를 들어 호머의 『일리아드』에는 한 물건의 가치가 일련의 다른 물건들로
　　표현되고 있다.

## B. 전체적 또는 전개된 가치형태 〔제2형태〕

z량의 상품 A = u량의 상품 B    20미터의 아마포 = 1개의 저고리
　　또는 = v량의 상품 C　　　　　　또는 = 10그램의 차
　　또는 = w량의 상품 D　　　　　　또는 = 40그램의 커피
　　또는 = x량의 상품 E　　　　　　또는 = 1리터의 밀
　　또는 = 기타 등등.　　　　　　　또는 = 2온스의 금
　　　　　　　　　　　　　　　　　또는 = 1/2톤의 철
　　　　　　　　　　　　　　　　　또는 = 기타 등등.

### 1. 전개된 상대적 가치형태

　어떤 하나의 상품, 아마포의 가치는 이제 상품세계의 무수한 다른 상품들로 표현된다. 다른 상품체는 어느 것이나 아마포의 가치를 드러내는 거울로 된다.[25] 그리하여 이제야 비로소 이 가치 자체가 참으로 무차별

---

25) 그러므로 사람들은 아마포의 가치를 저고리로 표현하는 경우에는 아마포의 저고리 가치라고 말하고, 아마포의 가치를 밀로 표현하는 경우에는 아마포의 밀 가치라고 말한다. 이와 같은 표현은, 아마포의 가치가 저고리·밀 등의 사용가치로 나타나는 것을 의미한다. "각 상품의 가치는 그것의 교환관계를 표현하는 것이기 때문에, 우리는 각 상품의 가치를…그 상품과 비교되는 상대방의 상품이 무엇인가에 따라 그 상품의 밀 가치·직물 가치 등으로 말할 수 있다. 이리하여 상품 종류와 동일한 수의 각종 가치가 있고, 그것들은 모두 동일하게 실질적이며, 또 동일하게 명목적이다."(『가치의 성질·척도·원인에 관한 비판적 논문』: 39) 그 당시 영국에서 큰 소동을 일으킨 이 익명 저서의 저자인 베일리는 동일한 상품 가치의 이런 잡다한 상대적 표현을 제시함으로써 가치에 관한 모든 개념규정의 가능성을 부수어버렸다고 망상하고 있었다. 그의 식견이 편협함에도 어쨌든 그가 리카도이론의 큰 약점을 찔렀다는

적 인간노동의 응고물로 나타난다. 왜냐하면 이 아마포의 가치를 형성하
는 노동은 이제야 다른 어떤 인간노동[그것이 어떤 현물형태를 취하든,
따라서 저고리 · 밀 · 쇠 · 금 어느 것에 대상화되어 있든]과도 동일한 노
동으로 아주 뚜렷하게 표현되기 때문이다. 아마포는 자기의 가치형태를
통해 이제는 단 하나의 다른 상품종류와 사회적 관계를 맺는 것이 아니
라, 상품세계 전체와 사회적 관계를 맺는다. 상품으로서 아마포는 상품
세계의 한 시민이다. 이와 동시에 아마포 가치의 무한한 표현시리즈로부
터 우리는 아마포의 가치는 그것을 드러내는 사용가치의 특수한 형태와
는 전혀 관계가 없다는 것을 알 수 있다.

　제1형태에서는 두 상품이 일정한 양적 비율로 교환될 수 있다는 것은
전혀 우연적 사건일 수도 있었다. 이것과는 반대로, 제2형태에서는 이
우연적 현상과는 본질적으로 다르면서 이 교환비율을 규정하는 배경이
곧 드러난다. 아마포의 가치는, 수많은 서로 다른 소유자들에게 속하는
서로 다른 상품들인 저고리 · 커피 · 철 등 어느 것으로 표현되든, 그 크
기가 언제나 같다. 두 개인적 상품소유자 사이의 우연적 관계는 사라진
다. 상품의 교환이 상품의 가치량을 규제하는 것이 아니라, 반대로 상품
의 가치량이 상품의 교환비율을 규제한다는 것이 명백해진다.


　2. 특수한 등가형태


　저고리 · 커피 · 철 · 차 · 밀 등의 상품은 어느 것이나 아마포의 가치표
현에서는 등가물, 따라서 가치체로 기능한다. 이 상품들 각각의 현물형
태는 이제는 다른 많은 상품과 나란히 하나의 특수한 등가형태다. 이와
마찬가지로 여러 가지 상품체에 들어 있는 각종의 구체적 유용노동은 이

─────────
　사실은 리카도추종자들이 예컨대 『웨스트민스터 리뷰』에서 그를 공격하면서
　나타낸 격분에 의해 증명되고 있다.

제는 인간노동 일반의 특수한 실현형태 또는 현상형태로 여겨진다.

### 3. 전체적 또는 전개된 가치형태의 결함

첫째로 상품의 상대적 가치표현은 미완성이다. 왜냐하면 상품의 가치를 표시하는 시리즈가 끝나는 일이 없기 때문이다. 각각의 가치등식이 고리를 이루고 있는 이 사슬은 새로운 가치표현의 재료를 제공하는 새로운 상품종류가 등장할 때마다 연장된다. 둘째로 이 사슬은 조각조각 끊어진 잡다한 가치표현의 다채로운 모자이크를 이룬다. 끝으로, 당연히 그렇게 될 수밖에 없지만, 만약 각 상품의 상대적 가치가 이 전개된 형태로 표현된다면, 상품들의 상대적 가치형태는 서로 상이한 무한의 가치표현 시리즈로 된다. 전개된 상대적 가치형태의 결함은 이번에는 거기에 대응하는 등가형태에도 반영된다. 각각의 상품종류의 현물형태가 무수히 많은 등가형태들 중 하나의 특수한 등가형태로 되어 각각의 등가형태가 서로를 배제하기 때문에, 여기에서는 오직 파편적 등가형태가 있을 뿐이다. 이와 마찬가지로, 각각의 특수한 등가물 상품에 들어 있는 특정의 구체적 유용노동도 인간노동의 특수한 종류일 뿐이며, 따라서 인간노동 일반의 포괄적 현상형태는 아니다. 물론 인간노동의 완전한 또는 전체적인 현상형태는 그 특수한 현상형태들의 총체로 구성되는 것은 사실이지만, 이 경우에는 인간노동은 한 개의 통일적인 현상형태를 가지지 못한다.

전개된 상대적 가치형태는 단순한 상대적 가치표현들의 합계, 즉 제1형태에 속하는 여러 등식들의 합계에 지나지 않는다. 예를 들면,

20미터의 아마포 = 1개의 저고리
20미터의 아마포 = 10그램의 차 따위.

그러나 이 등식들은 각각 왼쪽과 오른쪽을 바꾸어 놓은 다음과 같은
등식도 암시하고 있다.

1개의 저고리 = 20미터의 아마포
10그램의 차 = 20미터의 아마포 등등.

사실 어떤 사람이 자기의 아마포를 다른 많은 상품들과 교환하고, 따
라서 아마포의 가치를 일련의 다른 상품들로 표현한다면, 필연적으로 다
른 상품의 소유자들도 자기의 상품을 아마포와 교환하고, 따라서 자기의
여러 가지 상품의 가치를 동일한 제3의 상품, 즉 아마포로 표현하게 된
다. 여기서 20미터의 아마포=1개의 저고리, 또는 =10그램의 차, 또는 =
기타 등등이라는 시리즈를 거꾸로 하면, 다시 말해 이 시리즈에 이미 암
시되어 있는 역의 관계를 표현하면, 다음과 같은 형태가 나온다.

C. 일반적 가치형태 〔제3형태〕

1개의 저고리
10그램의 차
40그램의 커피
1리터의 밀               = 20미터의 아마포
2온스의 금
1/2톤의 철
X량의 상품 A
기타 등등의 상품

## 1. 가치형태의 변화한 성격

여러 가지 상품들은 자기의 가치를 이제는 다음과 같이 표현한다. (1) 간단하게 표현한다. 왜냐하면 단 한 개의 상품으로 가치를 표현하기 때문이다. (2) 통일적으로 표현한다. 왜냐하면 동일한 상품으로 가치를 표현하기 때문이다. 상품들의 가치형태는 간단하고, 공통적이며, 따라서 일반적이다.

제1형태와 제2형태는 한 상품의 가치를 자기 자신의 사용가치[또는 상품체]와 다른 어떤 것으로 표현하는 것에 불과했다.

제1형태는 1개의 저고리=20미터의 아마포, 10그램의 차=$\frac{1}{2}$ 톤의 철 등과 같은 가치등식을 제공했다. 저고리의 가치는 아마포와 동등하고, 차의 가치는 쇠와 동등하다는 식으로 표현된다. 그러나 저고리와 차의 이런 가치표현들은, 아마포와 쇠가 서로 다른 것과 마찬가지로, 전혀 관련이 없는 별개의 것이다. 이 형태가 실제로 나타나는 것은, 노동생산물이 우연적인 때때로의 교환행위에 의해 상품으로 전환되는 교환의 초기 단계에서뿐이다.

제2형태는 제1형태보다 더 완전하게 한 상품의 가치를 자기 자신의 사용가치와 구별하고 있다. 왜냐하면 이제는 아마포의 가치는 저고리·쇠·차, 요컨대 아마포를 제외한 다른 모든 물건과 동등한 것으로 되어 아마포의 현물형태와 대립하고 있기 때문이다. 다른 한편으로 여기서는 모든 상품들의 공통된 가치표현은 직접적으로 배제되고 있다. 왜냐하면 각 상품의 가치표현에서 다른 모든 상품들이 등가물의 형태로 나타나기 때문이다. 전개된 가치형태는 어떤 특수한 노동생산물, 예컨대 가축이 예외적이 아니라 관습적으로 각종 상품들과 교환되는 시점에서 비로소 실제로 나타난다.

새로 얻은 제3형태는 상품세계의 가치들을 그 세계에서 선발된 한 개의 상품종류 예컨대 아마포로 표현하며, 그리하여 모든 상품들은 아마포와 동등하다는 것을 통해 자기들의 가치를 표현한다. 이제는 아마포와 동등한 어떤 상품의 가치도 자기 자신의 사용가치와 구별될 뿐 아니라 모든 사용가치로부터 구별되며, 또 바로 그렇게 됨으로써 모든 상품의 가치는 공통적으로 아마포로 표현된다. 그러므로 이 형태에 의해 비로소 상품들은 실제로 가치로 서로 관련을 맺거나 상호간에 교환가치로 나타나게 된다.

이전의 두 형태는 각 상품의 가치를 단 하나의 다른 종류의 상품으로 표현하거나, 그 상품과는 다른 일련의 많은 상품으로 표현한다. 어느 경우에나 개별상품이 하나의 가치형태를 얻게 되는 것은, 말하자면 개별상품의 개인적인 일이고, 개별상품은 다른 상품들의 협력 없이 이 일을 달성한다. 다시 말해 다른 상품들은 그 상품에 대해 등가물이라는 수동적 기능을 할 따름이다. 이와는 반대로, 일반적 가치형태는 오로지 상품세계 전체의 공동사업으로 이룩될 수 있을 뿐이다. 하나의 상품이 자기 가치를 일반적으로 표현할 수 있는 것은, 다른 모든 상품이 자기들의 가치를 동일한 등가물로 표현하기 때문이며, 그리고 새로 등장하는 상품종류도 반드시 그렇게 하기 때문이다. 상품들이 가치로서 객관적으로 존재하는 것은 순전히 이 물건들의 '사회적 존재'에 의거하는 것이므로, 이 객관적 실재는 상품들의 전면적인 사회적 관계에 의해서만 표현될 수 있으며, 따라서 상품들의 가치형태는 반드시 사회적으로 인정되는 형태이어야 한다는 것이 명백해진다.

모든 상품들이 아마포와 동등하게 되는 이 형태에서는, 모든 상품들은 이제 질적으로 서로 동등한 것[즉 가치 일반]으로 나타날 뿐 아니라 양적으로 비교할 수 있는 가치량으로 나타난다. 모든 상품들의 가치량이 동일한 재료인 아마포로 표현되기 때문에 서로 비교된다. 예컨대 10그램의

차=20미터의 아마포이고, 40그램의 커피=20미터의 아마포라면, 10그램
의 차=40그램의 커피가 된다. 바꾸어 말해, 1그램의 커피에는 가치의 실
체인 노동이 1그램의 차에 들어 있는 것의 $\frac{1}{4}$만 들어 있다.

일반적인 상대적 가치형태는 상품세계로부터 제외된 등가물 상품인
아마포에 일반적 등가물universal equivalent의 성격을 부여한다. 아마포의
현물형태는 모든 상품들의 가치가 공통적으로 취하는 형태며, 따라서 다
른 모든 상품과 직접 교환할 수 있다. 아마포의 현물형태는 온갖 인간노
동의 눈에 보이는 화신, 즉 온갖 인간노동의 사회적 현상형태로 여겨진
다. 직조[아마포를 생산하는 사적 노동]는 이리하여 일반적인 사회적 형
태[다른 모든 종류의 노동과 동등하다는 형태]를 획득한다. 일반적 가치
형태를 구성하는 무수한 등식은 아마포에 실현되어 있는 노동을 다른 상
품에 들어 있는 여러 가지 노동과 차례차례로 등치시키며, 그리하여 직
조를 무차별적인 인간노동의 일반적 현상형태로 만든다. 이처럼 상품가
치에 대상화되어 있는 노동은, 현실적 노동의 모든 구체적 형태와 유용
한 속성이 빠진 노동이라는 의미에서 소극적으로 표현될 뿐 아니라, 모
든 종류의 현실적 노동을 인간노동 일반[인간노동력의 지출]이라는 공통
된 성질로 환원시킨 노동이라는 의미에서 적극적으로 표현된다.

모든 노동생산물을 무차별적인 인간노동의 단순한 응고물로 표현하는
일반적 가치형태는, 그 자체의 구조에 의해 일반적 가치형태가 상품세계
의 사회적 표현이라는 것을 보여준다. 그리하여 상품세계 안에서는 노동
의 일반적 인간적 성격이 노동의 독자적인 사회적 성격을 형성한다는 것
이 분명하게 된다.


   2. 상대적 가치형태와 등가형태의 상호의존적 발전


상대적 가치형태의 발전 정도와 등가형태의 발전 정도는 서로 대응한

다. 그러나 주의해야 할 것은, 등가형태의 발전은 상대적 가치형태의 발전의 표현이며 결과에 지나지 않는다는 점이다.

한 상품의 단순한 또는 개별적 상대적 가치형태는 다른 한 상품으로 하여금 '개별적' 등가물로 되게 한다. 상대적 가치의 전개된 형태[한 상품의 가치를 다른 모든 상품들로 표현하는 것]는 다른 모든 상품들에게 상이한 종류의 '특수한' 등가물이라는 형태를 부여한다. 끝으로, 특수한 한 가지 상품이 '일반적' 등가물의 형태를 취하게 된다. 왜냐하면 기타의 모든 상품들이 그 상품을 자기들의 통일적인 보편적 가치표현의 재료로 삼기 때문이다.

그러나 가치형태 그 자체가 발전함에 따라 가치형태의 두 끝[상대적 가치형태와 등가형태] 사이의 대립도 또한 발전한다.

이미 제1형태 — 20미터의 아마포 = 1개의 저고리 — 도 이 대립을 내포하고 있기는 하지만, 아직 명확하게 드러나지는 않는다. 왜냐하면 이 등식을 왼쪽으로부터 오른쪽으로 읽는가 또는 그 반대인가에 따라 아마포와 저고리라는 두 개의 상품 끝 각각은 어떤 때는 상대적 가치형태로 있고 어떤 때는 등가형태로 있기 때문이다. 따라서 두 끝의 대립성을 분명히 파악하는 것은 여기에서는 아직 곤란하다.

제2형태에서는 한 번에 단 한 가지 상품만이 자기의 상대적 가치를 완전히 전개할 수 있을 따름이다. 바꾸어 말해 다른 모든 상품이 그 한 가지 상품에 대해 등가물이기 때문에, 그리고 그때에만, 그 한 가지 상품은 전개된 상대적 가치형태를 가지게 된다. 이미 여기에서는 가치등식 — 예컨대 20미터의 아마포 = 1개의 저고리, 또는 = 10그램의 차, 또는 = 1리터의 밀 등 — 의 왼쪽, 오른쪽을 바꾸어 놓을 수 없다. 만약 바꾸어 놓는다면, 이 등식의 전체 성격이 변경되어 전개된 가치형태가 일반적 가치형태로 전환되기 때문이다.

끝으로, 마지막 제3형태가 상품세계에 일반적 사회적인 상대적 가치형

태를 주는데, 그것은 상품세계에 속하는 모든 상품[오직 하나의 상품을
제외하고]이 등가형태로부터 배제되기 때문이며, 그리고 그때에만 그렇
다. 따라서 아마포라는 하나의 상품이 다른 모든 상품과 직접 교환할 수
있는 형태[직접적으로 사회적인 형태]를 얻게 되는데, 이것은 다른 모든
상품들이 이런 형태를 얻지 못하기 때문이며, 그리고 그때에만 그렇
다.26)

　　다른 한편으로 일반적 등가물로 기능하는 상품은, 통일적이고 일반적
인 상대적 가치형태로부터 제외되어 있다. 만약 아마포[또는 일반적 등
가물로 기능하는 어떤 한 상품]가 동시에 상대적 가치형태에도 참가한다
면, 그 상품은 자기 자신의 등가물로 되어야 할 것이다. 그런 경우에는
20미터의 아마포=20미터의 아마포로 되며, 이것은 가치도 가치량도 표
현하지 않는 하나의 동어반복이다. 일반적 등가물의 상대적 가치를 표현
하기 위해서는 우리는 오히려 제3형태를 거꾸로 놓아야 한다. 일반적 등
가물은 기타의 상품들과 공통된 상대적 가치형태를 가지지 않으며, 그것

---

26) 일반적·직접적 교환가능성의 형태가 [마치 자석의 양극이 음극과 불가분의
　　관계에 있는 것과 마찬가지로] 비직접적 교환가능성의 형태와 불가분의 관계
　　에 있는 하나의 대립적인 형태라는 사실은 결코 자명하지 않다. 이 때문에
　　모든 상품이 동시에 직접적 교환가능성을 얻을 수 있다는 환상이 생겼는데,
　　이것은 가톨릭 신자 모두가 교황이 될 수 있다고 생각하는 것과 마찬가지다.
　　상품생산을 인간의 자유와 개인의 독립의 최고봉으로 보는 소시민에게는 상
　　품들이 직접적으로 교환되지 못하기 때문에 생기는 불편들(이것들은 상품생
　　산에 내재하고 있다) [반대편에서 보면 화폐가 지닌 특권]을 제거하는 것은 매우
　　소망스러운 일이다. 이 속물적 유토피아는 프루동의 사회주의에서 묘사되고
　　있는데, 그것은 내가 다른 곳에서 지적한 바와 같이[『철학의 빈곤』 제1장] 결
　　코 독창적인 것도 아니고 프루동보다 훨씬 이전에 그레이, 브레이 등에 의해
　　더 잘 전개되었다. 그런데도 이런 지식이 일부 사람들 사이에서 '과학'이라는
　　이름으로 아직까지도 유행하고 있다. 어떤 학파도 프루동학파처럼 '과학'이라
　　는 말을 남용한 적이 없다. 왜냐하면 "사상이 없는 곳에는 사상을 대신해 말
　　이 판을 치기" 때문이다.

의 가치는 다른 모든 상품체의 무한한 시리즈로 상대적으로 표현된다. 이렇게 되면 전개된 상대적 가치형태[제2형태]가 등가물 상품의 독자적인 상대적 가치형태로 나타난다.

### 3. 일반적 가치형태가 화폐형태로 이행

일반적 등가형태는 가치 일반의 한 가지 형태다. 따라서 어떤 상품도 일반적 등가형태를 취할 수 있다. 다른 한편으로 어떤 한 상품이 (제3형태에서) 일반적 등가형태로 되는 것은, 다른 모든 상품이 그 상품을 그들의 등가물로 선출하여 배제하기 때문이며, 또 그렇게 할 때에 한해서다. 이런 배제가 최종적으로 하나의 특수한 상품종류에 한정되는 그 순간부터, 비로소 상품세계의 통일적인 상대적 가치형태는 객관적인 고정성과 일반적인 사회적 타당성을 획득하게 된다.

자기의 현물형태가 사회적 등가형태로 여겨지는 특수한 상품종류는 이제 화폐상품으로 된다. 다시 말해 화폐로 기능한다. 상품세계 안에서 일반적 등가물로 일하는 것이 그 상품의 독특한 사회적 기능으로 되며, 그 상품이 그 일을 사회적으로 독점하게 된다. 제2형태에서 아마포의 특수한 등가물로 기능하고 있던 상품들 중에서, 그리고 제3형태에서 자기들의 상대적 가치를 공통적으로 아마포로 표현하고 있던 상품들 중에서, 어떤 특정한 상품이 이 특권적 지위를 역사적으로 차지했다. 그것은 금이다. 제3형태에서 아마포의 자리에 금을 놓으면, 다음과 같은 형태가 된다.

## D. 화폐형태 〖제4형태〗

$$
\left.\begin{array}{l}
\text{20미터의 아마포} \\
\text{1개의 저고리} \\
\text{10그램의 차} \\
\text{40그램의 커피} \\
\text{1리터의 밀} \\
\text{1/2톤의 철} \\
\text{X량의 상품 A}
\end{array}\right\} = \text{2온스의 금}
$$

제1형태에서 제2형태로, 또 제2형태에서 제3형태로 이행하면 본질적인 변화가 일어난다. 이에 반해, 제4형태는 아마포 대신 이제 금이 일반적 등가형태를 취한다는 점을 제외하고는 제3형태와 다른 것이 전혀 없다. 제4형태에서는 금이, 아마포가 제3형태에서 한 일과 똑같은 일, 즉 일반적 등가물의 기능을 수행한다. 진보한 것은, 직접적인 일반적 교환가능성의 형태, 즉 일반적 등가형태가 이제는 사회적 관습에 의해 최종적으로 상품 금이라는 특수한 현물형태와 같게 되었다는 점뿐이다.

금이 다른 여러 상품에 대해 화폐로 상대하는 것은, 금이 그들에 대해 이미 이전부터 상품으로 상대하고 있었기 때문이다. 다른 모든 상품과 마찬가지로, 금도 개별적인 교환에서는 개별적 등가물로서, 그리고 전개된 교환에서는 다른 여러 가지 등가물 상품과 나란히 특수한 등가물로서 기능하고 있었다. 그러다가 점차 금은 어떤 때는 좁은 범위에서, 어떤 때는 더 넓은 범위에서, 일반적 등가물로 기능하기 시작한 것이다. 금이 상품세계의 가치표현에서 일반적 등가물의 지위를 독점하자마자 화폐상품으로 된 것이다. 그리고 금이 화폐상품으로 되었을 때 비로소 제4형태는 제3형태와 구별되었다. 바꾸어 말해 일반적 가치형태는 화폐형태로 전환되었다.

한 상품 아마포의 상대적 가치를 화폐상품으로 기능하는 상품 금에 의해 표현하는 단순한 형태는 가격형태다. 그러므로 아마포의 '가격형태'는 다음과 같다.

20미터의 아마포 = 2온스의 금

또는 만약 금 2온스 주화의 명칭이 2원이라면,

20미터의 아마포 = 2원

화폐형태의 개념을 파악하기가 어려운 이유는 일반적 등가형태, 따라서 일반적 가치형태[제3형태]를 분명하게 이해하지 못하기 때문이다. 제3형태는 거꾸로 하면 제2형태[전개된 가치형태]로 환원되고, 이 제2형태의 구성요소는 제1형태[즉 20미터의 아마포=1개의 저고리, 또는 X량의 상품 A=Y량의 상품 B]다. 그러므로 단순한 상품형태 [ 또는 단순한 '가치' 형태 ] 는 화폐형태의 싹이다.

## 제4절 상품의 물신적 성격과 그 비밀

상품은 첫눈에는 자명하고 평범한 물건으로 보인다. 그러나 상품을 분석하면, 그것이 형이상학적 궤변과 신학적 잔소리로 차 있는 기묘한 물건이라는 것이 판명된다. 상품이 사용가치인 한, 그 속성들에 의해 인간의 욕구를 충족시킨다는 관점에서 보든, 인간노동의 생산물로 비로소 이

런 속성들을 획득한다는 관점에서 보든, 상품에는 신비한 요소가 조금도
없다. 인간이 자기 활동에 의해 자연재료의 형태를 인간에게 유용하게
변경시킨다는 것은 분명한 일이다. 예컨대 목재로 책상을 만들면 목재의
형태는 변경된다. 그러나 책상은 여전히 목재이고 보통의 감각적인 물건
이다. 그러나 책상이 상품으로 나타나자마자 초감각적인 물건으로 되어
버린다. 책상은 자기 발로 마루 위에 설 뿐 아니라, 다른 모든 상품에
대해 거꾸로 서기도 하며, 책상이 저절로 춤을 추기 시작한다고 말하는
것보다 훨씬 더 기이한 망상을 자기의 나무 두뇌로부터 빚어낸다.27)

  그러므로 상품의 신비한 성격은 상품의 사용가치에서 나오는 것은 아
니며, 또한 상품의 가치를 규정하는 요소들의 성격에서 나오는 것도 아
니다. 왜냐하면 첫째로 유용노동 또는 생산활동이 아무리 종류가 여러
가지라 할지라도, 그것들은 언제나 인간유기체의 기능이고, 각각의 기능
은 그 성격과 형태가 어떻든 본질적으로 인간의 뇌·신경·근육·감각
기관 등의 지출이라는 것은 생리학상의 진리이기 때문이다. 둘째로 가치
의 양적 규정의 토대인 노동력 지출의 계속시간 또는 노동량에 관해 말
한다면, 노동량은 노동의 질과는 명백하게 구별할 수 있기 때문이다. 사
회의 어떤 상태에서도 생활수단의 생산에 필요한 노동시간은 사람의 관
심사[비록 발전단계가 다름에 따라 그 정도는 다를지라도]로 되지 않을
수 없었다.28) 끝으로, 사람들이 어떤 방식으로든 서로서로를 위해 노동

----

27) 나머지의 세계가 완전히 정지상태에 있는 것같이 보였던 바로 그때 '다른 것
    들을 고무하기 위해,' 중국과 책상이 춤을 추기 시작했다는 것을 우리는 상기
    한다. [ 유럽대륙에서 1848년 혁명이 패배하여 침울한 상태가 계속되었는데, 고무적
    인 사건으로 중국에서는 태평천국 운동이 일어났고, 독일에서는 심령술table-turning이
    유행하게 된 것을 가리킨다. ]
28) 고대 게르만사람들 사이에서는 토지 면적은 하루의 노동을 기준으로 측량되
    었다. 이리하여 에이커는 Tagwerk(또는 Tagwanne) [하루의 일](jurnale, terra
    jurnalis 또는 diornalis), Mannwerk [남자 한 사람의 일], Mannskraft [남자 1인의

하게 되면, 그들의 노동도 또한 사회적 형태를 취하게 되기 때문이다.

그렇다면 노동생산물이 상품형태를 취하자마자 생기는 노동생산물의 수수께끼와 같은 성격은 어디에서 오는가? 분명히 이 형태 자체에서 오는 것이다. 왜냐하면 각종 인간노동이 동등하다는 것은 노동생산물이 가치로서 동등한 객관성을 가진다는 구체적 형태를 취하고, 인간노동력의 지출을 그 계속시간에 의해 측정하는 것은 노동생산물의 가치량이라는 형태를 취하며, 끝으로 생산자들 사이의 관계[그 속에서 그들의 노동의 사회적 성격이 증명된다]는 노동생산물 사이의 사회적 관계라는 형태를 취하기 때문이다.

그러므로 상품형태의 신비성은, 상품형태는 인간 자신의 노동의 사회적 성격을 노동생산물 자체의 물적 성격[즉 물건들의 사회적인 자연적 속성]으로 보이게 하며, 따라서 총노동에 대한 생산자들의 사회적 관계를 그들의 외부에 존재하는 관계[즉 물건들의 사회적 관계]로 보이게 한다는 사실에 있을 뿐이다. 이와 같이 바꾸어 놓는 것에 의해 노동생산물은 상품으로 되며, 감각적임과 동시에 초감각적 [즉 사회적] 물건으로 된다.* 이것은 마치 물건에서 나오는 광선이 우리의 시신경을 흥분시켜 우리가 그 물건을 보게 된다고 생각하지 않고, 그 광선을 눈 밖에 존재하는 물건의 객관적 형태로 생각하는 것과 마찬가지다. 물론 우리가 사물을 볼 때 광선이 현실적으로 한 개의 물건[외부의 대상]에서 다른 하나의 물

---

힘], Mannsmaad[남자 1인의 풀베기], Mannshauet[남자 1인의 수확] 등으로 불렸다. 마우러, 『마르크·농지·촌락·도시제도와 공권력의 역사에 대한 서설』: 129 이하를 보라.

* "그러므로 상품형태의 신비성은~감각적임과 동시에 초감각적[즉 사회적] 물건이 된다."는 두 문장은 불어판에서는 삭제되고 그 자리에 "이런 까닭에, 이들 생산물은 상품으로, 즉 감각적임과 동시에 초감각적인 물건, 또는 사회적인 물건으로 전환된다."(Marx, 1977:69)로 수정되었다.(Karl Marx, 1977, *Le Capital* Livre premier, Paris: Éditions sociales)

건[눈]으로 던져진다. 이것은 물리적인 물건들 사이의 하나의 물리적 관계다. 그러나 이것은 상품들의 경우와는 다르다. 노동생산물이 상품으로 존재하는 것과 노동생산물들 사이의 가치관계[이것이 노동생산물에게 상품이라는 도장을 찍어준다]는 노동생산물의 물리적인 성질이나 그로부터 생기는 물적 관계와는 아무런 관련도 없다. 인간의 눈에는 물건들 사이의 관계라는 환상적인 형태로 나타나지만 그것은 사실상 인간들 사이의 특정한 사회적 관계에 지나지 않는다. 그러므로 그 비슷한 예를 찾아보기 위해 우리는 몽롱한 종교세계로 들어가지 않으면 안 된다. 거기에서는 인간 두뇌의 산물들이 스스로 생명을 가진 자립적 인물로 등장해 그들 상호간 그리고 인간과의 사이에서 일정한 관계를 맺고 있다. 마찬가지로 상품세계에서는 인간 손의 산물들이 그와 같이 등장한다. 이것을 나는 물신숭배 物神崇拜 fetishism라고 부르는데, 이것은 노동생산물이 상품으로 생산되자마자 상품에 달라붙으며, 따라서 상품생산과 분리될 수 없다.

상품세계의 이와 같은 물신숭배는, 앞의 분석이 보여준 바와 같이, 상품을 생산하는 노동 특유의 사회적 성격에서 생긴다.

유용한 물건이 상품으로 되는 것은 그것이 서로 독립적으로 작업하는 사적 개인의 노동생산물이기 때문이다. 이런 사적 개인들의 노동총계가 사회의 총노동을 형성한다. 생산자들은 자기들의 노동생산물의 교환을 통해 비로소 사회적으로 접촉하기 때문에, 그들의 사적 노동의 독특한 사회적 성격도 오직 이 교환 안에서 비로소 나타난다. 바꾸어 말해 교환행위가 노동생산물들 사이에 수립하는 관계들과, [노동생산물을 매개로] 생산자들 사이에 수립하는 관계들을 통해서만, 비로소 사적 개인의 노동은 사회 총노동의 한 요소로 나타난다. 그러므로 생산자들에게는 자기들의 사적 노동 사이의 사회적 관계는, 개인들이 자기들의 작업에서 맺는 직접적인 사회적 관계로서가 아니라, [실제로 눈에 보이는 바와 같이] 물건을 통한 개인들 사이의 관계로, 그리고 물건들 사이의 사회적 관계로 나타난다.* 노동생산물은 교환에 의해 비로소 [유용한 물건이라는 감각적으로 다양한 물체와는 구별되는] 하나의 사회적으로 동등한 객관적 실재, 즉 가치를 획득한다. 노동생산물이 유용한 물건과 가치를 가진 물건으로 분열되는 것은, 교환이 이미 충분히 보급되어 유용한 물건이 교환을 위해 생산되며, 따라서 그 물건의 가치로서의 성격이 이미 생산 중에 고려될 때만 실제로 나타난다. 이 순간부터 개별 생산자의 사적 노동은 이중의 사회적 성격을 가지게 된다. 한편으로 사적 노동은 일정한 유용노동으로서 일정한 사회적 욕구를 충족시켜야 하며, 그렇게 함으로써 총노동의 한 요소로서, 자연발생적인 사회적 분업의 한 분야로서, 자신의 지위를 획득해야 한다. 다른 한편으로 사적 노동이 개별 생산자 자신의 다양한 욕구를 충족시킬 수 있는 것은, 각각의 특수한 유용한 사적 노동들이 서로 교환될 수 있으며 서로 동등한 것으로 인정되는 경우에 한해서다. 서로 상이한 각종 노동의 완전한 동등화는, 우리가 그들의 현실적 차이들을 고려하지 않고 모든 노동을 인간노동력의 지출[추상적 인간노동]이라는 공통적 성격으로 환원함으로써만 이루어질 수 있다. 사적 생산자들의 두뇌에는 그들의 사적 노동의 이런 이중적인 사회적 성격은 실제의 거래인 생산물의 교환에서 나타나는 형태로만 반영된다. 그리하여 사적 노동의 사회적 유용성은 노동생산물이 타인에게 유용해야 한다는 형태로 반영되며, 각종 노동의 동등성이라는 사회적 성격은 물질적으로 상이한 노동생산물들이 모두 하나의 공통된 성질[즉 가치]을 가지고 있다는 형태로 반영된다.

---

* "그러므로 생산자들에게는~물건들 사이의 사회적 관계로 나타난다."는 문장은 불어판에서는 "그러므로 생산자들에게는 자신들의 사적 노동의 관계가, 있는 그대로, 즉 자신들의 노동 자체에서의 개인들 사이의 직접적인 사회적 관계로서가 아니라 오히려 물건들 사이의 사회적 관계로서 나타나게 된다."(마르크스, 1977: 69)로 수정되었다.

그러므로 사람들은 자기들의 노동생산물이 단순히 동질의 인간노동을 품고 있는 물적 겉껍질이기 때문에 서로 가치로서 관계를 맺는다고 보지 않고, 그 반대로 생각한다. 즉 사람들은 그들의 상이한 생산물들을 교환에서 서로 가치로서 같다고 함으로써 그들의 상이한 노동을 인간노동으로서 동등시하고 있는 것이다.\* 그들은 이것을 의식하지 못하면서 그렇게 하고 있다.[29] 가치는 자기의 이마에 가치라고 써 붙이고 있지는 않다. 가치는 오히려 각각의 노동생산물을 하나의 사회적 상형문자로 전환시킨다. 뒤에 인간들은 이 상형문자의 의미를 해독하여 그들 자신의 사회적 산물[가치]의 비밀을 해명하려고 노력한다. 왜냐하면 유용한 물건이 가치라는 성격을 가지는 것은, 언어와 마찬가지로 인간의 사회적 산물이기 때문이다. 노동생산물은, 그것이 가치인 한, 그 생산에 지출한 인간노동의 물적 표현에 지나지 않는다는 뒷날의 과학적 발견은, 인류 발전사에 획기적인 것이기는 하지만, 노동의 사회적 성격이 생산물 자체의 객관적 성격인 것처럼 보이게 하는 환상을 결코 없애 버리지는 못한다. 이 특수한 생산형태[상품생산]에서만 타당한 것[즉 서로 독립한 사적 노동들의 독특한 사회적 성격은 사적 노동들이 인간노동으로서 동등하다는 데 있으며, 그 사회적 성격이 노동생산물에서 가치라는 존재형태를 취한다는 사실]을 상품생산의 관계에 파묻힌 사람들은 위의 과학적 발견 이전에나 이

---

\* "그리하여 사적 노동의 사회적인 유용성은~인간노동으로서 동등시하는 것이다."는 문장은 불어판에서는 "생산자들이 그들의 노동생산물을 가치로서 관계를 맺게 할 때, 그들은 자신의 노동생산물이 동일한 인간노동을 숨기고 있는 단순한 겉껍질이라는 사실을 알고서 하는 것은 아니다. 정반대다. 그들은 자신들의 상이한 생산물을 교환에서 동등한 것으로 여김으로써 자신들의 상이한 노동이 동등하다는 것을 입증한다."(마르크스, 1977: 70)로 수정되었다.

29) 그러므로 갈리아니가 "가치는 사람들 사이의 관계다."고 말했을 때, 그는 물건들 사이의 관계로 표현된 사람들 사이의 관계라고 첨가해야 했다.(갈리아니, 『화폐에 대해』: 221)

후에나 마찬가지로 절대적 타당성 — 마치 과학에 의해 공기의 구성요소
들이 발견된 뒤에도 공기 그 자체는 아무런 변화 없이 그대로 존속하고
있다는 사실과 마찬가지의 절대적 타당성 — 을 가지는 것으로 생각한다.

생산자들이 교환할 때 먼저 실제로 관심을 갖는 것은 자기 생산물이
타인의 생산물을 얼마만큼 얻을 수 있는가, 즉 어떤 비율로 생산물들이
교환되는가다. 이 비율이 관습에 의해 어느 정도의 안정성을 얻게 되면,
그 비율은 노동생산물의 본성에서 나오는 것처럼 보인다. 그리하여 예컨
대 1톤의 쇠와 2온스의 금이 가치가 같다는 것은, 1그램의 금과 1그램의
쇠가 물리적·화학적 속성의 차이에도 불구하고 같은 무게를 가진다는
사실처럼 자연스럽게 생각한다. 노동생산물의 가치성격은 노동생산물들
이 가치량으로서 상호 작용할 때 비로소 분명해진다. 왜냐하면 이 가치
량은 교환자들의 의지·예견·행위와는 무관하게 끊임없이 변동하기 때
문이다. 사회 안에서 교환자들 자신의 운동은 그들에게는 물건들의 운동
이라는 형태를 취하는데, 그들은 이 운동을 통제하는 것이 아니라 도리
어 그 운동에 의해 통제되고 있다. (서로 독립적으로 수행하면서도 사회
적 분업의 자연발생적 일환으로 전면적으로 상호의존하고 있는) 모든 종
류의 사적 노동이 사회가 요구하는 양적 비율로 끊임없이 조정된다는 과
학적 인식이 경험 자체로부터 생기기 위해서는, 상품생산이 완전히 발전
해야 한다. 위와 같은 조정이 이루어지는 이유는, 생산물들 사이의 우연
적이고 끊임없이 변동하는 교환관계 중에서, 생산물의 생산에 사회적으
로 필요한 노동시간이 [마치 우리 머리 위로 집이 무너져 내릴 때의 중력
의 법칙과 같이] 규제적인 자연법칙으로서 자기 자신을 관철시키기 때문
이다.[30] 그러므로 노동시간에 의한 가치량의 결정은 상품의 상대적 가치

30) "주기적인 변혁[공황]을 통해서만 자기를 관철하는 법칙을 우리는 어떻게
생각해야 하는가? 그것은 당사자들의 의식과 무관한 자연법칙에 지나지 않는
다."(프리드리히 엥겔스, 『국민경제학 비판개요』, 아놀트 루게와 카를 마르

의 현상적인 운동의 배후에 숨어 있는 하나의 비밀이다. 이 비밀의 발견
은, 노동생산물의 가치 크기가 순전히 우연적으로 결정되는 것 같은 겉
모습을 제거하기는 하나, 결코 가치의 크기가 결정되는 형태를 철폐하지
는 못한다.

  사회생활의 형태들에 관한 고찰, 따라서 이 형태들의 과학적 분석은
그것들의 실제의 역사적 발전 경로와는 거꾸로 행해진다. 왜냐하면 그
분석은 잔치가 끝난 뒤에 post festum〖사후적으로〗, 따라서 발전과정의 결
과를 가지고 시작하기 때문이다. 노동생산물에 상품이라는 도장을 찍는
[따라서 상품유통의 전제조건으로 되고 있는] 형태들은, 사람들이 그 형
태들의 역사적 성격이 아니라 [왜냐하면 그 형태들은 역사적으로 변하지
않는 것으로 보이기 때문이다] 그것들의 의미를 해명하려고 시도하기도
전에, 이미 사회생활의 자연적 형태라는 확실성을 획득하고 있다. 그리
하여 오직 상품가격의 분석을 통해서만 가치량의 결정이라는 문제가 제
기되었고, 모든 상품들이 공통적으로 화폐로 표현되고 있다는 사실을 통
해서만 상품=가치라는 성격이 확정되었다. 그러나 바로 상품세계의 이
완성형태─화폐형태─가 사적 노동의 사회적 성격, 따라서 개별 노동자
들 사이의 사회적 관계를 숨김없이 폭로하는 것이 아니라 도리어 그 관
계를 물건들 사이의 관계로 나타냄으로써 은폐하고 있다. 만약 내가 아
마포가 추상적 인간노동의 일반적 화신이기 때문에 저고리나 장화는 아
마포와 관계를 맺게 된다고 올바르게 말하더라도, 이 표현은 명백히 황
당무계하게 들릴 수밖에 없다. 또한 저고리와 장화의 생산자들이 자기
상품들을 일반적 등가물인 아마포─또는 금이나 은─와 비교할 때, 이
비교는 사회의 총노동과 그들의 사적 노동 사이의 관계를 표현한다는 올
바른 인식은 그 생산자들에게는 위와 마찬가지로 황당무계하게 들릴 수

─────────────

크스가 편집한 『독불연보』에 있음.〖CW 3: 433–434〗)

밖에 없다.

부르주아 경제학의 범주들은 위와 같은 형태들로 구성되어 있다. 이런 범주들은 역사적으로 규정된 일정한 사회적 생산양식[상품생산]의 생산관계에서는 사회적으로 타당하며 따라서 객관적인 사고형태다.* 그러므로 상품의 모든 신비[즉 상품생산의 토대 위에서 노동생산물을 둘러싸고 있는 모든 환상과 황당무계]는 우리가 다른 생산형태로 이행하자마자 곧 사라져버린다.

정치경제학자는 로빈슨 크루소의 이야기를 좋아하므로[31], 먼저 로빈슨 크루소의 섬 생활을 보기로 하자. 로빈슨 크루소는 본성이 검소하지만 각종 욕구를 충족시켜야 하므로, 도구를 만들고 가구를 제작하며 염소를 길들이고 물고기를 잡으며 사냥을 하는 등 각종 유용노동을 하지 않으면 안 된다. 기도나 이와 유사한 것은 여기서는 문제가 되지 않는다. 왜냐하면 우리의 로빈슨 크루소는 자기의 온갖 활동을 즐기고 위안거리로 삼기 때문이다. 자기의 다양한 생산적 기능에도 불구하고 그는 그런 여러 기능들이 동일한 자신의 여러 가지 활동형태, 따라서 인간노동의 여러 가지 방식에 지나지 않는다는 것을 알고 있다. 그는 절실한 필요

---

* "부르주아 경제학의 범주들은~객관적인 사고형태다."라는 문장은 불어판에서는 "부르주아 경제학의 범주들은 현실의 사회적 관계들을 반영하는 한 객관적인 진리를 가진 사고형태이지만, 이들 사회적 관계는 상품생산이 사회적 생산양식인 특정한 역사시대에만 속한다."(마르크스, 1977: 72)로 수정되었다.

31) 리카도조차도 자기의 로빈슨 크루소 이야기를 가지고 있다. "리카도는 원시적 어부와 원시적 사냥꾼을 상품소유자로 만들고, 물고기와 짐승을 그들의 교환가치에 대상화되어 있는 노동시간에 따라 교환되게 한다. 이때 그는 원시적 어부와 원시적 사냥꾼이 1817년 런던 증권거래소에서 통용되고 있던 연금계산표에 의거해 자기들의 노동도구의 가치를 계산한다는 시대착오에 빠지고 있다. 그리고 '오언의 평행사변형'[공산주의적 거주지]이 부르주아 사회형태 이외에 리카도가 알고 있던 유일한 사회형태인 듯하다."(마르크스, 『정치경제학 비판을 위하여』[ CW 29: 300 ])

때문에 자기 시간을 정확하게 여러 가지 기능들 사이에 배분한다. 어떤 기능이 자기 활동 전체에서 더 큰 시간을 차지하는가는, 목적하는 유용 효과를 얻는 데 부닥치는 곤란이 큰가 작은가에 달려 있다. 그는 경험으로 이것을 안다. 난파선에서 시계·장부·잉크·펜을 구해낸 우리의 로빈슨 크루소는 훌륭한 영국사람답게 즉시 자기 자신의 일들을 장부에 적기 시작한다. 자기 장부에는 그가 소유하고 있는 유용한 물건들이나, 그 것들의 생산에 필요한 여러 가지 작업이나, 끝으로 이들 생산물의 일정량을 생산하는 데 평균적으로 걸리는 노동시간 등의 명세가 포함되어 있다. 로빈슨 크루소와 그 자신의 손으로 만든 부를 구성하는 물건들 사이의 모든 관계는 너무나 간단명료하여 누구라도 특별히 머리를 쓰지 않더라도 이해할 수 있다. 그런데도 이 관계들은 벌써 가치를 규정하는 본질적인 모든 요소를 포함하고 있다.

이제 우리는 로빈슨 크루소의 밝은 섬으로부터 음침한 유럽의 중세로 눈을 돌려보자. 우리는 여기에서 독립적인 사람 대신 모두가 의존적이라는 것—농노와 영주, 가신과 제후, 속인과 성직자—을 발견한다. 여기에서는 인격적 예속이 물질적 생산의 사회적 관계와 이에 의거하고 있는 생활의 여러 부문들을 특징짓는다. 그러나 바로 인격적 예속관계가 주어진 사회의 토대를 이루기 때문에, 노동과 노동생산물은 그것들의 진정한 모습과는 다른 환상적인 모습을 취할 필요가 없다. 노동과 생산물은 사회의 거래에서 부역과 공납의 모습을 취한다. [상품생산에 바탕을 둔 사회에서와 같은 노동의 일반적이고 추상적인 형태가 아니라] 여기에서는 노동의 특수하고 자연적인 형태가 노동의 직접적으로 사회적인 형태다. 부역은 상품을 생산하는 노동과 마찬가지로 시간에 의해 측정되지만, 어떤 농노도 자기 영주를 위해 지출하는 것은 자기 자신의 노동력의 일정량이라는 것을 알고 있다. 그가 교회에 바쳐야 하는 십일조는 자기가 성직자로부터 받는 축복에 비하면 훨씬 더 분명하다. 중세 사람들의 상호

관계에서 각자가 하는 상이한 일을 우리가 어떻게 평가하든, 개인들이 노동을 하면서 맺게 되는 사회적 관계는 어떤 경우에도 그들 자신의 인격적 관계로 나타나며, 물건들[노동생산물들] 사이의 사회적 관계로 위장되지는 않는다.

공동노동 또는 직접적으로 연합한 노동의 예를 찾아보기 위해 모든 문화민족의 역사 초기에 나타나는 노동의 자연발생적 형태에까지 소급할 필요는 없다.32) 가까운 예로 가족의 필요를 위해 밀 · 가축 · 천 · 아마포 · 의복 등을 생산하는 농민가족의 가부장적 생산이 있다. 이런 물건들은 그들 가족노동[공동노동]의 여러 가지 생산물이지만, 상품으로 서로 상대하지는 않는다. 이 생산물들을 생산하는 서로 다른 종류의 노동들[즉 농경 · 목축 · 방적 · 직조 · 재봉 등]은 있는 모습 그대로 사회적 기능이다. 왜냐하면 이것들은 상품생산에 의거한 사회와 마찬가지로 그 자신의 자연발생적 분업체계를 가지는 가족의 기능들이기 때문이다. 가족 구성원의 남녀별 · 나이별 차이 그리고 계절의 교체와 더불어 변동하는 노동의 자연적 조건이 가족들 사이의 노동배분이나 가족 구성원 각자의 노동시간을 규제한다. 이 경우 각 개인의 노동력은 처음부터 가족전체 노동력의 일정한 부분으로 여길 뿐이므로, 개별 노동력의 지출을 그 계속시간으로 측정하는 것은 여기에서는 처음부터 노동 자체의 사회적 특징

---

32) "자연발생적 공동체 소유는 명백히 슬라브적 형태며, 심지어는 전적으로 러시아적 형태라고까지 말하는 우스운 편견이 최근에 널리 퍼지고 있다. 사실 이것은 로마인 · 게르만인 · 켈트인들에게도 있었음을 증명할 수 있는 원시적 형태며, 이 형태의 수많은 표본들은 흔적만 남아 있는 경우도 있지만 지금에 이르기까지 인도에서 볼 수 있다. 아시아적, 특히 인도적 공동체 소유 형태에 대한 더 상세한 연구는, 자연발생적인 원시적 공동체 소유의 여러 가지 형태에서 어떻게 그 붕괴의 여러 가지 형태가 발생했는가를 보여줄 것이다. 그리하여 예컨대 로마적·게르만적 사적 소유의 여러 가지 원형은 인도적 공동체 소유의 여러 가지 형태에서 이끌어 낼 수 있다."(같은 책 〖 CW 29: 275 〗)

의 하나로 나타난다.

끝으로, 기분전환을 위해, 공동의 생산수단으로 일하며 다양한 개인들의 노동력을 하나의 사회적 노동력으로 의식적으로 사용하는 자유로운 개인들의 연합association of free individuals [ 자개연 ] 을 생각해보기로 하자. 여기에서는 로빈슨 크루소적 노동의 모든 특징들이 다시 나타나지만, 이 노동은 개인적 노동이 아니라 사회적 노동이라는 점에서 차이가 있다. 로빈슨이 생산한 모든 것은 전적으로 자기 자신의 개인적 노동의 성과이었고, 따라서 자기 자신이 사용할 물건이었다. 자개연의 총생산물은 사회적 생산물이다. 이 생산물의 일부는 또다시 생산수단으로 쓰이기 위해 사회에 남는다. 그러나 다른 일부는 자개연의 구성원들에 의해 생활수단으로 소비된다. 따라서 이 부분은 그들 사이에 분배되지 않으면 안 된다. 이 분배방식은 공동체의 생산조직과, 생산자들의 역사적 발전수준에 따라 변화할 것이다. 다만 상품생산과 대비하기 위해, 각 개별 생산자에게 돌아가는 생활수단의 분배 몫은 각자의 노동시간에 의해 결정된다고 가정하자. 이 경우 노동시간은 이중의 기능을 하게 될 것이다. 정확한 사회적 계획에 따른 노동시간의 배분은 자개연의 다양한 욕구와 해야 할 각종 작업 사이에 올바른 비율을 설정하고 유지한다. 다른 한편으로 노동시간은 각 개인이 공동노동에 참가한 정도를 재는 척도로 기능하며, 따라서 총생산물 중 개인적으로 소비되는 부분에 대한 그의 분배 몫의 척도가 된다. 개별생산자들이 노동이나 노동생산물에서 맺게 되는 사회적 관계는 생산뿐 아니라 분배에서도 단순하고 투명하다.

종교세계는 현실세계의 반영에 지나지 않는다. 생산자 일반이 자기 생산물을 상품과 가치로 취급하여 자기의 개인적 사적 노동을 동질적 인간 노동으로 환원함으로써 서로 사회적 관계를 맺는 상품생산 사회에서는, 추상적 인간에게 예배하는 기독교, 특히 그것의 부르주아적 발전 형태인 프로테스탄트교나 이신론理神論 등이 가장 적합한 형태의 종교다. 고대

아시아적, 그리고 기타 고대적 생산양식에서는 생산물이 상품으로 전환
하고, 따라서 인간이 상품생산자로 전환하는 것은 하나의 종속적인 위치
를 차지했는데, 원시공동체가 점점 더 붕괴단계에 들어감에 따라 그 중
요성이 증대했다. 진정한 상업민족은, 둘 이상의 세계 사이에 사는 에피
쿠로스가 말하는 신처럼, 또는 폴란드 사회의 틈새에 끼여 사는 유태인
들처럼, 고대세계에서는 오직 틈새에만 존재하고 있었다. 이런 고대의
사회적 생산유기체는 부르주아 사회에 비교하면 매우 간단하고 투명했
다. 그러나 고대의 생산유기체는 인간의 미성숙한 발달[원시적 부족공동
체에서는 개인은 자기와 동료들 사이의 탯줄을 아직까지 끊지 못했다]에
근거했거나, 직접적인 지배·종속의 관계에 근거했다. 이런 생산유기체
는, 노동생산력이 낮은 단계를 넘어서지 못하고, 따라서 물질적 생활 영
역 안에서 인간과 인간 사이, 그리고 인간과 자연 사이의 사회적 관계가
좁을 때만, 생기고 존속할 수 있다. 이런 사회적 관계의 좁음이 고대의
자연숭배와 민중 신앙의 기타 요소에 반영되어 있다. 현실세계의 종교적
반영은, 인간과 인간 사이, 그리고 인간과 자연 사이의 일상생활의 실질
적 관계가 완전히 투명하고 이해할 수 있는 형태로 사람들에게 나타날
때만, 비로소 소멸될 수 있다.

사회적 생활과정[즉 물질적 생산과정]의 모습은, 이것이 자유로운 연
합한 인간들에 의한 생산으로 되고 그들의 의식적·계획적 통제 밑에 놓
이게 될 때, 비로소 그 신비의 베일이 벗겨진다. 그러나 이렇게 되기 위
해서는, 사회는 일정한 물질적 토대 또는 일련의 물질적 생존조건을 가
져야 하는데, 이 조건 자체도 하나의 길고 힘든 발전과정의 자연발생적
산물이다.

정치경제학은 가치와 가치량을 비록 불완전하기는 하지만 분석했
고,[33] 이런 형태들 속에 숨어 있는 내용을 발견했다. 그러나 정치경제학
은 어째서 이 내용이 그런 형태를 취하는가, 즉 어째서 노동이 가치로

표현되며, 그리고 어째서 노동시간에 의한 노동의 측량이 노동생산물의

33) 리카도의 가치량 분석의 불충분한 점―그래도 그것은 최선의 분석이다―은 이 책의 제3권과 제4권[잉여가치학설사]에서 보게 될 것이다. 가치 일반에 관해 말한다면, 고전파 경제학은 생산물의 가치로 나타나는 노동과, 생산물의 사용가치로 나타나는 노동을 어디에서도 뚜렷하게 의식적으로 구별하지 못했다. 고전파 경제학이 실제로 이런 구별을 한 것은 사실이다. 왜냐하면 어떤 때는 노동을 질적 측면에서, 또 어떤 때는 양적 측면에서 고찰하고 있기 때문이다. 그러나 각종 노동을 단순히 양적으로 구별한다는 것은 그것들의 질적 동일성 또는 동등성을, 따라서 각종 노동의 추상적 인간노동으로의 환원을 전제한다는 것을 고전파 경제학자들은 깨닫지 못했다. 예컨대 리카도는 데스튀트 드 트라시의 다음과 같은 말에 찬성하는 뜻을 표명하고 있다. "우리의 육체적·정신적 능력만이 우리의 본원적 부라는 것은 확실하므로, 이런 능력의 사용, 즉 어떤 종류의 노동은 우리의 유일한 본원적 보물이며, 또 우리가 부라고 부르는 모든 물건들, 즉 가장 순수하게 기호에 맞는 것들뿐 아니라 가장 필요한 것들이 창조되는 것은 언제나 이 능력의 사용 때문이라는 것은 확실하다. 또한 그 모든 물건들은 그것들을 창조한 노동을 대표하는 데 지나지 않으며, 그리고 만약 그것들이 하나의 가치를 갖는다면, 또는 심지어 두 가지 별개의 가치를 갖는다고 하더라도, 그 물건들은 자기의 가치들을 그것들이 발생한 노동의 가치로부터 끌어낼 수 있을 뿐이라는 것도 확실하다."(리카도, 『정치경제학 및 과세의 원리』, 비봉출판사: 365) 우리는 다만 리카도가 데스튀트의 말에 자기 자신의 한층 더 깊은 해석을 제시하고 있다는 점만을 지적해 둔다. 사실 데스튀트는 한편으로 부를 형성하는 모든 물건들은 "그것을 만들어낸 노동을 대표한다."고 말하고 있으나, 다른 한편으로 그 물건들은 '두 개의 서로 다른 가치'(사용가치와 교환가치)를 '노동의 가치'로부터 얻는다고 말하고 있다. 그렇게 함으로써 그는 먼저 한 상품(이 경우에는 노동)의 가치를 가정하고, 다음에는 또 그것에서 다른 상품의 가치를 규정하려고 하는 속류경제학의 흔한 오류[순환논법]에 빠지고 있다. 그런데 리카도는 데스튀트의 이 말을, 사용가치나 교환가치 모두에 노동(노동의 가치가 아니고)이 표현되고 있다는 뜻으로 해석하고 있다. 그렇지만 리카도 자신도 이처럼 두 개의 방식으로 표현되는 노동의 이중성을 구별하지 못하고 있으며, 그 때문에「가치와 부, 그것들의 상이한 특성」이라는 장[제20장] 전체에 걸쳐 세Say와 같은 사람들의 시시한 주장을 꼼꼼하게 검토할 수밖에 없다. 그리하여 결국 그는 가치의 원천이 노동이라는 점에서는 데스튀트가 자기의 견해와 일치하지

가치량으로 표현되는가 하는 질문을 한 번도 제기한 적이 없었다.[34) 생
산과정이 인간을 지배하고 인간이 아직 생산과정을 지배하지 않는 사회
구성체에 속하고 있다는 도장이 분명히 찍혀있는 위와 같은 형태들도,
정치경제학자의 부르주아적 의식에서는 생산적 노동 그 자체와 마찬가지

만, 다른 한편 가치의 개념에 관해서는 데스튀트가 세의 견해와 일치한다는
사실에 깜짝 놀라고 있다.

34) 고전파 경제학의 근본적 결함의 하나는 상품[특히 상품가치]의 분석으로부터
가치를 교환가치로 되게 하는 가치형태를 찾아내는 데 성공하지 못했다는 점
에 있다. 스미스와 리카도와 같은 고전파 경제학의 가장 훌륭한 대표자들조
차도 가치형태를 전혀 아무래도 좋은 것으로, 또는 상품 자체의 성질과는 관
계없는 것으로 취급하고 있다. 그 이유는 고전파 경제학이 가치량의 분석에
모든 주의를 기울이고 있었다는 데만 있는 것은 아니다. 그 이유는 좀 더 깊
은 곳에 있다. 노동생산물의 가치형태는 부르주아적 생산양식의 가장 추상적
인, 그리고 가장 일반적인 형태고, 바로 이 형태에 의해 부르주아적 생산양식
은 사회적 생산의 특수한 한 종류가 되며 역사적 과도기적 성격을 지니게 된
다. 만약 부르주아적 생산양식을 사회적 생산의 영원한 자연적 형태라고 잘
못 본다면, 필연적으로 가치형태, 따라서 상품형태, 그리고 그것이 더욱 발전
한 화폐형태나 자본형태 등의 특수성까지도 대강 보아 넘기게 된다. 그러므
로 우리는 노동시간이 가치량의 척도라는 것을 완전히 인정하는 경제학자들
도 화폐, 즉 일반적 등가물의 완성된 형태에 관해서는 매우 괴상하고 모순된
관념들을 가지고 있음을 발견한다. 이것은 보통의 화폐 정의가 통용되지 않
는 은행업의 고찰에서 특히 분명히 나타난다. 그리하여 고전파 경제학에 반
대해 중상주의가 부활했는데(가닐 등), 이들은 가치에서 오직 사회적 형태만
을, 또는 오히려 사회적 형태의 실체 없는 외관만을 보고 있다. 여기서 확실
하게 말해 둘 것은, 내가 말하는 고전파 경제학은 W. 페티 이래 부르주아적
생산관계의 내적 관련을 연구한 모든 경제학을, 속류경제학俗流經濟學 vulgar
economics에 대비시켜, 일컫는다는 점이다. 속류경제학은 오직 현상만을 다루
면서, 가장 복잡한 현상을 부르주아적 일상생활에 맞도록 그럴듯하게 설명하
기 위해 이미 훨씬 전에 과학적 경제학이 제공한 자료들을 되풀이해 음미하고
있다. 그뿐 아니라 속류경제학은 독선적인 부르주아지가 자기들 자신의 세계
[그들에게는 가장 좋은 세계다]에 대해 가지고 있는 낡은 관념을 학자티를 내
어 체계화하며 이 관념을 영원한 진리라고 선포하는 일만을 하고 있다.

로 자명한 자연적 필연성으로 나타난다. 그러므로 정치경제학이 부르주
아 이전의 사회적 생산유기체의 형태들을 취급하는 태도는 대체로 성직
자들이 기독교 이전의 종교를 취급하는 태도와 비슷하다.[35]

---

35) "경제학자들은 하나의 기묘한 수법을 사용하고 있다. 그들에게는 오직 두 가
　　지 종류의 제도[인위적인 제도와 자연적인 제도]가 있을 뿐이다. 봉건제도는
　　인위적인 제도이고, 부르주아제도는 자연적인 제도다. 이 점에서 그들은 두
　　가지 종류의 종교를 설정하고 있는 신학자들과 비슷하다. 자기 자신의 종교
　　이외의 종교는 모두 인간이 발명해낸 것이고, 자기 자신의 종교는 신의 계시
　　인 것이다…그리하여 이때까지는 역사라는 것이 존재했으나, 이제는 더 이상
　　존재하지 않는다."(마르크스, 『철학의 빈곤. 프루동의 「빈곤의 철학」에 대한
　　대답』. [ CW 6: 174 ]) 고대 그리스사람과 로마사람은 오직 약탈에 의해서만
　　생활했다고 생각하는 바스티아는 우습기 짝이 없는 사람이다. 만약 사람들이
　　여러 세기에 걸쳐 약탈에 의해 살아간다면 거기에는 반드시 약탈할 수 있는
　　그 무엇이 항상 있어야 할 것이다. 바꾸어 말해 약탈의 대상이 끊임없이 재생
　　산되어야 할 것이다. 그러므로 그리스사람과 로마사람도 역시 그들 세계의
　　물질적 토대를 이루는 하나의 생산과정, 즉 하나의 경제를 가지고 있었던 것
　　으로 생각된다. 그것은 부르주아 경제가 현대세계의 물질적 토대를 이루고
　　있는 것과 마찬가지다. 또는 바스티아는 노예노동에 근거한 생산양식은 약탈
　　체제에 기반을 두고 있다고 생각한 것이 아닌지? 만약 그렇다면 그는 위험한
　　근거 위에 서 있게 된다. 아리스토텔레스와 같은 위대한 사상가까지도 노예
　　노동의 평가를 잘못했는데, 하물며 바스티아와 같은 보잘것없는 경제학자가
　　어떻게 임금노동의 평가를 바르게 할 수 있겠는가? 나는 이 기회를 이용해
　　나의 저서 『정치경제학 비판을 위하여』(1859년)가 나왔을 때 미국의 어떤 독
　　일어 신문이 나에게 제기한 반대를 간단히 반박하려 한다. 그 신문은 다음과
　　같이 말했다. 나의 견해―즉 일정한 생산방식과 이에 대응하는 생산관계, 간
　　단히 말해 "사회의 경제적 구조를 실질적 토대로 해 그 위에 하나의 법률적
　　·정치적 상부구조가 세워지고, 또한 그 실질적 토대에 알맞은 일정한 형태의
　　사회적 의식이 생긴다."고 하는 것과, "물질적 생활의 생산방식은 사회적·정
　　치적·정신적 생활의 일반적 과정을 제약한다."고 하는 것―는 물질적 이해
　　관계가 지배하는 현대세계에 대해서는 분명히 정당하지만, 가톨릭교가 지배
　　하고 있던 중세나, 정치가 지배하고 있던 아테네와 로마에 대해서는 정당하
　　지 않다고 말했다. 먼저 첫째로 놀라운 것은, 중세와 고대세계에 관한 위와

일부 경제학자들이 상품세계에서 나타나는 물신성 또는 노동의 사회적 성격의 객관적 현상형태로 말미암아 얼마나 혼란에 빠지고 있는가는, 특히 교환가치의 형성에서 자연의 기여에 관한 지리하고 무의미한 논쟁에서 잘 나타난다. 교환가치는 어떤 물건에 들어간 노동을 표현하는 일정한 사회적 방식이므로 예컨대 환율과 마찬가지로 자연의 소재를 포함할 수가 없다.

상품형태[이것은 화폐형태와 자본형태로 발전한다]는 부르주아적 생산의 가장 일반적이고 가장 미발달한 형태이므로, 그것은 비록 오늘날과 같이 지배적·특징적인 방식으로는 아니지만 비교적 일찍부터 나타났으며, 그 때문에 그 물신적 성격은 비교적 쉽게 알아차릴 수 있다. 그러나 이보다 더 구체적인[발달한] 형태에서는 이 단순성이라는 외관까지도 사라진다. 중금주의의 환상은 어디에서 오는가? 중금주의자들은 금과 은이 하나의 사회적 생산관계로서의 화폐를 대표하고 있다고 생각하지 않고, 금과 은이라는 자연물이 독특한 사회적 속성을 지니고 있다고 생각하기 때문이다. 또한 근대의 경제학은 거만한 태도로 중금주의를 비웃고 있지만, 그것의 물신숭배성은 그것이 자본을 취급하자마자 아주 뚜렷해지는 것은 아닌가? [제3권 제24장 '자본관계의 피상적 형태인 이자 낳는 자본'을 참조하라.] 지대는 토지로부터 생기는 것이며 사회로부터 생기는 것이 아니라

---

같은 낡은 문구를 아직도 모르는 사람이 있는 것으로 전제하고 기뻐하는 사람이 있다는 사실이다. 중세도 가톨릭에 의해서는 생활할 수 없었고, 고대세계도 정치에 의해서는 생활할 수 없었다는 것만은 분명하다. 이들 세계가 자기 생활을 한 방식 그것이 왜 한 경우에는 정치가, 다른 경우에는 가톨릭교가 지배적인 기능을 했는가를 설명해 준다. 그뿐 아니라, 예컨대 토지소유의 역사가 로마공화국의 숨어 있는 역사를 이루고 있다는 사실은 로마공화국의 역사에 그다지 정통하지 않아도 알 수 있다. 또한 각지를 돌아다니는 말을 탄 무사가 사회의 어떤 경제형태와도 조화를 이룰 수 있다는 환상에 대한 대가는 이미 오래 전에 돈키호테가 지불했던 것이다.

는 중농주의자들의 환상이 사라진 것은 얼마 전의 일이 아닌가? [ 제3권 제38장 '차액지대. 개설'을 참조하라. ]

　그러나 너무 앞질러 나가는 것을 피하기 위해 여기에서는 상품형태 자체에 관한 또 하나의 예를 드는 데 그치려 한다. 만약 상품이 말을 할 줄 안다면 다음과 같이 말할 것이다. '우리의 사용가치는 사람들의 관심을 끌지 모르지만, 사용가치는 물건인 우리에게 속하는 것은 아니다. 물건인 우리에게 속하는 것은 우리의 가치다. 우리 자신이 상품으로 교환되는 것이 이것을 증명하고 있다. 우리는 오직 교환가치로서만 서로 관계를 맺고 있다.'라고. 그러면 이제 경제학자들이 이런 상품의 심정을 어떻게 전하고 있는지 들어보자.

　　"가치"(교환가치)"는 물건의 속성이고, 부"(사용가치)"는 인간의 속성이다. 이런 의미에서 가치는 필연적으로 교환을 포함하고 있지만 부는 그렇지 않다."36) "부"(사용가치)"는 인간의 속성이고 가치는 상품의 속성이다. 인간이나 사회는 부유하고, 진주나 다이아몬드는 가치 있는 물건이다…진주나 다이아몬드는 진주나 다이아몬드만큼 가치를 가진다."37)

　진주나 다이아몬드 속에서 교환가치를 발견한 화학자는 아직 한 사람도 없다. 그런데 경제학자들이 이 화학적 실체를 발견했다고 하면서 자기들의 예리한 통찰력을 자부하고 있는데, 그들에 따르면, 물건의 사용가치는 물건의 물질적 속성과는 관계없이 존재하지만, 물건의 가치는 물건으로서 그것의 일부를 구성하고 있다는 것이다. 그리고 자기들의 이와

---

36) [『정치경제학의 용어논쟁 고찰』]: 16.
37) 베일리, 『가치의 성질·척도·원인에 관한 비판적 논문』: 165.

같은 견해 [ 엉터리 견해 ] 를 확증해 주는 것은, 물건의 사용가치는 교환 없이 [즉 물건과 사람 사이의 직접적인 관계 속에서] 실현되지만, 물건의 가치는 오직 교환에서만 [즉 하나의 사회적 과정에서만] 실현된다고 하는 기묘한 사정이라는 것이다. 이렇게 되면 누구라도 저 선량한 독베리가 경비원 시콜에게 가르쳐 준 충고 [ 전혀 말이 되지 않는 충고 ] 를 생각하게 될 것이다. [ 셰익스피어의 희극, 『헛소동』, 제3막, 제3장 ]

"인기 있는 사람이 되는 것은 운명의 덕택이지만, 읽고 쓰는 것은 자연히 알게 된다."[38]

---

38) 앞의 『고찰』의 저자나 베일리는, 리카도가 교환가치를 상대적인 것으로부터 어떤 절대적인 것으로 전환시켰다고 그를 비난한다. 사실은 이것과 반대다. 리카도는 예컨대 다이아몬드나 진주와 같은 물건들이 교환가치로서 가지고 있는 외관상의 상대성을 이 외관의 배후에 숨어 있는 그것들의 진정한 관계 [즉 인간노동의 단순한 표현으로서 그것들의 상대성]로 환원했던 것이다. 만약 리카도의 후계자들이 베일리에 대해 거칠고 적절하지 못한 답변을 했다면, 그것은 그들이 리카도 자신에게서 가치와 가치형태[또는 교환가치] 사이의 내적 관련에 관한 아무런 해명도 발견할 수 없었기 때문이다.

# 제2장
## 교환과정

상품은 스스로 시장에 갈 수도 없고 스스로 자신을 교환할 수도 없다. 그러므로 우리는 상품의 보호자 즉 상품소유자를 찾지 않으면 안 된다. 상품은 물건이므로 인간에게 저항하지 못한다. 만약 상품이 순종하지 않는다면 인간은 힘을 사용할 수 있다. 바꾸어 말해 그것을 자기의 것으로 만들어 버릴 수 있다.[1] 이 물건들이 상품으로 서로 관계를 맺기 위해서는, 상품의 보호자들은 자기들의 의지를 이 물건들에 담고 있는 인격으로서 서로 관계를 맺어야만 한다. 그리하여 한 상품의 소유자는 다른 상품 소유자의 동의 아래에서만, 따라서 각자는 쌍방이 동의하는 하나의 의지행위를 매개로 해서만, 자기 자신의 상품을 양도하고 타인의 상품을 자기의 것으로 만든다. 따라서 그들은 서로 상대방을 사적 소유자로 인정해야 한다. 계약의 형식을 취하는 이 법적 관계는 발달한 법률제도의 일부이든 아니든 경제적 관계를 반영하는 두 의지 사이의 관계다. 이 법

---

1) 경건했던 것으로 평판이 난 12세기에도 상품들 중에는 가끔 매우 미묘한 것들이 있었다. 예를 들어 그 당시 프랑스의 한 시인은 랑디시장에서 볼 수 있는 상품들 중에 천·구두·가죽·농기구·모피 등과 아울러 '몸을 파는 여자'까지 들고 있다.

적 관계[또는 의지 관계]의 내용은 경제적 관계 그 자체에 의해 주어지고
있다.2) 사람들은 여기에서 다만 상품의 대표자, 따라서 소유자로서 존재
할 뿐이다. 연구가 진행됨에 따라 우리는 일반적으로 경제무대에 등장하
는 인물들은 경제적 관계들의 인격화에 지나지 않으며, 그들은 이 경제
적 관계들의 담당자로서 서로 상대한다는 것을 보게 될 것이다.

상품소유자와 상품 사이의 주된 차이는, 상품은 다른 모든 상품체를
오직 자기 자신의 가치의 현상형태로 여긴다는 사실이다. 태어날 때부터
평등주의자이며 냉소주의자인 상품은, 다른 어떤 상품과도, 비록 그것이
마리토르네스보다 더 추한 외모를 가지고 있을지라도, 정신뿐 아니라 몸
까지도 교환할 용의를 항상 가지고 있다. 상품은 다른 상품체의 구체적
속성을 파악할 감각을 가지고 있지 않으므로 상품소유자가 자기 자신의
다섯 개 이상의 감각으로 보충해 준다. 그의 상품은 자기에 대해서는 직
접적인 사용가치를 가지고 있지 않다. 만약 그것을 가지고 있다면, 그는
그 상품을 시장에 가지고 가지 않을 것이다. 그의 상품은 다른 사람에게
사용가치를 가진다. 상품소유자에게는 상품은 교환가치를 지니고 있으
며 따라서 교환수단이라는 점에서만 직접적 사용가치를 가지고 있다.3)

2) 프루동은 처음에 정의·영원한 정의라는 자기 이상을 상품생산에 대응하는 법
적 관계로부터 끌어내고 있다. 그는 그렇게 함으로써 상품생산이 정의와 마찬가
지로 영원한 형태라는 것을 증명하여 모든 선량한 소시민[소규모 상품생산자]들
에게 위안을 주고 있다. 그 다음에 그는 거꾸로 현실의 상품생산이나 이에 대응
하는 현실의 법을 이 이상에 따라 개조하려고 한다. 분자들의 상호작용에 관한
진정한 법칙들을 연구하고 이에 의거해 일정한 과제를 해결하려고 하지 않고,
그 대신 '자연상태'나 '친화성'이라는 '영원한 이념'에 의거해 이런 상호작용을
개조하려는 화학자가 있다면, 사람들은 그를 어떻게 생각할까? 우리가 고리대는
'영원한 정의', '영원한 공정성', '영원한 상호부조', 기타의 '영원한 진리'와 모순
된다고 말할 때, 우리가 '고리대'에 대해 아는 것은, 성직자들이 고리대가 '영원
한 은총', '영원한 신앙', '신의 영원한 의지'와 모순된다고 말했을 때 성직자들이
고리대에 대해 알고 있었던 것보다 과연 더 많은가?

그러므로 상품소유자는 자신을 만족시켜 줄 사용가치를 가진 다른 상품을 얻기 위해 자기 상품을 넘겨주려고 한다. 모든 상품은 그 소유자에게는 사용가치가 아니고, 그것의 소유자가 아닌 사람에게는 사용가치다. 따라서 상품은 모두 그 소유자를 바꾸어야 한다. 그리고 이와 같이 소유자를 바꾸는 것이 상품의 교환인데, 이 교환이 상품을 가치로 서로 관련시키며 상품을 가치로서 실현한다. 그러므로 상품은 사용가치로 실현될 수 있기 전에 먼저 가치로 실현되어야 한다.

다른 한편으로 상품은 가치로 실현될 수 있기 전에 먼저 자신이 사용가치라는 것을 보여주어야만 한다. 왜냐하면 상품에 지출된 인간노동은, 타인에게 유용한 형태로 지출된 경우에만, 유효하게 계산되기 때문이다. 그러나 그 노동이 과연 타인에게 유용한가 그렇지 않은가, 따라서 그 생산물이 타인의 욕구를 충족시키느냐 않느냐는 오직 상품의 교환만이 증명할 수 있다.

상품소유자는 누구나 자기 자신의 욕구를 충족시켜 주는 사용가치를 지닌 다른 상품과 교환하게 될 때만 자기 상품을 넘겨주려고 한다. 이 관점에서 보면 교환은 그에게는 개인적 과정일 따름이다. 다른 한편으로 그는 자기 상품을 가치로 실현하고자 한다. 즉 자기 자신의 상품이 다른 상품소유자에게 사용가치를 가지든 안 가지든, 자기 상품을 자기 마음에 드는 동일한 가치의 다른 상품으로 실현하고자 한다. 이 관점에서 보면, 교환은 그에게는 일반적 사회적 과정이다. 그러나 동일한 과정이 모든

---

3) "왜냐하면 모든 물건에는 두 개의 용도가 있기 때문이다…그 하나의 용도는 그 물건에 고유한 것이고, 다른 용도는 고유한 것이 아니다. 예컨대 구두에는, 한편으로 구두로서 신는다는 용도가 있고, 다른 한편으로는 교환될 수 있다는 용도가 있다. 두 가지 모두 구두의 사용방식이다. 왜냐하면 구두를 자기가 필요로 하는 화폐 또는 식료품과 교환하는 사람까지도 구두를 구두로서 이용하기 때문이다. 그러나 이것은 구두 고유의 사용방식은 아니다. 왜냐하면 구두는 교환을 위해 만들어진 것이 아니기 때문이다."(아리스토텔레스, 『정치학』. 제1권 제9장)

상품소유자에게 오로지 개인적인 것이면서 또한 동시에 오로지 일반적
사회적인 것으로 되는 일은 있을 수 없다.

더 상세하게 고찰하면, 어떤 상품소유자도 다른 모든 상품을 자기 상
품의 특수한 등가물로 여기며, 따라서 자기 자신의 상품을 다른 모든 상
품의 일반적 등가물로 여긴다. 그러나 이 점은 모든 상품소유자에게 타
당하기 때문에, 어떤 상품도 사실상 일반적 등가물로 되지 못하며, 따라
서 상품들은 서로 가치로 동등시되며 가치량으로 서로 비교되는 일반적
인 상대적 가치형태를 가지지 못한다. 그러므로 그것들은 결코 상품으로
서 상대하는 것이 아니라 오직 생산물 또는 사용가치로서만 서로 상대하
게 된다. 이 곤경에 직면하여 우리의 상품소유자들은 파우스트와 같이
생각한다. "태초에 행함이 있었다." 그리하여 그들은 생각하기 전에 이
미 행동했던 것이다. 상품소유자들은 본능적으로 상품 본성의 법칙들에
순응했다. 그들은 자기들의 상품을 일반적 등가물인 다른 하나의 상품과
대비시킴으로써만 자기들의 상품을 서로 가치로서, 따라서 상품으로서
관계 맺을 수 있을 뿐이다. 우리는 상품의 분석을 통해 이 결과를 얻은
바 있다. 그러나 오직 사회의 행동만이 일정한 상품을 일반적 등가물로
만들 수 있다. 그러므로 다른 모든 상품의 사회적 행동이 자신들의 가치
를 모두 표시하는 특수한 상품을 분리해 낸다. 그렇게 함으로써 이 선발
된 상품의 현물형태가 사회적으로 통용되는 등가형태로 된다. 일반적 등
가물이 되는 것은 이런 사회적 과정을 통해 선발된 상품의 독자적인 사
회적 기능이다. 그리하여 이 상품은 화폐가 된다.

"그들은 모두 한 마음이 되어 자기들의 능력과 권세를 그 짐승에게
주더라." "그 짐승의 이름이나 그 이름을 표시하는 숫자의 낙인이 찍
힌 사람 외에는 아무도 물건을 사거나 팔지 못하게 하더라."

〔 요한계시록, 17장 13절; 13장 17절 〕

화폐는, 종류가 다른 노동생산물이 실제로 서로 동등시되고, 따라서 상품으로 전환되는 교환과정의 필연적 산물이다. 교환현상의 역사적 확대와 심화는 상품의 성질 속에 잠자고 있는 사용가치와 가치 사이의 대립을 발달시킨다. 원활한 상거래를 위해 이 대립을 외부로 표현하려는 욕구는 독립적인 가치형태를 만들려는 충동을 낳게 되는데, 이 충동은 상품이 상품과 화폐로 분화됨으로써 하나의 독립적 가치형태를 얻을 때까지 중지하는 일이 없다. 따라서 노동생산물이 상품으로 전환되는 것에 발맞추어 특정상품이 화폐로 전환된다.[4]

생산물들의 직접교환은 한 측면에서 보면 '단순한 가치표현'의 형태를 가지고 있으나, 다른 측면에서 보면 그것을 가지고 있지 않다. 단순한 가치표현의 형태는 X량의 상품 A=Y량의 상품 B였다. 그런데 직접적인 생산물교환의 형태는 X량의 사용가치 A=Y량의 사용가치 B다.[5] 이 경우 A와 B라는 물건은 교환 이전에는 상품이 아니고 교환에 의해 비로소 상품으로 된다. 어떤 유용한 물건이 교환가치로 될 가능성을 획득하는 최초의 방식은 그 유용한 물건이 사용가치가 아닌 것[즉 그 소유자의 직접적 필요량을 초과하는 양의 사용가치]으로 존재하는 것이다. 물건은 그 자체로 인간에 대해 외적인 것이며 따라서 양도할 수 있다. 이 양도가 상호적인 것으로 되기 위해서는, 사람들은 이 양도할 수 있는 물건들의

---

4) 상품생산을 영구화하려고 하면서 동시에 '화폐와 상품 사이의 대립'을, 따라서 화폐 그 자체를 폐지하려고 하는 소부르주아적 사회주의의 교활함[왜냐하면 화폐는 오직 화폐와 상품 사이의 대립에서만 존재하기 때문이다]을 이것에 의해 평가할 수 있다. 만일 그렇게 할 수 있다면, 가톨릭교를 존속시키면서 교황을 폐지할 수도 있을 것이다. 이에 관해 더 상세한 것은 내 저서『정치경제학 비판을 위하여』〖 CW 29: 320 이하 〗를 보라.

5) 두 개의 상이한 유용한 물건이 교환되는 것이 아니라, (미개인 사이에서 가끔 보는 바와 같이) 한 개의 물건에 대해 잡다한 물건들이 등가물로 제공되는 동안은, 직접적인 생산물교환도 아직 시작단계에 있을 뿐이다.

사적 소유자로, 또 바로 그 이유 때문에 서로 독립된 인격으로, 서로 상대하기로 암묵적으로 동의하기만 하면 된다. 그러나 이와 같이 상호간에 타인이라는 관계는 자연발생적 공동체의 구성원 사이에는 존재하지 않는다. 그 공동체가 가부장적 가족이거나, 고대 인도의 공동체이거나, 페루의 잉카국이거나 그것은 마찬가지다. 상품교환은 공동체의 경계선[즉 공동체가 다른 공동체 또는 다른 공동체의 구성원과 접촉하는 지점]에서 시작한다. 그러나 물건들이 한 번 공동체의 대외적 관계에서 상품으로 되기만 하면 그것들은 반사적으로 공동체 안에서도 상품이 된다. 이런 물건들의 양적 교환비율은 최초에는 완전히 우연적이다. 그 물건들이 교환될 수 있는 것은, 그 물건 소유자들이 그것들을 서로 양도하려고 하기 때문이다. 그러는 사이에 타인 소유의 유용한 물건에 대한 욕구가 점차로 확립된다. 교환의 끊임없는 반복은 교환을 하나의 정상적인 사회적 과정으로 만든다. 그러므로 시간이 경과함에 따라 노동생산물의 적어도 일부는 처음부터 교환을 목적으로 생산되지 않으면 안 된다. 이 순간부터 직접적 소비를 위한 물건의 유용성과, 교환에서 물건의 유용성 사이의 구별이 굳어져 간다. 물건의 사용가치가 물건의 교환가치로부터 구별된다. 다른 한편으로 이 물건들이 교환되는 양적 비율은 물건들의 생산 그 자체에 의존하게 된다. 관습은 이 물건들의 가치를 일정한 크기로 고정시킨다.

직접적인 생산물 교환에서는, 각 상품은 그 상품의 소유자에게는 직접적 교환수단이 되고, 그 상품을 소유하지 않는 모든 사람에게는, 그 상품이 자기들에게 사용가치를 가지는 한, 그 상품은 하나의 등가물이 된다. 그러므로 이 단계에서는 교환되는 물건은 아직 자기 자신의 사용가치나 교환자의 개인적 욕구와는 관계없는 가치형태를 가지지 못한다. 가치형태의 필요성은 교환과정에 들어오는 상품의 수와 다양성이 증가함에 따라 발전한다. 문제와 그 해결의 수단은 동시에 생긴다. 상품소유자들이 자기 자신의 물품을 여러 가지 다른 물품과 교환하고 비교하는 상거래

는, 상품소유자들의 여러 가지 상품들이 하나의 제3의 상품종류와 교환
되고 가치로서 비교되지 않고서는 결코 이루어지지 못한다. 이 제3의 상
품은 기타의 여러 상품의 등가물이 됨으로써, 비록 좁은 범위 안에서이
긴 하지만, 보편적인 사회적 등가형태를 직접적으로 취한다. 이 보편적
등가형태는 자기를 낳은 일시적인 사회적 접촉과 함께 발생하고 또 소멸
한다. 즉 때로는 이 상품이, 때로는 저 상품이, 일시적으로 보편적 등가
형태를 취한다. 그러나 상품교환의 발달에 따라 보편적 등가형태는 배타
적으로 특수한 상품종류에 굳게 붙는다. 즉 화폐형태로 응고한다. 화폐
형태가 어떤 종류의 상품에 들러붙는가는 처음에는 우연이다. 그러나 대
체로 두 가지 사정이 결정적인 구실을 한다. 화폐형태는, 교환을 통해 외
부로부터 들어오는 가장 중요한 물품[사실 이 물품은 토착 생산물들의
교환가치를 최초로 자연발생적으로 표현한 바 있다]에 들러붙거나, 양도
가능한 토착재산의 주요한 요소를 이루는 유용한 물건[예: 가축]에 들러
붙는다. 유목민족은 화폐형태를 최초로 발전시켰다. 왜냐하면 그들의 재
산 전체가 이동할 수 있는, 따라서 직접 양도가능한 형태로 존재했기 때
문이며, 또 그들의 생활방식이 그들을 끊임없이 다른 공동체와 접촉하도
록 함으로써 생산물의 교환을 자극했기 때문이다. 인간은 인간 그 자체
를 노예의 형태로 원시적인 화폐재료로 삼은 일은 가끔 있었으나 토지를
그렇게 한 적은 없었다. 토지를 화폐재료로 삼으려는 생각은 발전된 부
르주아 사회에서만 나타날 수 있었다. 이와 같은 생각이 나타난 것은 17
세기의 마지막 $\frac{1}{3}$ 의 일인데, 그것의 실행을 전국적 규모에서 시도한 것
은 그보다 1세기 뒤인 프랑스의 부르주아 혁명기〖몰수한 교회 토지를 근거
로 1789년에 발행한 아시냐assignats〗였다.

상품교환이 좁은 지역적 속박을 타파하고, 따라서 상품가치가 인간노
동 일반[추상적 인간노동]의 체현물로 발전해 감에 따라 화폐형태는 일
반적 등가물이라는 사회적 기능을 수행하는 데 자연적으로 적합한 상품

인 귀금속으로 옮아간다.

"금과 은은 처음부터 화폐는 아니지만, 화폐는 성질상 금과 은이다."[6] 하는 말은, 금과 은의 자연적 속성이 화폐의 여러 기능에 적합하다는 것을 보여주고 있다.[7] 그러나 아직까지 우리는 화폐의 한 가지 기능만을 알고 있을 뿐이다. 즉 화폐가 상품가치의 현상형태[상품의 가치량을 사회적으로 표현하는 재료]로 수행하는 기능이다. 가치의 적당한 현상형태[즉 추상적인 따라서 동등한 인간노동의 체현물로 될 수 있는 것]는 어느한 부분을 떼어내어 보아도 동일하고 균등한 질을 가지고 있는 물질뿐이다. 다른 한편으로 가치량의 차이는 순전히 양적인 것이므로, 화폐상품은 순전히 양적인 구별이 가능한 것, 즉 그것을 마음대로 분할할 수 있고또 그 부분들을 다시 합할 수 있는 것이어야 한다. 그런데 금과 은은 성질상 이와 같은 속성을 가지고 있다.

화폐상품은 이중의 사용가치를 가지게 된다. 그것은 상품으로서 특수한 사용가치(예컨대 금은 이를 때우거나 사치품의 원료로 쓰인다) 밖에도, 그것의 독특한 사회적 기능으로부터 나오는 하나의 형태적[화폐형태로서]사용가치를 가진다.

다른 모든 상품은 화폐의 특수한 등가물일 뿐이지만, 화폐는 다른 모든 상품들의 일반적 등가물이므로, 다른 모든 상품과 화폐 사이의 관계는 특수한 상품과 일반적 상품[8] 사이의 관계와 같다.

이미 본 바와 같이, 화폐형태는 다른 모든 상품들 사이의 관계가 한상품에 반사된 것에 불과하다. 따라서 화폐가 상품이라고 말하는 것[9]은

---

6) 마르크스, 『정치경제학 비판을 위하여』[CW 29: 387]. "귀금속은…본질적으로 화폐다"(갈리아니, 앞의 책: 137).

7) 이 점에 대해 더 상세한 것은 앞의 내 저서의 「귀금속」의 절[CW 29: 385-388]참조.

8) "화폐는 일반적 상품이다."(베리, 앞의 책: 16)

화폐의 완성된 모습에서 출발해서 화폐를 분석하려는 사람에게는 하나의 발견이다. 교환과정은 자기가 화폐로 전환시킨 상품에게 가치를 주는 것이 아니라 독특한 가치형태를 준다. 이 두 가지 개념 [ 가치와 가치형태 ] 의 혼동은, 금과 은의 가치를 상상적인 것이라고 생각하는 오류에 빠지게 한다.10) 또 화폐는 어떤 기능들[ 예 : 유통수단의 기능 ] 에서는 자기 자신의 단순한 상징에 의해 대체될 수 있기 때문에, 또 하나의 오류[즉 화폐는 단순한 상징에 지나지 않는다는 오류]가 생겼다. 그렇지만 이 그릇된 생각에는, 물건의 화폐형태는 물건 그 자체의 분리할 수 없는 부분이 아니라, 물건의 배후에 숨어 있는 사회적 관계의 현상형태에 지나지 않는다는 막연한 추측이 들어 있었다. 이런 의미에서는 모든 상품이 일종의 상징이다. 왜냐하면 가치로서 상품은 거기에 지출된 인간노동의 물적 겉

---

9) "우리가 귀금속이라는 일반적 명칭으로 부를 수 있는 금과 은은…그 가치가 오르기도 하고 내리기도 하는 상품이다…더 작은 무게의 귀금속이 그 나라의 생산물이나 제조품의 더 많은 양을 살 수 있다면, 그때에는 귀금속의 가치가 오른다고 인정된다."([클레먼트]『서로 관련이 있는 화폐·상업·외환의 일반적 관념에 관한 이야기』: 7) "금과 은은 (주조되든 않든) 비록 다른 모든 물건의 척도로 사용되지만, 포도주·기름·담배·의복·천과 마찬가지로 하나의 상품이다."(차일드,『상업, 특히 동인도 상업에 관한 이야기』: 2) "이 나라의 자본과 부를 오직 화폐에만 국한시키는 것은 적절하지 못하며, 또 금과 은을 상품에서 제외시켜서도 안 된다."(파필론,『영국에 매우 유리한 무역인 동인도무역』: 4)

10) "금과 은은 화폐이기 이전에 금속으로서 가치를 가진다."(갈리아니, 앞의 책: 72) 로크는, "은은 화폐로 되는 데 적합한 성질을 가지고 있기 때문에 사람들의 전반적 합의에 의해 하나의 상상적 가치가 은에게 주어졌다."고 말한다. (로크,『이자 인하의 결과들에 관한 몇 가지 고찰』: 15) 이와 반대로 로는 다음과 같이 말한다. "어떻게 상이한 국민들이 어떤 하나의 물건에 동일한 상상적 가치를 부여할 수 있겠는가…또는 어떻게 이 상상적 가치가 유지될 수 있었겠는가?" 그러나 그 자신이 이 문제를 거의 이해하지 못하고 있었다는 것은 다음과 같은 말로 알 수 있다. "은은 자신이 가진 사용가치에 비례해, 따라서 그 참된 가치에 비례해 교환되었다. 화폐로 채택됨으로써 은은 추가적인 가치를 얻었다."(로,『통화와 상업에 관한 고찰』: 469, 470)

껍질에 지나지 않기 때문이다.[11] 그러나 일정한 생산양식에서 물건이 취하는 사회적 특성이나 노동의 사회적 질이 취하는 물적 형태를 단순한 상징이라고 말하는 것은, 그런 특성들이 이른바 인간의 보편적 찬성 아래에서 자의적으로 지어낸 것이라고 말하는 것과 같다. 이와 같은 설명은 18세기 계몽주의자들이 즐겨 썼던 수법이었다. 그들은 이 수법에 의해 인간관계의 불가사의한 모습[이것의 기원을 그들은 해명할 수 없었다]에서 적어도 일시적으로나마 기이한 외관을 제거하려고 했다.

앞에서도 지적한 바와 같이, 한 상품의 등가형태는 그 상품의 가치량에 대한 규정을 포함하고 있지 않다. 금이 화폐며 따라서 기타의 모든

---

11) "화폐는 그것들(상품들)의 상징이다."(포르보네, 『상업원리』: 143) "상징으로서 화폐는 상품들의 매력에 이끌린다."(같은 책: 155) "화폐는 물건의 상징이며 그것을 대표한다."(몽테스키외, 『법의 정신』: 3) "화폐는 단순한 상징이 아니다. 왜냐하면 그 자신이 부이기 때문이다. 화폐는 가치를 대표하는 것이 아니라 등가물이다."(르 트로느, 『사회적 이익에 대해』: 910) "가치의 개념을 고려한다면 물건 그 자체는 다만 상징이라고 말해야 한다. 물건은 그 자체로 의미가 있는 것이 아니라 그것이 얼마의 가치가 있는가에 의미가 있는 것이다."(헤겔, 『법철학』: 100) 경제학자들보다 훨씬 이전에 법학자들은, 화폐는 단순한 상징이며 귀금속의 가치는 상상적인 것에 지나지 않는다는 관념을 열렬히 주장했는데, 그것은 왕권에 아첨한 것으로써, 그들은 중세 전체를 통해 로마제국의 전통과 로마민법의 화폐개념에 의거해 왕의 주화 변조권을 옹호했던 것이다. 이 법학자들의 눈치 빠른 제자인 필립 드 발루아는 1346년의 한 칙령에서 다음과 같이 말했다. "주화의 제조·형상·발행액·주화에 관한 법령제정권… 그리고 주화를 우리가 마음먹은 가격으로 유통시키는 권리가 오로지 우리와 우리의 국왕 폐하에게 속한다는 것은 어느 누구도 의심해서는 안 된다." 황제의 칙령이 화폐가치를 결정한다는 것은 로마법의 정설이었다. 화폐를 상품으로 취급하는 것은 명문으로 금지되어 있었다. "어느 누구도 화폐를 구매해서는 안 된다. 화폐는 공공의 사용을 위해 만들어진 것이므로 상품으로 되어서는 안 되기 때문이다." 이 점에 관한 좋은 설명은 파니니, 『물건들의 정당한 가격에 관한 연구』를 보라. 파니니는 이 책의 제2부에서 특히 법률가들을 논박하고 있다.

상품과 직접 교환될 수 있다는 것을 알더라도, 그것은 예컨대 10그램의 금이 얼마의 가치를 가지고 있는지를 가르쳐 주지는 않는다. 모든 상품 처럼 화폐도 자기 자신의 가치량을 상대적으로 다른 상품들을 통해 표현할 수밖에 없다. 화폐 자신의 가치는 화폐의 생산에 소요되는 노동시간에 의해 결정되며, 동일한 양의 노동시간이 응고되어 있는 다른 상품의 양으로 표현된다.[12] 화폐의 상대적 가치는 화폐의 원산지에서 직접적 물물교환에 의해 확정된다. 화폐상품이 화폐로서 유통에 들어갈 때 그 가치는 이미 주어져 있다. 17세기의 마지막 수십 년 동안 화폐분석의 첫 단계[즉 화폐는 상품이라는 발견]가 이미 개시되었지만, 그것은 역시 첫 부분에 불과했다. 어려움은 화폐가 상품이라는 것을 이해하는 데 있는 것이 아니라 어떻게·왜·무엇에 의해 상품이 화폐로 되는가를 발견하는 데 있는 것이다.[13]

---

12) "만약 사람들이 1리터의 밀을 생산할 수 있는 시간에 1온스의 은을 페루 광산 으로부터 런던에 공급할 수 있다면, 1온스의 은은 1리터의 밀의 자연가격이 된다. 이제 만약 채굴하기 더 쉬운 새로운 광산이 발견되어 2온스의 은을 종 전에 1온스를 생산하던 것과 같은 정도로 쉽게 생산할 수 있다면, 기타 조건 이 동일하다면, 밀 값이 1리터당 10실링으로 된다고 하더라도, 그것은 종전 의 5실링일 때와 마찬가지로 싸다."(페티, 『조세공납론』: 32)

13) 로셔는 "화폐의 잘못된 정의는 크게 두 개의 그룹으로 나누어진다. 화폐를 상품 이상의 것으로 여기는 것과 상품 이하의 것으로 여기는 것이 그것이다." 고 말한 다음, 화폐의 본질에 관한 저술의 잡다한 목록을 제시하고 있는데, 그 목록은 화폐이론의 현실적 역사에 대한 지식을 조금도 제공하지 않는다. 그리고 다음과 같은 교훈이 나타난다. "화폐를 다른 상품들로부터 구별하는 특수성들"(그렇다면 화폐는 역시 상품 이하의 것이거나 상품 이상의 것이다) "을 최근의 대부분의 경제학자들이 충분히 염두에 두지 않고 있다는 것은 부 정할 수 없다…이런 한에서는, 가닐의 반#중상주의적 반동도 전혀 근거가 없 는 것은 아니다."(로셔, 『국민경제학 원리』: 207~210) 이상! 이하! 충분하지 않게! 이런 한에서! 전혀 아니다! 이것이 개념 규정이라는 것이다! 그리고 이 와 같은 절충주의적 교수식 잡담을 로셔는 겸손하게도 경제학의 '해부학적·

우리가 이미 X량의 상품 A=Y량의 상품 B라는 가장 단순한 가치표현에서 본 바와 같이, 다른 물건의 가치량을 표현하는 물건은 이런 관계와는 독립적으로 자기의 성질 속에 내재하는 사회적 속성으로서 등가형태를 가지고 있는 것처럼 보인다. 우리는 이 잘못된 외관이 확립되는 과정을 추적해 보았다. 이 과정은, 일반적 등가형태가 하나의 특정 상품의 현물형태와 동일시되어 화폐형태로 고정될 때, 완성되었다. 외관상으로 나타나는 것은, 다른 모든 상품들이 자기들의 가치를 하나의 특정한 상품으로 표현하기 때문에 그 특정 상품이 화폐로 되는 것이 아니라, 반대로 한 상품이 화폐이기 때문에 다른 모든 상품들이 일반적으로 자기들의 가치를 그 상품으로 표현한다는 것이다. 이 과정을 이렇게 이끌어 온 운동은 운동 그것의 결과에는 나타나지 않으며 아무런 흔적도 남기지 않는다. 이리하여 상품들은 아무것도 하지 않으면서도 자기 자신의 가치모습을 [자신들의 외부에서 자신들과 나란히 존재하는] 하나의 상품체에서 발견하게 된다. 이 상품체, 즉 금 또는 은은 지하로부터 나오자마자 모든 인간노동의 직접적 화신으로 된다. 여기에 화폐의 신비성이 있다. 『상품생산 사회에서는』 사람들은 사회적 생산과정에서 순전히 원자론적으로 상호관련을 맺는다. 따라서 그들의 생산관계는 그들의 통제와 의식적인 개인적 행동으로부터 독립된 물적 모습을 취하게 된다. 이런 사실은 먼저 그들의 노동생산물이 일반적으로 상품형태를 취하는 것으로 나타난다. 그러므로 화폐물신의 수수께끼는 상품물신의 수수께끼가 사람들의 눈을 현혹시키고 있는 것에 불과하다.

---

생리학적 방법'이라고 부른다! 그러나 한 가지 발견만은 그의 공적인데, 그것은 화폐는 '하나의 기분 좋은 상품'이라는 것이다.

# 제3장
# 화폐 또는 상품유통

## 제1절 가치의 척도

나는 이 책의 어디에서나 설명을 간단하게 하기 위해 금을 화폐상품이라고 전제한다.

금의 첫째 기능은 상품세계에 그 가치표현의 재료를 제공한다는 점, 또는 상품들의 가치를 동일한 명칭의 크기[즉 질적으로 동일하며 양적으로 비교 가능한 크기]로 표현한다는 점에 있다. 그리하여 금은 가치의 일반적 척도로 기능하는데, 오직 이 기능에 의해서만 금이라는 특수한 등가상품이 화폐로 되는 것이다.

화폐 때문에 상품들이 같은 단위로 측정될 수 있는 것이 아니라, 그 반대다. 모든 상품이 가치로서는 대상화된 인간노동이고 따라서 그 자체가 같은 단위로 측정될 수 있기 때문에, 모든 상품의 가치는 한 개의 특수한 상품에 의해 공동으로 측정될 수 있으며, 또 그렇게 함으로써 이 특수한 하나의 상품이 자기들의 공통적인 가치척도, 즉 화폐로 전환될 수 있는 것이다. 가치척도로서 화폐는 상품들에 내재하는 가치척도(즉 노동시간)의 필연적인 현상형태다.[1]

한 상품의 가치를 금으로 표현하는 것—X량의 상품 A=Y량의 화폐상품—은 그 상품의 화폐형태, 즉 그 상품의 가격이다. 이제 철의 가치를 사회적으로 통용되는 형태로 표시하기 위해서는 1톤의 철=2온스의 금이라는 단 한 개의 등식으로 충분하다. 이 등식은 이제 다른 상품들의 가치 등식과 열을 지어 행진할 필요가 없다. 왜냐하면 등가상품인 금은 이미 화폐의 성격을 갖고 있기 때문이다. 그러므로 상품들의 일반적인 상대적 가치형태는 이제 다시 그것의 최초의 단순한 또는 개별적인 상대적 가치형태의 모습을 띠게 된다. 다른 한편으로 전개된 상대적 가치표현[즉 수많은 상대적 가치표현의 끝없는 시리즈]은 이제 화폐상품의 독특한 상대적 가치형태로 된다. 그러나 이 끝없는 시리즈는 이제 상품들의 가격으로 이미 사회적으로 주어져 있다. 가격표를 거꾸로 읽으면 온갖 상품들로 표현된 화폐의 가치량 [ 또는 화폐의 구매력 ] 을 보게 된다.* 그런데 화

---

1) 어째서 화폐 그 자체가 직접적으로 노동시간을 대표하지 못하는가, 어째서 예컨대 한 장의 종이쪽지가 X노동시간을 대표하지 못하는가 하는 문제는 어째서 상품생산의 토대 위에서는 노동생산물이 상품의 형태를 취하지 않으면 안 되는가 하는 문제로 돌아온다. 왜냐하면 상품의 형태를 취하면 노동생산물은 상품과 화폐상품으로 분화되기 때문이다. 또한 어째서 사적 노동은 그 대립물인 직접적으로 사회적인 노동으로 취급될 수 없는가 하는 문제도 있다. 상품생산 사회에서 '노동화폐'라는 천박한 유토피아적 이상주의에 대해 나는 다른 곳에서 상세하게 검토했다.(『정치경제학 비판을 위하여』[ CW 29: 320 이하 ] ) 여기서 또 하나 지적해 두고자 하는 것은, 예컨대 오언의 '노동화폐'가 '화폐'가 아닌 것은 극장의 입장권이 화폐가 아닌 것과 같다는 점이다. 오언은 직접적으로 사회화된 노동[즉 상품생산과는 정반대인 생산형태]을 전제하고 있다. 노동증명서는 개인이 공동노동에 참여한 부분과 [공동생산물 중 소비용으로 예정된 부분에 대한] 그의 청구권을 확증하는 것에 지나지 않는다. 그러나 오언은 상품생산을 전제하면서 동시에 상품생산의 필연적 조건들을 [화폐에 관한 속임수에 의해] 제거해 보려는 엉뚱한 생각 [ 프루동과 같은 생각 ] 을 한 것은 아니었다.

* 2온스의 금 = 20미터의 아마포
　　　　또는 = 1개의 저고리
　　　　또는 = 10그램의 차
　　　　또는 = 기타 등등.

폐는 가격을 가지지 않는다. 왜냐하면 다른 상품들의 통일적인 상대적 가치형태의 일부가 되기 위해서는 화폐는 자기 자신의 등가물로서 자기 자신과 관계를 맺지 않으면 안 될 것이기 때문이다. ꁕ이것은 동어반복이기 때문에, 화폐는 가격을 가지지 않는다. ꁖ

상품의 가격 또는 화폐형태는 상품의 가치형태 일반과 마찬가지로 손으로 붙잡을 수 있는 현실적인 물체형태와는 구별되며, 따라서 순전히 관념적인 또는 개념적인 형태다. 쇠·아마포·밀 등의 가치는, 비록 보이지는 않더라도, 이 물건들 속에 존재한다. 이 가치는 이 물건들과 금 사이의 동등성에 의해, 말하자면 이 물건들의 머릿속에만 있을 뿐인 금과의 관계에 의해 표현된다. 그러므로 상품의 보호자가 상품의 가격을 외부세계에 전하기 위해서는 자기의 혀를 이 상품에게 빌려주던가 ꁕ상품의 가격을 말하든가 ꁖ, 또는 상품에 정가표를 매달아 주던가 해야 한다.2) 금에 의한 상품가치의 표현은 순수히 관념적인 행위 ꁕ머릿속에서 일어나는 행위 ꁖ이므로, 이 기능을 위해서는 단순히 상상적인, 관념적인 금을 사용할 수도 있다. 상품의 소유자라면 누구나 알고 있듯이, 그가 자기 상품의

---

2) 미개인이나 반半미개인은 혀를 다른 방식으로 사용한다. 예컨대 선장 패리는 배핑만ꁕ그린랜드ꁖ의 서해안 주민에 관해, "이 경우(물물교환의 경우) 그들은 그것(그들에게 제공된 물건)을 혀로 두 번씩 핥았다. 그렇게 함으로써 그들은 교환이 만족하게 끝났다고 생각하는 것같이 보였다."고 말한다. 이와 마찬가지로 동부 에스키모인의 경우에도 교환자는 물건을 받을 때마다 그것을 핥곤 했다. 이와 같이 북방에서는 혀가 소유권 취득의 기관organ으로 여겨지고 있다면, 남방에서는 위장이 축적된 재산의 기관으로 여겨져 카피르인ꁕ남동아프리카의 흑인ꁖ들이 사람의 부를 그 사람의 아랫배가 나온 정도에 따라 평가하는 것은 조금도 이상한 일이 아니다. 카피르인은 매우 영리한 사람들이다. 그 이유는, 1864년 영국정부의 위생보고서가 노동자계급의 대다수에게는 지방질이 부족하다는 것을 탄식하고 있었던 바로 그때에, 의사 하비(혈액순환을 발견한 하비와는 다른 사람이다)라는 사람은 부르주아지나 귀족계급의 지방과다를 제거하는 처방을 광고함으로써 돈을 벌고 있었기 때문이다.

가치에 가격이라는 형태[또는 상상적인 금의 형태]를 주더라도 아직은 자기의 상품을 금으로 전환시킨 것은 결코 아니며, 또 그가 몇 백만 가지의 상품가치를 금으로 평가하는 데도 현실적인 금은 한 조각도 필요하지 않다. 그러므로 화폐는 가치척도의 기능에서는 다만 상상적인 또는 관념적인 화폐로서만 작용한다. 이런 사정 때문에 엉터리 화폐이론이 나타나게 되었다.3) 그러나 상상적일 뿐인 화폐가 가치척도의 기능을 수행한다 할지라도 가격은 전적으로 실제의 화폐재료에 달려 있다. 예컨대 1톤의 쇠에 포함되어 있는 인간노동량, 즉 가치는 그것과 동일한 양의 노동을 포함하고 있는 상상 속의 화폐상품량으로 표현된다. 따라서 금, 은 또는 구리 어느 것이 가치척도로 쓰이는가에 따라 1톤 쇠의 가치는 전혀 다른 가격표현을 얻게 된다. 즉 금, 은 또는 구리의 전혀 다른 양으로 표현된다.

　그러므로 만약 두 개의 서로 다른 상품, 예컨대 금과 은이 동시에 가치척도로 쓰인다면, 모든 상품은 두 개의 다른 가격표현, 즉 금 가격과 은 가격을 가지게 된다. 이 가격표현들은 은 대 금의 가치비율[예컨대 1 : 15]이 불변인 한 아무 일 없이 양립할 수 있다. 그러나 이 가치비율이 변동할 때마다 상품의 금 가격과 은 가격 사이의 비율은 뒤흔들리는데, 이 사실은 이중의 가치척도가 가치척도의 기능과 모순된다는 것을 보여준다.4)

---

3) 마르크스, 『정치경제학 비판을 위하여』 중의 「화폐의 도량표준에 관한 학설」 [ CW 29: 314 이하 ] 을 보라.

4) "금과 은이 법률상 화폐로 [즉 가치척도로] 병존하는 경우, 그것들을 동일한 물질로 여기려는 헛된 시도가 끊임없이 있었다. 만약 일정한 노동시간이 변함 없이 일정한 비율로 은과 금에 대상화되어 있다고 가정한다면, 그것은 사실상 은과 금이 동일한 물질이며, 가치가 적은 금속인 은은 금의 일정한 부분을 대표한다는 것을 가정하는 것이다. 에드워드 3세[ 1327~1377 ] 의 시대로부터 조지 2세[ 1727~1760 ] 의 시대에 이르기까지 영국 화폐의 역사는 금과 은의 법정

가격이 정해져 있는 상품들은 모두 a량의 상품 A=X량의 금, b량의 상품 B=Y량의 금, c량의 상품 C=Z량의 금 등의 형태로 표시된다. 여기서 a, b, c는 A, B, C라는 상품들의 일정한 양을 표시하며, X, Y, Z는 금의 일정한 양을 표시한다. 그러므로 상품들의 가치는 여러 가지 크기의 상상적인 금량으로, 즉 상품체는 종류와 모양이 여러 가지로 많지만 금량이라는 동일한 명칭의 양으로 전환되고 있다. 상품들의 가치는 이와 같은 여러 가지 금량으로 서로 비교되고 측정된다. 그리고 기술상의 이유로 어떤 고정된 금량을 가치들의 도량단위unit of measurement로 삼을 필요성이 발생한다. 이 도량단위 자체는 또다시 그 세부단위로 분할됨으로써 도량표준으로 발전한다. 금, 은, 구리는 그것들이 화폐로 되기 전에 벌써 이와 같은 도량표준을 그것들의 금속무게 속에 가지고 있다. 예컨대 도

---

가치비율과, 금과 은의 현실의 가치변동 사이의 충돌로 말미암은 끊임없는 혼란의 연속이었다. 어떤 때는 금이, 어떤 때는 은이 너무 높게 평가되었다. 자기의 가치보다 당분간 낮게 평가된 금속은 유통에서 끌려나와 녹여서 수출되었다. [법정가치율은 금화 1온스=은화 15온스이지만, 시장가치비율은 금 1온스=은 20온스라면, 금화를 녹여 수출하거나 시장에서 은을 구매해 주조하면, 이익이 된다.] 그리하여 두 금속의 가치 비율은 다시 법률에 의해 변경되었으나, 새로운 명목비율은 얼마 가지 않아 다시 현실적인 가치비율과 충돌했다. 우리 자신의 시대에는, 인도와 중국의 은 수요 때문에 은에 비해 금의 가치가 매우 적게 그리고 일시적으로 하락하자, 프랑스에서는 은이 수출되고 은이 금에 의해 유통에서 추방되는 것이 대규모로 일어났다. 1855년, 1856년, 1857년 사이에 프랑스에서는 금 수출에 대한 금 '수입'의 초과액은 £41,580,000에 달했지만, 은 수입에 대한 은 '수출'의 초과액은 £34,704,000이었다. 두 금속이 법률상 가치척도로 되어 있고 따라서 법화法貨이며, 지불하는 측에서는 마음대로 은으로나 금으로 지불할 수 있는 나라에서는, 가치가 등귀하고 있는 금속에는 프리미엄이 붙어, 다른 상품들과 마찬가지로, 과대평가된 금속으로 자신의 가격을 계산하며, 이 과대평가된 금속만이 사실상 가치척도로 된다. 이 분야의 모든 역사적 경험은 간단히 말해 다음과 같다. 즉 법률상 두 상품이 가치척도의 기능을 수행하는 경우에도 실제로는 그 중의 한 상품만이 가치척도의 지위를 유지한다는 것이다." (마르크스, 『정치경제학 비판을 위하여』[ CW 29: 313-314 ])

량단위로 쓰이는 1파운드 [ lb. ] 는 한편으로 다시 분할되어 온스 [ oz. ] 로
되며, 다른 한편으로 합해져서 젠트너Zentnar [ 100파운드 ] 로 된다.5) 그러
므로 모든 금속유통에서는 무게의 도량표준에 적용되던 명칭들이 그대로
화폐 또는 가격의 도량표준에도 적용되고 있다.

'가치의 척도'와 '가격의 도량표준'은 화폐의 전혀 다른 두 가지 기능이
다. 화폐가 가치의 척도인 것은 화폐가 인간노동의 사회적 화신이기 때
문이고, 가격의 도량표준인 것은 화폐가 고정된 금속무게를 가지고 있기
때문이다. 가치척도로서 화폐는 다종다양한 상품의 가치를 가격[즉 상상
적인 금량]으로 전환시키는 데 봉사하며, 가격의 도량표준으로서 화폐는
이런 금량을 측정한다. 가치척도는 상품들을 가치로서 측정한다. 이와는
반대로, 가격의 도량표준은 여러 가지 금량을 금의 단위량으로 측정하는
것이지 금의 하나의 양인 가치를 금의 다른 양인 무게로 측정하는 것은
아니다. 가격의 도량표준이 되기 위해서는 금의 일정한 무게가 도량단위
로 고정되지 않으면 안 된다. [ 예컨대 금 1온스 = 1원 = 100전 ] 이 경우 동일
한 명칭의 양들이 측정되는 모든 경우와 마찬가지로, 도량의 고정성이
결정적으로 중요하다. 따라서 일정한 금량을 나타내는 도량단위가 변하
지 않을수록 가격의 도량표준은 그 기능을 더 잘 수행하게 된다. 그러나
금이 가치척도로서 봉사할 수 있는 것은 금 자체가 노동생산물이며 따라
서 가치가 잠재적으로 가변적이기 때문이다.6)

---

5) 영국에서 화폐의 도량표준 단위로 기능하는 1온스의 금이 정수의 단위부분들
　로 분할될 수 없다는 이상한 사실은 다음과 같이 설명된다. "우리나라의 주화
　제도는 본래 은의 주화에만 적합하게 되어 있었다. 그러므로 1온스의 은은 언
　제든지 일정한 수의 동등한 주화로 분할될 수 있다. 그러나 금이 그 뒤 [오직
　은에만 적합한] 주화제도에 도입되었기 때문에, 1온스의 금은 정수의 작은 주
　화로 분할 주조될 수 없게 된 것이다."(매클라렌, 『통화의 역사 개관』: 16)
6) 영국의 저서들에서는 가치의 척도와 가격의 도량표준('가치의 도량표준')에 관
　한 혼동이 말할 수 없을 정도로 심하다. 양자의 기능과 양자의 명칭은 끊임없

먼저 금의 가치변동은 가격의 도량표준으로서 금의 기능에 지장을 주지 않는다는 것은 명백하다. 금의 가치가 아무리 변동하더라도 여러 가지 금량 사이의 가치관계는 언제나 동일하기 때문이다. 가령 금의 가치가 1,000% 떨어진다고 하더라도 12온스의 금은 여전히 1온스의 금의 12배의 가치를 가지고 있을 것이다. 그리고 가격에서는 여러 가지 금량의 상호관계만이 문제로 된다. 다른 한편으로 1온스의 금이 그 가치의 증감에 따라 그 무게를 바꾸는 일은 결코 없기 때문에, 온스를 세분한 각 부분의 무게도 변동하지 않는다. 따라서 금은 그 가치가 아무리 변동하더라도 가격의 고정된 도량표준으로 여전히 기능한다.

더욱이 금의 가치변동은 금이 가치척도의 기능을 수행하는 것을 방해하지 않는다. 금의 가치변동은 모든 상품에 대해 동시적으로 영향을 미치기 때문에, 다른 사정이 동일하다면, 상품들 가치의 상호관계에는 변동을 일으키지 않는다. 비록 이제는 상품들의 가치가 모두 이전보다 높거나 낮은 금 가격으로 표현되기는 하지만.

한 상품의 가치를 다른 한 상품의 사용가치로 평가하는 경우와 마찬가지로, 상품들을 금으로 평가하는 경우에도 거기에 전제되고 있는 것은 일정량의 금을 일정한 시기에 생산하기 위해서는 일정량의 노동이 필요하다는 것뿐이다. 상품가격의 변동 일반에 관해서는 제1장에서 말한 단순한 상대적 가치표현의 법칙들이 적용된다.

상품가격이 일반적으로 오르는 것은, 화폐가치가 불변이라면 상품가치가 오르는 경우뿐이고, 상품가치가 불변이라면 화폐가치가 떨어지는 경우뿐이다. 이와 반대로, 상품가격이 일반적으로 내리는 것은, 화폐가치가 불변이라면 상품가치가 떨어지는 경우뿐이고, 상품가치가 불변이라면 화폐가치가 오르는 경우뿐이다. 그러므로 화폐가치의 상승은 반드

---

이 혼동되고 있다.

시 상품가격의 비례적 하락을 초래하고, 또 화폐가치의 하락은 반드시 상품가격의 비례적 상승을 초래한다는 결론은 결코 나오지 않는다. 그렇게 말할 수 있는 것은 가치가 변동하지 않은 상품에 대해서뿐이다. 그런데 그 가치가 화폐가치와 같은 정도로 동시에 오르는 상품은 동일한 가격을 유지한다. 상품가치가 화폐가치보다 더 완만하게 오르거나 더 급속하게 오르는 경우에는, 그 상품가격의 하락 또는 상승은 상품의 가치변동과 화폐의 가치변동 사이의 차이에 의해 결정된다. 따위.

이제는 가격형태의 고찰로 되돌아가자.

금속무게의 화폐명칭은 여러 가지 원인에 의해 점차 그 원래의 무게 명칭으로부터 분리되었다. 이 원인들 중에서 역사적으로 결정적인 것들은 다음과 같다. (1) 발전 정도가 낮은 민족들에게 외국화폐가 수입된 것. 예컨대 고대 로마에서는 금과 은의 주화는 처음에는 외국상품으로 유통되고 있었다. 이 외국주화의 명칭은 국내의 무게 명칭과 달랐다. (2) 부의 발전에 따라 저급 금속은 고급 금속에 의해 가치척도의 기능으로부터 쫓겨난다는 점. 구리는 은에 의해, 은은 금에 의해 쫓겨난다. 비록 시인의 연대기에서는 이 순서가 다르다 할지라도.[7] 예컨대 파운드 [ £ ]는 현실적인 은 1파운드의 무게를 표시하는 화폐 명칭이었다. 금이 가치척도인 은을 몰아내게 되자, 이 동일한 명칭은 금과 은의 가치비율에 따라 대체로 $\frac{1}{15}$ 파운드의 금에 적용되었다. 이제는 화폐 명칭으로서 파운드 [ £ ]와 금의 관습적인 무게 명칭으로서 파운드 [ lb. ]는 분리되어 버렸다.[8] (3) 몇 백 년에 걸친 군주들의 끊임없는 화폐변조. 이로 말미암아

---

7) 이 연대기의 순서가 반드시 일반적인 역사적 타당성을 갖는 것은 아니다.
8) 그리하여 영국의 파운드 스털링 [ £ ]은 그 원래 금 무게의 1/3 이하를 대표하고 있으며, 잉글랜드와의 합병[ 1707년 ] 이전의 스코틀랜드의 파운드는 겨우 1/36을, 프랑스의 리브르는 1/74을, 스페인의 마라베디는 1/1,000 이하를, 포르투갈의 레이는 그보다도 더 작은 부분을 대표하고 있다.

금 주화는 원래 중량과는 전혀 관계없는 명칭만을 가지게 되었다.[9]

이런 역사적 과정으로 말미암아 화폐 명칭이 그 무게 명칭으로부터 분리되는 것은 국민적 관습에 속하는 것으로 되었다. 화폐의 도량표준은 한편으로 순수히 관습적인 것이며, 다른 한편으로 일반적 효력을 가져야 하는 것이므로 결국 법률에 의해 규제된다. 귀금속의 일정한 무게, 예컨대 1온스의 금은 공식적으로 더욱 작은 부분으로 분할되고, 이 부분에 대해 파운드, 탈러 등과 같은 법정 세례명이 주어진다. 이 분할된 부분이 현실적인 화폐단위로서 기능하는데, 그것은 이번에는 또다시 실링, 페니 등과 같은 법정 세례명을 가지는 다른 일정한 부분으로 세분된다.[10] 그런데도 금속의 일정한 무게가 금속화폐의 도량표준으로 되는 것은 여전히 전과 같다. 달라진 것은 화폐의 분할방식과 명칭뿐이다.

그리하여 가격[즉 상품의 가치가 관념적으로 전환되어 있는 금량]은 이제 금의 도량표준의 화폐 명칭[또는 법률상 유효한 계산 명칭]으로 표현된다. 따라서 영국에서는 1리터의 밀이 1온스의 금과 그 가치가 같다고 말하는 대신에, 그것이 3파운드 17실링 $10\frac{1}{2}$ 펜스의 가치가 있다고 말한다.〖1066년부터 1971년 2월 15일 단행된 화폐 십진화decimalisation까지는, 1파운드(£1)=20실링(s.), 1실링=12펜스(d.)였으나, 그 뒤부터 £1=100펜스(p.)가 되었다.〗 이와 같이 상품들은 자기들의 가치가 얼마인가를 자기들의 화폐

---

9) "그 명칭이 오늘날에는 전혀 관념적인 것에 지나지 않게 된 주화들은 어느 나라에서나 가장 오래된 것들이다. 그것들은 모두 한때는 실질적인 가치를 가진 주화들이었고, 또 그것들이 그러했기 때문에 그것으로 계산했던 것이다."(갈리아니, 『화폐에 대해』: 153)

10) 어콰트는 그의 『상용어常用語』에서 영국의 화폐도량표준의 단위인 파운드 (£)는 현재 약 1/4온스의 금과 같다는 말도 되지 않는 사실(!)에 대해, "이것은 도량표준을 확립하는 것이 아니라 척도를 변조하는 것이다."고 말하고 있다. 그는 이런 금 무게의 '거짓 명칭'에서, 다른 모든 곳에서와 마찬가지로, 문명의 위조 수법을 보고 있다.

명칭으로 표현하며, 그리고 화폐는 어떤 물건을 가치로, 따라서 화폐형태로 고정시킬 필요가 있을 때에는 언제나 '계산화폐'로 기능한다.[11)

물건의 명칭은 그 물건의 성질과는 아무 관련도 없다. 어떤 사람의 이름이 야곱이라는 것을 안다고 하더라도 그 사람에 대해 아는 것은 하나도 없다. 이와 마찬가지로 파운드, 탈러, 프랑, 두카트 따위의 화폐 명칭에는 가치관계의 흔적이 조금도 남아 있지 않다. 이런 신비한 명칭에 어떤 숨은 의미를 줌으로써 일어나는 혼란은, 이 화폐 명칭이 상품가치를 표현함과 동시에 일정한 금속무게[즉 화폐의 도량표준으로 기능하는 금속무게]까지도 표현하게 됨으로써 더욱 심하게 된다.[12) 다른 한편에서 가치가 상품세계의 잡다한 물체들로부터 구별되기 위해서는, 이런 무표정한 물질적 형태뿐 아니라 순수히 사회적 형태를 띠는 것은 필연적이다.[13)

---

11) "사람들이 아나카르시스에게, 그리스사람들은 화폐를 무엇에 사용하는가 하고 물었을 때, 그는 '계산을 위해서'라고 대답했다."(아테나이오스, 『학자의 향연』: 120)

12) "가격의 도량표준인 금은 상품가격과 동일한 계산명칭으로 표현되므로(예컨대 1온스의 금은 1톤의 쇠와 마찬가지로 3파운드 17실링 $10\frac{1}{2}$ 펜스로 표현되므로), 금의 이 계산명칭은 금의 '주조가격mint-price'이라고 부른다. 그리하여 금은 마치 자기 자신의 재료로 평가되고, 다른 모든 상품과는 달리 어떤 고정된 가격을 국가로부터 받는다는 괴상한 관념이 생겼다. 사람들은 금의 일정한 무게를 계산명칭으로 고정하는 것을 이 무게의 가치를 설정하는 것으로 오해하고 있다."(마르크스, 『정치경제학 비판을 위하여』[CW 29: 312-313])

13) 『정치경제학 비판을 위하여』[CW 29: 314 이하]의 「화폐의 도량단위에 관한 학설」 참조. 금이나 은의 고정된 무게에 이미 붙인 법정 화폐명칭을 국가가 더 크거나 더 작은 무게에 붙임으로써 (예컨대 1/4온스의 금으로 20실링을 주조하지 않고 40실링을 주조함으로써) 화폐의 '주조가격'을 인상하거나 인하하려는 환상적인 생각을 몇몇 이론가들은 가지고 있었다. 이 생각이 공적·사적 채권자에 대한 졸렬한 금융조작이 아니라 경제적 기적요법이라고 주장하는 것에 대해서는, 페티가 『화폐에 관한 작은 이야기』(1682)에서 충분

가격은 상품에 대상화되어 있는 노동의 화폐명칭이다. 그러므로 어떤 상품과 [그 상품가격의 명칭에 지나지 않는] 화폐량이 등가라고 말하는 것은 하나의 동어반복이다.[14] 왜냐하면 한 상품의 상대적 가치표현은 두 상품의 등가관계의 표현이기 때문이다. 그러나 상품 가치량의 지표로서의 가격은 그 상품과 화폐의 교환비율의 지표이기는 하지만, 그 상품과 화폐의 교환비율의 지표 [ 즉 가격 ] 는 반드시 그 상품의 가치량의 지표로 되지는 않는다. 가령 동일한 양의 사회적으로 필요한 노동이 1리터의 밀로도 표현되고 £2(약 1/2온스의 금)로도 표현된다고 하자. £2는 밀 1리터의 가치량의 화폐적 표현, 즉 그 가격이다. 이제 만약 어떤 사정 [ 예: 수요·공급의 사정 ] 이 1리터의 밀을 £3로 가격을 올리거나 또는 £1로 가격을 내리지 않을 수 없게 한다면, £1와 £3는 이 밀의 가치량의 표현으로서는 너무 작거나 너무 크게 된다. 그런데 그것들은 실제로 이 밀의 가격이다. 왜냐하면 그것들은 첫째로 이 밀의 가치형태, 즉 화폐 [ 형태 ] 이며, 둘째로 이 밀과 화폐의 교환비율의 지표이기 때문이다. 생산조건 또는 노동생산성이 변하지 않는 한, 1리터의 밀을 재생산하기 위해서는 가격의 변화 이전에나 이후에나 여전히 동일한 양의 사회적 노동시간이 지출되지 않으면 안 될 것이다. 이런 상황은 밀 생산자의 의지나 다른 상품소유자의 의지와도 관계가 없다.

---

히 논술했으므로, 그 후세의 사람들은 말할 것도 없고 그의 직접적 계승자인 더들리 노스와 존 로크까지도 그가 말한 것을 더 세속적으로 반복할 수밖에 없었다. 페티는, "만약 한 나라의 부를 하나의 포고령에 의해 10배로 만들 수 있다면, 우리나라의 위정자들이 훨씬 이전에 그와 같은 포고령을 만들지 않았다는 것은 이상한 일일 것이다."고 말한다. (같은 책: 36)

14) "그렇지 않다면, 화폐로 백만 원의 가치는 상품의 동일한 가치보다 크다는 것을 인정하지 않으면 안 된다."(르 트로느, 『사회적 이익에 대해』: 919) 즉 "어떤 가치는 그것과 동일한 크기의 다른 가치보다 크다."는 것을 인정하지 않으면 안 된다.

이와 같이 상품의 가치량은 사회적 노동시간과 어떤 필연적인 관계[그 상품의 가치가 형성되는 과정에 내재한다]를 가진다. 가치량이 가격으로 전환되는 것과 더불어, 이 필연적인 관계는 한 상품과 그것의 외부에 존재하는 화폐상품 사이의 교환비율로 나타난다. 그러나 이 교환비율은 그 상품의 가치량을 표현할 수 있음과 동시에, 주어진 조건 아래에서는 그 상품이 더 많은 또는 더 적은 화폐량과 교환될 수 있다는 것도 표현할 수 있다. 따라서 가격과 가치량 사이의 양적 불일치의 가능성, 즉 가격이 가치량과 괴리할 수 있는 가능성은 가격형태 그 자체에 내재하고 있다. 이 사실은 결코 가격형태의 결함이 아니라, 오히려 반대로 이 가격형태를 [법칙은 끊임없는 불규칙성 사이에서 맹목적으로 작용하는 평균으로서 자신을 관철할 뿐인] 생산양식에 적합한 것으로 만든다.

그러나 가격형태는 가치량과 가격 사이[다시 말해 가치량과 이것의 화폐적 표현 사이]의 양적 불일치의 가능성을 허용할 뿐 아니라, 하나의 질적 모순[화폐는 상품의 가치형태에 지나지 않지만 가격이 전혀 가치를 표현하지 않을 수 있다는 모순]을 가지고도 있다. 그 자체로서는 상품이 아닌 것[예컨대 양심이나 명예 등]이 그 소유자에 의해 판매용으로 제공될 수 있으며, 그 가격을 통해 상품형태를 취할 수 있다. 그러므로 어떤 물건은 가치를 가지지 않으면서 가격은 가질 수 있다. 이 경우 가격은 수학 상의 어떤 양 [ 예: 허수 ] 과 같이 상상적인 것이다. 다른 한편으로 상상적인 가격형태, 예컨대 미개간지[거기에는 인간노동이 대상화되어 있지 않기 때문에 아무런 가치도 가지지 않는다]의 가격은 직접적인 또는 간접적인 현실의 가치관계를 감추고 있을 수도 있다.

상대적 가치형태 일반에서와 마찬가지로, 가격은 일정량의 등가물(예: 1온스의 금)이 어떤 상품(예: 1톤의 쇠)과 직접 교환될 수 있다는 사실에 의해 그 상품의 가치를 표현하는 것이지, 거꾸로 쇠가 금과 직접 교환될 수 있다는 것에 의해 쇠의 가치를 표현하는 것은 아니다. 따라서 상품이 실제로 교환가치로 작용하기 위해서는 그 현물형태를 벗어버리고 단순한 상상적인 금에서 현실적인 금으로 전환되지 않으면 안 된다. 비록 상품으로서는 이 형태변화가 헤겔의 '개념'에서 필연으로부터 자유로 이행하는 것, 또는 가재가 자기의 껍질을 벗어버리는 것, 또는 성Saint 제롬이 아담의 원죄로부터 벗어나는 것15)보다도 더 '어려운 일'일 수도 있지만. 상품은 그 실제의 모습(예컨대 쇠라는 모습)과 나란히 자기의 가격 형태에서 관념적인 가치모습 또는 상상적인 금 모습을 가질 수 있지만, 상품은 현실적으로 쇠인 동시에 현실적인 금일 수는 없다. 상품에 가격을 부여하기 위해서는 상상적인 금을 상품에 등치하면 되지만, 상품이 그 소유자에게 일반적 등가물의 기능을 하기 위해서는 실제로 금으로 대체되어야만 한다. 만약 쇠의 소유자가 어떤 다른 상품의 소유자와 마주하여 그에게 쇠의 가격을 가리키면서 그것은 쇠가 이미 화폐라는 것을 증명하는 것이라고 말한다면, 그 상대방은 천국에서 성 베드로가 자기 앞에서 사도신경을 암송한 단테에게 대답한 것처럼 대답할 것이다.

"이 돈의 품질과 무게는 이미 검사를 받았다.
그러나 말해 보라, 그것이 네 주머니에 있는가 없는가."

가격형태는, 상품이 화폐와 교환될 수 있다는 것과 이런 교환이 필연적이라는 것을 가리키고 있다. 다른 한편으로 금은 교환과정에서 이미

---

15) 제롬은 청년시대에 육체적 정욕과 격렬하게 투쟁하지 않으면 안 되었고[이것은 그가 사막에서 아름다운 여자의 환상과 싸웠다는 것에서 알 수 있다], 노년에 이르러서는 정신적 정욕과 투쟁하지 않으면 안 되었다. 예컨대 그는 말한다. "나는 마음속으로 우주의 심판자 앞에 서 있다고 생각했다. 어떤 목소리가 물었다. '너는 누구냐?'라고. '나는 기독교도올시다.' '거짓말이다. 너는 키케로의 한 패에 지나지 않는다.'는 심판자의 큰 소리가 울렸다."

화폐상품으로 확정되어 있기 때문에 관념적인 가치척도로 기능한다. 그러므로 관념적인 가치척도 속에는 경화hard cash〖 179쪽의 역자 주 참조 〗가 숨어 있다.


## 제2절    유통수단


### (a) 상품의 탈바꿈


앞 장에서 본 바와 같이, 상품의 교환은 모순되고 서로 배제하는 관계들을 내포하고 있다. 상품의 발전〖 상품이 상품과 화폐로 분화하는 것 〗은 이 모순들을 해소하는 것이 아니라 이 모순들이 운동할 수 있는 형태를 제공한다. 이것은 일반적으로 현실의 모순이 해결되는 방법이다. 예컨대 어떤 한 물체가 끊임없이 다른 한 물체를 향해 낙하하면서 동시에 그 물체로부터 끊임없이 떨어져 나간다는 것은 하나의 모순이다. 타원은 이 모순이 실현되는 동시에 해결되는 운동형태다.

교환과정이 상품들을, 이것들이 사용가치가 아닌 사람의 손으로부터 이것들이 사용가치인 사람의 손으로 이전시키는 한, 그것은 사회적 물질대사다. 어떤 유용노동의 생산물이 다른 유용노동의 생산물을 대체한다. 사용가치로 쓰이는 장소에 도달하면, 상품은 교환의 영역을 떠나 소비의 영역으로 들어간다. 여기에서 우리는 오직 상품교환의 영역에만 관심을 가진다. 그러므로 우리는 전체 과정을 형태의 측면에서, 즉 사회적 물질대사를 매개하는 상품들의 탈바꿈 또는 형태변화만을 고찰해야 한다.

이 형태변화에 대한 이해가 지금까지 불충분했던 것은, 가치의 개념 그 자체가 명료하지 않았다는 점을 별도로 하면, 어떤 한 상품의 형태변

화는 언제나 두 종류의 상품 [즉 보통상품과 화폐상품]의 교환에서 이루
어진다는 사정 때문이다. 상품과 금의 교환이라는 교환의 소재적 요소에
만 집착할 때는, 정말로 보아야 할 것, 상품의 형태상의 변화를 대충 보
게 된다. 다시 말해 단순한 상품으로서 금은 아직 화폐가 아니라는 것,
그리고 다른 상품들은 그들의 가격을 통해 그들 자신의 화폐모습을 표현
하는 수단으로 금과 관계를 맺고 있다는 것을 보지 못한다.

상품은 도금도 하지 않고 사탕도 넣지 않은 타고난 모습 그대로 먼저
교환과정에 들어간다. 그러나 교환과정은 상품을 상품과 화폐라는 두 개
의 요소로 분화시키는데, 이것은 상품에 내재하는 사용가치와 가치 사이
의 대립이 외적 대립으로 표현된 것이다. 이 대립에서 사용가치로서 상
품들이 교환가치로서 화폐와 맞선다. 다른 한편으로 이 대립의 어느 쪽
도 상품이며, 따라서 사용가치와 가치의 통일체다. 그러나 이와 같은 차
이 [ 사용가치와 가치 ]의 통일은 등식의 반대편 두 끝에서 각각 서로 반대
방식으로 표현되며, 또 이것에 의해 두 끝 사이의 상호관계가 표현된다.
등식의 한편에는 현실적으로는 사용가치인 보통의 상품이 있다. 그것의
가치는 가격에서 다만 관념적으로 나타날 뿐인데, 이 가격을 통해 상품
은 자기 가치의 현실적 체현물인 금[대립물로서 자신과 맞서고 있는 금]
과 관련을 맺고 있다. 이와는 반대로, 등식의 다른 한 편에는 금속인 금
이 가치의 물질화, 화폐로서 자리잡고 있다. 금은 현실적으로 교환가치
다. 금의 사용가치는 금이 다른 모든 상품들과 마주하고 있는 일련의 상
대적 가치표현들에서 다만 관념적으로 나타날 뿐인데, 다른 모든 상품들
의 총체가 금의 각종 사용방식의 총체를 이루고 있다. 상품들의 이와 같
은 대립적 형태들은 교환과정의 현실적인 운동형태들이다.

이제 우리는 어떤 상품소유자, 예컨대 우리의 옛 친구인 아마포 직조
공과 함께 교환장소인 시장에 가보기로 하자. 그의 상품인 20미터의 아
마포는 2원이라는 가격을 가지고 있다. 그는 그것을 2원과 교환하고, 그

다음 성실하고 정직한 사람답게 이 2원을 같은 가격의 가정용 성경책과
다시 교환한다. 그에게는 단순한 상품이며 가치를 지니고 있는 아마포가
그것의 가치모습인 금과 교환되어 양도되고, 이 가치모습은 다시 다른
하나의 상품, 즉 성경책과 교환되어 양도된다. 이제 이 성경책은 사용대
상으로서 직조공의 집에 가서 신앙의 욕구를 만족시키게 된다. 이와 같
이 상품의 교환과정은 대립적이면서 동시에 상호보완적인 두 개의 탈바
꿈—상품이 화폐로 전환과, 화폐가 상품으로 재전환—에 의해 수행된
다.[16] 이 탈바꿈의 계기들은 직조공의 상이한 거래행위—상품을 화폐와
교환하는 판매, 화폐를 상품과 교환하는 구매, 그리고 두 행위의 통일,
즉 구매를 위한 판매—이기도 하다.

이제 아마포 직조공이 이 거래의 최종결과를 검토해 본다면, 그는 아
마포 대신 성경책을, 즉 자기의 최초 상품 대신 그것과 가치는 같으나
유용성은 다른 별개의 한 상품을 가지고 있다. 이와 동일한 방식으로 그
는 기타의 생활수단과 생산수단도 얻는다. 그의 입장에서 보면, 전체 과
정은 자기의 노동생산물과 다른 사람의 노동생산물과의 교환, 즉 생산물
들의 교환을 달성하고 있을 뿐이다.

그리하여 상품의 교환과정은 다음과 같은 형태변화를 하면서 이루어
진다.

$$상품 - 화폐 - 상품$$
$$C - M - C$$

---

16) "헤라클레이토스가 불에서 만물이 발생하며 만물에서 불이 발생한다고 말한
    것은, 금은 재화들과 교환되며 재화들은 금과 교환되는 것과 같다."(라살, 『에
    페소스에 숨어사는 헤라클레이토스의 철학』: 222) 이 문장에 대한 라살의 주
    (224쪽 주3)는 화폐를 부당하게도 단순한 가치상징이라고 설명하고 있다.

이 과정 전체의 결과는 그 소재적 내용에서 본다면, C—C, 즉 상품과 상품의 교환이며, 사회적 노동의 물질대사다. 이 결과를 달성하면 이 과정은 끝이 난다.

## C—M. 상품의 제1 탈바꿈 또는 판매

상품의 가치가 상품체로부터 금체body of gold로 건너뛰는 것은, 내가 다른 곳에서 말한 바와 같이, 상품의 결사적인 도약salto mortale이다. 〔『정치경제학 비판을 위하여』CW 29: 325〕만약 이 도약에 실패한다면, 상품 자체로서는 고통스러울 것이 없으나 상품소유자에게는 분명히 고통스러운 일이다. 사회적 분업은 상품소유자의 노동을 일면적으로 만들면서 동시에 그의 욕구를 다면적인 것으로 만든다. 바로 그렇기 때문에 그의 생산물은 자기에게 오직 교환가치로서만 기능한다. 그러나 그의 생산물은 화폐로 전환되지 않고서는 사회적으로 인정되는 일반적 등가형태를 취하지 못한다. 그런데 그 화폐는 다른 사람의 주머니에 있다. 화폐를 다른 사람의 주머니로부터 끌어내기 위해서는 그 상품은 먼저 화폐소유자에게 사용가치로 되어야만 한다. 따라서 그 상품에 지출된 노동은 사회적으로 유용한 형태여야 한다. 다시 말해 그 노동은 사회적 분업의 일환이어야 한다. 그러나 분업은 하나의 자연발생적 생산조직이고, 그 조직망은 상품생산자의 배후에서 이미 만들어진 것이고 또 계속해 만들어지고 있다. 교환하려는 그 상품은 어떤 새로운 종류의 노동생산물일 수도 있으며, 어떤 새로운 욕구를 충족시키려 하거나, 자신의 힘으로 어떤 새로운 욕구를 창조하려고 하는 것일 수도 있다. 어제까지는 동일한 상품생산자의 많은 작업 중의 하나였던 어떤 작업이 오늘은 그 관련으로부터 떨어져 독립하고, 그 부분생산물을 이제는 독립된 상품으로 시장에 내보내게 된다. 주위의 사정은 이 분리과정을 위해 성숙되어 있을 수도 있고 그렇지 않을 수도 있다. 오늘 어떤 하나의 사회적 욕구를 충족시키고 있는 생산물이, 내일에는 어떤 비슷한 종류의 생산물에 의해 전부 또는 부분적으로 쫓겨날지도 모른다. 더욱이 아마포 직조공의 노동이 비록 사회적 분업의 일환으로 공인되어 있다 할지라도, 그것만으로는 아직 그의 20미터 아마포가 유용하리라는 보장은 없다. 만약 기타의 모든 사회적 욕구와 마찬가지로, 일정한 한계가 있는 아마포에 대한 사회적 욕구가 벌써 그 경쟁자들에 의해 충족되어 버렸다면, 우리 친구의 생산물은 쓸모없는 것으로 된다. 만약 선물로 줄 것이라면 상관없겠지만, 우리 친구는 결코 선물로 주기 위해 시장에 간 것은 아니다. 그의 생산물이 사용가치를 유지하며 따라서 화폐와 교환된다고 가정하자. 그러면 이번에는 도대체 얼마만큼의 화폐와 교환되는가 하는 문제가 생긴다. 물론 이에 대한 대답은 상품 가치량의 지표인 상품 가격에 의해 예상되고 있다. 여기서 상품 소유자의 주관적인 계산착오는 문제가 되지 않는다. 왜냐하면 시장에서 곧바로 객관적으로 정정될 것이기 때문이다. 우리는 그가 자기 생산물에 사회적으로 필요한 평균 노동시간만을 지출했다고 가정하자. 따라서 그 상품 가격은 상품에 대상화되어 있는 사회적 노동량의 화폐 명칭에 지나지 않는다. 그러나 아마포 직조업의 종래의 생산조건이 우리의 아마포 직조공의 동의도 없이 그의 배후에서 급변했다고 가정해 보자. 어제까지는 틀림없이 1미터 아마포의 생산에 사회적으로 필요한 노동시간이었던 것이 오늘은 그렇지 않게 된다. 그것은 화폐소유자가 우리 친구의 여러 경쟁자들이 내놓은 가격에 근거해 열심히 증명하는 바다. 우리 친구에게 불행한 일은, 세상에는 동업자가 많다는 사실이다. 끝으로, 시장에 있는 모든 조각의 아마포에는 사회적으로 필요한 노동시간만이 포함되어 있다고 가정하자. 그런데도 이 조각들의 총량은 과잉으로 지출된 노동시간을 포함할 수 있다. 만약 시장이 아마포의 총량을 미터당 10원이라는 정상적인 가격에서는 흡수할 수 없다면, 그것은 사회적 총 노동시간 중 너무나 많은 부분이 아마포 직조의 형식으로 지출되었다는 것을 증명한다. 그 결과는 각각의 개별 직조공이 자기의 개인적 생산물에 사회적으로 필요한 노동시간보다 더 많은 노동시간을 지출한 것과 마찬가지다. 다시 말해 독일 속담처럼 '함께 잡히면 함께 죽는다'는 식이다. 시장에 있는 모든 아마포는 단 한 개의 거래품목으로 여겨지고, 그 어떤 한 조각도 그것의 한 부분으로 여겨질 뿐이다. 그리고 실제로 어떤 1미터의 가치도 사회적으로 규정된 동질의 인간노동량의 대상화일 뿐이다.[*]

이와 같이 상품은 화폐를 사랑하고 있지만, "진정한 사랑의 길은 결코 평탄하지 않다." 사회 생산유기체의 각종 분산된 요소들을 분업체계로 통합하는 양적 편성은 그 질적 편성과 마찬가지로 자연발생적이고 우연적이다. 그러므로 상품소유자들은, 자기들을 독립한 사적 생산자로 만드는 바로 그 분업이 사회적 생산과정과 이 과정에서 그들의 관계를 그들 자신의 의지와는 독립된 것으로 만들고 있다는 것과, 그들 상호간의 독립성은 그들의 생산물을 통한 전면적인 상호의존체제에 의해 보완되고 있다는 것을 발견하게 된다.

분업은 노동생산물을 상품으로 전환시키며, 또 그렇게 함으로써 노동생산물이 화폐로 전환하는 것을 불가피하게 한다. 동시에 분업은 이 전환의 성공 여부를 우연적인 것으로 만든다. 그러나 여기에서 우리는 현상을 순수한 상태에서 고찰해야 하기 때문에, 전환의 정상적인 진행을 전

---

[*] 마르크스는 1878년 11월 28일자로 다니엘슨(『자본론』 러시아어 번역자)에게 보낸 편지에서 이 마지막 문장을 다음과 같이 정정할 것을 제의했다. "그리고 사실상 1미터의 가치는 아마포의 총량에 지출되어 있는 사회적 노동의 일부가 대상화된 것일 뿐이다."[ CW 45: 346 ] 마르크스가 가지고 있던 『자본론』 제1권, 제2독어판에 이와 같은 수정이 가해져 있다. 그러나 그것은 마르크스의 글씨가 아니었다.

제할 것이다. 어쨌든 상품이 팔리지 않는 상황이 벌어지지 않는다면, 형태변환은 항상 일어난다. 비록 변환되는 실체—가치량—가 비정상적으로 감소하거나 증가할 수도 있지만.

판매자는 자기 상품을 금과 바꾸며, 구매자는 자기의 금을 상품과 바꾼다. 여기에서 눈에 띄는 현상은, 상품과 금이, 20미터의 아마포와 2원이 소유자의 손과 위치를 바꾸었다는 사실, 즉 그것들이 서로 교환되었다는 사실이다. 상품은 무엇과 교환되는가? 자기 자신의 가치가 취하는 일반적 모습과 교환된다. 그리고 금은 무엇과 교환되는가? 그 자신의 사용가치의 하나의 특수한 모습과 교환된다. 어째서 금은 아마포에 대해 화폐로 대립하는가? 2원이라는 아마포의 가격, 즉 아마포의 화폐 명칭이 벌써 화폐인 금에 대한 아마포의 관계를 표시하고 있기 때문이다. 상품이 그 본래의 상품형태를 벗어버리는 것은 상품의 판매에 의해 완수된다. 다시 말해 그 상품의 사용가치가 그 상품의 가격에 오직 상상적으로만 표현되어 있는 금을 현실적으로 자기 측에 끌어오는 그 순간에 완수된다. 그러므로 상품 가격의 실현, 즉 상품의 단순한 관념적인 가치형태의 실현은 동시에 거꾸로 화폐의 단순한 관념적인 사용가치의 실현이며, 상품의 화폐로의 전환은 동시에 화폐의 상품으로의 전환이다. 이 하나의 과정은 양면적인 과정으로서, 상품소유자 측에서는 판매이고 화폐소유자 측에서는 구매다. 바꾸어 말해 판매는 구매며, C—M은 동시에 M—C이다.[17]

지금까지 우리가 고찰한 경제적 관계는 상품소유자들 사이의 관계, 즉 자기의 노동생산물을 다른 사람에게 내어줌으로써만 다른 사람의 노동생산물을 자기 것으로 만드는 관계뿐이다. 그러므로 어떤 상품소유자에게

---

[17] "모든 판매는 구매다."(케네, 『상업과 수공업자의 노동에 관한 대화』: 170) 또는 케네가 그의 『일반준칙』에서 말하고 있는 바로는 "파는 것은 사는 것이다."

다른 사람이 화폐소유자로서 상대할 수 있게 되는 것은, 후자의 생산물이 처음부터 화폐형태를 취하고 있기 때문이든지, 즉 화폐재료인 금이든지, 또는 후자의 상품이 벌써 그 본래의 유용한 물건형태를 벗어버리고 화폐로 되었기 때문이든지, 둘 중의 하나다. 금이 화폐로 기능하기 위해서는 당연히 어떤 지점에서 상품시장에 들어가지 않으면 안 된다. 이 지점은 금의 생산지인데, 거기에서 금은 직접적인 노동생산물로서 동일한 가치의 다른 노동생산물과 교환된다. 그러나 이 순간부터 금은 언제든지 어떤 상품의 실현된 가격을 표현한다.[18] 금의 생산지에서 상품과 금이 교환되는 것을 제외한다면, 금은 어떤 상품소유자의 수중에 있든 그가 양도한 상품의 전환된 형태며, 판매(즉 제1의 상품 탈바꿈인 C-M)의 산물이다.[19] 금이 관념적 화폐 또는 가치척도로 된 것은, 모든 상품이 자기 가치를 금으로 측정하며 그리하여 금을 자기들의 가치모습-재화로서 자기들의 본래 모습의 상상적인 대립물-으로 만들었기 때문이다. 그리고 금이 실제의 화폐로 된 것은, 상품들이 자기들의 전면적인 양도에 의해 재화로서 자기들의 본래 모습을 벗어버리고 금을 자기들의 가치의 현실적인 화신으로 만들었기 때문이다. 가치모습을 취하면, 상품은 그 본래의 사용가치와 그 상품을 창조한 특수한 유용노동의 모든 흔적을 벗어버리고, 무차별적 인간노동의 한결같은 사회적 체현으로 전환된다. 그러므로 화폐를 보아서는 그것으로 전환된 상품이 어떤 종류의 것이었는지 도저히 알 수 없다. 화폐형태 아래에서는 모든 상품이 동일한 모습으로 나타난다. 따라서 쓰레기가 결코 화폐는 아니지만 화폐는 쓰레기를 표현할 수도 있다. 우리의 아마포 직조공이 자기 상품을 양도하고 얻은 두 개의 금화는 이전에 100리터 밀이 전환된 형태라고 가정하자. 그렇다면

---

18) "한 상품의 가격은 오직 다른 상품의 가격으로 지불할 수 있다."(메르시에 드 라 리비에르, 『정치사회의 자연적·본질적 질서』: 554)

19) "화폐를 손에 넣기 위해서는 먼저 판매하지 않으면 안 된다."(같은 책: 543)

아마포의 판매(C-M)는 동시에 아마포의 구매(M-C)다. 그러나 이 판매는 성경책의 구매로 끝나는 과정을 개시하는 것이고, 아마포의 구매는 밀의 판매로부터 시작된 운동을 끝내는 것이다. C-M-C(아마포-화폐-성경책)의 첫 단계인 C-M(아마포-화폐)은 동시에, 또 다른 하나의 운동 C-M-C(밀-화폐-아마포)의 마지막 단계인 M-C(화폐-아마포)다. 어떤 한 상품의 제1 탈바꿈(상품형태로부터 화폐로 전환)은 언제나 다른 한 상품의 제2의 반대의 탈바꿈, 즉 화폐형태로부터 상품으로 재전환이다.[20]

## M-C. 상품의 제2의 또는 최종의 탈바꿈, 즉 구매

화폐는 다른 모든 상품의 전환된 모습, 또는 그것들의 일반적 양도의 산물이므로, 아무런 제약이나 조건 없이 양도할 수 있는 상품이다. 화폐는 모든 가격을 반대방향으로 읽으며 ∥ 예컨대 금 2온스(2원) = 20미터 아마포, 또는 = 1개 저고리, 또는 = 10그램의 차 ∥, 그렇게 함으로써 화폐 자신의 상품화에 재료를 제공하는 모든 상품체에 자신의 모습을 비춘다. 이와 동시에 상품들이 화폐에 던지는 사랑의 눈짓인 상품의 가격은 화폐로 전환할 수 있는 능력의 한계를, 즉 화폐 자신의 양을 표시한다. 상품은 화폐로 되면 그 자체는 사라져 버리므로 화폐만을 보아서는 그것이 어떻게 그 소유자의 손에 들어왔는지, 무엇이 그것으로 전환되었는지 알 수가 없다. 화폐가 어디로부터 왔건 화폐는 냄새가 나지 않는다. 화폐는 한편으로는 판매한 상품을 대표하지만, 다른 한편으로는 구매할 상품을 대표한다.[21]

---

20) 앞에서 말한 바와 같이, 금이나 은의 생산자는 예외인데, 그는 자기의 생산물을 미리 판매하지 않고도 다른 것과 교환한다.

21) "우리 수중에 있는 화폐는 우리가 구매하려는 물건들을 대표하며, 또한 우리가 이 화폐를 받고 판매한 물건들을 대표한다."(라 리비에르, 앞의 책: 586)

M-C(구매)는 동시에 C-M(판매)이다. 따라서 어떤 상품의 최후의 탈바꿈은 동시에 다른 상품의 최초의 탈바꿈이다. 우리의 아마포 직조공에게 자기 상품의 생애는 그가 2원을 재전환시킨 성경책으로 끝난다. 그러나 성경책의 판매자는 아마포 직조공으로부터 받은 2원을 위스키로 전환시킨다고 하자. M-C, 즉 C-M-C(아마포-화폐-성경책)의 최종 단계[최종탈바꿈]는 동시에 C-M, 즉 C-M-C(성경책-화폐-위스키)의 제1단계다. 상품생산자는 오직 어떤 한 가지 생산물만을 시장에 공급하기 때문에 그는 생산물을 보통 대량으로 판매하지만, 다른 한편 그의 욕구는 다방면에 걸치므로 실현된 가격, 즉 손에 넣은 화폐액을 끊임없이 수많은 구매로 분산시키지 않을 수 없다. 따라서 하나의 판매는 여러 가지 상품의 수많은 구매로 나누어진다. 그리하여 한 상품의 최종 탈바꿈은 다른 상품들의 제1탈바꿈의 합계로 이루어지고 있다.[성경책을 판 사람이 위스키뿐 아니라 쥐포·땅콩·과일 등을 산다.]

이제 여기서 한 상품의 탈바꿈 전체를 고찰해 보면, 제일 먼저 눈에 띄는 것은 그것이 상호보완적인 두 개의 반대 운동, 즉 C-M과 M-C로 이루어져 있다는 것이다. 상품의 이 두 가지 반대의 탈바꿈은 상품소유자가 참가하는 두 가지 반대의 사회적 과정을 통해 행해지며, 또 그 상품소유자의 두 가지 반대의 경제적 기능에 반영된다. 그는 판매의 당사자로서는 판매자로 되며, 구매의 당사자로서는 구매자로 된다. 그러나 상품의 탈바꿈에서 상품의 두 형태인 상품형태와 화폐형태는 오직 서로 대립하는 양쪽에서만 동시적으로 존재하는 것처럼, 동일한 상품소유자도 그가 판매자인 경우에는 다른 사람은 구매자로 대립하고, 그가 구매자인 경우에는 다른 사람은 판매자로 대립한다. 동일한 상품이 서로 반대되는 두 탈바꿈-상품에서 화폐로, 또 화폐에서 상품으로 탈바꿈-을 연속적으로 경과하는 것처럼, 동일한 상품소유자가 기능을 바꾸어 가면서 판매자로도 구매자로도 되는 것이다. 따라서 판매자로 되는 것과 구매자로 되는 것은 결코 고정된 기능이 아니고 상품유통의 내부에서 끊임없이 변경된다.

한 상품의 탈바꿈 전체는, 그 가장 단순한 형태에서도, 4개의 끝과 3인의 등장인물을 필요로 한다.* 먼저 상품은 자기의 가치모습인 화폐와 마주하는데, 이 화폐는 구매자의 주머니 속에서 견고한 물적 실재성을 가지고 있다. 그리하여 상품소유자는 화폐소유자와 대립한다. 이제 상품이 화폐로 전환된다면 그 화폐는 상품의 일시적인 등가형태로 되는데, 이 등가형태의 사용가치는 다른 상품체들 속에서 발견된다. 제1의 상품 탈바꿈의 종점인 화폐는 동시에 제2 탈바꿈의 출발점으로 된다. 따라서 제1탈바꿈에서 판매자는 제2 탈바꿈에서는 구매자로 되며, 여기에서는 제3의 상품소유자가 판매자로 그에게 대립한다.[22)]

상품 탈바꿈을 이루는 서로 반대 방향의 두 운동 국면은 하나의 순환을 이룬다. 즉 상품형태, 상품형태의 탈각, 상품형태로 복귀가 그것이다. 어쨌든 상품 그 자체는 여기서는 모순적으로 규정된다. 상품은 그 소유자에게 출발점에서는 사용가치가 아니고 종점에서는 사용가치다. 또한 화폐도 첫째 국면에서는 상품이 전환된 견고한 가치결정체로 나타나지만, 둘째 국면에서는 상품의 순간적인 등가형태로 사라져 버린다.

어떤 한 상품의 순환을 이루고 있는 두 개의 탈바꿈은 동시에 다른 두 개의 상품이 반대 방향으로 부분적 탈바꿈을 하도록 한다. 한 상품(아마포)이 그 자신의 탈바꿈 계열을 개시하는 동시에 다른 상품(밀)의 탈바꿈

---

\* 밀 — 화폐 — 아마포

　　아마포 — 화폐 — 성경책

　　　　성경책 — 화폐 — 위스키

22) "따라서 4개의 종점과 3인의 계약당사자가 있고, 그 중의 한 사람은 두 번 등장한다."(르 트로느, 앞의 책: 909)

을 종결짓는다. 아마포는 자기의 제1 탈바꿈인 판매에서는 이와 같은 두 개의 역을 한 몸으로 연출한다. 그러나 일단 금으로 전환된 뒤에는, 아마포는 자기자신의 제2의 최종적인 탈바꿈을 완성하고, 이와 동시에 제3 상품의 제1 탈바꿈이 이루어지도록 돕는다. 이와 같이 각 상품의 탈바꿈 계열이 그리는 순환은 다른 상품들의 여러 순환과 뗄 수 없을 정도로 뒤엉켜 있다. 이런 과정 전체가 상품유통을 구성한다.

상품유통은 형태에서뿐 아니라 본질에서도 직접적 생산물교환 [ 물물교환 ] 과는 구별된다. 사태의 경과를 잠시 되돌아보자. 아마포 직조공은 사실상 아마포를 성경책과 교환했다. 즉 자신의 상품을 타인의 상품과 교환했다. 그러나 이 현상은 오직 그 자신에게만 진실인 것이다. 차가운 책보다는 뜨거운 위스키를 좋아하는 성경책 판매자는 성경책을 주고 아마포를 손에 넣으려는 생각은 전혀 없다. 이와 마찬가지로 아마포 직조공도 밀이 자기의 아마포와 교환되었다는 것은 전혀 알지 못한다. B의 상품이 A의 상품으로 바꾸어지지만, A와 B가 서로 자기들의 상품을 교환하는 것은 아니다. 실제로는 A와 B가 상호간 서로 구매하는 경우도 있을 수 있지만, 이와 같은 특수한 관계는 상품유통의 일반적 조건들에 의해 생기는 필연적 결과는 결코 아니다. 상품유통에서 우리들은, 한편으로 상품교환이 어떻게 직접적인 생산물 교환의 개인적 · 지방적 한계를 타파하고 인간노동의 물질대사를 발전시키는가를 보게 되고, 다른 한편으로 상품교환이 어떻게 완전히 당사자들의 통제 밖에 있는 자연발생적인 사회적 연결망을 발전시키는가를 보게 된다. 직조공이 아마포를 팔 수 있는 것은 농민이 이미 밀을 팔았기 때문이고, 애주가가 성경책을 팔 수 있는 것은 직조공이 이미 아마포를 팔았기 때문이며, 위스키 양조업자가 위스키를 팔 수 있는 것은 다른 사람이 이미 영원한 생명의 물 [ 성경책 ] 을 팔았기 때문이다. 따위.

그러므로 유통과정은, 직접적 생산물 교환과 같이 사용가치의 장소나

소유자를 바꾸는 것에 의해, 소멸하지 않는다. 화폐는 한 상품의 탈바꿈 계열로부터 마지막으로 탈락한다고 하더라도 소멸하지는 않는다. 화폐는 언제나 상품들이 비워준 장소에 가라앉는다. 예컨대 아마포의 탈바꿈 전체(아마포 – 화폐 – 성경책)에서는, 먼저 아마포가 유통에서 탈락하고 화폐가 그 자리를 차지하며, 그 다음 성경책이 유통에서 탈락하고 화폐가 그 자리를 차지한다. 한 상품이 다른 상품을 대체하면 화폐상품은 제3자의 손에 붙게 된다.[23] 유통은 끊임없이 화폐라는 땀을 쏟아낸다.

모든 판매는 구매이고 모든 구매는 판매이기 때문에, 상품유통은 판매와 구매 사이의 필연적인 균형을 낳는다는 이론처럼 황당무계한 이론 〖예: 세Say의 법칙〗도 없다. 이것이 의미하는 바가, 현실에서 행해진 판매의 수가 현실에서 행해진 구매의 수와 동일하다는 것이라면, 그것은 아무 의미도 없는 동어반복이다. 그러나 이 이론은 판매자가 자기 자신의 구매자를 시장에 데려온다는 것을 증명하려고 한다. 판매와 구매는 양쪽에서 대립하고 있는 두 인물, 즉 상품소유자와 화폐소유자 사이의 교환관계로서는 하나의 동일한 행위이다. 그러나 판매와 구매는 동일한 인물의 행동으로서는 전혀 다른 서로 대립하는 두 개의 행위다. 그러므로 판매와 구매의 동일성은, 만약 상품이 유통이라는 연금술사의 증류기 속에 투입된 뒤 화폐의 모습으로 다시 빠져나오지 않는다면, 다시 말해 상품이 상품소유자에 의해 판매되지 못하며 따라서 화폐소유자에 의해 구매되지 않는다면, 그런 상품은 무용지물이라는 것을 암시하고 있다. 더 나아가 이 동일성은 다음과 같은 사실―만약 이 과정(C – M)이 완성된다면 그 상품은 더 이상의 탈바꿈을 중단하고 짧거나 긴 휴식을 취할 수 있다는 사실―도 내포하고 있다. 상품의 제1 탈바꿈은 판매이기도하고 구매이기도하기 때문에, 이 부분과정은 그 자체로서 하나의 독립적인 과정이기

---

23) 이 현상은 매우 명백하지만, 경제학자들 특히 속류 자유무역론자들은 대체로 이것을 보지 못하고 있다.

도 하다. 다시 말해 구매자는 상품을 가지게 되고 판매자는 화폐(즉 언제나 유통할 수 있는 형태의 상품)를 가지게 된다. 다른 사람 누군가가 구매하지 않는다면 누구도 판매할 수 없다. 그러나 누구나 자기 자신이 판매했다고 해서 즉시로 구매할 필요는 없다. 유통은 물물교환에 존재하는 자기 생산물의 양도와 타인 생산물의 취득 사이의 직접적 동일성을 판매와 구매라는 대립적 행위로 분열시킴으로써 물물교환의 시간적·장소적·개인적 한계를 타파한다. 서로 자립적이고 대립적인 과정들 [ 판매와 구매 ] 이 하나의 내적 통일을 이루고 있다는 사실은, 또한 바로 그 과정들의 내적 통일이 외적 대립을 통해 운동하고 있다는 사실을 의미한다. 이 두 과정은 서로 보완하는 것이기 때문에 내적으로는 자립하고 있지 않다. 따라서 이 두 과정의 외적 자립화가 일정한 점까지 진행되면 그 내적 통일은 공황crisis이라는 형태를 통해 폭력적으로 관철된다. 상품에 내재하는 대립과 모순들―사용가치와 가치의 대립, 사적 노동이 동시에 직접적으로 사회적인 노동으로 표현되어야 한다는 모순, 특수한 구체적 노동이 동시에 추상적 일반적 노동으로서만 통용된다는 모순, 물상의 인격화와 인격의 물상화 사이의 대립―은 상품 탈바꿈의 대립적인 국면들에서 자기를 드러내고 자기의 운동 형태를 전개한다. 따라서 이런 형태들은 공황의 가능성을, 그러나 오직 가능성만을 암시하고 있다. 이 가능성이 현실성으로 발전하기 위해서는, 단순상품유통의 처지에서 볼 때는 아직 존재하지 않는 온갖 조건들이 필요하다.[24]

---

24) J. 밀에 대해 내가 말한 것,『정치경제학 비판을 위하여』[ CW 29: 332–334 ] 참조. 여기에서 부르주아 경제학의 변호론적 특징을 두 가지 지적할 수 있다. 첫째로 상품유통과 직접적 생산물 교환 사이의 차이점을 무시함으로써 이 둘을 동일시하는 것. 둘째로 자본주의적 생산과정의 당사자들의 관계 [ 착취관계 ] 를 상품유통에서 발생하는 단순한 관계로 해소함으로써 자본주의적 생산과정의 모순을 부정하려는 시도. 그러나 상품생산과 상품유통은 비록 그 범위와 중요성은 다를지라도 매우 다양한 생산양식들에서 볼 수 있는 현상이

## (b) 화폐의 유통

노동생산물의 물질대사가 완수되는 형태변환 C－M－C는, 동일한 가치가 상품으로서 과정의 출발점이 되고, 또 상품으로서 다시 동일한 점으로 되돌아온다는 것을 조건으로 한다. 그러므로 이와 같은 상품운동은 순환이다. 다른 한편으로 이 운동형태는 화폐를 순환으로부터 배제한다. 그 결과 화폐가 그 출발점에서 끊임없이 멀리 떨어져나가고 출발점으로 되돌아오는 일은 없다. 판매자가 자기 상품의 전환된 모습[즉 화폐]을 붙잡고 있는 동안은 상품은 여전히 제1탈바꿈의 단계에 있고, 그 유통의 앞부분을 경과했을 뿐이다. 그의 판매가 구매에 의해 보완되자마자, 화폐는 그 본래의 소유자 손에서 또다시 멀어진다. 물론 아마포 직조공이 성경책을 구매한 뒤 또 다른 아마포를 판매한다면 화폐는 자기의 수중에 들어온다. 그러나 그 화폐는 최초의 20미터 아마포의 유통에 의해 되돌아온 것이 아니다. 왜냐하면 그 유통은 이미 화폐를 아마포 직조공의 수중에서 성경책 판매자의 수중으로 옮겨 놓았기 때문이다. 화폐가 직조공에게 들어오는 것은 새로운 상품으로 동일한 유통과정을 새로 시작하거나 반복하기 때문이며, 이 경우도 이전의 과정과 마찬가지 결과로 끝난다. 그러므로 상품유통이 화폐에 직접 부여하는 운동형태는 화폐가 출발점에서 끊임없이 멀어져간다는 것, 화폐가 어떤 상품소유자의 수중에서

---

다. 그러므로 우리는 그것들에 공통적인 상품유통의 추상적 범주들을 알고 있다 할지라도, 그 생산양식들의 특징적 차이점을 전혀 알지 못하며, 따라서 그것들을 판단할 수 없다. 초보적인 평범한 것을 가지고 그처럼 굉장히 떠들어대는 것은 경제학 이외의 다른 과학에서는 없는 일이다. 예컨대, J. B. 세는, 상품이 생산물이라는 것을 자기가 알고 있다고 해서 공황에 관해 판단을 내리려고 덤벼든다.〔그는 생산물과 생산물 사이의 물물교환을 전제로 공황(과잉생산)의 불가능성을 주장한다.〕

다른 상품소유자의 수중으로 옮겨간다는 것이다. 이 과정이 화폐의 유통이다.

화폐의 유통은 동일한 과정의 끊임없는 단조로운 반복이다. 상품은 언제나 판매자 측에 있고 화폐는 구매수단으로 언제나 구매자 측에 있다. 화폐는 상품의 가격을 실현함으로써 구매수단으로 기능한다. 화폐는 가격을 실현하면서, 상품을 판매자의 수중에서 구매자의 수중으로 이전시키며, 이와 동시에 자신은 구매자의 손에서 판매자의 손으로 넘어가는데, 거기에서 또한 다른 상품에 대해 동일한 과정을 반복한다. 화폐운동의 이 일면적인 형태가 상품운동의 양면적인 형태로부터 생긴다는 사실은 감추어져 있다. 상품유통의 성질 그 자체가 바로 이런 외관을 빚어낸다. 상품의 제1탈바꿈은 화폐의 운동일 뿐 아니라 상품 자체의 운동으로 보이지만, 상품의 제2탈바꿈은 오직 화폐의 운동인 것처럼 보인다. 상품은 그 유통의 전반에서 화폐와 위치를 바꾼다. 이와 동시에 상품의 사용대상으로서의 모습은 유통에서 탈락하여 소비로 들어간다.[25] 그 자리를 상품의 가치모습[즉 화폐라는 애벌레]이 차지한다. 상품은 유통의 후반을 더 이상 자기 자신의 자연적인 모습대로가 아니라 화폐의 모습으로 통과한다. 이와 함께 운동의 연속성은 전적으로 화폐 측에 달려 있으며, 이 동일한 운동이 상품의 처지에서는 두 개의 반대 과정을 포함하지만 화폐의 운동으로서는 언제나 동일한 과정[즉 화폐와 다른 상품 사이의 끊임없는 자리바꿈]이다. 그러므로 상품유통의 결과[즉 다른 상품에 의한 한 상품의 교체]는 마치 그 상품 자신의 탈바꿈에 의해 매개된 것이 아니라 유통수단으로서의 화폐 기능에 의해 매개된 듯이 보이며, 마치 화폐가 스스로는 운동하지 않는 상품을 유통시켜, 상품을 그것이 사용가

---

25) 같은 상품이 여러 차례 판매되는 경우[이런 현상은 아직 우리의 관심사가 아니지만]에도 그 상품이 최종적으로 팔리면 유통영역을 떠나 소비영역으로 들어가 생활수단 또는 생산수단으로 기능한다.

치가 아닌 사람의 손에서 그것이 사용가치인 사람의 손으로, 언제나 화폐 자신의 진행과는 반대 방향으로 이전시키는 듯이 보인다. 화폐는 끊임없이 상품이 차지하고 있던 유통장소를 차지하며, 그리하여 자기 자신의 출발점으로부터 점점 더 멀리 떨어져나가면서, 상품을 끊임없이 유통영역에서 끌어낸다. 그러므로 화폐운동은 사실상 상품유통의 표현에 지나지 않지만, 외관상으로는 반대로 상품유통이 화폐운동의 결과에 지나지 않는 듯이 보인다.26)

다른 한편으로 화폐가 유통수단으로 기능하는 것은 상품가치가 화폐에서 독립적인 모습을 가지기 때문일 뿐이다. 그러므로 유통수단으로서 화폐의 운동은 실제로는 상품 자신의 형태변환 운동에 지나지 않는다. 따라서 상품의 탈바꿈은 한눈에 알아볼 수 있을 만큼 분명하게 화폐유통에 반영되지 않을 수 없다. {엥겔스: 〖불어판에서〗 예컨대 아마포는 먼저 자기의 상품형태를 자기의 화폐형태로 바꾼다. 아마포의 제1탈바꿈(C−M)의 두 번째 항인 화폐형태는 다음에는 아마포의 최후의 탈바꿈(M−C), 즉 아마포가 성경책으로 재전환하는 첫 번째 항으로 된다. 그러나 두 형태변환 중 어느 것도 상품과 화폐의 교환을 통해 [즉 그것들 상호간의 위치변환에 의해] 이루어진다. 동일한 화폐조각이 상품의 양도된 모습으로 판매자의 수중에 들어갔다가, 절대적으로 양도가능한 형태의 상품으로 그 수중에서 떠나간다. 화폐는 두 번 위치를 바꾼다. 아마포의 제1 탈바꿈은 이 화폐조각을 직조공의 주머니 속에 넣어주며, 제2 탈바꿈은 그것을 다시 끄집어낸다. 이와 같이 동일한 상품이 겪는 대립적인 두 형태변환은 동일한 화폐조각이 겪는 반대방향의 두 번의 위치변환에 반영된다.

오직 일면적인 상품 탈바꿈[즉 판매나 구매 중 어느 하나]이 이루어지면, 동일한 화폐는 한 번만 위치를 바꾼다. 이 화폐의 제2의 위치변환은

---

26) "그것(화폐)은, 생산물에 의해 그것에 부여되는 운동밖에는 아무런 운동도 하지 않는다."(르 트로느, 앞의 책: 885)

언제나 상품의 제2 탈바꿈[즉 화폐에서 상품으로 재전환]을 표현하고 있다. 동일한 화폐조각의 위치변환의 빈번한 반복은 어떤 단 하나의 상품의 탈바꿈 계열을 반영하고 있을 뿐 아니라 상품세계 전체의 무수한 탈바꿈들의 뒤엉킨 관계도 반영하고 있다.} 그러나 물론 이 모든 사실은 오직 여기서 고찰하는 형태인 단순상품유통에만 타당하다는 것은 전적으로 자명하다. 〖C—M—C와 M—C—M은 상이하다는 점을 강조하고 있다.〗

어떤 상품도 유통에 처음 들어와 제1의 형태변환을 겪으면 유통에서 떨어져 나가고 거기에는 끊임없이 새로운 상품이 들어온다. 이에 반해 화폐는 유통수단으로서는 언제나 유통영역에 머물러 있고 언제나 그 속에서 돌아다니고 있다. 그리하여 이 유통영역이 얼마만큼의 화폐를 흡수하는가 하는 문제가 생긴다.

한 나라 안에서는 매일 동시적으로 그러나 공간적으로는 상이한 곳에서 수많은 일면적인 상품 탈바꿈이, 다시 말해 한편에서는 단순한 판매가, 그리고 다른 한편에서는 단순한 구매가 이루어지고 있다. 상품은 그 가격에 의해 이미 상상적인 일정한 화폐량에 등치되고 있다. 그런데 여기서 고찰하는 직접적인 유통형태〖예컨대 외상거래는 제외한다〗에서는 상품과 화폐가 항상 물체로서 서로 대립하기 때문에―한쪽은 판매라는 끝에 있고, 다른 쪽은 구매라는 반대 끝에 있다―필요한 유통수단의 양은 이미 상품들의 가격총액에 의해 규정되고 있다. 사실 화폐는, 상품들의 가격총액으로 이미 관념상 표현되어 있는 금량을 현실적으로 대표하는 데 지나지 않는다. 따라서 이 두 개의 총액이 동등하다는 것은 자명하다. 그러나 우리가 알고 있는 바와 같이, 상품가치가 불변인 경우에도 상품가격은 금(화폐재료)의 가치와 함께 변동한다. 즉 금의 가치가 떨어지면 이에 비례하여 상품가격은 상승하고, 금의 가치가 상승하면 이에 비례하여 상품가격은 떨어진다. 그리하여 금의 가치가 떨어지거나 상승한 결과 상품들의 가격총액이 증가하거나 감소하면, 이에 따라 유통되는 화폐량

도 같은 비율로 증가하거나 감소하지 않을 수 없다. 이 경우 유통수단의
양적 변동은 분명히 화폐 그 자체에 의해 생기는 것이기는 하지만, 그것
은 유통수단으로서 화폐의 기능에 근거하는 것이 아니라 가치척도로서
화폐의 기능에 근거하는 것이다. 상품들의 가격이 먼저 화폐의 가치에
반비례하여 변동하고, 이로부터 유통수단의 양이 상품들의 가격에 정비
례하여 변동하는 것이다. 이것과 완전히 동일한 현상은, 금의 가치가 하
락하는 것이 아니라 은이 가치척도인 금을 대체하는 경우, 또는 은의 가
치가 상승하는 것이 아니라 금이 가치척도인 은을 대체하는 경우에도 일
어날 수 있다. 앞의 경우에는 이전의 금보다도 많은 양의 은이, 뒤의 경
우에는 이전의 은보다 적은 양의 금이 유통될 것이다. 이 둘 중 어느 경
우에도 먼저 화폐재료[즉 가치척도로 기능하는 상품]의 가치가 변동하
고, 그 때문에 상품가치의 화폐표현인 상품가격이 변동하고, 또 그 때문
에 이들 가격의 실현에 필요한 유통화폐량이 변동하게 될 것이다. 이미
본 바와 같이, 상품의 유통영역에는 하나의 구멍이 있어, 그것을 통해 금
(또는 은, 요컨대 화폐재료)이 일정한 가치를 가지는 상품으로 유통영역
에 들어온다. 그러므로 화폐가 가치척도로 기능하기 시작할 때, 그리고
가격을 결정하기 위해 사용될 때, 화폐의 가치는 전제되고 있다. 가치척
도 그 자체의 가치가 하락하면, 그것은 먼저 귀금속 생산지에서 귀금속
과 직접 교환되는 상품들의 가격변동 〚 가격상승 〛으로 나타난다. 그러나
특히 부르주아 사회가 덜 발전한 단계에서는 상품들의 대부분은 오랜 기
간 가치척도의 종래 가치[이미 오래 전에 비현실적으로 되었다]에 의해
평가될 것이다. 그렇지만 한 상품은 그들 공통의 가치관계를 통해 다른
상품에 영향을 주므로, 상품들의 금 가격[또는 은 가격]은 점차 그들의
상대적인 가치에 의해 규정되는 비율로 고정되고, 드디어 모든 상품가치
가 화폐금속의 새로운 가치에 따라 평가된다. 이와 같은 조정과정은, 귀
금속과 직접 교환되는 상품의 대금으로 귀금속이 유입되기 때문에, 귀금

속량의 계속적인 증대를 수반한다. 그러므로 상품들의 가격이 조정되어
가는 데 비례하여, 다시 말해 상품들의 가치가 귀금속의 새로운 가치(이
미 떨어졌거나 어느 수준까지는 계속 떨어지고 있다)에 따라 평가되는
데 비례하여, 그것과 같은 속도로 이 새로운 가격의 실현에 필요한 귀금
속의 추가량도 이미 존재하게 되는 것이다. 금은의 새로운 생산지 발견
에 뒤이어 일어난 여러 사실들을 일면적으로 관찰했기 때문에, 17세기와
특히 18세기의 사람들은 상품가격이 오른 것은 유통수단으로 기능하는
금과 은이 더 많아졌기 때문이라는 그릇된 결론에 도달한 것이다. 〔화폐
수량설에 대한 비판은 뒤에 나온다.〕 이하에서 우리는 금의 가치를 주어진 것
으로 가정하는데, 우리가 한 상품의 가격을 평가하는 순간에는 실제로도
주어져 있다.

　이런 가정 아래에서는 유통수단의 양은 실현되어야 할 여러 상품들의
가격총액에 의해 규정된다. 여기서 한 걸음 더 나아가 각 상품의 가격을
주어진 것으로 가정한다면, 상품들의 가격총액은 분명히 유통 중에 있는
상품량에 의해 정해질 것이다. 만약 1리터 밀의 가치가 2원이라면 100리
터 밀의 가치는 200원일 것이며, 200리터는 400원일 것이라는 것, 따라
서 밀의 양이 증가함에 따라 그것이 판매될 때 그것과 위치를 바꾸는 화
폐의 양도 증가하지 않으면 안 된다는 것은 특별히 머리를 쓰지 않더라
도 이해할 수 있다.

　상품량을 주어진 것으로 전제한다면, 유통하는 화폐량은 상품가격의
변동에 따라 증감한다. 유통화폐량이 증감하는 것은, 상품들의 가격총액
이 각 상품의 가격변동 결과로 증감하기 때문이다. 이 경우 모든 상품가
격이 동시에 상승하거나 하락할 필요는 없다. 상품들의 가치총액을 증가
시키거나 감소시키며, 따라서 또한 화폐의 유통량을 증가시키거나 감소
시키기 위해서는, 일정한 수의 주요 상품의 가격이 상승 또는 하락하는
것만으로도 충분하다. 상품의 가격변동에 반영되는 것이 상품의 현실적

인 가치변화이건 단순히 시장가격의 변동이건, 유통수단의 양에 대한 그
것의 영향은 동일하다.

1리터의 밀, 20미터의 아마포, 1권의 성경책과 4갤론의 위스키가 동시
에 상이한 장소에서 판매된다고 [즉 부분적 탈바꿈이 이루어진다고] 가
정하자. 각 상품의 가격이 2원, 따라서 실현되어야 할 가격총액은 8원이
라고 한다면, 8원만큼의 화폐량이 유통에 들어와야 할 것이다. 이와는
반대로, 동일한 상품들이 다음과 같은 상품 탈바꿈의 고리[즉 1리터 밀
−2원−20미터 아마포−2원−1권의 성경책−2원−4갤론의 위스키−2
원이라는 고리]를 이루고 있다면, 2원은 여러 가지 상품들 ⏐이 경우에는 네
개의 상품들 ⏐을 유통시키게 될 것이다. 왜냐하면 2원은 여러 상품들의 가
격을 순차적으로 실현시켜 8원이라는 가격총액을 실현시키고 나서, 최후
에는 위스키 양조자의 수중에서 쉬기 때문이다. 2원은 네 번 회전했으며
4개의 유통행위를 감당했다. 동일한 화폐조각이 이와 같이 반복적으로
위치를 바꿀 수 있는 것은, 상품이 두 개의 대립적인 유통단계를 통과하
면서 운동한다는 점과, 각종 상품의 탈바꿈이 뒤엉켜 있다는 점 때문이
다.[27] 이 탈바꿈과정을 이루는 대립적이고 상호보완적인 국면들은 동시
적으로 일어날 수 없고 연속적으로 통과할 수 있을 뿐이다. 그러므로 시
간이 이 과정의 길이를 측정하는 척도로 된다. 다시 말해 주어진 시간
안에 동일한 화폐조각의 회전횟수에 의해 화폐의 유통속도가 측정된다.
위에서 말한 네 가지 상품의 유통과정에 하루가 걸린다면, 실현시켜야
할 가격총액은 8원이고, 동일한 화폐조각의 하루 유통횟수는 4회이며,
유통하는 화폐량은 2원이다. 그리하여 일정한 기간의 유통과정에서 다음
과 같은 식이 성립한다:

---

27) "생산물은 그것(화폐)을 운동시키며 유통시킨다…그것(화폐)의 운동속도는
    그 양을 보충해 준다. 필요한 경우 그것은 한 순간도 쉬지 않고 이 손에서
    저 손으로 옮아간다."(같은 책: 915~916)

$$\frac{상품의\ 가격총액}{동일한\ 명칭의\ 화폐조각의\ 회전횟수} = 유통수단으로\ 기능하는\ 화폐량$$

이 법칙은 일반적으로 타당하다.

주어진 기간에 한 나라의 총 상품유통은, 한편으로 동일한 화폐조각이 단 한 번만 위치를 바꾸는 [1회만 유통할 뿐인] 다수의 분산적이고 동시적인 부분적 탈바꿈[즉 일방적 판매 또는 구매]으로 이루어지고 있지만, 다른 한편으로 동일한 화폐조각이 많든 적든 여러 차례 회전하는 [부분적으로는 서로 병행하고 부분적으로는 서로 뒤엉켜 있는] 수많은 탈바꿈 계열로 이루어지고 있다. 각 화폐조각이 얼마나 자주 회전하는가는 사정에 따라 달라진다. 그렇다 하더라도, 유통 중에 있는 동일한 명칭의 모든 화폐의 총 회전횟수를 알기만 하면 개개의 화폐조각의 평균회전횟수, 또는 화폐유통의 평균속도를 알 수 있다. 예컨대 하루의 시작에 유통과정에 투입되는 화폐량은 나란히 동시에 유통하는 상품들의 가격총액에 의해 규정되는 것은 물론이다. 그러나 유통과정 안에서는 한 개의 화폐조각은 다른 화폐조각과 연대책임을 지고 있다. 만약 그들 중의 하나가 자기의 유통속도를 빠르게 하면, 다른 화폐조각은 유통속도가 둔화되거나 유통영역을 완전히 떠나게 된다. 왜냐하면 유통영역은 오직 일정한 금량[이 금량에 평균 회전횟수를 곱하면 실현되어야 할 가격총액과 같아진다]을 흡수할 수 있을 뿐이기 때문이다. 그러므로 화폐조각의 회전횟수가 증가하면 유통과정에 있는 화폐조각의 총량은 감소하고, 화폐조각의 회전횟수가 감소하면 그 양은 증가한다. 평균 유통속도가 주어져 있을 때는 유통수단으로 기능할 수 있는 화폐량도 주어지기 때문에, 일정한 수의 £1짜리 금화[소브린]를 유통으로부터 빼내려고 한다면 동일한 수의 £1짜리 은행권을 유통에 투입하면 된다. 이것은 모든 은행이 잘 알고 있는 술책이다.

화폐유통은 일반적으로 상품들의 유통과정[즉 대립적인 탈바꿈들을 통한 상품들의 순환]을 반영하는 것에 지나지 않는 것과 마찬가지로, 화폐의 유통속도는 상품 형태변환의 속도, 탈바꿈 계열들의 연속적인 뒤엉킴, 사회 물질대사의 속도, 유통분야에서 상품들이 사라지는 속도, 그리고 또한 새로운 상품들에 의한 교체 속도 등을 반영한다. 즉 화폐의 유통이 빨라진다는 것은, 상품이 유용한 물건모습으로부터 가치모습으로 전환하고 또 가치모습으로부터 유용한 물건모습으로 재전환하는 대립적이면서 동시에 상호보완적인 과정들[즉 판매와 구매]의 원활한 통일을 반영하는 것이다. 이와 반대로, 화폐유통이 완만해진다는 것은 두 과정들이 분리되어 독립과 상호대립을 낳아 형태전환[따라서 물질대사 과정]에 정체가 일어나고 있다는 것을 반영한다. 유통 그 자체는 이 정체가 무엇때문에 생기는가를 물론 가르쳐주지 않으며 다만 그 현상[ 예: 팔리지 않는 재고의 누적 ]을 보여줄 뿐이다. 통속적 견해는 이 현상을 유통수단의 양적 부족으로 설명하려고 한다. 왜냐하면 화폐유통이 완만해짐에 따라 유통부문의 모든 곳에서 화폐가 나타났다가 사라지는 횟수가 줄어들기 때문이다.28)

---

28) "화폐는…판매와 구매의 일상적인 수단이므로, 판매할 물건을 가지고 있으나 이에 대한 구매자를 발견하지 못하는 사람은 누구나 국내의 화폐부족 때문에 자기 상품이 팔리지 않는다고 생각하기 쉽다. 그리하여 화폐가 부족하다는 불평이 도처에서 일어나게 되는데, 이것은 큰 오해다…화폐가 필요하다고 소리치는 사람들은 무엇을 원하고 있는가?…농업경영자는…국내에 더 많은 화폐가 있다면 자기 생산물을 적당한 가격으로 판매할 수 있을 것이라고 불평한다. 그렇다면 그가 필요로 하는 것은 화폐가 아니고, 그가 팔기를 원하나 팔리지 않는 자기 곡물과 가축의 적당한 가격일 것이다…어째서 그는 이 적당한 가격을 받을 수 없는가?…그 이유는 (1) 국내에 곡물과 가축이 너무 많아 시장에 오는 사람들은 대다수가 자기와 마찬가지로 팔려고만 하고 사기를 원하는 사람은 극소수에 지나지 않든가, 또는 (2) 수송문제 때문에 평상시의 해외 판로가 끊겨 있든가…또는 (3) 사람들이 가난해져 가정생활을 위한 지출을

일정한 기간에 유통수단으로 기능하는 화폐의 총량은, 한편으로 유통하는 상품의 가격총액에 의해 규정되고, 다른 한편으로 유통의 대립적 과정들의 변환속도에 의해 규정된다. 이 가격총액 중 평균적으로 몇 분의 1이 동일한 화폐조각에 의해 실현될 수 있는가는 이 변환속도에 의해 규정된다. 그런데 상품들의 가격총액은 각 상품종류의 양과 가격에 의존한다. 이 세 가지 요소―가격, 유통상품의 양, 그리고 화폐의 유통속도―는 각각 상이한 조건에서 다른 방향으로 변동할 수 있다. 그러므로 실현되어야 할 가격총액과 이것에 의해 결정되는 유통수단의 양도 역시 이 세 요소의 수많은 조합에 따라 변동할 것이다. 여기서는 이 조합들 중 상품가격의 역사에서 가장 중요한 것들만을 들어보기로 한다.

상품가격이 불변인 경우, 유통수단의 양이 증가할 수 있는 것은 유통상품량이 증가하기 때문이거나 화폐의 유통속도가 감소하기 때문이다. 반대로 상품량의 감소 또는 유통속도의 증가에 따라 유통수단의 양은 감소할 수 있다.

상품가격이 전반적으로 상승하는데 유통수단의 양이 불변일 수 있는 것은, 유통상품의 양이 상품가격이 오르는 것과 같은 비율로 감소하거

---

이전에 비해 감축하여 소비가 감소되었든가, 그 중의 어느 하나다. 그러므로 농업경영자의 생산물 가격을 조금이라도 올려줄 수 있는 것은 화폐 그 자체의 증가가 아니라 실제로 시장을 압박하고 있는 위 세 가지 원인 중 어느 하나를 제거하는 것이다…상인과 소상점주도 마찬가지로 화폐를 요구하고 있다. 즉 시장이 충분하지 못하기 때문에 그들이 거래하는 물품의 판로를 구하고 있다…부가 이 손에서 저 손으로 끊임없이 이전하고 있을 때 한 나라는 가장 번영한다.”(노스, 『상업론』: 11~15 이곳저곳) 헤렌슈반트의 모든 공상적인 제안은 결국, 상품의 본성에서 생기는 따라서 상품유통에서 나타나는 모순은 유통수단을 증가시킴으로써 제거될 수 있다는 것이다. 생산과정과 유통과정의 정체를 유통수단의 부족으로 설명하는 것은 환상에 지나지 않지만, 그렇다고 해서 예컨대 정부의 졸렬한 ‘통화조절’때문에 유통수단이 현실적으로 부족하게 되어 정체가 일어나는 일이 없다는 것은 결코 아니다.

나, 유통상품의 양은 불변인 채 화폐의 유통속도가 가격의 상승과 같은 속도로 증가하는 경우다. 유통수단의 양이 감소할 수 있는 것은 상품량이 가격상승보다 더 급속하게 감소하거나 유통속도가 가격의 상승보다 더 급속하게 증가하는 경우다.

상품가격이 전반적으로 하락하는데 유통수단의 양이 불변일 수 있는 것은, 상품가격이 하락하는 것과 같은 비율로 상품량이 증가하거나, 가격이 하락하는 것과 같은 비율로 화폐의 유통속도가 떨어지는 경우다. 유통수단의 양이 증가할 수 있는 것은, 상품가격이 하락하는 것보다 더 급속히 상품량이 증가하든가, 상품가격이 하락하는 것보다 더 급속히 유통속도가 떨어지는 경우다.

여러 가지 요소들의 변동은 서로 상쇄될 수 있기 때문에, 그 요소들이 끊임없이 변화하는데도 실현되어야 할 상품가격의 총액과, 이에 따른 유통화폐량은 불변일 수 있다. 그러므로 비교적 장기간을 두고 관찰할 때, 각국에서 유통하는 화폐량은 [산업공황과 상업공황 때문에, 또 드물게는 화폐가치 자체의 변동 때문에 일어나는 주기적인 격렬한 혼란을 제외하면] 첫눈에 예상하는 것보다는 그 평균수준으로부터의 편차가 훨씬 작다.

유통수단의 양은 유통상품의 가격총액과 화폐유통의 평균속도에 의해 규정된다는 법칙[29]은 다음과 같이 표현할 수도 있다. 즉 상품들의 가치

---

29) "한 나라의 산업을 운영하는 데 필요한 화폐에는 일정한 한도와 크기가 있다. 그보다도 많거나 적으면 산업에 해를 미칠 것이다. 그것은 마치 소매업에서 은화의 거스름돈을 주거나 최저 액면가격의 은화로도 결제할 수 없는 지불을 위해 일정한 금액의 파싱farthing 〔영국의 청동화, 1/4 페니〕이 필요한 것과 마찬가지다…이제 상업에 필요한 파싱화의 규모가, 사람들의 수, 그들의 교환 회수, 그리고 주로 최저 액면가격의 은화 가치로부터 추정할 수 있다면, 이와 마찬가지로 우리 산업에 필요한 화폐(금화와 은화)의 크기도 역시 교환의 회수와 지불액의 크기에 의해 추정할 수 있을 것이다."(W. 페티, 『조세공납론』: 17) 영은 자기 저서 『정치산술』중 "물가는 화폐량에 의존한다."는 하나의 특

총액과 그 탈바꿈의 평균속도가 주어져 있을 때, 유통하는 화폐량[또는 화폐재료량]은 화폐 자신의 가치에 달려 있다고. 이와는 반대로, 상품가격은 유통수단의 양에 의해 결정되며, 유통수단의 양은 또한 한 나라에 존재하는 화폐재료량에 의해 결정된다고 생각하는 환상30)은, 그 최초의

---

별한 장(112쪽 이하)에서 J. 스튜어트 등의 비판으로부터 흄의 학설을 옹호했다. 나는『정치경제학 비판을 위하여』[ CW29: 399 ]에서, "그(A. 스미스)는 전혀 그릇되게 화폐를 단순한 상품으로 고찰함으로써, 유통하는 화폐량에 관한 문제를 슬그머니 젖혀 놓고 있다."고 지적한 바 있다. 이 지적은 A. 스미스가 자기 자신의 이론을 전개하면서 화폐를 고찰하고 있는 곳에서만 타당하다. 그러나 그는 때때로 예컨대 이전의 경제학설들을 비판할 때는 옳은 말을 하고 있다. "주화의 양은 유통되어야 하는 상품량의 가치에 의해 규제되며… 한 나라 안에서 매년 구입·판매되는 재화의 가치는 그것을 유통시키고 정당한 소비자들에게 분배하기 위해서 일정한 양의 화폐를 필요로 하고, 그 이상의 화폐를 필요로 하지 않는다. 유통의 물길은 그것을 채우기에 충분한 금액을 필연적으로 끌어들이며, 그 이상은 받아들이지 않는다."(『국부론』(상): 533, 534) 이와 마찬가지로 스미스는 자기 저서를 공식적으로는 분업에 대한 예찬으로 시작하고 있으나, 뒤에 재정수입의 원천을 논하고 있는 마지막 편에서는 때때로 자기 스승인 퍼거슨이 행한 분업 비난을 되풀이하고 있다.[『국부론』(하): 957~958 참조]

30) "어느 나라에서나 국민들 사이에 유통하는 금과 은의 양이 증가함에 따라 물가는 분명히 올라갈 것이다. 또 어떤 나라를 막론하고 금과 은이 감소할 때 모든 물가는 화폐의 이런 감소에 비례해서 하락하지 않을 수 없다."(반더린트, 『화폐만능론』: 5) 반더린트의 저서와 흄의『논문집』을 상세히 비교해 보면, 흄이 반더린트의 이 확실히 중요한 저서를 알았고 또 이용했다는 것을 나는 조금도 의심하지 않는다. 유통수단의 양이 가격을 규정한다는 견해는 바본과 그보다도 훨씬 더 이전의 저술가들에서도 볼 수 있다. 반더린트는 다음과 같이 말한다. "자유무역에 의해서는 아무런 불편도 일어날 수 없고, 막대한 이익만이 생길 수 있다. 왜냐하면 만약 어떤 나라의 금이 자유무역 때문에 감소한다면—보호관세와 수입금지는 이것을 방지하기 위한 것이다—그 금을 받아들이는 나라에서는 국내에 금이 늘어나서 물가가 한꺼번에 오르지 않을 수 없기 때문이다. 그리고…오래지 않아 우리나라의 공업제품과 기타 온갖 물건의 가격은 떨어져 무역수지가 우리에게 유리하게 될 것이며, 화폐

주창자들이 채택한 엉터리 가설—즉 상품은 가격을 가지지 않고 유통과
정에 들어가며, 또 화폐도 가치를 가지지 않고 유통과정에 들어가, 거기
에서 잡다한 상품집단의 일정한 부분이 귀금속더미의 일정한 부분과 교
환된다 — 에 뿌리를 두고 있다.[31]

---

는 국내로 다시 흘러 들어오게 될 것이다."(같은 책: 43~44)

[31] 개별적 상품종류가 각각의 가격에 의해 모든 유통상품의 가격총액의 한 요소
를 구성한다는 것은 자명하다. 그러나 같은 단위로 비교 측정할 수 없는 사용
가치들이 어떻게 한 덩어리가 되어 한 나라에 존재하는 금과 은의 총량과 교
환되는가는 전혀 알 수 없다. 만약 우리가 상품세계를 하나의 단일한 상품총
체로 여기고 각 개별 상품은 오직 그 총체의 한 부분을 이룬다고 대담하게
가정한다면, 다음과 같은 훌륭한 계산 예가 나온다. 상품 총체=X킬로그램의
금, 상품 A=상품 총체의 일정부분=X킬로그램의 금 중 그것에 해당하는 부
분. 몽테스키외는 이 엉터리를 매우 심각하게 이야기하고 있다. "만약 우리가
세계에 현존하는 금 · 은의 총량을 세계에 현존하는 전체 상품의 총량과 대비
시킨다면, 하나하나의 생산물 또는 상품을 금 · 은의 총량의 일정한 부분과
대비시킬 수 있다는 것은 분명하다. 세계에는 오직 한 종류의 생산물 또는
상품이 존재한다고, 다시 말해 오직 한 가지 물건만이 판매된다고 가정하며,
또 그것은 화폐와 마찬가지로 분할될 수 있다고 가정하자. 그렇다면 이 상품
의 일정량은 화폐총량의 해당부분과 대응하게 되며, 전체 상품의 절반은 전
체 화폐의 절반과 대응하게 될 것이다…물건의 가격 결정은 근본적으로는 항
상 물건의 총량과 화폐상징의 총량 사이의 비율에 의존할 것이다."(몽테스키
외, 『법의 정신』: 12~13) 리카도와 그의 제자들인 제임스 밀, 오버스톤 등이
이 이론을 한층 더 발전시킨 데 대해서는 『정치경제학 비판을 위하여』[ CW
29: 390–396, 399 이하 ] 를 보라. J. S. 밀은 그의 특유한 절충주의적 논리를 가
지고 자기 부친인 제임스 밀의 견해와 그것에 정반대되는 견해를 동시에 수용
하는 재주를 부리고 있다. 그의 개설서인 『정치경제학원리』의 본문과 그가
현대의 애덤 스미스라고 자처하고 나선 제1판 서문을 비교해 본다면, 우리는
이 사람의 소박성 또는 이 사람을 정말 새로운 애덤 스미스로 믿은 일반 독자
의 소박성 중 어느 것에 더 놀래야 할지 모르게 된다. 애덤 스미스에 대한
J. S. 밀의 관계는 바로 웰링턴 공작에 대한 윌리엄즈 장군의 관계와 비슷하
다. 경제학 분야에서 J. S. 밀의 독창적 연구는 넓이에서나 깊이에서나 보잘것
없는데, 1844년에 발간된 『정치경제학의 약간의 미해결 문제들』이라는 그의

### (c) 주화 coin. 가치의 상징

화폐는 유통수단의 기능 때문에 주화의 형태를 취한다. 상품의 가격 [즉 화폐명칭]이 머릿속에서 대표하고 있는 금의 무게는, 유통과정에서는 그것과 동일한 명칭을 가지는 금조각 또는 금화로서 상품과 마주하지 않으면 안 된다. 가격의 도량표준의 확정 [예: £1=20s.=240d.]과 마찬가지로 주화의 제조도 국가의 일이다. 금과 은이 주화로서 몸에 두르는, 그리고 그것들이 세계시장에 나타날 때는 다시 벗어버리는, 여러 가지 국민적 제복은 상품유통의 국내 또는 국민적 영역과 일반적인 세계시장 영역이 분리되어 있음을 가리킨다.

따라서 금화와 금덩이bullion는 단지 외형상으로만 구별될 뿐이고, 금은 언제라도 한 형태에서 다른 형태로 전환될 수 있다.[32] 주화는 조폐소로

---

소책자에 모두 그대로 들어 있다. 로크는 금·은에는 가치가 없다는 것과, 금·은의 가치는 그 양에 의해 규정된다는 것과의 관련을 다음과 같이 분명하게 말하고 있다. "사람들은 금·은에 상상적인 가치를 부여하는 데 동의했으므로…이 두 금속의 내재적 가치는 그것들의 양 이외의 아무것도 아니다." (『이자 인하…몇 가지 고찰』: 15)

[32] 주조수수료 [시뇨리지]와 같은 상세한 것을 논하는 것은 물론 내 목적 밖의 일이다. 그러나 "영국 정부가 무료로 주조한다."고 하는 '관대한 아량'에 감탄하고 있는 낭만주의적 아첨꾼인 뮬러에 대해서는 노스의 다음과 같은 견해를 알려줄 필요가 있다. "금과 은은 다른 상품들과 마찬가지로 증가하거나 감소한다. 스페인으로부터 대량의 금과 은이 도착하면…그것은 조폐소로 운반되어 주조된다. 머지않아 수출될 금덩이에 대한 수요가 다시 나타날 것이다. 만약 그때 금덩이는 없고 전부 다 주조되어 있다면 어떻게 될까? 그것들을 다시 녹여야 할 것이다. 그렇게 해도 손실은 없을 것이다. 왜냐하면 소유자는 주조에 따른 비용, 즉 주조수수료를 부담하지 않기 때문이다. 그러나 이 때문에 국민은 쓸데없는 손해를 보는데, 그것은 마치 노새에게 먹이기 위해 짚으로 새끼를 꼰 셈이기 때문이다. 만약 상인[노스 자신은 찰스 2세 시대(1660~85)

부터 나오자마자 곧 녹일 수도 있다. 유통하는 동안 금화는 어떤 것은 많이, 어떤 것은 적게 닳는다. 금화의 명칭[즉 법정 무게]과 그것의 실체[즉 실질적 무게]가 점차 서로 분리되는 과정이 시작된다. 명칭이 같은 금화들도 무게가 달라지기 때문에 가치가 동일하지 않게 된다. 유통수단으로서 금의 무게는 가격의 도량표준으로서 금의 무게로부터 벗어나고, 그리하여 가격을 실현할 상품들의 진정한 등가물로 될 수 없게 된다. 18세기에 이르기까지 중세와 근세의 주화 역사는 이와 같은 혼란의 역사로 이루어지고 있다. 주화를 금의 금속적 실재로부터 금과 닮은 것으로 전환시키는 [즉 주화를 그 공인된 금속실체의 상징symbol으로 전환시키는] 유통과정의 자연발생적 경향은 금속상실의 정도에 따라 금화를 통용불능이라고 폐기시키는 가장 근대적인 법률에 의해서도 확인되고 있는 바다.

만약 화폐의 유통 그 자체가 주화의 실질적 무게를 그 법정 무게로부터 분리시키고, 기능으로서 주화를 금속으로서 주화와 분리시킨다면, 화폐유통에는 벌써 금속화폐를 다른 재료로 만든 토큰token[즉 주화의 기능을 수행하는 상징]으로 대체할 수 있는 가능성이 잠재하고 있다. 금 또는 은의 매우 작은 무게를 주조하는 것이 기술적으로 곤란하다는 사정과, 최초에는 고급금속 대신 저급금속—금 대신 은, 은 대신 구리—이 가치 척도로 쓰였고, 고급금속에 의해 쫓겨날 때까지 저급금속이 화폐로 유통하고 있었다는 사정은, 은제나 동제의 토큰이 금화의 대리자로 기능하는 것을 역사적으로 설명해 준다. 은과 구리가 금을 대리하는 것은, 금화가 가장 빨리 유통하는, 따라서 가장 급속히 닳는 상품유통영역 [다시 말해 매매가 매우 소규모로 끊임없이 반복되는 영역]에서다. 이런 금의 대리

---

의 최대 상인 중 한 사람이었다]이 주조수수료를 지불해야 한다면, 그는 자기가 소유한 은을 상당한 이유 없이는 조폐소로 보내지 않을 것이다. 이렇게 되면 주조된 화폐는 주조되지 않은 은보다 항상 높은 가치를 가지게 될 것이다." (노스, 앞의 책: 18)

물이 금 자체의 지위를 영구히 차지하는 것을 방지하기 위해, 법률은 금
대신 이들 금속을 받아들일 수 있는 비율을 매우 낮게 규정하고 있다.
여러 가지 종류의 주화가 각각 유통하는 특수한 경로들은 물론 서로 뒤
엉켜 있다. 은제나 동제의 토큰은 가장 작은 금화의 몇 분의 1에 해당하
는 금액의 지불을 위해 금과 나란히 나타난다. 금은 끊임없이 소액유통
에 들어오지만, 은·동제의 토큰과 교체되어 끊임없이 거기에서 쫓겨난
다.[33]

　은제나 동제의 토큰의 금속무게는 법률에 의해 임의로 규정된다. 그것
들은 유통에서 금화보다 더 빨리 닳는다. 그러므로 그것들의 주화기능은
사실상 그것들의 무게[즉 가치]와는 관계없다. 금이 주화로서 기능하는
것은 금의 금속적 가치와는 전혀 상관이 없다. 그러므로 상대적으로 가
치가 없는 물건, 예컨대 지폐가 금을 대신해 유통수단currency으로 기능할
수 있게 된다. 주화의 순전히 상징적인 성격은 금속토큰에서는 어느 정
도 감추어져 있지만, 지폐에서는 뚜렷하게 나타난다. 사실 어려운 것은
첫걸음일 뿐이다.

　여기에서는 국가가 발행해 강제통용력을 준 불환지폐만을 문제로 삼
는데, 불환지폐는 금속화폐의 유통에 그 직접적 기원을 두고 있다. 이에

---

33) "만약 은화가 소액지불용에 필요한 양을 결코 초과하지 않는다면, 다액지불
　에 사용할 만큼 거대한 은화를 모을 수가 없다…다액 지불에서 금화를 사용
　하면 필연적으로 소매업에서도 금화를 사용하게 될 것이다. 금화를 가지고
　있는 사람은 소액의 구매에 금화를 지불하고 거스름돈으로 은화를 받게 된
　다. 소매상의 수중에 집중되어 그를 귀찮게 만들었을 과잉의 은화는 이와 같
　은 방법으로 그의 손을 떠나 일반적 유통으로 살포된다. 그러나 만약 은화가
　금화 없이도 소액거래를 감당할 만큼 많이 있다면, 소매상은 소액의 구매에
　대해 은화만을 받지 않을 수 없고, 그리하여 은화는 필연적으로 그의 수중에
　축적되지 않을 수 없다."(뷰캐넌, 『영국의 조세와 상업정책에 관한 연구』:
　248~249)

반해 신용화폐〔예: 어음·수표·태환은행권〕는 단순상품유통의 맥락에서
는 아직 우리에게 전혀 알려져 있지 않은 관계들을 전제로 한다. 덧붙여
말하면, 진정한 지폐가 화폐의 유통수단 기능에서 발생한다면, 신용화폐
는 화폐의 지불수단 기능에 그 자연발생적 근원을 가지고 있다.[34]

　£1, £5 등의 화폐명칭이 인쇄된 종이쪽지가 국가에 의해 외부로부터
유통과정에 투입된다. 그것이 실제로 동일한 양의 금을 대신해 유통하는
한, 그것의 운동은 화폐유통 그 자체의 법칙들을 반영할 따름이다. 지폐
유통의 독자적 법칙은 오직 지폐가 금을 대표하는 비율에서 생길 수 있
다. 이 법칙은 간단히 말해, 지폐의 발행은 실제로 유통될 금량(또는 은
량)을 지폐가 상징적으로 대표하는 범위로 제한되어야 한다는 것이다.
유통분야가 흡수할 수 있는 금량은 일정한 평균수준의 상하로 끊임없이
변동한다. 그러나 유통수단의 양은 어떤 나라에서도 경험적으로 확인되
는 일정한 최소량 이하로는 결코 내려가지 않는다. 이 최소량이 끊임없
이 자기의 구성부분들을 바꾼다는 사실, 다시 말해 그것을 구성하는 금
조각들이 끊임없이 새로운 금조각들에 의해 대체되고 있다는 사실은, 물

---

34) 중국(19세기 중엽의 청 나라)의 재정관 왕마오인王茂蔭은 중국의 국가지폐를
　은밀히 태환은행권으로 전환시키려는 계획안을 황제에게 제출하려고 생각했
　다. 1854년 4월의 지폐위원회 보고에 따르면, 그는 큰 야단을 맞았다. 그가
　대나무 몽둥이로 매를 맞았는지는 알려져 있지 않다. 보고의 결론에는 다음
　과 같이 쓰여 있다. "이 위원회는 그의 계획안을 면밀히 검토한 결과 그 내용
　은 모두가 상인의 이익을 목적으로 했고 황제에게 이익이 되는 것은 하나도
　없다는 것을 발견했다."(『북경 주재 러시아제국 공사관의 중국에 관한 연구』:
　54) 금화가 그 유통으로 말미암아 닳는 현상에 관해 어느 잉글랜드 은행 총재
　는 은행법에 관한 상원위원회에서 다음과 같이 증언했다. "매년 일부의 새로
　운 소브린sovereign"('군주'라는 의미가 아니고 £1 금화의 명칭이다)"은 지나
　치게 가벼워진다. 어느 해에는 완전한 무게를 가지고 유통하던 것들이 그 다
　음 해에는 저울대가 반대쪽으로 기울어질 정도로 닳아버린다."(상원위원회,
　1848년, 제429호)

론 이 최소량의 크기에도, 그리고 그것의 끊임없는 유통에도 아무런 영
향을 주지 않는다. 그러므로 이 최소량은 금의 종이상징paper symbol에 의
해 쉽게 대체될 수 있다. 그러나 만약 오늘 모든 유통물길이, 그들이 화
폐를 흡수할 수 있는 능력의 최대한도까지, 지폐로 가득 차 버린다면, 이
물길들은 상품유통의 변동에 따라 내일 범람할지도 모른다. 그렇게 되면
가격의 도량표준에 문제가 생길 것이다. 지폐가 자기의 한도[즉 실제로
유통했을 같은 명칭의 금화의 양]를 초과한다면, 지폐의 신용이 일반적
으로 손상될 위험이 있을 뿐 아니라, 지폐는 상품유통의 내재적 법칙에
의해 규정되는 금량만을 대표하게 될 것이다. 만약 지폐의 유통액이 자
기의 한도보다 두 배로 늘어난다면, 사실상 £1지폐는 예컨대 금 $\frac{1}{4}$ 온
스가 아니라 금 $\frac{1}{8}$ 온스의 화폐 명칭으로 될 것이다. 그 결과는 가격의
도량표준으로서 금의 기능에 변동이 일어난 것과 마찬가지다. 그러므로
이전에는 £1의 가격으로 표현되었던 가치가 이제는 £2의 가격으로 표
현된다.

　지폐는 금 또는 화폐의 상징이다. 상품가치에 대한 지폐의 관계는, 상
품가치는 일정한 금량으로 관념적으로 표현되며 그 금량을 종이쪽지가
상징적으로 대표한다는 점에 있다. [다른 모든 상품처럼] 가치를 가진 금
을 지폐가 대표하는 한, 지폐는 가치의 상징이다.[35]

---

35) 화폐에 관한 가장 훌륭한 저술가들까지도 화폐의 여러 가지 기능을 얼마나
　　불명확하게 이해하고 있는가는, 예컨대 풀라턴의 다음과 같은 문장이 보여준
　　다. "우리의 국내유통에 관한 한, 금화·은화에 의해 보통 수행되는 화폐의
　　모든 기능이, 법률로 제정된 인위적인 또는 관습적인 가치 이외에는 아무런
　　가치도 없는 불환지폐의 유통에 의해서도 동일하게 효과적으로 수행될 수 있
　　다는 것은 어느 누구도 부정할 수 없는 사실이다. 만약 지폐의 발행액이 적당
　　한 한계를 넘지만 않는다면, 지폐는 내재적 가치를 가진 주화가 충족시키고
　　있는 모든 목적을 완전히 충족시킬 수 있을 것이며, 또 도량표준의 기능까지
　　도 수행할 수 있을 것이다."(풀라턴, 『통화조절론』: 21) 즉 화폐상품은 유통

마지막으로 문제가 되는 것은, 어째서 금은 아무런 가치도 없는 자기 자신의 상징 [금속토큰이나 지폐]에 의해 대체될 수 있는가 하는 점이다. 그러나 우리가 이미 본 바와 같이, 금이 이와 같이 대체될 수 있는 것은, 금이 오직 주화로서 또는 유통수단으로서만 기능하는 한에서다. 그러나 화폐는 유통수단의 기능 이외에 다른 기능들을 가지고 있고, 화폐가 단순한 유통수단의 기능만 하는 것은 닳은 금화가 여전히 유통하는 경우에 볼 수 있지만, 모든 금화가 반드시 그런 것은 아니다. 각 조각의 금화는, 실제로 유통하고 있는 동안만, 단순한 주화이고 유통수단이다. 그런데 지폐에 의해 대리될 수 있는 최소량의 금은 항상 유통분야에 머물러 계속 유통수단으로 기능하며, 따라서 오직 그 기능을 위해서만 존재한다. 그러므로 금화의 운동은 상품 탈바꿈 C-M-C의 반대 국면들의 계속적인 반복을 표시하고 있을 뿐이고, 이 국면들에서 상품들은 즉각 다시 사라질 뿐인 자신의 가치형태들 [화폐]과 마주한다. 한 상품의 교환가치의 독립적 표현은 여기에서 다만 순간적으로 존재한다. 그 상품이 곧바로 다른 상품에 의해 대체되기 때문이다. 그러므로 화폐를 끊임없이 한 사람의 손에서 다른 사람의 손으로 이전시키는 과정에서는 화폐의 단순한 상징적 존재만으로도 충분하다. 이를테면 화폐의 기능적 존재가 화폐의 물질적 존재를 흡수하는 것이다. 화폐가 상품가격의 순간적인 [객체화된] 반영일 경우, 화폐는 다만 그 자신의 상징으로서 기능할 뿐이고, 따라서 다른 상징에 의해 대체될 수 있다.[36] 그러나 화폐의 상징은 자기

---

에서 단순한 가치 상징에 의해 대체될 수 있기 때문에, 화폐상품은 가치의 척도로서도 가격의 도량표준으로서도 필요 없다는 것이다!

36) 금과 은이 주화로서 또는 오직 유통수단으로서 기능하는 한, 금과 은은 자기 자신의 상징에 의해 대체될 수 있다는 사실로부터, 바본은 '화폐의 가치를 올리는' 정부의 권리—즉 실링shilling이라고 부르는 은량에 크라운crown이라는 더 큰 은량의 명칭을 붙이고, 채권자들에게 크라운 대신 실링을 갚는 정부의 권리—를 도출하고 있다. "화폐는 많은 사람들의 손을 거침으로써 닳아 가볍

자신의 객관적인 사회적 정당성을 가져야 하는데, 지폐는 이 정당성을 강제통용력에서 얻고 있다. 이런 국가적 강제는 한 공동체의 국내 유통 분야에서만 유효하다. 또한 이 유통분야에서만 화폐는 오로지 유통수단의 기능에 전념하며, 따라서 지폐의 형태로 순수히 기능적인 존재양식 [이 경우 화폐는 금속실체와 외부적으로 분리된다]을 얻을 수 있다.

## 제3절 화 폐

　가치척도로 기능하고, 또한 자신이 직접 또는 대리물을 통해 유통수단으로 기능하는 상품이 화폐다. 그러므로 금(또는 은)은 화폐다. 그러나 한편으로 금이 가치척도의 기능에서와 같이 순전히 관념적인 것도 아니고 또 유통수단의 기능에서와 같이 대리가능한 것도 아닌 것으로 나타나야만 하는 경우, 다시 말해 금이 금덩이 그대로, 이리하여 화폐상품으로서 나타나야만 하는 경우에도, 금은 화폐로 기능한다. 다른 한편으로 금의 기능이 금 자신에 의해 직접 수행되든 대리물을 통해 수행되든, 이 기능으로 말미암아 사용가치로서의 다른 모든 상품과 달리 금을 유일한 가치모습 또는 교환가치의 유일한 적절한 존재형태로 고정시키는 경우에도 금이 화폐로 기능한다.

---

　게 된다…거래할 때 사람들이 고려하는 것은 은의 양이 아니라 화폐의 명칭과 통용력이다…금속을 화폐로 만드는 것은 금속에 부여한 공적 권위 때문이다.”(바본, 『더 가벼운 신화폐의 주조에 관한 이야기』: 29, 30, 25)

(a) 퇴장화폐

두 개의 대립적인 상품 탈바꿈의 연속적 순환운동[즉 판매와 구매의 끊임없는 교체]은 화폐의 쉴 새 없는 회전[즉 유통의 영구적 자동기관 기능]에 반영되고 있다. 그러나 탈바꿈의 계열이 중단되어 판매가 그것에 뒤따르는 구매에 의해 보충되지 못하면 화폐는 유통이 정지된다. 부아기유베르가 말한 바와 같이, 화폐는 '움직이는 것'으로부터 '움직이지 않는 것'으로, 즉 유통수단으로부터 화폐로 전환한다.

상품유통의 최초의 발전과 함께 제1탈바꿈의 산물[즉 상품이 전환된 모습, 다시 말해 금]37)을 확보하려는 필요성과 열망이 발생한다. 그리하여 상품은 상품을 구매하기 위해서가 아니라 상품형태를 화폐형태로 바꾸기 위해 판매된다. 이런 형태변환은 물질대사를 매개하는 수단이 아니라 그 자체가 목적으로 된다. 이제 상품이 바뀐 형태인 화폐는 절대적으로 양도 가능한 모습 또는 오직 일시적인 화폐형태로 기능하지 못하게 된다. 화폐는 퇴장화폐로 화석화되며, 상품판매자는 화폐퇴장자가 된다.

상품유통이 시작된 바로 그 초기에는 사용가치의 잉여분만이 화폐로 전환된다. 그리하여 금과 은은 그 자체로서 여유분[또는 부]의 사회적 표현으로 된다. 이와 같은 소박한 형태의 화폐퇴장은, 전통적인 자급자족적 생산방식에 대응해 욕구의 범위가 고정되고 한정되어 있는 민족들 사이에는 영구화되고 있다. 예컨대 아시아사람 특히 인도사람의 경우가 그러하다. 상품가격은 그 나라에 존재하는 금과 은의 양에 의해 결정된다고 공상하는 반더린트는 어째서 인도의 상품이 그처럼 싼가라고 자문한

---

37) "화폐형태의 부는 … 화폐로 전환된 생산물의 부에 불과하다."(라 리비에르, 『정치사회의 자연적·본질적 질서』: 573) "생산물이라는 형태의 가치가 오직 자기의 형태를 변화시킨 것이다."(같은 책: 486)

뒤, 인도사람은 화폐를 땅 속에 파묻기 때문이라고 대답한다. 그에 따르면 1602~1734년에 인도사람은 £1억 5천만의 은을 땅 속에 파묻었는데,38) 이것은 원래 아메리카에서 유럽으로 이송되어 왔던 것이었다. 1856~1866년의 10년간에 영국은 인도와 중국에 £1억 2천만의 은을 수출했는데[중국에 수출된 은은 그 대부분이 다시 인도로 흘러 들어갔다], 이 은은 그 전에 호주의 금을 주고 얻었던 것이다.

상품생산이 더욱 발전함에 따라 상품생산자는 누구나 사회가 제공하는 담보[즉 화폐]를 확보해 두지 않으면 안 된다.39) 그의 욕구는 끊임없이 새로워지고 다른 사람의 상품을 끊임없이 구매해야 하지만, 자기 자신의 상품 생산과 판매에는 시간이 걸리고 또 그것은 우연에 의해 좌우된다. 판매하지 않고 구매할 수 있기 위해서는 그는 이전에 구매하지 않고 판매했어야 한다. 이런 행위가 일반적 규모로 행해지는 것은 자기모순인 것처럼 보인다. 그러나 귀금속은 그 생산지에서는 다른 상품들과 직접 교환된다. 거기에서는 (금 또는 은의 소유자에 의한) 구매 없이 (상품소유자에 의한) 판매가 진행된다.40) 그리고 구매가 뒤따르지 않는 판매는 귀금속을 상품소유자들 사이로 분배할 뿐이다. 그리하여 교환의 모든 지점에서 각종 규모의 금과 은의 퇴장이 나타난다. 교환가치를 상품의 형태로 보유하거나 상품을 교환가치로 보유할 수 있는 가능성과 함께 금에 대한 갈망이 일어난다. 상품유통의 확대에 따라 언제라도 이용할 수 있는, 절대적으로 사회적 형태의 부인 화폐의 권력이 증대한다.

---

38) "이와 같은 행위에 의해 그들은 모든 재화들과 제품들의 가격을 그처럼 낮게 유지하고 있다."(반더린트, 『화폐만능론』: 95~96)

39) "화폐는…하나의 담보물이다."(벨러즈, 『빈민 · 제조업 · 상업 · 식민 · 비행非行에 관한 평론』: 13)

40) 엄격한 의미의 구매는 상품의 전환된 모습[즉 판매의 결과]인 금이나 은을 전제한다.

"금은 놀라운 물건이다! 그것을 가진 사람은 자기가 원하는 모든 물건을 지배할 수 있다. 금은 영혼을 천국으로 가게 할 수도 있다."(콜럼버스, 『자메이카로부터의 편지』)

화폐는 무엇이 화폐로 전환되었는지를 드러내지 않으므로, 상품이든 상품이 아니든 모든 것이 화폐로 전환될 수 있다. 모든 것이 매매의 대상으로 될 수 있다. 유통은, 모든 것이 그곳에 뛰어들었다가 금덩이로 되어 다시 나오는 하나의 거대한 사회적 도가니가 된다. 이 연금술에는 성자조차 견뎌낼 수 없거늘 하물며 그보다 연약한 [인간들의 상거래에서 제외되고 있는] 성스러운 대상들 [ 여기에서는 페니키아 처녀들을 가리킨다 ] 이야 말할 것도 없다.41) 화폐에서는 상품의 온갖 질적 차이가 없어지고 있듯이 화폐 자체도 철저한 평등주의자로 모든 차이를 제거해 버린다.42)

---

41) 가장 기독교적인 프랑스 왕 앙리 3세는 수도원 등에서 성스러운 유물을 약탈해 그것을 돈으로 바꾸었다. 페니키아사람에 의한 델피 신전의 재산약탈이 그리스 역사에서 어떤 역할을 했는가는 잘 알려져 있다. 고대인들에게는 신전은 상품신의 거주지로 되어 있었다. 신전은 '신성한 은행'이었다. 탁월한 상업민족이었던 페니키아사람은 화폐를 모든 물건의 변형된 모습으로 여겼다. 그러므로 사랑의 여신의 축제일에 외국인에게 몸을 바친 처녀들이 보수로 받은 돈을 이 여신에게 헌납하게 한 것은 당연한 일이었다.

42) "금! 황색의 휘황찬란한, 귀중한 황금이여!
이것만 있으면 검은 것도 희게, 추한 것도 아름답게,
악한 것도 착하게, 천한 것도 귀하게, 늙은 것도 젊게,
겁쟁이도 용감하게 만들 수 있구나.
…신들이여! 이것은 웬일인가?
이 물건은 당신들의 제사장과 하인 모두를 당신 편에서 끌어내며,
아직은 살 수 있는 병자의 머리 밑에서 베개를 빼가기도 하니…
이 황색의 노예,
이놈은 신앙을 만들었다 부수며, 저주받은 자에게 축복을 주며,
문둥병자 앞에서 절하게 하며,

그러나 화폐는 자기 자신이 상품이며, 누구의 사유물로도 될 수 있는 외부의 물건이다. 그리하여 사회적 힘이 개인의 사적 힘으로 된다. 그러므로 고대사회는 화폐를 그 사회의 경제적 · 도덕적 질서의 파괴자라고 비난했다.[43] 태어나자마자, 플루톤[부와 저승의 신]의 머리털을 잡고 그를 땅 속에서 끌어올린[44] 근대사회는, 황금을 성배[예수가 최후의 만찬에서 쓴 술잔] 또는 자기의 가장 내면적 생활원리의 휘황찬란한 화신으로서 환영하고 있다.

사용가치로서 상품은 어떤 특정 욕구를 충족시키며 물질적 부의 특정 요소를 형성한다. 그러나 상품의 가치는 그 상품이 물질적 부의 모든 요소를 어느 정도 지배하는가를 나타내며, 따라서 그 상품소유자의 사회적 부의 크기를 나타낸다. 미개사회의 단순한 상품소유자에게는, 또 심지어 서유럽의 농민에게도, 가치는 가치형태와 동일한 것이며, 따라서 금과 은의 퇴장의 증가는 가치의 증가로 된다. 물론 화폐의 가치는 그 자체의 가치변동이나 상품가치의 변동에 따라 변동한다. 그러나 이것은 한편으로 200온스의 금이 100온스의 금보다 더 큰 가치를 가지는 것을 방해하지 않으며, 다른 한편으로 금의 금속적 현물형태가 모든 상품의 일반적 등가형태[즉 모든 인간노동의 직접적으로 사회적인 화신]로 되는 것을

---

도둑에게도 원로원 의원과 같은 지위나 작위나 명예를 준다.

늙어빠진 과부를 시집가게 하는 자도 이것.

…에이, 이 망할 놈의 물건,

인류 공동의 창녀야."(셰익스피어, 『아테네의 티몬』, 제4막, 제3장)

43) "세상에 돈 같이 간악한 것은 다시 없다.

돈 때문에 도시는 멸망하며 사람도 집에서 쫓겨난다.

돈은 순결한 심정을 타락시키며

염치없는 행위와 간악한 생각과 배신을

사람에게 가르친다."(소포클레스, 『안티고네』)

44) "탐욕은 플루톤 그 자신을 땅 속에서 끄집어내리려고 한다."(아테나이오스, 『학자의 향연』: 397)

방해하지 않는다. 화폐를 퇴장하려는 충동은 그 성질상 끝이 없다. 화폐는 어떤 상품으로도 직접 전환될 수 있기 때문에 물질적 부의 일반적 대표라는 점에서 질적으로나 형태상으로 아무런 제약도 받지 않는다. 그러나 동시에 현실의 화폐액은 모두 양적으로 제한되어 있고, 따라서 구매수단으로서 제한된 효력만을 가진다. 화폐의 이런 양적 제한성과 질적 무제한성 사이의 모순은 화폐퇴장자를 축적의 시시포스 같은 노동으로 끊임없이 몰아넣는다. 그는 정복을 통해 국토를 아무리 넓히더라도 여전히 새로운 국경과 마주치게 될 뿐인 세계정복자와 비슷하다.

금을 화폐로 보유하기 위해서는 [즉 퇴장화폐를 형성하기 위해서는] 금이 유통되는 것[또는 향락의 구매수단으로 되는 것]을 막지 않으면 안 된다. 그러므로 화폐퇴장자는 황금물신에게 자기의 육체적 욕망을 희생으로 바친다. 그는 금욕의 복음을 진심으로 믿는다. 그러나 다른 한편 그는 상품의 형태로 유통에 던져 넣은 것보다 더욱 큰 것을 화폐의 형태로 유통에서 끌어낼 수는 없다. 그는 더 많이 생산하면 할수록 그만큼 더 많이 판매할 수 있다. 그러므로 근면과 절약과 탐욕이 그의 주된 덕목으로 되며, 많이 판매하고 적게 구매하는 것이 그의 정치경제학 전체를 이룬다.45)

퇴장화폐라는 직접적 형태와 아울러 금과 은으로 만들어진 상품의 소유라는 퇴장의 미적美的 형태가 발전한다. 그것은 시민사회의 부 증가와 더불어 증가한다. "부자가 되자. 그렇지 못하면 부자처럼 보이도록 하자."(디드로) 그리하여 한편으로 금과 은의 화폐적 기능과는 관계없는 금과 은의 시장이 끊임없이 확대되고, 다른 한편으로 화폐의 잠재적 공급원[특히 사회적 격변기에는 거기에서 화폐가 나온다]이 형성된다.

퇴장화폐는 금속유통의 경제에서 여러 가지 기능을 수행한다. 첫째의

45) "각 상품의 판매자 수는 될 수 있는 한 증가시키고, 구매자 수는 될 수 있는 한 감소시키는 것, 이것이 정치경제학의 모든 정책의 회전축이다."(베리, 『정치경제학에 관한 고찰』: 52~53)

기능은 금·은 주화의 유통조건으로부터 생긴다. 이미 보았듯이, 상품유통의 규모·속도와 상품가격의 끊임없는 변동 때문에 화폐의 유통량도 쉬지 않고 증감한다. 그러므로 화폐유통량은 수축할 수도 팽창할 수도 있어야 한다. 어떤 때에는 화폐[금]가 유통수단으로서 끌려 들어가야 하며, 어떤 때에는 유통수단으로서 밀려나와야 한다. 현실적으로 유통하는 화폐량이 항상 유통분야의 흡수력을 충족시키기 위해서는, 일국 안에 존재하는 금은의 양은 유통수단의 기능을 수행해야 하는 금은의 양보다 많아야 한다. 이런 조건은 화폐가 퇴장화폐로 전환됨으로써 충족된다. 퇴장화폐의 저수지는 화폐가 유통으로 흘러 들어가고 유통에서 흘러나오는 물길로 되며, 이리하여 유통하고 있는 화폐는 결코 그 유통물길에서 범람하지 않는다.46)

---

46) "한 나라의 산업을 꾸려나가기 위해서는 일정한 금액의 화폐가 필요하나, 그 금액은 그때그때의 사정에 따라 많아지기도 하고 적어지기도 한다…이와 같은 화폐의 증감은 정치가들의 아무런 도움을 받지 않고도 스스로 조절된다…두레박은 교대교대로 움직인다. 즉 화폐가 부족하게 되면 금은덩이가 주조되고, 금은덩이가 부족하게 되면 화폐를 녹인다."(노스, 『상업론』. 후기: 3) 오랫동안 동인도회사의 직원이었던 J. S. 밀은 인도에서는 아직까지도 은제 장식품이 직접 퇴장화폐로 기능하고 있다는 것을 확인해 주고 있다. "은제 장식품은 이자율이 높아지면 끌려 나와 주조되고, 이자율이 떨어지면 이전의 모습으로 되돌아간다."(J. S. 밀의 증언, 『은행법, 1857』, 제2084, 2101호) 인도의 금은 수출입에 관한 1864년의 의회문서에 따르면, 1863년에는 금은의 수입이 수출을 £19,367,764나 초과했다. 1864년까지의 8년간에는 귀금속의 수출에 대한 수입의 초과는 £109,652,919에 달했다. 19세기 중 인도에서는 £200,000,000 이상이 주화로 주조되었다.

### (b) 지불수단

지금까지 고찰한 상품유통의 직접적 형태에서는 주어진 가치량이 항상 두 개의 모습으로―한쪽 끝에는 상품으로, 반대쪽 끝에는 화폐로―존재했다. 그러므로 상품소유자들은 현존하는 등가물 [상품과 화폐]의 대표자로 접촉한 데 불과했다. 그러나 상품유통의 발전과 더불어, 상품의 양도를 상품가격의 실현과 시간적으로 분리시키는 사정들이 발전한다. 여기에서는 이 사정들 중 가장 단순한 것을 지적하는 것으로 충분할 것이다. 어떤 상품종류는 그것의 생산에 비교적 긴 시간을 필요로 하며 다른 상품종류는 비교적 짧은 시간을 필요로 한다. 상품이 다르면 그것이 생산되는 계절도 달라진다. 어떤 상품은 그 자체의 시장소재지에서 생산되지만, 다른 상품은 원격지 시장으로 여행하지 않으면 안 된다. 이리하여 어떤 상품소유자는 다른 상품소유자가 구매자로 등장하기 전에 판매자로 등장할 수 있다. 동일한 거래가 동일한 사람들 사이에서 끊임없이 반복되는 경우에는, 상품의 판매조건은 그것의 생산조건에 의해 조정된다. 다른 한편으로 어떤 종류의 상품(예: 가옥)의 이용은 일정한 기간 판매(이른바 임대)되고 있는데, 이 기간이 끝난 뒤에야 비로소 구매자는 그 상품의 사용가치를 실제로 받게 된다. 따라서 구매자는 그 상품의 대가를 지불하기 전에 그 상품을 산다. 판매자는 현존의 상품을 판매하는데, 구매자는 화폐의 단순한 대표자로, 또는 장래 화폐의 대표자로 구매한다. 판매자는 채권자가 되며 구매자는 채무자가 된다. 이 경우 상품의 탈바꿈 또는 상품의 가치형태 전개가 달라지기 때문에 화폐도 다른 하나의 기능을 얻는다. 화폐는 지불수단으로 된다.47)

---

47) {엥겔스: 루터는 구매수단으로서 화폐와 지불수단으로서 화폐를 구별하고 있다. "너[채무자]는 나에게, 한편으로는 지불할 수 없고, 다른 한편으로는 구

채권자 또는 채무자의 기능은 여기에서는 단순상품유통에서 생긴다. 유통형태의 변화가 판매자와 구매자를 새롭게 규정하고 있다. 따라서 채권자와 채무자의 기능은 처음에는 판매자와 구매자의 기능과 마찬가지로 일시적이며 동일한 유통당사자에 의해 번갈아 가면서 수행된다. 그렇지만 이 대립은 처음부터 별로 기분 좋은 것이 못 되며, 더 쉽게 고정될 수 있다.[48] 그러나 동일한 등장인물은 상품유통과 관계없이 나타날 수도 있다. 예를 들면 고대세계의 계급투쟁은 주로 채권자와 채무자 사이의 투쟁 형식으로 행해졌는데, 로마에서는 채무자 평민들의 몰락으로 끝났고, 이 채무자들은 노예로 되었다. 중세에는 이 투쟁은 채무자 영주들의 몰락으로 끝났고, 이 채무자들은 자기들의 정치권력을 그 경제적 기반과 함께 상실했다. 그렇지만 이 두 시기에 채권자와 채무자 사이의 화폐관계는 경제적 생활조건의 뿌리 깊은 적대관계를 반영했을 뿐이다.

상품유통 분야로 되돌아가자. 여기에서는 상품과 화폐라는 두 개의 등가물이 판매과정의 두 끝에 동시에 나타나는 일은 없어졌다. 이제 화폐는, 첫째로 판매되는 상품의 가격결정에서 가치척도로 기능한다. 계약에 의해 확정된 그 상품의 가격은 구매자의 채무[즉 정해진 기한 안에 그가 지불해야 할 화폐액]의 크기를 측정한다. 둘째로 화폐는 관념적인 구매수단으로 기능한다. 화폐는 오직 구매자의 지불약속으로 존재하지만, 상품의 소유자를 바꾸게 한다. 지불기일이 되었을 때 비로소 지불수단은 현실적으로 유통에 들어간다. 즉 구매자 손에서 판매자 손으로 옮아간

---

매할 수도 없다는, 이중의 손해를 주고 있다."(마틴 루터, 『목사 여러분께. 고리대에 반대해 설교할 것』, 비텐베르크 1540년)}

48) 다음의 문장은 18세기 초 영국 상인들 사이에서 채권자와 채무자의 관계를 보여 준다. "여기 영국에서는, 다른 어떤 인간사회에서나 또 세계의 다른 어떤 나라에서도 일찍이 보지 못한 잔인한 정신이 상인들 사이에 지배하고 있다."( [『신용과 파산법에 관한 평론』]: 2)

다. 유통수단이 퇴장화폐로 전환된 것은 유통과정이 제1단계 이후에 곧 중단되었기 때문이다. 다시 말해 상품의 전환된 모습[즉 화폐]이 유통에서 끌려나왔기 때문이다. 그런데 지불수단이 유통에 들어가는 것은 상품이 이미 유통에서 빠져나온 이후의 일이다. 화폐는 이제 과정을 매개하는 것이 아니라, 교환가치의 절대적 존재형태[즉 일반적 상품]로서 독립적으로 개입해 유통과정을 종결짓는다. 판매자가 상품을 화폐로 전환시킨 것은 화폐로 어떤 욕구를 만족시키기 위해서였고, 화폐퇴장자가 상품을 화폐로 전환시킨 것은 상품을 화폐형태로 보존하기 위해서였으며, 채무를 진 구매자가 상품을 화폐로 전환시킨 것은 지불할 수 있기 위해서였다. 만약 그가 지불하지 않는다면 그의 소유물은 강제로 매각된다. 이리하여 상품의 가치형태, 즉 화폐가 이제 [유통과정 그 자체에서 생기는 사회적 필연성으로 말미암아] 판매의 자기목적으로 된다.

구매자는 상품을 화폐로 전환시키기 전에 화폐를 상품으로 전환시킨다. 다시 말해 그는 상품의 제1 탈바꿈[C-M]에 앞서서 제2 탈바꿈[M-C]을 행한다. 판매자의 상품은 유통하지만, 그 상품의 가격은 오직 민법상의 화폐청구권으로 실현된다. 그 상품은 화폐로 전환되기 전에 사용가치로 전환된다. 그 상품의 제1 탈바꿈은 나중에 가서야 비로소 완성된다.49)

---

49) 내가 본문에서 이것과 반대되는 형태를 고려하지 않은 이유는, 1859년에 간행한 내 저서의 다음과 같은 인용문을 보면 알 수 있다. "반대로 M-C라는 거래에서는, 화폐의 사용가치가 실현되기 전에 [즉 상품을 양도받기 전에] 화폐가 현실적 구매수단으로 양도되어 상품가격을 실현할 수 있다. 이것은 예컨대 선불先拂advance-payment이라는 일상적 형태로 수행되고 있다. 영국 정부가 인도 농민으로부터 아편을 구매하는 경우도 이와 같은 형태다…그러나 이 경우 화폐는 우리가 이미 알고 있는 구매수단이라는 형태로 기능하는 데 지나지 않는다…물론 자본은 화폐의 형태로 투하되지만…이것은 단순한 유통에서 다룰 문제가 아니다."(마르크스, 『정치경제학 비판을 위하여』[CW

유통과정의 일정한 기간 안에 만기가 되는 채무들은 상품들(이 상품들의 판매 때문에 채무가 생겼다)의 가격총액을 대표한다. 이 가격총액의 실현에 필요한 화폐량은 먼저 지불수단의 유통속도에 달려 있다. 이 유통속도는 다음과 같은 두 가지 사정에 의해 규정된다. 첫째는 A가 자기의 채무자 B로부터 화폐를 받아 그것을 다시 자기의 채권자 C에게 지불하는 등, 채권자와 채무자 사이의 관계의 연쇄이고, 둘째는 지불만기일과 지불만기일 사이의 시간상의 간격이다. 채무의 연쇄[즉 지체된 제1 탈바꿈의 연쇄]는 이전에 고찰한 탈바꿈 계열들의 뒤엉킨 관계와는 본질적으로 다르다. 유통수단의 유통은 단순히 판매자와 구매자 사이의 관련을 표현할 뿐 아니라, 이 관련 자체가 화폐유통 안에서 일어나며 또 화폐유통과 더불어 비로소 성립하는 것이다. 이에 반해 지불수단의 운동은 이미 그 이전에 형성된 사회적 관련을 나타내는 것이다.

수많은 판매가 동시에 나란히 일어난다는 사실은, 유통화폐량이 유통속도에 의해 보충될 가능성을 제한한다. 다른 한편으로 이런 사실은 지불수단의 절약을 위한 새로운 자극을 준다. 여러 지불이 한 장소에 집중됨에 따라 지불의 결제를 위한 독특한 시설과 방법이 자연발생적으로 발달한다. 예컨대 중세 리용의 어음교환소와 같은 것이 그것이다. B에 대한 A의 채권과 C에 대한 B의 채권, A에 대한 C의 채권 등등은 서로 마주하기만 하면 일정한 금액까지는 정(+)의 양과 부(−)의 양으로 상쇄할 수 있다. 그리하여 나머지 채무차액만을 청산하면 된다. 지불들이 많이 집중되면 될수록 차액은 그만큼 상대적으로 적어지며, 이에 따라 유통되는 지불수단의 양도 적어진다.

지불수단으로서 화폐 기능에는 하나의 내재적인 모순이 있다. 여러 지불이 상쇄되는 한, 지불수단으로서 화폐는 계산화폐 또는 가치척도로서 오직 관념적으로 기능할 뿐이다. 그러나 현실적인 지불이 이루어지지 않으면 안 되는 한, 화폐는 유통수단[즉 상품교환의 오직 순간적인 매개물]으로 나타나는 것이 아니라, 사회적 노동의 개별적 화신, 교환가치의 독립적 존재형태, 일반적 상품으로 등장하게 된다. 이 모순은 산업·상업의 공황 중 화폐공황50)으로 알려진 국면에서 폭발한다. 이 화폐공황은 지불들의 연쇄와 지불결제의 인위적 조직이 충분히 발전한 경우에만 일어난다. 이 작용원리에 전반적 교란이 일어날 때, 그 교란의 원인이 무엇이든, 화폐는 계산화폐라는 순전히 관념적인 모습으로부터 갑자기 그리고 직접적으로 경화*로 변해버린다. 더 이상 보통의 상품은 화폐를 대신할 수 없게 된다. 상품의 사용가치는 쓸모없는 것으로 되며, 상품의 가치는 그 자신의 가치형태[화폐] 앞에서 사라지고 만다. [예 : 상품가격의 폭락] 조금 전까지만 해도 부르주아는 호경기에 도취되어 자신만만하게 '상품이야말로 화폐'라고 하면서, 화폐를 순전히 관념적 산물이라고 선언했다. 그런데 이제는 모든 시장에서 화폐만이 상품이라고 외치는 소리가 들려온다. 사슴이 신선한 물을 갈망하듯 부르주아의 영혼은 유일한 부인 화폐를 갈망한다.51) 공황에서는 상품과 그 가치형태인 화폐 사이의 대립

---

50) 본문에서 모든 일반적 산업·상업 공황의 특수한 국면으로 규정되고 있는 화폐공황은, 마찬가지로 화폐공황이라고 부르긴 하지만, 산업·상업 공황과는 독립적으로 나타나 그 여파로 산업과 상업에 영향을 미치는 특수한 종류의 공황과는 엄밀히 구별되어야 한다. 후자의 화폐공황에서는 화폐자본이 그 운동의 중심이며, 따라서 은행·증권거래소·금융계가 그 직접적 영향을 받는다.

\* 마르크스는 "공황에서는 모든 어음·유가증권·상품이 한꺼번에 동시에 은행화폐로 전환될 수 있어야 하며, 그리고 모든 은행화폐는 또한 금으로 전환될 수 있어야 한다는 요구가 나타난다."(『자본론』 III(하): 737)고 지적하고 있으므로, 위의 '경화'는 지불수단으로 기능할 수 있는 은행화폐와 금을 가리킨다고 볼 수 있다.

51) "신용제도로부터 화폐제도로 이와 같이 갑작스럽게 전환하는 것은 실제의 공황을 이론적으로 설명하기 어려운 혼란을 초래한다. 그리고 유통과정의 당사

은 절대적 모순으로까지 격화된다. 그러므로 여기에서는 화폐의 현상형
태가 어떠하든 상관이 없는데, 지불을 금으로 하든 은행권과 같은 신용
화폐로 하든 화폐기근은 여전히 완화되지 않는다.[52]

이제 일정한 기간에 유통하는 화폐의 총액을 보면, 유통수단과 지불수
단의 회전속도가 일정한 경우, 그 총액은 실현되어야 할 상품가격의 총
액에 만기가 된 지불총액을 더한 다음, 상쇄되는 지불들을 빼고, 끝으로
동일한 화폐조각이 번갈아 유통수단과 지불수단으로 기능하는 횟수에 해
당하는 만큼의 금액을 뺀 것과 같다. 예컨대 농민이 자기 곡물을 2원에
판다면, 이 화폐는 유통수단으로 쓰이는 것이다. 그는 이 2원으로 이전
에 직조공이 공급한 아마포의 값을 그 지불기일에 지불하는데, 이렇게
되면 동일한 2원이 이번에는 지불수단으로 기능한다. 다음에 직조공이
성경책을 현금으로 구매하면, 2원은 다시 유통수단으로 기능한다. 따위.
그러므로 가격, 화폐유통의 속도, 지불수단의 절약이 일정하다고 하더라

---

자들은 자신들 사이의 관계를 둘러싼 헤아릴 수 없는 신비 앞에 몸을 떤다."(마
르크스, 『정치경제학 비판을 위하여』〔CW 29: 378-379〕). "빈민들에게 할
일이 없는 것은, 부자들이 식량·의복의 생산에 필요한 토지와 일꾼들은 종전
처럼 가지고 있지만 빈민들을 고용할 화폐를 가지지 못하기 때문이다…그런
데 한 나라의 참된 부는 바로 이 토지와 일꾼이지 화폐는 결코 아니다."(벨러
즈, 『산업전문학교의 설립에 관한 제안』: 3~4)

52) 이와 같은 순간이 '상업의 벗'〔은행가〕에 의해 어떻게 악용되는가를 다음은
보여준다. "옛날(1839년 런던 시티의) 구두쇠인 한 늙은 은행가는 자기 서재에
서 책상뚜껑을 열고 자기 친구에게 몇 뭉치의 은행권을 보여주면서 매우 즐거
운 듯이 말했다. '여기에 £60만가 있는데, 이것은 금융핍박을 생기게 하려고
감추어 두었던 것이다. 오늘 3시 이후에는 전부 시장에 방출할 예정이다.'라
고."(로이, 『거래소이론. 1844년의 은행특허법』: 81) 준 정부기관지인 『옵저
버』는 1864년 4월 24일 다음과 같이 보도했다. "은행권 부족을 일으키려고
취한 수단에 관해 매우 괴상한 소문들이 떠돌고 있다…그런 종류의 술책이
취해졌으리라고 생각하기는 매우 의심스럽지만, 앞에서 말한 소문이 상당히
널리 퍼지고 있는 만큼 그것에 대해 언급할 필요가 있다."

도, 어떤 기간[예컨대 1일간]에 유통하는 화폐량과 유통하는 상품량은 일치하지 않는다. 왜냐하면 이미 오래 전에 유통에서 이탈한 상품을 대표하는 화폐가 계속 유통하기 때문이다. 또한 상품들은 유통하지만 그 등가물인 화폐는 장래에 가서야 비로소 그 모습을 나타낸다. 더욱이 매일 계약이 맺어지는 채무와 [같은 그 날짜에 만기가 되는] 채무의 상환은 서로 균형을 이루지 않는다.[53]

신용화폐는 화폐의 지불수단 기능에서 직접 생긴다. 외상으로 구매한 상품에 대한 채무증서가 그 채무를 다른 사람에게 이전시키기 위해 유통함으로써 신용화폐가 생기는 것이다. 다른 한편으로 신용제도가 확대되면 지불수단으로서 화폐 기능도 확대된다. 지불수단으로서 화폐는 여러 가지 특유한 존재형태를 취하는데, 이 형태의 화폐[ 신용화폐 ]는 대규모 상거래 분야에서 사용되고, 금과 은의 주화는 주로 소매상의 분야로 밀려난다.[54]

상품생산이 일정한 수준과 범위에 도달하면, 지불수단으로서 화폐 기

---

53) "어느 하루에 이루어지는 구매액 또는 계약액은 바로 그날에 유통하는 화폐량에는 영향을 미치지 않고, 대부분의 경우 [다소 뒷날에 유통하게 될 화폐량에 영향을 미치는] 각종 형태의 어음으로 되어 있다…오늘 받은 어음이나 제공한 신용은, 그 거래 건수·금액·기한에서 내일 또는 모래에 받거나 제공하는 것과 비슷해야 할 필요는 조금도 없다. 오히려 오늘 받은 어음이나 제공한 신용 중 많은 것의 만기일이, 과거의 전혀 다른 날짜에 이루어진 한 무더기의 채무의 만기일[그 만기가 12개월·6개월·3개월, 또는 1개월짜리 어음들의 만기일]과 흔히 서로 일치함으로써, 특정한 어떤 날짜에 만기가 되는 채무액을 팽창시킨다."( [『통화이론 검토』]: 29~30)

54) 본래의 상거래에서 현금이 얼마나 적게 사용되는가를 보여주는 하나의 예로 런던의 가장 큰 머천트 뱅크merchant bank 중의 하나인 모리슨 딜론의 1년간 수입과 지출명세서를 여기에 제시한다. 1856년도 이 회사의 거래총액은 수백만 파운드 스털링에 달했으나, 여기에서는 그것을 1백만 파운드 스털링이 되도록 축소했다.

능은 상품유통의 영역을 뛰어넘게 된다. 화폐는 모든 계약의 일반적 재료로 된다.[55] 지대나 조세 등은 현물납부로부터 화폐지불로 변한다. 이 변화가 생산과정의 전체 성격에 의해 얼마나 제약되는가를 보여주는 것은, 예컨대 모든 공납을 화폐로 징수하려던 로마제국의 시도가 두 번이나 실패했다는 사실이다. [부아기유베르나 보방장군 등이 그처럼 설득력 있게 비난하고 있는] 루이 14세 치하 프랑스 농민들의 극심한 빈곤은 고율의 세금 때문일 뿐 아니라 현물조세가 화폐조세로 전환되었기 때문이다.[56] 다른 한편으로 아시아에서는 [국가 조세수입의 주요한 요소이기도 한] 지대의 현물형태는 [자연조건과 마찬가지로 변하지 않고 재생산되는] 생산관계에 근거하고 있으며, 또한 이런 지불형태가 반작용함으로써 낡은 생산관계를 유지하고 있다. 이것은 터키제국이 유지되는 비밀의 하나다. 만약 유럽에 의해 강제된 외국무역이 일본에서 현물지대를 화폐지

| 수　입　　　　(단위 : £) | 지　출　　　　(단위 : £) |
|---|---|
| 은행어음과 기한부 상업어음 533,596 | 기한부 어음 302,674 |
| 일람불 은행수표와 기타 357,715 | 런던의 여러 은행 앞 수표 663,672 |
| 지방은행권 9,627 | 잉글랜드 은행 은행권 22,743 |
| 잉글랜드 은행 은행권 68,554 | 금화 9,427 |
| 금화 28,089 | 은화와 동화 1,484 |
| 은화와 동화 1,486 | |
| 우편환 933 | |
| 합계 1,000,000 | 합계 1,000,000 |

（『은행법 특별위원회보고서』, 1858년 7월. 부록: 71)

55) "거래과정은 재화와 재화의 교환[즉 인도와 수취]에서 판매와 지불로 변했으므로, 모든 매매계약은…이제 화폐가격에 근거해 작성된다."(디포, 『공공신용에 관한 평론』: 8)

56) "화폐는 만물의 사형집행자로 되었다." 재정은 "이 재앙 덩어리[ 화폐 ]를 짜내기 위해 방대한 양의 재화와 상품을 증발시키는 증류기다." "화폐는 전 인류에게 전쟁을 선포한다."(부아기유베르, 『부·화폐·조세의 본질에 관한 논술』: 413, 417, 419)

대로 전환시킨다면, 일본의 모범적 농업은 종말을 고하게 될 것이다. 왜
냐하면 이 농업의 협소한 경제적 존립조건은 붕괴되고 말 것이기 때문이
다.

어느 나라에서나 관습적으로 1년 중 어떤 날들이 정기적인 지불결제일
로 설정된다. 이런 지불기일은, 재생산의 다른 순환운동들을 무시한다
면, 계절의 교대와 결부된 자연적 생산조건에 근거하고 있다. 그것은 또
상품유통과 직접 관련이 없는 지불, 예컨대 조세나 지대 등의 지불기일
도 규제한다. 사회 전체에 분산되어 있는 이들 지불에 필요한 화폐량이
1년 중 며칠에 집중적으로 요구된다는 사실은 지불수단의 절약에 주기적
인 [그러나 전적으로 표면적인] 교란을 일으킨다.[57]

지불수단의 유통속도에 관한 법칙으로부터 다음과 같은 결론이 나온
다. 즉 모든 주기적 지불에 요구되는 지불수단의 양은, 그 지불의 원인이
무엇이든, 지불주기의 길이에 정비례한다.[58]

---

57) 1826년의 하원조사위원회에서 크레이그는 다음과 같이 말했다. "1824년의
성령강림일 당일에 에든버러의 여러 은행들에 대한 은행권 수요가 너무나 커
서 11시경에는 은행 수중에 단 한 장의 은행권도 남아 있지 않았다. 은행권을
빌리려고 여러 은행에 사람을 보냈으나 전혀 구할 수 없었다. 결국 거래의
대부분을 종이쪽지로 처리하는 수밖에 없었다. 그러나 오후 3시경에는 벌써
모든 은행권은 그것을 발행한 은행에 되돌아왔다! 그것은 이 사람 저 사람의
손을 거쳤을 뿐이다." 스코틀랜드에서 은행권의 실제 평균유통액은 £3백만
미만이지만, 1년 중 어떤 지불결제일에는 모든 은행의 수중에 있는 약 £7백
만에 달하는 모든 은행권이 동원된다. 이 경우 은행권은 단 하나의 특수한
기능[지불수단의 기능]을 수행하며, 그 기능을 수행하자마자 발행한 은행에 도
로 흘러 들어간다.(J. 풀라턴, 『통화조절론』: 86의 주) 이해를 돕기 위해 덧
붙여 말하면, 풀라턴의 저작이 발간된 그 당시의 스코틀랜드에서는 예금을
찾을 때 수표를 내주지 않고 오직 은행권만 내주었다는 사실이다.

58) "만약 1년 동안 총 지불액으로 £4천만가 필요하다면, £6백만(금화)로 산업
에 필요한 회전과 유통을 감당할 수 있겠는가?" 하는 물음에 대해, 페티는
언제나 그랬던 것처럼 재치 있게 다음과 같이 대답하고 있다. "나는 그렇다고

지불수단으로서 화폐가 발전하면 채무의 지불기일에 대비하기 위한 화폐축적이 필요하게 된다. 부르주아 사회의 발전과 함께, 부를 모으는 독립적 형태로서 퇴장화폐는 없어지지만, 지불수단의 준비금이라는 형태로서 퇴장화폐는 증대한다.

### (c) 세계화폐

화폐는 국내 유통분야의 범위를 넘어서자마자 가격의 도량표준이나 주화·보조화폐·가치상징 등의 국민적 복장을 벗어버리고 원래의 귀금속 덩이 형태로 되돌아간다. 세계무역에서는 상품은 자기 가치를 세계적 차원에서 전개한다. 그러므로 상품의 독립적 가치형태도 세계화폐로서 상품에 대립한다. 세계시장에서 비로소 화폐는 [그 현물형태가 추상적 인간노동의 직접적으로 사회적 화신인] 상품의 성격을 완전히 발휘하게 된다. 화폐의 존재양식이 이 개념에 부합하게 된다.

국내 유통분야에서는 오직 어떤 한 상품이 가치척도로 기능함으로써 화폐가 된다. 그러나 세계시장에서는 두 개의 가치척도[즉 금과 은]가 지배한다.[59]

---

대답한다. 왜냐하면 지불총액이 £4천만이므로, 만약 [예컨대 매주 토요일마다 지불받고 지불하는 가난한 수공업자나 노동자들 사이에서 보는 것처럼] 회전이 1주일이라는 짧은 주기로 실현된다면, £1백만의 40/52으로도 £4천만의 지불을 감당할 수 있기 때문이다. [1백만 × 40/52 × 52주=4천만] 그러나 그 주기가 우리나라의 지대지불이나 조세징수의 관례와 같이 4분기로 되어 있다면, £1천만가 필요하게 될 것이다. 그러므로 일반적으로 지불이 1주일과 13주일 사이의 여러 가지 주기를 가진다고 가정하면, £1백만의 40/52에 £1천만를 더한 다음 그것을 2로 나누면 £$5\frac{1}{2}$백만가 되므로, £$5\frac{1}{2}$백만가 있으면 충분할 것이다."(W. 페티, 『아일랜드의 정치적 해부』: 13~14)

[59] 그러므로 한 나라의 은행들로 하여금 국내에서 화폐로 유통하고 있는 귀금속만을 준비금으로 보유하게 하는 온갖 입법들은 불합리하다. 예컨대 잉글랜드

은행이 그와 같은 방식으로 스스로 조성한 '즐거운 곤란'은 누구나 다 알고 있는 사실이다. 금과 은의 상대적 가치 변동이 심했던 역사상의 시대들에 대해서는 마르크스의『정치경제학 비판을 위하여』〖 CW 29: 387 이하〗를 보라. 로버트 필은 그가 제정한 1844년의 은행법에서 잉글랜드 은행에 대해 은 준비가 금 준비의 1/4을 초과하지 않는 범위 안에서 은덩이를 담보로 은행권을 발행하는 것을 허가함으로써 이 곤란을 극복하려고 했다. 이때 은의 가치는 런던시장의 은 가격으로 평가하기로 되어 있었다. {엥겔스: 우리는 이제 다시 금과 은의 상대적 가치 변동이 심한 시대를 맞이하고 있다. 약 25년 전에는 금 대 은의 가치 비율은 $15\frac{1}{2}$ : 1이었으나 지금은 대략 22 : 1이고, 아직도 계속 금에 대해 은의 가치는 떨어지고 있다. 이것은 주로 이 두 금속의 생산방법의 변혁 때문이다. 이전에는 금은 거의 전적으로 금을 함유한 충적지층[즉 금을 함유한 암석의 풍화된 흙]을 씻어서 얻었다. 현재는 이 방법은 적합하지 않게 되어 금을 포함하고 있는 석영광石英鑛 quartz lodes 그 자체를 정련하는 방법[벌써 고대인들에게도 알려져 있었으나(디오도로스, 제3권, 12~14절) 이때까지는 부차적으로만 실시되고 있던 방법]에 의해 쫓겨났다. 다른 한편으로 미국의 로키산맥 서부에서 새로운 대규모 은 광맥이 발견되었을 뿐 아니라, 이 은광과 멕시코 은광이 철도의 개통으로 근대적 기계와 연료를 쉽게 공급받아 은을 최대 규모, 최소 비용으로 채취할 수 있게 되었다. 그러나 이 두 금속이 광맥 속에 존재하는 형태는 전혀 다르다. 금은 대체로 혼합물이 섞여 있지 않은 순수한 형태로 존재하지만, 그 대신 매우 적은 양으로 석영 속에 산재할 뿐이다. 그러므로 금을 얻기 위해서는 많은 광석을 잘게 부스러뜨려 금을 물로 일궈 내든지 수은으로 추출해야 한다. 1백만 그램의 석영에서 겨우 1~3그램의 금밖에 나오지 않는 경우가 많고 30~60그램의 금이 나오는 것은 매우 드물다. 은은 혼합물 없이 순수한 형태로 나오는 일은 매우 드물지만, 그 대신 [비교적 쉽게 광맥에서 분리할 수 있는] 독특한 광석 안에 있으며, 또 이와 같은 광석에는 보통 40~90%의 은이 포함되어 있다. 은은 [비록 소량이기는 하지만 구리나 아연 등 그 자체 채취할 만한 가치를 가진] 광석 속에 포함되어 있다. 벌써 이런 사실에서 알 수 있는 바와 같이, 금의 생산에 드는 노동은 오히려 증가하고 있으나 은의 생산에 드는 노동은 결정적으로 감소했기 때문에 은의 가치하락은 매우 당연하다. 이와 같은 가치하락은, 만약 은의 가격을 현재에도 그렇게 하고 있는 것처럼 인위적 수단에 의해 높게 유지하지 않는다면, 더욱 심해질 것이다. 미국의 은 매장량은 이제 겨우 그

세계화폐는 일반적 지불수단, 일반적 구매수단, 그리고 부 일반의 절
대적·사회적 체현물로 기능한다. 세계화폐의 주된 기능은 국제수지의
차액을 결제하기 위한 지불수단이다. 이로부터 중상주의의 구호, 즉 무
역흑자[60]가 나왔다. 금과 은이 국제적 구매수단으로 기능하는 것은 주로
여러 나라들 사이에서 생산물 교환의 종래 균형이 갑자기 파괴되는 때
다. 끝으로, 세계화폐가 부의 보편적으로 인정되는 사회적 체현물로 기
능하는 것은, 구매나 지불에서가 아니라 한 나라에서 다른 나라로 부가

---

일부만 채굴되기 시작했으며, 따라서 은 가치는 아직도 오랫동안 계속 하락
할 전망이다. 또 여기에는 일용품과 사치품을 위한 은 수요의 상대적 감소[즉
은도금 제품과 알루미늄 등등이 은을 대체하고 있다]도 기여하고 있다. 이런
사실들로부터, 국제적인 강제적 시세조작에 의해 금에 대한 은의 가치를 종전
의 비율인 $1:15\frac{1}{2}$까지 다시 끌어올릴 수 있으리라는 복본위론자들의 생각은 공
상임을 알 수 있다. 오히려 은은 세계시장에서 점점 더 화폐의 자격을 상실하
게 될 것이다.}

60) 중상주의는 금과 은에 의한 무역흑자의 결제를 국제무역의 목적으로 취급하
지만, 그 반대자들도 역시 세계화폐의 기능을 완전히 잘못 이해했다. 유통수
단의 양을 규제하는 법칙에 대한 잘못된 이해가 어떻게 귀금속의 국제적 이동
에 대한 그릇된 이해에 그대로 반영되고 있는가는 내가 이미 리카도를 예로
들면서 상세하게 지적했다.(『정치경제학 비판을 위하여』[ CW 29: 399 이하 ])
"무역적자는 오로지 유통수단의 과잉으로 말미암아 발생한다…주화가 수출
되는 것은, 그것이 싸기 때문이고 무역적자의 결과가 아니라 오히려 그 원인
이다."하는 리카도의 그릇된 설명은 다음과 같은 바본의 말에서도 볼 수 있
다. "무역적자는 (만약 그런 것이 나타난다면) 어떤 나라로 하여금 화폐를 수
출하도록 하는 원인은 아니다. 이 화폐의 수출은 금은덩이의 가치가 각 나라
마다 다른 데 기인한다."(바본, 앞의 책: 59, 60) 매컬록은 『정치경제학 문헌
분류목록』에서, 바본의 이 선견지명을 찬양하고 있으나, 그는 또 용의주도하
게도 바본의 저서에서 가장 소박한 형태로 나타나 있는 '통화주의'의 불합리
한 전제들에 관해서는 언급조차 하지 않고 있다. 이 『목록』의 무비판성과 심
지어 불성실성은 화폐이론의 역사에 관한 편들에서 절정에 이르고 있다. 왜
냐하면 매컬록은 거기에서 오버스톤(이전의 은행가 로이드)을 '제1의 은행가'
로 부르면서 아첨하고 있기 때문이다.

이전되는 경우이며, 그리고 상품형태에 의한 부의 이전이 상품시장의 경기상황이나 이전 목적 그 자체 때문에 불가능한 경우에 그러하다.[61]

각국은 국내유통을 위해 준비금을 필요로 하는 것과 마찬가지로 세계시장의 유통을 위해서도 준비금을 필요로 한다. 따라서 퇴장화폐의 기능들은 부분적으로는 국내의 유통수단과 지불수단인 화폐의 기능에서 발생하며, 부분적으로는 세계화폐로서 화폐의 기능에서 생긴다.[62] 이 후자의 기능을 위해서는 언제나 현실적인 화폐상품, 즉 금과 은의 실물이 요구된다. 그렇기 때문에 제임스 스튜어트는 금과 은을 [그 단순한 국지적 대리물과 구별하기 위해] '세계화폐'라 부르고 있다.

금과 은의 흐름은 두 개의 방향이다. 한편으로 금과 은은 자기의 원산지에서 세계시장 전체로 흘러나가, 각 나라의 국내 유통분야에 흡수되어 그 나라들의 국내 유통물길로 들어가며, 닳은 금·은 주화를 보충하고, 사치품의 재료를 제공하며, 퇴장화폐로 응고한다.[63] 이 흐름은 상품에 실현되어 있는 각국의 노동과, 귀금속에 실현되어 있는 금은 생산국의

---

61) 예컨대 해외에 대한 지원금, 전쟁수행을 위한 대출금, 은행의 금태환 재개를 위한 대출금 등의 경우, 가치는 바로 화폐형태로 요구될 것이다.

62) "금태환국에서 퇴장화폐가 일반적 유통화폐로부터 이렇다 할 도움 없이 국제적 채무결제를 능률적으로 수행할 수 있다는 증거로서는, 프랑스가 일찍이 파괴적인 외적 침입의 타격에서 겨우 회복하고 있던 당시, 자국에 부과된 약 £2천만의 배상금[그 대부분은 금화]을 자기의 국내통화에 이렇다 할 아무런 수축이나 교란도 일으키지 않고, 또 자국의 환율에 큰 동요를 일으키지 않고 27개월 안에 지불했다는 사실 이상으로 더 확실한 증거를 바랄 수는 없다." (풀라턴, 앞의 책: 141){엥겔스: 우리가 알고 있는 더 적절한 실례는 프랑스가 1871~1873년에 그 10배 이상에 달하는 전쟁배상금[그 대부분은 마찬가지로 금속화폐]을 30개월 동안 쉽게 지불할 수 있었다는 사실이다.}

63) "화폐는…언제나 생산물에 이끌리어…화폐에 대한 각국의 필요에 따라 그들 사이에 분배된다."(르 트로느, 『사회적 이익에 대해』: 916) "금과 은을 끊임없이 생산하는 광산들은 각국에 이와 같은 필요량을 공급하는 데 충분하다." (반더린트, 『화폐만능론』: 40)

노동 사이의 직접적 교환에 의해 매개된다. 다른 한편으로 금과 은은 각
국의 유통분야 사이를 끊임없이 왕래하는데, 이 흐름은 환율의 끊임없는
변동에 뒤따라 일어난다.[64)

　부르주아적 생산이 어느 정도 발전한 나라에서는 은행의 금고에 쌓이
는 퇴장화폐는 자기의 독특한 기능에 필요한 최소한도로 제한된다.[65) 약
간의 예외는 있지만, 이 퇴장화폐가 그 평균 수준을 크게 초과하는 것은
상품유통의 정체[즉 상품 탈바꿈의 진행 중단]를 가리킨다.[66)

---

64) "환율은 매주 오르거나 내리며, 1년 중 어떤 특정한 시기에는 한 나라에 불리
　　하게 높아지고, 또 다른 시기에는 유리하게 높아진다."(바본, 앞의 책: 39)
65) 이들 여러 가지 기능은 금과 은이 은행권의 태환준비금으로 기능해야 하는
　　경우에는 상호 위험한 충돌을 일으킬 수 있다.
66) "국내 산업에 절대로 필요한 양 이상의 화폐는 죽은 자본이고…그것을 보유
　　하고 있는 나라에 아무런 이익도 가져오지 않으므로 외국무역에서 수입되거
　　나 수출되거나 한다."(벨러즈, 앞의 책: 13) "만약 우리가 너무 많은 주화를
　　가진다면 어떻게 하겠는가? 우리는 그 중에서 가장 무거운 것을 녹여 금은제
　　의 화려한 접시나 그릇 또는 집기를 만들든지, 또는 그것이 요망되는 곳에
　　상품으로 보내든지, 또는 이자가 높은 곳에 이자를 받고 빌려주든지 해야 할
　　것이다."(W. 페티, 『화폐에 관한 작은 이야기』: 39) "화폐는 국민의 지방fat
　　에 지나지 않는다. 지방이 과다하면 국민의 민첩성을 방해하는 일이 많고, 또
　　과소하면 국민을 병들게 한다…지방은 근육의 운동을 원활하게 하며, 영양이
　　부족할 때 그것을 보충하고, 주름살을 펴주며, 그리하여 신체를 아름답게 한
　　다. 이와 마찬가지로 한 나라의 화폐도 그 나라의 행동을 민첩하게 하고, 국
　　내에 기근이 있을 때 외국에서 식량을 가져오며, 채무를 갚고…전체를 아름
　　답게 한다. 하기는 그것을 듬뿍 가지고 있는 특별한 인간들을 주로 더 아름답
　　게 해주고 있지만."(W. 페티, 『아일랜드의 정치적 해부』: 14~15)

# 제2편
# 화폐가 자본으로 전환

# 제4장

# 자본의 일반공식

상품유통은 자본의 출발점이다. 상품생산과 상품유통, 그리고 상품유통의 발달된 형태인 상업은 자본이 성립하기 위한 역사적 전제조건을 이룬다. 16세기에 세계무역과 세계시장이 형성된 때로부터 자본의 근대사가 시작된다.

상품유통의 소재적 내용[즉 각종 사용가치의 교환]을 무시하고, 오직 이 유통과정이 낳는 경제적 형태만을 고찰한다면, 우리는 이 과정의 최후 산물로 화폐를 발견하게 된다. 상품유통의 이 최후 산물은 자본의 최초의 현상형태다.

역사적으로 자본은 반드시 처음에는 화폐의 형태로 [다시 말해 상인자본과 고리대자본 따위의 화폐재산 형태로] 토지소유에 대립한다.[1] 그러나 화폐가 자본의 최초의 현상형태라는 것을 발견하기 위해 자본의 기원을 회고해 볼 필요는 없다. 우리는 매일 그것을 볼 수 있기 때문이다. 오늘날에도 새로운 자본은 처음에는 언제나 화폐[일정한 과정을 거쳐 자

---

1) 신분적 지배·예속관계에 근거하는 토지소유 권력과, 화폐의 비非신분적 권력 사이의 대립은 다음과 같은 두 개의 프랑스 속담에 분명히 표현되고 있다. "영주 없는 토지는 없다."; "화폐에는 주인이 없다."

본으로 전환할 화폐]의 형태로 무대에, 즉 시장[상품시장이나 노동시장이나 화폐시장]에 등장하고 있다.

화폐로서 화폐와, 자본으로서 화폐는 먼저 이 둘의 유통형태가 서로 다르다는 점에서 구별된다.

상품유통의 가장 단순한 형태는 C—M—C, 상품이 화폐로 전환하고 화폐가 상품으로 재전환하는 것, 다시 말해 구매를 위한 판매다. 그러나 이 형태와 나란히 우리는 이것과는 전혀 다른 형태, M—C—M, 화폐가 상품으로 전환하고 상품이 화폐로 재전환하는 것, 다시 말해 판매를 위한 구매를 발견하게 된다. 후자의 형태로 유통하는 화폐는 자본으로 전환하여 자본이 되므로, 이미 잠재적으로 자본이다.

이제 유통 M—C—M을 좀 더 자세히 고찰해 보자. 이 유통은 단순한 상품유통과 마찬가지로 두 개의 서로 대립하는 국면을 통과한다. 제1국면인 M—C(구매)에서는 화폐가 상품으로 전환한다. 제2국면인 C—M(판매)에서는 상품이 화폐로 재전환한다. 그러나 이 두 국면의 통일은, 화폐를 상품과 교환한 다음 그 상품을 다시 화폐와 교환한다는 단일운동[즉 상품을 판매하기 위해 구매한다는 단일운동]을 가리킨다. 또는 구매와 판매 사이의 형식적 차이를 무시한다면, 화폐로 상품을 구매하고 상품으로 화폐를 구매한다는 단일운동을 가리킨다.2) 이 전체 과정이 끝난 다음에 남는 결과는 화폐와 화폐의 교환, 즉 M—M이다. 만약 내가 100원으로 2,000그램의 면화를 구매하고 이 2,000그램의 면화를 다시 110원에 판매한다면, 결국 나는 100원을 110원과, 즉 화폐를 화폐와 교환한 셈이다.

그런데 만약 위와 같은 우회적 경로를 거쳐 어떤 화폐가치를 그것과 동일한 화폐가치와 교환하려고 한다면, 예컨대 100원을 100원과 교환하

---

2) "화폐로 상품을 구매하고 상품으로 화폐를 구매한다."(라 리비에르, 앞의 책: 543)

려고 한다면, 유통과정 M-C-M은 아무런 의미도 내용도 없다는 점은 분명하다. 그렇게 하기보다는 차라리 자기가 가진 100원을 유통의 위험에 내놓지 않고 꼭 움켜쥐고 있는 화폐퇴장자의 방법이 훨씬 더 간단하고 안전할 것이다. 다른 한편으로 상인이 100원에 구매한 면화를 다시 110원에 판매하건, 또는 그것을 100원에, 심지어 경우에 따라서는 50원에라도 투매하지 않을 수 없게 되건, 그 어떤 경우에도 그의 화폐는 하나의 독특하고 특이한 운동경로를 밟게 된다. 이 운동경로는 단순한 상품유통의 경로[예컨대 곡물을 판매하고 그 대가로 받은 화폐로 옷을 구매하는 농민의 경우에서 볼 수 있는 운동경로]와는 전혀 그 종류가 다른 것이다. 그러므로 먼저 순환 M-C-M과 C-M-C의 형태상 차이의 특징을 검토해 보지 않으면 안 된다. 그렇게 함으로써 동시에 이들 형태상 차이의 배후에 숨어 있는 내용상의 차이도 밝혀질 것이다.

먼저 두 형태에 공통적인 것을 보도록 하자.

이 두 순환은 모두 동일한 두 개의 대립적 국면, C-M[판매]과 M-C [구매]로 나누어진다. 이 두 국면의 어느 것에서나 상품과 화폐라는 동일한 두 개의 물적 요소가 서로 대립하며, 또한 구매자와 판매자라는 동일한 경제적 등장인물들이 서로 대립하고 있다. 이 두 순환은 어느 것이나 모두 동일한 대립적인 두 국면의 통일이다. 그리고 어느 경우에도, 이 통일은 세 사람의 계약당사자가 등장함으로써 이루어진다. 그 중의 한 사람은 판매만 하고, 다른 한 사람은 구매만 하며, 세 번째 사람은 구매와 판매를 모두 한다.

그러나 이 두 순환 C-M-C와 M-C-M을 처음부터 구별하는 것은, 두 개의 대립적 유통국면의 순서가 서로 반대로 되어 있다는 점이다. 단순상품유통은 판매로 시작해서 구매로 끝나며, 자본으로서 화폐의 유통은 구매로 시작해서 판매로 끝난다. 전자에서는 상품이, 후자에서는 화폐가 운동의 출발점과 종착점을 이룬다. 첫째 형태에서는 화폐가, 둘째

형태에서는 반대로 상품이 전체 과정을 매개한다.

유통 C－M－C에서는, 화폐는 끝에 가서 상품으로 전환하고, 이 상품은 사용가치로 소비된다. 따라서 화폐는 영원히 써버린 것이다. 이와는 달리, 반대의 유통형태인 M－C－M에서는, 구매자가 화폐를 지출하는 것은 판매자로서 화폐를 얻기 위해서다. 그가 상품을 구매할 때 화폐를 유통에 투입하지만, 그것은 [구매한 상품을 판매함으로써] 화폐를 다시 유통에서 끌어내기 위해서다. 그가 화폐를 손에서 내어놓는 것은 다시 그것을 손에 넣으려는 속마음을 품고 있기 때문이다. 그러므로 화폐는 소비된 것이 아니라 투하된 것에 불과하다.[3]

유통형태 C－M－C에서는, 동일한 화폐조각이 그 위치를 두 번 바꾼다. 판매자는 화폐를 구매자로부터 받아 그것을 다른 판매자에게 지불한다. 상품과의 교환으로 화폐를 받는 것에서 시작하는 총과정은 상품과의 교환으로 화폐를 넘겨주는 것으로 끝난다. 유통형태 M－C－M에서는 그 반대다. 여기에서는, 그 위치를 두 번 바꾸는 것은 동일한 화폐조각이 아니라 동일한 상품이다. 구매자는 상품을 판매자의 손에서 받아 그것을 다른 구매자의 손으로 넘겨준다. 단순상품유통에서는 동일한 화폐의 두 번의 위치변환이 그 화폐를 한 사람의 손에서 다른 사람의 손으로 최종적으로 넘어가게 하지만, M－C－M에서는 동일한 상품의 두 번의 위치변환이 화폐를 그 최초의 출발점으로 되돌아오게 한다.

그 출발점으로 화폐가 되돌아오는 것(환류하는 것)은 상품이 [그것을 구매할 때 지불한 값보다] 비싸게 판매되느냐 안 되느냐 하는 것과는 관계가 없다. 이런 사정은 오직 되돌아오는 화폐액의 크기에만 영향을 미칠 따름이다. 되돌아오는 현상 즉 환류현상 그 자체는, 구매한 상품이 다

---

3) "어떤 물건을 다시 판매하기 위해 구매하는 경우, 거기에 사용된 금액을 투하된 화폐라 부른다. 그 물건의 재판매를 위해 구매하지 않는 경우, 그 금액은 소비되었다고 말할 수 있을 것이다."(제임스 스튜어트, 『저작집』, 제1권: 274)

시 판매되기만 한다면, 즉 순환 M—C—M이 완전히 이루어지기만 한다면, 반드시 일어나는 것이다. 요컨대 이것이 자본으로서 화폐의 유통과 단순한 화폐로서 화폐의 유통을 쉽게 구별할 수 있는 차이점이다.

어떤 상품의 판매에 의해 화폐가 들어오고 그 화폐가 다른 상품의 구매에 의해 다시 나가버린다면, 순환 C—M—C는 완전히 끝난다.

만약 화폐가 그 출발점으로 환류한다면, 그것은 오직 전체 과정의 갱신 또는 반복 때문에 일어날 뿐이다. 만약 내가 1리터의 밀을 3원에 판매하고 이 3원으로 의복을 구매한다면, 나에게는 이 3원이 결정적으로 지출된 것이다. 나는 이미 이 3원과 아무런 관계도 없다. 3원은 의복상인의 것이다. 이제 내가 두 번째로 1리터의 밀을 판매한다면 화폐는 나에게 환류하겠지만, 이것은 첫 번째 거래의 결과가 아니고 그와 같은 거래가 반복된 결과일 따름이다. 내가 새로운 구매에 의해 두 번째의 거래를 완성시키자마자 그 화폐는 다시 나로부터 떨어져 나간다. 따라서 유통 C—M—C에서는 화폐의 지출은 그 환류와 아무런 관계도 없다. 이와는 반대로 M—C—M에서는, 화폐의 환류는 화폐가 지출되는 방식 그 자체에 의해 미리 정해져 있다. 이런 환류가 없다면 그 활동은 실패하거나, 아니면 그 과정이 중단되어 미완성이다. 왜냐하면 보완적이고 최종의 국면인 판매가 이루어지지 않고 있기 때문이다.

순환 C—M—C는 어떤 한 상품의 끝에서 출발해 다른 한 상품의 끝에서 끝나는데, 이 상품은 유통에서 빠져나와 소비되어 버린다. 그러므로 소비[욕구의 충족], 한 마디로 말해 사용가치가 이 순환의 최종목적이다. 이와는 반대로 순환 M—C—M은 화폐의 끝에서 출발하여 최후에는 동일한 화폐의 끝으로 돌아간다. 따라서 이 순환을 일으키는 동기와 그것을 규정하는 목적은 교환가치 그 자체다.

단순상품유통에서는 양쪽의 끝이 동일한 경제적 형태를 가진다. 양쪽 모두 다 상품이다. 이것들은 또한 동일한 가치량의 상품이지만, 질적으로 서로 다른 사용가치, 예컨대 밀과 의복이다. 여기에서 운동의 내용을 이루는 것은 생산물 교환, 즉 사회적 노동이 대상화되어 있는 상이한 물질 사이의 교환이다. M—C—M에서는 그렇지 않다. 이 유통은 동어반복적이기 때문에 언뜻 보면 아무 내용이 없는 것처럼 보인다. 두 끝은 동일한 경제적 형태를 가지지만 화폐이기 때문에, 질적으로 다른 사용가치가 아니다. 왜냐하면 화폐는 바로 상품들의 전환된 모습이며, 상품들의 특수한 사용가치가 사라진 모습이기 때문이다. 처음 100원을 면화와 교환하고, 그 다음 이 면화를 다시 100원과 교환하는 것, 다시 말해 우회적 경로를 밟아 화폐를 화폐와, 동일한 것을 동일한 것과 교환하는 것은 아무런 목적도 아무런 의미도 없는 일인 것처럼 보인다.[4] 어떤 화폐액을 다른 화폐액과 구별할 수 있는 것은 오로지 그 금액의 차이다. 그러므로

---

[4] "화폐를 화폐와 교환하는 일은 없다."고 라 리비에르는 중상주의자들을 향해 소리치고 있다.(위의 책: 486) '상업'이나 '투기'를 특히 다루고 있다는 한 저작에는 다음과 같은 구절이 있다. "모든 상업은 종류가 서로 다른 물건들의 교환이다. 그리고 이익"(상인을 위한?)"은 바로 이런 종류의 차이에서 생긴다. £1의 빵을 £1의 빵과 교환하면…전혀 아무런 이익도 생기지 않을 것이다…여기에 상업과 [화폐를 화폐와 단순히 교환하는 것에 지나지 않는] 도박 사이에는 뚜렷한 차이가 있다."(코르베트, 『개인의 부의 기원과 형태에 관한 연구』: 5) 코르베트는 비록 M—M, 즉 화폐를 화폐와 교환하는 것이 상업자본뿐 아니라 모든 자본의 특징적 유통형태라는 것을 이해하지 못하고 있으나, 적어도 이 형태가 도박과 [상업의 일종인] 투기에 공통적이라는 것은 인정하고 있다. 그러나 그 뒤 매컬록이 나타나 판매를 위한 구매는 투기라고 주장하게 되는데, 이에 따라 투기와 상업 사이의 구별은 없어지게 된다. "개인이 생산물을 다시 판매하기 위해 구매하는 거래는 모두 사실상 투기다."(매컬록, 『상업·해운의 실무·이론·역사 사전』: 109) 이보다 훨씬 소박하게, 암스테르담 증권거래소의 핀다로스인 핀토는 다음과 같이 말하고 있다. "상업은 도박이고"(이 한 구절은 로크로부터 빌려온 것이다)"거지로부터는 아무것도 딸 수 없다. 만약 어떤 사람이 오랫동안 모든 사람들로부터 돈을 몽땅 다 땄다면, 그가 도박을 다시 시작하기 위해서는 딴 돈의 대부분을 자발적으로 돌려주지 않으면 안 될 것이다."(핀토, 『유통·신용론』: 231)

과정 M−C−M은, 그 두 끝이 모두 화폐이기 때문에, 두 끝의 질적 차이에서 의미를 갖는 것이 아니고 오직 두 끝의 양적 차이에서만 의미를 가진다. 다시 말해 처음 유통에 투입한 것보다 더 많은 화폐가 유통에서 끌려 나와야 한다. 예를 들면 100원에 구매한 면화가 100+10원, 즉 110원에 다시 판매되는 것이다. 그러므로 이 과정의 완전한 형태는 M−C−M′이다. 여기서 M′=M+$\Delta$M이다. M′은 최초에 투하한 화폐액에 어떤 증가분을 더한 것과 같다. 이 증가분, 즉 최초의 가치를 넘는 초과분을 나는 잉여가치剩餘價値surplus-value라고 부른다. 그러므로 최초에 투하한 가치는 유통 중에서 자신을 보존할 뿐 아니라 자신의 가치량을 증대시키고 잉여가치를 덧붙인다. 바꾸어 말해 자기의 가치를 증식시킨다. 그리고 바로 이 운동이 이 가치를 자본으로 전환시키는 것이다.

물론 C−M−C에서 두 끝인 C와 C [예컨대 밀과 의복]가 양적으로 다른 가치량일 수도 있을 것이다. 농민은 자기 밀을 가치보다 비싸게 판매할 수 있으며 의복을 가치보다 싸게 구매할 수도 있다. 반대로 그는 의복 상인에게 속을 수도 있다. 그러나 이와 같은 가치의 차이는 이 유통형태 그 자체에 대해서는 어디까지나 우연한 일이다. 이 유통형태는, M−C−M과는 달리, 그 두 끝[예컨대 밀과 의복]이 등가물로 되어 있더라도 결코 무의미하지 않다. 두 끝의 가치가 동일하다는 것은 여기에서는 오히려 과정이 정상적으로 진행되기 위한 필요조건이다.

구매를 위한 판매의 반복 또는 갱신은, 이 과정 자체가 그런 것처럼, 이 과정 밖에 있는 최종적 목적인 소비, 즉 특정한 욕구의 충족에서 그 한도와 목표를 발견하게 된다. 이와는 반대로, 판매를 위한 구매에서는 시작과 끝이 동일한 것[화폐 또는 교환가치]이므로, 이 운동은 무한히 계속할 수 있다. 확실히, M은 M+$\Delta$M으로 되며 100원은 100+10원으로 된다. 그러나 질적 측면에서 본다면, 110원은 100원과 동일한 것, 즉 화폐다. 또 양적 측면에서 보더라도, 110원은 100원과 마찬가지로 하나의 한정된 가치액이다. 만약 이 110원이 화폐로 지출되어 버린다면 110원은 자기 할 일을 포기해 버린 것으로 된다. 그것은 더 이상 자본이 아니다. 또 만약 110원이 유통에서 떨어져 나간다면, 그것은 퇴장화폐로 굳어 버려 세상 최후의 날까지 그대로 보존되더라도 단 한 푼도 더 늘어나지 않는다. 가치의 증식이 문제로 되는 한, 증식의 욕구는 110원의 경우에도 100원의 경우와 마찬가지로 내부에 들어 있다. 왜냐하면 두 개는 모두 교환가치의 한정된 표현이고, 따라서 두 개 모두 양적 증대를 통해 절대적 부에 다가가야 할 동일한 사명을 가지고 있기 때문이다. 최초에 투하한 가치 100원은 [유통 중에 거기에 덧붙인] 10원의 잉여가치와 잠시 구별되는 것은 사실이지만, 이 구별은 곧 사라져 버린다. 과정이 끝날 때, 한 쪽에는 100원의 원래의 가치가 나오고, 다른 쪽에는 10원의 잉여가치가 나오는 것은 아니다. 나오는 것은 110원이라는 하나의 가치며, 그것은 최초의 100원과 마찬가지로, 가치증식과정을 다시 개시하기에 적합한 형태에 있다. 화폐는 오직 가치증식과정을 다시 시작하기 위해 그 과정을 끝내고 있다.5) 그러므로 [구매와 그 뒤의 판매가 완성되는] 각 순환의 최종결과는 그 자체가 하나의 새로운 순환의 출발점을 이룬다. 단순상품유통[구매를 위한 판매]은 유통의 외부에 있는 최종목적[사용가치의 취득, 욕구의 충족]을 위한 수단이 된다. 이와는 반대로 자본으로서 화폐의 유통은 그 자체가 목적이다. 왜냐하면 가치의 증식은 끊임없이 갱신되는 이 운동의 내부에서만 일어나기 때문이다. 그러므로 자본의 운동에는 한계가 없다.6)

---

5) "자본은…원래의 자본과 [자본의 증가분인] 이윤으로 나누어진다…비록 실제로는 이 이윤은 곧바로 자본에 합쳐져 자본과 함께 운동하기 시작하지만."(엥겔스, 『국민경제학비판 개요』[ CW 3: 430 ])

6) 아리스토텔레스는 화식술貨殖術chrematistics과 가정학家政學economics을 대비하고 있다. 그는 가정학에서 출발한다. 이것이 생계술生計術인 한, 이것은 생활에

이 운동의 의식적 대표자인 화폐소유자는 자본가가 된다. 그의 온몸 또는 더 정확히 말해 그의 주머니는 화폐의 출발점이자 귀착점이다. 이런 유통의 객관적 내용[가치증식]이 그의 주관적 목적이 되고 추상적 부를 점점 더 많이 취득하는 것이 그의 행동의 유일한 추진적 동기가 되는 한, 그는 의지와 의식이 부여된 인격화한 자본, 즉 자본가로 기능한다. 그러므로 사용가치가 자본가의 진정한 목적이라고 여겨서는 안 되며[7],

---

필요하고 가정이나 국가에 유용한 재화의 조달에 한정된다. "진정한 부는 이와 같은 사용가치들로 이루어져 있다. 왜냐하면 쾌적한 생활에 필요한 재산은 무한하지 않기 때문이다…그러나 우리가 보통 화식술이라고 부르는 재화를 조달하는 제2의 방법에서는 부나 재산에는 아무런 한계가 없는 것같이 보인다. 상품거래"(소매상업을 가리키는데, 아리스토텔레스가 이 형태를 채용한 이유는 여기에서는 사용가치가 중요하기 때문이다)"는 원래 화식술에 속하지 않는다. 왜냐하면 상품거래에서 교환은 그들 자신(구매자와 판매자)에게 필요한 물건에 한해서만 행해지기 때문이다." 그는 계속해서 다음과 같이 설명하고 있다. 그러므로 상품거래의 최초 형태는 물물교환이었지만, 이것이 확대됨에 따라 화폐에 대한 필요성이 생겼다. 화폐의 발명과 더불어 물물교환은 필연적으로 상품거래로 발전하지 않을 수 없었다. 그리고 상품거래는 [그 본래의 경향과는 모순되는] 화식술로, 즉 화폐를 증가시키는 기술로 성장해 갔다. 이제 화식술은 다음과 같은 점에서 가정학과 구별된다. "화식술에서는 유통이 부의 원천이다. 그리고 화식술은 화폐를 중심으로 회전하고 있는 것처럼 보인다. 왜냐하면 화폐가 이런 종류의 교환의 시작이고 끝이기 때문이다. 그러므로 화식술이 추구하는 부에는 한계가 없다. 어떤 목적을 위한 수단을 추구할 뿐인 기술은 그 목적 자체가 수단에 한계를 정해 주므로 무한히 전개될 수 없지만, 어떤 목적을 위한 수단이 아니라 목적 그 자체를 추구하는 기술은 모두, 그 목적에 끊임없이 접근하려고 시도하므로, 그 추구에는 한계가 없다. 이와 마찬가지로 화식술에도 그 목표에는 한계가 없으며, 그것이 목표로 하는 것은 절대적 부다. 가정학은 화식술과는 달리 어떤 한계를 가지고 있다…가정학은 화폐 그 자체와는 다른 것을 목적으로 하지만, 화식술은 화폐의 증식을 목적으로 한다…서로 겹치는 면을 가진 이 두 형태를 혼동함으로써 어떤 사람들은 무한히 화폐를 보유하고 증식시키는 것이 가정학의 궁극 목표라고 생각하게 되었다."(아리스토텔레스, 『정치학』, 제1권, 제8, 9장의 이곳저곳)

또한 개개의 거래에서 얻는 이윤도 그렇게 여겨서는 안 된다. 끊임없는 이윤추구운동만이 그의 진정한 목적이다.[8] 부에 대한 무한한 탐욕, 정열적인 교환가치 추구[9]는 자본가와 구두쇠에게 공통되지만, 구두쇠는 얼빠진 자본가에 지나지 않는 반면, 자본가는 합리적인 구두쇠다. 구두쇠는 화폐를 유통에서 끌어냄으로써[10] 교환가치의 쉴 새 없는 증식을 추구하지만, 더 영리한 자본가는 화폐를 끊임없이 유통에 투입함으로써 그것을 달성한다.[11]

　단순상품유통에서 상품들의 가치가 취하는 독립적인 형태, 화폐형태는 상품교환을 매개할 뿐이고 운동의 최후 결과에서는 사라져 버린다. 이와는 반대로, 유통 M-C-M에서는 상품과 화폐는 모두 가치 그 자체의 상이한 존재양식으로, 즉 화폐는 가치의 일반적 존재양식으로, 그리

---

7) "상품"(여기에서는 사용가치라는 의미다)"은 거래를 행하는 자본가의 최종목적이 아니다. 화폐가 그의 최종목적이다."(차머즈, 『정치경제학에 대해』: 165~166)

8) "상인은 이미 획득한 이윤을 경시하지는 않지만, 그의 눈은 언제나 장래의 이윤으로 향하고 있다."(제노베시, 『시민경제학 강의』: 139)

9) "이윤을 추구하는 억누를 수 없는 정열, 금에 대한 거룩한 갈망이 항상 자본가들의 행동을 규정한다."(매컬록, 『정치경제학 원리』: 179) 물론 이와 같은 견해는 매컬록 자신이나 그의 일파가 이론적 난관에 빠졌을 때, 예컨대 과잉생산[의 불가능성]을 논할 때, 동일한 자본가를 하나의 선량한 시민으로 전환시키는 것을 방해하는 것은 아니다. 그리하여 이 자본가들은 오직 사용가치만을 문제로 삼으며, 장화·모자·달걀·면화 그리고 기타의 평범한 종류의 사용가치에 대해서까지도 완전히 이리와 같은 탐욕을 드러낸다는 것이다. [그러므로 사용가치가 과잉생산될 수가 없다.]

10) "끌어낸다"는 말은 화폐퇴장을 의미하는 그리스어 특유의 표현이다. 이와 마찬가지로, 영어의 "to save"도 '끌어낸다'는 의미와 '저축한다'는 두 가지 의미를 가지고 있다.

11) "물건들은, 한 방향으로 나아갈 때는 가지지 못하는 무한성을, 순환할 때는 가진다."(갈리아니, 『화폐에 대해』: 156)

고 상품은 가치의 특수한 또는 위장한 존재양식으로 기능할 뿐이다.[12)] 가치는 이 운동에서 없어지지 않고 끊임없이 한 형태에서 다른 형태로 변하며, 그렇게 함으로써 하나의 자동적인 주체로 전환한다. 만약 자기증식하는 가치self-valorizing value가 자기의 생애에서 연달아 취하는 독특한 현상형태를 본다면, 우리는 다음과 같이 말할 수 있다. 즉 자본은 화폐이고 자본은 상품이다.[13)] 그러나 사실상 가치는 여기에서는 과정의 주체이며, 이 과정에서 가치는 끊임없이 화폐와 상품의 형태를 번갈아 취하면서 자신의 양을 변화시키며, 원래 가치인 자기 자신으로부터 잉여가치를 내뿜으면서 자기 자신을 증식시킨다. 왜냐하면 가치가 잉여가치를 낳는 운동은 가치 자신의 운동이고, 따라서 가치의 증식은 자기증식이기 때문이다. 가치는 그 자체가 가치이기 때문에 가치를 낳는다는 신비스러운 성질을 얻었다. 가치는 살아 있는 자식을 낳거나 적어도 황금의 알을 낳는다.

이런 과정 속에서 가치는 화폐형태와 상품형태를 취하고 벗어버리기를 번갈아 하며, 동시에 이런 변환을 통해 자기를 유지하고 증대시키는데, 이런 과정을 지배하는 주체인 가치는 무엇보다도 먼저 자기의 정체를 밝힐 수 있는 하나의 독립적인 형태를 필요로 한다. 이와 같은 형태를 가치는 오직 화폐의 모습으로 가진다. 그러므로 화폐는 가치증식 과정의 출발점과 종착점을 이룬다. 그것은 전에는 100원이었으나 지금은 110원이다. 따위. 그러나 화폐 그 자체는 가치의 두 형태 중 하나일 따름이다. 상품형태를 취하지 않고서는 화폐는 자본으로 될 수 없다. 따라서 여기에서는 화폐퇴장의 경우와 같은 화폐와 상품 사이의 적대는 없다. 모든

---

12) "자본을 구성하는 것은 소재가 아니라 그 소재의 가치다."(세Say, 『정치경제학 개론』: 429)

13) "물건의 생산에 사용되는 통화(!)는…자본이다."(매클라우드, 『은행업의 이론과 실제』: 55) "자본은 상품이다."(제임스 밀, 『정치경제학 원리』: 74)

상품은 그것이 아무리 초라하게 보이며 아무리 흉악한 냄새를 풍기더라
도 진실로 화폐이며, 내면적으로 할례를 받은 유태인 [ 진짜 유태인 ] 이며,
더욱이 화폐를 더 많은 화폐로 만드는 기적의 수단이라는 것을 자본가는
알고 있다.

　단순상품유통 C－M－C에서 상품의 가치는 기껏해야 그 사용가치와
는 무관한 화폐형태를 취할 뿐이지만, M－C－M [ 자본의 유통 ] 에서는
가치가 스스로 발전하며 스스로 운동하는 하나의 실체로 갑자기 나타난
다. 상품과 화폐는 모두 그 실체에 대해 단순한 형태에 지나지 않는다.
그뿐이 아니다. 가치는 이제 상품들의 관계를 표현하는 것이 아니라 이
를테면 자기 자신과 사적인 관계를 맺는다. 가치는 최초의 가치인 자기
자신과 잉여가치인 자기 자신을 구별한다. 이것은 성부가 자기 자신을
성자인 자기 자신과 구별하는 것과 마찬가지다. 비록 아버지와 아들은
둘 다 나이가 같고 또 실제로는 둘이 한 몸이지만. 왜냐하면 10원이라는
잉여가치로 말미암아 최초에 투하한 100원이 비로소 자본이 되며, 또
100원이 자본으로 되자마자[즉 아들이 생기고 아들로 말미암아 아버지가
생기자마자] 둘의 구별은 다시 사라져버리고 둘은 하나, 즉 110원으로
되기 때문이다.

　이리하여 가치는 이제 과정 중의 가치value in process, 과정 중의 화폐로
되며, 이런 것으로서 가치는 자본이 된다. 가치는 유통에서 나와 다시 유
통에 들어가며, 이 순환 속에서 자신을 유지하고 증식시키며, 더 커져서
유통에서 나오고, 그리고 이 동일한 순환을 끊임없이 되풀이한다.14) M
－M′, 즉 '화폐를 낳는 화폐', 이것이 자본의 최초의 해설자인 중상주의
자들이 자본을 묘사한 말이다.

　판매하기 위한 구매, 또는 더 정확히 말해 더 비싼 값으로 판매하기

---

14) "자본은…자기를 증대시키는 영구적인 가치."(시스몽디, 『신정치경제학 원리』:
　　89)

위한 구매, 즉 M-C-M′은 자본의 한 종류인 상인자본에만 해당하는 형태인 것처럼 보인다. 그러나 산업자본도 역시 상품으로 전환되었다가 상품의 판매에 의해 더 많은 화폐로 재전환되는 화폐다. 〖뒤에 나오는 산업자본의 순환도를 미리 그리면 다음과 같다. M-C(MP, LP)…P…C′-M′. MP 생산수단 ; LP 노동력 ; P 생산과정〗 구매와 판매 사이의 중간에 [즉 유통분야의 외부에서] 일어나는 사건들은 이 운동형태를 조금도 변경시키지 않는다. 마지막으로 이자 낳는 자본interest-bearing capital의 경우 유통 M-C-M′은 단축되어 나타난다. 중간단계 없이 그 최종결과를 M-M′[즉 화폐가 더 많은 화폐가 되며, 가치가 자기 자신보다 더 큰 가치가 된다]로 간결하게 나타낸다.

그러므로 사실상 M-C-M′은 유통분야에서 자본이 취하는 자본의 일반공식이다.

# 제5장
# 자본의 일반공식의 모순

화폐가 자본이 될 때, 유통이 취하는 형태는, 상품·가치·화폐와 유통 그 자체의 성질에 관해 지금까지 전개한 모든 법칙들과 모순된다. 이 유통형태가 단순상품유통과 구별되는 점은 두 대립 과정인 판매와 구매의 순서가 거꾸로 되어 있다는 데 있다. 그러면 어떻게 이 과정들의 순전히 형태상의 차이가 이 과정의 성질을 마치 요술처럼 변화시킬 수 있는가?

그뿐이 아니다. 이 거꾸로 된 순서는 서로 매매관계를 맺고 있는 3인의 매매당사자 중 오직 한 사람에게만 존재한다. 만약 내가 자본가라면 나는 상품을 A에게서 구매하고 다음에 그것을 B에게 판매하지만, 만약 내가 단순한 상품소유자라면 나는 상품을 B에게 판매하고 다음에 다른 상품을 A로부터 구매한다. 위의 두 경우 매매당사자 A와 B에게는 아무런 차이도 생기지 않았으며, 그들은 판매자 또는 구매자로 등장할 뿐이다. 나 자신도 그들에게는 각각 단순한 화폐소유자 또는 상품소유자로, 즉 구매자 또는 판매자로 마주한다. 더욱이 나는 A에게는 구매자로 B에게는 판매자로, 즉 A에게는 화폐소유자로 B에게는 상품소유자로 마주할 뿐이고, 결코 두 사람 중 어느 사람에게도 자본 또는 자본가로 마주하지

는 않는다. 다시 말해 화폐나 상품 이상의 그 어떤 물건의 대표자로, 또
는 화폐나 상품의 영향력 이외에 다른 어떤 영향력을 행사할 수 있는 다
른 어떤 것의 대표자로 마주하는 것은 아니다. 나에게는 A로부터 구매하
는 것과 B에게 판매하는 것은 하나의 순차적 계열을 이루고 있다. 그러
나 이 두 행위 사이의 관련은 나에게만 존재할 뿐이다. A는 나와 B 사이
의 거래에는 아무 관심도 없으며, 또 B는 나와 A 사이의 거래에 아무
관심도 없다. 만약 내가 그들에게 매매의 순서를 거꾸로 한 내 행위의
장점을 설명하려고 한다면, 그들은 나에게 내가 순서 자체를 틀리게 하
고 있다는 것, 그리고 거래 전체는 구매에서 시작해 판매로 끝나는 것이
아니라 반대로 판매에서 시작해 구매로 끝난 것임을 나에게 지적해 줄
것이다. 사실, 나의 제1행위인 구매는 A의 처지에서는 판매였고, 나의
제2의 행위인 판매는 B의 처지에서는 구매였다. A와 B는 더 나아가, 이
계열 전체는 불필요한 것이고 하나의 속임수였으며, 앞으로는 A는 그 상
품을 직접 B에게 판매할 것이며, B는 그것을 직접 A로부터 구매할 것이
라고 말할 것이다. 그렇게 되면 거래 전체는 보통의 상품유통에서 분리
·고립된 국면을 이루는 단일 행위로, 즉 A의 처지에서는 단순한 판매로,
B의 처지에서는 단순한 구매로 축소되어버린다. 그러므로 우리가 순서
를 거꾸로 한다고 해서 단순상품유통의 영역을 벗어나는 것은 결코 아니
다. 오히려 우리는 단순상품유통이, 거기에 들어가는 가치의 증식[따라
서 잉여가치의 형성]을 그 성질상 허용하는가 하지 않는가를 연구해야만
한다.

　유통과정을 단순한 직접적 상품교환의 형태에서 고찰하자. 두 상품소
유자가 서로 상대방의 상품을 구매하고 그들 상호간의 화폐 청구권의 차
액을 그날에 결제하는 경우가 바로 이 형태다. 이 경우 화폐는 계산화폐
로 상품의 가치를 그 가격으로 표현하며, 화폐상품의 형태로 상품에 대
립하지는 않는다. 사용가치에 관한 한, 분명히 교환 당사자는 모두 이익

을 얻을 수 있다. 양쪽은 모두 그들 자신에게 사용가치로서는 쓸모없는
상품을 양도하고, 자기들에게 필요한 상품을 받는다. 그러나 이것만이
유일한 이익은 아닐 것이다. 포도주를 판매하고 곡물을 구매하는 A는,
아마도 곡물경작자 B가 동일한 노동시간 안에 생산할 수 있는 것보다 더
많은 포도주를 생산할 것이며, 또 곡물경작자 B는 포도재배자 A가 동일
한 노동시간 안에 생산할 수 있는 것보다 더 많은 곡물을 생산할 것이다.
그리하여 그들 각자가 포도주와 곡물을 모두 스스로 생산하지 않으면 안
되는 경우에 비하면, 동일한 교환가치로 A는 더 많은 곡물을, B는 더 많
은 포도주를 얻게 된다. 따라서 사용가치의 측면에서 본다면 "교환은 양
쪽 모두에게 이익을 주는 거래다."[1]고 말할 수 있다. 그러나 교환가치의
경우에는 그렇지 않다.

"포도주는 많이 가지고 있지만 곡물은 조금도 가지고 있지 않은 어
떤 사람이, 곡물은 많이 가지고 있지만 포도주는 조금도 가지고 있지
않은 다른 어떤 사람과 거래를 해서, 그들 사이에 50의 가치를 가지는
밀이 50의 가치를 가지는 포도주와 교환된다고 하자. 이 교환은 전자
에게나 후자에게나 교환가치를 증대시키지는 않는다. 왜냐하면 교환
이전에도 그들 각자는 이 거래를 통해 얻은 것과 동일한 가치를 벌써
소유하고 있었기 때문이다."[2]

화폐가 유통수단으로 상품과 상품 사이에 개입함으로써 구매행위와
판매행위가 구별된다고 하더라도 사태는 조금도 달라지지 않는다.[3] 상

---

1) "교환은 쌍방 모두가 언제나(!) 이득을 보는 훌륭한 거래다."(데스튀트 드 트
라시, 『의지와 의지작용론』: 68) 이 책은 그 뒤 『정치경제학 개론』이라는 표제
로도 출판되었다.
2) 라 리비에르, 앞의 책: 544.

품의 가치는 상품이 유통에 들어가기 전에 그 가격으로 표현되어 있으며, 따라서 상품의 가치는 유통의 전제이지 그 결과가 아니다.[4]

추상적으로 고찰한다면, 즉 단순상품유통의 내재적 법칙들에서 나오는 것이 아닌 사정들을 무시한다면, 교환에서 일어나는 것은 (한 사용가치를 다른 사용가치로 대체하는 것을 무시하면) 상품의 탈바꿈, 즉 상품의 단순한 형태변화뿐이다. 동일한 가치[즉 동일한 양의 대상화된 사회적 노동]가 동일한 상품소유자의 수중에서 처음에는 상품의 모습으로, 다음에는 이 상품이 전환된 화폐의 모습으로, 마지막에는 이 화폐가 재전환된 상품의 모습으로 존재한다. 이런 형태변화는 가치량의 어떤 변화도 포함하지 않는다. 다시 말해 이 과정에서 상품의 가치가 경험하는 변화는 가치의 화폐형태상의 변화에 국한된다. 즉 처음에는 이 화폐형태는 판매에 제공된 상품의 가격으로, 다음에는 이미 가격으로 표현되어 있던 화폐액으로, 그리고 최후에는 어떤 등가상품의 가격으로 존재한다. 이런 형태변화가 그 자체로서는 가치량의 변화를 조금도 포함하지 않는다는 것은, £5짜리 은행권을 소브린화[£1짜리 금 주화]나 반半소브린화나 실링화로 바꾸는 경우와 마찬가지다. 그리하여 상품의 유통이 상품가치의 형태변화만을 일으키는 한, 그것은 만약 현상이 순수한 형태로 진행된다면 등가물끼리의 교환임에 틀림없다. 가치가 무엇인지 전혀 이해하지 못하고 있는 속류경제학까지도 자기 식으로나마 현상을 순수한 형태에서 고찰하려고 할 때는 언제나 수요와 공급이 일치한다는 것[다시 말해 수요와 공급의 영향은 없다는 것]을 가정한다. 그러므로 가령 사용가치에 관해서는 구매자와 판매자 모두가 이익을 볼 수 있다 하더라도, 교

---

3) "이 두 가치 중 하나가 화폐이든, 그 둘이 모두 보통의 상품이든, 그 자체로서는 전혀 아무런 차이도 없다."(같은 책: 543)

4) "계약당사자가 가치를 결정하는 것이 아니다. 가치는 계약체결 전에 벌써 확정되어 있다."(르 트로느, 『사회적 이익에 대해』: 906)

환가치에 관해서는 그렇지 않다. 여기에서는 "평등이 있는 곳에는 이익
이 없다."[5]고 말해야 할 것이다. 상품은 그 가치에서 벗어난 가격으로
팔릴 수도 있지만, 이런 차이는 상품교환법칙의 위반으로 나타난다.[6] 상
품교환은 그 순수한 형태에서는 등가물끼리의 교환이고, 따라서 가치증
식의 수단이 될 수 없다.[7]

  그러므로 상품유통을 잉여가치의 원천으로 설명하려는 시도의 배후에
는 대체로 하나의 오해[즉 사용가치와 교환가치의 혼동]가 숨어 있다. 예
컨대 콩디약은 다음과 같이 말하고 있다.

  "상품교환에서 동등한 가치가 동등한 가치와 교환된다는 것은 옳지
않다. 그 반대다. 두 계약 당사자는 어느 쪽이나 항상 더 큰 가치에
대해 더 작은 가치를 내준다…만약 사람들이 실제로 동등한 가치만을
서로 교환한다면 계약 당사자의 어느 쪽도 아무런 이익을 보지 못할
것이다. 그러나 쌍방은 모두 이익을 보고 있으며, 어떻게든 이익을 보
아야 할 것이다. 왜 그런가? 물건의 가치는 오직 우리들의 욕구와 그
물건 사이의 관계에 있기 때문이다. 어떤 사람에게 더 필요한 것은 다
른 어떤 사람에게는 덜 필요하며, 또 그 반대가 되기도 한다…우리가
자기 자신의 소비에 불가결한 물건을 판매에 내놓는 일은 결코 없다…
우리는 우리에게 필요한 물건을 얻기 위해 우리에게 쓸모없는 물건을
내놓으려 한다. 더 필요한 것과의 교환으로 덜 필요한 것을 주려고 한

---

5) 갈리아니, 앞의 책: 244.
6) "어떤 외부 사정이 가격을 인상 또는 인하한다면, 교환은 두 당사자의 일방을
   불리하게 한다. 이 경우에는 평등이 침해받지만, 이 침해는 외부 원인에서 생
   긴 것이지 교환 자체에서 생긴 것은 아니다."(르 트로느, 앞의 책: 904)
7) "교환은 그 성질상 평등에 의거한 계약이며, 두 개의 동일한 가치 사이에서
   일어난다. 따라서 그것은 치부의 수단이 아니다. 왜냐하면 받는 것만큼 주기
   때문이다."(같은 책: 903)

다…교환되는 두 물건이 동일한 양의 금으로 표현될 때, 교환에서는 동등한 가치가 동등한 가치와 교환된다고 판단하는 것은 당연했다… 그러나 또한 다른 측면도 고려해야 한다. 문제는 우리들 모두가 필요한 물건을 얻기 위해 남아도는 물건을 교환하고 있는 것이 아닌가 하는 것이다."[8]

여기에서 알 수 있는 바와 같이, 콩디약은 사용가치와 교환가치를 혼동하고 있을 뿐 아니라, 참으로 유치하게도 상품생산이 발달한 사회에서 생산자가 자기의 생활수단을 스스로 생산하며 자신의 욕구를 충족시키고 남는 초과분[잉여분]만을 유통에 투입한다고 가정하고 있다.[9] 그런데도 콩디약의 논의는 가끔 근대의 경제학자들도 반복하고 있는데, 상품교환이 발전한 모습인 상업을 잉여가치의 원천이라고 설명하는 경우 특히 그러하다. 예컨대 다음을 보라.

"상업은…생산물에 가치를 부가한다. 왜냐하면 동일한 생산물도 생산자의 수중에서보다는 소비자의 수중에서 더 많은 가치를 가지기 때문이다. 따라서 상업은 엄밀히 말해 생산행위로 여겨져야 한다."[10]

---

8) 콩디약, 『상업과 정부』: 267, 291.
9) 그러므로 르 트로느는 자기의 벗 콩디약에게 "발달한 사회에서는 남아도는 것이라고는 없다."고 아주 올바르게 답변하고 있다. 동시에 그는 "만약 쌍방의 교환당사자가 모두 똑같이 덜 주고 똑같이 많이 받는다면 그들 쌍방은 모두 똑같이 받는 것으로 된다."고 콩디약을 야유하고 있다. 콩디약이 교환가치의 성질에 관해 아무것도 몰랐기 때문에, 로셔는 콩디약을 자기 자신의 유치한 개념을 논증하는 데 가장 적당한 증인으로 삼았던 것이다. 로셔, 『국민경제학 원리』(1858)를 보라.
10) S. P. 뉴먼, 『정치경제학 개요』: 175.

그러나 사람들은 상품에 대해 이중으로 [즉 한 번은 그 사용가치에 대해, 또 한 번은 그 가치에 대해] 지불하는 것은 아니다. 또 만약 상품의 사용가치가 판매자에게보다도 구매자에게 더 유용하다고 한다면, 상품의 화폐형태는 구매자에게보다도 판매자에게 더 유용할 것이다. 그렇지 않으면 판매자가 상품을 판매하겠는가? 그러므로 우리는 다음과 같이 말할 수도 있을 것이다. 즉 구매자는 예컨대 판매자의 양말을 화폐로 전환시켜 줌으로써 '엄밀히 말해 생산행위'를 하는 것이라고.

만약 동일한 교환가치를 가진 상품들, 또는 상품과 화폐, 따라서 등가물들이 서로 교환된다면, 분명히 누구도 자기가 유통에 투입하는 것 이상의 가치를 유통에서 끌어내지 못할 것이다. 그렇다면 잉여가치의 형성은 이루어지지 않는다. 상품의 유통과정은 그 순수한 형태에서는 등가물끼리의 교환이다. 그러나 현실에서는 사태가 순수한 형태로 진행되지는 않는다. 그렇다면 서로 등가가 아닌 것끼리의 교환을 가정해 보자.

어떤 경우에도 상품시장에서는 상품소유자와 상품소유자가 마주할 뿐이며, 그들이 서로서로에게 미치는 힘은 자기 상품의 힘에 지나지 않는다. 여러 가지 상품의 소재적 차이는 교환의 실질적 동기로 되며, 상품소유자들로 하여금 상호의존하게 만든다. 왜냐하면 그들 중 누구도 자기 자신의 욕구를 충족시켜줄 물건을 소유하지 않고, 그들 각자는 타인의 욕구를 충족시켜줄 물건을 소유하고 있기 때문이다. 여러 상품들의 사용가치의 이런 소재적 차이 외에는 여러 상품들 사이에 단 하나의 구별이 있을 뿐이다. 즉 상품들의 현물형태와 그 전환된 형태 사이의 구별, 다시 말해 상품과 화폐 사이의 구별뿐이다. 그리하여 상품소유자들은 오직 상품의 소유자인 판매자와 화폐의 소유자인 구매자로 서로 구별될 뿐이다.

이제 판매자가 어떤 설명할 수 없는 특권에 의해 상품을 그 가치 이상으로, 예컨대 100의 가치가 있는 것을 110으로, 즉 그 가격을 명목상 10% 높여 판매할 수 있게 되었다고 가정하자. 그렇다면 판매자는 10의 잉여가치를 얻게 된다. 그러나 그는 판매자가 된 다음 구매자로 된다. 이 번에는 어떤 제3의 상품소유자가 판매자로 그의 앞에 나타나는데, 이 판 매자도 역시 자기 상품을 10% 비싸게 판매할 수 있는 특권을 가지고 있 다. 앞에서 말한 그 사람은 판매자로서는 10의 이익을 얻었으나 구매자 로서는 10을 잃어버리게 된다.[11] 모든 상품소유자는 자기 상품을 그 가 치보다 10% 비싸게 판매하고 있지만, 상황은 그들이 상품을 가치대로 판 매한 것과 완전히 똑같다. 상품가격의 이와 같은 일반적인 명목적 인상 은 상품가치가 예컨대 금 대신 은으로 평가되는 경우와 마찬가지다. 상 품들의 화폐명칭, 즉 가격은 인상되겠지만 상품들의 가치관계는 여전히 변하지 않을 것이다.

이번에는 반대로, 구매자가 상품을 그 가치 이하로 구매할 수 있는 특 권을 가지고 있다고 가정하자. 이 경우 구매자가 다시 판매자로 된다는 것을 상기할 필요조차 없다. 그는 구매자로 되기 전에 이미 판매자였던 것이다. 그는 구매자로서 10%의 이익을 얻기 전에 벌써 판매자로서 10% 를 잃어버렸던 것이다.[12] 상황은 역시 이전과 다름이 없다.

그러므로 잉여가치의 형성, 따라서 화폐의 자본으로 전환은 판매자가 상품을 그 가치 이상으로 판매한다는 것으로써도, 또 구매자가 상품을 그 가치 이하로 구매한다는 것으로써도 설명할 수 없다.[13]

---

11) "생산물의 명목가치의 인상에 의해서는…판매자는 부를 증가시키지 못한 다…왜냐하면 그가 판매자로서 얻는 것을 구매자로서 지출하기 때문이다." (그레이, 『국부의 주요원리』: 66)

12) "만약 어떤 판매자가 24원의 가치를 가진 일정한 양의 생산물을 18원에 판매 하지 않을 수 없게 된다면, 판매에 의해 얻은 이 화폐를 구매에 사용하는 경 우 이번에는 24원을 지불해야 할 물건을 18원에 구매할 수 있을 것이다."(르 트로느, 앞의 책: 897)

13) "어떤 판매자가 자기 상품을 언제나 비싼 값으로 판매할 수 있기 위해서는 자기도 언제나 다른 판매자의 상품에 비싼 값을 지불하는 것에 동의해야 한

토렌즈처럼 우리의 문제와는 상관이 없는 관계들을 끌어들여 다음과 같이 말하더라도 문제는 조금도 더 간단해지지 않는다.

"유효수요란, 직접적 교환에 의해서건 간접적 교환에 의해서건, 상품의 대가로 그 상품의 생산비보다 더 많은 자본을 지불하는 소비자의 능력과 성향(!)이다."[14]

유통의 내부에서 생산자와 소비자는 판매자와 구매자로 대립할 뿐이다. 생산자가 획득하는 잉여가치는 소비자가 상품에 대해 가치보다 높은 값을 지불하는 데서 발생한다고 주장하는 것은, 상품소유자가 판매자로서 가치 이상의 높은 가격으로 판매할 수 있는 특권을 가지고 있다는 단순한 명제를 다른 말로 하는 것에 지나지 않는다. 판매자가 그 상품을 자신이 직접 생산했거나 그 상품의 생산자를 대표하고 있듯이, 구매자 역시 [팔아 화폐를 얻게 된] 상품을 자신이 직접 생산했거나 그 상품의 생산자를 대표하고 있다. 따라서 여기에서 서로 대립하는 것은 생산자와 생산자인데, 그들을 구별하는 것은, 한 쪽은 구매하고 다른 쪽은 판매한다는 것이다. 상품소유자는, 생산자 [ 판매자 ] 라는 이름에서는 상품을 그 가치보다 비싼 값으로 판매하고, 소비자 [ 구매자 ] 라는 이름에서는 상품에 그 가치보다 높은 가격을 지불한다고 말해 보았자 우리는 한 걸음도 더 앞으로 나아가지 못한다.[15]

---

다. 그리고 같은 이유에서 소비자가 언제나 싼 값으로 구입할 수 있기 위해서는 자기가 판매하는 상품도 마찬가지로 값을 낮추는 것에 동의해야만 한다." (라 리비에르, 앞의 책: 555)

14) 토렌즈, 『부의 생산에 관한 평론』: 349.

15) "이윤은 소비자가 지불한다는 생각은 확실히 아주 불합리하다. 이 소비자란 누구인가?"(람지, 『부의 분배에 관한 평론』: 183)

그러므로 잉여가치가 명목상의 가격 인상에서 생긴다든가 [상품을 가치보다 높은 가격으로 판매할 수 있는] 판매자의 특권에서 생긴다고 하는 환상을 철저하게 주장하는 사람들은, 판매하지 않고 구매만 하는, 따라서 생산하지 않고 소비만 하는 계급이 있다고 가정하는 것이다. 이와 같은 계급의 존재는 우리가 이때까지 도달한 상황, 즉 단순상품유통에서는 아직 설명할 수 없다. 그러나 여기에서는 상상력을 동원하자. 이와 같은 계급이 물건을 끊임없이 구매하기 위해 사용하는 화폐는, [교환 없이, 무상으로, 어떤 권리 또는 강제에 근거해] 상품소유자들 자신으로부터 이 계급에게로 끊임없이 흘러 들어가야 할 것이다. 그러므로 이런 계급에게 상품을 가치보다 높은 가격으로 판매한다는 것은, 무상으로 준 화폐의 일부를 속여 다시 찾아오는 것을 의미할 따름이다.[16] 예컨대 소아시아의 도시들은 고대 로마에 매년 화폐공납을 바쳤다. 로마는 이 화폐를 가지고 이 도시들에서 상품을 구매했는데, 그것도 대단히 비싼 값으로 구매했다. 소아시아사람들은 상업이라는 방법을 통해 로마사람을 속임으로써 자기들의 정복자들로부터 자기들이 바친 공납의 일부를 회수했다. 그런데도 속은 자는 역시 소아시아사람들이었다. 왜냐하면 자기들 상품의 대가는 여전히 자기들이 바친 화폐로 지불되었기 때문이다. 이런 것은 결코 부자가 되는 방법 또는 잉여가치를 창조하는 방법이 아니다.

그러므로 우리는 판매자는 동시에 구매자며, 구매자는 동시에 판매자라는 상품교환의 한계 안에 머물러 있기로 하자. 우리가 곤란에 빠지게

---

16) "어떤 사람의 상품이 잘 팔리지 않을 때, 맬더스는 이 사람에게 자기 상품을 팔기 위해 타인들에게 화폐를 주라고 충고하겠는가?" 이것은 리카도학파에 속하는 어떤 사람이 분노해 맬더스에게 던진 질문인데, 맬더스는 자기 제자인 목사 차머즈와 마찬가지로 단순한 구매자 또는 소비자 계급 [예: 목사·관리·군인]을 경제적으로 찬양했던 것이다. [『최근 맬더스 씨가 주장하는 수요의 성질과 소비의 필요에 관한 원리의 연구』]: 55를 보라.

된 것은 아마 등장인물들을 인격화한 범주로서만 고찰하고 개인으로서는 고찰하지 않은 데 기인한 것일지도 모른다.

상품소유자 A는 대단히 교활해서 자기 동료인 B 또는 C를 속일 수 있지만, B나 C는 아무리 해도 보복할 수가 없다고 하자. A는 B에게 40원의 가치가 있는 포도주를 팔고 그 대신 50원의 가치가 있는 곡물을 얻었다고 하자. A는 자기의 40원을 50원으로 전환시켰다. 적은 화폐를 많은 화폐로 만들었으며, 자기 상품을 자본으로 전환시켰다. 좀 더 자세히 검토해 보자. 교환이 이루어지기 전 A의 수중에는 40원어치의 포도주가 있었고, B의 수중에는 50원어치의 곡물이 있어, 총가치는 90원이었다. 교환 뒤에도 총가치는 동일한 90원으로 변함이 없다. 유통 중의 가치는 한 푼도 증가하지 않았으나 A와 B 사이에 그 가치의 분배는 변했다. 한 쪽에는 잉여가치로 나타나는 것이 다른 쪽에는 가치손실로 되며, 한 쪽에는 플러스로 되는 것이 다른 쪽에는 마이너스로 된다. 이와 동일한 변동은 A가 [교환이라는 위장된 형태에 의거하지 않고] B로부터 10원을 직접 훔쳤다 하더라도 일어났을 것이다. 유통 중의 가치총액은 그 분배상의 어떤 변화에 의해서도 증가할 수 없는 것이 분명하다. 이것은 마치 어떤 유태인이 앤여왕 시대의 1파싱화 [ 0.25펜스의 금화 ] 를 1기니 [ 252펜스의 금화 ] 에 판매하더라도 그것으로써는 일국 안의 귀금속 양을 증가시키지 못하는 것과 마찬가지다. 일국의 자본가계급 전체가 서로를 속여서 모두가 부자가 될 수는 없다.[17)

아무리 말을 이리저리 돌려 하더라도 그 결과는 마찬가지다. 만약 등

---

17) 데스튀트 드 트라시는 학술원 회원이었음에도 — 오히려 아마 그렇기 때문에 — 이와는 반대되는 견해를 가지고 있었다. 그는 다음과 같이 말한다. 산업자본가들은, "모든 물건을 그 생산에 든 비용 이상으로 비싸게 판매하는" 것에 의해 이윤을 얻는다. "그러면 그들은 누구에게 판매하는가? 먼저 상호간에 판매한다." (데스튀트 드 트라시, 앞의 책: 239)

가물끼리 서로 교환한다면 아무런 잉여가치도 발생하지 않으며, 또 등가
물이 아닌 상품들끼리 서로 교환한다고 하더라도 잉여가치는 전혀 발생
하지 않는다.[18) 유통, 즉 상품교환은 아무런 가치도 창조하지 않는다.[19)

이상의 설명으로부터 왜 우리가 자본의 기본형태[즉 근대사회의 경제
조직을 규정하는 자본형태]를 분석하면서, 가장 잘 알려져 있는 옛날부
터의 자본형태인 상인자본과 고리대자본을 전혀 고려하지 않았는가를 이
해할 수 있을 것이다.

유통형태 M-C-M′[더 비싸게 판매하기 위한 구매]을 가장 순수하
게 볼 수 있는 것은 진정한 상인자본에서다. 그러나 이 상인자본의 운동
전체는 유통분야의 내부에서 진행된다. 그런데 화폐가 자본으로 전환하
는 것과 잉여가치가 형성되는 것은 유통 그 자체에서는 설명할 수 없으
므로, 등가물끼리 서로 교환되는 한, 상인자본은 있을 수 없는 것으로 보
이며,[20) 따라서 상인이, [구매하는] 상품생산자와 [판매하는] 상품생산

---

18) "두 개의 동등한 가치 사이의 교환은 사회의 가치 총량을 증가시키지도 감소
시키지도 않는다. 동등하지 않은 가치 사이의 교환은…이 역시 사회의 가치
총액을 조금도 변동시키지 않고, 타인의 재산을 빼앗아 자기의 재산에 첨가
할 뿐이다."(세, 『정치경제학 개론』: 443~444) 세는 물론 이 명제의 결론에
조금도 개의하지 않고, 이 명제를 거의 글자 그대로 중농주의자로부터 빌리
고 있을 뿐이다. 그가 자기 자신의 '가치'를 높이기 위해 그 당시에는 세상에
거의 알려지지 않았던 중농주의자들의 저작을 어떤 방식으로 이용했는가는
다음의 예로부터 알 수 있다. "생산물은 오직 생산물로 구매할 수 있을 뿐이
다."(같은 책: 441)는 세의 '가장 유명한' 명제는 중농주의자의 원문에는 "생
산물은 오직 생산물로 지불할 수 있을 뿐이다."로 되어 있다.(르 트로느, 앞
의 책: 899)

19) "교환은 생산물에 어떤 가치도 첨가하지 않는다."(웨일랜드, 『정치경제학
개요』: 169)

20) "변하지 않는 등가물이 지배하는 한, 상업은 불가능할 것이다."(옵다이크,
『정치경제학 논문』: 66~69) "실질가치와 교환가치 사이의 차이는 바로 다음
과 같은 하나의 사실에 근거하고 있다. 즉 어떤 물건의 가치는 상업에서 그

자 사이에 기생적으로 개입해 그들을 속여 빼앗음으로써 상인자본이 탄생할 수 있는 것처럼 보인다. 이런 의미에서 프랭클린은 "전쟁은 약탈이고, 상업은 사기"[21]라고 말한 것이다. 상인자본의 가치증식을 상품생산자들에 대한 단순한 속여 빼앗기 이외의 것으로 설명하기 위해서는, 단순상품유통이 우리의 유일한 전제로 되어 있는 여기에서는 아직 존재하지 않는 일련의 긴 중간고리가 필요하다. [ 제3권 제4편을 참조하라. ]

상인자본에 대해 말한 것은 고리대자본에게는 더욱 타당하다. 상인자본에서는 그 두 끝[즉 시장에 투입되는 화폐와 시장에서 끌려나오는 증식된 화폐]은 적어도 구매와 판매에 의해, 유통운동에 의해 매개되고 있다. 고리대자본에서는 형태 M-C-M′이 매개고리가 없는 두 끝 M-M′으로, 더 많은 화폐와 교환되는 화폐[이것은 화폐의 본성과 모순되며 따라서 상품교환의 처지에서는 설명할 수 없는 형태]로 단축된다. 그러므로 아리스토텔레스도 다음과 같이 말하고 있는 것이다.

"화식술은 이중의 과학인바, 일부는 상업에 속하고 다른 일부는 가정학에 속한다. 후자는 필요한 것으로 칭찬받을 가치가 있지만, 전자는 유통에 바탕을 두고 있는 것으로 비난받아 마땅하다(왜냐하면 그것은 자연에 근거를 두지 않고 상호간의 사기에 근거를 두고 있기 때문이다). 고리대가 미움을 받는 것은 아주 당연한 일이다. 왜냐하면 화폐 그 자체가 이익의 원천으로 되고 있으며, 그것이 발명된 목적을 위해 사용되지 않고 있기 때문이다. 원래 화폐는 상품교환을 위해 발명되었다. 그러나 이자는 화폐로부터 더 많은 화폐를 만들어 낸다. 이자라는

_____

물건과 교환으로 주는 이른바 등가물과는 다르다는 것, 다시 말해 그 등가물은 등가물이 아니라는 것이다."(엥겔스, 『국민경제학비판 개요』[ CW 3: 427 ])

21) 프랭클린, 『국민의 부에 관해 검토해야 할 견해들』: 376.

명칭"($\tau \delta \chi o \varsigma$ — 이자, 자식)"도 이로부터 나왔다. 왜냐하면 자식은 어버이를 닮는 법이니까. 그러나 이자는 화폐로부터 나온 화폐이고, 따라서 고리대는 모든 생계형태 중에서 가장 반反자연적인 것이다."22)

우리는 우리의 연구과정에서 상인자본과 이자 낳는 자본이 파생적派生的 derivative 형태라는 것을 알게 될 것이며, 또 이와 동시에 어째서 이 두 형태가 역사적으로 자본의 근대적인 기본형태보다도 먼저 나타났는지를 알게 될 것이다.

지금까지 밝힌 대로 잉여가치는 유통에서 발생할 수 없으므로, 그것이 형성되려면 유통 그 자체에서는 보이지 않는 그 무엇이 유통의 배후에서 반드시 일어나야만 한다.23) 그러나 잉여가치는 유통[즉 상품소유자들의 모든 상호관계의 총체] 이외의 다른 곳에서 생길 수 있을까? 유통 밖에서 상품소유자는 자기 자신의 상품과 관계를 맺을 뿐이다. 이 관계는 자기 상품이 [일정한 사회적 기준에 따라 측정되는] 자기 자신의 노동량을 포함하고 있다는 것을 가리킬 뿐이다. 이 노동량은 자기 상품의 가치량으로 표현되며, 그리고 가치량은 계산화폐에 의해 측정되므로, 그의 노동량은 예컨대 10원이라는 가격으로도 표현된다. 그러나 그의 노동은 그 상품가치와 [그 상품가치를 넘는] 어떤 초과분 두 개로 표현되지는 않는다. 즉 10이면서 동시에 11이기도 한 가격으로 표현되지는 않으며, 자기 자신보다 더 큰 하나의 가치로 표현되지도 않는다. 상품소유자는 자기의 노동으로 가치를 창조할 수 있지만 자기증식하는 가치를 창조할 수는 없다. 그는 현존의 가치에 새로운 노동[따라서 새로운 가치]을 첨가함으로

---

22) 아리스토텔레스, 『정치학』: 17.

23) "시장의 보통 조건에서는 이윤은 교환에 의해 얻어지는 것이 아니다. 만약 이윤이 교환 이전에 존재하지 않았다면 그것은 교환 이후에도 존재할 수 없을 것이다."(람지, 『부의 분배에 관한 평론』: 184)

써—예컨대 가죽을 장화로 만듦으로써—자기 상품의 가치를 증가시킬
수는 있다. 동일한 소재가 더 많은 노동량을 흡수하기 때문에 이제 더
많은 가치를 가지게 된다. 그러므로 장화는 가죽보다 더 많은 가치를 가
지지만, 가죽의 가치는 원래 그대로다. 가죽은 자신의 가치를 증식시킨
것도 아니며 장화를 만드는 중에 잉여가치를 첨가한 것도 아니다. 그러
므로 상품생산자는 다른 상품소유자들과 접촉하지 않고서는 [즉 유통영
역의 외부에서는] 가치를 증식시킬 수 없으며, 따라서 화폐나 상품을 자
본으로 전환시킬 수 없다.

  자본은 유통에서 생길 수도 없고, 또 유통의 외부에서 생길 수도 없다.
자본은 유통에서 생겨야 하는 동시에 유통의 외부에서 생겨야 한다.

  그리하여 우리는 두 가지 다른 성질을 가진 하나의 결론을 얻게 되었
다.

  화폐가 자본으로 전환하는 것은 마땅히 상품교환을 규정하는 법칙의
토대 위에서 전개되어야 할 것이며, 따라서 등가물끼리의 교환이 당연히
출발점으로 되어야 할 것이다.24) 아직까지는 애벌레 형태의 자본가에 불

---

24) 이상의 설명을 통해 독자는 이 말의 의미가 무엇인가를 이해할 수 있을 것이
  다. 그것은 상품의 가격과 가치가 동일한 경우에도 자본의 형성이 가능해야
  한다는 것이다. 왜냐하면 자본의 형성을 가격과 가치 사이의 편차에 의해 설
  명할 수는 없기 때문이다. 만약 가격들이 현실적으로 가치들과 다르다면, 먼
  저 가격을 가치로 환원해야 한다. 다시 말해 그 편차를 우연적인 것으로 무시
  해야 한다. 이렇게 하는 것은, 상품교환의 토대 위에서 자본의 형성이라는 현
  상을 순수한 형태로 고찰하기 위한 것이며, 그리고 이 고찰 과정의 진행과는
  관계가 없는 교란적이고 부차적인 사정들이 개입하는 것을 막기 위한 것이
  다. 더욱이 우리는 이런 환원이 단순히 과학적인 조사과정에서만 일어나는
  것이 아니라는 것을 알고 있다. 사실상 시장가격의 끊임없는 변동[그 상승과
  하락]은 서로 보충하고 서로 상쇄하여 시장가격을 자기의 내적 규제자인 평
  균가격으로 환원하고 있다. 이 평균가격은 비교적 긴 시간이 걸리는 모든 사
  업에서 상인이나 제조업자를 인도하는 별이다. 비교적 긴 기간을 전체적으로

과한 화폐소유자는 상품을 그 가치대로 사서 그 가치대로 팔아야 하는
데, 그러면서도 과정의 끝에 가서는 자기가 처음 유통에 던져 넣은 것보
다 더 많은 가치를 유통에서 끌어내지 않으면 안 된다. 그가 나비로 성장
하는 것, 즉 완전한 자본가로 되는 것은 반드시 유통영역에서 일어나야
하며, 또 그러면서도 유통영역에서 일어나서는 안 된다. 이것이 바로 문
제의 조건이다. "여기가 로두스 섬이다. 자, 여기서 뛰어보라!"*

---

고찰해 보면, 상품들은 평균가격 이하나 이상으로가 아니라 바로 평균가격으
로 판매된다는 것을 제조업자는 알고 있다. 그러므로 만약 그가 공평무사하
게 생각한다면, 그는 자본형성의 문제를 다음과 같이 제기할 것이다. 가격이
평균가격에 의해, 즉 결국은 상품가치에 의해 규제되는 경우, 어떻게 자본이
발생할 수 있는가? 내가 여기서 '결국은'이라고 말하는 이유는, 평균가격은
스미스, 리카도 등의 생각과는 달리 직접적으로 상품의 가치와 일치하지는
않기 때문이다. [제3권 제2편을 참조하라.]

* 이솝 우화에 나오는 것인데, 로두스 섬에서 매우 높게 뛴 적이 있다고 뽐내는
사람에게 행한 응수다.

# 제6장
# 노동력의 구매와 판매

[자본으로 전환해야 할] 화폐의 가치변화는 화폐 그 자체에서는 일어날 수 없다. 왜냐하면 화폐는 구매수단과 지불수단으로서는 [그것이 구매하거나 지불하는] 상품의 가격을 실현할 뿐이며, 그리고 또 자기 자신의 형태에 그대로 머물러 있는 화폐는 변하지 않는 가치량으로 굳어 버리기 때문이다.[1] 이 가치변화는 제2의 유통행위인 상품의 재판매로부터도 생길 수 없다. 왜냐하면 이 행위는 상품을 다만 현물형태에서 화폐형태로 재전환시키는 데 지나지 않기 때문이다. 그러므로 이 가치변화는 바로 제1의 유통행위 M-C로 구매하는 상품에서 일어나야 되는데, 그렇다고 그 상품의 가치에서 일어나는 것은 아니다. 왜냐하면 등가물끼리 교환되며 상품은 그 가치대로 지불되기 때문이다. 그리하여 이 가치변화는 오직 그 상품의 현실적인 사용가치에서, 즉 그 상품의 소비에서 생길 수 있을 뿐이다. 그런데 한 상품의 소비에서 가치를 끌어내기 위해서는, 우리의 화폐소유자는 유통영역의 내부, 시장에서 운수 좋게 그것을 사용하면 가치가 창조되는 독특한 속성을 가진 상품—즉 그것의 현실적 소비

---

1) "화폐형태로는 이 자본은 아무런 이윤도 낳지 않는다."(리카도, 『정치경제학 및 과세의 원리』: 310)

그 자체가 노동을 대상화하여 가치를 형성하게 되는 그런 상품—을 발
견해야만 한다. 사실상 화폐소유자는 시장에서 이와 같은 특수한 상품을
발견하는데, 이것은 노동능력 또는 노동력labour-power이다.

노동력 또는 노동능력이라는 것은 인간의 신체 속에 있는 육체적·정
신적 능력의 총체인데, 인간은 온갖 종류의 사용가치를 생산할 때마다
그것을 운동시킨다.

그러나 화폐소유자가 시장에서 노동력을 상품으로 발견하기 위해서는
여러 가지 조건이 충족되지 않으면 안 된다. 상품교환은 그 자체로서는
자기 자신의 성질에서 나오는 것 이외의 다른 어떤 종속관계도 포함하지
않는다. 이런 전제 아래에서 노동력이 상품으로 시장에 나타날 수 있는
것은, 이것의 소유자[즉 자신의 노동력을 상품으로 가지고 있는 바로 그
사람]가 그것을 상품으로 시장에 내어놓을 때, 판매할 때만 가능하며, 또
그렇게 하기 때문에 가능한 것이다. 노동력의 소유자가 노동력을 상품으
로 판매할 수 있기 위해서는 자신의 노동력을 자유롭게 처분할 수 있어
야만 하며, 따라서 자기의 노동능력, 자기 인격의 자유로운 소유자로 되
어야만 한다.[2] 노동력의 소유자와 화폐소유자는 시장에서 만나 서로 대
등한 상품 소유자로 관계를 맺는데, 그들의 차이점은 한 쪽은 판매자이
고 다른 쪽은 구매자라는 점뿐이고, 양쪽 모두 법률상으로는 평등한 사
람들이다. 이런 관계가 지속되기 위해서는 노동력의 소유자가 자기의 노
동력을 항상 일정한 시간 동안만 판매해야 한다. 왜냐하면 만약 그가 노
동력을 한꺼번에 몽땅 판매한다면, 그는 자기 자신을 판매하는 것으로
되며, 따라서 그는 자유인에서 노예로, 상품소유자에서 상품으로 되기

---

[2] 고전적 고대에 관한 백과사전 속에서 다음과 같은 엉터리를 읽을 수 있다. 고
대세계에는 "자유로운 노동자와 신용제도가 없었다는 것을 제외하면" 자본은
충분히 발전하고 있었다는 것이다. 몸젠도 자기의 『로마사』에서 이와 같은 오
류를 되풀이해 범하고 있다.

때문이다. 그는 자기의 노동력을 언제나 자기의 소유물로, 자기 자신의 상품으로 취급해야 하는데, 이것은 오직 그가 자기의 노동력을 항상 일시적으로, 일정한 기간만 구매자의 자유처분에 맡겨 사용하게 함으로써 노동력에 대한 자기의 소유권을 포기하지 않는 경우에만 가능하다.[3]

화폐소유자가 노동력을 시장에서 상품으로 발견하기 위한 제2의 필수조건은, 노동력의 소유자가 자기의 노동이 대상화된 상품을 판매할 수 없기 때문에 [자기의 살아 있는 신체 안에만 있는] 자기의 노동력 그 자체를 상품으로 시장에 내놓을 수밖에 없어야 한다는 것이다.

어떤 사람이 자신의 노동력이 아닌 다른 상품을 판매할 수 있기 위해서는 생산수단[예컨대 원료, 노동도구 등]을 소유하고 있어야만 한다. 그는 가죽 없이는 장화를 만들 수 없다. 그 외에도 그는 생활수단을 필요로 한다. 어느 누구도, 심지어 공상가까지도, 미래의 생산물[그 생산이 아직 완성되지 않은 사용가치]을 먹고 살 수는 없다. 인간은 지구상에 그 모습을 나타낸 첫날부터 지금까지 날마다, 생산을 시작하기 전에도 또 생산

---

3) 그러므로 각국의 법은 노동계약의 최대 기간을 확정하고 있다. 자유로운 노동이 행해지고 있는 곳에는 법은 계약해제의 예고조건을 규정하고 있다. 여러 나라들, 특히 멕시코에서는 (미국의 남북전쟁 이전에는 멕시코로부터 넘겨 받은 지역에서도, 그리고 쿠차Cuza의 변혁 이전에는 사실상 다뉴브의 여러 제후국에서도) 노예제도가 채무노예제라는 형태로 은폐되어 있었다. 노동하여 갚아야 하는 것으로 되어 있는 [그것도 대대로 이어지는] 채무로 말미암아, 노동자 개인뿐 아니라 그의 가족까지도, 사실상 타인이나 다른 가족의 소유물로 된다. 후아레스는 채무노예제를 폐지했지만, 자칭 황제인 막시밀리안은 하나의 칙령으로 그것을 부활했는데, 이 칙령은 워싱턴의 하원에서 적절하게도 멕시코가 노예제도를 다시 도입하기 위한 칙령이라고 비난받았다. "나는 나의 특수한 육체적·정신적 적성과 능력의 사용을 제한된 시간 동안 타인에게 허가할 수 있다. 왜냐하면 이와 같은 제한에 의해 나의 적성과 능력은 나의 전체성·일반성과 외적 관계를 맺기 때문이다. 그러나 만약 내가 나의 전체 노동시간과 나의 생산물 전체를 넘겨준다면, 나는 나의 실체, 나의 일반적 활동과 본성, 나의 인격을 타인의 소유로 되게 할 것이다."(헤겔, 『법철학』: 104)

을 하는 동안에도, 소비하지 않으면 안 된다. 만약 생산물이 상품으로 생산된다면, 생산물은 생산되고 나서 판매되어야 하며, 또 생산물이 판매된 뒤에야 비로소 생산자의 욕구를 충족시킬 수 있다. 생산에 필요한 시간 외에 판매에 필요한 시간이 추가된다.

그러므로 화폐가 자본으로 전환되기 위해서는 화폐소유자는 상품시장에서 자유로운free 노동자를 발견하지 않으면 안 된다. 여기에서 자유롭다는 것은 이중의 의미를 가진다. 즉 노동자는 자유인自由人free individual으로서 자기의 노동력을 자신의 상품으로 처분할 수 있다는 의미와, 다른 한편으로 그는 노동력 이외에는 상품으로 판매할 다른 어떤 것도 전혀 가지고 있지 않으며, 자기 노동력의 실현에 필요한 모든 물건으로부터 자유롭다free of는〔즉 가지고 있지 않다는〕의미다.

어째서 이 자유로운 노동자가 시장에서 화폐소유자와 마주하게 되는가 하는 문제는, 노동시장을 상품시장의 하나의 특수한 분야로 여기는 화폐소유자의 관심사가 아니다. 그리고 이 문제는 당분간 우리의 관심사도 아니다. 화폐소유자가 그 사실〔노동력을 상품으로 파는 사람이 있다는 사실〕에 실천적으로 달라붙는 것과 마찬가지로, 우리는 그 사실에 이론적으로 달라붙어야 한다. 그러나 한 가지만은 분명하다. 즉 자연이 한편으로 화폐소유자 또는 상품소유자를 낳고, 다른 한편으로 자기의 노동력만 소유하고 있는 사람을 낳는 것은 아니다. 이런 관계는 자연사적 관계도 아니며 또한 역사상의 모든 시대에 공통된 사회적 관계도 아니다. 그것은 분명히 과거 역사적 발전의 결과며, 수많은 경제적 변혁의 산물이고, 과거 수많은 사회적 생산구성체의 몰락의 산물이다.〔제1권 제8편 "이른바 시초축적"을 참조하라.〕

우리가 앞에서 고찰한 경제적 범주들도 역시 자기들의 역사적 흔적을 가지고 있다. 생산물이 상품으로 되려면 일정한 역사적 조건이 필요하다. 생산물이 상품으로 되기 위해서는 그것이 생산자 자신을 위한 직접적 생활수단으로 생산되어서는 안 된다. 만약 우리가 더 나아가 어떤 사정에서 모든 생산물 또는 적어도 대다수의 생산물이 상품이라는 형태를 취하게 되는가를 탐구해 본다면, 그것은 오직 하나의 아주 독특한 생산양식, 즉 자본주의적 생산양식에서만 일어나게 된다는 것을 알게 될 것이다. 그러나 이와 같은 탐구는 상품분석의 범위를 훨씬 벗어난다. 비록 생산물의 압도적 양이 직접 자가소비에 충당되고 상품으로 전환되지 않으며, 따라서 사회적 생산과정이 그 전체 폭이나 깊이에서 교환가치에 의해 아직도 지배되지 않더라도, 상품생산과 상품유통은 일어날 수 있다. 생산물이 상품으로 나타나는 것은, 사회 안의 분업이 어느 정도 발전해서 사용가치와 교환가치의 분리[물물교환과 함께 처음 시작된다]가 이미 실현되고 있는 것을 그 조건으로 한다. 그러나 이 정도의 발전은 역사적으로 매우 다양한 경제적 사회구성체 어디에도 있다.

또 이제 화폐로 눈을 돌려보면, 화폐는 상품교환의 일정한 발전단계를 전제로 한다. 각종의 화폐형태(단순한 상품등가물로서 화폐, 유통수단으로서 화폐, 지불수단으로서 화폐, 퇴장화폐와 세계화폐)는 이런저런 기능의 크기와 그 상대적 중요성에 따라 사회적 생산과정의 매우 다른 수준들을 보여준다. 그런데도 우리는 상품유통이 조금만 발달하면 모든 화폐형태가 나타난다는 것을 경험으로 알고 있다. 그러나 자본은 그렇지 않다. 자본의 역사적 존재조건은 결코 상품유통과 화폐유통에 의해 주어지는 것은 아니다. 자본은, 오직 생산수단과 생활수단의 소유자가 시장에서 [자기 노동력의 판매자로서] 자유로운 노동자를 발견하는 경우에만 생긴다. 그리고 이 하나의 역사적 전제조건만으로도 하나의 세계사를 형성하게 된다. 그러므로 자본은 처음부터 사회적 생산과정의 하나의 새로운 시대를 선언하고 있는 것이다.[4]

---

4) 자본주의 시대를 특징짓는 것은 노동력이 노동자 자신의 눈에도 자기가 가지고 있는 상품이라는 형태를 취하며, 따라서 자기 노동이 임금노동의 형태를 취

이제 우리는 노동력이라는 이 독특한 상품을 좀 더 자세히 고찰해야 한다. 이 상품도 다른 모든 상품과 마찬가지로 하나의 가치를 가진다.[5] 그 가치는 어떻게 결정되는 것일까?

노동력의 가치는 [다른 모든 상품의 가치와 마찬가지로] 이 특수한 상품의 생산과 재생산에 드는 노동시간에 의해 규정된다. 노동력이 가치인 한, 노동력 그 자체는 거기에 대상화되어 있는 일정한 양의 사회적 평균노동을 표현할 뿐이다. 노동력은 오직 살아 있는 개인의 능력으로서만 존재한다. 그러므로 노동력의 생산은 이 개인의 생존을 전제로 한다. 이 개인이 살아있다면, 노동력의 생산이란 이 개인 자신의 재생산, 그의 생활의 유지다. 살아 있는 개인은 자기 생활을 유지하기 위해 일정한 양의 생활수단을 필요로 한다. 그러므로 노동력의 생산에 필요한 노동시간은 결국 이 생활수단의 생산에 드는 노동시간이 된다. 다시 말해 노동력의 가치는 노동력 소유자의 생활을 유지하는 데 필요한 생활수단의 가치다. 그런데 노동력은 오직 그 발휘에 의해서만 자기를 실현하며, 오직 노동을 통해서만 발휘된다. 노동력의 발휘인 노동에는 인간의 근육·신경·뇌 등의 일정한 양이 지출되는데, 그것은 다시 보충되지 않으면 안 된다. 이런 지출의 증가는 소득의 증가를 조건으로 한다.[6] 노동력의 소유자가 오늘의 노동을 끝마친다면, 그는 내일도 오늘과 동일한 힘과 건강을 가지고 동일한 과정을 반복할 수 있어야만 한다. 따라서 생활수단의 총량

---

한다는 점에 있다. 다른 한편으로 이 순간부터 비로소 노동생산물의 상품형태가 일반화된다.

5) "한 인간의 가치는 다른 모든 물건의 가치와 마찬가지로 그의 가격이다. 다시 말해 그것은 그의 힘을 사용하는 대가로 지불받을 수 있는 금액이다."(홉스, 『리바이어던』: 76)

6) 그러므로 고대 로마에서 농업노예를 감시하던 노예관리자 빌리쿠스는 "보통의 노예보다 그 일이 쉽다는 이유로 보통의 노예보다 더 적은 생활물자를 받았다."(몸젠, 『로마사』: 810)

은 노동하는 개인을 정상적인 생활상태로 유지하는 데 충분하지 않으면
안 된다. 음식물·의복·난방·주택 등과 같은 그의 자연적 욕구는 한
나라의 기후나 기타 자연적 특성에 따라 다르다. 다른 한편으로 이른바
필수적인 욕구의 범위나 그 충족 방식은 그 자체가 하나의 역사적 산물
이며, 따라서 대체로 한 나라의 문화수준에 따라 결정되는데, 특히 자유
로운 노동자계급이 어떤 조건에서 또 어떤 관습과 기대를 가지고 형성되
었는가에 따라 결정된다.[7] 그러므로 다른 상품들의 경우와는 달리 노동
력의 가치규정에는 역사적·도덕적[정신적] 요소가 포함된다. 그러나
일정한 시대의 일정한 나라에는 노동자들에게 필요한 생활수단의 평균적
범위는 주어져 있다.

　노동력의 소유자는 죽을 수밖에 없다. 따라서 화폐가 연속적으로 자본
으로 전환하는 것이 전제하는 바와 같이, 노동력의 판매자가 시장에 계
속 나타나기 위해서는, 그는, "살아 있는 개체는 어느 것이나 생식에 의
해 자기 자신을 영구화하는 것처럼,"[8] 생식에 의해 자기 자신을 영구화
하지 않으면 안 된다. 소모와 사망의 결과 시장에서 빠져나가는 노동력
은 적어도 같은 수의 새로운 노동력에 의해 끊임없이 보충되어야 한다.
그러므로 노동력의 생산에 필요한 생활수단의 총량에는 이런 보충인원
[노동자의 자녀들]의 생활수단이 포함되며, 그리하여 이 독특한 상품소
유자 종족은 상품시장에서 영구히 존재하게 된다.[9]

　인간 유기체의 일반적인 천성을 변화시켜 일정한 노동부문에서 기능

---

7) 손턴, 『과잉인구와 그 해결책』(1846)을 참조하라.

8) 페티.

9) "그것[노동]의 자연가격은…노동자를 유지하기 위해, 또 노동자로 하여금 [감
　소되지 않는 노동공급을 시장에 보장할 만한] 가족을 부양할 수 있게 하기 위
　해, 그 나라의 기후나 생활관습이 요구하는 생활수단과 편의품의 양이다."(토
　렌즈, 『곡물무역론』: 62) 여기에서는 노동이란 말이 노동력이라는 말 대신 잘
　못 사용되고 있다.

과 숙련을 몸에 익혀 특수한 노동력이 되게 하기 위해서는, 일정한 훈련
또는 교육이 필요한데, 거기에는 또 얼마간의 상품들(또는 그 등가)이 든
다. 이 비용은 노동력이 어느 정도로 복잡한 훈련과 교육을 받느냐에 따
라 달라진다. 이런 비용은 [보통의 노동력의 경우에는 매우 적지만] 노동
력의 생산을 위해 지출되는 가치 속에 들어간다.

　노동력의 가치는 일정한 양의 생활수단의 가치로 분해될 수 있다. 그
러므로 노동력의 가치는 이 생활수단의 가치, 이 생활수단의 생산에 드
는 노동시간에 따라 변동한다.

　생활수단의 일부, 예컨대 식료품·연료 등은 매일 소비되고 매일 보충
되지 않으면 안 된다. 다른 생활수단들, 예컨대 의복·가구 등은 비교적
긴 시간에 걸쳐 소모되며, 따라서 비교적 오랜 시간에 걸쳐 보충되어도
된다. 어떤 종류의 상품은 매일, 또 어떤 종류의 상품은 매주, 매분기 등
으로 구매되거나 지불되어야 한다. 그러나 이와 같은 지출의 총액은 예
컨대 1년 동안 어떻게 분배되든 매일매일의 평균소득에 의해 메꾸어져야
한다. 이제 노동력의 생산에 매일 필요한 상품의 양을 A, 매주 필요한
양을 B, 매분기에 필요한 양을 C… 따위라고 가정하면, 이 상품들의 하루
의 평균량 $= \frac{365A + 52B + 4C + 기타}{365}$ 이 될 것이다. 이 하루 평균으로 필요한
상품량 묶음이 6시간의 사회적 노동을 포함하고 있다면, 매일의 노
동력에는 반일 분[노동일이 12시간이라면]의 사회적 평균노동이 대상화
되어 있다. 다시 말해 그 노동력이 매일 생산되기 위해서는 노동일의 반
이 필요하다. 이 노동량은 노동력의 하루 가치[즉 매일 재생산되는 노동
력의 가치]를 형성한다. 만일 반일분의 사회적 평균노동이 3원으로 표시
된다면, 3원은 노동력의 하루 가치에 해당하는 가격이다. 만약 노동력의
소유자가 자기의 노동력을 매일 3원에 판다면, 노동력의 판매가격은 노
동력의 가치와 같다. 그리고 우리의 전제에 따르면, 자기의 3원을 자본
으로 전환시키기를 갈망하는 화폐소유자는 실제로 이 가치를 지불한다.

노동력 가치의 최소 한계는, 노동력의 보유자인 인간이 자기의 생명과
정을 갱신할 수 있기 위해 매일 공급받지 않으면 안 되는 상품량의 가치
에 의해, 다시 말해 육체적으로 필수불가결한 생활수단의 가치에 의해
결정된다. 만약 노동력의 가격이 이 최소한계까지 떨어진다면, 그 가격
은 노동력의 가치 이하로 떨어지는 것으로 된다. 왜냐하면 이 경우에는
노동력은 위축된 상태로만 유지되고 발휘되기 때문이다. 어떤 상품의 가
치든 그것은 그 상품을 정상적인 품질로 공급하는 데 필요한 노동시간에
의해 결정되는 것이다.

사물의 본성으로부터 나오는 이와 같은 노동력의 가치결정 방법을 잔
인하다고 말하면서 로시 등과 더불어 다음과 같이 탄식하는 것은 매우
값싼 감상이다.

"생산과정 중에 있는 노동자의 생활수단을 고려하지 않고 노동능력
을 이해하려는 것은 하나의 망상이다. 우리가 노동 또는 노동능력에
대해 말할 때, 우리는 동시에 노동자와 그의 생활수단, 노동자와 그의
임금에 대해 말하는 것이다."[10]

노동능력에 대해 말하는 것은 노동에 대해 말하는 것이 아니라는 사실
은, 마치 소화능력에 대해 말하는 것은 소화에 대해 말하는 것이 아니라
는 사실과 마찬가지다. 소화라는 과정이 실제로 진행되려면, 누구나 다
아는 바와 같이, 튼튼한 위장만으로는 부족하고 그 이상의 것이 필요하
다. 노동능력에·관해 말할 때, 우리는 노동능력의 유지에 필요한 생활수
단을 도외시하지 않는다. 그 이유는 이 생활수단의 가치가 노동능력의
가치로 표현되기 때문이다. 그러나 노동능력이 판매되지 않으면 노동능

---

10) 로시, 『정치경제학 강의』: 370~371.

력은 노동자에게 아무런 소용도 없다. 그는 오히려 자기의 노동능력이 이것의 생산에 일정한 양의 생활수단을 필요로 한다는 사실, 그리고 이것의 재생산을 위해 생활수단을 끊임없이 필요로 한다는 사실을 하나의 가혹한 자연의 필연성으로 느끼게 될 것이다. 이때에 그는 시스몽디처럼 "노동능력은…판매되지 않으면 아무것도 아니다."11)는 것을 발견하게 될 것이다.

상품으로서 노동력의 특수성 때문에 나타나는 하나의 결과는, 구매자와 판매자가 계약을 체결하더라도 이 상품의 사용가치가 아직 현실적으로 구매자의 수중으로 넘어가지 않는다는 점이다. 노동력의 가치는 [다른 모든 상품의 가치와 마찬가지로] 노동력이 유통에 들어가기 전부터 결정되어 있다. 왜냐하면 노동력의 생산을 위해 벌써 일정한 양의 사회적 노동 [ 생활수단 ] 이 지출되었기 때문이다. 그러나 노동력의 사용가치는 그 뒤에 행해지는 노동력의 발휘에 있다. 그러므로 노동력의 양도와 구매자가 노동력을 실제로 이용하는 것[노동력을 사용가치로 사용하는 것]은 시간적으로 서로 분리되어 있다. 이처럼 판매에 의한 사용가치의 형식적 양도와, 구매자에게 사용가치의 현실적 인도가 시간적으로 서로 분리되어 있는 경우에는, 구매자의 화폐는 대체로 지불수단으로 기능한다.12)

자본주의적 생산양식이 지배하고 있는 모든 나라에서는, 노동력은 매매계약에서 확정된 기간만큼 기능을 수행한 뒤에야 [예컨대 매주 말에

---

11) 시스몽디, 『신정치경제학 원리』: 113.

12) "모든 노동은 그것이 끝난 뒤에 대가를 지불받는다."( [『최근 맬더스가 주장하는 수요의 성질…에 관한 원리의 연구』]: 104) "상업신용의 시초는 생산물의 주된 창조자인 노동자가 자기의 저축에 의해 자기의 임금 지불을 1주일·2주일·1개월·3개월까지 기다릴 수 있게 된 그 순간부터일 것이다."(가닐, 『정치경제학의 체계』: 150)

야] 비로소 지불을 받는다. 그러므로 노동자는 어디에서나 노동력의 사용가치를 자본가에게 미리 빌려준다. 노동자는 노동력의 가격을 지불받기 전에 노동력을 구매자의 소비에 맡기며, 따라서 어디에서나 노동자는 자본가에게 신용을 주고 있다. 이 신용을 준다는 것이 결코 단순한 허구가 아니라는 것은, 자본가가 파산하는 경우 임금을 받지 못하게 되는 일이 때때로 생긴다는 사실13)뿐 아니라, 더욱 장기적인 영향을 미치는 수많은 사건들을 통해서도 알 수 있다.14)

---

13) "노동자는 자기의 근면을 대부한다."고 슈토르히는 말하고 있다. 그러나 그는 교활하게도 다음과 같이 덧붙인다. 노동자는 "자기의 임금을 잃어버리는 것" 이외에는 "아무런 위험도 부담하지 않는다…왜냐하면 노동자는 물질적인 것은 아무것도 넘겨주지 않기 때문이다."(슈토르히, 『정치경제학 강의』: 36~37)

14) 하나의 실례. 런던에는 두 가지 종류의 빵집이 있다. 빵을 그 가치대로 판매하는 '정가판매' 빵집과, 그 가치보다 싸게 파는 '할인판매' 빵집이 그것이다. 후자의 부류에 속하는 것이 빵집 총수의 3/4 이상을 차지한다('빵제조업자의 고충'에 관한 정부위원 트리멘히어의 『보고서』, 런던 1862). 이 할인판매 빵집들은 거의 예외 없이 명반, 비누, 탄산칼륨의 가루, 석회, 더비셔주에서 나는 석분, 기타 비슷한 성분을 섞어 넣음으로써 품질이 나쁜 빵을 판매하고 있다. (앞에서 인용한 보고서, "불량빵의 제조에 관한 1855년의 위원회"의 보고, 그리고 하설의 『적발된 불량품』, 2판, 런던 1861을 보라) 고든은 1855년의 위원회에서 다음과 같이 말했다. "이와 같은 불량빵 때문에 매일 2파운드 [907그램]의 빵으로 살아가는 빈민들은 이제 자기의 건강을 해치는 것은 물론이고 실제로는 영양분의 1/4도 섭취하지 못하고 있다." 왜 노동자계급의 대부분이 이런 불량품에 대해 잘 알고 있으면서도 명반이나 석분이 든 것을 사는가에 대한 이유로서, 트리멘히어는 (앞의 보고서에서) 그들은 "단골 빵집이나 잡화점에서 주는 빵을 군말 없이 받지 않을 수 없다."는 점을 들고 있다. 그들은 노동주간이 끝나고 나서야 비로소 임금을 받기 때문에, 그들은 "한 주 동안 그들의 가족이 소비한 빵 값을 주말에 가서야 비로소 지불할 수 있다." 그리고 트리멘히어는 증인의 진술을 인용하면서 다음과 같이 말하고 있다. "이런 혼합물을 넣은 빵이 일부러 이런 종류의 고객을 목표로 공공연하게 제조된다는 것은 누구나 다 아는 사실이다." "잉글랜드의 다수의 농업지대에서

그러나 화폐가 구매수단으로 기능하든 지불수단으로 기능하든 그것은 상품교환 그 자체의 성질을 조금도 변화시키지 않는다. 노동력의 가격은 비록 나중에 실현된다 할지라도, 가옥의 임대료처럼 계약상 이미 확정되어 있다. 노동력은 [비록 그 대가가 나중에 지불된다 하더라도] 벌써 판매된 것이다. 그러나 이 관계를 순수한 형태에서 파악하기 위해서는, 당분간 노동력의 소유자가 노동력의 판매와 동시에 계약상 정해진 가격을 즉시 받는다고 전제하는 것이 편리하다.

이제 우리는 노동력이라는 이 독특한 상품의 소유자에게 화폐소유자가 지불하는 가치가 결정되는 방식을 알았다. 화폐소유자가 교환을 통해 받는 사용가치는 노동력의 현실적 사용, 즉 노동력의 소비과정에서 비로소 나타난다. 화폐소유자는 이 과정에 필요한 모든 물건[예컨대 원료 등]

---

는 (스코틀랜드의 농업지방에서는 더욱 광범하게) 노동임금은 2주일에 1회씩, 또 심지어 1개월에 1회씩 지불된다. 이와 같이 지불간격이 길기 때문에 농업노동자들은 상품을 외상으로 사지 않을 수 없다…그는 비싼 가격을 지불하지 않을 수 없으며, 또 그는 외상을 지고 있는 소매점에 사실상 묶여 있다. 그리하여 예컨대 임금이 1개월 만에 지불되는 윌트셔의 호닝함에서는 농업노동자들은 다른 곳에서는 1스톤[ 6,350그램 ] 당 1실링 10펜스 하는 밀가루에 대해 2실링 4펜스를 지불한다.”(추밀원 의무관의『공중위생. 제6차 보고서』, 1864: 264) “페이즐리와 킬마노크(서부 스코틀랜드)의 목판 날염공들은 1853년의 파업에 의해 임금 지불기간을 1개월에서 2주간으로 단축시키는 데 성공했다.”(『공장감독관보고서』, 1853년 10월 31일: 34) 노동자가 자본가에게 주는 신용이 한층 더 재미있게 발전된 것으로서 우리는 영국의 많은 탄광소유자들이 사용하는 방법을 들 수 있다. 예컨대 월말에 가서야 비로소 임금을 받는 노동자는 그 동안에 자본가로부터 차입하는데 이 차입은 흔히 상품형태로 이루어지고, 이 상품에 대해 노동자는 시장가격보다 비싼 가격을 지불하지 않으면 안 된다(현물지급제도). “탄광주들 사이에서는 노동자들에게 월1회씩 임금을 지불하고, 중간의 매주 말에는 현금을 빌려 주는 것이 일반적 관례로 되어 있다. 이 현금은 매점(기업주 자신이 소유한 잡화점)으로 들어간다. 노동자들은 한 쪽에서는 현금을 받고 다른 쪽에서는 현금을 지출하는 것이다.”(『아동노동 조사위원회. 제3차 보고서』. 런던 1864: 38, 제192호)

을 상품시장에서 구매하며, 또 그것에 정당한 가격을 지불한다. 노동력의 소비과정은 동시에 상품의 생산과정이며 잉여가치의 생산과정이다. 노동력의 소비는 다른 모든 상품의 소비와 마찬가지로 시장이나 유통영역 밖에서 행해진다. 그러므로 우리는 화폐소유자·노동력소유자와 함께, 모든 것이 표면에서 일어나고 또 누구의 눈에나 쉽게 띄는 이 소란스러운 유통영역을 벗어나 이 두 사람을 따라 '관계자 외 출입금지'라고 입구에 쓰인 은밀한 생산 장소로 들어가 보도록 하자. 이곳에서 우리는 자본이 어떻게 생산하고 있는가 뿐 아니라 어떻게 자본 그 자체가 생산되고 있는가도 알게 될 것이다. 이윤 창조의 비밀도 드디어 폭로되고 말 것이다.

노동력의 매매가 진행되는 유통분야 또는 상품교환분야는 사실상 천부인권innate rights of man의 참다운 낙원이다. 여기를 지배하고 있는 것은 오로지 자유·평등·소유·벤담 [ 공리주의 ] 이다. 자유! 왜냐하면 하나의 상품, 예컨대 노동력의 구매자와 판매자는 자기들의 자유의지에 의해서만 행동하기 때문이다. 그들은 법적으로 대등한 자유로운 인격으로 계약을 체결한다. 계약이라는 것은 그들의 공동의지가 하나의 공통된 법적 표현을 얻은 최종 결과다. 평등! 왜냐하면 그들은 오직 상품소유자로서만 서로 관계하며 등가물을 등가물과 교환하기 때문이다. 소유! 왜냐하면 각자는 자기 것만을 마음대로 처분하기 때문이다. 벤담! 왜냐하면 각자는 자기 자신의 이익에만 관심을 기울이기 때문이다. 그들을 결합시켜 서로 관계를 맺게 하는 유일한 힘은 각자의 이기주의·이득·사적 이익뿐이다. 각자는 오직 자기 자신에 대해서만 생각하고 타인에 대해서는 관심을 기울이지 않는다. 바로 그렇게 하기 때문에 그들은 모두 사물의 예정조화에 따라 또는 전지전능한 신의 섭리에 따라 그들 상호간의 이익·공익·전체의 이익이 되는 일을 수행하는 것이다.

이 단순상품유통 또는 상품교환분야로부터 속류 자유무역주의자는 자본과 임금노동에 근거한 사회에 대한 견해와 개념 및 판단기준을 끌어내고 있으나, 이제 이 분야를 떠날 때 우리는 우리의 등장인물들의 면모에 일정한 변화가 일어나는 것을 볼 수 있다. 이전의 화폐소유자는 자본가로서 앞장서 걸어가고, 노동력의 소유자는 그의 노동자로서 그 뒤를 따라간다. 전자는 거만하게 미소를 띠고 사업에 착수할 열의에 차 바삐 걸어가고, 후자는 자기 자신의 가죽을 시장에서 팔아버렸으므로 이제는 무두질만을 기다리는 사람처럼 겁에 질려 주춤주춤 걸어가고 있다.

# 제3편
# 절대적 잉여가치의 생산

# 제7장
# 노동과정과 가치증식과정

## 제1절  노동과정 [ 사용가치의 생산 ]

자본가는 노동력을 사용하기 위해 구매한다. 노동력의 사용이 바로 노동이다. 노동력의 구매자는 노동력의 판매자에게 일을 시킴으로써 노동력을 소비한다. 이것에 의해 노동력의 판매자는 실제로 활동하고 있는 노동력, 즉 노동자로 되는데, 그 이전에는 그는 오직 잠재적으로만 노동자였다. 노동자가 자기 노동을 상품에 대상화하기 위해서는 먼저 자기의 노동을 사용가치[어떤 종류의 욕구를 충족시키는 데 쓰이는 물건]에 대상화하지 않으면 안 된다. 그러므로 자본가가 노동자에게 만들게 하는 것은 어떤 특수한 사용가치[어떤 특별한 물품]이다. 사용가치 또는 재화의 생산이 자본가를 위해 자본가의 감독 아래 수행된다고 해서 그 생산의 일반적 성질이 달라지는 것은 결코 아니다. 그러므로 우리는 먼저 첫째로 노동과정을 어떤 특정 사회형태와 관계없이 고찰해야 한다.

노동은 무엇보다도 먼저 인간과 자연 사이에서 이루어지는 하나의 과정이다. 이 과정에서 인간은 자신과 자연 사이의 물질대사를 자기 자신의 행위에 의해 매개하고 규제하며 통제한다. 인간은 하나의 자연력으로서 자연의 소재[재료]를 상대한다. 인간은 자연의 소재를 자기 자신의 생활에 적합한 형태로 만들기 위해 자기 신체에 속하는 자연력인 팔과 다리, 머리와 손을 운동시킨다. 그는 이 운동을 통해 외부의 자연에 영향을 미치고, 그것을 변화시키며, 그렇게 함으로써 동시에 자기 자신의 자연을 변화시킨다. 그는 자기 자신의 잠재력을 개발하며, 이 힘의 작용을 자기 자신의 통제 밑에 둔다. 여기에서는 최초의 동물적이고 본능적인 노동형태들은 문제로 삼지 않는다. 노동자가 자기 자신의 노동력을 상품으로 팔기 위해 시장에 나타나는 시기는, 인간노동이 그 최초의 본능적 형태로부터 아직도 벗어나지 못했던 시기로부터 매우 긴 시간이 흐른 뒤다. 우리가 가정하는 노동은 오로지 인간에게서만 볼 수 있는 형태의 노동이다. 거미는 직조공들이 하는 일과 비슷한 일을 하며, 꿀벌의 집은 인간 건축가들을 부끄럽게 한다. 그러나 가장 서투른 건축가를 가장 훌륭한 꿀벌과 구별하는 점은, 사람은 집을 짓기 전에 미리 자기의 머릿속에서 그것을 짓는다는 것이다. 노동과정의 끝에 가서는 그 시초에 이미 노동자의 머릿속에 존재하고 있던 [관념적으로 이미 존재하고 있던] 결과가 나오는 것이다. 노동자는 자연물의 형태를 변화시킬 뿐 아니라 자기 자신의 목적을 자연물에 실현시킨다. 그 목적은 하나의 법처럼 자기의 행동방식을 규정하며, 그는 자신의 의지를 그 목적에 복종하도록 하지 않으면 안 된다. 그리고 이 복종은 결코 순간적인 행위가 아니다. 노동하는 신체기관들organs의 긴장 이외에도 합목적적 의지가 작업이 계속되는 기간 전체에 걸쳐 요구된다. 즉 치밀한 주의가 요구된다. 더욱이 노동의 내용과 그 수행방식이 노동자의 흥미를 끌지 않으면 않을수록, 따라서 노동자가 노동을 자기 자신의 육체적·정신적 힘의 자유로운 발휘로써 즐기는 일이 적으면 적을수록, 더욱더 치밀한 주의가 요구된다.

　노동과정의 기본 요소들은 (1) 인간의 합목적적 활동 [노동 그 자체], (2) 노동대상, (3) 노동수단이다.

인간을 위해 최초부터 식량 또는 생활수단을 마련해 주고 있는 토지(경제학적 관점에서는 물도 여기에 포함된다)[1]는 인간노동의 일반적 대상으로서 인간 측의 수고 없이 존재한다. 노동에 의해 자연환경과 맺고 있는 직접적 연결에서 분리된 데 불과한 물건들도 모두 천연적으로 존재하는 노동대상이다. 예컨대 자연환경인 물에서 떨어져 나와 잡힌 물고기, 원시림에서 벤 원목, 광맥에서 채취한 광석들이 그런 것들이다. 이와는 반대로 만약 노동대상 그 자체가 이미 과거의 노동이 스며든 것이라면, 우리는 그것을 원료라고 부른다. 예컨대 이미 채굴되어 세광과정에 들어가는 광석이 그것이다. 원료는 모두 노동대상이다. 그러나 모든 노동대상이 원료인 것은 아니다. 노동대상이 원료로 되는 것은 그것이 이미 노동에 의해 어떤 변화를 받은 경우뿐이다.

노동수단이란, 노동자가 자기와 노동대상 사이에 끼워 넣어 그 대상에 대한 자기 활동의 전도체로서 이용하는 물건[또는 여러 가지 물건들의 복합체]이다. 노동자는 여러 물질들의 기계적·물리적·화학적 성질들을 이용해 그 물질들을 [자기 힘의 도구로서 자기 목적에 따라] 다른 물질들에 작용하게 한다.[2] 과일과 같은 완성된 형태의 생활수단[이것의 채취에는 인간의 신체기관만이 노동수단으로 기능한다]을 제외하면, 노동자가 직접 손에 넣는 것은 노동대상이 아니고 노동수단이다. 그리하여 자연은 노동자 활동의 기관organs 중 하나가 된다. 노동자는 자연을, 성경의 말씀[ "너희 중에 누가 염려함으로 그 키를 한 자나 더할 수 있느냐"(마태복음

---

1) "토지의 천연산물은 적은 양이고 인간과는 독립적인데, 이것을 자연이 인간에게 주는 모습은 마치 청년을 근면과 성공으로 이끌기 위해 그에게 적은 돈을 주는 것 같다."(제임스 스튜어트, 『정치경제학 원리의 연구』. 1770 : 116)

2) "이성reason은 강력하면서 교활하다. 그것이 교활한 것은, 자기 자신은 과정에 직접 개입하지 않고 여러 객체들이 자기들의 성질에 따라 상호작용하여 지치게 하면서 오직 이성의 목적만을 실현시키는 매개적 활동 때문이다."(헤겔, 『철학체계』 제1부. 『논리학』. 1840: 382)

제6장 27절; 누가복음 제12장 25절) ] 에도 불구하고, 자기 자신의 신체기관에
덧붙여 자기의 자연적 모습을 연장하는 것이다. 토지는 노동자의 본원적
인 식량창고일 뿐 아니라 자기의 노동수단의 본원적인 창고이기도 하다.
토지는 예컨대 그가 던지거나 문지르거나 누르거나 자르는 데 사용하는
돌을 공급한다. 토지는 그 자체가 하나의 노동수단이기는 하나, 그것이
농업에서 노동수단으로 사용되기 위해서는 다른 많은 노동수단과 비교적
고도로 발달한 노동력이 전제되어야 한다.3) 노동과정이 조금이라도 발
전하면 특별히 가공된 노동수단을 필요로 한다. 따라서 태고의 동굴 속
에서도 돌로 만든 도구와 무기가 발견된다. 인류의 역사가 시작할 당시
에는 가공된 돌이나 나무 · 뼈 · 조개들 외에도 길들여진 동물[노동이 변
화시켜 특정 목적을 위해 사육한 동물]이 노동수단으로 주요한 역할을
했다.4) 노동수단의 사용과 제조는 인간 특유의 노동과정을 특징짓는다
[비록 그 싹의 형태는 약간의 동물들에서도 볼 수 있지만]. 그러므로 프
랭클린은 인간을 '도구를 만드는 동물'이라고 정의하고 있다. 멸종한 동
물 종족을 추적하는 데 화석유골이 중요한 것처럼, 멸망한 경제적 사회
구성체를 탐구하는 데 노동수단의 유물이 중요하다. 경제적 시대를 구별
하는 것은 무엇이 생산되는가가 아니고 어떻게, 어떤 노동수단으로 생산
되는가이다.5) 노동수단은 인간의 노동력 발달의 척도일 뿐 아니라 사람
들이 그 속에서 노동하는 사회적 관계의 지표이기도 하다. 노동수단 중
역학적 종류의 노동수단[그 전체를 생산의 골격 · 근육계통이라고 부를

3) 다른 점에서는 보잘 것 없는 저작인 『정치경제학의 이론』(제1권: 266)에서 가
  닐은 중농주의자들에 반대해 진정한 농업의 전제로 되는 다수의 노동과정을
  적절히 열거하고 있다.
4) 『부의 형성과 분배의 고찰』(1766년)에서 튀르고는 길들여진 동물이 문명의 초
  기에 가졌던 중요한 의의를 잘 설명하고 있다.
5) 모든 상품 중 진정한 사치품은 상이한 생산시대의 기술을 비교하는 경우 전혀
  중요하지 않다.

수 있다]은, 노동대상의 용기로 쓰일 뿐이어서 생산의 혈관계통이라고 부를 수 있는 노동수단[예컨대 관·통·바구니·항아리 등]에 비해, 사회적 생산시대를 훨씬 더 결정적으로 특징짓는다. 용기로서의 노동수단은 화학공업에서 비로소 중요한 구실을 한다.6)

[노동이 노동대상에 작용하는 것을 중개하며, 따라서 이런저런 방식으로 그 활동의 전도체로 쓰이는 물건들 이외에] 노동과정의 수행에 필요한 모든 객체적 조건들은 더 넓은 의미의 노동수단에 포함될 수 있다. 이것들은 직접적으로는 노동과정에 들어가지 않으나 그것들 없이는 노동과정이 전혀 행해지지 못하거나 불완전하게만 행해진다. 이런 종류의 보편적인 노동수단은 역시 토지 그 자체다. 왜냐하면 토지는 노동자에게는 설 장소를 제공하며, 그의 노동과정에 대해서는 작업장소를 제공하기 때문이다. 이미 과거의 노동에 의해 매개된 이런 종류의 노동수단 중에는 공장이나 운하나 도로 등이 있다.

요컨대 노동과정에서는 인간의 활동이 노동수단을 통해 노동대상에 처음부터 의도하고 있던 변화를 일으킨다. 노동과정은 생산물 속에서는 사라진다. 그 생산물은 하나의 사용가치며, 자연의 재료가 형태변화에 의해 인간의 욕구에 적합하게 된 것이다. 노동은 그 대상과 결합되었다. 즉 노동은 대상화되었고, 대상은 변형되었다. 노동자 측에서는 운동의 형태로 나타났던 것이 이제 생산물 측에서는 운동하지 않는 고정된 것으로 나타난다. 노동자는 방적노동을 한 것이고, 그 생산물은 방적된 것[실]이다.

이 과정 전체를 그 결과인 생산물의 관점에서 고찰하면, 노동수단과 노동대상은 생산수단7)으로 나타나며, 노동 그 자체는 생산적 노동8)으로

---

6) 지금까지의 역사 기록은, 모든 사회생활의 토대이며 따라서 모든 현실적 역사의 토대인, 물질적 생산의 발달에 거의 주의를 기울이지 않았다. 그러나 적어도 선사시대는 이른바 역사연구가 아니라 자연과학적 연구에 기반을 두어 도구나 무기의 재료에 따라 석기시대·청동기시대·철기시대로 구분되고 있다.

나타난다.

어떤 사용가치가 생산물의 형태로 노동과정에서 나올 때, 그 이전의 노동생산물인 다른 사용가치는 생산수단으로 노동과정에 들어간다. 동일한 사용가치가 어떤 노동과정의 생산물이면서 동시에 다른 노동과정의 생산수단으로도 된다. 그러므로 생산물은 노동과정의 결과일 뿐 아니라 노동과정의 조건이기도 하다.

광업·수렵·어업 등(농업은 처음으로 처녀지를 개간하는 경우에만) 과 같이 그 노동대상이 천연적으로 주어져 있는 채취산업을 제외하면, 모든 산업부문은 원료[노동과정을 이미 통과했으며 그 자체가 벌써 노동생산물인 노동대상]를 취급하고 있다. 예컨대 농업의 종자가 그러하다. 보통 자연의 산물이라고 여기는 동물과 식물도, 현재의 모습에서 보면, 전년도 노동의 생산물일 뿐 아니라, 여러 세대에 걸쳐 인간의 통제 아래 인간의 노동에 의해 이루어진 점차적 변화의 산물이다. 그리고 특히 노동수단에 대해 말한다면, 그 대다수는 가장 피상적인 관찰자에게도 과거 오랫동안의 노동의 흔적을 보여주고 있다.

원료는 생산물의 주된 실체를 이룰 수도 있고, 오직 보조재료로 그 생산물의 형성에 참가할 수도 있다. 보조재료는 [석탄이 증기기관에 의해, 휘발유가 자동차에 의해, 건초가 말에 의해 소비되는 것과 같이] 노동수단에 의해 소비되거나, [염소가 표백되지 않은 아마포에, 석탄이 철에, 염료가 양모에 첨가되는 것과 같이] 원료에 어떤 변화를 일으키기 위해

---

7) 예컨대 아직 잡히지 않은 물고기를 어업의 생산수단이라고 말하는 것은 좀 이상하다고 생각된다. 그러나 물고기가 없는 물속에서 물고기를 잡는 기술은 아직까지는 발명되지 않았다.

8) 생산적 노동에 대한 이와 같은 규정은 단순한 노동과정의 관점에서 나온 것이고 자본주의적 생산과정에 대해서는 결코 충분한 것이 못된다. [제1권 제16장을 참조하라.]

원료에 첨가되거나, 작업장의 조명이나 난방에 사용되는 재료와 같이 노동의 수행 그 자체를 지원하기도 한다. 주요재료와 보조재료 사이의 구별은 진정한 화학공업에서는 모호해진다. 왜냐하면 화학공업에서는 투입되는 원료 중 그 어느 것도 생산물의 실체로서 원래의 모습대로 다시 나타나는 일이 없기 때문이다.[9)]

물건들은 각각 여러 가지 속성을 가지고 있으며 따라서 그 용도가 각양각색일 수 있기 때문에, 동일한 생산물이 전혀 다른 여러 가지 노동과정의 원료로 쓰일 수 있다. 예컨대 곡물은 제분업자·전분업자·양조업자·목축업자 등에게 원료로 된다. 그것은 종자로서는 자기 자신의 생산을 위한 원료로 된다. 마찬가지로 석탄은 생산물로서는 광업에서 나오지만 생산수단으로 광업에 들어간다.

동일한 생산물이 동일한 노동과정에서 노동수단으로도 원료로도 쓰일 수 있다. 예컨대 가축의 사육에서 가축은 원료임과 동시에 비료 제조의 수단이기도 하다.

소비를 위해 완성된 형태로 있는 어떤 생산물이 새로운 다른 생산물의 원료로 되는 일도 있다. 예컨대 포도가 포도주의 원료로 되는 것과 같다. 또는 노동이 우리에게 원료로서만 사용할 수 있는 생산물을 주는 경우도 있다. 이런 상태에 있는 원료―예컨대 면화·면사·면포와 같은 것―를 반半제품이라고 부르는데, 중간제품이라고 부르는 편이 더 정확할지도 모른다. 이런 원료는 그 자체가 이미 생산물임에도 불구하고 여러 가지 과정으로 이루어지는 하나의 계열 전체를 통과해야 하며, 각각의 과정에서 그 모습을 변경시키면서 계속 반복해서 원료로 기능하고, 최후의 과정에 이르러서야 비로소 완성된 생활수단 또는 완성된 노동수단의 형태로 되어 나온다.

---

9) 슈토르히는 원료와 보조재료를 구별한다. 셰르뷜리에는 보조재료를 '도구의 원료'라고 불렀다.

요컨대 어떤 사용가치가 원료, 노동수단, 또는 생산물로 되는가는 전적으로 그 사용가치가 노동과정에서 행하는 특수한 기능, 그것이 노동과정에서 차지하는 위치에 달려있다. 이 위치가 변하는 데 따라 그 사용가치에 대한 위의 규정이 달라진다.

그러므로 생산물은 생산수단으로서 새로운 노동과정에 들어가면, 생산물이라는 성격을 잃고 다만 살아 있는 노동의 대상적 요소로 기능한다. 방적공은 방추를 실을 뽑기 위한 수단으로만 취급하며, 아마를 실을 뽑는 대상으로만 취급한다. 물론 방적 재료〖즉 아마〗와 방추 없이는 방적할 수 없다. 그러므로 우리가 방적을 시작할 때는 이런 물건들이 생산물로 있는 것을 전제한다. 그러나 이 방적과정 자체에서는 아마와 방추가 과거의 노동생산물이라는 사실은 전혀 아무런 상관이 없는데, 그것은 마치 빵이 농민·제분업자·빵제조업자의 과거노동의 생산물이라는 사실이 소화과정과 아무런 상관이 없는 것과 마찬가지다. 만약 노동과정에 있는 생산수단이 과거노동의 생산물이라는 자기 성격에 우리의 주의를 끈다면, 그것은 그 생산수단에 흠이 생겼기 때문이다. 잘 베어지지 않는 칼이나 잘 끊어지는 실 등은 그 칼을 만든 사람 A와 그 실을 만든 사람 B를 자꾸 생각나게 만든다. 우수한 생산물에는 그것의 유용한 속성들을 그 물건에 갖추어 준 과거노동은 사라져 버렸다.

노동과정에서 사용되지 않는 기계는 무용지물이다. 그뿐 아니라 그 기계는 자연과정의 파괴력에 의해 침식된다. 쇠는 녹슬고 목재는 썩는다. 직조에도 편직에도 사용되지 않는 면사는 낭비된 솜이다. 살아 있는 노동은 이 물건들을 가져다가 죽은 상태에서 소생시켜 단순히 가능성이 있는 사용가치로부터 현실적으로 유용한 사용가치로 전환시키지 않으면 안된다. 이 물건들은 노동의 불길 속에 끌려들어가 노동유기체의 일부로 사용되고, 노동과정에서 그것들의 개념과 사명에 알맞은 기능을 수행하게끔 활기가 주어진다. 이리하여 이 물건들은 생활수단으로서 개인적 소비에 들어갈 수 있거나, 생산수단으로서 새로운 노동과정에 들어갈 수 있는 새로운 사용가치, 새로운 생산물의 형성요소로서 합목적적으로 소비된다.

이와 같이 한편으로 완성된 생산물이 노동과정의 결과일 뿐 아니라 노동과정의 필요조건이라고 한다면, 다른 한편으로 생산물이 노동과정에 들어가서 살아 있는 노동과 접촉하는 것은 생산물을 사용가치로 이용하고 실현하는 유일한 방법이다.

노동은 그 소재적 요소인 노동대상과 노동수단을 소비하며 그것들을 다 써버린다. 따라서 노동은 소비행위이다. 이 생산적 소비가 개인적 소비와 구별되는 점은, 개인적 소비에서는 생산물이 살아 있는 개인의 생활수단으로 소비되며, 생산적 소비에서는 생산물이 [살아 있는 개인이 노동력을 발휘하는] 노동의 수단으로 소비된다는 것이다.* 그러므로 개인적 소비가 만들어 내는 것은 소비자 자신이지만, 생산적 소비의 결과는 소비자와는 구별되는 생산물이다.

노동수단과 노동대상 그 자체가 이미 생산물인 한, 노동은 생산물을 만들기 위해 생산물을 소비한다. 바꾸어 말하면 한 종류의 생산물을 다른 종류의 생산물을 위한 생산수단으로 전환시킴으로써 [ 전자의 ] 생산물을 소비한다. 그러나 노동과정이 최초에는 인간과 [인간의 협력 없이 있는] 토지 사이에서 행해졌던 것과 마찬가지로, 현재에도 역시 천연적으로 있는 생산수단[자연의 소재에 인간노동이 결합되지 않은 생산수단]이 노동과정에서 많이 쓰이고 있다.

---

* "노동은 그 소재적 요소인~노동의 수단으로 소비된다는 것이다."는 문장은 불어판에서는 "노동은 그 소재적 요소인 노동대상과 노동수단을 소비하는 것이고, 따라서 노동은 소비행위이다. 이 생산적 소비가 개인적 소비와 구별되는 것은, 개인적 소비가 생산물을 개인의 향유 수단으로 소비하는 것에 비하여, 생산적 소비는 생산물을 노동의 운전operation 수단으로 소비한다는 점이다."(마르크스, 1977: 140)로 수정되었다.

[우리가 지금까지 그것의 단순하고 추상적인 요소들에 대해 설명한]
노동과정은 사용가치를 생산하기 위한 합목적적 활동이며, 인간의 욕구
를 충족시키기 위해 자연에 있는 것을 사용하는 것이고, 인간과 자연 사
이의 물질대사의 일반적 조건이며, 인간생활의 영원한 자연적 조건이다.
따라서 노동과정은 인간생활의 어떤 형태로부터도 독립하고 있으며, 오
히려 인간생활의 모든 사회적 형태에 공통된 것이다. 그러므로 우리는
노동자를 다른 노동자들과의 관계에서 설명할 필요가 없었던 것이다. 한
편에는 인간과 그의 노동, 다른 편에는 자연과 그 소재 – 이것만으로 충
분했다. 밀죽의 맛을 보고 누가 그 밀을 경작했는가를 알 수 없는 것과
마찬가지로, 이 노동과정을 보아서는 그것이 어떤 조건에서 행해지는지
알 수 없다. 즉 노예감시인의 잔인한 채찍 밑에서인지 또는 자본가의 주
의 깊은 눈초리 밑에서인지, 또는 킨킨나투스가 자기의 작은 토지의 경
작으로 이 과정을 수행하는지, 그렇지 않으면 돌로 야수를 쳐죽이는 미
개인[10]이 이 과정을 수행하는지 도무지 알 도리가 없다.

이제 우리의 장래 자본가에게로 돌아가 보자. 우리가 그와 헤어진 것
은 그가 상품시장에서 노동과정에 필요한 모든 요소들, 즉 객체적 요소
인 생산수단과 인적 요소인 노동력을 구매한 뒤부터다. 그는 전문가다운
빈틈없는 안목으로 방적업·제화업 등과 같은 자기 전문 사업에 적합한
생산수단과 노동력을 골랐다. 이리하여 우리의 자본가는 그가 구매한 상

---

10) 매우 놀라운 통찰력을 〖잘못〗 발휘해 토렌즈는 미개인의 돌에서 자본의 기
   원을 발견하고 있다. "미개인이 자기가 추격하는 야수를 향해 던지는 최초의
   돌멩이에서, 그리고 그가 손이 닿지 않는 과일을 따기 위해 손에 잡았던 최초
   의 막대기에서, 우리는 어떤 물품을 추가로 손에 넣으려고 다른 물품을 취득
   하는 것을 보는데, 여기서 우리는 자본의 기원을 발견한다."(토렌즈, 『부의
   생산에 관한 평론』: 70~71) 영어에서 stock이라는 단어가 자본capital이라는
   단어와 동의어인 이유를 토렌즈는 앞에서 말한 최초의 막대기stick로부터 설
   명했을지도 모른다.

품인 노동력의 소비에 착수한다. 다시 말해 그는 노동력을 지니고 있는 노동자로 하여금 노동을 통해 생산수단을 소비하게 한다. 노동과정의 일반적 성격은, 노동자가 노동과정을 자기 자신을 위해서가 아니라 자본가를 위해 수행한다는 사실에 의해서는 물론 변하지 않는다. 그리고 또 장화를 만들거나 실을 뽑는 특정한 방식도 자본가가 개입했다고 해서 당장 변하는 것은 아니다. 자본가는 먼저 그가 시장에서 발견하는 그대로의 노동력을 고용하지 않으면 안 되며, 따라서 자본가가 아직 없었던 시대에 행해졌던 종류의 노동에 만족하지 않으면 안 된다. 노동이 자본에 종속됨으로써 생기는 생산방식 그 자체의 변화는 나중에 비로소 일어날 수 있으며, 따라서 그것은 나중에 고찰할 것이다.

그런데 노동과정이, 자본가가 노동력을 소비하는 과정이 되면, 우리는 거기에서 두 가지 독특한 현상을 보게 된다. 첫째로 노동자는 자기 노동을 소유하는 자본가의 감독 아래 노동한다. 자본가는 노동이 질서정연하게 수행되고 생산수단이 합목적적으로 사용되도록, 그리하여 원료가 낭비되지 않고 노동도구가 소중하게 취급되도록 [작업 중의 사용에 의해 불가피한 정도로만 닳도록] 감시한다.

둘째로 생산물은 자본가의 소유물이지 직접적 생산자인 노동자의 소유물은 아니다. 자본가가 노동력의 하루 가치를 지불한다고 가정하면, 노동력을 하루 동안 사용할 권리는, 예컨대 자본가가 하루 동안 돈을 주고 빌린 말의 사용권리와 마찬가지로, 자본가에게 속한다. 상품의 사용은 상품의 구매자에게 속한다. 그리고 노동력의 소유자인 노동자는 노동을 함으로써 실제로는 자기가 판매한 사용가치를 제공하고 있을 뿐이다. 노동자는 자본가의 작업장에 들어가는 순간부터 자기 노동력의 사용가치, 다시 말해 그것의 사용[노동]은 자본가의 것으로 된다. 자본가는 노동력 구매를 통해 노동 그 자체를 살아있는 효모로서, 역시 그의 것인 죽어 있는 생산물 형성요소들 [예: 기계, 원료 등]과 결합시킨다. 자본가의 처지에서 본다면, 노동과정은 자기가 구매한 노동력이라는 상품의 소비에 지나지 않지만, 그는 노동력에 생산수단을 첨가함으로써만 노동력을 소비할 수 있다. 노동과정은 자본가가 구매한 물건과 물건 사이의, 즉 그에게 속하는 물건과 물건 사이의 한 과정이다. 그러므로 노동과정의 생산물은, 마치 그의 포도주 창고 속에 있는 발효과정의 생산물이 그의 것인 것과 똑같이, 그의 것이다.[11]

## 제2절 가치증식과정valorisation process [ 잉여가치의 생산 ]

자본가가 취득한 생산물은 실·장화 등과 같은 사용가치다. 장화가 어느 정도 사회적 진보의 토대로 기능하고 우리 자본가가 분명히 진보를 지지한다 하더라도, 그는 장화 그 자체를 위해 장화를 제조하는 것은 아니다. 상품생산에서는 사용가치는 '그 자체로서 사랑받는' 물건은 아니

---

11) "생산물은 자본으로 전환되기 이전에 자기 것이 되며, 자본으로 전환되더라도 생산물은 여전히 자기 것이 된다."(셰르빌리에, 『부 또는 빈곤』: 54) "프롤레타리아는 자기 노동을 일정한 양의 생활수단에 판매함으로써 생산물에 대한 모든 요구를 완전히 포기한다. 생산물은 여전히 이전과 같이 자본가의 것이 되는데, 이것은 앞에서 말한 계약에 의해서는 조금도 변경되지 않는다. 생산물은 전적으로 원료와 생활수단을 공급한 자본가의 것이 된다. 이것은 취득법칙의 엄밀한 결론이지만, 이 법칙의 근본원리는 이와는 반대로 모든 노동자는 자기가 생산한 것에 대한 배타적 소유권을 가지고 있다는 것이다." (같은 책: 58) "노동자가 임금을 받고 노동하는 경우…자본가는 자본(여기서는 생산수단이라는 의미)의 소유자일 뿐 아니라 노동의 소유자이기도 하다. 임금으로 지불되는 것을 관습에 따라 자본의 개념에 포함시킨다면, 노동을 자본에서 분리시켜 말하는 것은 불합리하다. 이런 의미에서 자본이라는 단어는 자본과 노동 모두를 포함한다."(제임스 밀, 『정치경제학 원리』: 70~71)

다. 상품생산에서 사용가치가 생산되는 것은, 사용가치가 오직 교환가치의 물질적 토대, 교환가치를 담은 그릇이기 때문이며, 또 이런 그릇인 한에서다. 우리 자본가의 목적은 다음의 두 가지다. 첫째로 그는 교환가치를 가지고 있는 사용가치, 즉 판매하기로 예정되어 있는 물건인 상품을 생산하려고 한다. 둘째로 그는 생산에 사용한 상품들의 가치총액[즉 그가 상품시장에서 자기의 귀중한 화폐를 투하해 얻은 생산수단과 노동력의 가치총액]보다 그 가치가 더 큰 상품을 생산하려고 한다. 그는 사용가치를 생산하려고 할 뿐 아니라 상품을 생산하려고 하며, 사용가치뿐 아니라 가치를, 그리고 가치뿐 아니라 잉여가치를 생산하려고 한다.

여기에서는 상품생산이 문제가 되고 있으므로, 이때까지 우리가 고찰해온 것 [ 노동과정 ] 은 분명히 생산과정의 한 측면에 불과하다. 상품 그 자체가 사용가치와 가치의 통일인 것과 마찬가지로, 상품의 생산과정도 노동과정과 가치형성과정의 통일이어야 한다.

그러므로 이번에는 생산과정을 가치형성과정으로서 고찰해 보자.

우리가 알고 있는 바와 같이, 각 상품의 가치는 그 상품의 사용가치에 대상화되어 있는 노동량에 의해, 즉 그 상품의 생산에 사회적으로 필요한 노동시간에 의해 결정되고 있다. 이것은 노동과정의 결과로 자본가가 손에 넣은 생산물에도 해당한다. 예컨대 그 생산물이 면사라 하고, 이 생산물에 대상화되어 있는 노동을 계산해 보자.

면사의 생산에는 먼저 원료[예컨대 10킬로그램의 면화]가 필요하다. 이 면화의 가치가 얼마인가를 여기서 새삼스럽게 따져볼 필요는 없다. 왜냐하면 자본가는 시장에서 그것을 그 가치대로, 예컨대 10원에 구매했기 때문이다. 면화의 가격에는 그 생산에 필요한 노동이 이미 사회적 평균노동으로 표현되어 있다. 더 나아가, 우리는 면화의 가공 중에 소모된 방추량이 [다른 모든 사용된 노동수단을 대표한다고 가정하고] 2원의 가치를 가진다고 하자. 만약 12원으로 표현되는 금량을 생산하는 데 24노동시간[2노동일]이 걸린다면, 이 면사에는 먼저 2노동일이 대상화되어 있는 셈이 된다 [ 면화소비량 10원과 방추소모량 2원 ].

우리는 면화가 그 형태를 바꾸었으며 소모된 방추가 아무 흔적 없이 완전히 사라져 버렸다는 사정 때문에 혼란을 일으켜서는 안 된다. 일반적 가치법칙에 따라, 40킬로그램의 면사의 가치 = 40킬로그램의 면화의 가치 + 방추 한 개의 가치라고 한다면, 다시 말해 이 등식의 양변을 생산하는데 동일한 노동시간이 필요하다면, 10킬로그램의 면사는 10킬로그램의 면화와 $\frac{1}{4}$ 개의 방추의 등가물이다. 이 경우 동일한 노동시간이 한편에서는 면사라는 사용가치로 표현되고, 다른 한편에서는 면화와 방추라는 사용가치로 표현되고 있다. 따라서 가치가 면사, 방추, 또는 면화 어느 것으로 나타나는가는 가치에 대해서는 아무런 상관이 없다. 방추와 면화가 조용히 나란히 놓여 있지 않고 방적과정에서 결합되고 이 결합에 의해 그것들의 형태가 변화해 면사로 전환한다는 사실은, 그것들의 가치에는 조금도 영향을 미치지 못하는데, 그것은 마치 이 물건들이 단순한 교환을 통해 면사라는 등가물로 바뀌는 경우와 마찬가지다.

면화의 생산에 필요한 노동시간은, 면화를 원료로 하는 면사의 생산에 필요한 노동시간의 일부이고, 따라서 그것은 면사에 포함된다. 면화에서 실을 뽑을 때 마멸되거나 소모되지 않을 수 없는 방추의 생산에 필요한 노동시간도 마찬가지다.[12)]

그리하여 면사의 가치, 즉 면사의 생산에 필요한 노동시간을 결정할 때, 면화 그 자체와 소모되는 방추를 생산하는, 그리고 그 다음으로 면화와 방추로 면사를 생산하는 여러 가지 특수한 [시간적으로도 공간적으로도 서로 분리되어 있는] 노동과정들은 동일한 하나의 노동과정의 순차적

---

12) "상품[ 생산 ]에 직접 사용된 노동뿐 아니라, 그런 노동을 지원하는 기구·도구·건물에 투하된 노동도 또한 상품의 가치에 영향을 미친다."(리카도, 『정치경제학 및 과세의 원리』: 85)

인 각각의 단계로 여길 수 있다. 면사에 포함되어 있는 ｜면화와 방추를 생산한｜ 노동은 모두 과거의 노동이다. 그리고 면사를 형성하는 요소들의 생산에 필요한 작업들이 마지막 방적작업보다 더욱 과거의 것이라는 사정은 전혀 문제가 되지 않는다. 만약 한 채의 집을 짓는 데 일정한 양의 노동[예컨대 30노동일]이 필요하다면, 제30일째의 노동일이 최초의 노동일보다 29일 늦게 생산에 들어갔다고 해서 이 집에 합쳐진 노동시간의 총계가 조금이라도 달라지는 것은 아니다. 그러므로 노동재료와 노동수단에 포함되어 있는 노동은 마치 방적과정의 어느 초기 단계에서 [즉 방적의 형태로 최후에 첨가된 노동 이전에] 지출한 노동인 것처럼 여길 수 있다.

요컨대 12원이라는 가격으로 표현되는 면화와 방추라는 생산수단의 가치는 면사의 가치, 즉 생산물 가치의 구성부분으로 된다.

그러나 두 가지 조건만은 충족되어야 한다. 첫째로 면화나 방추도 사용가치의 생산에 실제로 이바지해야만 한다. 우리의 경우 그것들이 면사로 되어야만 한다. 가치로서는 어떤 사용가치가 가치를 담는 그릇이 되건 상관없지만, 가치를 담는 그릇은 사용가치를 가져야만 한다. 둘째로 지출된 노동시간은 주어진 사회적 생산조건에서 필요한 노동시간을 초과해서는 안 된다. 따라서 만약 1킬로그램의 면사를 뽑아내는 데 1킬로그램의 면화만이 필요하다면, 1킬로그램의 면사를 생산하는 데는 1킬로그램의 면화만이 소비되어야 한다. 방추에 대해서도 사정은 마찬가지다. 자본가가 망령이 들어 철로 만든 방추 대신 금으로 만든 방추를 사용한다고 하더라도, 면사의 가치에는 여전히 철제 방추의 생산에 필요한 노동만이 계산될 것이다.

이제 우리는 생산수단, 즉 면화와 방추가 면사 가치의 얼마만한 부분을 형성하고 있는가를 알았다. 그것은 바로 12원[즉 2노동일의 체현물]이다. 다음으로 문제가 되는 것은, 방적공의 노동이 면화에 첨가하는 가치부분이다.

우리는 이 노동을 이번에는 노동과정의 경우와는 전혀 다른 관점에서 고찰해야 한다. 노동과정에서는 오직 면화를 면사로 전환시킨다는 합목적적 활동으로서 노동을 고찰했다. 따라서 기타 사정이 동일하다면, 노동이 그 목적에 잘 맞으면 맞을수록 면사는 그만큼 더 나은 것이 생산될 것이다. 또한 방적공의 노동은 다른 종류의 생산적 노동과는 독특한 차이가 있는데, 이 차이는 주관적으로는 방적이라는 특수한 목적에서, 그리고 객관적으로는 특수한 작업방식, 생산수단의 특수한 성질, 그리고 생산물의 특수한 사용가치에서 나타난다. 면화와 방추는 방적에는 필요하지만 대포 생산에는 아무런 소용도 없다. 이와는 반대로 방적공의 노동이 가치를 창조하는 한, 다시 말해 가치의 원천인 한, 그것은 대포의 몸통을 깎는 노동자의 노동과 조금도 다름이 없으며, (우리에게 더욱 가까이 있는 예를 들자면) 면사의 생산수단에 실현되어 있는 면화 재배자와 방추제조자의 노동과 조금도 다름이 없다. 오직 이 동일성 때문에 면화재배 · 방추제조 · 방적이 면사의 가치라는 하나의 총가치의 단순히 양적으로만 구별되는 부분들을 형성할 수 있는 것이다. 여기에서 지금 문제로 되는 것은 노동의 질 · 성질 · 내용이 아니라 오직 노동의 양뿐이다. 이 양이 계산되기만 하면 되는 것이다. 우리는 방적노동이 단순한 노동이며, 사회적 평균노동이라고 가정하자. 이것과는 반대되는 가정을 하더라도 사태는 조금도 변하지 않는다는 것을 뒤에 가서 알게 될 것이다.

노동과정에서 노동자의 노동은 운동형태로부터 정지된 대상의 형태로, 즉 노동자의 작업형태로부터 생산물의 형태로 끊임없이 전환한다. 한 시간 뒤에는 방적이라는 운동은 면사의 일정한 양으로 실현되어 있다. 다시 말해 일정량의 노동[즉 한 시간의 노동]이 면화에 첨가되었다. 우리는 방금 방적노동이라고 말하지 않고 다만 노동[방적공의 생명력의 지출]이라고 말했는데, 여기에서 방적노동이 노동으로서 의미를 갖는 것은 그것이 노동력의 지출이기 때문이지, 그것이 방적이라는 특수한 노동이기 때문은 아니다.

여기에서 매우 중요한 점은, 면화를 면사로 전환시키는 작업에서 오직 사회적으로 필요한 노동시간만이 소비되어야 한다는 것이다. 만약 사회의 정상적인 평균적 생산조건에서 1노동시간에 a킬로그램의 면화가 b킬로그램의 면사로 바뀐다면, 12a킬로그램의 면화가 12b킬로그램의 면사로 바뀌지 않는 한, 하루 노동은 12노동시간으로 인정되지 않을 것이다. 왜냐하면 오직 사회적으로 필요한 노동시간만이 가치를 형성하는 것으로 계산되기 때문이다.

노동 그 자체와 마찬가지로, 원료와 생산물도 단순한 노동과정의 처지에서 볼 때와는 전혀 다른 모습을 보여준다. 이제 원료는 오직 일정한 양의 노동을 흡수하는 기능을 할 뿐이다. 사실상 이 흡수에 의해 원료는 면사로 전환되는데, 왜냐하면 노동력이 방적이라는 형태로 지출되어 원료에 첨가되기 때문이다. 그러나 그 생산물인 면사는 이제 면화가 흡수한 노동의 계량기에 지나지 않는다. 만약 1시간에 $1\frac{2}{3}$ 킬로그램의 면화가 $1\frac{2}{3}$ 킬로그램의 면사로 바뀐다면, 10킬로그램의 면사는 6시간의 노동을 흡수한 것을 가리킨다. 이제 일정한 [경험적으로 확정된] 양의 생산물은 오직 일정한 양의 노동[일정한 양의 응고된 노동시간]을 대표할 뿐이다. 그것은 이제 일정한 시간[또는 날]의 사회적 노동의 물적 형태일 따름이다.

이 노동이 다름 아닌 방적노동이고, 이 노동의 재료가 면화이며, 이 노동의 생산물이 면사라는 사실은, 노동대상 그 자체가 이미 생산물[따라서 원료]이라는 사실과 마찬가지로, 여기에서는 아무런 의미도 없다. 가령 노동자가 방적공장이 아니라 탄광에서 일한다면 노동대상인 석탄은 천연적으로 있을 것이다. 그럼에도 탄층에서 채굴해 낸 석탄의 일정량은 일정한 양의 노동을 흡수한 것을 대표한다.

우리는 앞에서 노동력의 판매를 고찰할 때, 노동력의 하루 가치는 3원이고, 이 3원에는 6노동시간이 대상화되어 있으며, 이 노동량은 노동자의 매일 평균의 생활수단을 생산하는 데 필요한 것이라고 가정했다. 이제 만약 우리의 방적공이 1노동시간에 $1\frac{2}{3}$ 킬로그램의 면화를 $1\frac{2}{3}$ 킬로그램의 면사13)로 전환시킨다고 가정하면, 6시간에는 10킬로그램의 면화를 10킬로그램의 면사로 전환시킬 것이다. 즉 방적과정에서 면화는 6시간의 노동을 흡수하는 셈이다. 그런데 이 6노동시간은 3원의 금량에 체현되고 있다. 이리하여 이 면화에는 방적노동 그 자체에 의해 3원의 가치가 첨가된다.

이제 생산물인 10킬로그램 면사의 총가치를 검토해 보자. 10킬로그램 면사에는 $2\frac{1}{2}$ 노동일 [ 30시간의 노동 ] 이 대상화되어 있다. 이 중 2일분 [ 24시간 ] 의 노동은 소비된 면화량과 방추량에 포함되어 있었고, $\frac{1}{2}$ 일분 [ 6시간 ] 의 노동은 방적과정 중에 흡수되었다. $2\frac{1}{2}$ 노동일은 15원 가치의 금량으로 표현된다. 따라서 이 10킬로그램 면사의 가격은 15원이고, 1킬로그램 면사의 가격은 1.5원이다.

우리의 자본가는 깜짝 놀란다. 생산물의 가치가 투하된 자본의 가치와 똑같다. 투하된 가치는 증식되지 않았고, 잉여가치를 생산하지 않았으며, 따라서 화폐는 자본으로 전환되지 않았다. 10킬로그램 면사의 가격은 15원인데, 상품시장에서 15원이 이 생산물의 형성요소들[또는 같은 말이지만 노동과정의 요소들]에 지출되었던 것이다. 즉 10원은 면화에, 2원은 방추에, 그리고 3원은 노동력에 지출되었던 것이다. 면사의 가치가 이들 각각보다 크다 하더라도 아무 소용이 없다. 왜냐하면 면사의 가치는 이전에 면화와 방추와 노동력 사이에 분산되어 있던 가치의 합계에 불과하며, 이와 같이 기존의 가치를 단순히 합계하는 것으로부터는 결코 잉여가치가 생기지 못하기 때문이다.14) 이제는 이 모든 가치들이 하나의

---

13) 이곳의 숫자는 모두 임의로 가정한 것이다.

14) 이것은 비농업노동은 모두 비생산적이라는 중농주의의 기초로 되고 있는 근본 명제인데, 전문적인 경제학자들도 이 명제를 반박하지 못하고 있다. "어떤 단 하나의 물건에 몇 개의 다른 물건의 가치를 더하기 한다"(예컨대 아마에 직조

물건에 집중되어 있지만, 15원이라는 화폐액도 세 가지의 상품 구매로 분열되기 전에는 역시 집중되어 있었던 것이다.

이 결과는 그 자체로서는 이상한 것이 아니다. 1킬로그램 면사의 가치는 1.5원이므로 10킬로그램의 면사를 사자면 우리의 자본가는 상품시장에서 15원을 지불해야 할 것이다. 자본가가 자기 집을 이미 지어져 있는 채로 시장에서 사든 또는 자신을 위해 그것을 새로 짓게 하든, 어느 경우에도 집의 취득에 투하된 화폐액은 증식되지 않을 것이다.

속류경제학에 정통한 자본가는 아마 말할 것이다. "나는 내 화폐를 더 많은 화폐로 만들려는 의도에서 투하했다"고. 지옥으로 가는 길이 여러 가지 선량한 의도로 포장되어 있듯이, 그는 아무것도 생산하지 않으면서 돈벌이를 하려고 했을 수도 있다.[15] 그는 위협적으로 말한다. 두 번 다시는 이와 같이 속지 않겠다고. 앞으로는 자신이 직접 상품을 제조하지 않고 시장에서 기성품을 사겠다고. 그러나 만약 그의 동료 자본가들이 모두 그렇게 한다면 그는 어느 시장에서 상품을 발견할 수 있겠는가? 그렇다고 화폐를 먹을 수는 없다. 그는 호소한다. "나의 절욕을 고려해 주어야 할 것이 아닌가. 나는 내 15원을 아무렇게나 써버릴 수도 있었다. 그렇게 하지 않고 나는 그것을 생산적으로 소비해 그것으로 면사를 만들어낸 것이 아닌가." 옳다. 그렇기 때문에 그는 그 대가로 이제는 나쁜 양심

---

공의 생활비를 더하기 한다)"고 하는 방식, 이를테면 각종 가치를 단 하나의 가치에 층층이 쌓아 올려 가는 방식은 그 하나의 가치를 그만큼 증가시킨다… '더하기 한다'는 용어는 제조품의 가격이 형성되는 방식을 아주 적절하게 표현하고 있다. 이 가격은 소비된 몇 개의 가치의 총액에 지나지 않는다. 그러나 더하기 하는 것은 증식을 의미하지는 않는다."(라 리비에르, 앞의 책: 599)

15) 예컨대 1844~1847년에 자본가들은 자신들의 자본의 일부를 생산적인 사업에서 빼내어 철도주식에 투기했다가 다 잃어버렸다. 또 미국의 남북전쟁 시대에는 그들은 공장을 폐쇄하고 공장노동자를 해고하면서 리버풀의 면화거래소에서 투기를 했다.

대신 좋은 면사를 가지고 있는 것이 아닌가. 화폐퇴장자가 한 일을 되풀이하는 것은 그에게 결코 좋은 일이 되지 못한다. 그런 금욕이 초래하는 나쁜 영향은 화폐퇴장자가 우리에게 보여준 바다. 더구나 아무것도 없는 곳에서는 황제도 그 권력을 상실하는 법이다. 그의 금욕의 장점이 무엇이든, 생산과정에서 나온 생산물의 가치는 이 과정에 투입된 상품가치의 총액과 같을 뿐이기 때문에, 그의 금욕을 특별히 보상해 줄 만한 아무것도 없다. 그러므로 그는 덕행virtue의 보수는 덕행이라고 생각하고 자신을 위로하는 수밖에 없다. 그러나 그렇게 하지 않고 자본가는 더욱 집요하게 주장한다. "면사는 나에게는 쓸모가 없다. 나는 그것을 판매하기 위해 생산했던 것이다."고. 그렇다면 그는 그것을 팔면 될 것이다. 또는 더욱 간단하게, 이제부터는 자기 자신에게 필요한 물건만을 생산하면 될 것이다. 이것은 이미 자본가의 가족의사 매컬록이 과잉생산이라는 유행병에 대한 특효약으로 그에게 써주었던 처방이다. 그러나 자본가는 아직도 완강하게 주장한다. "과연 노동자는 아무것도 없는 데서 자기의 손발만으로 상품을 생산해 낼 수 있는가? 내가 노동자에게 재료를 대주었기 때문에 노동자는 그것을 가지고 그것에다가 자기 노동을 대상화할 수 있었던 것이 아닌가? 또한 사회의 대부분의 사람들이 이와 같은 빈털터리이기 때문에 나는 내 생산수단, 내 면화와 내 방추로 사회를 위해 헤아릴 수 없을 정도로 많은 봉사service를 하지 않았던가. 또한 내가 노동자들에게 생활수단까지도 공급해 주면서 봉사하지 않았던가. 그런데도 나는 이 모든 봉사에 대해 어떤 보상도 받을 수 없다는 말인가?"하고. 그러나 노동자도 또한 그를 위해 면화와 방추를 면사로 전환시킴으로써 답례를 하지 않았던가? 어쨌든 여기에서 문제가 되는 것은 봉사가 아니다.[16] 봉사라

---

16) "자랑하고 치장하며 꾸며도 좋다…그러나 준 것보다도 많이 또는 더 좋은 것을 가지는 사람은 고리대금업자다. 이런 사람은 자기의 이웃사람에게 봉사하는 것이 아니라 해를 끼치는 사람으로서, 강도나 절도와 마찬가지다. 이웃 사

는 것은 상품에 의한 봉사건 노동에 의한 봉사건 어떤 사용가치의 유용한 효과 이외의 아무것도 아니다.[17] 그러나 여기에서 중요한 것은 교환가치다. 자본가는 노동자에게 3원의 가치를 지불했다. 노동자는 그에게 면화에 첨가된 3원의 가치로 정확한 등가를, 즉 가치에 대해 가치를 반환했다. 지금까지 그처럼 자본을 가지고 뽐내던 우리의 친구는 이제 갑자기 그가 고용하고 있는 노동자처럼 겸손한 태도를 취하면서 말한다. "나 자신도 노동하지 않았는가? 방적공을 감시하는 노동을, 총감독이라는 노동을 하지 않았는가? 나의 이런 노동도 역시 가치를 형성하지 않는가?" 하고. 그가 고용하고 있는 감독과 관리인은 어이없다는 태도로 어깨를 으쓱한다. 그러자 자본가는 쾌활하게 웃으면서 본래의 표정을 되살린다. 그가 지금까지 장황하게 말한 것은 모두 우리를 속이려는 것이었다. 그 자신도 그런 말에는 조금도 관심을 두지 않는다. 그따위 핑계와 속임수는 고용된 경제학 교수들에게 맡겨두고 있다. 그 자신은 실무적인 사람이므로 사업 이외의 일에 대해 말하는 것은 반드시 깊이 생각하지는 않지만, 사업에 관한 일에 대해서는 언제나 잘 알고 있다.

좀 더 자세히 이 문제를 고찰해 보자. 노동력의 하루 가치는 3원이었

---

람에 대한 봉사와 선행이 모두 봉사와 선행은 아니다. 왜냐하면 간통하는 남녀도 서로에게는 커다란 봉사와 희열을 주기 때문이다. 마부도 강도가 길가에서 약탈하고 나라와 국민들을 습격하는 것을 도와줌으로써 강도에게 크게 봉사한다. 교황 예찬가들도 모든 사람을 물에 빠뜨려 죽이거나 불태워 죽이거나 학살하거나 옥사하게 하지 않고 그래도 몇 사람은 살려주어 추방하거나 소유물만 빼앗음으로써 우리에게 크게 봉사하고 있다. 악마까지도 자기에게 봉사하는 사람에게는 한없이 큰 봉사를 한다…요컨대 이 세상에는 커다란, 훌륭한, 일상적인 봉사와 선행으로 가득 차 있다."(루터, 『목사 여러분께, 고리대에 반대해 설교할 것』)

17) 나는 이 점에 대해 『정치경제학 비판을 위하여』[ CW 29: 278 ]에서 다음과 같이 지적했다. "'봉사'라는 범주가 세나 바스티아와 같은 종류의 경제학자들에게 어떤 '봉사'를 하고 있는가를 이해하는 것은 쉽다."

는데, 그 이유는 노동력 그 자체에는 $\frac{1}{2}$노동일[6시간의 노동]이 대상화되어 있기 때문이다. 다시 말해 노동력의 생산을 위해 매일 요구되는 생활수단은 $\frac{1}{2}$노동일을 필요로 하기 때문이다. 그러나 노동력에 포함되어 있는 과거 노동past labour과, 노동력이 제공할 수 있는 살아 있는 노동 living labour은, 다시 말해 노동력의 매일의 유지비와, 노동력의 매일의 지출은 그 크기가 전혀 다른 두 개의 양이다. 전자는 노동력의 교환가치를 규정하며, 후자는 노동력의 사용가치를 형성한다. 노동자의 생명을 24시간 유지하기 위해서는 $\frac{1}{2}$노동일이 필요하다는 사정은 결코 노동자가 하루 종일 노동하는 것을 방해하지 않는다. 따라서 노동력의 가치와 노동과정에서 노동력이 창조하는 가치는 그 크기가 서로 다르다. 자본가는 노동력을 구매할 때 이미 가치의 이와 같은 차이를 염두에 두고 있었다. 면사 또는 장화를 제조한다는 노동력의 유용한 성질은 자본가에게는 하나의 불가결한 조건일 따름이었다. 왜냐하면 가치를 형성하기 위해서는 노동이 유용한 형태로 지출되지 않으면 안 되기 때문이다. 그러나 자본가에게 결정적으로 중요한 것은 이 상품[노동력]의 독특한 사용가치[가치의 원천일 뿐 아니라 그 자신이 가지고 있는 것보다 더 많은 가치의 원천이라는 것]였다. 이것이야말로 자본가가 노동력으로부터 기대하는 독특한 봉사며, 그는 노동자와의 거래에서 상품교환의 영원한 법칙에 따라 행동한다. 사실상 노동력의 판매자는 [다른 모든 상품의 판매자와 마찬가지로] 노동력의 교환가치를 실현하면서 그 사용가치를 넘겨준다. 그는 사용가치를 넘겨주지 않고서는 교환가치를 받을 수 없다. 노동력의 사용가치, 노동 그 자체는, 팔린 기름의 사용가치가 기름장수의 것이 아닌 것과 마찬가지로, 노동력 판매자의 것이 아니다. 화폐소유자는 이미 노동력의 하루 가치를 지불했다. 그러므로 노동력의 하루 사용, 하루의 노동은 그의 것이다. 노동력은 하루 종일 활동하고 노동할 수 있는데도, 노동력을 하루 동안 유지하는 데는 $\frac{1}{2}$노동일밖에 걸리지 않는다는 사정. 따라서 노동력의 하루 사용이 창조하는 가치가 노동력의 하루 가치의 2배가 된다는 사정은, 구매자에게는 물론 특별한 행운이기는 하지만, 결코 판매자를 부당하게 대우하는 것은 아니다.

우리의 자본가는 이 사정을 미리부터 알고 있었으며, 그렇기 때문에 쾌활하게 웃은 것이다. 그러므로 노동자는 작업장에서 6시간이 아니라 12시간의 노동에 필요한 생산수단을 발견하게 된다. 만약 10킬로그램의 면화가 6노동시간을 흡수해 10킬로그램의 면사로 전환된다면, 20킬로그램의 면화는 12노동시간을 흡수해 20킬로그램의 면사로 전환될 것이다. 우리는 이제 이 연장된 노동과정의 생산물을 고찰해 보자. 이 20킬로그램의 면사에는 이제 5노동일이 대상화되어 있다. 즉 4노동일〔48시간의 노동〕은 소비된 면화량〔20원〕과 방추량〔4원〕에 대상화되어 있었던 것이고, 1노동일〔6원〕은 방적과정 중에 면화가 흡수한 것이다. 그런데 5노동일〔60노동시간〕의 화폐적 표현은 30원이다. 따라서 이것은 20킬로그램 면사의 가격이며, 1킬로그램 면사의 가치는 전과 같이 1.5원이다. 그러나 방적과정에 투입된 상품들의 가치총액은 27원이고, 면사의 가치는 30원이다. 생산물의 가치는 그 생산에 투하된 가치보다 $\frac{1}{9}$ 만큼 증가했다. 그리하여 27원은 30원으로 되었으며 3원의 잉여가치를 낳았다. 요술은 드디어 성공했다. 화폐는 자본으로 전환된 것이다.

문제의 모든 조건은 충족되었으며, 상품교환의 법칙은 조금도 침해되지 않았다. 등가물이 등가물과 교환되었다. 자본가는 구매자로서 어느 상품[면화·방추·노동력]에 대해서도 그 가치대로 지불했다. 그 다음 그는 다른 모든 상품의 구매자가 하는 일을 했다. 즉 그는 그 상품들의 사용가치를 소비했다. 노동력의 소비과정은 동시에 상품의 생산과정이기도 한데, 30원의 가치가 있는 20킬로그램의 면사라는 생산물을 생산했다. 여기에서 자본가는 시장으로 되돌아가는데, 전에는 상품을 구매했지만 이번에는 상품을 판매한다. 그는 면사를 1킬로그램당 1.5원에, 즉 그

가치대로 판매한다. 그런데도 그는 처음에 유통에 던져 넣었던 것보다 3원이나 더 많이 유통에서 끌어낸다. 그의 화폐가 자본으로 전환되는 이 전체 과정은 유통영역의 내부에서도 수행되고 또한 그 외부에서도 수행된다. 그 전체 과정은 유통을 매개로 수행된다. 왜냐하면 그것은 상품시장에서 노동력의 구매를 조건으로 하고 있기 때문이다. 그것이 유통영역의 외부에서 수행된다고 말하는 이유는, 유통은 생산영역에서만 이루어지는 가치증식과정을 준비하는 데 지나지 않기 때문이다. 그리하여 "가능한 최선의 세계에서는 만사가 최선의 상태에 있다."는 것이다.

자본가는 화폐를 새로운 생산물을 형성하는 요소 또는 노동과정의 요소로 기능하는 상품들로 전환시킴으로써, 그리고 죽은 물체에 살아 있는 노동력을 결합함으로써, 가치[대상화된 과거의 죽은 노동]를 자본[자기를 증식하는 가치, '가슴속에 사랑의 정열로 꽉 차서' 일하기 시작하는 활기 띤 괴물]으로 전환시키는 것이다.

이제 가치형성과정*과 가치증식과정을 비교해 보면, 가치증식과정은 일정한 점 이상으로 연장된 가치형성과정 이외의 아무것도 아니라는 것이 분명해진다. 만약 이 과정이, 자본이 지불한 노동력의 가치가 새로운 등가물에 의해 보상되는 점까지만 계속된다면, 그것은 단순히 가치형성과정에 지나지 않을 것이고, 만약 이 과정이 이 점을 넘어 계속된다면 가치증식과정으로 될 것이다.

더 나아가 가치형성과정을 노동과정과 비교해 보면, 노동과정은 사용가치를 생산하는 유용한 노동에 의해 성립되며, 생산의 운동은 질적으로 —생산물의 종류, 생산과정의 목적과 내용에 따라—고찰되고 있는 것을 알 수 있다. 가치형성과정에서는 이 동일한 노동과정이 오직 양적 측면에서 고찰된다. 여기에서 문제가 되는 것은 노동자의 작업시간, 즉 노동

---

* 가치형성과정은 생산수단의 가치가 생산물의 가치로 '이전'되는 과정과 노동력이 새로운 가치를 '창조'하는 과정을 모두 포괄하고 있다.

력이 유용하게 지출되는 계속시간뿐이다. 노동과정에 들어가는 상품들은 더 이상 노동력이 일정한 목적에 따라 가공하는 물적 요소로 여겨지지 않는다. 그것들은 오직 대상화된 노동의 일정량으로 여겨질 뿐이다. 생산수단에 들어 있는 것이냐 노동력에 의해 첨가되는 것이냐를 묻지 않고, 노동은 오직 계속시간에 의해 계산될 뿐이다. 그것은 몇 시간 또는 며칠 등으로 계산된다.

더욱이 사용가치의 생산에 지출된 노동시간은 주어진 사회적 조건에서 필요한 시간만큼만 계산에 들어간다. 이 사실은 다음과 같은 여러 가지 의미를 지니고 있다. 첫째로 노동력은 반드시 정상적인 조건에서 기능해야 한다는 것이다. 만약 방적업에서 자동 뮬mule이라는 방적기계가 사회적으로 지배적인 생산수단으로 되어 있다면, 노동자로 하여금 물레를 잡고 일하게 해서는 안 된다. 노동자에게 정상적인 품질의 면화 대신 자꾸만 끊어지는 부스러기 솜을 주어서는 안 된다. 그렇지 않다면 그는 1킬로그램 면사의 생산에 사회적으로 필요한 노동시간보다 더 많은 시간을 지출하게 될 것이다. 그러나 이 더 들어가는 초과시간은 가치 또는 화폐를 형성하지 못할 것이다. 그런데 노동의 대상적 요소들이 정상적인 것인가 아닌가는 노동자에게 달려 있는 것이 아니라 전적으로 자본가에게 달려 있다. 또 하나의 조건은, 노동력 자체가 평균적인 능률을 가지고 있어야 한다는 것이다. 노동력은 그것이 사용되는 부문을 지배하는 평균수준의 기능과 숙련과 민첩성을 보유하지 않으면 안 된다. 그런데 우리의 자본가는 노동시장에서 이와 같은 정상적인 질의 노동력을 구매하려고 노력하고 있다. 이 노동력은 평균수준의 긴장도와 강도로 지출되지 않으면 안 된다. 자본가는 노동자가 잠시라도 노동하지 않고 시간만 낭비하는 일이 없도록 세심하게 감시한다. 그는 노동력을 일정한 기간 구매했으므로, 자기 것을 잃지 않으려고 주의한다. 그는 도둑맞는 것을 원하지 않는다. 끝으로 원료와 노동수단의 낭비가 있어서는 안 된다. 이 점에 대해 자본가는 자기 자신의 독자적인 형법을 가지고 있다. 왜냐하면 이런 낭비는 대상화된 노동의 쓸모없는 지출을 의미하며, 따라서 그것은 생산물에 들어가지 않으며, 생산물의 가치에도 들어가지 않기 때문이다.[18]

---

18) 이것은 노예제에 의거한 생산을 더욱 비싸게 하는 이유의 하나다. 노예제에서 노동자는, 고대인의 적절한 표현에 따르면, 말하는 도구이므로, 반쯤 말하는 도구인 동물과, 말을 전혀 못하는 도구인 죽은 노동도구들과 구별된다. 그러나 노예 자신은 동물과 노동도구를 사용할 때 자기가 그것들과 같은 종류가 아니고 인간이라는 것을 그것들이 느끼도록 만든다. 그는 동물을 학대하며 또 열정을 가지고 노동도구를 못쓰게 만듦으로써, 자기가 그것들과는 다르다는 자신감을 가지게 된다. 그러므로 이 생산양식에서는 가장 조잡하고 가장 육중한 노동도구[어떻게 해 볼 도리가 없을 정도로 무디기 때문에 못쓰게 만들기도 어려운 노동도구]만을 사용하는 것이 경제원칙으로 되어 있다. 남북전쟁이 시작되기 전까지 멕시코만에 인접한 노예주에서는 고랑을 만들 수는 없고 멧돼지나 두더지 모양으로 땅을 파헤치는 고대 중국식의 쟁기만이 발견되고 있다. (케언즈, 『노예의 힘』: 46 이하 참조) 옴스테드는 자기 저서 『연안 노예주 기행』: 46~47에서 특히 다음과 같이 쓰고 있다. "내가 이곳에서 본 도구들은, 말하자면 제정신을 가진 사람이라면 어느 누구도 자기가 임금을 지불하는 노동자를 이처럼 괴롭히리라고 생각할 수가 없을 정도의 것들이다. 그 도구들은 엄청나게 무겁고 무딘 것이므로 우리가 보통 사용하는 도구에 비하면 적어도 10% 이상 더 힘들게 일을 할 것이라고 나는 생각한다. 그러나 나도 확신하게 되었지만, 노예들이 도구를 주의하지 않고 거칠게 취급하는 조건에서는 더 가볍고 정교한 도구를 노예들에게 제공하더라도 이보다 더 좋은 결과가 나오리라고는 생각하지 않는다. 또한 우리가 우리 노동자들에게 늘 주고 있는 [또 그것을 줌으로써 우리가 이득을 보는] 그런 도구는 버지니아주의 옥수수 밭에서는 [그 토지가 우리 밭에 비해 그 흙이 더 부드럽고 돌도 적은데도] 아마 하루도 견뎌 내지 못할 것이다. 그리고 또 어째서 농장에서는 말 대신 일반적으로 노새가 사용되고 있는가 하는 나의 질문에 대해, 첫째의 그리고 분명히 가장 결정적인 이유로 든 것은 다음과 같은 것이었다. 말은 노예들의 취급에 견디지 못해 금방 절름발이가 되든가 병신이 되는데, 노새는 매질에도 견뎌 내고 가끔 한두 끼 굶겨도 그 때문에 치명적인 해는 입지 않으며, 또 비록 돌보는 것을 좀 소홀히 하거나 좀 지나치게 부리더라도 감기가 들거나 병이 나는 일이 없다는 것이다. 지금 내가 글을 쓰고 있는 이

상품의 분석을 통해 사용가치를 생산하는 노동과 가치를 창조하는 노동 사이의 차이를 발견했는데, 이제 이 차이가 생산과정의 두 측면의 차이로 나타나고 있다.

노동과정과 가치형성과정의 통일이란 면에서 보면, 생산과정은 상품의 생산과정이다. 다른 한편으로 노동과정과 가치증식과정의 통일이란 면에서 보면, 생산과정은 자본주의적 생산과정이며 상품생산의 자본주의적 형태다.

앞에서도 말한 바와 같이, 자본가가 사용하는 노동이 사회적 평균수준의 단순한 노동인가 아니면 더 복잡한 노동인가는 가치증식과정에서는 전혀 문제가 되지 않는다. 사회적 평균노동보다 고도의 복잡한 노동은, 단순한 미숙련 노동력보다 많은 양성비가 들고 그것의 생산에 더 많은 시간과 노동이 드는 노동력이 지출되는 것이다. 이런 노동력은 가치가 더 크기 때문에 고급 노동으로 나타나며, 따라서 동일한 시간 안에 상대적으로 더 큰 가치로 대상화된다.* 그러나 방적노동과 보석세공 노동 사이의 숙련 차이가 어떻든, 보석세공 노동자가 자기 자신의 노동력 가치를 보상할 뿐인 노동부분은 그가 잉여가치를 창조하는 추가적 노동부분과 질적으로는 조금도 구별되지 않는다. 방적에서와 마찬가지로 보석세

---

방의 창문가에 서 있으면 가축을 학대하는 모습을 거의 언제나 보게 되는데, 북부지방의 농장주라면 어느 누구라도 당장 이런 마부를 해고시켜버렸을 것이다."

* "앞에서도 말한 바와 같이~더 큰 가치로 대상화된다."는 문장은 불어판에서는 "잉여가치의 생산을 고찰할 때 우리는 자본에 의해 수탈된 노동이 단순한 평균노동이라고 가정했다. 이와 반대의 가정도 이것을 바꿀 수 없을 것이다. 예를 들면, 보석세공 노동자의 노동이 방적공의 노동에 비해 더욱 고도의 능력을 가진 노동이고, 한편이 단순노동, 다른 편이 복잡노동─이 노동에서는 양성하기 더 어려운 노동력이 발현되고, 이 노동은 동일한 시간 내에 더 많은 가치를 창출한다─이라고 가정하자."(마르크스, 1977: 149)로 수정되었다.

공에서도, 잉여가치는 오직 노동의 양적 초과에 의해서만, 하나의 동일한 노동과정(한 경우에는 면사를 만들고 다른 경우에는 보석을 만든다)의 시간적 연장에 의해서만 생긴다.[19]

다른 한편으로 어떤 가치형성과정에서도 고급 노동이 항상 사회적 평균노동으로 환원되는 것, 예컨대 하루의 고급 노동이 X일의 사회적 평균노동으로 환원되는 것은 피할 수 없다.[20] 따라서 우리는 자본가가 고용

---

19) 고급 노동과 단순 노동, '숙련노동'과 '미숙련노동'의 구분은, 부분적으로는 단순한 환상에 근거한 것이거나, 적어도 이미 오래 전부터 현실적으로는 없으나 다만 전통적인 관습 가운데만 있을 뿐인 구분에 근거하고 있으며, 또 부분적으로는 노동자계급 중 어떤 계층의 절망적인 상태─이 계층은 다른 계층과 달리 자신의 노동력 가치를 제대로 받지 못하고 있다는 사실─에 근거하고 있다. 거기에다가 우연적인 사정들이 대단히 큰 구실을 함으로써 두 형태의 노동이 그 지위를 뒤바꾸는 경우까지 생긴다. 예컨대 노동자계급의 체력이 약해져 노동자들이 상대적으로 기진맥진한 곳[자본주의적 생산이 발달한 모든 나라에서 그러하다]에서는, 근육의 힘이 더 요구되는 낮은 형태의 노동이 그보다 훨씬 더 정밀한 노동에 비해 일반적으로 더 높은 형태의 노동으로 여겨지며, 더 정밀한 노동은 단순 노동의 등급으로 떨어지게 된다. 예컨대 영국에서는 벽돌공의 노동이 비단직조공의 노동보다 훨씬 더 높은 등급이다. 다른 한편으로 비단 털깎기공의 노동은 비록 고도의 육체적 긴장을 필요로 하고 매우 비위생적인데도 단순노동으로 취급된다. 더욱이 이른바 '숙련노동'이 한 나라의 노동 가운데서 양적으로 큰 비중을 차지한다고 생각해서도 안 된다. 랑의 계산에 따르면, 잉글랜드(와 웨일즈)에서 1,100만 명이 단순 노동으로 살아가고 있다. 그의 저서가 발간된 당시의 총인구 1,800만 중에서 100만의 상류계급과 150만의 극빈자·부랑자·범죄자·매춘부, 그리고 465만의 중간계급을 빼면, 위에 말한 1,100만이 남는다. 그러나 그는 중간계급에 금리생활자(소규모)·관리·작가·예술가·학교 교사 등을 포함시키고 있으며, 그 숫자를 증대시키기 위해 '공장노동자' 중 고액임금 취득자도 이 465만에 포함시키고 있다! 이리하여 벽돌공까지도 중간계급의 '고급노동자'로 되어 있다. (랑, 『국민적 재난』: 49~52) "먹을 것을 얻기 위해 보통의 노동 이외에는 제공할 것이 없는 큰 계급이 국민의 대다수를 이루고 있다."(J. 밀, 「식민지」의 항목, 『브리태니커백과사전 부록』)

하는 노동자는 단순한 사회적 평균노동을 수행한다는 가정에 의해 불필요한 조작을 생략하고 분석을 단순화시키는 것이다.

---

20) "가치의 척도인 노동에 대해 말하는 경우, 그것은 필연적으로 어떤 특수한 종류의 노동을 의미한다…그 노동에 대한 다른 종류의 노동의 비율은 쉽게 확정할 수 있다."(캐즈노브, 『정치경제학 개론』: 22~23)

# 제8장
# 불변자본과 가변자본

　노동과정의 여러 가지 요소들은 각각 다른 방식으로 생산물의 가치형성에 참가한다.

　노동자는 자기 노동의 구체적 내용, 목적, 기술적 성격 여하를 따지지 않고 노동대상에 일정한 양의 노동을 지출함으로써, 거기에 새로운 가치를 첨가한다. 다른 한편으로 소비된 생산수단의 가치는 보존되어 생산물 가치의 구성부분으로 다시 나타난다. 예컨대 면화와 방추의 가치는 면사의 가치에 다시 나타난다. 따라서 생산수단의 가치는 생산물에 이전됨으로써 보존된다. 이런 이전은 생산수단이 생산물로 전환되는 동안, 즉 노동과정 중에 일어난다. 그것은 노동에 의해 매개된다. 그러면 어떻게?

　노동자는 동일한 시간에 두 번이나 노동하는 것은 아니다. 즉 한편으로 면화에 새로운 가치를 첨가하기 위해 노동하고, 다른 한편으로 생산수단의 가치를 보존하기 위해 [또는 같은 말이지만, 자기가 가공하는 면화의 가치나 자기의 노동수단인 방추의 가치를 생산물인 면사로 이전시키기 위해] 노동하는 것은 아니다. 그는 새로운 가치를 첨가하는 바로 그 행위에 의해 종전의 가치를 보존하는 것이다. 그러나 그가 새로운 가치를 노동대상에 첨가하는 것과 종전의 가치를 보존하는 것은 [노동자가 동일한 노동시간에 동시적으로 수행한〕 전혀 다른 두 개의 결과이므로, 이와 같은 결과의 이중성은 분명히 그의 노동의 이중성에 의해 설명될 수밖에 없다. 즉 그의 노동은 한 쪽의 속성을 통해 가치를 창조하고, 다른 쪽의 속성을 통해 가치를 보존 또는 이전해야 하는 것이다.

어떤 방식으로 각 노동자는 새로운 노동시간[따라서 새로운 가치]을 첨가하는가? 그는 언제나 자기의 독특한 방식으로 생산적 노동을 함으로써 그렇게 할 따름이다. 방적공은 오직 실을 뽑음으로써만, 직조공은 오직 천을 짬으로써만, 대장장이는 쇠를 단련함으로써만 그렇게 한다. 비록 이런 작업이 노동 일반[그리하여 새로운 가치]을 첨가한다고 하더라도, 합목적적인 노동[예컨대 방적·직조·단야]에 의해서만 생산수단[면화와 방추, 면사와 직기, 쇠와 모루]은 생산물[새로운 사용가치]의 형성요소로 된다. 생산수단의 사용가치의 원래 형태는 사라지지만, 그것은 오직 새로운 사용가치의 형태로 다시 나타나기 위해 사라질 뿐이다.1) 그런데 가치형성과정을 고찰할 때 본 바와 같이, 어떤 사용가치가 새로운 사용가치의 생산을 위해 합목적적으로 소비되는 한, 그 소비된 사용가치의 생산에 지출된 노동시간은 새로운 사용가치의 생산에 필요한 노동시간의 일부로 된다. 다시 말해 이것은 소비된 생산수단에서 새로운 생산물로 이전되는 노동시간이다. 따라서 노동자가 소비된 생산수단의 가치를 보존하는 것[즉 그것을 생산물의 가치성분으로 생산물로 이전하는 것]은 노동자가 노동일반을 첨가함으로써 그렇게 하는 것이 아니라, 이 첨가되는 노동의 특수한 유용성, 그것의 특수한 생산적 형태에 의해 그렇게 하는 것이다. 이와 같은 합목적적 생산활동[방적·직조·단야]으로서 노동은 그 손이 한 번 닿기만 함으로써 생산수단을 죽음으로부터 소생시키고, 그것에 활기를 불어넣어 노동과정의 요소들로 전환시키며, 그

---

1) "노동은 그것에 의해 소멸된 창조물 대신 새로운 창조물을 준다."( [『국민경제학에 관한 평론』]: 13)

것들과 결합해서 생산물을 만들어 내는 것이다.

만약 노동자가 수행하는 특수한 생산적 노동이 방적이 아니라면 그는 면화를 면사로 전환시키지 못할 것이며, 따라서 면화나 방추의 가치를 면사로 이전시키지도 못할 것이다. 그러나 동일한 노동자가 직업을 바꾸어 목공이 되더라도 그는 여전히 하루의 노동을 통해 그의 재료에 가치를 첨가할 것이다. 따라서 그가 자기 노동에 의해 가치를 첨가하는 것은, 그의 노동이 방적노동이나 목공노동이기 때문이 아니라 노동일반, 추상적인 사회적 노동이기 때문이며, 또 그가 일정한 가치량을 첨가하는 것은 자기 노동이 어떤 특수한 유용성을 가지고 있기 때문이 아니라 그것이 일정한 시간 계속되기 때문이다. 즉 방적공의 노동은 인간노동력의 지출이라는 그 추상적이고 일반적인 성질에 의해 면화나 방추의 가치에 새로운 가치를 첨가하며, 방적노동이라는 그 구체적이고 유용한 성질에 의해 생산수단의 가치를 생산물로 이전하여 그 가치를 생산물 속에 보존한다. 이로부터 동일한 시간 안에 노동은 두 개의 다른 결과를 만들어 낸다.

노동의 단순한 양적 첨가에 의해 새로운 가치가 첨가되며, 첨가되는 노동의 질에 의해 생산수단의 원래 가치가 생산물에 보존된다. 노동의 이중성으로부터 생기는 이런 이중의 효과는 여러 가지 현상들에 명백히 나타난다.

어떤 발명에 의해, 방적공이 이전에는 36시간 걸려 방적하던 면화량을 이제는 6시간에 방적할 수 있게 되었다고 가정하자. 그의 노동은 합목적적인 유용한 생산활동으로서는 그 힘이 6배로 증가되었다. 6노동시간의 생산물은 이전의 6배[즉 6킬로그램가 아니라 36킬로그램]가 되었다. 그러나 36킬로그램의 면화는 이전에 6킬로그램의 면화가 흡수하던 것과 같은 노동량을 흡수하는 데 지나지 않는다. 1킬로그램의 면화에는 이전의 방법에 비해 다만 $\frac{1}{6}$ 의 새로운 노동이, 따라서 이전에 첨가되던 가치의 $\frac{1}{6}$ 만이 첨가된다. 다른 한편으로 이제 생산물인 36킬로그램의 면사에는 이전에 비해 6배의 면화가치가 들어 있다. 6시간의 방적에서 이전의 6배의 원료가치가 보존되어 생산물로 이전된다. 물론 이때 각 1킬로그램의 원료에는 이전의 $\frac{1}{6}$ 의 새로운 가치가 첨가되지만. 이것은 분리할 수 없는 동일한 과정에서 노동이 가치를 보존한다는 속성과 가치를 창조한다는 속성이 얼마나 본질적으로 다른가를 보여주고 있다. 동일한 양의 면화를 면사로 방적하는 데 필요한 시간이 길어지면 질수록 면화에 첨가되는 새로운 가치는 그만큼 더 크고, 동일한 노동시간에 방적되는 면화의 양이 많으면 많을수록 생산물로 이전되어 보존되는 가치는 그만큼 더 크다.

반대로 방적노동의 생산성이 변하지 않고, 따라서 방적공이 1킬로그램의 면화를 면사로 전환시키는 데 여전히 동일한 시간이 필요하다고 가정하자. 그러나 면화 그 자체의 교환가치는 변해 1킬로그램의 면화가격이 6배로 올랐거나 $\frac{1}{6}$ 로 떨어졌다고 가정하자. 그 어느 경우에도 방적공은 여전히 동일한 양의 면화에 동일한 노동량, 즉 동일한 가치를 첨가할 것이며, 또 어느 경우에나 그는 동일한 시간에 여전히 동일한 양의 면사를 생산할 것이다. 그런데도 그가 면화로부터 면사라는 생산물로 이전하는 가치는 종전에 비해 한 경우에는 6배로 되며 다른 경우에는 $\frac{1}{6}$ 로 된다. 노동수단의 유용성이 노동과정에서 변하지 않은 채, 노동수단의 가치가 증감하는 경우에도, 위와 동일한 결과가 생긴다.

만약 방적과정의 기술적 조건들이 변하지 않고, 또 그 생산수단의 가치에도 아무런 변동이 일어나지 않는다면, 방적공은 여전히 동일한 노동시간에 변하지 않은 가치를 가진 동일한 양의 원료와 기계를 소비할 것이다. 그가 생산물 가운데 보존하는 가치는 그가 첨가하는 새로운 가치에 정비례한다. 2주 동안에는 그는 1주 동안에 비해 2배의 노동[즉 2배의 가치]을 첨가하며, 또 이와 동시에 2배의 가치를 갖는 2배의 원료를 소비하고, 2배의 가치를 갖는 2배의 기계를 소모하며, 그리하여 그는 2주의 생산물에 1주의 생산물에 보존하는 가치의 2배를 보존한다. 주어진 불변의 생산조건에서는 노동자가 더 많은 가치를 첨가하면 할수록 그만큼 더 많은 가치를 이전시켜 보존한다. 그러나 그가 더 많은 가치를 보존하는 것은 그가 새로운 가치를 첨가하기 때문이 아니라, 이 새로운 가치의 첨가가 자기 자신의 노동과는 독립적인 불변의 생산조건에서 이루어지기 때문이다. 물론 상대적 의미에서는, 노동자는 언제나 새로운 가치의 첨가량에 비례해 종전의 가치를 보존한다고 말할 수 있다. 면화가 1원에서 2원으로 오르든 또는 0.5원으로 떨어지든, 노동자가 1시간의 생산물 가운데 보존하는 면화가치는 언제나 그가 2시간의 생산물 가운데 보존하는 가치의 절반밖에 되지 않는다. 더 나아가, 만약 노동자 자신의 노동생산성이 향상하든가 저하한다면, 그는 한 시간에 이전보다 더 많거나 더 적은 면화를 방적하게 될 것이며, 이에 따라 1노동시간의 생산물 가운데 보존하는 면화의 가치는 이전보다 더 많거나 더 적을 것이다. 어쨌든 그는 2노동시간에는 1노동시간에 비해 2배의 가치를 보존할 것이다.

가치는 [보조화폐에서 볼 수 있는 가치의 순전히 상징적인 표현을 도외시한다면] 사용가치인 물건 속에만 존재한다. (인간 자신도 노동력의 인격화로서만 고찰한다면, 하나의 자연물[비록 살아있고 의식 있는 물건이지만]이고, 노동 그 자체는 노동력의 육체적 발현이다.)* 그러므로 어떤 물건이 그 사용가치를 잃어버리면 그것의 가치 또한 잃어버린다. 그러나 생산수단은 그 사용가치를 상실함과 동시에 그 가치도 상실하는 것은 아니다. 왜냐하면 생산수단은 노동과정에서 그 사용가치의 본래 형태를 상실하고 생산물에서 새로운 사용가치의 형태를 얻기 때문이다. 가치는 자기가 존재할 수 있는 어떤 사용가치를 가져야 한다는 것은 중요하

---

* "인간 자신도 노동력의 인격화로서만 고찰한다면"의 서술은 불어판에서는 "인간 자신은 노동력의 단순한 현존existence으로서는"으로 수정되었고, "노동 그 자체는 노동력의 육체적 발현이다."는 서술은 "노동은 노동력의 외적인 물적 발현manifestation이다."(마르크스, 1977: 153)로 수정되었다.

지만, 어떤 사용가치 속에 있는가는 상품의 탈바꿈에서 본 바와 같이 아무래도 좋다. 이로부터 명백해지듯이, 노동과정에서 생산수단의 가치가 생산물로 옮겨가는 것은, 생산수단이 자기의 독자적인 사용가치와 함께 자기의 교환가치까지도 상실하는 한에서다. 생산수단은 생산수단으로서 잃어버리는 가치만을 생산물로 넘겨준다. 그러나 노동과정의 여러 물질적 요소들은 이 점에서 동일하게 행동하는 것은 아니다.

보일러를 가열시키기 위해 사용하는 석탄은 바퀴의 축에 바르는 기름 등과 마찬가지로 흔적 없이 사라져 버린다. 염료나 기타 보조재료들도 사라져 버리기는 하지만 생산물의 속성으로 다시 나타난다. 원료는 생산물의 실체를 형성하지만 그 형태는 변한다. 따라서 원료와 보조재료는 사용가치로서 노동과정에 들어갈 당시의 독자적인 모습을 잃어버린다. 진정한 노동수단은 이와는 다르다. 도구·기계·공장건물·용기 따위가 노동과정에서 유용한 것은 그것들이 자기의 본래 모습을 유지해 매일 똑같은 형태로 다시 노동과정에 들어갈 수 있을 동안만이다. 그것들은 살아 있는 동안 [즉 노동과정에 있을 동안] 생산물에 대해 자기의 독자적인 모습을 유지하는 것과 마찬가지로 죽은 뒤에도 역시 그 모습을 유지한다. 기계·도구·작업용 건물 등의 잔해는 이것들의 도움으로 만들어진 생산물과는 별개로 여전히 존재하고 있다. 이제 만약 우리가 이와 같은 노동수단이 [작업장에 들어간 날부터 폐물창고로 추방되는 날까지] 생산에 이바지한 기간 전체를 고찰한다면, 이 기간 중 그 사용가치는 완전히 소비되었고 따라서 그 교환가치는 완전히 생산물로 이전된 것을 알게 된다. 예컨대 어떤 방적기계가 10년이 되어 그 수명이 다했다면 그 기계의 총가치는 10년간의 노동과정에서 10년간의 생산물로 넘어간 것이다. 따라서 하나의 노동수단의 생존기간은 몇 회 반복되는 노동과정을 포함하고 있다. 노동수단도 인간과 마찬가지의 운명을 겪는다. 인간은 누구나 매일 24시간씩 죽음에 다가가고 있다. 물론 사람을 쳐다보아 그가 얼마나 더 오래 살 것인가를 정확히 알 수는 없지만. 그러나 이런 곤란도 생명보험회사가 평균 이론에 의거해 인간의 수명에 관한 아주 확실하고 유리한 결론을 끌어내는 것을 방해하지 않는다. 노동수단도 마찬가지다. 어떤 종류의 기계가 평균적으로 얼마 동안 존속할 수 있는가는 경험상 알려져 있다. 노동과정에서 기계의 사용가치가 겨우 6일 동안만 유지된다고 가정하자. 그렇다면 그 기계는 평균해서 1노동일마다 그 사용가치의 $\frac{1}{6}$ 씩을 잃어가며, 따라서 그날그날의 생산물에 자기 가치의 $\frac{1}{6}$ 을 넘겨주게 된다. 모든 노동수단이 마멸하면서 매일 사용가치를 상실하는 것과 이에 따라 매일 가치를 생산물로 이전하는 것은 이와 같은 방식으로 계산된다.

이로부터 분명하게 알 수 있는 것은, 생산수단은 노동과정에서 자기 자신의 사용가치 소멸로 말미암아 잃는 것보다 더 많은 가치를 생산물에 넘겨주는 것은 아니라는 점이다. 만약 생산수단이 잃어버릴 아무런 가치도 가지고 있지 않다면, 다시 말해 생산수단 그 자체가 인간노동의 생산물이 아니라면, 그것은 생산물에 아무런 가치도 넘겨주지 못할 것이다. 그것은 사용가치의 형성에는 이바지하지만 교환가치의 형성에는 참가하지 않을 것이다. 인간의 협력 없이 천연적으로 있는 생산수단, 즉 토지 · 바람 · 물 · 광석형태의 금속 · 원시림의 나무 등은 모두 이런 부류에 속한다.

여기에서 우리 앞에는 또 하나의 흥미 있는 현상이 나타난다. 예컨대 어떤 기계의 가치가 1,000원이고, 그 기계는 1,000일 뒤에 마멸된다고 가정하자. 이 경우 기계의 가치는 매일 $\frac{1}{1,000}$ 씩 생산물로 넘어간다. 이와 동시에 비록 기계의 활동력이 점차 감퇴하기는 하지만 그 기계 전체가 노동과정에서 기능하고 있다. 이로부터 노동과정의 한 요소인 어떤 생산수단은 노동과정에는 전체적으로 참가하지만 가치형성과정에는 부분적으로만 참가한다는 것을 알 수 있다. 노동과정과 가치형성과정 사이의 차이가 여기에서는 객체적 생산요소들에 반영되고 있다. 즉 동일한 생산과정에서 동일한 생산수단이 노동과정의 요소로서는 전체로 계산되지만 가치형성의 요소로서는 오직 일부분씩만 계산된다.[2]

다른 한편으로 어떤 생산수단은 노동과정에는 부분적으로 들어가지만 가치형성과정에는 전체적으로 들어가는 일이 있을 수 있다. 가령 면화에서 실을 뽑을 때, 115킬로그램의 면화에서 매일 15킬로그램의 낙면이 생기며, 이 낙면은 면사로 되지 못하고 오직 솜 부스러기로 된다고 가정하자. 만약 이 15킬로그램의 낙면 발생이 방적의 평균적 조건에서는 정상적이고 불가피한 것이라면, 이 15킬로그램 면화의 가치도 면사의 실체로 되는 100킬로그램 면화의 가치와 마찬가지로 면사의 가치에 들어간다. 100

---

[2] 여기서는 기계·건물 등과 같은 노동수단의 수리는 문제로 삼지 않는다. 수리 중의 기계는 노동수단이 아니라 노동재료다. 즉 그것을 써서 노동이 이루어지는 것이 아니라 그것에 노동이 첨가되어 그 사용가치가 회복되는 것이다. 여기에서는 이와 같은 수리노동은 그 노동수단의 생산에 필요한 노동에 포함되는 것으로 생각할 수 있다. 본문에서 문제로 삼는 것은, 어떤 의사도 치료할 수 없는, 점차로 사망에 이르는 마멸이며, "그때그때의 수리로는 회복할 수 없는 종류의 마멸이며, 칼을 예로 든다면, 칼 수리공이 새로 날을 세울 가치가 없다고 말할 정도의 상태에 이르는 그런 종류의 마멸"이다. 본문에서 본 바와 같이, 기계는 모든 노동과정에는 전체적으로 참가하지만 이와 동시에 이루어지는 가치형성과정에는 오직 부분적으로만 참가한다. 우리는 다음 문장에 나타난 개념의 혼동을 잘 알 수 있다. "리카도씨는 양말제조기를 제작할 때 첨가된 기계제작공의 노동의 일부가 예컨대 한 켤레의 양말의 가치에 포함되어 있다고 한다. 그러나 어느 한 켤레의 양말을 생산한 총노동에는…기계제작공의 노동의 일부가 아니고 그 전체가 포함되어 있다. 왜냐하면 한 대의 기계는 틀림없이 여러 켤레의 양말을 만들어 내기는 하지만, 그 양말들 중 어느 한 켤레도 기계 전체가 참가하지 않고서는 만들어질 수 없기 때문이다."([『정치경제학의 용어논쟁 고찰』]: 54) 유별나게 자부심이 강하고 아는 체하는 이 저자가 자기의 혼동과 문제제기로부터 면책 특권을 누릴 수 있는 것은, 리카도나 그 전후의 어떤 경제학자도 노동의 두 측면을 정확히 구별하지 못했으며, 따라서 더욱이 가치형성에서 이 두 측면이 하는 역할을 분석하지 못했다는 사실 때문이다.

킬로그램의 면사를 만들기 위해서는 15킬로그램 면화의 사용가치가 솜 부스러기로 되지 않을 수 없다. 따라서 이와 같은 면화의 낭비는 면사생산의 하나의 필요조건이 된다. 바로 그렇기 때문에 이것은 자기 가치를 면사로 이전시킨다. 이것은 노동과정의 모든 폐기물에도 해당한다. 적어도 이 폐기물이 다시 새로운 생산수단으로, 따라서 새로운 독립적인 사용가치로 되지 않는 한. 폐기물의 사용은 맨체스터의 대규모 기계제작 공장에서 볼 수 있는데, 거기에서는 큰 기계에 의해 대패밥 모양으로 깎여진 쇠 부스러기가 산더미를 이루고 있고, 저녁때가 되면 그것이 큰 차에 실려 제철소로 운반되어 그 다음날 다시 대량의 철로 되어 공장으로 돌아온다.

생산수단은, 노동과정이 진행되는 동안 원래 사용가치의 형태 속에 있는 가치를 상실하는 경우에만, 새로운 생산물로 가치를 이전한다. 생산수단이 노동과정에서 입을 수 있는 가치상실의 최대한도는 분명히 그것이 노동과정에 들어갈 당시 본래부터 가지고 있던 가치량[다시 말해 그것의 생산에 필요한 노동시간]에 의해 제한되고 있다. 그러므로 생산수단은 노동과정과 관계없이 독립적으로 가지고 있던 가치보다 더 큰 가치를 생산물에 첨가할 수는 결코 없다. 어떤 노동재료 · 기계 · 생산수단이 아무리 유용하다 하더라도, 만약 그 가치가 3,000원[이를테면 500노동일]이라면, 그것은 생산물의 가치에 결코 3,000원 이상을 첨가할 수 없다. 그것의 가치는 그것이 생산수단으로 들어가는 노동과정에 의해 결정되는 것이 아니라, 그것이 생산물로 나온 [ 이전의 ] 노동과정에 의해 결정되는 것이다. 노동과정에서 그것은 오직 사용가치로서, 즉 유용한 속성을 가진 물건으로 구실할 뿐이다. 그러므로 만약 그것이 이 과정에 들어가기 전에 가치를 가지고 있지 않았다면, 그것은 생산물에 아무런 가치도 넘겨주지 못할 것이다.[3]

---

3) 이로부터 세의 어리석음을 알아차릴 수 있을 것이다. 그는 잉여가치(이자·이윤·지대)를 생산수단(토지·도구·원료)이 노동과정에서 그 사용가치를 통해 수

생산적 노동이 생산수단을 새로운 생산물의 형성요소로 전환시킴으로써 생산수단의 가치는 일종의 윤회를 겪는다. 즉 생산수단의 가치는 소모된 육체로부터 새로 만들어진 육체로 이전된다. 그러나 그 이전은 이를테면 현실적 노동의 배후에서 일어난다. 노동자는 원래의 가치를 보존하지 않고서는, 새로운 노동을 첨가할 수 없으며 새로운 가치를 창조할 수 없다. 왜냐하면 그가 첨가하는 노동은 반드시 특정의 유용한 형태이어야 하며, 생산물들을 새로운 생산물의 생산수단으로 사용해 그들의 가치를 새로운 생산물로 이전하지 않고서는 유용한 노동을 할 수 없기 때문이다. 따라서 가치를 첨가하면서 가치를 보존한다는 것은 활동 중의 노동력[살아 있는 노동]의 자연적 속성이다. 이 자연적 속성은 노동자에

---

행하는 '생산적 서비스'로부터 도출하려고 한다. 기묘한 변호론적 착상이 날 때마다 발표하는 로셔는 다음과 같이 외치고 있다. "세가 『정치경제학개론』 제1권 4장에서, 모든 비용을 뺀 뒤 정유공장이 생산한 가치는 어쨌든 새로운 가치이고, 정유공장 그 자체를 만들기 위해 수행된 노동과는 본질적으로 다른 것이라고 말한 것은 매우 정당하다."(『국민경제학 원리』: 82, 주) 매우 정당하다! 정유공장이 생산한 '기름'은 정유공장의 건설에 지출된 노동과는 전혀 다른 것이다! '가치'가 무엇인가에 대해 로셔는 석유가 '천연적으로'[비록 상대적으로 '적은 양'이긴 하지만] 있다는 사실에도 불구하고 '기름'이 가치를 가지고 있다는 이유에서 '가치'를 '기름'과 같은 물건이라고 생각하고 있다. 그러나 석유가 상대적으로 '적은 양으로' '천연적으로' 있기 때문에 그는 다음과 같이 말하고 있다. "그것(자연)은 교환가치를 거의 만들어 내지 않는다."(같은 책: 79) 로셔가 자연과 교환가치의 관계에 대해 말하는 것은 마치 어리석은 처녀가 아이를 낳았지만 그 아이는 "아주 조그마한 아이에 불과했다."고 말하는 것이나 마찬가지다. 바로 이 '학자'는 또 다음과 같이 말하고 있다. "리카도학파는 자본까지도 '축적된 노동'이라고 해서 노동이라는 개념 속에 포괄시킨다. 이것은 졸렬하다. 왜냐하면 사실 자본의 소유자는 분명히 그것의 단순한 생산과 보존 이상의 것을 수행했기 때문이다. 즉 그는 자신의 향락을 절제했으며, 그리하여 그는 그 대신 예컨대 이자를 요구하는 것이다."(같은 책: 82) 단순한 '요구'를 '가치'의 원천으로 전환시키는 경제학의 이 '해부생리학적 방법'이야말로 얼마나 '기묘'한가!

게는 아무런 비용도 들지 않으나 자본가에게는 현존하는 자본가치의 보존이라는 큰 이익을 가져다 준다.[4] 경기가 좋은 동안에는 자본가는 돈벌이에 눈이 어두워 노동의 이 공짜 선물을 보지 못하지만, 노동과정의 강제적 중단, 즉 공황은 자본가로 하여금 이것을 절실하게 느끼도록 만든다.[5]

생산수단에서 실제로 소모되는 것은 그 사용가치고, 이 사용가치의 소비에 의해 노동은 생산물을 형성하는 것이다. 사실상 생산수단의 가치는 소비되지 않는다.[6] 따라서 그것이 재생산된다고 말하는 것은 정확하지 않다. 그 가치는 보존된다. 그 가치가 보존되는 것은 노동과정에서 가치 그 자체에 어떤 조작이 가해지기 때문이 아니라, [가치가 원래 그 안에

---

4) "농업의 모든 도구들 중에서 인간의 노동이야말로…농업가가 자기 자본을 회수하는 데 가장 많이 의지하는 것이다. 다른 두 가지 물건 – 현재 보유하고 있는 역축과…짐수레·쟁기·삽 등 – 은 일정한 양의 인간노동과 결합하지 않으면 아무것도 아니다."(버크, 『곡물부족에 관한 의견과 상세한 논의』: 10)

5) 1862년 11월 26일자 『더 타임즈』에는 어떤 공장주에 관한 기사가 실렸다. 그는 자기의 방적공장에 800여명의 노동자를 고용해 매주 평균 150고리짝의 동인도 면화나 약 130고리짝의 아메리카 면화를 소비하는 공장주였는데, 그는 자기 공장이 조업중단으로 입게 되는 간접비용을 개탄하고 있다. 그는 그 비용을 연간 £6,000로 추정하고 있다. 이 비생산적 비용 중에는 예컨대 지대·세금·지방세·보험료 그리고 1년 계약으로 고용한 관리인·경리·기사 등의 급료 등과 같은, 우리와는 관계없는 수많은 항목들이 들어 있다. 다음으로 때때로 공장을 따뜻하게 하거나 증기기관을 운전하는 데 필요한 석탄이나, 그밖에도 임시노동으로써 기계설비를 '언제든지 사용할 수 있는 상태'로 유지하는 노동자들에 대한 임금을 £150로 계산하고 있다. 끝으로 그는 기계설비의 손상이라고 하면서 £1,200를 계산하고 있는데, 그 이유는 "기후나 녹스는 자연법칙은 증기기관이 운전을 정지했다고 해서 그 작용을 중지하는 것이 아니기 때문이다." 그는 이 £1,200라는 금액은 기계설비가 벌써 대단히 마멸된 상태에 있기 때문에 이처럼 낮게 평가한 것이라고 밝히고 있다.

6) "생산적 소비라는 것은 상품의 소비가 생산과정의 일부로 되는 경우다…이런 경우 가치의 소비는 없다."(S.P. 뉴먼, 『정치경제학 개요』: 296)

있었던] 사용가치가 사라지기 [비록 다른 사용가치 속으로이긴 하지만]
때문이다. 그러므로 생산수단의 가치는 생산물의 가치에 다시 나타나기
는 하지만, 엄밀히 말해 재생산되는 것은 아니다. 생산되는 것은 [원래의
교환가치가 그 속에 다시 나타나는] 새로운 사용가치다.[7]

노동과정의 주체적 요소[스스로 활동하는 노동력]의 경우에는 사정이
달라진다. 노동이 특수한 목적을 위해 행해짐으로써 생산수단의 가치를
생산물로 이전해 보존하는 동안, 노동의 각 순간마다 추가적 가치, 새로
운 가치를 창조한다. 노동자가 자기 자신의 노동력의 가치에 대한 등가
물을 생산했을 때, 예컨대 그가 6시간의 노동에 의해 3원의 가치를 첨가
했을 때, 생산과정이 중단된다고 가정하자. 이 3원이라는 가치는 생산물
의 가치 중 생산수단의 가치에서 이전된 부분을 넘는 초과분이다. 이 가
치는 이 생산과정 내부에서 발생한 유일한 본원적 가치이며, 생산물의
가치 중 이 과정 자체에 의해 생산된 유일한 부분이다. 물론 이 새로운

---

7) 아마 20판은 거듭했으리라고 생각되는 북아메리카의 어떤 원론 책에는 다음과
 같이 쓰여 있다. "어떤 형태로 자본이 다시 나타나는가는 문제가 되지 않는
 다." 자기 가치를 생산물에 다시 나타나게 하는 모든 가능한 생산요소를 길게
 열거한 다음, 결론으로 다음과 같이 말하고 있다. "인간의 생존과 안락에 필요
 한 각종 식료품·의복·주택 등도 역시 변한다. 그것들은 끊임없이 소비되며,
 그리고 그것들의 가치는 [그것들이 인간의 육체와 정신에 부여하는] 새로운 힘
 에 다시 나타나서, 생산활동에 다시 사용되는 새로운 자본을 형성한다."(F. 웨
 일랜드,『정치경제학 개요』: 31~32) 기타의 모든 이상한 점들은 문제로 삼지
 않더라도, 새로운 힘 속에 다시 나타나는 것은 예컨대 빵의 가격이 아니라 신
 체를 형성하는 빵의 실체다. 다른 한편으로 힘의 가치로 다시 나타나는 것은
 생활수단이 아니라 생활수단의 가치다. 동일한 생활수단은 비록 그 값이 반밖
 에 되지 않더라도 똑같은 양의 근육·골격·힘을 생산하지만, 이전과 동일한 가
 치를 가진 힘을 생산하는 것은 아니다. 이와 같이 '가치'와 '힘'을 혼동하는 것,
 그리고 그의 위선적인 모호함은, 이전에 존재하던 가치가 단순히 다시 나타나
 는 것에서 무리하게 잉여가치를 끌어내려는 그야말로 쓸데없는 시도를 은폐하
 고 있다.

가치는, 노동력을 구입할 때 자본가가 지출한 화폐, 그리고 노동자가 생활수단의 구매를 위해 지출한 화폐를 대체할 뿐이다. 이 지출된 화폐 3원과 관련시켜 보면, 3원이라는 새로운 가치는 재생산에 지나지 않지만, 생산수단의 가치처럼 외관상으로만 재생산된 것 [ 사실상 가치가 이전된 것 ] 이 아니라 현실적으로 재생산된 것이다. 한 가치를 다른 가치가 대체하는 것은 이 경우 새로운 가치의 창조에 의해 이루어지고 있다.

그러나 우리가 이미 알고 있는 바와 같이, 노동과정은 노동력 가치의 단순한 등가물이 재생산되어 노동대상에 첨가되는 점을 넘어 계속된다. 노동력 가치의 등가물을 재생산하는 데는 6시간만으로 충분하지만, 노동과정은 이 6시간에서 끝나는 것이 아니라 예컨대 12시간 계속된다. 따라서 노동력의 발휘는 자기 자신의 가치를 재생산할 뿐 아니라 일정한 초과가치를 생산한다. 이 잉여가치는 생산물의 가치와 그 생산물의 형성에 소비된 요소들[생산수단과 노동력]의 가치 사이의 차이다.

우리는 생산물의 가치형성에서 노동과정의 여러 가지 요소들이 연출하는 상이한 구실들을 설명함으로써, 사실상 자본의 가치증식과정에서 상이한 자본요소들이 담당하는 특징적 기능들을 살펴보았다. 생산물의 총가치 중 이 생산물을 형성하는 요소들의 가치총액을 넘는 초과분은, 증식된 자본 중 최초에 투하된 자본가치를 넘는 초과분이다. 생산수단과 노동력은, 최초의 자본가치가 [자기의 화폐형태를 벗어버리고 노동과정의 요소들로 전환할 때] 가지는 상이한 존재형태에 지나지 않는다. 이와 같이 자본 중 생산수단[원료 · 보조재료 · 노동수단]으로 전환되는 부분은 생산과정에서 그 가치량이 변동하지 않는다. 그러므로 나는 이것을 자본의 불변부분 또는 간단하게 불변자본不變資本constant capital이라고 부를 것이다.

이와는 반대로 자본 중 노동력으로 전환되는 부분은 생산과정에서 그 가치가 변동한다. 이것은 자기 자신의 등가물을 재생산하고 또 그 이상의 초과분, 즉 잉여가치를 생산하는데, 이 잉여가치는 역시 변동하며 상황에 따라 크게도 작게도 될 수 있다. 자본의 이 부분은 불변의 크기로부터 끊임없이 바뀔 수 있는 크기로 전환한다. 그러므로 나는 이것을 자본의 가변부분 또는 간단하게 가변자본可變資本variable capital이라고 부를 것이다. 노동과정의 관점에서는 객체적 요소와 주체적 요소[즉 생산수단과 노동력]로 구별되는 바로 그 자본요소들이 가치증식과정의 관점에서는 불변자본과 가변자본으로 구별된다.

위에서 말한 불변자본의 규정은 그 구성부분의 가치가 변동할 가능성을 결코 배제하지는 않는다. 가령 1킬로그램의 면화가 어느 날에는 0.5원이지만 그 다음날에는 면화의 흉작 때문에 1원으로 상승한다고 하자. 계속 가공되고 있는 종전의 면화는 0.5원이라는 가치로 구매된 것이지만, 이제 그것은 생산물에 1원이라는 가치를 이전시킨다. 이미 방적된 그리고 벌써 면사의 형태로 시장에서 유통하고 있을 수도 있는 면화도 역시 그 원래 가치의 2배를 생산물에 이전시킨다. ǀ 면화가격의 상승 이전에 방적된 면사의 가치도 상승한다. ǀ 그러나 이런 가치변동이 방적과정 그 자체가 일으키는 면화의 가치증식과는 아무런 관련이 없다는 것은 명백하다. 만약 종전의 면화가 아직 방적되지 않았다면, 그것은 이제 0.5원이 아니라 1원에 다시 판매될 수도 있을 것이다. 더욱이 만약 면화가 이미 노동과정에 들어갔다면, 그것이 통과한 노동과정의 단계들이 적으면 적을수록 면화의 가치가 1원이라는 것은 더욱 확실해진다. 그러므로 이와 같은 급격한 가치변동이 일어날 때 가장 적게 가공된 형태에 있는 원료[다시 말해 직물보다는 면사, 또 면사보다는 면화 그 자체]에 투기하는 것이 투기의 원칙이다. 이 경우 가치의 변동은 면화를 생산하는 과정에서 유래하는 것이고, 면화가 생산수단으로, 따라서 불변자본으로 기능하는 과정에서 유래하는 것은 아니다. 한 상품의 가치는 물론 그 상품에 들어 있는 노동량에 의해 규정되지만, 이 노동량 자체는 사회적으로 규정된다. 만약 그 상품

의 생산에 사회적으로 필요한 노동시간이 변화한다면, 그리하여 동일한
양의 면화가 풍작일 때에 비해 흉작일 때 더 많은 노동량을 대표한다면,
이 사실은 이전부터 있던 상품들에도 영향을 미친다. 왜냐하면 이 상품들
은 오직 동일한 종류의 상품의 개별적인 견본일 따름이며,[8] 특정 시점의
그것의 가치는 그것을 생산하는 데 사회적으로 필요한 노동[즉 '그 당시
의' 사회적 조건에서 필요한 노동]에 의해 측정되기 때문이다.

원료의 가치와 마찬가지로, 이미 생산과정에서 사용되고 있는 노동수
단[기계 등]의 가치도, 또 따라서 그것들이 생산물에 넘겨주는 가치부분
도 변동하는 수가 있다. 만약 새로운 발명에 의해 동일한 종류의 기계설
비가 더 적은 노동지출로 생산된다면, 종전의 기계설비는 다소간 감가될
것이며, 따라서 이에 비례하여 더 적은 가치를 생산물로 이전하게 될 것
이다. 그러나 이 경우에도 가치의 변동은 그 기계가 생산수단으로 기능
하는 생산과정의 외부에서 생긴 것이다. 이 생산과정에서는 그 기계는
[이 과정과는 관계없이 가지고 있는 것보다] 더 많은 가치를 이전할 수는
결코 없다.

생산수단의 가치변동은, 생산수단이 이미 생산과정에 들어간 뒤에도
영향을 미치지만, 생산수단이 불변자본이라는 성격을 조금도 변경시키
지 못한다. 이와 마찬가지로 불변자본과 가변자본 사이의 비율 변동도
자본의 기능상의 차이에 영향을 미치지 않는다. 예를 들어 이전에는 10
명의 노동자가 [적은 가치밖에 없는] 10개의 도구를 가지고 비교적 소량
의 원료를 가공하고 있었지만, 이제는 노동과정의 기술적 조건들이 개선
되어 단 1명의 노동자가 한 개의 비싼 기계로 100배의 원료를 가공한다
고 해보자. 이 경우 불변자본[사용되는 생산수단의 총가치]은 크게 증가

---

8) "동일한 종류의 생산물 전체는 엄밀히 말해 한 개의 총체를 이루고, 이 총체의
   가격은 부분의 특수한 상황과는 관계없이 일반적으로 결정된다."(르 트로느,
   『사회적 이익에 대해』: 893)

하지만, 노동력에 투하되는 가변자본부분은 크게 감소할 것이다. 그러나 이 변동은 오직 불변자본과 가변자본 사이의 양적 관계[총자본이 불변적 구성부분과 가변적 구성부분으로 나누어지는 비율]를 변경시킬 뿐이고, 불변자본과 가변자본 사이의 본질상의 차이에는 아무런 영향도 미치지 못한다.

# 제9장
# 잉여가치율

## 제1절  노동력의 착취도

투하된 자본 C가 생산과정에서 생산한 잉여가치[자본가치 C의 증식분]는 먼저 생산물의 가치가 그 생산요소들의 가치총액을 넘는 초과분으로 나타난다.

자본 C는 두 부분, 즉 생산수단에 지출되는 화폐액 c와 노동력에 지출되는 화폐액 v로 구성되어 있다. c는 불변자본으로 전환된 가치부분을 표시하며, v는 가변자본으로 전환된 가치부분을 표시한다. 따라서 최초에는 C=c+v이다. 예컨대 투하자본 500원=410원c+90원v이다. 생산과정의 끝에 가서 상품이 나오는데, 그 가치는 c+v+s이며, 여기서 s는 잉여가치다. 예컨대 410원c+90원v+90원s이다. 최초의 자본 C는 C′으로, 500원에서 590원으로 되었다. 이 양자 사이의 차액은 s, 즉 90원의 잉여가치다. 생산요소들의 가치는 투하자본의 가치와 같기 때문에, 생산물가치가 그 생산요소들의 가치를 넘는 초과분은 투하자본가치의 증식분과 같다든가, 또는 생산된 잉여가치와 같다고 하는 말은 동어반복이다.

그러나 이 동어반복은 좀 더 자세히 검토해 볼 필요가 있다. 생산물의

가치와 비교되는 것은 그것의 생산에 소비된 생산요소들의 가치다. 그러
나 우리가 이미 본 바와 같이, 노동수단 [ 예: 기계 ] 을 구성하는 불변자본
은 그 가치의 일부만을 생산물로 이전할 뿐이고, 그 가치의 나머지 부분
은 원래 노동수단의 형태 그대로 존속하고 있다. 이 후자의 부분은 가치
형성에서는 아무런 기능도 하지 않기 때문에 여기에서는 무시할 것이다.
그것을 계산에 넣더라도 달라지는 것은 전혀 없다. 가령 c=410원은 312
원의 원료가치, 44원의 보조재료 가치, 그리고 과정 중에 마멸된 54원의
기계가치로 구성되어 있으나, 실제로 사용되는 기계설비의 총가치는
1,054원이라고 하자. 이 1,054원 중 우리는 기계설비가 기능하는 동안
마멸로 잃어버리는 [따라서 생산물로 넘겨주는] 54원의 가치만을 이 생
산물의 생산에 투하된 것으로 가정할 것이다. 만약 우리가 아직도 기계
의 형태 속에 계속 남아 있는 1,000원을 생산물에 이전되는 것으로 계산
한다면, 우리는 그것을 양쪽에 [즉 투하된 가치의 쪽과 생산물 가치의 쪽
에] 동시에 넣지 않으면 안 될 것이다.[1] 그렇게 하면 그것들은 각각
1,500원 [ =1,054원의 기계가치 + 312원의 원료가치 + 44원의 보조재료가치 + 90
원의 가변자본 ] 과 1,590원 [ =1,000원의 남은 기계가치 + 54원의 기계가치 이전
분 + 312원의 원료가치 + 44원의 보조재료가치 + 90원의 가변자본 + 90원의 잉여가
치 ] 으로 될 것이다. 그 차액, 즉 잉여가치는 여전히 90원일 것이다. 그
러므로 우리가 가치의 생산에 투하된 불변자본이라고 말할 경우, 그것은
언제나 [문맥상의 전후관계에서 그 반대로 해석되지 않는 한] 생산 중에
실제로 소비된 생산수단의 가치만을 의미한다.

　이런 전제에서 C=c+v라는 공식으로 되돌아가면, 이 공식은 C′=
(c+v)+s로 전환되며, C는 C′으로 된다. 불변자본의 가치는 생산물에 이

---

1) "만약 사용되는 고정자본의 가치를 투하자본의 일부로 우리가 계산하는 경우
　에는, 연도 말에 가서 이 자본의 잔존가치를 연간 수입의 일부로 계산하지 않
　으면 안 될 것이다."(맬더스, 『정치경제학 원리』: 269)

전되어 재현될 뿐이다. 그러므로 생산과정 속에서 실제로 창조된 새로운 가치[가치생산물]는 생산물 가치와는 다르며, 따라서 가치생산물은 얼핏 보아서는 (c+v)+s 또는 410원c+90원v+90원s인 듯이 보이나, 사실은 그렇지 않고 v+s, 즉 90원v+90원s이다. 다시 말해 가치생산물은 590원이 아니라 180원이다. 만약 불변자본 c=0이라면, 바꾸어 말해 만약 자본가가 이전의 노동에 의해 생산된 생산수단[원료든 보조재료든 노동도구든]을 전혀 사용하지 않고 오직 천연적으로 있는 소재와 노동력만을 사용하는 산업부문이 있다면, 이 경우에는 생산물로 이전되는 불변자본은 없을 것이다. 생산물가치의 이 요소[우리의 예에서는 410원]는 없어지게 될 것이지만, 90원의 잉여가치를 포함한 180원의 가치생산물[창조된 새로운 가치액]은 c가 거대한 가치액일 때와 똑같은 크기일 것이다. C=(0+v)=v로 될 것이며, 가치증식한 자본 C′=v+s로 될 것이며, C′−C는 여전히 s와 같을 것이다. 반대로 만약 s=0이라면, 바꾸어 말해 만약 [가변자본의 형태로 투하된 가치인] 노동력이 오직 등가물만을 생산한다면, C=c+v이고, C′(생산물가치)=(c+v)+0으로 되고, 따라서 C=C′으로 될 것이다. 이 경우 투하된 자본은 그 가치를 증식시키지 못했을 것이다.

우리가 이미 알고 있는 바와 같이, 잉여가치는 단순히 v[노동력으로 전환된 자본부분]의 가치에서 일어나는 변화의 결과일 뿐이며, 따라서 v+s=v+Δv=v+v의 증가분이다. 그러나 변하는 것은 v만이라는 사실과 그 변화의 비율은, 자본의 가변부분이 커짐에 따라 총투하자본도 또한 커진다는 사정에 의해 불분명하게 된다. 총투하자본은 이전에는 500원이었지만 이제는 590원으로 될 수 있다. 그러므로 우리의 조사가 정확한 결과를 낼 수 있게 하기 위해서는, 생산물의 가치 중 불변자본 가치의 재현에 지나지 않는 부분을 완전히 제외시킬 필요가 있다. 다시 말해 불변자본 c=0이라고 가정할 필요가 있다. 이것은 불변량과 가변량을 더하기(+)나 빼기(−)에 의해 결합시키는 경우, 그 결과의 변동은 불변량을 제외하더라도 마찬가지라는 수학의 한 법칙을 적용한 것에 지나지 않는다.

또 하나의 곤란은 가변자본의 원래 형태로부터 발생한다. 앞의 예에서는 C′= 410원의 불변자본 + 90원의 가변자본 + 90원의 잉여가치다. 여기에서 90원[가변자본]은 하나의 주어진 양[즉 불변량]이므로, 그것을 가변량으로 취급하는 것은 불합리한 것 같이 보인다. 그러나 90원의 가변자본은 여기에서는 실제로는 이 가치가 겪게 되는 과정의 상징일 따름이다. 노동력의 구매에 투하된 자본부분은 일정한 양의 대상화된 노동이고, 따라서 그것은 구매한 노동력의 가치와 마찬가지로 불변의 가치량이다. 그러나 생산과정 자체에서는 투하된 90원 대신 활동하는 노동력이 등장한다. 즉 죽은 노동 대신 살아있는 노동이, 정지된 양 대신 움직이는 양이, 불변량 대신 가변량이 등장한다. 그 결과는 v의 재생산 + v의 증가분이다. 자본주의적 생산의 관점에서 보면, 이 전체과정은 노동력으로 전환된 [본래는 변하지 않는] 가치의 자기운동이라는 외관을 띤다. 과정도 결과도 모두 이 가치의 자기운동 덕분이다. '90원의 가변자본' 또는 '일정한 양의 자기증식하는 가치'라는 표현이 모순을 내포하는 것처럼 보인다면, 그 이유는 이 표현이 자본주의적 생산에 내재하는 모순을 드러내기 때문이다.

불변자본을 0이라고 가정하는 것은 얼핏 보면 이상하게 생각된다. 그러나 우리는 매일 그렇게 하고 있다. 예를 들면 영국 면공업의 이윤을 계산하는 경우 우리는 먼저 미국·인도·이집트 등에 지불한 면화가격을 뺀다. 즉 우리는 생산물의 가치에 다시 나타나기만 하는 자본가치를 0으로 보는 것이다.

물론 자본 중 잉여가치의 직접적 원천인 부분[가변자본부분]에 대한 잉여가치의 비율[잉여가치율]뿐 아니라, 총투하자본에 대한 잉여가치의 비율[이윤율]도 커다란 경제학적 의의를 가지고 있다. 그러므로 우리는

이 책의 제3권에서 이 비율 [ 이윤율 ] 을 상세하게 고찰할 것이다. 자본의
일부를 노동력으로 전환시킴으로써 그 가치를 증식시키기 위해서는, 자
본의 다른 한 부분은 반드시 생산수단으로 전환되어야 한다. 가변자본이
기능하기 위해서는 반드시 불변자본이 노동과정의 일정한 기술적 성격에
따라 적당한 비율로 투하되어야 한다. 그러나 어떤 화학적 과정에 증류
기나 기타 용기가 필요하다고 하더라도, 그 결과를 분석할 때에는 그 기
구들을 무시할 수 있다. 가치창조와 가치변화를 그 자체로서 [즉 순수하
게] 고찰하는 한, 불변자본의 물질형태인 생산수단은, 가치를 창조하는
움직이는 노동력이 합쳐지는 소재를 제공하는 데 지나지 않는다. 그러므
로 이 소재의 성질이나 가치는 상관이 없다. 이 소재는 오직 생산과정
중에 지출되는 노동량을 흡수하는 데 충분한 양만큼 있기만 하면 되는
것이다. 그만큼의 양이 주어져 있기만 하면, 그 가치가 올라가든 떨어지
든, 또는 그것이 토지나 바다와 같이 가치가 없는 것이든, 가치창조와 가
치변화에는 아무런 영향도 미치지 않는다.[2]

　그러므로 우리는 일단 불변자본 부분을 0이라고 가정한다. 따라서 투
하되는 자본은 c+v에서 v로, 또 생산물가치(c+v)+s는 가치생산물(v+s)
로 축소된다. 만약 가치생산물=180원이 주어져 있고, 그것이 생산과정
에서 지출된 전체 노동을 나타낸다면, 그것으로부터 가변자본=90원을
빼면 잉여가치=90원이 남게 된다. 이 90원=s는 생산된 잉여가치의 절대
량을 나타낸다. 그러나 그것의 상대량[가변자본이 가치증식된 비율]은
분명히 가변자본에 대한 잉여가치의 비율에 의해 결정된다. 즉 $s/v$에 의
해 표현된다. 이 비율은 앞의 예에서는 $\frac{90}{90}$ =100%이다. 가변자본의 이
와 같은 가치증식의 비율 또는 잉여가치의 상대적 크기를 나는 잉여가치

---

2) 루크레티우스가 말한 바와 같이, "무nothing로부터는 아무것도 창조할 수 없
　다."는 것은 자명한 사실이다. '가치의 창조'는 노동력이 노동으로 전환하는
　것이다. 노동력 그 자체는 자연의 음식물이 인간유기체에 옮겨준 에너지다.

율 rate of surplus-value이라고 부른다.[3]

이미 본 바와 같이, 노동자는 노동과정의 일부 기간에서는 오직 자기 노동력의 가치[즉 자기에게 필요한 생활수단의 가치]를 생산할 뿐이다. 그의 노동은 사회적 분업체계의 일부를 구성하기 때문에, 그는 자기의 생활수단을 직접 생산하는 것이 아니라, 어떤 특수한 상품[예컨대 면사]의 형태로 자기 생활수단의 가치와 동등한 가치, 또는 그가 생활수단을 구매하는 데 필요한 화폐와 동등한 가치를 생산하는 것이다. 그의 노동일 중 그가 이런 가치를 생산하기 위해 소비하는 부분은, 그의 하루의 평균적 생활수단의 가치 여하에 따라, 또는 같은 말이지만, 이 생활수단을 생산하는 데 평균적으로 필요한 노동시간 여하에 따라 증감한다. 만약 노동자의 하루 생활수단의 가치가 평균해서 6시간의 대상화된 노동을 나타낸다면, 노동자는 이 가치를 생산하기 위해 하루에 평균 6시간씩 노동하지 않으면 안 될 것이다. 가령 그가 자본가를 위해서가 아니라 자기 자신을 위해 독립적으로 노동한다고 하더라도, 기타 조건이 불변이라면, 그는 자기 노동력의 가치를 생산하고, 또 그렇게 함으로써 자기 자신을 유지하거나 계속적으로 재생산하는 것에 필요한 생활수단을 얻기 위해 여전히 하루 평균 6시간 노동하지 않으면 안 될 것이다. 그러나 1노동일 중 그가 노동력의 가치(예컨대 3원)를 생산하는 부분에서는, 그는 자본가가 이미 자기에게 투하한[4] [지불한] 노동력 가치의 등가물을 생산할

---

3) 영국사람들이 '이윤율 rate of profit', '이자율 rate of interest'이라는 용어를 사용하는 방식과 마찬가지다. 잉여가치의 법칙을 알면 이윤율도 쉽게 이해할 수 있다는 것을 이 책의 제3권에서 알게 될 것이다. 그 순서가 반대로 되는 경우에는 이것도 저것도 이해할 수 없게 된다.

4) {엥겔스: 마르크스는 여기에서 advance라는 단어를 사용하는데, 이 단어는 빌려준다[선대先貸한다]는 의미보다는 지불하거나 투하한다는 보통의 의미를 가지고 있다. 우리가 앞에서 본 바와 같이, [노동자는 노동한 뒤에 임금을 받기 때문에] 실제로는 자본가가 노동자에게 '빌려주는'것이 아니라 노동자가 자본가에

뿐이며, 새로 창조된 가치는 투하된 가변자본의 가치를 대체하는 데 지나지 않는다. 따라서 3원의 새로운 가치의 생산은 단순한 재생산으로 나타나는 것이다. 그러므로 나는 1노동일 중 이 재생산이 이루어지는 부분을 필요노동시간이라고 부르며, 이 시간 중에 수행하는 노동을 필요노동이라고 부른다.5) 이 노동은 노동자에게는 자기 노동의 특수한 사회적 형태와는 상관없이 필요하기 때문이고, 자본과 자본가적 세계에서는 자본세계의 토대인 노동자의 계속적인 생존에 필요하기 때문이다.

노동과정의 제2의 기간[즉 노동자가 필요노동의 한계를 넘어 노동하는 시간]은 노동자가 노동력을 지출해 노동하지만 자기 자신을 위해서는 아무런 가치도 창조하지 않는다. 그는 잉여가치를 창조하는데, 이 잉여가치는 자본가에게는 무無로부터 창조라는 커다란 매력을 가지고 있다. 노동일의 이 부분을 나는 잉여노동시간이라고 부르며, 이 시간 중에 수행하는 노동을 잉여노동이라고 부른다. 가치 일반을 올바르게 인식하기 위해서는, 가치를 노동시간이 딱딱하게 굳어진 것[노동시간의 응고]으로, 대상화된 노동으로 파악하는 것이 중요한 것과 마찬가지로, 잉여가치를 정확하게 이해하기 위해서는 그것을 잉여노동시간의 응고로, 대상화된 잉여노동으로 파악하는 것이 중요하다. 여러 경제적 사회구성체들 사이의 차이는, 예컨대 노예노동에 근거한 사회와 임금노동에 근거한 사회 사이의 차이는 이 잉여노동이 직접적 생산자인 노동자로부터 착취되는 그 형태에 있다.6)

---

게 '빌려주는' 것이다.]

5) 이 책에서는 이때까지 '필요노동시간'이라는 용어를 어떤 상품의 생산에 '사회적으로 필요한 노동시간'이라는 의미로 사용해 왔다. 우리는 이제부터 이 용어를 노동력이라는 특수한 상품의 생산에 필요한 노동시간이라는 의미로도 사용할 것이다. 동일한 용어를 서로 다른 의미로 사용하는 것은 불편하기는 하지만, 어떤 과학에서도 이것을 완전히 피할 수는 없다. 예컨대 고등수학과 초등수학을 비교해 보라.

한편으로 가변자본의 가치는 이것으로 구매한 노동력의 가치와 같고, 이 노동력의 가치는 노동일의 필요노동시간 부분을 결정하기 때문에, 다른 한편으로 잉여가치는 노동일의 잉여노동시간 부분에 의해 결정되기 때문에, 가변자본에 대한 잉여가치의 비율은 필요노동에 대한 잉여노동의 비율과 같다. 바꾸어 말해 잉여가치율 $s/v = \frac{잉여노동}{필요노동}$ 이다. 이 두 비율은 동일한 관계를 상이한 형태로, 즉 전자에서는 대상화된 노동의 형태로, 후자에서는 살아있는 [움직이는] 노동의 형태로 표현하고 있다.

그러므로 잉여가치율은 자본이 노동력을 착취하는 정도 또는 자본가가 노동자를 착취하는 정도의 정확한 표현이다.[7]

우리의 가정에 따르면, 생산물의 가치는 410원c+90원v+90원s이었고 투하자본은 500원이었다. 잉여가치는 90원이고 투하자본은 500원이므로, 보통의 계산방식에서는 잉여가치율이 이윤율과 혼동되어 18%로 계산되는데, 이것은 캐리나 다른 조화론자들을 감동시킬 만큼 낮은 비율이

---

6) 참으로 고트세트다운 독창력[모방의 독창력]을 가지고 W. 로셔가 발견한 것은, 잉여가치 또는 잉여생산물의 형성, 그리고 그것에 따르는 자본의 축적은, 오늘날에는 자본가의 '절약'의 덕택이며, 그 때문에 자본가는 '이자를 요구'하고 있지만, 이와는 반대로 "가장 낮은 문명단계에서는 강자가 약자에게 절약을 강요한다."는 것이다. (『국민경제학 원리』: 78) 절약을 강요하다니 무엇을 절약한단 말인가? 노동의 절약인가, 아니면 있지도 않은 잉여생산물의 절약인가? 지금 있는 잉여가치를 자기의 소유로 만드는 것을 정당화하기 위해 제시하는 자본가들의 어느 정도 그럴듯해 보이는 변명에 근거해서 로셔와 그의 일파들이 잉여가치의 원천을 설명하는 이유는 무엇인가? 그것은 진짜 무식하기 때문일 뿐 아니라, 집권세력을 불쾌하게 할 결과를 도출할지도 모르는 가치와 잉여가치의 과학적 분석에 대한 변호론적 공포심 때문이다.

7) 잉여가치율은 노동력의 착취도의 정확한 표현이기는 하지만, 결코 착취의 절대량을 표현하는 것은 아니다. 예컨대 만약 필요노동이 5시간이고 잉여노동이 5시간이라면, 착취도=100%다. 이 경우의 착취량은 5시간이다. 다른 한편으로 만약 필요노동이 6시간이고 잉여노동이 6시간이라면, 100%라는 착취도는 변하지 않으나 착취량은 20% 증가해서 5시간에서 6시간으로 된다.

다. 그러나 사실 잉여가치율은 s/C 또는 s/(c+v)가 아니라 s/v이며, 따라서 $\frac{90}{500}$ 〖 =18% 〗이 아니라 $\frac{90}{90}$ =100%인데, 이것은 외견상의 착취도의 5배 이상이나 더 크다. 이 경우 우리가 비록 노동일의 절대적 길이나, 노동과정이 계속되는 기간(일, 주 등)이나, 또 90원의 가변자본이 동시에 일을 시키는 노동자의 수를 모른다고 하더라도, 잉여가치율 s/v는 그것의 동일한 표현인 $\frac{잉여노동}{필요노동}$ 에 의해 노동일의 두 부분 사이의 비율을 정확히 우리에게 보여주고 있다. 그것은 100%이다. 즉 노동자는 1노동일의 반은 자기 자신을 위해 일하고 나머지 반은 자본가를 위해 일하는 것이다.

이제 잉여가치율의 계산방법을 요약하면 다음과 같다. 먼저 생산물의 총가치 중에서 이것에 다시 나타날 뿐인 불변자본 가치를 0으로 본다. 나머지 가치액이 상품의 생산과정에서 현실적으로 새로 창조된 유일한 가치다. 만약 잉여가치량이 주어져 있다면, 이 새로 창조된 가치에서 잉여가치량을 빼면 가변자본을 찾을 수 있다. 만약 가변자본이 주어져 있고 찾아내려는 것이 잉여가치라면 그 반대로 하면 된다. 만약 잉여가치와 가변자본이 모두 주어져 있다면, 가변자본에 대한 잉여가치의 비율 s/v를 계산해 내는 마지막 작업만 하면 된다.

그 방법은 이와 같이 간단하지만, 몇 개의 실례를 통해 이 방법의 밑바탕에 놓여 있는 원리에 익숙해지는 것이 좋을 것이다.

10,000개의 뮬 방추를 가지고 미국면화로부터 32번수의 면사를 뽑는데, 매주 한 방추당 1파운드 〖 453그램 〗의 면사를 생산하고 있는 방적공장을 예로 들어 보자. 낙면의 발생률은 6%다. 그리하여 매주 10,600파운드의 면화가 가공되어 10,000파운드의 면사와 600파운드의 낙면이 나온다. 1871년 4월에는 이 면화의 가격이 1파운드당 7.75펜스d.였다. 따라서 10,600파운드는 약 £342 〖 = 7.75 d. ×10,600 lb. ÷240 d. 1971년 2월 15일 화폐 도량표준의 변경으로 £1=100펜스p.가 되기 이전에는 £1=20실링s.=240펜스

d.였다 ]이다. 이 10,000개의 방추는 [준비공정의 설비와 증기기관을 포함해] 방추 1개당 £1, 따라서 £10,000다. 방추의 1년간 마멸은 10%=£1,000, 1주 동안에는 £20다. 공장건물의 임차료는 1년간 £300, 매주 £6다. 석탄소비량(1시간 1마력에 4파운드, 100마력으로 매주 60시간씩, 건물의 난방용도 포함되어 있음)은 매주 11톤, 톤당 8s. 6d.이므로 매주 약 £4.5가 된다. 가스는 매주 £1가 들고, 기름은 매주 £4.5가 든다. 따라서 보조재료의 합계는 매주 £10다. 그리하여 주간 생산물의 불변가치부분은 £378 ▮ £342+£20+£6+£4.5+£1+£4.5 ]다. 임금은 매주 £52다. 면사의 가격은 1파운드당 12.25펜스이므로 10,000파운드에 £510이고, 따라서 잉여가치는 £510-£430=£80이다. £378의 불변가치부분은 가치의 창조에는 참가하지 않기 때문에 우리는 그것을 0으로 본다. 따라서 매주의 가치생산물로 £132가 남는데, 132=52v+80s이다. 따라서 잉여가치율은 $\frac{80}{52}$ = 153$\frac{11}{13}$%로 된다. 10시간의 평균노동일 중 필요노동은 3$\frac{31}{33}$시간, 잉여노동은 6$\frac{2}{33}$시간이다.[8]

또 하나의 예: 제이콥은 1815년에 밀가격은 1쿼터 ▮ 291리터 ]당 8s.이고, 1에이커 ▮ 4,046m² ]당 평균수확은 22부셸 ▮ 800리터 ]이라는 가정에서 다음과 같은 계산을 했는데, 이것은 여러 항목을 미리 조정한 것이기 때문에 불완전한 것이기는 하나 우리의 목적에는 충분하다.

---

8) 초판에 인용된 1860년의 한 방적공장의 예에는 사실상의 오류가 많이 포함되어 있었다. 여기 본문에 인용된 완전히 정확한 자료는 맨체스터의 한 공장주가 나에게 제공한 것이다. 그런데 영국에서는 이전에는 엔진의 마력이 실린더의 직경에 의해 계산되고 있었으나, 지금은 지시기indicator가 표시하는 실제의 마력에 의해 계산되고 있다.

### 1에이커당 생산물의 가치

| | | | |
|---|---|---|---|
| 종자(밀) | £1 9s. | 십일조, 지방세, 국세 | £1 1s. |
| 비료 | £2 10s. | 지대 | £1 8s. |
| 임금 | £3 10s. | 차지농업가의 이윤과 이자 | £1 2s. |
| 계 | £7 9s. | 계 | £3 11s. |

여기서 생산물의 가격은 그 가치와 같고 잉여가치는 이윤·이자·십일조 따위의 각종 항목으로 분할된다고 가정하면, 잉여가치는 £3 11s.이 된다. 종자와 비료대금인 £3 19s.은 불변자본 부분이며, 우리가 이것을 0으로 본다면, £3 10s.이라는 투하된 가변자본이 남고, 그 대신 새로 생산된 가치는 £3 10s.+£3 11s.이다. 따라서 $\frac{s}{v} = \frac{3파운드\ 11실링}{3파운드\ 10실링}$ 으로 되는데, 그것은 100% 이상이다. 노동자는 자기 노동일의 절반 이상을 잉여가치의 생산에 충당하고 있는데, 이 잉여가치는 각종 구실 밑에 여러 사람들 사이에 분배되고 있다.[9]


## 제2절 생산물 가치의 구성부분들을 생산물 자체의 해당 부분들로 표시


이제 우리는 자본가가 어떻게 화폐를 자본으로 전환시키는가를 우리에게 보여준 그 예로 되돌아가자. 방적공의 필요노동은 6시간이고 잉여

---

9) 여기에 인용된 계산은 예로서만 의미를 갖는다. 여기서 우리는 가격=가치라고 전제하고 있다. 제3권 [ 제9장 ] 에 가서 우리는 이런 전제는 평균가격에 대해서까지도 그렇게 간단하게는 성립하지 않는다는 것을 보게 될 것이다.

노동도 6시간, 따라서 노동력의 착취도는 100%였다.

12시간 노동일의 생산물은 30원의 가치를 가지는 20킬로그램의 면사다. 이 면사 가치의 적어도 $\frac{8}{10}$ (24원)은 소비된 생산수단의 가치(20킬로그램의 면화가 20원, 소모된 방추가 4원)가 다시 나타났을 뿐인 것에 의해 형성되고 있다. 즉 불변자본으로 구성되어 있다. 나머지 $\frac{2}{10}$ [6원]는 방적과정 중에 창조된 6원의 새로운 가치인데, 그 중 절반은 노동력의 하루 가치 즉 가변자본을 대체하며, 또 절반은 3원의 잉여가치를 구성한다. 따라서 이 20킬로그램 면사의 총가치는 다음과 같이 구성된다.

면사의 가치 30원=24원c+3원v+3원s*

이 총가치는 20킬로그램 [ 이하 'kg'으로 표시 ] 면사라는 총생산물에 포함되어 있기 때문에, 여러 가치 구성요소들도 이 생산물의 부분들로 표시할 수 있다.

만약 30원이라는 면사의 가치가 20kg 면사 속에 있다면, 이 가치의 $\frac{8}{10}$ [즉 불변부분인 24원]은 생산물의 $\frac{8}{10}$ [16kg의 면사]속에 있을 것이다. 그 중 $13\frac{1}{3}$ kg의 면사는 원료[방적된 면화]의 가치 20원을 나타내며, $2\frac{2}{3}$ kg의 면사는 소비된 보조재료와 노동수단[방추] 등의 가치 4원을 나타낸다.

그리하여 $13\frac{1}{3}$ kg의 면사는, 20kg의 면사라는 총생산물을 만드는 데 소비된 면화[총생산물의 원료]를 나타낼 뿐, 그 이상의 아무것도 나타내지 않는다. $13\frac{1}{3}$ kg의 면사에는 $13\frac{1}{3}$ 원의 가치를 가지는 $13\frac{1}{3}$ kg의 면

---

\* 다음과 같은 대응관계를 고려하면 이하의 논의를 쉽게 이해할 수 있다.

| 면사 가치 30원 | = | 면화 20원 | + | 방추 4원 | + | 노동력 가치 3원 | + | 잉여가치 3원 |
|---|---|---|---|---|---|---|---|---|
| 면사 20kg | = | $13\frac{1}{3}$ kg | + | $2\frac{2}{3}$ kg | + | 2kg | + | 2kg |
| 총노동 60시간 | = | 40시간 | + | 8시간 | + | 6시간 | + | 6시간 |
| 노동일 12시간 | = | 8시간 | + | 1시간 36분 | + | 1시간 12분 | + | 1시간 12분 |

화밖에 들어 있지 않으나, 그것의 가치[20원]에는 $6\frac{2}{3}$ 원이 첨가되어 있는데, 이 금액은 나머지 $6\frac{2}{3}$ kg의 면사를 만드는 데 소비된 면화의 가치와 같다. 이것은 마치 나머지 $6\frac{2}{3}$ kg의 면사에는 면화가 조금도 들어 있지 않고 총생산물에 사용된 면화는 전부 $13\frac{1}{3}$ kg의 면사에 들어 있는 것과 같다. 다른 한편으로 $13\frac{1}{3}$ kg의 면사에는 소비된 보조재료 · 노동수단의 가치나 방적과정에서 창조된 새로운 가치는 전혀 포함되어 있지 않다.

이와 마찬가지로, 불변자본의 나머지 부분[=4원]이 들어 있는 다른 $2\frac{2}{3}$ kg의 면사는 20kg의 면사라는 총생산물에 소비된 보조재료와 노동수단의 가치 이외에는 다른 아무것도 나타내지 않는다.

그러므로 생산물의 $\frac{8}{10}$ [16kg의 면사]은 사용가치로서 현물형태에서는 [생산물의 다른 부분들과 마찬가지로] 방적노동의 생산물이지만, 위와 같은 관점에서 보면 거기에는 방적노동[방적과정 자체에서 수행된 노동]은 조금도 포함되어 있지 않다. 이것은 마치 면화가 아무런 도움 없이 면사로 전환된 것처럼 보이며, 마치 면사라는 그 형태는 오직 환상에 지나지 않는 것처럼 보인다. 만약 자본가가 그것을 24원에 팔고 그 24원을 가지고 다시 자기의 생산수단을 산다면, 이 16kg의 면사는 면화나 방추, 석탄 등이 변장한 것에 지나지 않는다는 사실이 명백하게 된다.

이와는 반대로 생산물의 나머지 $\frac{2}{10}$ [4kg의 면사]는 이제는 12시간의 방적과정에서 창조된 6원이라는 새로운 가치 이외에는 다른 아무것도 나타내지 않는다. 거기에 들어 있는 소비된 원료와 노동수단의 가치는 벌써 거기에서 뽑혀 나와 첫 16kg의 면사에 합쳐져 버렸다. 20kg의 면사에 체현된 방적노동은 생산물의 $\frac{2}{10}$ 에 집약되어 있다. 그것은 마치 방적공이 4kg의 면사를 공중에서 뽑아내는 것과 같다. 다시 말해[인간노동의 협력 없이 천연적으로 있기 때문에 생산물에는 아무런 가치도 첨가하지 않는] 그런 면화와 방추로 방적공이 면사를 만들어낸 것과 같다.

이와 같이 매일의 방적과정에서 새로 창조된 가치 전체는 4kg의 면사로 되어 있지만, 이 중에서 절반은 소비된 노동력의 가치 등가[3원이라는 가변자본]를 대표하고 나머지 절반은 3원이라는 잉여가치를 대표한다.

방적공의 12노동시간은 6원으로 대상화되기 때문에, 30원이라는 면사의 가치에는 60노동시간이 대상화되어 있다. 이것은 20kg의 면사로 체현되어 있는데, 이 20kg의 면사 중 $\frac{8}{10}$ 즉 16kg는 [방적과정이 개시되기 이전] 생산수단에 지출된 48노동시간의 물질화 [ 대상화 ] 이고, $\frac{2}{10}$ 즉 4kg는 바로 방적과정에서 지출된 12노동시간의 물질화 [ 대상화 ] 이다.

앞에서 본 바와 같이, 면사의 가치는 면사의 생산 중에 창조한 새로운 가치에, 그것의 생산수단 속에 이전부터 있던 가치를 더한 것과 같다. 이제 우리는 생산물의 가치 안에 기능상 또는 개념상 서로 다른 성분들을 생산물 그 자체의 부분들로 표현할 수 있다는 것을 알았다.

이와 같이 생산과정의 결과인 생산물은 생산수단에 이미 들어 있는 노동[불변자본]을 대표하는 부분과, 생산과정에서 첨가된 필요노동[가변자본]을 대표하는 부분과, 끝으로 생산과정에서 첨가된 잉여노동[잉여가치]을 대표하는 부분으로 분할된다. 이런 분할은, 나중에 그것을 복잡하고 아직 해결되지 않은 문제들에 적용시킬 때 볼 수 있는 바와 같이, 간단하면서도 중요하다.

지금까지 우리는 총생산물을 12시간 노동일의 완성된 결과로 고찰했다. 그러나 우리는 이 총생산물을 그 생산단계를 통해서도 고찰할 수가 있다. 만약 상이한 생산단계에서 생산되는 몇 개의 부분적 생산물들을 총생산물의 기능상 구별되는 부분들로 나타내더라도, 이전과 마찬가지의 결과에 도달하게 될 것이다.

방적공은 12시간에 20kg의 면사를, 즉 1시간에는 $1\frac{2}{3}$ kg의 면사를 생산한다. 따라서 8시간에는 $13\frac{1}{3}$ kg의 면사[1노동일에 방적되는 면화의 총가치에 해당하는 부분생산물]를 생산한다. 그 다음 1시간 36분 노동의 부분생산물은 $2\frac{2}{3}$ kg의 면사가 되는데, 그것은 12노동시간에 소비되는 노동수단의 가치를 나타낸다. 마찬가지로 방적공은 그 다음의 1시간 12분에는 2kg의 면사=3원을 생산하는데, 이것은 그가 6시간의 필요노동시간에 창조하는 새로운 가치 전체와 동등한 생산물 가치다. 끝으로 그는 최후의 1시간 12분에 또다시 2kg의 면사를 생산하는데, 그 가치는 그의 반일분의 잉여노동에 의해 생산된 잉여가치와 동등한 것이다. 이와 같은 계산방식은 영국의 공장주가 일상적으로 사용하는 것인데, 예컨대 그는 1노동일의 첫 8시간[또는 $\frac{2}{3}$ 노동일]에는 오직 자기 면화의 가치를 회수하고…, 나머지 시간에는 …을 회수하고, 따위라고 말할 것이다. 물론 이 방식은 옳은 것이다. 실제로 이것은 앞의 방식을 [완성된 생산물의 상이한 부분들이 나란히 놓여 있는] 공간으로부터 [그 생산물 부분들이 순차적으로 생산되는] 시간으로 옮겨놓은 것에 불과하기 때문이다. 그러나 이 방식은 매우 야만적인 사고방식을 낳을 수도 있다. 특히 실무적으로는 가치증식과정에 관심이 있으면서도 이론적으로는 그것을 곡해하는 편이 도리어 이익이 되는 사람들의 경우에 그러하다. 예컨대 다음과 같이 생각할 수도 있을 것이다. 즉 우리 방적공은 자기 노동일의 첫 8시간으로는 면화의 가치를, 그 다음의 1시간 36분으로는 소비된 노동수단의 가치를, 또 그 다음 1시간 12분으로는 임금의 가치를 생산 또는 대체하며, 그리고 오직 저 유명한 '최후의 한 시간' [ 1시간 12분 ] 만을 공장주를 위한 잉여가치의 생산에 바친다고. 그리하여 이 방적공에게는 이중의 기적을 행할 의무가 부과된다. 즉 면화나 방추나 증기기관이나 석탄이나 기름 등을 사용해 실을 뽑고 있는 바로 그 순간에 그것들을 생산해야 하며, 그리고 일정한 강도의 1노동일을 동일한 강도의 5노동일 [ 60노동시간 ] 로 전환시켜야 한다는 것이 그것이다. 왜냐하면 우리의 예에서는 원료와 노동수단의 생산에는 네 개의 12시간 노동일이 필요하며, 그것들을 면사로 만드는 데는 또 하나의 12시간 노동일이 필요하기 때문이다. 인간의 한

없는 욕심이 이와 같은 기적을 쉽사리 믿도록 한다는 것, 또 이 기적을
이론적으로 증명하려는 어용학자들이 결코 없지 않다는 것을 역사적으로
유명한 다음의 한 실례가 잘 말해 주고 있다.

## 제3절 시니어의 '최후의 한 시간 last hour'

1836년의 어느 날 아침 경제학적 식견과 글 잘 쓰기로 소문난, 이를테
면 영국 경제학자 중의 클라우렌이라고 할 수 있는 나소 시니어는 옥스
퍼드에서 맨체스터로 불려갔다. 그는 옥스퍼드에서는 경제학을 가르치
고 있었으나 맨체스터에서는 그것을 배우기 위해서였다. 공장주들은 그
당시 공포된 공장법 [ 1833년 ] 과 '10시간 노동운동'에 대항할 투사로 그
를 선발한 것이었다. 공장주들은 자기들이 보통 가지고 있는 실무적인
통찰력에서 보면, 이 유식한 교수가 "아직도 상당히 더 세련될 필요가
있다"는 점을 알아차리고 있었다. 그리하여 그들은 그를 맨체스터로 불
러낸 것이다. 이 교수는 그가 맨체스터에서 공장주들로부터 받은 교훈을
아름다운 문장으로 써서『공장법이 면공업에 미치는 영향에 관한 편지』
(런던 1837)라는 소책자를 내놓았다. 이 책자에는 특히 다음과 같은 교훈
적인 구절이 있다.

"현행법에서는 18세 미만의 사람들을 고용하고 있는 어떤 공장도
매일 $11\frac{1}{2}$ 시간 이상을 [즉 첫 5일간은 12시간, 토요일에는 9시간 이
상을] 작업할 수 없다. 다음의 분석(!)은 이런 공장에서는 순이익 전
체가 최후의 한 시간에서 나온다는 것을 보여주고 있다. 어떤 공장주
가 100,000원을 투자하되 80,000원은 공장건물과 기계에, 20,000원은

원료와 노동임금에 투자한다고 하자. 자본의 회전을 연 1회, 총이윤을
15%[감가상각 5% + 순이윤 10%]라고 가정하면, 이 공장의 1년간의 매
상액은 115,000원이 되어야 할 것이다 … 1노동일 [ 11.5시간 ] 에 들어
있는 23개의 30분 노동의 하나하나는 이 115,000원의 $\frac{5}{115}$ [즉 $\frac{1}{23}$ ]를
생산한다. 115,000원의 총액을 구성하는 이 $\frac{23}{23}$ 중 $\frac{20}{23}$ [115,000 중의
100,000원에 해당하는 것]은 단순히 자본을 보존하는 데 지나지 않고,
$\frac{1}{23}$ [115,000원 중의 5,000원]은 공장과 기계설비의 마멸을 보상한다.
나머지 $\frac{2}{23}$ [매일의 마지막 두 개의 30분]가 10%의 순이윤 [ 10,000원 ]
을 생산한다. 그러므로 만약 가격이 변동하지 않는 조건에서 이 공장
이 약 2,600원의 유동자본의 추가에 의해 $11\frac{1}{2}$ 시간 대신 13시간을 작
업할 수 있게 된다면, 순이윤은 2배 이상으로 될 것이다. 다른 한편,
만약 노동시간이 하루에 한 시간만큼 단축된다면 순이윤은 없어질 것
이며, 또 만약 $1\frac{1}{2}$ 시간만큼 단축된다면 총이윤까지도 없어질 것이
다."[10]

---

10) 시니어, 앞의 책: 12~13. 여기에서 중요하지 않은 괴상한 주장들[예컨대 공
    장주들이 기계설비 등의 마멸을 보전하는 데 필요한 금액, 즉 자본의 한 부분
    을 대체하는 데 필요한 금액을 이윤[총이윤이든 순이윤이든]에 가산하는 듯
    이 주장하는 것]은 문제로 삼지 않는다. 우리는 또 숫자가 정확한 것인지 거
    짓인지도 문제로 삼지 않는다. 위의 주장이 이른바 '분석' 이상의 가치를 안
    가진다는 것은 호너가 『시니어에게 보내는 편지』(런던 1837)에서 증명한 바
    다. 호너는 1833년 공장조사위원회 위원의 한 사람이었고, 1859년까지는 공
    장감독관[실제로는 공장검열관]이었으며, 영국 노동자계급을 위해 불멸의 공
    적을 남긴 사람이다. 그는 자기의 생애 전체를 통해 격분한 공장주들을 상대
    로 투쟁했을 뿐 아니라 [공장 '직공'들의 노동시간 수보다 공장주들에 대한
    하원의 찬성표 수를 훨씬 더 중요하게 여긴] 내각을 상대로 투쟁했다. 시니어
    의 서술은 그 내용상의 오류는 그만두더라도 혼돈을 일으키고 있다. 그가 본
    래 말하고자 한 것은 다음과 같은 것이었다. 공장주는 노동자를 매일 $11\frac{1}{2}$ 시
    간, 즉 23/2시간 일을 시킨다. 1년간의 노동은 이 시간 수에 1년간의 노동일 수
    를 곱한 것이다. 이런 가정에서는 23/2노동시간은 1년간에 115,000원의 생산

이 교수는 이것을 '분석'이라고 말하고 있다! 만약 그가 노동자들은 1일 중의 대부분을 건물·기계·면화·석탄 등의 가치의 생산[재생산 또는 대체]에 낭비한다는 공장주들의 한탄을 그대로 믿었다면 아예 분석할 필요도 없었을 것이다. 그는 단순히 다음과 같이 답변하기만 하면 그만이었을 것이다. "여러분! 만약 당신들이 $11\frac{1}{2}$ 시간이 아니라 10시간 공장을 가동시킨다면, 다른 사정에 변화가 없는 한, 면화나 기계설비 등의 매일의 소비는 그에 비례해 감소할 것이며, 당신들은 잃는 것만큼을 얻게 될 것이다. 왜냐하면 앞으로 당신들의 노동자들은 투하된 자본가치를 재생산 또는 대체하는 데 $1\frac{1}{2}$ 시간만큼 적게 낭비하게 될 것이기 때문이다."라고. 다른 한편으로 만약 시니어가 공장주들의 말을 그대로 믿지 않고 전문가의 분석이 필요하다고 생각했다면, 그는 노동일의 길이와 순이윤의 관계에 관련된 문제에서는 무엇보다도 먼저 공장주들에게 기계설비·공장건물·원료·노동을 뒤섞지 말고, 한 쪽에는 공장건물·기계설비·원료 등에 투하된 불변자본을 놓고, 다른 쪽에는 임금에 투하된 자본을 놓아달라고 요청했어야 할 것이다. 그때 만약 공장주들의 계산에 의해 노동자는 2개의 30분 노동에서 임금을 재생산 또는 대체한다는 결론이 나왔다면 그는 다음과 같이 분석을 계속했어야 할 것이다.

---

물을 생산하며, 1/2노동시간은 $1/23 \times 115,000$원 [$=5,000$원]을 생산한다. 따라서 20/2노동시간은 $20/23 \times 115,000$원$=100,000$원을 생산하며, 그것은 오직 투하된 자본을 대체할 뿐이다. 남은 것은 3/2노동시간인데, 이것은 $3/23 \times 115,000$원$=15,000$원, 즉 총이윤을 생산한다. 이 3/2노동시간 중 1/2노동시간은 $1/23 \times 115,000$원$=5,000$원을 생산하는데, 그것은 공장과 기계설비의 마멸만을 대체한다. 마지막 두 개의 30분 노동, 즉 최후의 1노동시간은 $2/23 \times 115,000$원$=10,000$원, 즉 순이윤을 생산한다는 것이다. 본문에서 시니어는 생산물의 최후의 2/23 [이것은 오류다. '생산물 전체의 가치'라고 해야 한다]를 노동일 그 자체의 부분들로 전환시키고 있는 셈이다.

"당신들의 진술에 따르면, 노동자는 마지막에서 둘째 번 1시간에 자기의 임금을 생산하고 최후의 1시간에 당신들의 잉여가치, 즉 순이윤을 생산한다. 그는 동일한 시간에 동일한 크기의 가치를 생산하기 때문에, 마지막에서 둘째 번 1시간의 생산물은 최후의 1시간의 생산물과 동일한 가치를 가진다. 그리고 노동자가 가치를 생산하는 것은 오직 그가 노동을 수행하는 동안이고, 또 그의 노동량은 그의 노동시간에 의해 측정된다. 당신들의 진술에 따르면, 이 노동시간은 하루에 $11\frac{1}{2}$ 시간으로 되어 있다. 이 $11\frac{1}{2}$ 시간의 일부를 그는 자기의 임금을 생산 또는 대체하는데 사용하며, 나머지 부분을 당신들의 순이윤을 생산하는 데 사용한다. 그는 이것 이외에는 아무것도 하지 않는다. 그러나 당신들의 진술에 따르면, 그의 임금과 그가 제공하는 잉여가치는 같은 크기의 가치이므로, 그는 분명히 자기의 임금을 $5\frac{3}{4}$ 시간에 생산하며, 당신들의 순이윤을 나머지 $5\frac{3}{4}$ 시간에 생산한다. 그리고 2시간에 생산된 면사의 가치는 그의 임금과 당신들의 순이윤을 합한 가치량과 같기 때문에, 이 면사의 가치는 $11\frac{1}{2}$ 노동시간임에 틀림없다. 그중에서 $5\frac{3}{4}$ 시간은 마지막에서 둘째 번 1시간의 생산물의 가치를 나타내며, 다른 $5\frac{3}{4}$ 시간은 최후의 1시간의 생산물의 가치를 나타낸다. 우리는 이제 아주 까다로운 점에 도달했다. 그러므로 주의해야 한다. 마지막에서 둘째 번 1노동시간도 최초의 1노동시간과 마찬가지로 보통의 1노동시간이다. 그 이상도 그 이하도 아니다. 그렇다면 방적공은 어떻게 $5\frac{3}{4}$ 노동시간을 대표하는 면사의 가치를 1노동시간에 생산할 수 있는가? 그는 결코 이와 같은 기적을 행하지 못한다. 그가 1노동시간에 생산하는 사용가치는 일정한 양의 면사다. 이 면사의 가치는 $5\frac{3}{4}$ 노동시간으로 측정된다. 그 중 $4\frac{3}{4}$ 노동시간은 시간마다 소비되는 생산수단(즉 면화나 기계설비 등)에 방적공의 협력 없이 이미 포함되어 있던 것이고, 나머지 1시간은 방적공 자신에 의해 첨가된 것이다. 이와 같이 그의 임금은 $5\frac{3}{4}$ 시간에 생산되며, 그리고 1노동시간에 생산된 면사도 또한 마찬가지로 $5\frac{3}{4}$ 노동시간을 포함하고 있기 때문에, $5\frac{3}{4}$ 방적노동시간 중에 그에 의해 생산된 새로운 가치가 1방적노동시간의 생산물의 가치와 동일하다는 것은 결코 마술도 아무것도 아니다. 그러나 만약 당신들이 방적공은 면화나 기계설비 등의 가치를 재생산 또는 대체하는 일에 그의 노동일의 단 한 순간이라도 낭비한다고 생각한다면, 그것은 여러분이 완전히 잘못 생각하고 있는 것이다. 오히려 그의 노동이 면화와 방추로 면사를 만들어내기 때문에, 즉 그가 방적을 하기 때문에, 면화와 방추의 가치는 스스로 면사로 넘어가는 것이다. 이것은 그의 노동의 질에 기인하는 것이지 그 양에 기인하는 것은 아니다. 그가 1시간에 면사로 이전시키는 면화의 가치는 $\frac{1}{2}$ 시간에 이전시키는 것보다 더 많은 것은 물론이지만, 그것은 오직 그가 $\frac{1}{2}$ 시간보다는 1시간에 더 많은 면화를 방적하기 때문일 뿐이다. 그러므로 당신들은 이제 다음과 같은 것을 이해할 수 있을 것이다. 노동자가 마지막 둘째 번 1시간에 자기 임금의 가치를 생산하고 최후의 1시간에 순이윤을 생산한다는 당신들의 주장은, 그가 2시간[이 2시간의 선후관계는 어떻든]에 생산한 면사에는 $11\frac{1}{2}$ 노동시간[즉 그의 노동일 전체와 똑같은 시간]이 체현되어 있다는 것을 의미할 뿐이다. 그리고 그가 전반의 $5\frac{3}{4}$ 시간에는 자기 임금을 생산하고 후반의 $5\frac{3}{4}$ 시간에는 당신들의 순이윤을 생산한다는 나의 주장은, 당신들이 전반의 $5\frac{3}{4}$ 시간에 대해서는 값을 지불하나 후반의 $5\frac{3}{4}$ 시간에 대해서는 값을 지불하지 않는다는 것을 의미할 뿐이다. 내가 여기서 노동력에 대한 지불이라고 말하지 않고 노동에 대한 지불이라고 말하는 것은, 오직 당신들의 통용어를 사용하기 때문이다. 이제 만약 당신들이 값을 지불하는 노동시간과 값을 지불하지 않는 노동시간을 비교한다면, 당신들은 그것이 1/2일 : 1/2일, 즉 100%라는 것을 발견할 것이다. 이것은 물론 나쁘지 않은 퍼센트다. 또 만약 당신들이 당신들의 '일꾼'들을 $11\frac{1}{2}$ 시간이 아니라 13시간 일하도록 강요해 [아마도 당신들은 그렇게 하기가 십상이지만] 이 추가적인 $1\frac{1}{2}$ 시간을 순전한 잉여노동에 합친다면, 잉여노동은 $5\frac{3}{4}$ 시간에서 $7\frac{1}{4}$ 시간으로 증가할 것이며, 이에 따라 잉여가치율은 100%에서 $126\frac{2}{23}$ %로 증가하리라는 것도 또한 의심할 여지가 없다. 그러나 만약 당신들이 $1\frac{1}{2}$ 시간의 추가에 의해 잉여가치율이 100%에서 200%로 또 심지어 200% 이상으로 증가하리라고, 즉 그것이 '2배 이상으로 되리라'고 기대한다면, 당신들은 너무나 지나친 낙관론자들이다. 다른 한편으로 만약 당신들이 노동일을 $11\frac{1}{2}$ 시간에서 $10\frac{1}{2}$ 시간으로 단축하면 당신들의 순이윤이 모두 날아가 버리지 않을까 걱정한다면, 당신들은 너무나 소심한 비관론자들이다. [인간의 마음은 이상하다. 특히 돈지갑에 마음을 빼앗기고 있을 때는 더욱 그러하지만]. 결코 그렇게는 되지 않는다. 다른 모든 조건이 동일하다면, 잉여노동 $5\frac{3}{4}$ 시간에서 $4\frac{3}{4}$ 시간으로 감소될 것이지만, 그것은 아직도 $82\frac{14}{23}$ %나 되는 상당히 높은 잉여가치율이다. 그러나 저 숙명적인 '최후의 한 시간'이라는 것은—당신들은 이에 대해 천년왕국설의 신자들이 세계의 종말에 대해 이야기한 것보다 더 허무맹랑한 이야기를 많이 했지만— '웃기는 이야기'다. '최후의 한 시간'이 없어진다 하더라도 당신들의 '순이윤'은 없어지지 않을 것이며, 또 당신들이 혹사시키고 있는 소년 소녀들의 '순결한 마음'도 없어지지 않을 것이다.[11] 언젠가 정말로 여

---

11) 시니어가 공장주들의 순이윤과 영국 면공업의 존립과 영국의 세계시장 지배가 '최후의 한 시간'의 노동에 달려 있다는 것을 논증했다면, 유어는 다음과 같은 것을 논증했다. 즉 만약 공장 아동들과 18세 미만의 미성년자들을 12시간 동안 공장 구내의 따뜻하고 매우 도덕적인 분위기 속에 가두어 두지 않고 그들을 '한 시간' 더 빨리 냉혹하고 타락한 외부세계로 몰아낸다면, 나태와 퇴폐에 의해 그들의 영혼 구제가 불가능하게 되리라는 것이다. 1848년 이후 공장감독관들은 '최후의', '치명적인 한 시간'에 대해 계속 공장주들을 야유했

러분들의 '최후의 시간last hour'을 알리는 종소리가 울려올 때는 이 옥

다. 그 하나의 예로, 하우엘은 1855년 5월 21일자 보고서에서 다음과 같이 말하고 있다. "만약 다음과 같은 기발한 계산"(그는 시니어를 인용하고 있다) "이 정당하다면, 영국의 모든 면공장은 1850년 이래 손실을 보면서 조업한 것으로 된다."(『공장감독관 보고서. 1855년 4월 30일』: 19~20) 1848년에 10시간 노동법안이 의회를 통과했을 때, 도셋주와 서머셋주의 접경지에 산재한 농촌의 아마방적공장주들은 노동시간 제한의 혜택을 입게 된 약간의 노동자들에게 노동시간 제한에 반대하는 청원서를 제출하도록 강요한 일이 있는데, 이 청원서에는 다음과 같이 쓰여 있다. "자식들의 부모인 우리들 청원자는, 한가한 시간을 한 시간 더 추가한다는 것은 우리 자식들을 타락시키는 것 이외에 다른 아무런 결과도 가져올 수 없다는 것을 확신합니다. 왜냐하면 나태는 모든 퇴폐의 근원이기 때문입니다." 이에 관해 1848년 10월 31일자 공장 보고서에는 다음과 같이 서술되어 있다. "이런 덕망 있고 인자한 어버이의 어린 자녀들이 노동하고 있는 아마방적공장 내부의 공기는 원료에서 나오는 무수한 먼지와 섬유가루로 가득 차서 방적실 안에 10분만 있어도 아주 불쾌할 지경이다. 실제로 거기에는 아마의 먼지가 피할 수 없을 정도로 순식간에 사람의 눈·귀·입·코로 들어가기 때문에 여러분은 심한 고통 없이는 그곳에 있을 수 없다. 노동 그 자체로 말하면 엄격한 감시 하에, 또한 무서울 정도로 빨리 돌아가는 기계 때문에, 끊임없이 기능을 써서 노동해야 한다. 그리고 식사시간을 제외하고는 10시간을 온통 그런 환경 속에서 그런 작업에 얽매여 있는 자신의 아이들에 대해 '나태'라는 말을 쓰도록 부모들을 강요하는 것은 좀 잔인한 듯하다…이 아이들은 그 부근 농촌의 일꾼들보다 더 장시간 노동한다. '나태, 퇴폐' 운운하는 잔인한 이야기는 전혀 근거 없는 거짓말이며, 가장 파렴치한 위선이라고 낙인찍어야 할 것이다…약 12년 전에 공장주의 '순이윤' 전체는 '최후의 한 시간'의 노동에서 나오며, 따라서 노동일을 한 시간 단축하는 것은 순이윤을 모두 없애 버리는 것이라고, 권위 있는 사람의 지지 하에 공공연하게 또 아주 진지하게 선포한 확신에 대해 사회의 일부 사람들은 분개했다. 이제 이 사람들은, '최후의 한 시간'의 효력에 관한 그 최초의 발견이 그 뒤 훨씬 확대되어 이윤뿐 아니라 도덕까지도 포함하게 되고, 만약 아동노동의 길이가 10시간으로 단축된다면 최후의 치명적인 한 시간에 달려있는 공장주의 순이윤뿐 아니라 아동들의 도덕까지도 한꺼번에 날아가 버린다는 것을 듣게 될 때, 아마도 자신의 눈들을 믿지 않을 것이다."(『공장감독관 보고서. 1848년 10월 31일』: 101) 동일한 공장보고서는 또한 이 공장주들의 도

스퍼드 교수를 회상하십시오. 그러면 저 세상에서 다시 만납시다. 안
녕히 계십시오!"12)···

　1836년에 시니어가 발견한 '최후의 한 시간'이라는 구호를 1848년 4월
15일의 런던 『이코노미스트』에서 고급 경제관료의 한 사람인 제임스 윌
슨[1843년 이 잡지를 창간했다]이 '10시간 노동법안'을 반대하기 위해 또
한 번 외쳤다.

---

　　덕이나 덕성의 견본─즉 공장주들이 소수의 전혀 의지할 곳 없는 노동자들
　　에게 그와 같은 종류의 청원서에 서명하게 하고, 그 뒤 그것을 공업부문 전
　　체, 주 전체의 청원서라고 하면서 의회에 제출하기 위해 그들이 이용한 간계
　　·술책·유혹·협박·위조 등의 견본─을 보여주고 있다. 시니어 자신(그는 나
　　중에 자기의 명예를 위해 정력적으로 공장법을 옹호했다)도 그의 반대자들도
　　모두 그 '최초의 발견'의 궤변을 해결할 수 없었다는 사실은 이른바 경제 '과
　　학'economic 'science'의 오늘날의 수준을 특징적으로 나타내고 있다. 그들은
　　사실상의 경험을 통해 그것이 궤변임을 알게 되었지만, '왜, 무엇 때문에' 궤
　　변인가는 그들에게는 여전히 수수께끼로 남아 있었다.
　12) 그러나 이 교수는 자기의 맨체스터 여행에서 어느 정도 소득을 얻었다. 『공장
　　법이 면공업에 미치는 영향에 관한 편지』에서 그는 순이익 전체, 즉 '이윤'과
　　'이자' 그리고 심지어 '그 이상의 무엇'까지도 모두 노동자의 노동시간 중 지불
　　되지 않은 그 한 시간에 의존한다고 말하고 있기 때문이다. 그보다 1년 전 그가
　　옥스퍼드 대학생들과 교양 있는 속물들을 위해 저술한 『정치경제학 개론』에서
　　그는 가치가 노동에 의해 규정된다는 리카도의 견해에 반대하면서 이윤은 자본
　　가의 노동에서, 이자는 자본가의 금욕 즉 '절욕'에서 생긴다는 것을 '발견'했던
　　것이다. 이 속임수 자체는 낡은 것이지만 '절욕'이라는 말은 새로운 것이었다.
　　로셔가 그것을 독일어로 'Enthaltung'이라고 번역한 것은 옳다. 그러나 라틴어
　　에 그만큼 정통하지 못한 그의 동료들은 그것을 'Entsagung'[금욕]이라고 승
　　려냄새가 나는 말로 번역했다.

## 제4절 잉여생산물

생산물 중 잉여가치를 대표하는 부분(앞의 예에서는 20kg 면사의 $\frac{1}{10}$, 즉 2kg의 면사)을 우리는 잉여생산물이라고 한다. 잉여가치율이 자본총액에 대한 잉여가치의 비율에 의해서가 아니라, 자본의 가변적 부분에 대한 잉여가치의 비율에 의해 규정되는 것과 마찬가지로, 잉여생산물의 상대적 크기도 총생산물 중 잉여생산물을 뺀 나머지 부분 | 불변자본과 가변자본에 해당하는 부분 | 에 대한 잉여생산물의 비율에 의해서가 아니라, 총생산물 중 필요노동을 표시하는 부분 | 가변자본부분 | 에 대한 잉여생산물의 비율에 의해 규정된다. 잉여가치의 생산이 자본주의적 생산의 주된 목적이므로, 주어진 부의 크기는* 생산물의 절대량에 의해서가 아니라 잉여생산물의 상대적 크기에 의해 측정되어야만 한다.[13)]

---

\* "주어진 부의 크기는"이라는 문구는 불어판에서는 "부의 상승률은"(마르크스, 1977: 172)으로 수정되었다.

13) "£20,000의 자본을 가지며, 자신의 이윤이 연간 £2,000인 개인에게는, 그의 자본이 1백 명을 고용하건 1천 명을 고용하건, 또는 생산된 상품이 £10,000로 팔리건 £20,000로 팔리건, 모든 경우에 그의 이윤이 £2,000 이하로 감소하지만 않는다면, 그것은 아무 상관없는 일일 것이다. 한 국민의 실질적 이익도 비슷하지 않은가? 한 국민의 순실질소득, 즉 지대와 이윤이 변하지 않는다면, 그 국민이 1천만 명의 주민으로 구성되어 있든 1천 2백만 명의 주민으로 구성되어 있든, 그것은 전혀 중요하지 않다."(리카도, 『원리』: 429). 리카도보다 훨씬 이전에 잉여생산물에 대한 광신자이고 잡담식의 무비판적 저술가이며 그의 명성이 공적에 반비례하고 있던 영은 다음과 같이 말했다. "어떤 주 전체가 고대 로마식으로 독립적 소농민들에 의해 분할되어 있다면, 아무리 잘 경작되더라도, 단순히 인간을 번식시키는 목적[이 목적은 그 자체로서는 전혀 쓸모없다] 이외에는 근대적 왕국에 무슨 소용이 있겠는가?"(영, 『정

필요노동과 잉여노동의 합계[즉 노동자가 자기의 노동력 가치를 대체하는 시간과 잉여가치를 생산하는 시간의 합계]가 노동자의 노동시간의 절대적인 크기, 즉 노동일을 이루고 있다.

---

치산술』: 47) 기묘하게도 "순부net wealth는 노동자계급에게 유리하다고 설명하려는…강력한 경향이 있다…그러나 분명히 그것은 순부이기 때문은 아니다."(홉킨즈, 『지대와 그것이 생활수단과 인구에 미치는 영향에 대해』: 126)

# 제**10**장
# 노동일

## 제1절 노동일의 한계들

우리는 노동력이 그 가치대로 매매된다는 전제에서 출발했다. 노동력의 가치는 다른 모든 상품의 가치와 마찬가지로 노동력을 생산하는 데 필요한 노동시간에 의해 결정된다. 따라서 만약 노동자가 매일 평균적으로 소비하는 생활수단의 생산에 6시간이 필요하다면, 그가 자신의 노동력을 매일 생산하기 위해서는, 또는 그것을 판매해서 받은 가치 [ 임금 ] 를 재생산하기 위해서는 평균적으로 하루에 6시간씩 노동하지 않으면 안된다. 이 경우 자기 노동일의 필요 [ 노동 ] 부분은 6시간이 될 것이고, 따라서 기타 조건이 동일하다면, 그것은 하나의 주어진 양으로 될 것이다. 그러나 이것만으로는 노동일 그 자체의 길이는 아직 결정되지 않는다.

이제 선분 A−B는 이를테면 6시간에 해당하는 필요노동시간의 길이를 표시한다고 가정하자. 노동이 AB를 넘어 1시간, 3시간, 또는 6시간 등으로 연장됨에 따라 우리는 다음과 같은 세 개의 서로 다른 선분을 얻게 된다.

노동일 Ⅰ. A———B—C

노동일 Ⅱ. A———B——C

노동일 Ⅲ. A———B———C

이 세 개의 선분은 각각 7시간, 9시간, 12시간으로 이루어지는 세 개의 서로 다른 노동일을 표시하고 있다. 연장선 BC는 잉여노동의 길이를 표시한다. 1노동일 = AB + BC, 즉 AC이므로, 1노동일은 변하는 양 BC와 함께 변화한다. AB는 주어져 있기 때문에 AB에 대한 BC의 비율은 항상 측정할 수 있다. BC는 노동일 Ⅰ에서는 AB의 $\frac{1}{6}$이고, 노동일 Ⅱ에서는 $\frac{3}{6}$이고, 노동일 Ⅲ에서는 $\frac{6}{6}$이다. 또 더 나아가 필요노동시간에 대한 잉여노동시간의 비율은 잉여가치율을 규정하는 것이므로, 잉여가치율은 AB에 대한 BC의 비율에 의해 주어지고 있다. 그것은 위의 세 개의 서로 다른 노동일에서 각각 $16\frac{2}{3}$%, 50%, 100%다. 다른 한편으로 잉여가치율만으로는 노동일의 길이를 알 수 없을 것이다. 가령 그것이 100%라고 하더라도 노동일은 8시간, 10시간, 12시간 따위로 될 수 있을 것이다. 100%의 잉여가치율은 노동일의 두 개의 구성부분[필요노동과 잉여노동]의 크기가 같다는 것을 보여주지만, 그 부분들 각각의 크기가 얼마인지는 보여주지 않는다.

이처럼 노동일은 변하지 않는 수량이 아니라 변하는 수량이다. 노동일의 두 부분 중 하나가 노동자 자신의 노동력 재생산을 위해 필요한 노동시간에 의해 결정되는 것은 사실이지만, 노동일의 전체 길이는 잉여노동의 길이[또는 계속시간]에 따라 변동한다. 그러므로 노동일은 결정될 수는 있지만 그 자체로서는 불확정적이다.[1]

이와 같이 노동일은 고정적이 아니고 유동적이기는 하지만, 오직 일정

---

1) "하루의 노동이라는 말은 애매해서 길 수도 있고 짧을 수도 있다."(커닝엄, 『상공업에 관한 논문』: 73)

한 한도 안에서만 변동할 수 있다. 그러나 그 최소한도는 규정할 수 없다. 만약 우리가 연장선 BC 즉 잉여노동을 0이라고 가정한다면, 하나의 최소한도[즉 하루 중 노동자가 자기 자신의 생존을 유지하기 위해 반드시 노동하지 않으면 안 되는 부분]가 나오는 것은 사실이다. 그러나 자본주의적 생산양식에서는 필요노동은 항상 노동일의 일부에 지나지 않으므로 노동일은 결코 이와 같은 최소한도까지 단축될 수는 없다. 다른 한편으로 노동일에는 최대한도가 있다. 노동일은 일정한 한계 이상으로 연장될 수 없다. 이 최대한도는 두 가지에 의해 규정된다. 첫째로 노동력의 육체적 한계에 의해 규정된다. 인간은 24시간이라는 1자연일 동안에는 일정한 양의 생명력밖에는 지출할 수 없다. 말도 날마다 일하는 경우 하루 8시간만 일할 수 있다. 인간은 하루 중 일정한 시간 휴식을 취하고 잠을 자지 않으면 안 되며, 또한 일정한 시간 그 밖의 육체적 욕구(밥을 먹거나 세수와 목욕을 하거나 의복을 입는 등)를 충족시키지 않으면 안 된다. 노동일의 연장은 이와 같은 순전히 육체적인 한계 이외에 또한 사회적 한계에 부딪힌다. 노동자는 지적·사회적 욕구를 충족시키기 위한 시간을 필요로 하는데, 이들 욕구의 크기나 종류는 일반적 문화수준에 의해 규정된다. 그러므로 노동일의 길이는 육체적·사회적 한계 안에서 변동한다. 그러나 이 두 한계는 모두 매우 탄력적이어서 그 변동의 폭은 매우 크다. 예컨대 우리는 8시간, 10시간, 12시간, 14시간, 16시간, 18시간 등 그 길이가 매우 다양한 노동일을 볼 수 있다.

자본가는 노동력을 그 하루의 가치로 구매했다. 1노동일 동안 노동력의 사용가치는 자본가에게 속한다. 즉 자본가는 하루 동안 자기를 위해 노동자에게 일을 시킬 수 있는 권리를 얻었다. 그런데 1노동일이란 무엇인가?[2]

---

2) 이 질문은 로버트 필이 버밍엄 상업회의소에 제출한 유명한 질문, 즉 "£1란 무엇인가?"라는 질문보다 훨씬 더 중요하다. 필은 버밍엄의 "소실링론자little

그것은 어쨌든 자연의 하루보다는 짧다. 얼마나 짧은가? 자본가는 이 극한, 즉 노동일의 필연적인 한계에 대해 독특한 견해를 가지고 있다. 자본가는 오직 인격화한 자본에 지나지 않는다. 그의 혼은 자본의 혼이다. 그런데 자본에게는 단 하나의 충동이 있을 따름이다. 즉 자신의 가치를 증식시키고, 잉여가치를 창조하며, 자기의 불변부분인 생산수단으로 하여금 가능한 한 많은 양의 잉여노동을 흡수하게 하려는 충동이 그것이다.3)

자본은 죽은 노동 [ 주어진 일정한 가치 ] 인데, 이 죽은 노동은 흡혈귀처럼 오직 살아 있는 노동을 흡수함으로써만 활기를 띠며, 그리고 그것을 많이 흡수하면 할수록 점점 더 활기를 띤다. 노동자가 노동하는 시간은 자본가가 자신이 구매한 노동력을 소비하는 시간이다.4)

만약 노동자가 자본가의 처분에 맡긴 시간을 자기 자신을 위해 사용한다면 그는 자본가의 물건을 훔치는 것이 된다.5)

자본가는 상품교환의 법칙을 들고 나온다. 그는 다른 모든 구매자와 마찬가지로 자기 상품의 사용가치로부터 될 수 있는 대로 많은 이익을 짜내려고 한다. 그러나 이때까지 생산과정의 질풍노도와 같은 소리에 눌

---

shilling men" [정부의 채무를 금화의 금 함유량을 적게 해 청산하자고 주장한 사람]와 마찬가지로 화폐의 성질을 잘 이해하지 못했기 때문에 그런 질문을 제출할 수 있었던 것이다.

3) "자본가의 목적은 자본을 지출하여 될 수 있는 한 많은 양의 노동을 손에 넣는 것이다."(쿠르셀-스뇌유, 『공업 · 상업 · 농업 기업의 이론과 실제』: 63)

4) "하루에 1시간의 노동을 잃어버리는 것은 상업국으로서는 막대한 손실이다… 이 나라의 노동자들은 너무 많은 사치품을 소비한다. 특히 공업노동자들이 그러하다. 이 때문에 그들은 자기들의 시간까지도 소비하는데, 이것이야말로 가장 치명적인 소비다."(커닝엄, 『상공업에 관한 논문』: 47, 153)

5) "만약 자유로운 노동자가 일순간이라도 휴식을 취하면, 초조한 눈으로 그를 감시하고 있는 야비한 경영자는 그가 자기의 것을 훔치고 있다고 주장한다." (랑게, 『민법이론』: 466)

려 들리지 않던 노동자의 목소리가 갑자기 들려온다.

"내가 당신에게 판매한 상품은, 그것을 사용하면 가치가, 그것도 그
자체의 가치보다 더 큰 가치가 창조된다는 점에서 다른 잡다한 상품들
과는 다르다. 당신이 그것을 구매한 이유도 거기에 있었다. 당신에게
는 자본의 가치증식으로 나타나는 것이 나에게는 노동력의 초과지출
로 된다. 당신과 나는 시장에서 단 하나의 법칙, 즉 상품교환의 법칙밖
에 모른다. 그리고 상품의 소비는 상품을 양도하는 판매자에게 속하는
것이 아니라 그것을 사들이는 구매자에게 속한다. 그러므로 나의 노동
력의 하루 사용은 당신의 것이다. 그러나 나는 매일 그것을 팔아 얻은
돈으로 매일 그것을 재생산하고, 따라서 반복해서 그것을 팔 수 있어
야 한다. 나이 등으로 말미암은 자연적 건강약화는 별도로 치고, 나는
내일도 오늘과 마찬가지로 정상적인 상태의 힘과 건강과 원기를 가지
고 노동할 수 있어야만 한다. 당신은 언제나 나에게 '절약'과 '절욕'의
복음을 설교하고 있다. 매우 좋은 이야기다! 나는 분별 있고 근검절약
하는 소유주처럼 나의 유일한 재산인 노동력을 아껴 쓰고, 그것을 어
리석게 낭비하는 일은 모두 삼가려고 한다. 나는 노동력의 정상적인
유지와 건전한 발달에 적합한 정도로만 매일 그것을 지출하고 운동시
키고 노동으로 전환시킬 것이다. 당신은 노동일을 무제한 연장함으로
써 내가 사흘 걸려 회복할 수 있는 것보다 더 많은 양의 노동력을 하루
동안 써버릴 수도 있다. 그리하여 당신이 노동으로부터 이득을 보는
것만큼 나는 노동실체를 잃어버린다. 나의 노동력을 이용하는 것과 그
것을 약탈하는 것은 전혀 다르다. 만약 평균적인 노동자가 합리
적인 양의 노동을 하면서 살 수 있는 평균기간이 30년이라면, 당신이
매일 나에게 지불해야 하는 내 노동력의 가치는 총가치의 $\frac{1}{365 \times 30}$,

즉 $\frac{1}{10,950}$ 이다. 그러나 만약 당신이 나의 노동력 전체를 10년 동안
에 소비해 버리려고 하면서도 매일 나에게 그 총가치의 $\frac{1}{3,650}$ 이 아니
라 $\frac{1}{10,950}$ 을 지불한다면, 당신은 오직 노동력의 하루 가치의 $\frac{1}{3}$ 만을
지불하는 것이 되며, 따라서 당신은 매일 나로부터 내 상품 가치의 $\frac{2}{3}$
를 훔치는 것이다. 당신은 3일분의 노동력을 사용하면서도 나에게는
1일분의 대가를 지불하는 셈이다. 이것은 우리들의 계약에도 위반되며
또 상품교환의 법칙에도 위반된다. 그러므로 나는 정상적인 길이의 노
동일을 요구한다. 더욱이 나는 당신의 동정에 호소하지 않고 그것을
요구한다. 왜냐하면 상거래에서는 인정이란 있을 수 없기 때문이다.
당신은 모범적인 시민일지도 모르며, 동물학대 방지협회의 회원일지
도 모르며, 거기다가 성인이라는 명성을 누리고 있는 사람일지도 모른
다. 그러나 당신이 나와의 관계에서 대표하고 있는 그것 [ 자본 ] 은 가
슴 속에 심장을 가지고 있지 않다. 거기에서 고동치는 것처럼 보이는
것이 있다면, 그것은 오직 나 자신의 심장의 고동일 뿐이다. 나는 표준
노동일을 요구한다. 왜냐하면 다른 모든 판매자와 마찬가지로 나도 내
상품의 가치를 요구하기 때문이다."[6]

요컨대 약간의 매우 탄력적인 제한을 가하는 것을 별도로 친다면, 상
품교환 그 자체의 성질은 노동일 그리고 잉여노동에 어떤 한계도 부과하
지 않는다. 자본가가 노동일을 될수록 연장해 가능하다면 1노동일을 2노
동일로 만들려고 할 때, 그는 구매자로서 자기의 권리를 주장하는 것이

---

6) 노동일을 9시간으로 단축할 것을 요구한 1859~1860년의 런던 건축노동자들의
대규모 파업 때, 그 파업위원회는 하나의 성명서를 발표했는데, 그것은 본문에
서 말한 우리 노동자의 항변을 어느 정도 포함하고 있었다. 이 성명서는, 건축
업자들 중에서도 가장 탐욕스러운 피토라는 사람이 '성인聖人의 명성'을 누리
고 있는 사실을 풍자적으로 지적하고 있다.(바로 이 피토도 1867년 이후에 슈
트라우스버크와 더불어 몰락해 버렸다.)

다. 다른 한편으로 판매된 이 상품의 특수한 성질은 구매자에 의한 이 상품의 소비에 일정한 한계가 있음을 암시하고 있는데, 노동자가 노동일을 일정한 표준적인 길이로 제한하려고 할 때 그는 판매자로서 자기의 권리를 주장하는 것이다. 따라서 여기에는 권리 대 권리라는 하나의 이율배반이 일어나고 있다. 즉 쌍방이 모두 동등하게 상품교환의 법칙이 보증하고 있는 권리를 주장하고 있다. 동등한 권리와 권리가 서로 맞섰을 때는 힘이 문제를 해결한다. 그리하여 자본주의적 생산의 역사에서 노동일의 표준화는 노동일의 한계를 둘러싼 투쟁, 다시 말해 총자본[즉 자본가계급]과 총노동[즉 노동자계급] 사이의 투쟁에서 결정되는 것이다.

## 제2절  잉여노동에 대한 탐욕. 공장주와 보야르

자본이 잉여노동을 발명한 것은 아니다. 사회 일부의 사람들이 생산수단을 독점하고 있는 곳이라면 어디에서나 노동자는 [그가 자유로운 노동자이건 자유롭지 못한 노동자이건] 자기 자신을 유지하는 데 필요한 노동시간에다 나머지의 노동시간을 첨가해 생산수단의 소유자를 위한 생활수단을 생산하지 않으면 안 된다.[7] 그것은 이 생산수단의 소유자가 아테네의 귀족, 에트루리아의 신정관, 로마의 시민, 노르망디의 영주, 미국의 노예소유자, 왈라키아의 보야르[러시아와 발칸의 봉건적 대지주], 현대의 지주 또는 자본가이건 다 마찬가지다.[8] 그러나 한 가지 분명한 것은 생

---

7) "노동하는 사람들은…사실상 자기 자신을 부양하는 동시에 부자인 연금생활자를 또한 부양하고 있다."(버크, 『곡물부족에 관한 의견과 상세한 논의』: 2~3)
8) 니부르는 자기의 『로마사』에서 매우 소박하게 다음과 같이 말하고 있다. "에

산물의 교환가치가 아니라 그 사용가치가 지배하고 있는 경제적 사회구
성체에서는 잉여노동은 욕구의 범위가 다소 한정되기 때문에 제한되며,
잉여노동에 대한 무제한의 욕구가 생산 그 자체의 성격으로부터 생기지
는 않는다는 사실이다. 그리하여 고대에는 교환가치를 그 독립적인 화폐
형태로 획득하려고 하는 곳, 즉 금이나 은의 생산지에서만 과도노동이
무서울 정도로 나타났다. 거기에서는 죽도록 일을 시키는 강제노동이 과
도노동의 공인된 형태였다. 이에 관해서는 디오도루스 시쿨루스의 글을
읽어보는 것으로 충분하다.9) 그러나 이것은 고대에는 예외적인 일이었
다. 그러나 아직도 노예노동·부역노동 등의 비교적 낮은 형태에 의거해
생산하고 있는 민족들이, 자본주의적 생산양식이 지배하는 세계시장의
소용돌이 속으로 끌려 들어가 그들 생산물의 해외판매를 주요한 관심사
로 삼게 되면, 노예제나 농노제 등의 야만적인 잔학성 위에 과도노동이
라는 문명화한 잔학성이 접목된다. 그러므로 미국 남부 주들의 흑인 노
동도 생산의 목적이 주로 직접적인 국내 수요의 충족이었던 때는 온건한
가부장적 성격을 유지할 수 있었지만, 면화의 수출이 남부 주들의 사활
문제로 됨에 따라 흑인에게 과도노동을 시키는 것, 때로는 흑인의 생명
을 7년간의 노동으로 소모해버리는 것이 계획적인 수익증대 수단으로 되

---

트루리아의 건축물은 그 폐허만으로도 우리를 경탄케 한다. 이런 건축물이 소
국(!)에 있다는 것은 명백히 영주와 농노의 존재를 전제한다." 시스몽디는 이
보다 훨씬 깊은 통찰력을 가지고 '브뤼셀의 레이스lace'는 고용주와 노동자의
존재를 전제한다고 말했다.
9) "자기 몸을 깨끗이 할 수도, 벌거벗은 몸을 가릴 수도 없는 이 불행한 사람들"
(이집트, 이디오피아, 아라비아의 접경지역에 있는 금광에서 일하는 사람들)
"을 보고는 그들의 비참한 운명을 탄식하지 않을 수 없다. 그곳에서는 병자,
불구자, 노인, 연약한 여자이건 조금의 사정이나 용서도 없다. 모든 사람은 채
찍의 강제 아래, 죽음이 그들의 고통과 궁핍을 끝나게 할 때까지, 계속 노동하
지 않으면 안 된다."(시쿨루스, 『역사문고』, 제3부, 제13장)

었던 것이다. 이제 문제가 된 것은, 흑인으로부터 어느 정도의 유용한 생산물을 뽑아내는 것이 아니라, 잉여가치 그 자체의 생산이었다. 다뉴브 제후국〔지금은 루마니아〕의 부역노동에서도 사정은 마찬가지였다.

다뉴브 제후국에서 보는 잉여노동에 대한 탐욕을 영국 공장에서의 그것과 비교해 보는 것은 특히 흥미 있는 일이다. 왜냐하면 잉여노동은 부역노동에서는 하나의 독립적이고 곧 알아볼 수 있는 형태를 취하기 때문이다.

1노동일이 6시간의 필요노동과 6시간의 잉여노동으로 구성되어 있다고 가정하자. 그러면 한 사람의 자유로운 노동자는 자본가에게 매주 6×6, 즉 36시간의 잉여노동을 제공한다. 이것은 그가 1주 중 3일간은 자기 자신을 위해 노동하고, 3일간은 자본가를 위해 공짜로 노동하는 것과 마찬가지다. 그러나 이와 같은 사실은 직접 눈으로 알아차릴 수 없다. 잉여노동과 필요노동이 서로 하나로 합쳐져 있기 때문이다. 물론 이런 관계는, 예컨대 노동자가 1분마다 30초는 자기 자신을 위해 노동하고 30초는 자본가를 위해 노동한다는 등의 형태로도 표현할 수 있다. 그러나 부역노동에서는 그렇지 않다. 왈라키아의 농민이 자신을 부양하기 위해 행하는 필요노동은 보야르를 위해 행하는 그의 잉여노동과 명백히 분리되어 있다. 왜냐하면 농민은 필요노동을 자기 자신의 경작지에서 행하고, 잉여노동을 영주의 농장에서 행하기 때문이다. 그러므로 노동시간의 두 부분은 독립적으로 나란히 존재한다. 부역노동에서는 잉여노동은 필요노동과 명확히 분리되어 있다. 이와 같은 현상형태의 차이가 잉여노동과 필요노동 사이의 양적 비율을 조금도 변경시키지 않는다는 것은 분명하다. 1주일 중 3일간의 잉여노동은, 그것이 부역노동이든 임금노동이든, 여전히 노동자 자신에게는 아무런 등가물도 주지 않는 노동이다. 그러나 잉여노동에 대한 탐욕은 자본가의 경우에는 노동일을 무제한으로 연장하려는 충동으로 나타나며, 보야르의 경우에는 훨씬 단순하게 부역

일수에 대한 직접적인 추구로 나타난다.[10]

　다뉴브 제후국에서는 부역노동이 현물지대과 농노제도의 기타 부속물과 결합되어 있었지만, 지배계급에게 결정적으로 중요한 공납은 역시 부역노동이었다. 그곳에서는 부역노동이 농노제에서 생기는 일은 드물고 오히려 농노제가 부역노동에서 생기는 것이 보통이었다.[11] 루마니아 지방에서도 그랬다. 이곳의 원래의 생산양식은 공동체적 소유에 의거하고 있었으나, 그 공동체적 소유는 슬라브적 또는 인도적 형태와는 달랐다. 토지의 일부는 자유로운 사적 소유로 공동체의 구성원들에 의해 독립적으로 경작되었고, 다른 일부[공유지]는 그들에 의해 공동으로 경작되었다. 이 공동노동의 생산물은 그 일부는 흉작과 기타의 재해에 대한 예비재원으로 사용되었고, 또 일부는 전쟁비용, 종교비용, 기타 공동체 지출에 충당하기 위한 국고로 구실했다. 시간이 지남에 따라 군사상, 종교상 높은 지위를 차지한 사람들이 공유지와 함께 그 공유지와 결부된 노동까지 횡령했다. 자유로운 농민들의 공유지 노동이 공유지 횡령자들에 대한 부역노동으로 바뀌었다. 이 부역노동은 곧 농노적 관계로 발전했지만,

---

10) 다음에 말하는 것은 크리미아 전쟁 뒤 일어난 변혁 이전의 루마니아 지방의 상황이다.

11) {엥겔스: 이것은 독일 특히 엘베강 동쪽의 프로이센에 대해서도 타당하다. 15세기 독일의 농민들은 거의 어디에서나 생산물과 노동으로 일정한 공납을 바칠 의무를 지고 있었지만, 기타의 관계에서는 적어도 사실상으로는 자유로운 인간들이었다. 게다가 브란덴부르크, 폼메라니아, 실레지아, 동부 프로이센의 정착자들은 법률상으로도 자유인으로 인정받고 있었다. 농민전쟁에서 귀족의 승리는 이런 사태에 종말을 가져왔다. 남부 독일의 정복된 농민이 다시 농노로 되었을 뿐 아니라, 16세기 중엽부터는 동부 프로이센, 브란덴부르크, 폼메라니아, 실레지아의 자유로운 농민들까지도, 또 그 뒤 얼마 안 되어 쉴레스비히-홀슈타인의 자유로운 농민들까지도 농노로 전락해 버렸다. (마우러, 『부역농민의 역사』, 제4권; 마이첸, 『프로이센국의 토지와 농업사정』; 한센, 『쉴레스비히-홀슈타인의 농노제』)}

〔이 지역을 점령한〕 세계의 해방자인 러시아가 농노제를 폐지한다는 구실로 부역노동을 법으로 정해 버렸다. 러시아의 장군 키셀료프가 1831년에 공포한 부역노동법전은 말할 것도 없이 보야르 자신의 구술에 의한 것이었다. 이리하여 러시아는 다뉴브 제후국의 귀족들과 유럽 전체의 자유주의적 백치들의 박수갈채를 한꺼번에 받을 수 있었던 것이다.

이 부역노동법전은 「레글루만 오르가니크Règlement organique」〔국가기본법, 즉 헌법〕라고 부르는데, 이것에 따르면 왈라키아의 각 농민은 이른바 지주에게 일정한 분량의 상세히 열거된 현물공납 외에 다음과 같은 의무를 부담해야 했다. ① 12일의 일반노동, ② 1일의 경작노동, ③ 1일의 목재운반 노동. 이상을 합하면 1년에 14일이다. 그러나 경제학에 대한 깊은 이해를 가지고 있었기 때문에, 이 노동일은 보통의 의미로 해석되었던 것이 아니라 1일분의 평균생산물의 생산에 필요한 노동일이라고 해석되었다. 그런데 그 1일분의 평균생산물이란 것이 교활하게도 어떤 힘센 장사라도 24시간 안에는 도저히 해낼 수 없는 그런 양이었다. 그리하여 「레글루만」 그 자체도 정말 러시아식의 풍자적이고 노골적인 언어로 다음과 같이 밝히고 있다. 즉 12일의 일반노동이란 36일의 육체노동으로, 1일의 경작노동이란 3일의 경작노동으로, 그리고 1일의 목재운반노동도 역시 그 3배로 이해해야 한다고. 결국 합계 42부역일이 된다. 그러나 그 위에 또 이른바 '요바기Jobbagio'가 더해진다. 그것은 특별한 필요에 따라 영주에게 바치는 노동봉사. 각 마을은 매년 '요바기'를 위해 그 인구수에 비례해 일정한 수의 인원을 차출하지 않으면 안 된다. 이 추가적인 부역노동은 왈라키아의 각 농민 1인당 14일로 되어 있다. 그리하여 매년 의무적인 부역노동은 56일에 달한다. 그런데 왈라키아에서는 기후가 불순하기 때문에 1년의 농경일수는 210일밖에 되지 않는다. 그 중 일요일과 명절이 40일, 나쁜 날씨 때문에 일을 할 수 없는 날이 평균 30일, 합계 70일이 떨어져 나가게 된다. 남는 것은 140일이다. 필요노동〔=140

$-56=84$일 ]에 대한 부역노동의 비율인 56/84, 즉 $66\frac{2}{3}$%는 영국의 농업노동자나 공장노동자의 노동을 규제하는 잉여가치율에 비해 훨씬 작은 잉여가치율을 표시하고 있다. 그러나 이것은 법률상 제정된 부역노동에 지나지 않는다. 그리고 영국의 공장법보다 그 정신에서 더 '자유주의적'인 「레글루만」은 그 자체의 규정을 쉽게 회피할 수 있는 방법을 알고 있었다. 이 법은 14일을 56일로 만든 다음, 그 56부역일 각각의 명목상의 하루분 작업량은 그 일부를 다음 날로 넘기지 않을 수 없도록 규정하고 있다. 예컨대 하루 동안에 풀을 베도록 되어 있는 토지가 실제로는 그 2배의 시간이 들 정도의 방대한 면적으로 되어 있는데, 특히 옥수수 밭의 제초가 그러하다. 몇 가지의 농업노동의 경우에는, 법에서 규정하고 있는 1일분 노동은 그 1일이 5월에 시작해 10월에 끝나는 것으로 해석할 수 있는 것도 있다. 몰다우 지방에 대해서는 규정이 한층 더 가혹하다. 승리에 도취한 보야르는 다음과 같이 큰 소리로 외쳤다. "「레글루만」에 규정된 14부역일은 1년 365일이다."라고.[12]

만약 다뉴브 제후국의 「레글루만」이 잉여노동에 대한 탐욕을 승인하고, 그 각 조항은 이 탐욕을 합법화시켜 주는 것이라면, 영국의 공장법은 이 동일한 탐욕을 부정하는 것이라고 할 수 있다. 왜냐하면 공장법은 국가가 [그것도 자본가와 지주가 지배하는 국가가] 노동일을 강제적으로 제한함으로써 노동력을 무제한 착취하려는 자본의 충동을 억제하고 있기 때문이다. 날이 갈수록 그 위협이 증가하고 있는 노동운동을 별도로 치면, 공장노동일의 제한은 영국의 경작지에 구아노 비료 [ 남미 바다새의 똥 ]를 뿌리게 했던 것과 동일한 필요성에 따른 것이었다. 즉 이윤에 대한 맹목적인 탐욕이 한 경우에는 토지를 메마르게 했고 다른 경우에는

---

12) 더 상세한 것은 르뇨, 『다뉴브 제후국의 정치·사회사』: 304 이하에서 볼 수 있다.

국민의 생명력을 뿌리째 파괴하고 있었기 때문이다. 영국에서 주기적으로 전염병이 발생한 것은, 독일과 프랑스 병사들의 표준 키가 작아진 것과 더불어, 이 사실을 똑똑히 말해 준다.13)

　현재(1867년)까지 실시되고 있는 1850년의 공장법은 하루 평균 10시간의 노동을 규정하고 있다. 주초의 5일간은 아침 6시부터 저녁 6시까지의 12시간인데, 그 중에는 아침식사에 반 시간, 점심식사에 한 시간이 포함되어 있으므로 노동시간은 10시간 반이다. 그리고 토요일에는 아침 6시부터 오후 2시까지의 8시간인데, 그 중에 아침식사를 위한 반 시간이 포함되어 있다. 따라서 1주에 60노동시간인데, 주초의 5일간은 10시간 반씩이고, 토요일은 7시간 반이다.14) 이 법률의 특별 파수꾼으로 내무장관 직속의 공장감독관이 임명되어 있으며, 그들의 보고서는 반년마다 의회가 공표하기로 되어 있다. 따라서 이 보고서는 잉여노동에 대한 자본

---

13) "일반적으로 그리고 일정한 한계 안에서는, 어떤 유기체가 자기 종류의 평균 크기를 넘는 것은 그 유기체가 번영하고 있다는 것을 말해 준다. 인간에 대해 말하면, 자연적 사정에 의해서든 사회적 사정에 의해서든 그 성장이 방해받고 있을 때 키가 작아진다. 징병제도가 시행되고 있는 모든 유럽 나라들에서는, 이 제도가 채용된 이래, 성인남자의 평균 키와 그들의 일반적인 병역 적합성이 감퇴했다. 혁명(1789년) 이전에는, 프랑스 보병후보자의 최저 키는 165센티미터였는데, 1818년(3월 10일의 법률)에는 157센티미터였고, 1832년 3월 21일의 법률에서는 156센티미터였다. 프랑스에서는 평균 1/2 이상이 징병검사에서 키 미달이나 신체적 결함으로 불합격판정을 받았다. 작센 지방에서는 징병검사에 합격할 수 있는 최저 키가 1780년에는 178센티미터였으나 지금은 155센티미터로 되어 있다. 현재 프러시아에서는 157센티미터다. 1862년 5월 9일자 『바이에른 신문』에 게재된 마이어의 보고에 따르면, 9년간의 평균으로 볼 때 프러시아에서 징집자 1,000명당 716명의 병역 불합격자가 나왔는데, 그 중 317명은 키 미달 때문이고 399명은 신체적 결함 때문이었다…베를린에서는 1858년에 보충병의 할당인원을 다 채울 수 없어 156명의 결원이 생겼다."(리비히, 『농업과 생리학에 화학을 적용』: 117~118)

14) 1850년 공장법의 역사는 이 장의 뒷부분에서 서술된다.

가들의 탐욕에 관한 규칙적 공식통계자료를 제공하고 있다.

이제 잠시 공장감독관들의 말을 들어 보기로 하자.[15]

"사기꾼같은 공장주는 아침 6시보다 15분 전에―그보다 더 **빠를** 때
도 있고 그보다 늦을 때도 있다―작업을 시작해서, 오후 6시보다 15분
늦게―그보다 더 **빠를** 때도 있고 그보다 늦을 때도 있다―끝마친다.
또 그는 명목상 아침식사를 위해 할당된 반 시간의 처음과 마지막에서
5분씩을 떼어내며, 점심시간에 할당된 한 시간의 처음과 마지막에서
10분씩을 떼어낸다. 토요일에는 오후 2시보다 15분 늦게―그보다 더
**빠를** 때도 있고 그보다 늦을 때도 있다―작업이 끝난다. 이로부터 그
가 얻는 이득은 다음과 같다.

---

15) 영국 근대공업의 초창기로부터 1845년에 이르기까지의 기간에 관해서는 나
자신은 몇몇 군데에서만 언급하기로 한다. 이 기간에 관해서는 프리드리히
엥겔스의 저서 『영국 노동자계급의 상태』(라이프치히, 1845년) [ CW 4 ]를 참
고하기 바란다. 엥겔스가 자본주의적 생산양식의 본질을 얼마나 깊이 이해하
고 있었는가는 1845년 이후에 발간된 공장보고서나 광산보고서 등이 보여주
고 있는 바다. 또 그가 노동자계급의 실정을 얼마나 놀랄 만큼 상세하게 묘사
했는가는 그의 저서를 그보다 18~20년 뒤에 발간된 "아동노동 조사위원회"의
공식보고서(1863~1867년)와 얼핏 비교해 보아도 알 수 있다. 이 보고서는 주
로 [1862년까지 공장법이 아직 실시되지 않았고, 또 부분적으로는 지금까지
도 아직 실시되고 있지 않는] 산업부문들을 취급하고 있는데, 이 부문들에서
는 엥겔스가 묘사한 상태에 대해 당국이 아무런 변경도 강요하지 않았다. 나
는 주로 1848년 이후의 자유무역시대[즉 자유무역의 행상인들이 학문적으로
는 보잘 것 없으면서도 큰소리치면서 독일 사람들에게 꿈같은 이야기를 많이
한 그 낙원시대]의 예를 인용했다. 아무튼 영국이 여기서 전면에 등장하는 까
닭은 이 나라가 자본주의적 생산의 전형적 대표자며, 또 이 나라만이 지금 취
급하고 있는 문제에 관해 연속적인 공식통계를 가지고 있기 때문이다.

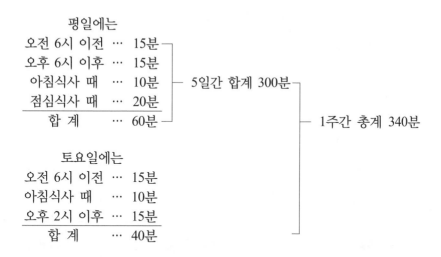

평일에는

| | | |
|---|---|---|
| 오전 6시 이전 | … | 15분 |
| 오후 6시 이후 | … | 15분 |
| 아침식사 때 | … | 10분 |
| 점심식사 때 | … | 20분 |
| 합 계 | … | 60분 |

5일간 합계 300분

토요일에는

| | | |
|---|---|---|
| 오전 6시 이전 | … | 15분 |
| 아침식사 때 | … | 10분 |
| 오후 2시 이후 | … | 15분 |
| 합 계 | … | 40분 |

1주간 총계 340분

공장주의 이득은 1주일에 5시간 40분이나 되는데, 이것을 (공휴일이나 임시휴업의 2주간을 뺀) 50노동주간으로 곱하면 27노동일 〔(340분×50주)÷(10.5시간×60분)〕이 된다."[16]

"만약 노동일이 매일 5분씩 연장된다면 이것은 1년에 $2\frac{1}{2}$ 노동일로 될 것이다."[17] "아침 6시 이전, 오후 6시 이후, 그리고 식사시간 전후에서 조금씩 떼어내어 하루에 1시간씩 추가한다면, 1년에 13개월 노동하는 것과 같다."[18]

공황기에는 생산이 중단되어 오직 '단축된 시간', 즉 1주일에 며칠밖에는 작업을 하지 않지만, 이 공황도 노동일을 연장하려는 충동에 아무런 영향을 미치지 않는다. 사업의 규모가 축소되면 될수록 그 축소된 사업

16) 하원의 명령에 따라 1859년 8월 9일 인쇄된 『공장규제법』 중에 있는 "공장감독관 호너의 공장법 개정제안": 4~5.
17) 『공장감독관 보고서. 1856년 10월 31일』: 35.
18) 『공장감독관 보고서. 1858년 4월 30일』: 9.

에서 나오는 이윤은 더 커야 하며, 따라서 작업시간이 짧아지면 짧아질
수록 그만큼 그 중의 잉여노동시간은 더 길어져야 하기 때문이다. 그리
하여 1857~1858년의 공황기에 관해 공장감독관들은 다음과 같이 보고하
고 있다.

 "이와 같이 경기가 나쁠 때 과도노동이 행해지고 있다는 것은 모순
인 듯이 보이지만, 이 불경기는 파렴치한 사람들로 하여금 위법행위를
하도록 충동하며, 그리하여 그들은 초과이윤을 얻는다…내 관할지역
에서 지난 반 년 동안 122개의 공장은 완전히 폐업했고 143개의 공장
은 휴업하고 있지만, 법정시간 이상의 과도노동은 여전히 계속되고 있
다."[19]고 호너는 말하고 있다. 그리고 하우엘은 다음과 같이 말하고
있다. "이 기간의 대부분을 통해 불경기 때문에 많은 공장이 완전히
폐업했고, 그보다 더 많은 공장은 조업을 단축하고 있었다. 그러나 나
는 노동자들이 [법률에 의해 그들에게 보장된] 식사시간과 휴식시간을
침해당함으로써 매일 $\frac{1}{2}$ 시간 내지 $\frac{3}{4}$ 시간을 빼앗기고 있다는 하소연
을 마찬가지로 많이 듣고 있다."[20]

이와 동일한 현상은 1861년부터 1865년까지의 격심한 면화공황기에도
약간 작은 규모이기는 하지만 반복되었다.[21]

---

19) 같은 보고서: 10.

20) 같은 보고서: 25.

21) 『공장감독관 보고서. 1861년 4월 30일』, 부록 제2호를 보라. 『공장감독관 보
   고서. 1862년 10월 31일』: 7, 52, 53. 법률위반은 1863년 후반부터 다시 많아
   진다. 『공장감독관 보고서. 1863년 10월 31일』: 7 참조.

"만약 우리가 식사시간 또는 기타의 불법적인 시간에 작업하고 있는 현장을 적발하면 우리는 그때마다 다음과 같은 변명을 듣게 된다. 즉 노동자들이 아무리 해도 정해진 시간에 공장을 떠나려고 하지 않기 때문에 그들로 하여금 그들의 노동(기계의 청소 따위)을 중지하도록 하기 위해서는, 특히 토요일 오후에는 강제가 필요하다는 것이다. 그러나 만약 직공들이 기계가 멈춘 뒤에도 공장에 머물러 있다면…그 이유는 평일에는 오후 6시 이전에, 그리고 토요일에는 오후 2시 이전에 청소 따위를 하기 위한 틈을 노동자들에게 주지 않았기 때문이다."[22]

---

22) 『공장감독관 보고서. 1860년 10월 31일』: 23. 공장주들의 법정진술에 따르면, 그들의 공장직공들이 열광적으로 공장노동의 온갖 중단에 반대한다고 하는데, 그들의 기만성은 다음과 같은 기묘한 사건에서 잘 나타나고 있다. 1836년 6월 초에 듀즈버리(요크셔)의 치안판사에게 제출된 고발장에 따르면, 베틀리 부근의 8개 대공장의 소유자들이 공장법을 위반했다는 것이다. 이 공장주들 중 일부는 12세 내지 15세의 소년 5명을 금요일 오전 6시부터 다음 날인 토요일 오후 4시까지 식사시간과 한밤중의 한 시간의 수면시간 이외에는 조금도 휴식을 주지 않고 혹사시켰다는 이유로 고소당했다. 그런데 이 아동들은 '넝마 구덩이' 속에서 30시간을 쉴 새 없이 일하지 않으면 안 되었는데, 그곳은 모직 누더기를 찢는 곳으로, 그 안의 공기는 성인노동자라도 계속 손수건으로 입을 가려 폐를 보호하지 않으면 안 될 정도로 티끌과 털 부스러기 등으로 가득 차 있었다! 피고인들은 선서를 하는 대신―왜냐하면 그들은 퀘이커 교도들로서 선서를 하기에는 너무나 신중한 종교인들이었기 때문에―다음과 같이 증언했다. 즉 그들은 크나큰 자비심을 베풀어 이 불쌍한 아동들에게 4시간의 수면을 허용하려 했으나, 이 완고한 아이들은 아무리 해도 침대에 누우려고 하지 않았다는 것이다. 이 퀘이커 교도들은 £20의 벌금형을 선고받았다. 드라이던은 일찍이 이런 퀘이커 교도들을 예상하고 있었다.

> "겉으로는 신앙심 깊은 체하는 여우,
> 선서는 두려워하나 악마같이 거짓말하네.
> 참회자마냥 온화한 눈초리로 주위를 살펴 행동하기도 하지만,
> 기도가 끝나면 곧바로 죄를 짓는다네!"

"그것"(법정시간을 넘는 과도노동)"에서 얻는 초과이윤은 많은 공장
주들에게는 도저히 물리칠 수 없는 너무나 큰 유혹인 것같이 보인다.
그들은 적발되지 않을 것을 기대하며, 또 적발되는 경우라도 벌금액과
재판비용은 얼마 되지 않기 때문에, 그 차액은 역시 그들의 이익이 될
것이라고 계산하고 있다."23) "하루 중 조금씩 훔친 것들의 누적에 의
해 추가시간이 얻어지는 경우, 감독관들이 그 위법행위를 입증하기가
매우 어렵다."24)

자본이 노동자의 식사시간과 휴식시간에서 훔쳐내는 이 '좀도둑질'을
공장감독관들은 "분分도둑"25), "분 뜯어내기"26)라고 부르며, 노동자들
의 전문용어로는 '식사시간 야금야금 깎아먹기'라고도 한다.27)
　이런 분위기 속에서는 잉여노동에 의한 잉여가치의 형성은 전혀 비밀
이 아닌 것은 명확하다.

"만약 나에게 매일 10분씩만 시간외 노동을 시킬 수 있도록 허락해
준다면, 당신은 내 주머니 속에 매년 £1,000를 집어넣어 주는 셈이라
고 아주 존경받는 공장주가 나에게 말했다."28) "순간순간이 이윤의 요
소다."29)

---

23) 『공장감독관 보고서. 1856년 10월 31일』: 34.
24) 같은 보고서: 35.
25) 같은 보고서: 48.
26) 같은 보고서: 48.
27) 같은 보고서: 48.
28) 같은 보고서: 48.
29) 『공장감독관 보고서. 1860년 4월 30일』: 56.

이런 점에서 볼 때, 온종일 노동하는 노동자를 '전일공full-timer'이라 부르고, 하루에 6시간 이상 일하는 것이 허용되지 않는 13세 미만의 아동을 '반일공half-timer'이라 부르는 것 이상으로 특징적인 것은 없다.30) 노동자는 여기에서는 노동시간의 인격화에 불과하다. 모든 개인적 차이는 '전일공'과 '반일공'사이의 차이로 해소되어 버린다.

## 제3절   착취의 법적 제한이 없는 영국의 산업부문

이때까지 우리가 노동일의 연장에 대한 충동, 잉여노동에 대한 늑대와 같은 탐욕을 고찰해 온 산업분야는 [아메리카 인디언에 대한 스페인 사람들의 잔학성에 못지않은] 자본의 극도의 무법성31)(영국 부르주아 경제학자의 말) 때문에 자본을 드디어 법적 규제의 사슬에 얽매지 않을 수 없었던 그런 분야였다. 이제 우리의 시선을 노동력의 착취가 지금도 아무런 구속을 받지 않고 있거나 아주 최근까지도 구속을 받지 않았던 약간의 생산부문으로 돌려보자.

"주의 치안판사 찰턴은 1860년 1월 14일 노팅엄시 회의실에서 열린

---

30) 이 표현은 공장 안에서와 마찬가지로 공장보고서에서도 공식적으로 사용되고 있다.

31) "공장주들의 탐욕과 이윤추구에서 그들의 잔학성은 스페인 사람들이 황금을 추구해 아메리카를 정복할 때 보인 잔학성에 결코 못지않다."(웨이드, 『중간계급과 노동계급의 역사』: 114) 일종의 경제학개론서인 이 책의 이론 부분에는, 그 당시로 보아서는 약간의 독창적인 것, 예컨대 상업공황에 관한 것이 포함되어 있다. 그러나 이 책의 역사적 부분은 이든의 『빈민의 상태』(런던 1796년)의 파렴치한 표절이다.

집회의 의장으로 다음과 같이 폭로했다. 이 도시의 주민들 중 레이스
lace 제조에 종사하는 사람들 사이에는 영국의 다른 곳 또는 문명세계
에서는 들어보지도 못할 정도의 궁핍과 고통이 지배하고 있다…9세부
터 10세까지의 아이들이 새벽 2, 3, 4시에 그들의 불결한 잠자리에서
끌려나와 겨우 입에 풀칠만이라도 하기 위해 밤 10, 11, 12시까지 노
동하도록 강요당하고 있는데, 그들의 팔다리는 말라비틀어지고 신체
는 작아지며 얼굴은 창백해지고, 그들의 인간성은 완전히 목석처럼 무
감각상태로 굳어져 보기만 해도 소름이 끼칠 지경이다…우리는 말레
트와 기타 공장주들이 등단해 이런 토론에 항의를 제기한 것에 놀라지
않는다…이런 제도는 몬터규 밸피 목사가 말한 바와 같이 사회적·육
체적·도덕적·정신적으로 변함없는 노예제도의 하나다…성인남자의
노동시간을 하루 18시간으로 제한해 달라고 청원할 목적으로 공청회
를 열고 있는 이런 도시를 도대체 어떻게 생각해야 할 것인가!…우리
는 버지니아나 캐롤라이나의 면화재배자들을 비난하고 있다. 그러나
그들의 흑인시장·채찍·인간매매가, 자본가가 돈벌이를 위해 면사포
와 칼라를 제조하려고 날마다 행하고 있는 이 완만한 인간희생보다 더
흉악하다고 말할 수 있겠는가?"32)

스태퍼드셔의 도자기 제조업은 지난 22년간 세 차례에 걸쳐 의회의 조
사대상으로 되었다. 조사 결과는 '아동노동 조사위원회'에 제출된 스크리
븐의 1841년 보고와, 추밀원 의무관의 지시에 의해 공표된 그린하우의
1860년 보고(『공중위생. 제3차 보고서』. 제1권: 102~113), 끝으로 1863
년 6월 13일자 『아동노동 조사위원회. 제1차 보고서』 중 론지의 1863년
보고에 수록되어 있다. 여기의 목적을 위해서는 착취당한 아동들 자신의

---

32) 『데일리 텔레그라프』지, 1860년 1월 17일자.

약간의 증언을 1860년과 1863년의 보고로부터 인용하는 것으로 충분하다. 우리는 이 아동들의 상태로 미루어 보아 성인들 특히 부녀자들의 상태를 충분히 짐작할 수 있는데, 그들이 종사하는 도자기 제조업에 비해 면방적업은 훨씬 쾌적하고 건전한 직업으로 나타난다.33)

아홉 살 되는 윌리엄 우드가 "노동하기 시작한 것은 만 7세 10개월 되던 때였다." 그는 "처음부터 그릇 만드는 틀을 날랐다."(그릇 만드는 틀에 올린 완성된 제품을 건조실로 운반하고, 빈 틀을 가지고 되돌아오는 일을 했다.) 그는 매일 아침 6시에 와서 저녁 9시쯤에 일을 끝마치곤 했다. "저는 1주에 6일 동안 날마다 저녁 9시까지 일합니다. 나는 최근 7, 8주일 동안 그렇게 해왔습니다." 일곱 살 난 아이가 15시간 노동을 하는 것이다! 12살 난 소년 머리는 다음과 같이 말하고 있다.

"나는 그릇 만드는 틀을 운반하며 물레를 돌립니다. 내가 일하러 오는 것은 아침 6시인데, 4시에 올 때도 있습니다. 나는 어젯밤 밤을 새워 오늘 아침 6시까지 일했습니다. 그저께 밤부터 자지 못했습니다. 어젯밤은 나와 함께 8, 9명의 다른 소년들도 밤을 새워 일했습니다. 한 아이를 제외하고는 오늘 아침에도 모두 왔습니다. 나는 1주일에 3s. 6d.를 받고 있습니다. 밤을 새워 일해도 그 이상은 받지 못합니다. 지난 주일에 나는 이틀 밤을 새워 일했습니다."

10세의 소년 퍼니하우는 다음과 같이 말하고 있다.

"저녁식사를 위해 온전한 1시간을 가질 수는 없습니다. 목요일, 금요일, 토요일에는 반 시간뿐일 때가 자주 있습니다."34)

---

33) 엥겔스, 『영국 노동자계급의 상태』 [CW 4: 495-496].

그린하우는 스토크-온-트렌트나 월스탠턴의 도자기 제조지역의 평균 수명이 특히 짧다고 밝히고 있다. 스토크 지방에서는 20세 이상의 성인남자 인구의 36.6%, 월스탠턴에서는 30.4%가 도자기 제조업에 종사하고 있는데, 이 나이에 속하는 성인남자 중 폐병으로 인한 사망자 총수의 반 수 이상(스토크 지방)과 약 $\frac{2}{5}$ (월스탠턴 지방)가 도자기공이다. 헨리의 의사인 부스로이드는 다음과 같이 말하고 있다.

"도자기공들은 세대가 지남에 따라 점차로 체격이 작아지고 허약해지고 있다."

다른 의사 맥빈도 다음과 같이 말하고 있다.

"내가 25년 전에 도자기공들을 상대로 개업한 이래, 그들은 현저하게 퇴화하고 있는데 특히 키와 몸무게가 점점 감소하고 있다."

이상의 증언들은 그린하우의 1860년 보고서로부터 인용한 것들이다.[35)

1863년 위원회의 보고서에는 다음과 같은 증언이 있다. 북부 스태퍼드셔 병원의 선임의사인 알레지는 다음과 같이 말하고 있다.

"하나의 계급으로서 도자기공들은, 남녀를 불문하고, 육체적으로도 도덕적으로도 퇴화된 주민을 대표하고 있다. 그들은 일반적으로 발육부진 때문에 체격이 좋지 않고, 가끔 가슴이 기형인 경우도 많다. 그들

---

34) 『아동노동 조사위원회. 제1차 보고서』. 1863년. 부록: 16, 18, 19.
35) 『공중위생. 제3차 보고서』: 102, 104, 105.

은 빨리 늙고 수명이 짧다. 또 그들은 무기력하고 핏기가 없으며, 그들의 체질이 허약하다는 것은 그들이 위장병이나 간·신장병, 류마티스와 같은 고질병에 잘 걸리는 것을 보면 알 수 있다. 그러나 그들이 주로 걸리는 병은 폐렴·폐결핵·기관지염·천식과 같은 폐에 관한 질병들이다. 천식의 한 종류로 그들에게만 특유한 것이 있는데, 그것은 도자기공의 천식 또는 도자기공의 폐병이라는 이름으로 알려져 있다. 분비샘, 뼈 또는 신체의 기타 부분을 침범하는 연주창은 도자기공의 $\frac{2}{3}$ 이상이 걸리는 병이다…이 지방 주민의 신체가 지금보다 더 심한 정도로 퇴화하지 않은 것은 주위 농촌지방에서 인원이 보충된 것과 더 건강한 계층들과의 결혼 덕택이라고 할 것이다."[36]

얼마 전까지 이 병원의 외과의사였던 찰스 파슨스는 위원회 위원인 론지에게 준 한 통의 편지에서 특히 다음과 같이 쓰고 있다.

"내가 말할 수 있는 것은 통계자료를 토대로 한 것이 아니고 오직 내 개인적인 관찰에 근거를 둔 것이지만, 나는 이 불쌍한 아이들의 건강이 그들의 부모나 고용주의 탐욕을 만족시키기 위해 희생된 것을 보고 분개한 적이 한두 번이 아니었다는 것을 망설이지 않고 말한다."

그는 도자기공의 병 원인들을 열거하면서, '장시간 노동'이라는 말로 집약하고 있다. 이 위원회의 보고서는 다음과 같은 요망사항을 지적하고 있다.

"세계 전체에서 지배적인 지위를 차지하고 있는 하나의 제조공업이,

---

36) 『아동노동 조사위원회. 제1차 보고서』. 1863: 24.

그 위대한 성공에는 [자신의 노동과 기능에 의해 그런 성공을 가져오게 한] 노동인구의 육체적 퇴화와 각종 신체적 고통과 조기사망이 뒤따르고 있다는 부끄러움을 더 이상 당하지 말아야 할 것이다."[37]

잉글랜드의 도자기업에 관해 말한 것은 스코틀랜드의 그것에도 그대로 해당된다.[38]

성냥제조업은 1833년에 인을 나무개비에 붙이는 방법이 발명된 때부터 시작되었다. 이 공업은 1845년 이래 잉글랜드에서 급속히 발전했고, 런던의 인구가 조밀한 지역에서 시작해서 맨체스터, 버밍엄, 리버풀, 브리스톨, 노리지, 뉴캐슬, 글래스고우로 확대되어 갔다. 이와 더불어 파상풍이 만연했는데, 이 병은 이미 1845년 비엔나의 한 의사가 성냥제조공들에게 고유한 병인 것을 발견한 바 있다. 이 일에 종사하는 노동자의 반 수는 13세 미만의 아동과 18세 미만의 미성년자들이다. 이 제조업은 비위생적이고 작업조건이 나쁜 것으로 평판이 나 있었으므로, 노동자계급 중 가장 비참한 부분인 굶주려 죽게 된 과부 등이 그들의 아동들['누더기를 걸치고 굶어 죽어가는, 교육도 받지 못한 아동들'][39]을 이 제조업에 보내고 있다. 위원회의 위원인 화이트(1863년)가 심문한 증인들 중 270명은 18세 미만, 50명은 10세 미만이었고, 10명은 겨우 8세, 5명은 겨우 6세였다. 노동일의 길이는 12시간으로부터 14, 15시간 사이였고, 야간노동이 진행되며, 식사는 그 시간이 불규칙할 뿐 아니라 대다수의 경우 인의 독이 가득찬 작업장에서 하지 않으면 안 되었다. 만약 단테가 이 제조업의 광경을 보았더라면 그가 상상한 처참하기 짝이 없는 지옥의 광경도 여기에 미칠 수 없다는 것을 발견했을 것이다.

---

37) 같은 책: 22.
38) 같은 책. 부록: 47.
39) 같은 책. 부록: 54.

벽지공장에서는 거친 종류의 벽지는 기계로 인쇄하고 정밀한 것은 손으로 인쇄한다. 이 공장에서 가장 바쁜 달은 10월 초부터 4월 말까지의 기간이다. 이 기간 중 작업은 때때로 거의 중단 없이 오전 6시부터 밤 10시까지 또는 더 늦게까지 계속된다.

리치의 증언: "지난 겨울〔 1862년 〕 19명의 소녀 중 6명이 과로로 병이 나서 출근하지 못했다. 나는 그들이 졸지 않도록 하기 위해 그들을 향해 고함을 쳐야만 했다."

더피: "아이들은 가끔 피로 때문에 눈을 뜨고 있을 수 없었다. 사실은 우리들도 그렇게 될 때가 있다."

라이트본: "나는 열 세 살이다…지난 겨울 우리들은 저녁 9시까지 일했고 재작년 겨울에는 10시까지 일했다. 지난 겨울에는 발의 상처가 쑤시고 아파 거의 매일 저녁 울고 지냈다."

아프스덴: "나는 내 아이가 7세 되던 때 매일 그 아이를 등에 업고 눈길을 왕복했다. 그리고 그 아이는 보통 하루 16시간씩 일했다…그 아이가 기계 곁에 서 있는 동안 나는 무릎을 꿇고 그에게 음식을 먹여준 적이 가끔 있었다. 왜냐하면 그 아이는 기계에서 떠나도 안 되고 기계를 멈추어도 안 되었기 때문이다."

맨체스터의 어느 공장의 공동경영자인 스미스: "우리"('우리'를 위해 일해 주고 있는 '직공들'을 가리키는 말이다)"는 식사를 위해서도 중단하지 않고 계속 노동하고 있으며, 그리하여 10시간 반이라는 하루 노동은 오후 4시 반에 끝나고, 그 뒤의 시간은 모두 시간외 노동으로 된다."40)(이 스미

---

40) 시간외 노동을 잉여노동과 같은 의미로 생각해서는 안 된다. 이 사람들은 10시간 반 노동을 표준노동일이라고 생각하고 있지만, 이 표준노동일에도 표준적인 잉여노동량이 포함되어 있는 것은 물론이다. 이 표준노동일이 끝난 뒤에 '시간외 노동'이 시작되며, 이에 대해서는 약간 더 많은 보수를 지불한다.

스 자신은 10시간 반 동안 전혀 식사를 하지 않는가?) "우리"(스미스 그
자신을 의미한다)"는 오후 6시 이전에 일을 끝마치는 경우가 드물다."(끝
마친다는 것은 '우리'의 노동력이라는 기계의 소비를 끝마친다는 것을 의
미한다). "그 결과 우리"(이번에도 동일한 인물인 스미스)"는 실제로 1년
내내 시간외 노동을 하고 있는 셈이다…아동도 성인도 (아동들과 18세
미만의 미성년자들을 합해 152명과 성인 140명) 똑같이 최근 18개월 동안
평균해서 아무리 적어도 1주일에 7일 5시간을, 즉 1주일에 78시간 반씩
일했다. 금년(1862년) 5월 2일까지 6주간에는 일이 더 많아 1주일에 8일,
즉 84시간 일했다."

그런데도 '우리'라는 단어를 그처럼 좋아하는 이 스미스는 미소를 띠
고 "기계노동은 쉽다."라고 덧붙인다. 마찬가지로 목판인쇄를 채용하고
있는 공장주들도 "손노동은 기계노동보다 건강에 더 좋다."고 말한다.
‖ 두 부류의 자본가들 모두 장시간 노동을 정당화하려고 한다. ‖ 일반적으로 공장
주들은 "적어도 식사시간 중에는 기계를 정지시켜야 한다."는 제안에 대
해 격분하면서 반대한다.
런던의 어떤 벽지공장 지배인 오틀리는 다음과 같이 말하고 있다.

"아침 6시부터 저녁 9시까지 노동시간을 허가하는 법률은 우리( ! )에
게 매우 적합하지만, 아침 6시부터 저녁 6시까지로 정한 공장법의 노
동시간은 우리( ! )에게는 적합하지 않다. 우리는 점심식사 시간에 기계

---

다음 기회[제6편 임금]에 다시 설명하겠지만, 이른바 표준노동일 동안 행한 노
동도 그 가치 이하로 지불되고 있으며, 따라서 시간외 노동이라는 것은 더
많은 잉여노동을 짜내기 위한 자본가의 책략에 불과하다. 그리고 또 이 사실
은 비록 표준노동일 동안 사용하는 노동력이 현실적으로 그 가치대로 지불되
는 경우일지라도 다르지 않다.

를 정지시킨다."(얼마나 관대한가!)"이 기계의 정지는 종이와 물감에
는 이렇다 할만한 손실을 주지 않는다." 그는 덧붙인다. "그러나 나는
시간의 손실이 마음에 들지 않는다는 다른 사람들의 불평을 이해할 수
있다."

위원회의 보고서는 소박하게 다음과 같은 견해를 밝히고 있다. 일부
'유력한 회사'들은 시간[즉 타인의 노동을 훔칠 시간]을 잃어버리고 또
그렇게 함으로써 "이윤을 잃어버린다"는 것을 걱정하고 있지만, 그것은
"13세 미만의 아동과 18세 미만의 미성년자로 하여금 하루 12~16시간 동
안 일하면서 점심식사를 잃어버리게"해도 좋다는 '충분한 이유'가 되지
못하며, 또한 마치 증기기관에 석탄과 물을, 양모에 비누를, 수레바퀴에
기름을 치듯이 [생산과정 그 자체가 진행되는 동안 노동수단에 보조재료
를 주듯이] 그들에게 점심식사를 주어도 좋다는 '충분한 이유'가 되지 못
한다라고.[41]

영국의 어떤 산업부문도 빵제조업(우리는 최근에 비로소 도입되기 시
작한 기계에 의한 빵제조는 제외한다)처럼 예수 이전의 생산방식(로마제
국 시인의 작품에서나 볼 수 있다)을 현재까지 그대로 유지하지는 않는
다. 그러나 앞에서 지적한 바와 같이, 자본은 처음에는 그것이 지배하는
노동과정의 기술적 성격에 대해서는 무관심하다. 자본은 처음에는 노동
과정을 있는 그대로 받아들인다.

빵의 믿기 어려울 정도의 불량제조(특히 런던)는 '식료품의 불량제조
에 관한' 하원위원회(1855~1856년)와 하설의 『적발된 불량품』에 의해 처
음 폭로되었다.[42] 이런 폭로의 결과 1860년 8월 6일의 '불량음식료품 제

---

41) 『아동노동 조사위원회. 제1차 보고서』. 1863년. 부록: 123~125, 140 및 별책
부록: 64.
42) 분말로 되었거나 소금을 섞은 명반이 '빵재료'라는 이름을 가진 정상적인 상

조의 방지를 위한'법률이 나왔는데, 이것은 불량품의 매매로 '정직한 돈 벌이를 하려는'자유상업주의자들에 대해 최대한의 너그러운 배려를 하고 있기 때문에 전혀 효과가 없는 법률이었다.[43] 위원회 자신도 자유상업이란 본질적으로 불량품[또는 영국인들의 재치있는 표현에 따르면, '세련된'상품]의 거래를 의미한다는 자신의 확신을 대체로 소박하게 표명했다. 사실 이런 종류의 '궤변'은 프로타고라스 이상으로 흑을 백으로, 백을 흑으로 만들 줄 알며, 또 엘레아 학파 이상으로 모든 실재적인 것을 가상에 지나지 않는 것으로 목전에서 실증해 보일 줄 안다.[44]

어쨌든 위원회는 대중에게 자신들의 '일용할 양식'에, 따라서 빵제조업에 주의하도록 했다. 이와 동시에, 런던의 빵제조 직인journeyman [ 장인과 도제 사이의 직급 ] 들은 공공집회와 의회에 보내는 탄원서에서 과도노동에 대한 불평 · 불만을 토로했다. 이 불평 · 불만은 상당히 절박한 것이었

---

품으로 되어 있다.

43) 검댕은 매우 강력한 에너지를 포함하고 있는 탄소의 형태인데, 자본주의적 굴뚝청소업자가 영국 농민에게 판매하는 비료다. 그런데 1862년 어떤 소송사건에서 영국 '배심원'은 90%의 먼지와 모래를 섞은 검댕이 '상업적'인 의미에서 '진정한' 검댕인가, 그렇지 않으면 '법률적'인 의미에서 '불량' 검댕인가를 결정하지 않으면 안 되었다. '장사꾼의 친구들' [ 배심원 ] 은 이것이 '진정한' 상업상의 검댕이라고 판결했다. 그리하여 원고인 농민은 패소했을 뿐 아니라 소송비용까지도 부담하지 않으면 안 되었다.

44) 프랑스 화학자 슈발리에는 상품의 '위조'를 취급한 논문에서 그가 검사한 600여종의 제품 중 그 대다수에 대해 10, 20, 30종의 서로 다른 위조방법을 열거하고 있다. 그는 덧붙이기를, 자기는 모든 방법을 다 남김없이 알지도 못하며 또 자기가 알고 있는 방법을 모조리 열거하는 것도 아니라고 했다. 그는 사탕에는 6종의 위조방법이, 올리브유에는 9종, 버터에는 10종, 소금에는 12종, 우유에는 19종, 빵에는 20종, 브랜디에는 23종, 곡물가루에는 24종, 초콜릿에는 28종, 포도주에는 30종, 커피에는 32종 따위의 위조방법이 있다고 지적하고 있다. 전지전능한 하느님조차도 위조될 형편이다. 루아르 드 카르, 『성체의 위조에 대해』(파리 1856)를 보라.

기 때문에 위에서 언급한 1863년의 위원회 위원이기도 했던 트리멘히어 가 칙명조사위원으로 임명되었다. 그의 보고[45]는 증인의 증언과 더불어 대중을—그들의 마음이 아니라 위장을—놀라게 했다. 성서에 정통하고 있는 영국 사람은, 신의 은총으로 선택된 자본가나 지주나 한직에 있는 관리들을 제외하고는, 어느 누구나 이마에 땀을 흘려 자기 빵을 구해야 할 운명에 놓여 있다는 것을 잘 알고 있었지만, 명반과 모래와 기타 그리 나쁘지 않은 광물성 혼합물은 별도로 치더라도, 종기의 고름이나 거미줄 이나 바퀴벌레의 시체나 썩은 독일제 효소 등과 혼합되어 있는 일정한 양 의 인간 땀을 매일 빵으로 먹지 않으면 안 된다는 것을 알지 못했던 것이 다. 그러므로 그때까지 '자유로웠던' 빵제조업은 그 신성한 '자유상업'에 대한 고려도 없이 국가 감독관의 감시 아래 놓이게 되었고(1863년의 의회 회기 끝에), 그리고 의회의 법령에 의해 18세 미만의 빵제조 직인에게는 오후 9시에서 오전 5시 사이의 노동이 금지되었다. 이 조항은 이 오래된 친숙한 사업부문의 과도노동에 대해 여러 권의 책보다 더 웅변적으로 말 해 주고 있다.

"런던의 빵제조 직인의 노동은 보통 밤 11시에 시작된다. 이 시간에 그는 '반죽'을 하는데, 이 일은 한 번에 구워내는 것의 분량과 품질에 따라 $\frac{1}{2}$ 시간 내지 $\frac{3}{4}$ 시간 계속되는 매우 힘든 과정이다. 이것이 끝난 다음 그는 반죽판—이것은 동시에 밀가루통의 뚜껑으로도 쓰인다— 위에 누워 한 장의 밀가루 포대를 머리 밑에 베고 또 다른 한 장의 밀가 루 포대를 몸에 덮고 두 시간쯤 잠을 잔다. 그 뒤 5시간에 걸친 신속하 고 쉴 새 없는 노동, 즉 반죽을 던지고, 그 무게를 달고, 그 형태를 만 들고, 그것을 가마솥에 올리고, 가마솥에서 끄집어내는 따위의 노동이

---

45) 『빵제조 직인의 불평에 관한 보고서』(런던 1862)와 『제2차 보고서』(런던 1863).

시작된다. 빵제조실의 온도는 화씨 75도 내지 90도〖섭씨 24도 내지 32
도〗에 달하며, 규모가 작은 빵제조실의 온도는 그보다 낮지 않고 오히
려 높다. 식빵이나 원통형 빵 등을 만드는 일이 끝나면 빵 배달이 시작
된다. 그리고 빵제조 직인의 대부분은 앞에서 말한 어려운 야간노동이
끝난 뒤 낮에는 빵을 광주리에 담든지 손수레에 싣고 몇 시간 동안 날
라다 주며, 또 이따금 빵제조실에서 다른 일도 한다. 이리하여 노동은
계절이나 빵제조 장인의 업무 규모에 따라 오후 1시에서 6시 사이에 끝
나지만, 직인들의 다른 일부는 오후 늦도록 빵제조실에서 작업을 한
다."46) "이른바 '런던 시즌'〖런던의 사교시즌으로 초여름 무렵〗에는 빵을
'정가'로 판매하는 웨스트 엔드West End의 빵집에서 일하는 직인들은 언
제나 밤 11시에 작업을 시작해 1회나 2회의 대체로 매우 짧은 휴식을
취하면서 다음 날 아침 8시까지 빵을 굽게 된다. 다음에 그들은 오후
4시, 5시, 6시까지 또 경우에 따라서는 7시까지도 계속 빵을 배달하며
또는 이따금 빵제조실에서 비스켓도 굽는다. 작업을 마치고 다시 작업
을 시작할 때까지 그들은 5~6시간, 종종 4~5시간 수면을 취한다. 금요
일의 노동은 언제나 더 일찍 저녁 10시에 시작해서 토요일 저녁 8시까
지 계속되고, 일반적으로는 일요일 아침 4~5시까지 계속된다. 일요일
에도 다음 날을 위한 준비 때문에 두세 번 공장에 나와 1시간 내지 2시
간 일해야 한다…싸구려 빵집(빵을 정가 이하로 파는 빵집으로, 앞에
서 지적한 바와 같이, 런던 전체 빵집의 $\frac{3}{4}$에 달한다)에서 일하는
노동자들의 노동시간은 이보다 더 길 뿐 아니라 그들의 노동은 빵제조
실 내부에 거의 전적으로 국한되어 있다. 왜냐하면 빵집 주인은 일반적
으로…자기 자신의 가게에서 판매하기 때문이다. 조그마한 소매점에
공급하는 것을 제외하고는 다른 사람을 시켜 배달하며 직접 이집저집

---

46) 『아동노동 조사위원회. 제1차 보고서』. 별책부록: 6~7.

배달하지 않는 것이 관례다. 주말이 가까워 오면…목요일 밤 10시부터 노동이 시작되어 짧은 중단이 있을 뿐 토요일 밤늦게까지 계속된다."[47]

'싸구려 빵집'의 처지를 부르주아적 지식인조차도 "노동자들의 지불받지 않은 노동이 그들의 경쟁력의 원천이다."[48]고 이해하고 있다. 그리하여 '정가판매 빵제조업자'는 자기의 경쟁자인 '싸구려 빵집'을 타인노동의 도둑이며 불량품 제조자라고 조사위원회에 고발하고 있다.

"그들은 첫째로 대중을 기만하는 것에 의해, 그리고 둘째로 그들의 노동자들에게 12시간분의 임금을 지불하고 18시간 노동을 시키는 것에 의해 유지하고 있을 뿐이다."[49]

빵의 불량제조와 빵을 정가 이하로 판매하는 빵제조업자의 형성은 영국에서는 18세기 초 이래 [즉 이 업종의 길드적 성격이 해체되고 명목상의 빵제조 장인들 배후에 제분업자 또는 밀가루 도매상의 형태로 자본가가 등장한 이후부터] 시작된 것이다.[50] 이와 더불어 자본주의적 생산, 노동일의 무제한 연장, 야간노동의 토대가 이 분야에서 이루어졌는데, 야

---

47) 같은 책. 별책부록: 71.

48) 리드, 『빵제조업의 역사』(런던 1848: 16).

49) 『아동노동 조사위원회. 제1차 보고서』. '정가판매 빵제조업자' 치즈먼의 증언: 108.

50) 리드, 앞의 책. 각종 영업분야에 몰려들어온 도매상들은 17세기 말과 18세기 초에도 '사회질서 파괴자'로 비난받고 있었다. 예컨대 서머셋주에서 치안판사 법정의 분기 재판기간에 대배심원은 하나의 '고발장'을 하원에 제출했는데, 그 가운데는 특히 다음과 같은 말이 들어 있다. "블랙웰 홀의 이 도매상들은 직물업에 해를 끼치는 사회질서 파괴자이므로 마땅히 하나의 불법행위자로 제거되어야 할 것이다." 클라크, 『잉글랜드 양모업의 사례』. 런던 1685: 6~7)

간노동은 런던에서조차도 1824년 이후 비로소 본격적으로 그 기반을 확립했다.[51)]

앞에서 말한 바에 의해, 우리는 위원회 보고서가 빵제조공을 수명이 짧은 노동자로 분류하는 이유를 이해할 수 있다. 빵제조공은 노동자계급의 아동들이 일반적으로 겪는 유아사망을 다행히 면했지만 42세까지 연명하는 일은 매우 드물다. 그런데도 빵제조업에는 언제나 지원 노동자가 넘치고 있다. 런던에 이 '노동력'을 공급하는 원천지는 스코틀랜드, 잉글랜드의 서부농업지대와 독일이다.

1858~1860년에 아일랜드의 빵제조 직인들은 야간노동과 일요노동에 반대하는 운동을 전개하기 위해 대집회를 자기들의 비용으로 조직했다. 대중들은 예컨대 1860년 5월의 더블린 집회에서 본 바와 같이 아일랜드 사람의 특유한 열정을 가지고 그들의 편에 가담했다. 이 운동의 결과 웩스포드, 킬케니, 클론멜, 워터퍼드 등에서는 야간노동 없는 주간노동만이 성공적으로 실시되었다.

"직인들의 고통이 너무 지나친 것으로 알려진 리메르크에서는 이 노동운동은 빵제조 장인들, 특히 빵제조업과 제분업을 겸하는 사람들의 반항에 부닥쳐 실패로 돌아갔다. 리메르크의 실패는 에니스와 티페레리에서도 패배를 가져왔다. 대중들의 분노가 가장 격심하게 표현된 코크에서는 장인들이 직인들을 해고함으로써 이 노동운동을 좌절시켰다. 더블린에서는 이 운동에 빵제조 장인들이 가장 단호하게 저항했고, 운동의 선두에 서 있던 직인들을 박해함으로써, 노동자들로 하여금 자기들의 신념과는 달리 야간노동과 일요노동에 동의하지 않을 수 없게 했다."[52)]

---

51)『제1차 보고서』. 별책부록: 8.

영국 정부는 식민지 아일랜드에서는 빈틈없이 무장하고 있으며 일반적으로 잘 통제하는 편인데, 영국 정부의 위원회는 더블린, 리메르크, 코크 등의 무자비한 빵제조 장인들에게는 애원하는 어조로 다음과 같이 충고할 뿐이었다.

"이 위원회는, 노동시간은 자연법에 의해 제한되어 있으며 이 자연법의 위반에 대해서는 처벌할 수밖에 없다고 믿는다. 빵제조 장인들은 해고의 위협으로 자기 노동자들에게 종교적 신념의 위배, 국법에 대한 불복종, 여론의 무시"(이 모든 것은 일요일 노동과 관련된 것이다)"를 강요하고 있으며, 그렇게 함으로써 노동자와 장인 사이의 불화를 야기하며…종교·도덕·사회질서에 위험한 사례를 제공하고 있다…이 위원회는, 하루 12시간 이상의 노동은 노동자의 가정생활과 개인생활을 침해하며 노동자의 가정을 파괴하고 자식·형제·남편·아버지로서 가족적 의무의 수행을 방해함으로써 해로운 도덕적 결과를 초래한다고 생각한다. 12시간 이상의 노동은 노동자의 건강을 파괴하는 경향이 있고, 일찍 늙고 일찍 죽게 하며, 노동자의 가족은 가장의 보호와 도움을 가장 필요로 하는 바로 그 순간에 그를 빼앗기게 되어 크게 불행해진다."[53]

우리는 이상에서 아일랜드의 사정을 알아보았다. 스코틀랜드에서는 쟁기질하는 농업노동자들은 사나운 기후에서 하루 13~14시간의 노동을, 그리고 또 일요일에도 4시간의 추가노동까지 해야 한다(안식일을 엄수하는 이 나라에서!)고 항의하고 있으며,[54] 같은 시기에 런던에서는 검시배

---

52) 『1861년의 아일랜드의 빵제조업에 관한 조사위원회 보고서』.

53) 같은 보고서.

54) 1866년 1월 5일 에든버러 부근의 래스웨이드에서 개최된 농업노동자들의 군

심원 앞에 3명의 철도 노동자―여객 승무원, 기관사, 신호수―가 출두하고 있다. 끔찍한 철도사고가 수백 명의 승객을 저 세상으로 수송했던 것이다. 사고의 원인은 철도노동자들의 부주의였다. 그들이 배심원 앞에서 이구동성으로 말한 사실은 다음과 같다. 10~12년 전에는 그들의 노동은 하루에 8시간밖에 계속되지 않았다. 그런데 최근 5~6년 동안 노동시간이 14시간, 18시간, 20시간까지 늘어났고, 또 행락철과 같이 여행객이 몰릴 때는 노동이 중단없이 40~50시간 계속된다. 철도노동자들은 보통의 인간이지 키클롭스가 아니다. 어떤 일정한 점에 도달하면 그들의 노동력은 고갈되고 그들은 무감각상태에 빠진다. 그들의 두뇌는 생각을 중지하며, 그들의 눈은 보기를 중지한다. 참으로 '존경할 만한 영국의 배심원들'은 그들에 대해 살인이라는 죄명으로 순회재판에 회부한다고 판결하고, 철도관계의 대자본가들은 앞으로 필요한 수의 '노동력'을 구입하는 데 좀 더 돈을 아끼지 말고 구입한 노동력을 착취하는 데 좀 더 '절도 있게', '욕심 적게', '검소하게' 하기를 바란다는 경건한 희망을 부드러운 어조로 덧붙이고 있다.[55]

---

중집회(1866년 1월 13일자 『노동자의 옹호자』를 보라). 1865년 말 농업노동자들의 노동조합이 먼저 스코틀랜드에서 결성된 것은 하나의 역사적 사건이다. 잉글랜드에서 가장 억압받고 있는 농업지대의 하나인 버킹엄셔의 노동자들이 1867년 3월에 주급을 9~10실링에서 12실링으로 인상하기 위해 일대 파업을 단행했다. (위로부터 알 수 있는 바와 같이, 영국의 농업노동자 운동은, 1830년 이후의 그 격렬한 시위운동들이 진압된 이래, 그리고 또 특히 새로운 구빈법이 실시된 이래, 완전히 분쇄되었으나, 1860년대에 다시 시작되었고 1872년에는 드디어 획기적인 것으로 되었다. 나는 제2권에서 다시 이 문제를 취급하려고 하며, 또한 1867년 이래 발간된 영국 농업노동자의 상태에 관한 정부 보고서에 대해서도 언급하려 한다).

55) 『레이놀즈 신문』, 1866년 1월 21일자. 이 신문은 매주 '처참한 숙명적인 사고', '참혹한 비극' 등의 충격적인 제목 아래 수많은 새로운 철도사고들을 보고하고 있다. 북부 스태퍼드셔 철도의 어느 노동자는 이에 대해 다음과 같이

직업·나이·성별이 각양각색인 노동자들 [그들은 학살당한 영혼들이 율리시즈의 주위로 모여드는 것보다도 더욱 집요하게 우리 주위로 몰려오고 있으며, 그들이 옆구리에 끼고 있는 정부 보고서를 보지 않더라도 첫눈에 우리는 그들의 과도노동을 충분히 짐작할 수 있다] 중에서 우리는 부인복 제조공과 대장장이라는 2명의 인물을 골라보자. 이 두 인물 사이의 현격한 대조에도 불구하고 그들은 자본 앞에서는 모든 인간이 평등하다는 사실을 실증하고 있다.

1863년 6월의 마지막 주에 런던의 모든 일간신문은 '순전히 과로로 말미암은 사망'이라는 '충격적인' 제목을 붙인 기사를 게재했다. 그것은 명성이 자자한 어느 부인복 재봉소에서 일하고 있던 20세의 워클리라는 여공의 사망에 관한 것이었는데, 이 여공은 엘리스라는 얌전한 이름을 가진 귀부인에게 착취당하고 있었던 것이다. 여러 번 사람의 입에 오르내리고 있던 오래된 이야기가 이제 새로 폭로된 것이다.[56] 여기서 일하는

---

대답했다. "열차의 기관사와 화부가 계속 주의하지 않는다면, 그 결과가 어떻게 되는가에 대해서는 누구나 잘 알고 있다. 그런데 매우 사나운 날씨에 휴식도 없이 29~30시간씩 노동하는 사람들로부터 어떻게 그런 주의를 기대할 수 있겠는가? 다음과 같은 예는 매우 자주 일어난다. 월요일에 화부는 아침 일찍부터 그날의 일을 시작했다. 그는 14시간 50분 뒤에 그 일을 끝마쳤다. 그는 차 한 잔 마실 틈도 없이 또다시 작업에 불려나왔다…다시 14시간 25분을 근무했다. 이와 같이 그는 29시간 15분 동안 쉬지 않고 일해야 했다. 그의 1주일 작업의 나머지 부분은 다음과 같이 짜여 있다. 수요일 15시간, 목요일 15시간 35분, 금요일 14시간 반, 토요일 14시간 10분, 즉 1주일의 총 노동시간은 88시간 30분이다. 그런데 그가 모두 합해 겨우 $6\frac{1}{4}$ 노동일분의 임금을 받았을 때 얼마나 놀랐겠는가는 상상하기 어렵지 않다. 이 사람은 계산 착오라고 생각하고 작업시간 담당자에게…1일분의 일이란 대체 얼마 만큼인가를 물었다. 대답은 하루에 13시간, 다시 말해 1주일에 78시간이라는 것이었다…그러자 그는 1주일에 78시간 이상 일한 것에 대해 지급하라고 요구했지만 거절당했다. 그러나 나중에 그에게 10펜스d.의 수당을 주겠다고 말했다."(같은 신문, 1866년 2월 4일자)

소녀들은 하루 평균 16시간 반을, 그리고 사교계절에는 가끔 30시간을 중간에 쉬는 일도 없이 계속 노동하며, 그들의 '노동력'이 지칠대로 지쳐 제대로 작업능률이 오르지 않게 되면 때때로 세리주, 포도주 또는 커피를 공급함으로써 기운을 차리게 했다. 때마침 사교계절이 한창일 때였다. 새로 온 웨일즈 공주를 축하하는 무도회에 초청된 귀부인들이 입을 화려한 옷들을 눈 깜짝할 사이에 만들어 내어야만 했다. 워클리는 60명의 다른 소녀들과 함께, 30명씩 배치된 그리고 그 인원에게 필요한 공기량의 $\frac{1}{3}$도 들어 있지 않은 한 방에서, 중단 없이 26시간 반 동안 일했다. 그리고 밤에는 한 개의 침실을 널빤지로 칸을 나누어 숨이 막힐 듯이 만들어진 여러 개의 구멍들 중의 한 구멍에서 두 명씩 잠을 잤다.[57] 그런데

---

56) 엥겔스, 『영국 노동자계급의 상태』〔CW 4: 498-500〕.

57) 보건국에 근무하는 의사 레서비는 그 당시 다음과 같이 말했다. "성인 한 사람에게 필요한 공기의 최소한도는 침실에서는 300입방피트〔2m×2m×2m〕이고, 거실에서는 500입방피트여야 한다." 런던 어느 병원의 선임의사 리처드슨은 다음과 같이 말했다. "부인복 재봉공, 의복 재봉사, 일반 재봉사 등 각종 재봉 여공들은 과로, 공기부족, 영양부족 또는 소화불량이라는 삼중의 재난을 겪고 있다…대체로 보아 재봉일은…남자보다 여자에게 훨씬 더 적합하다. 그러나 이 직업의 폐단은 그것이, 특히 수도에서, 약 26명의 자본가들에게 독점되어 있고, 이 자본가들은 자본에서 생기는 권력수단을 이용해 노동력을 남용함으로써 비용을 절약한다는 데 있다. 그들의 권력은 이 여공계급 전체가 느끼고 있는 바다. 만약 어떤 여자 재봉사가 소수의 고객이라도 획득하는 데 성공한다면, 경쟁은 그로 하여금 이 손님들을 확보하기 위해 집에서 죽도록 일하지 않을 수 없게 하며, 또 그 여자는 필연적으로 자기의 조수 여공들을 혹사하지 않을 수 없다. 만약 그 여자의 사업이 잘 되지 않든가 또는 그 여자가 독립하려고 노력하지 않는다면, 그 여자는 일은 더 고되더라도 보수지급이 확실한 다른 가게에 고용살이로 들어가게 된다. 이렇게 그 여자는 다시 노예로 전락해 사회 변화의 물결에 따라 이곳저곳으로 떠돌아다니게 된다. 그리하여 그 여자는 어떤 때는 자기 집 조그마한 방구석에서 굶주림상태 또는 그에 가까운 상태에 있기도 하며, 또 어떤 때는 질식할 지경의 공기 속에서, 그리고 신선한 공기의 결핍으로 말미암아 가령 좋은 음식물을 취한다 할지라도 그것을 도저

이것은 런던의 부인복 재봉소 중에서도 시설이 좋은 편에 속하는 것이었다. 워클리는 금요일에 병이 나서 일요일에 죽었다. 엘리스 부인이 놀란 것은 이 소녀가 손에 잡고 있던 일을 완성도 하지 못한 채 죽은 것이었다. 뒤늦게 이 소녀가 죽어 있는 침대에 불려온 의사 키즈는 검시배심원 앞에서 다음과 같이 솔직하게 증언했다.

"메어리 안 워클리는 지나치게 **빽빽**한 작업실에서 장시간 노동했기 때문에, 그리고 또 환기가 잘 안 되는 너무나 좁은 침실에서 잤기 때문에 죽었다."

이 의사에게 본때를 보여주기 위해 검시배심원은 그의 증언에 대응해 다음과 같이 판정했다.

"사망자는 졸도로 죽었다. 그러나 이 여자의 사망이 지나치게 **빽빽**한 작업실의 과도노동 등에 의해 촉진된 것이 아닌가 의심할 만한 이유도 있기는 하다."

자유무역주의자 콥덴과 브라이트의 기관지인 『모닝 스타』는 이 사건에 관해 "우리의 백인노예는 무덤에 들어가는 순간까지 혹사당하다가 지쳐 쓰러져 소리도 없이 죽어간다."고 외쳤다.[58]

---

히 소화할 수 없는 처지에서 24시간 중 15시간, 16시간 때로는 18시간씩 일하기도 한다. 공기가 나쁜 데서 오는 병인 폐결핵은 이런 희생자들을 파괴시킨다."(리처드슨, 「노동과 과도노동」, 『사회과학평론』 1863년 7월 18일)

[58] 1863년 6월 23일자 『모닝 스타』. 『더 타임즈』는 브라이트 등의 비난으로부터 아메리카 노예소유자들을 옹호하기 위해 이 사건을 이용했다. 1863년 7월 2일자 사설에서 이 신문은 이렇게 말하고 있다. "우리들의 대부분은 다음과 같이 생각한다. 즉 우리가 우리 자신의 젊은 여성들을 채찍 소리 대신 굶주림

"죽도록 노동하는 것은 부인복 재봉소에서뿐 아니라 몇 천 개의 장소에서, 더 정확히 말해 '사업이 잘 되는' 모든 곳에서 일상적이다…이제 우리는 대장장이를 실례로 들어 보자. 만약 우리가 시인의 말을 믿는다면, 이 세상에 대장장이 이상으로 더 원기가 왕성하고 더 쾌활한 인간은 없다. 그는 아침 일찍 일어나 태양보다도 먼저 불꽃을 튀긴다. 그는 어느 누구보다도 잘 먹고 잘 마시며 잘 잔다. 육체적으로 고찰할 때, 노동을 지나치게만 하지 않는다면 대장장이는 실로 인간의 가장 좋은 상태 중의 하나에 있다. 그러나 우리는 그의 뒤를 따라 도시에 가서 그의 강력한 두 어깨가 짊어지는 노동의 무게와, 우리나라의 사망률 표에서 그가 차지하는 위치를 보기로 하자. 매릴레본[런던 중서부의 구]에서는 대장장이의 사망률이 매년 1,000명당 31명인데, 이것은 영국 성인남자의 평균사망률보다 11명이나 많다. 이 직업은 거의 본능적이라고도 할 수 있는 인간의 한 기능으로서, 그 자체로서는 싫어할

---

의 고통으로 위협하면서 죽도록 일을 시키고 있기 때문에, 노예소유자로 태어나서 적어도 노예를 잘 먹이며 적당히 일을 시키고 있는 가족들을 우리가 포화와 총검으로 위협할 권리는 없다."동일한 방식으로 토리당의 기관지인 『스탠더드』(1863년 8월 15일)는 뉴먼 홀 목사를 매도하고 있다. 즉 "그는 노예소유자들을 파문시키면서도, 런던 역마차의 마부나 차장 등을 형편없는 임금으로 하루에 16시간씩 일을 시키는 점잖은 사람들과 함께 기도를 드리고 있다."고. 끝으로, 내가 이미 1850년에 "천재는 사라져 버리고 천재에 대한 숭배만이 남아 있다."고 평한 바 있는 토마스 칼라일은, 어느 짤막한 우화에서, 현대사의 대사건인 미국의 남북전쟁을 다음과 같이 조롱하고 있다. 즉 북부의 베드로는 전력을 다해 남부의 바울 머리를 깨뜨리려고 하는데, 그 이유는 노동자를 북부의 베드로는 '일당'으로 고용하지만 남부의 바울은 '평생'고용하기 때문이라는 것이다.(『맥밀란 잡지』, 「아메리카의 작은 일리아드」, 1863년 8월) 그리하여 토리당이 도시의 임금노동자에 대해 동정을 가지고 있다[물론 농촌의 임금노동자에 대해서는 전혀 동정을 가지고 있지 않지만]는 대중의 환상은 드디어 깨어지고 말았다. 왜냐하면 그들은 노예제도를 옹호했기 때문이다!

만한 아무것도 없지만, 단순히 과도한 노동이 그를 파괴한다. 그는 하루에 쇠망치를 몇 번 내리칠 수 있고, 몇 번의 걸음을 걸을 수 있으며, 몇 번의 호흡을 할 수 있고, 얼마만큼 생산할 수 있으며, 그리고 평균적으로 예컨대 50년은 살 수 있다. 그러나 그가 매일 그보다 더 많이 망치질하며 더 많은 걸음을 걸으며 더 자주 호흡하도록 강요당하며, 그리하여 그의 생명력 지출을 매일 $\frac{1}{4}$만큼 증가시킨다고 하자. 그렇게 되면, 그는 어떤 한정된 시간에 실제로 $\frac{1}{4}$만큼 더 많은 일을 하지만, 그 대신 50세가 아니라 37세에 죽게 된다."[59]

## 제4절   주간노동과 야간노동. 교대제

불변자본인 생산수단은 가치증식과정의 관점에서 본다면 오직 노동을 흡수하기 위해서만, 그리고 노동의 한 방울 한 방울과 함께 그것에 비례하는 양의 잉여노동을 흡수하기 위해서만 있다. 생산수단이 이렇게 하지 않는 한, 생산수단의 존재는 자본가에게는 일종의 소극적인 손실이다. 왜냐하면 생산수단이 사용되지 않는 동안은 쓸모없이 투하된 자본을 대표하기 때문이다. 그리고 이 손실은, 중단되었던 생산을 재개하려면 추가적 지출이 필요한 경우에는, 적극적인 손실로 된다. 노동일을 자연일의 한계를 넘어 야간에까지 연장하는 것은 임시방편에 지나지 않으며, 노동자의 살아있는 피에 대한 흡혈귀적 갈증을 약간 풀어주는 데 기여할 뿐이다. 그러므로 노동을 하루 24시간 전체에 걸쳐 착취하려는 것이 자본주의적 생산의 내재적 충동이다. 그러나 동일한 노동력을 낮과 밤 계

---

59) 리처드슨, 앞의 책: 476 이하.

속 착취하는 것은 육체적으로 불가능하기 때문에, 이 육체적 장애를 극복하기 위해서는 주간에 소모하는 노동력과 야간에 소모하는 노동력을 교대할 필요가 생긴다. 이 교대에는 여러 가지 방법이 있을 수 있는데, 예컨대 노동 인원의 일부가 어떤 주에는 주간노동만 하고 다른 주에는 야간노동만 하는 방법도 있다. 잘 아는 바와 같이, 이와 같은 교대제 또는 윤번제는 영국 면공업의 왕성한 성장기에 성행했으며, 현재에도 특히 모스크바의 면방적 공장에서 성행하고 있다. 이와 같은 24시간제 생산과정은 영국에서 아직까지 '자유로운'〔공장법이 적용되지 않는〕공업분야의 다수, 즉 잉글랜드나 웨일즈나 스코틀랜드의 용광로·단철공장·압연공장·기타 금속가공공장에서 현재도 하나의 제도로 있다. 이런 곳에서는 노동과정은 6일간의 노동일 동안에는 매일 24시간 계속될 뿐 아니라, 일요일에도 거의 24시간 계속되고 있다. 노동자는 남녀의 성인과 아동으로 구성되어 있다. 아동과 소년들의 나이는 8세부터(일부의 경우에는 6세부터) 18세까지의 모든 나이층에 걸쳐 있다.[60]

약간의 부문들에서는 소녀와 부인도 남자 종업원과 함께 야간노동에 종사하고 있다.[61]

야간노동의 일반적인 나쁜 영향들을 당분간 무시하면,[62] 24시간 중단

---

60)『아동노동 조사위원회. 제3차 보고서』. 런던 1864. 별책부록: 5~6.

61) "스태퍼드셔와 남부 웨일즈에서는 소녀들과 부인들이 주간뿐 아니라 야간에도 탄광이나 코크스 쌓아두는 곳에서 일하고 있다. 의회에 제출된 보고서에는 이와 같은 관행이 엄청난 폐해를 가져온다고 자주 지적되었다. 이 여성들은 남성들과 같이 일하며, 거의 남성과 구별되지 않는 의복을 입고 있으며, 먼지와 검댕을 뒤집어쓰고 있다. 여성적이 아닌 직업으로 말미암아 그들의 자존심은 사라지고 따라서 그들의 품성이 타락할 위험에 직면하고 있다."(앞의 보고서: 194. 별책부록: 26.『제4차 보고서』(1865년), 제61호, 별책부록: 13 참조) 유리공장에서도 마찬가지다.

62) 아동에게 야간노동을 시키는 어느 강철업자는 다음과 같이 말했다. "밤에 일하는 소년들이 낮에는 잘 수도 없고 휴식다운 휴식을 취할 수도 없어 다음

없이 계속되는 생산과정은, 예컨대 앞에서 말한 매우 긴장된 노동을 필요로 하는 산업부문들[각 노동자의 공인된 노동일은 대체로 주야를 불문하고 12시간으로 되어 있다]에서는 표준노동일의 한계를 넘을 수 있는 매우 좋은 기회를 제공한다. 그러나 이 한계를 넘는 과도노동은 다수의 경우 영국 공식보고서의 말을 빌린다면, '참으로 소름이 끼칠 정도'[63]이다. 보고서는 다음과 같이 계속하고 있다.

"이하에서 묘사되고 있는 노동량을 9~12세의 소년들이 수행하고 있다고는 아무도 생각조차 할 수 없다…인간이라면 누구나 부모나 고용주의 이와 같은 권력 남용은 더 이상 용인되어서는 안 된다는 결론에

날 하루 종일 이리저리 돌아다니는 것은 당연하다고 생각한다."(『아동노동 조사위원회. 제4차 보고서』, 제63호. 별책부록: 13) 한 의사는 신체의 유지와 발달에 태양광선이 미치는 중요성에 대해 다음과 같이 말하고 있다. "광선은 또한 신체의 조직에 직접 작용해 이 조직을 견고하게 하고 탄력있게 한다. 정상적인 양의 광선이 공급되지 않으면 동물의 근육은 연약하게 되어 탄력이 없어지며, 신경은 자극의 결핍으로 그 긴장력을 상실하며, 성장과정에 있는 모든 것은 그 발육이 왜곡된다…아동의 경우 풍부한 햇빛에 끊임없이 접촉하고 하루 중 일정한 시간 태양의 직사광선을 받는 것이 건강에 절대로 필요하다. 광선은 음식물이 혈액으로 되는 것을 촉진하며, 새로 형성된 섬유조직을 강인하게 한다. 광선은 또한 시각기관에 대한 자극물이 됨으로써 각종 뇌 기능을 더 강력하게 활동시킨다." 우리는 이상의 구절을 우스터 종합병원의 선임의사인 스트레인지의 저서 『건강』(1864년)에서 인용했는데, 그는 조사위원회의 한 위원인 화이트에게 보낸 편지에서, "나는 이전에 랭커셔에서 아동들에게 미치는 야간노동의 영향을 관찰할 기회가 있었다. 나는 몇몇 고용주들의 상투적인 주장과는 반대로 아동의 건강은 야간노동에 의해 곧 나빠진다고 단언하는 바다."고 쓰고 있다. (『아동노동 조사위원회. 제4차 보고서』, 제284호: 55) 도대체 이런 문제가 진지한 논의의 대상으로 되고 있다는 사실 자체가, 자본주의적 생산이 자본가와 그 앞잡이의 뇌 기능에 어떻게 작용하고 있는가를 가장 잘 보여주고 있다.

63) 같은 보고서: 제57호, 별책부록: 12.

도달하지 않을 수 없다."64)

"소년들을 주야 교대로 일시키는 방법은 사업이 활기를 띠는 때나 보통으로 진행되는 때를 막론하고 지나치게 긴 노동시간을 필연적으로 불러온다. 이 노동시간은 많은 경우 소년들에게 잔혹할 뿐 아니라 믿을 수 없을 정도로 장시간이다. 많은 소년들 중 한 명 이상이 이런저런 이유로 결근하는 경우가 적지 않다. 그런 때는 출근하여 자기의 노동일을 끝마친 소년 중 1명 내지 몇 명이 그 결근자의 일을 하지 않으면 안 된다. 이것은 이미 아무런 비밀도 아니기 때문에 어떤 압연공장 지배인은, 결근 소년의 자리를 어떻게 메우느냐는 나의 질문에 대해, '그것은 아마 당신도 나와 마찬가지로 잘 알고 있을 텐데요.'라고 대답하고, 위의 사실을 시인했다."65)

"정상적 노동일이 아침 6시부터 저녁 5시 반까지 계속되는 어느 압연공장에서 일하는 한 소년은 일주일에 나흘 밤은 적어도 저녁 8시 반까지 일했다…그리고 이것이 6개월간 계속되었다. 다른 한 소년은 9세 때는 가끔 1교대 12시간노동을 3회 연속했고, 10세 때는 이틀 낮, 이틀 밤을 계속 일했다.""10세의 또 한 소년은…1주일에 사흘 밤은 아침 6시부터 밤 12시까지 일하고 나머지 밤은 저녁 9시까지 일했다." "13세의 또 한 소년은…1주일 내내 오후 6시부터 다음날 낮 12시까지 일했고, 또 때로는 3교대분, 예컨대 월요일 아침부터 화요일 밤까지 계속 일한 적도 있었다.""12세의 또 한 소년은 스테이블리에 있는 어느 주물공장에서 2주일 동안 계속 아침 6시부터 밤 12시까지 일했다. 그는 이제 더 이상 계속할 수 없게 되었다." 아홉 살 먹은 조지 올린즈워스는 다음과 같이 말했다. "나는 지난 주 금요일 여기에 왔다. 다음

---

64) 같은 보고서: 제58호, 별책부록: 12.
65) 같은 보고서.

날 새벽 3시에 일을 시작해야 했기 때문에 나는 밤새도록 여기에 있었다. 나는 여기서 5마일 떨어진 곳에 산다. 나는 가죽 앞치마를 밑에 깔고 조그만 재킷을 덮고 마루 위에서 잤다. 그 뒤 이틀은 아침 6시에 왔다. 정말 여기는 더운 곳이다! 여기 오기 전에도 나는 거의 1년간 농촌에 있는 용광로에서 일했다. 거기서도 토요일에는 새벽 3시에 일을 시작했다. 그러나 집이 가까웠기 때문에 적어도 집에 돌아가서 잘 수는 있었다. 다른 날에는 나는 아침 6시에 일을 시작해 저녁 6시 또는 7시에 끝마치곤 했다."따위.66)

---

66) 같은 보고서, 별책부록: 13. 이들 '노동력'의 교육정도는 조사위원회 한 위원과 한 다음과 같은 문답에서 알 수 있을 정도로 낮을 수밖에 없다. 헤인즈, 12세: "4 곱하기 4는 8이지요. 그러나 넷이 네 개면 16입니다. 왕은 모든 돈과 금을 가진 사람이지요. 우리나라에도 왕이 있는데 그 왕은 여왕이고, 이름은 알렉산드라 공주라고 합니다. 그 여자는 여왕의 아들에게 시집갔다고 합니다. 그 여왕의 아들은 알렉산드라 공주입니다. 공주는 남자입니다." 터너, 12세: "내가 사는 나라는 잉글랜드가 아닙니다. 그런 나라가 있다고는 생각합니다. 그러나 이전에는 그것에 대해 아무것도 모르고 있었습니다." 모리스, 14세: "나는 하나님이 이 세상을 만들었다는 말과, 한 사람만 남고 모든 사람이 물에 빠져 죽었다는 말을 들었습니다. 그 한 사람은 조그마한 새였다고 하더군요." 스미스, 15세: "하나님이 남자를 만들었고, 남자가 여자를 만들었습니다." 테일러, 15세: "나는 런던에 대해 아무것도 모릅니다." 매튜만, 17세: "교회에 간 일이 있습니다만 최근 많이 빠졌습니다. 설교에서는 예수 그리스도라는 이름이 나옵니다. 그밖에 다른 이름들은 모르겠습니다. 또 그리스도에 대해서도 잘 모릅니다. 그는 살해된 것이 아니라 다른 사람들과 마찬가지로 죽었습니다. 그는 다른 사람과는 무엇인가 다른 점이 있었는데, 그 이유는 그는 어딘가 종교적이었지만, 다른 사람들은 그렇지 않기 때문입니다."(같은 보고서. 별책부록: 15) "악마는 좋은 사람입니다. 그가 어디 사는지는 모르겠습니다. 그리스도는 나쁜 놈이었습니다." "이 소녀[10세]는 God를 Dog라고 썼으며 여왕의 이름을 알지 못했다."(『아동노동 조사위원회. 제5차 보고서』. 1866: 55, 제278호) 위에서 말한 금속공장의 제도는 유리공장과 제지공장에도 시행되고 있다. 기계로 종이를 만드는 제지공장에서는 넝마를 선별하는 과정을 제외하고는 전체과정에서 야간노동이 예사로 되어 있다. 어떤 경

이제 우리는 자본 그 자체가 이 24시간 노동제도를 어떻게 보고 있는가를 들어 보자. 자본은 물론 이 제도의 극단적인 형태, 즉 노동일의 '잔인하고 믿을 수 없는' 연장을 위한 이 제도의 남용에 대해서는 모르는 척한다. 자본은 오직 이 제도의 '정상적' 형태에 대해서만 이야기한다.

제강공장인 네일러 앤드 빅커즈사는 600명 내지 700명의 종업원을 고용하고 있으며, 그 중에서 겨우 10%만이 18세 미만이고 또 그 중에서도 겨우 20명만이 야간 교대반에서 일하고 있는데, 이 공장주는 다음과 같이 말하고 있다.

"아이들은 더위를 조금도 타지 않는다. 온도는 아마 화씨 86~90도

---

우에는 교대제를 실시함으로써 야간노동이 중단 없이 1주일 전체, 즉 일요일 밤부터 다음 토요일 밤 12시까지 그냥 계속된다. 주간 교대반의 노동자들은 매주 5일은 12시간씩, 하루는 18시간 노동하며, 야간 교대반의 노동자들은 매주 닷새 밤은 12시간씩, 하루 밤은 6시간 노동한다. 다른 경우에는 각 교대반은 하루씩 교대로 24시간 일한다. 그 중의 한 교대반은 월요일에 6시간, 토요일에 18시간 일을 하여 24시간을 채운다. 또 다른 경우에는 그 중간의 제도가 실시되고 있는데, 제지기계에서 일하는 노동자는 모두 1주일간 매일 15~16시간씩 일한다. 조사위원회 위원인 로드는 이렇게 말한다. "이 제도는 12시간 교대제와 24시간 교대제의 각종 폐해를 모두 가지고 있는 것 같다." 13세 미만의 아동들, 18세 미만의 소년들, 부인들이 이 야간노동 제도에서 일하고 있다. 12시간 제도에서도 그들은 가끔 교대자의 결근을 메우기 위해 2교대, 즉 24시간을 일해야 한다. 증인들의 진술은 소년·소녀들이 흔히 시간외 노동을 하여서 24시간 심지어 36시간까지 연속 노동하는 일이 아주 빈번하다는 것을 보여주고 있다. 유리에 광택을 내는 '연속적이고 단조로운' 과정에서 12세의 소녀들이 "식사 때문에 반시간씩 두 차례, 기껏해야 세 차례 쉬는 것 이외에는 아무런 규칙적인 휴식 또는 작업 중단 없이" 하루에 14시간씩을 꼬박 한 달 동안 일한 경우도 있다. 정규적인 야간노동이 완전히 폐지된 약간의 공장들에서는 시간외 노동이 놀랄 만한 정도에 이르고 있으며, 또 "그것은 가끔 가장 불결하고 가장 덥고 가장 단조로운 과정에서 수행되고 있다."(『아동노동 조사위원회. 제4차 보고서』. 1865. 별책부록: 38~39)

[ 섭씨 30~32도 ]는 될 것이다 … 단철공장이나 압연공장에서는 직공들은 주야 교대로 일하고 있으나, 기타의 모든 작업장에서는 아침 6시부터 저녁 6시에 이르는 주간작업만이 실시되고 있다. 단철공장에서는 12시부터 12시까지 일한다. 약간의 직공들은 주간노동과 야간노동을 교대하지 않고 항상 야간노동만 한다 … 규칙적으로 주간노동만 하는 직공과 야간노동만 하는 직공 사이에 건강의 차이는 없는 것 같다. 아마 사람들은 밤과 낮이 바뀌는 것보다 그렇지 않을 때에 수면을 더 잘 취할 수 있는 것 같다 … 약 20명의 18세 미만 소년들이 야간 교대반에 속해 일하고 있다 … 18세 미만 소년들의 야간노동 없이는 우리 일은 잘 될 수가 없다. 우리가 반대하는 것은 생산비의 증가다 … 숙련공과 각 부서의 책임자들을 구하는 일은 쉽지 않으나 소년들은 얼마든지 구할 수 있다 … 야간 노동하는 소년들의 비율이 낮기 때문에 야간노동의 제한은 우리에게는 별로 중요하지도 않고 이해관계도 없다."[67]

제강제철공장인 존 브라운사는 3,000명의 성인남자와 소년들을 고용하고 있으며, 일부 제강제철작업의 중노동에서는 주야 교대를 실시하고 있는데, 이 회사의 엘리스는 "힘든 제강작업에서는 성인 2명에 소년 1명 내지 2명의 비율로 되어 있다"고 말한다. 이 회사는 18세 미만의 소년을 500명 고용하고 있고, 그 중 약 $\frac{1}{3}$인 170명은 13세 미만이다. 법률개정안에 관해 엘리스는 다음과 같이 말하고 있다.

"18세 미만의 종업원에게 하루 24시간 중 12시간 이상 노동시키는 것을 금지하는 것은 크게 반대할 일은 아니라고 생각한다. 그러나 미성년자가 야간노동을 면제받을 수 있는 선을 12세 이상의 어떤 나이로

---

67) 『제4차 보고서』, 1865, 제79호, 별책부록: 16.

규정할 수 있다고는 생각하지 않는다. 이미 고용하고 있는 소년공들의 야간노동을 금지하기보다는 차라리 13세 미만 또는 심지어 14세 미만 소년의 고용을 금지하는 편이 나을 것이다. 주간 교대반에서 일하는 소년들은 순번을 바꿔 야간 교대반에서도 일하지 않으면 안 된다. 왜냐하면 성인 남자들이 밤일만을 할 수는 없기 때문이다. 그렇게 하면 그들의 건강이 파괴될 것이다 … 그러나 우리는 1주일마다 교대하는 야간노동은 해롭지 않다고 생각한다."(이와는 반대로 네일러 앤드 빅커즈사는 연속적인 야간노동보다 주기적으로 교대하는 야간노동이 아마 더 해로운 것이라고 말했는데, 이것은 자기의 사업상 이익을 고려한 발언이다.)"우리는 주야 교대로 일하는 사람들이 낮일만 하는 사람들과 마찬가지로 건강하다는 것을 알고 있다…우리가 18세 미만 소년들의 야간노동을 금지하는 것에 반대하는 이유는 비용의 증가 때문인데, 이 점이 유일한 이유다."(얼마나 노골적이고 소박한 말인가!)"이와 같은 비용 증가는 회사가 그 성공적인 경영을 위해 감당할 수 있는 금액을 초과하는 것이라고 우리는 생각한다."(얼마나 매끄러운 표현인가!)"그렇지 않아도 구하기 힘든 노동은, 그와 같은 법률규정이 나온다면 더 부족하게 될 것이다."(즉 이 회사는 노동력의 완전한 가치를 지급하지 않으면 안 되는 치명적인 난관에 봉착하게 될 것이다.)[68]

캄멜사의 '거인제강제철공장'도 앞에서 말한 존 브라운사와 마찬가지로 대규모로 경영되는 공장이다. 그 회사의 전무는 정부위원회 위원인 화이트에게 자기의 증언을 문서로 제출한 일이 있었다. 그 뒤 그는 교열하라고 자기에게 되돌아온 초고를 숨겨버리는 것이 좋겠다고 생각했다. 그러나 화이트는 기억력이 좋았다. 그가 아주 정확하게 기억해 낸 바에

---

68) 같은 보고서. 제80호, 별책부록: 16.

따르면, 아동과 미성년자의 야간노동 금지는 이 거인공장으로서는 "불가능한 일이며, 그것은 이 공장을 폐쇄시키는 것이나 다름없다."는 것과, 그러나 이 회사에서 18세 미만의 소년은 6%를 조금 초과할 뿐이고, 13세 미만의 소년은 1% 이하에 지나지 않는다는 것이었다.[69]

애터클리프에 있는 압연단철공장인 샌더슨사의 샌더슨은 동일한 문제에 관해 다음과 같이 말하고 있다.

"18세 미만 소년들의 야간노동을 금지하면 막대한 곤란이 생길 것이다. 최대의 곤란은 소년 대신 성인을 고용해야 하기 때문에 생기는 비용 증가다. 나는 이것이 얼마나 될지는 말할 수 없으나, 그것은 아마 공장주가 강철가격을 인상해야 할 정도로 많지는 않을 것이므로 손실은 공장주의 부담이 될 것이다. 왜냐하면 성인[노동자]들은"(이들은 얼마나 완고한 사람들인가!)"당연히 그 손실을 부담하기를 거부할 것이기 때문이다."

샌더슨은 자신이 아동들에게 얼마를 지급하고 있는지를 알지 못하고 있지만,

"아마 그들은 매주 4 내지 5실링을 받을 것이다…소년의 작업은 일반적으로"('일반적으로' 그런 것이지 '특수하게는' 그렇지 않다는 말) "소년의 힘으로도 충분히 할 수 있는 종류이고, 따라서 그런 일에 성인의 더 큰 힘을 사용하면 비용을 보상할 만한 이익은 생기지 않을 것이다. 무거운 금속을 처리해야 하는 몇 가지 경우에만 이익이 날 것이다. 성인노동자들도 또한 소년공을 자기 부하로 쓰지 못하게 되면 좋아하

---

69) 같은 보고서. 제82호, 별책부록: 17.

지 않을 것이다. 왜냐하면 성인공은 소년공보다 말을 잘 듣지 않기 때문이다. 뿐 아니라 소년공들은 일을 배우기 위해서는 어려서부터 시작해야 한다. 소년들을 주간노동에만 국한시킨다는 것은 이런 목적에 합당하지 못할 것이다."

그러면 왜 그런가? 어째서 소년들은 자기들의 일을 낮에는 배울 수 없다는 말인가? 당신의 이유는?

"매주 교대로 주간노동과 야간노동을 하는 성인노동자들은, 야간노동을 하는 동안은 소년들과 분리되기 때문에 소년들로부터 얻어낼 수 있는 이득의 절반을 잃어버리게 될 것이다. 성인노동자들이 소년들에게 베푸는 지도는 소년들의 임금의 일부로 계산되며, 이에 따라 성인노동자들은 소년들의 노동을 비교적 싸게 얻을 수 있다. 각 성인노동자는 자기 이득의 절반을 잃어버리게 될 것이다."

바꾸어 말해 샌더슨사는 성인노동자들의 임금 일부를 소년들의 야간노동에 의해 지급하지 못하게 되기 때문에 자기 자신의 주머니에서 지급해야 할 것이다. 이리하여 샌더슨사의 이윤은 약간 감소할 것인데, 바로 이 사실이 샌더슨사로 보아서는 소년들이 자기 일을 낮에는 배울 수 없다는 훌륭한 이유인 것이다.[70] 그뿐 아니라 야간노동은 이제 성인들에게 전적으로 전가될 것이고 성인들은 이것을 감당해 내지 못할 것이다. 결

---

[70] "오늘날처럼 반성도 많고 이유도 많은 시대에는 모든 일에 대해—심지어 가장 나쁘고 잘못된 것에 대해서까지—그럴듯한 이유를 붙일 줄 모르는 사람은 별 볼일 없는 인물이라고 해야 할 것이다. 이 세상에서 잘못된 것은 모두 그럴듯한 이유가 있어 잘못된 것이다."(헤겔, 『철학체계』. 제1부, 『논리학』: 249)

국 곤란한 점이 너무 많아 야간노동이 아마도 완전히 폐지될지도 모른다. 샌더슨은 이렇게 말하고 있다. "강철생산 그 자체에 관해 말한다면, 그렇게 된다고 해도 별로 영향을 받지 않을 것이다. 그러나…" 그러나 샌더슨사는 강철생산 이외에 해야 할 일이 있다. 다시 말해 강철생산이 문제가 아니라 이윤획득이 문제다. 용광로·압연공장·건물·기계설비·철·석탄 등은 자신을 단순히 강철로 전환시키는 일 이상의 어떤 일을 해내야만 한다. 그것들은 잉여노동을 흡수하기 위해 존재하며, 그리고 당연히 12시간보다는 24시간에 더욱 많은 잉여노동을 흡수할 수 있다. 사실상 그것들은 하루 24시간 동안 일정한 수의 직공들을 일시켜야 한다고 신과 법률의 이름으로 샌더슨사에 요구한다. 노동을 흡수하는 그들의 기능이 중단되자마자 그것들은 자본으로서의 성격을 상실하며, 따라서 샌더슨사로써는 순수한 손실로 된다.

"그러나 그렇게 되는 경우 매우 비싼 기계들을 하루의 절반 동안 놀리기 때문에 손실이 생길 것이다. 또 우리는 현재의 제도에서 수행할 수 있는 작업량을 완수하기 위해 건물규모와 기계설비를 2배로 늘리지 않으면 안 될 것이며, 이것은 지출을 2배로 증가시킬 것이다."

다른 자본가들은 주간작업만을 하고 그리하여 그들의 건물·기계설비·원료가 야간에는 '놀고' 있는데, 어째서 이 샌더슨 회사만이 특권을 요구하고 있는가? 샌더슨은 샌더슨사의 이름으로 이렇게 대답한다.

"기계설비가 놀고 있는 탓으로 생기는 손실은 주간작업만 하는 공장이라면 어디에서나 일어나는 것은 사실이다. 그러나 우리의 경우에는 용광로를 사용하고 있기 때문에 더욱 많은 손실을 보게 될 것이다. 만약 용광로의 불을 끄지 않으면 연료가 낭비될 것이고,"(현재 낭비되고 있는 노동

자들의 생명은 어찌하고)"또 만약 용광로의 불을 끈다면 다시 불을 붙여
필요한 온도를 얻기까지 시간적 손실이 생긴다."(한편 심지어 8세밖에
안 되는 아동들의 수면시간의 손실은 샌더슨 형제에게는 노동시간의 이
득으로 되고 있다.)"그리고 용광로 그 자체도 온도 변화로 말미암아 망가
지게 될 것이다."(그런데 동일한 용광로인 노동자들은 주간노동과 야간
노동의 교대에 의해 조금도 망가지지 않는다는 말인가.)[71]

---

71) 『아동노동 조사위원회. 제4차 보고서』. 1865. 제85호. 별책부록: 17. 아동들
을 위한 '규칙적인 식사시간'은, 용광로에서 방사되는 일정한 열량의 '순수한
손실' 또는 '낭비'를 야기할 것이기 때문에, 불가능하다고 말하는 유리 제조업
자들의 주장에 대해 조사위원회 위원인 화이트의 다음과 같은 대답은, 자본
가들의 화폐지출의 '절제', '자제', '절약'과, 인간생명의 엄청난 '낭비'에 감격
을 금치 못하는, 유어, 시니어 등과 그들의 변변치 못한 아류인 독일의 로셔
와 같은 사람들의 대답과는 아주 딴판이다. 화이트는 말한다. "규칙적인 식사
시간이 보장되는 결과 약간의 열량이 현재보다 더 낭비될 수는 있다. 그러나
이와 같은 낭비는 화폐가치로 따지더라도, 유리공장에서 일하는 성장기에 있
는 아동들이 마음 놓고 식사하며 먹은 것을 소화하기 위해 자유로운 시간을
가지지 못하는 결과로 말미암아 현재 우리나라의 유리공장에서 일어나고 있
는 생명력의 낭비와는 도저히 비교할 수 없다."(같은 보고서. 별책부록: 45)
그런데 이것은 '진보의 해'인 1865년의 일이다! 물건을 들어 올리며 운반할
때의 힘의 지출은 무시하더라도, 병과 납유리를 제조하는 유리공장에서 아동
들은 쉬지 않고 작업하면서 6시간 동안에 15~20마일을 걸어야 한다! 그리고
노동은 가끔 14~15시간 계속된다! 많은 유리공장들에서는 모스크바 방적공
장들에서와 같이 6시간 교대제가 지배적으로 되어 있다. "1주일의 노동기간
중 계속해서 휴식할 수 있는 최대시간은 6시간이다. 그러나 이 가운데서 공장
에 왕복하는 시간과 세수하고 옷을 입으며 식사하는 데 필요한 모든 시간을
빼야 한다. 그러므로 사실상 매우 짧은 휴식시간이 남을 뿐이다. 그처럼 더운
공기 속에서 그처럼 힘든 일을 하는 아동들에게 수면은 절대로 필요한 것인
데, 아동들은 이 수면을 희생시키지 않고서는 뛰어놀거나 신선한 공기를 호
흡할 시간을 조금도 얻지 못한다…이 짧은 수면까지도 밤에는 아이들 자신이
지각하지 않으려고 마음을 놓지 못하기 때문에 중단되며, 낮에는 외부에서
들려오는 소음으로 잠이 깨기 때문에 중단된다." 화이트가 들고 있는 실례에

## 제5절  표준노동일을 얻기 위한 투쟁 : 14세기 중엽에서 17세기 말까지 노동일을 강제로 연장시키는 입법

"노동일이란 무엇인가? 자본은 하루분의 가치를 주고 구매한 노동력을 얼마 동안 소비할 권리가 있는가? 노동일은 노동력 그 자체의 재생산에 필요한 노동시간을 넘어 얼마나 더 연장될 수 있는가?" 이런 문제들에 대해 자본은 앞에서 본 바와 같이 다음과 같이 대답한다. 노동일은 하루 24시간 전체를 포함하는데, 그 중에서 노동력이 다시 봉사하기 위해 절대로 필요한 약간의 휴식시간은 뺀다고. 먼저 명백한 것은 노동자는 자기 생애 전체에 걸쳐 노동력 이외의 아무것도 아니며, 따라서 그가 처분할 수 있는 모든 시간은 자연적으로나 법률상으로나 자본의 가치증식을 위해 바쳐질 노동시간이라는 것이다. 교육, 정신적 발달, 사회적 기능의 수행, 사교, 육체적·정신적 생명력의 자유로운 활동 등을 위한 시간, 그리고 심지어 일요일의 안식시간까지도(안식일을 엄수하는 이 나라에서)[72] 모두 자본가의 것이라는 말이다. 참으로 기가 찰 노릇이다! 그러

따르면, 어떤 소년은 36시간 계속 일한 경우도 있고, 12세의 소년들이 새벽 2시까지 일한 뒤 아침 5시까지 공장에서 자고(세 시간 동안!) 또 낮일에 착수하는 경우도 있다. 그 보고서의 초안 작성자인 트리멘히어와 터프넬은 다음과 같이 말하고 있다. "소년·소녀·부녀자들이 주간 또는 야간의 근무시간 중에 수행하는 노동량은 실로 엄청난 것이다."(같은 보고서. 별책부록: 43~44) 한편 금욕적인 유리공업 자본가는 아마 밤늦게 포도주에 취해 비틀거리면서 "영국 사람이 노예로 되는 일은 결코, 결코 없을 것이다!" 하고 얼빠진 사람처럼 중얼거리면서 클럽에서 나와 집으로 돌아갈 것이다.

72) 영국의 농촌지방에서는 아직까지도 노동자가 안식일에 자기 집 앞의 정원에서 일하는 것은 안식일을 모독하는 것이라고 해서 금고의 처벌을 받는 일이 있다. 바로 그 노동자가 일요일에 금속공장, 제지공장 또는 유리공장에 출근하

나 자본은 잉여노동에 대한 무제한적인 맹목적 충동으로 말미암아, 즉 잉여노동에 대한 충족될 수 없는 탐욕으로 말미암아, 노동일은 그 사회적 한계뿐 아니라 순전히 육체적 한계까지도 넘어버린다. 자본은 신체의 성장, 발육, 건전한 유지에 필요한 시간을 빼앗는다. 자본은 신선한 공기와 햇빛을 이용하는 데 필요한 시간을 도둑질한다. 자본은 식사시간을 깎아내고, 가능하다면 그 식사시간까지도 생산과정에 편입시켜 [마치 보일러에 석탄을 공급하고 기계에 윤활유나 석유를 공급하듯이] 식사를 노동자에게 제공한다. 자본은 [생명력을 회복하고 갱신하며 활력을 부여하는 데 필요한] 건전한 수면을, 기진맥진한 유기체가 소생하는 데 절대적으로 필요한 불과 몇 시간의 무감각상태로 감축시켜 버린다. 노동력의 정상적인 유지가 노동일의 한계를 규정하는 것이 아니라, 반대로 노동력의 가능한 최대한도의 일상적 지출[그 지출이 아무리 병적이고 강제적이며 고통스러운 것이라 할지라도]이 노동자의 휴식 시간의 한계를 규정한다. 자본은 노동력의 수명을 문제 삼지 않는다. 자본이 관심을 가지는 것은 오로지 1노동일 안에 운동시킬 수 있는 노동력의 최대한도일 뿐이다.

---

지 않으면, 비록 그 이유가 종교적 동기라 할지라도, 계약위반이라는 이유로 처벌 받는다. 정통파 신앙을 숭상하는 의회도 안식일의 모독이 자본의 '가치증식과정' 때문에 일어나는 경우에는, 모른 척할 것이다. 생선가게와 닭가게에서 일하는 런던의 일용노동자들이 일요일 노동의 폐지를 요구한 진정서(1863년 8월)를 보면, 그들의 노동은 평일의 6일간은 매일 평균 15시간씩이고 일요일에는 8~10시간이라고 쓰여 있다. 또한 우리가 이 진정서에서 알 수 있는 것은, 엑스터 홀 [런던의 건물로 주로 교회선교회가 사용하고 있었는데, 이들은 아프리카 원주민들을 기독교로 개종시킨다고 하면서 노예무역에 종사하고 있었다는 비판을 받았다]에 모여드는 위선적 귀족들의 까다로운 식도락이 '일요일 노동'을 장려하고 있다는 사실이다. '육체적 쾌락의 탐구에' 이처럼 여념이 없는 이 '성자들'은 다른 사람들의 과도노동·궁핍·굶주림에 대해서는 인내의 정신을 가지고 참음으로써 자기들이 기독교도임을 실증하고 있다. "배부르게 먹는 것은 그대들(노동자들)의 위장에는 더욱 해롭다."

자본은 노동력의 수명을 단축시킴으로써 이 목적을 달성하는데, 이것은 마치 탐욕스러운 농업경영자가 토지의 비옥도를 약탈함으로써 수확량을 늘리려는 것과 같다.

이리하여 본질적으로 잉여가치의 생산이고 잉여노동의 흡수인 자본주의적 생산은, 노동일의 연장에 의해 노동력으로부터 그 정상적인 도덕적·육체적 발전조건과 활동조건을 탈취함으로써, 인간노동력의 위축을 가져올 뿐 아니라 노동력 그 자체의 조기 소모와 사망을 가져온다.73) 이것은 노동자의 수명을 단축시킴으로써 주어진 기간 안에서 노동자가 생산에 전념하는 시간을 연장한다.

노동력의 가치는 노동자의 재생산[노동자계급의 계속적인 존재]에 필요한 상품들의 가치를 포함한다. 그러므로 만약 [자본이 자기증식에 대한 무제한의 충동에서 필연적으로 추구하게 되는] 노동일의 반反자연적 연장이 개개 노동자의 수명을, 그리하여 그들의 노동력의 생존기간을 단축시킨다면, 소모된 노동력의 더 신속한 보충이 필요하게 될 것이며, 따라서 노동력의 재생산을 위한 비용은 더 커질 것이다. 그것은 마치 기계의 소모가 빠르면 빠를수록 기계의 가치 중 매일 재생산되어야 할 부분이 더 커지는 것과 마찬가지다. 그러므로 자본은 자기 자신의 이익을 위해서라도 표준노동일을 제정하는 방향으로 나아갈 것 같다.

노예소유자가 노예를 사는 것은 그가 말을 사는 것과 다름이 없다. 그가 노예를 잃어버린다면 자본을 잃어버리는 것이며, 그는 다시 노예시장에서 새로운 지출에 의해 이 자본을 보충해야 한다. 그러나 다음을 주목하라.

---

73) "우리는 이전의 보고서들에서 과도노동이…확실히 인간노동력을 너무 일찍 탈진시키는 경향이 있다고 말한 여러 공장주들의 진술을 제공했다."(『아동노동 조사위원회, 제4차 보고서』 1865년. 제64호, 별책부록: 13)

"조지아 주의 논이나 미시시피 주의 늪지는 인간의 육체에 매우 치명적인 나쁜 영향을 준다. 그러나 이 지역의 경작이 요구하는 인간생명의 낭비는 버지니아 주와 켄터키 주의 풍부한 흑인 보관창고에서 보충 받지 못할 정도로 큰 것은 아니다. 노예를 보호하는 것이 노예소유자의 이익과 합치되는 한, 노예를 인간적으로 취급하지만, 노예무역이 실시됨에 따라 경제적 타산은 노예를 가장 무자비하게 혹사시키는 원인으로 된다. 왜냐하면 노예를 외국의 흑인사육장에서 값싸게 보충할 수 있게 되자, 노예의 수명은 그가 생존할 때의 생산성보다 덜 중요하게 되기 때문이다. 그러므로 노예수입국의 노예 관리 원칙은, 노예로부터 가장 짧은 시간 안에 가능한 한 많은 노동을 짜내는 것이 가장 효과적인 경제적 이용이라는 것이다. 1년간의 이윤이 농장에 투하된 총자본과 같아지는 일이 드물지 않은 열대지방의 경작에서는, 흑인의 생명은 매우 무자비하게 희생당하고 있다. 수백 년 동안 거대한 부를 낳은 서인도 농업은 수백만의 아프리카 인종을 삼켜버렸다. 오늘날 쿠바에서 농장주는 그 소득이 수백만 파운드 스털링에 달하여 왕자와 다름없이 살고 있지만, 노예들은 형편없는 음식물과 극도의 쉴 새 없는 혹사로 해마다 상당수가 죽어가고 있다."[74]

이름은 다르지만 이것은 너〚임금노동자〛를 두고 하는 말이다. 노예무역을 노동시장으로 바꾸어 읽고, 켄터키와 버지니아를 잉글랜드·스코틀랜드·웨일즈의 농업지방과 아일랜드로, 또 아프리카를 독일로 바꾸어 읽어보라. 우리는 이미 과도노동이 어떻게 런던 빵제조공들의 수를 감소시켰는가를 보았다. 그런데도 런던의 노동시장은 빵제조업에서 죽기를 각오한 독일사람들과 기타 지원자들로 언제나 넘치고 있다. 도자기

---

74) 케언즈, 『노예의 힘』: 110~111.

제조업은 우리가 본 바와 같이 노동자들의 수명이 가장 짧은 산업부문의 하나다. 그러나 이 때문에 도자기공들이 부족한가? [현대적 도자기 생산의 발명자이고 자기 자신이 보통의 노동자 출신인] 조사이아 웨지우드는 1785년 하원에서 말하기를, 이 제조업에 종사하고 있는 전체 노동자는 15,000명 내지 20,000명이라고 했다.[75] 그런데 1861년에는 영국에서 이 산업에 종사하는 인구는 도시 중심지에서만도 101,302명이었다.

> "면공업은 이미 90년간 존재했다…영국사람의 3세대에 해당하는 이 기간에 면공업은 노동자들의 9세대를 삼켜버렸다고 장담할 수 있다."[76]

물론 몇 번의 열병적 호황기에는 노동시장에서 노동인력의 공급이 대단히 부족했던 것도 사실이다. 예컨대 1834년에 그랬다. 그러나 그때 공장주들은 농업지방의 '과잉인구'를 북부로 보낼 것을 구빈법위원회에 제의했고, 그리하면 "공장주들은 그들을 흡수하고 소비해 버릴 것이다."고 설명했던 것이다.[77]

> "구빈법위원회의 동의를 받아 알선인들이 임명되었다…맨체스터에는 사무소가 개설되었으며, 알선인들은 취업하기를 원하는 농촌 노동자들의 명부를 작성하여 사무소로 보냈다. 공장주들은 사무소로 가서 자기들이 구하는 사람을 선택해 그들을 맨체스터로 보내도록 지시한다. 그러면 이들 인간화물은 짐짝처럼 꼬리표가 붙어 운하로 또 짐마차로 송달되었다. 그 중에는 걸어서 온 사람도 약간 있었는데, 그들의

---

75) 워드, 『스토크 – 온 – 트렌트시』: 42.
76) 1863년 4월 27일 하원에서 한 페런드의 연설.
77) "이 말은 면공장주들이 사용한 말 그대로다."(같은 연설)

대다수는 길을 잘못 들어 반쯤 굶어 죽어가는 빈사상태에서 공장지대를 헤매었다. 이런 제도가 하나의 정규적인 상업부문으로 발전했다. 하원은 이것을 거의 믿지 않을 것이다. 그러나 분명히 말하지만 이와 같은 인신매매가 끊임없이 계속되었고, 이 사람들은 마치 흑인노예들이 미국의 면화재배자에게 판매되는 것과 마찬가지로 규칙적으로 맨체스터의 공장주들에게 판매되었던 것이다…1860년은 면공업이 절정에 달한 해였다…또 도시노동자가 부족하게 되었다. 공장주들은 또다시 이른바 '인신 알선인'에게 찾아갔다. 그리고 이 알선인들은 잉글랜드의 남부 저지, 도싯셔의 초원, 데본셔의 구릉, 윌트셔의 목축지를 샅샅이 뒤졌으나 과잉인구는 벌써 다 '흡수되고' 더는 없었다."

『베리 가디언Bury Guardian』지는 영불통상조약의 체결 [1860년] 뒤에는 "1만 명의 추가적 노동자가 랭커셔에 흡수될 수 있을 것이고, 또 얼마 멀지 않아 3~4만 명이 더 필요하게 될 것"이라고 한탄했다. '인신매매의 알선인들과 하청인들'이 1860년에 농업지방을 돌아다녔으나 아무런 성과도 올리지 못한 뒤에,

"공장주들의 한 대표는 런던까지 와서 구빈국 대표인 빌리어즈에게 구빈원으로부터 가난한 아동들을 랭커셔의 방적공장으로 공급하는 일을 허가해 주도록 청원했다."[78]

---

78) 같은 연설. 빌리어즈 자신은 공장주들에 대해 매우 큰 호의를 가지고 있었으나, '법률상' 그들의 요청을 거부하지 않을 수 없었다. 그러나 공장주들은 지방 구빈당국의 친절에 의해 자기들의 목적을 달성했다. 공장감독관 레드그레이브의 확언에 따르면, 고아와 빈민아동을 '법률상' 도제로 여기는 이 제도는 이번에는 "전과 같은 폐해를 수반하지 않았다."(이 '폐해'에 대해서는 엥겔스의 저서 『영국 노동자계급의 상태』를 보라) 비록 한 경우에 "스코틀랜드의 농업지방에서 랭커셔와 체셔로 데려온 소녀들과 젊은 부녀자들에 대해서는

경험이 자본가에게 일반적으로 보여주는 것은 과잉인구[일정 시점에

---

이 제도가 남용된 일이 있었다"할지라도. 이 '제도'에서는, 공장주는 구빈원
당국과 일정한 기간에 걸쳐 계약을 체결한다. 공장주는 아동들에게 의식주를
보장하며 또 그들에게 소액의 수당을 지급한다. 레드그레이브가 아래에서 지
적하는 말은 이상하게 들리는데, 영국 면공업이 번영했던 해 가운데서도
1860년은 유례가 없는 특수한 해였고, 그 해에 임금이 매우 높은 수준이었다
는 사정을 고려하면 특히 그러하다. 그 해에 임금이 높았던 것은, 아일랜드의
인구감소, 잉글랜드와 스코틀랜드의 농업지방에서 유례없는 규모로 오스트레
일리아와 아메리카에 이민을 간 것, 노동자들의 생식력이 파괴된 결과, 또는
인신 매매인들이 벌써 이용할 만한 과잉인구를 다 처리해 버린 결과, 그리고
잉글랜드의 일부 농업지방에서 인구가 현실적으로 감소한 것과 때를 같이 하
면서, 노동에 대한 큰 수요가 생겼기 때문이었다. 그런데 이 모든 사실에도
불구하고 레드그레이브는 다음과 같이 말하고 있다. "그렇다 해도 이와 같은
종류의 노동"(구빈원 아동의 노동)"은 오직 다른 어떤 노동도 발견할 수 없는
경우에만 사용하는 것이다. 왜냐하면 그것은 비싼 노동이기 때문이다. 13세
소년공의 보통 임금은 1주일에 약 4실링이다. 그러나 50명 내지 100명의 이
와 같은 소년공에게 의식주를 제공하며, 의료서비스와 적당한 보호감독을 제
공하고, 그 위에 또 그들에게 소액이나마 수당을 주기 위해서는 1주일에 1인
당 4실링으로는 부족하다."(『공장감독관 보고서. 1860년 4월 30일』: 27) 그
러나 레드그레이브가 언급하기를 잊고 있는 것은, 공장주도 이들 50명 내지
100명의 소년들에게 4실링으로 해줄 수 없다면, 어떻게 노동자 자신이 자기
자녀가 받아 오는 4실링의 임금으로 이 모든 것을 해줄 수 있겠는가 하는 것
이다. 본문으로부터 잘못된 결론을 끌어 내지 않도록 하기 위해 여기서 또
한 가지 지적해 둘 것이 있다. 즉 영국 면공업은 노동시간 등을 규정한 1850
년의 공장법이 적용되고부터는 영국의 모범 산업으로 여겨야 한다는 점이다.
영국의 면공업 노동자는 대륙에 있는 같은 운명의 노동자들에 비해 모든 점에
서 낫다. "프러시아의 공장노동자는 영국에 있는 그들의 경쟁자에 비해 1주
일에 적어도 10시간은 더 노동한다. 그리고 그가 자기 집에서 자기 자신의
직조기를 가지고 일할 때는 그의 노동은 이런 추가노동을 넘어선다."(『공장
감독관 보고서. 1855년 10월 31일』: 103) 레드그레이브는 1851년의 산업박
람회 이후 대륙 특히 프랑스와 프러시아로 여행가서 그 나라들의 공장상황을
조사한 일이 있다. 그는 프러시아 공장노동자들에 관해 다음과 같이 말하고
있다. "그들은 익숙해진 간단한 식사와 약간의 안락을 얻을 만한 보수를 받는

서 자본의 가치증식에 필요한 수보다 많은 인구]가 항상 존재한다는 사
실이다. 물론 이 과잉인구란 발육부진의, 단명한, 신속히 교체되는 인간
들, 말하자면 채 익기도 전에 따먹히는 인간들로 구성되어 있지만.79) 또
한 경험은 사려 깊은 관찰자에게 다음과 같은 것을 보여준다. 역사적으
로 볼 때 바로 어제 태어났을 뿐인 자본주의적 생산이 얼마나 급속하고
확고하게 국민 생명력의 근원을 장악했는가를, 그리고 공업인구의 퇴화
가 농촌으로부터 원시적이고 자연적인 생명요소들을 끊임없이 흡수하는
것에 의해 얼마나 저지되고 있는가를, 그리고 심지어 농촌노동자들까지
도 [그들은 신선한 공기를 마실 수 있고 또 그들 사이에는 가장 강한 개
체만이 살아남을 수 있는 자연도태의 원칙이 강력하게 작용하고 있음에
도] 벌써 얼마나 많이 쇠약해지기 시작하고 있는가를 보여준다.80) 자기
주위에 있는 노동자 세대의 고난을 부인하기에 '충분한 이유'를 가지고
있는 자본은, 인류는 장차 퇴화할 것이라든가 인류는 결국 사멸해버릴
것이라는 예상에 의해서는 그 실천적 활동에 조금도 영향을 받지 않는

---

다…그들은 영국 노동자에 비해 생활은 더 나쁘고 일은 더 고되다."(『공장감
   독관 보고서. 1853년 10월 31일』: 83)
79) "과도노동으로 말미암아 사람들은 놀라울 정도로 빨리 죽는다. 그러나 죽은
   사람의 자리는 곧 다시 메워지고 등장인물이 빈번하게 교체되더라도 무대 위
   에는 아무런 변화도 일어나지 않는다."(웨이크필드, 『잉글랜드와 미국』: 55)
80) 『공중위생. 추밀원 의무관 제6차 보고서. 1863년』을 보라. 이것은 1864년에
   런던에서 발간되었다. 이 보고서는 특히 농업노동자를 취급하고 있다. "세상
   사람들은 서덜랜드 지역 [스코틀랜드의 최북부]을…매우 좋다고 말했다…그
   러나…최근의 조사는 일찍이 아름다운 남자와 씩씩한 병사로 명성이 높았던
   이 지역에서도 주민은 여위고 작은 인종으로 퇴화해 버린 것을 보여주었다.
   바다를 면한 언덕배기의 건강에 가장 좋은 지역에 살고 있는 이곳 굶주린 아
   이들의 얼굴색은 런던 뒷골목의 더러운 분위기 속에서 볼 수 있는 창백한 얼
   굴색이다."(손틴, 『과잉인구와 그 해결책』: 74~75) 실제로 그들은 글래스고
   우의 좁은 뒷골목에서 매춘부나 도둑들과 한데 뒤섞여 살아가고 있는 3만 명
   의 '용감한 스코틀랜드 고지인'들과 조금도 다름이 없다.

데, 그것은 마치 지구가 태양에 떨어질지도 모른다는 예상에 의해서는 자본이 아무런 영향도 받지 않는 것과 마찬가지다. 주식투기의 경우에 도, 언젠가 한 번은 벼락이 떨어지리라는 것 [ 가격이 폭락하리라는 것 ]을 누구나 알고 있지만, 누구나 자기 자신은 황금의 비를 모아 안전한 장소 에 옮겨놓은 뒤에 그 벼락이 이웃사람의 머리 위에 떨어질 것을 바라고 있다. 뒷일은 될 대로 되라지! 이것이 모든 자본가와 모든 자본주의국의 표어다. 그러므로 자본은 사회에 의해 강제되지 않는 한, 노동자의 건강 과 수명을 조금도 고려하지 않는다.[81] 육체적 · 정신적 퇴화, 조기사망, 과도노동의 고통 등에 관한 불평에 대해 자본은, 그런 것들이 우리의 쾌 락(이윤)을 증가시켜 주는데 어째서 우리가 걱정해야 하는가 하고 대답 한다. 사태를 전체적으로 보면 이 모든 것은 개별 자본가의 선의나 악의 때문은 아니다. 자유경쟁 아래에서는 자본주의적 생산의 내재적 법칙들 이 개별 자본가에 대해 외부적인 강제법칙으로 작용한다.[82]

---

81) "주민의 건강은 국민적 자본의 매우 중요한 요소임에도, 고용자계급은 이 보 물을 보존하고 존중하려는 의향이 전혀 없다는 것을 우리는 유감이지만 인정 하지 않을 수 없다…공장주들이 노동자들의 건강을 고려하는 것은 다른 사람 의 뜻에 의해 강제되기 때문이다."(『더 타임즈』, 1861년 11월 5일) "웨스트 라이딩의 주민들은 인류 전체의 모직물 업자로 되었다…노동자들의 건강은 희생되었다. 그리고 몇 세대 안에 종족은 퇴화해 버릴 지경이었다. 그러나 드 디어 반작용이 일어났다. 샤프츠베리 법안이 아동의 노동시간을 제한했다." (『호적청장의 제22차 연차보고서』, 런던 1861)

82) 그러므로 우리는 예컨대 스태퍼드셔에 대규모 도자기공장을 소유하고 있는 26개 회사[그 중에는 웨지우드 회사도 있다]가 1863년 초에 '어떤 입법조치'를 청원하고 있는 것을 본다. 다른 자본가들과의 경쟁 때문에 그들은 아동의 노 동시간과 기타에 대해 어떤 자발적 제한도 할 수 없다는 것이다. "우리가 위에 말한 폐해를 아무리 유감으로 생각한다 하더라도 그것을 공장주들 상호간의 어떤 협정에 의해 방지하는 것은 도저히 불가능할 것이다…이 모든 점을 고려 해 우리는 어떤 입법조치가 필요하다는 확신에 도달했다."(『아동노동 조사위 원회. 제1차 보고서』, 1863: 322) 최근의 사건은 한층 더 주목할 만한 실례를

표준노동일의 제정은 자본가와 노동자가 수세기에 걸쳐 투쟁한 결과다. 그러나 이 투쟁의 역사는 상반되는 두 가지 경향을 보여준다. 예컨대 현재의 영국 공장법과 14~18세기 중엽에 이르기까지의 영국 노동법규들83)을 비교해 보라. 현대의 공장법은 노동일을 강제적으로 단축시키고 있으나 이전의 노동법규들은 노동일을 강제적으로 연장시키려 한다. 그러나 자본이 생성되고 있던 초기상태[아직은 경제적 관계의 힘만으로는 충분한 양의 잉여노동을 취득할 수 없어 국가권력의 도움을 받지 않을 수 없었던 상태]에서 자본이 요구한 것은, 자본이 그 성년기에 내심으로는 불만이 있으면서도 마지못해 하는 양보와 비교해 본다면, 매우 겸손한 것이었다고 말할 수 있다. 자본주의적 생산양식이 발전한 결과로 '자유로운' 노동자가 사회적 조건에 강제되어 자발적으로 그의 일상적 생활수단의 가격을 받고 자기의 활동적인 생활시간 전체를 [또는 자기의 노동능력 자체를] 팔아넘기게 되기까지에는, 즉 한 접시의 팥죽에 자기의 장자 권리를 팔아넘기게 되기까지에는 ▎구약성서, 창세기, 제25장 29절 이하 ▎ 수세기가 걸렸다. 그러므로 14세기 중엽에서 17세기 말까지 자본이 국가권력에 의지하여 성인노동자들에게 강요하려고 했던 노동일의 길이는, 19세기 후반에 아동들의 피를 자본으로 전환시키는 것을 막기 위해 국가

---

제공했다. 열병적 호황기에 면화가격의 등귀는 블랙번의 면직물공장 소유자들로 하여금 그들 상호간의 협정에 의해 자기 공장의 노동시간을 일정한 기간 단축하게 했다. 이 기간은 1871년 11월 말 경에 끝이 났다. 그런데 이 기간에 방적과 직조를 겸하고 있는 더 부유한 공장주들은 이 협정에 의한 생산 감소를 이용해 자기들의 사업을 확장하고 소공장주들의 희생 위에 더 많은 이윤을 올렸다. 이런 긴급한 상황에서 소공장주들은 공장노동자들에게 9시간 노동을 위한 운동을 본격적으로 전개하도록 호소하고, 이 목적을 위해 기부금을 내놓겠다고 약속했다!

83) 이런 노동법규들(프랑스, 네덜란드 등에도 그 당시 존재하고 있었다)은 영국에서는 생산관계의 발전에 의해 효력을 잃어버린 지 훨씬 뒤인 1813년에야 비로소 공식적으로 폐지되었다.

가 설정한 노동일의 길이와 대체로 일치하는 것은 당연한 일이다. 예컨 대 최근까지 미국의 가장 자유로운 주인 매사추세츠 주에서 12세 미만의 아동노동에 대한 법적 한계가 지금 선포되었는데, 그것은 영국에서는 17 세기 중엽 원기왕성한 수공업노동자들이나 건장한 노동자들이나 장사와 같은 대장장이들에게 적용되었던 표준노동일이었다.[84]

최초의 '노동자 규제법'(에드워드 3세 제23년, 1349년)은 그 직접적인 구실(구실이지 원인은 아니다. 왜냐하면 이와 같은 종류의 입법은 그 구 실이 없어진 뒤에도 수세기에 걸쳐 존속하기 때문이다)을 당시 걷잡을 수 없이 퍼진 흑사병에서 찾았는데, 이 병으로 말미암아 인구가 얼마나 격감했던지 토리당의 한 저술가는 "노동자들을 적당한 가격으로"(즉 자 기 고용주에게 상당한 양의 잉여노동을 남겨줄 만한 가격으로)"고용할 수 없어 참으로 견디기 어려웠다."[85]고 말할 정도였다. 그리하여 노동일 의 한계와 적절한 노동임금이 법률에 의해 제정되었다. 여기서 우리가

---

84) "12세 미만의 아동을 어떤 공업시설에서도 1일 10시간 이상 고용해서는 안 된다."(『매사추세츠 주 일반법』, 제63호, 제12장. 이 법령들은 1836~1858년 에 공포된 것이다.) "모든 면공장·양모공장·견직물공장·제지공장·유리공장 ·아마포공장·제철소·놋쇠제조소에서 1일 10시간 수행되는 노동이 법적인 하 루 노동으로 여기게 된다. 또 앞으로는 어떤 공장에서도 미성년자에게 하루 에 10시간 이상 또는 1주일에 60시간 이상 일을 시켜서는 안 되며, 또 이 주 의 어떤 공장에서도 10세 미만의 아동을 노동자로 채용해서는 안 된다."(『뉴 저지 주 노동시간제한법』, 제1조와 제2조, 1851년 3월 18일의 법률) "어떤 공업시설에서도 12~15세의 미성년자에게 하루 11시간 이상 일을 시키는 것 과, 오전 5시 이전과 오후 7시 반 이후에 일을 시키는 것을 금지한다."(『로드 아일랜드 주 개정법령』, 제139장, 제23조, 1857년 7월 1일)

85) [바일즈] 『자유무역의 궤변』: 205. 더욱이 바로 이 토리당원은 다음과 같은 사실도 인정하고 있다. "노동자에게는 불리하고 고용주에게는 유리하게, 임 금을 규제하는 의회법령들은 464년이라는 오랜 세월 동안 존속했다. 그동안 인구는 증가했다. 이제 이 법령들은 불필요하고 부담스러운 것으로 되었다." (같은 책: 206)

관심을 가지는 것은 노동일의 한계에 관한 조항뿐인데, 이것은 1496년 (헨리 7세 치하)의 법률에서도 반복되었다. 이 법률에서는 모든 수공업 노동자와 농업노동자의 노동일은 3월부터 9월까지는 아침 5시부터 저녁 7~8시까지로 되어 있었으나, 엄수되지는 않았다. 그러나 식사시간은 아침식사에 1시간, 점심에 $1\frac{1}{2}$시간, 또 오후 4시의 간식에 $\frac{1}{2}$시간으로, 현행 공장법에 규정되어 있는 것의 꼭 2배였다.[86] 겨울에는 식사시간은 마찬가지지만 노동은 아침 5시부터 어두울 때까지였다. 1562년의 엘리자베스 법령은 '일당이나 주당 임금으로 고용되는' 노동자의 노동일의 길이는 그대로 둔 채 중간의 휴식시간을 여름에는 2시간 반, 겨울에는 2시간으로 제한하려 했다. 이 법령은 점심시간을 1시간으로 제한하고, '$\frac{1}{2}$시간의 낮잠'을 5월 중순부터 8월 중순까지만 허가했다. 결근 또는 지각은 1시간마다 1페니씩 임금에서 공제하기로 되어 있었다. 그러나 실제로는 법령에 규정된 것보다 노동자에게 훨씬 더 유리했다. 경제학의 시조이고 어떤 의미에서는 통계학의 창시자이기도 한 윌리엄 페티는 17세기 최후의 $\frac{1}{3}$에 출간한 한 저서에서 다음과 같이 말하고 있다.

"노동자"(그 당시는 농업노동자를 의미한다)"는 하루에 10시간씩 노동하고, 1주일에 20회의 식사[즉 평일에는 하루에 3회, 일요일에는 2

---

86) 이 법규에 관해 웨이드는 정당하게도 다음과 같이 말하고 있다. 1496년의 법령을 보면, "음식물에 대한 지출은 1496년 수공업노동자 소득의 $\frac{1}{3}$, 농업노동자 소득의 $\frac{1}{2}$에 해당했음을 알 수 있는데, 이것은 그 당시 노동자들의 독립성 정도가 현재보다 높았다는 것을 보여 준다. 왜냐하면 현재는 농업·제조업에 종사하는 노동자들의 식비가 그들 임금의 훨씬 더 큰 부분을 차지하고 있기 때문이다."(웨이드, 『중간계급과 노동계급의 역사』: 24~25, 577) 이 차이가 현재와 그 당시의 식료품·의류의 가격 차이 때문이라는 견해는 플리트우드 주교의 『물가연표』(제1판, 런던 1707; 제2판, 런던 1745)를 얼핏 보기만 해도 반박할 수 있다.

회]를 한다. 만약 노동자들이 금요일 저녁에는 단식하고, 점심식사를 위해 현재 그들이 오전 11시부터 오후 1시까지 2시간을 소비하는 것을 1시간 반으로 줄인다면, 즉 만약 그들이 $\frac{1}{20}$ 더 일하고 $\frac{1}{20}$ 덜 소비한다면, 이것만으로도 앞에서 말한 세금은 징수할 수 있을 것이다."[87]

앤드류 유어가 1833년 12시간 노동법안을 가리켜 암흑시대로 후퇴하는 것이라고 규탄한 것은 정당하지 않은가? [ 노동시간을 과거보다 연장시키지 않고 과거와 동일하게 하려고 하기 때문에 나온 불평이다. ] 이 법에 포함되어 있는 [페티가 언급한] 규정들이 도제에게도 적용된 것은 물론이다. 그러나 17세기 말엽까지도 아동노동이 거의 없었다는 것은 다음의 불평으로부터도 알 수 있다.

"영국에서처럼 7년 동안 도제로 묶어두는 것은"(독일에서는)"관습이 아니다. 독일에서는 3~4년이 공통적이다. 왜냐하면 아동들이 요람에서부터 얼마간 일에 대한 훈련을 받아서 더욱 민첩하고 유순하므로, 사업에 빨리 적응하고 기능을 빨리 얻을 수 있기 때문이다. 그런데 잉글랜드에서는 아동들이 도제가 되기 전까지는 아무 일도 배우지 않으므로, 완전한 수공업노동자가 되기까지는 훨씬 더 긴 세월이 걸리게 된다."[88]

---

87) 페티, 『아일랜드의 정치적 해부』(1672). 1691년판, [ 부록 ] : 10.
88)『기계공업 장려의 필요성에 관한 이야기』, 런던 1690: 13. 영국 역사를 휘그당 [ 왕권과 국교에 대립하여 민권을 주창한 정당으로 1830년경 자유당이 됨 ] 과 부르주아지의 이익에 합치되도록 위조한 매콜리는 다음과 같이 공언하고 있다. "아이들을 너무 어려서부터 일시키는 관습이…17세기에 매우 성행하고 있었는데, 그것은 당시의 공업발달 수준에 비추어 보면 거의 믿을 수 없을 정도였다. 양모공업의 주요 중심지인 노리지에서는 6세의 어린이가 노동에 적합하다고 여겨졌다. 그 당시의 몇몇 저술가들—그들 중에는 마음이 매우 자애롭다

대공업 시대에 이르기까지 18세기의 대부분에 걸쳐, 영국의 자본은 노동력의 1주일 가치를 지급함으로써 노동자들의 1주일 전체를 자기 것으로 만드는 데는 아직 성공하지 못했다(다만 농업노동자는 예외였다). 노동자가 4일분의 임금으로 1주일 내내 살아갈 수 있다는 사실이, 자본가를 위해 나머지 이틀도 일해야 하는 충분한 이유라고는 노동자들은 생각하지 않았다. 영국 경제학자들의 일부는 자본의 이익을 옹호하면서 노동자들의 이와 같은 고집을 통렬하게 비난했지만, 다른 일부는 노동자들을 옹호했다. 예컨대 〔노동자 옹호자인〕 포슬스웨이트[그가 쓴 『상업사전』

---

고 존경받는 사람도 몇 있었다──은 이 도시에서만도 어린 소년소녀들이 1년에 자기 자신의 생활비보다 £12,000나 많은 부를 창조한다는 사실을 무한한 기쁨을 가지고 언급하고 있다. 우리는 과거의 역사를 더 세밀하게 연구하면 할수록, 우리의 시대가 새로운 사회악으로 가득 차 있다고 생각하는 사람들의 견해에 찬동할 수 없는 이유를 더 많이 발견하게 된다…오히려 새로운 것은 이런 사회악을 치료하는 지성과 인간애."(『잉글랜드 역사』. 제1권: 417) 매콜리는 더 나아가, 17세기에 상인의 '아첨꾼들'이 네덜란드의 어떤 구빈원에서 4살된 어린아이에게 일을 시킨다는 사실을 '무한한 기쁨'을 가지고 이야기했다는 사실, 그리고 또 '실천에 옮겨진 선행'의 이와 같은 실례는 A. 스미스의 시대에 이르기까지 매콜리류의 인도주의자들에 의해 비판받아 왔다는 사실을 보고할 수도 있었을 것이다. 수공업 대신 매뉴팩처가 등장함으로써 아동들에 대한 착취가 나타나기 시작하는 것은 사실이다. 이런 아동 착취는 어느 정도까지 농민들 사이에 항상 있었으며, 또 농민들에 대한 가렴주구가 심하면 심할수록 아동 착취도 한층 더 발전해 왔다. 자본의 경향은 아동노동을 착취할 것이 명백하지만, 이런 착취 사실들 자체는 그 당시에는 두 개의 머리를 가진 아이의 탄생처럼 아직은 예외적인 현상에 지나지 않았다. 그러므로 선견지명이 있는 '상인의 아첨꾼'들은 이런 사실들을 특히 주목할 만하고 경탄할 만한 것으로 '무한한 기쁨'을 가지고 기록했으며, 그리고 동시대 사람들과 후세 사람들에게 그것들을 모방하도록 권고했던 것이다. 스코틀랜드 태생의 아첨꾼이며 말재주꾼인 매콜리는 "오늘날 우리가 듣는 것은 퇴보뿐이고 보는 것은 진보뿐이다."고 말한다. 얼마나 훌륭한 눈과, 특히 얼마나 훌륭한 귀를 가지고 있는가!

[ 1751년 ] 은 매컬록과 맥그레거의 비슷한 저서가 오늘날 얻고 있는 호평을 그 당시 얻고 있었다]와, 앞에서 인용한 『상공업에 관한 논문』[ 1770년 ] 의 저자 [ 노동자 비판자 ] 사이의 논쟁을 들어보기로 하자.89)

포슬스웨이트는 특히 다음과 같이 말하고 있다.

"만약 노동자가 5일간에 1주일의 생활에 충분한 만큼의 임금을 받을 수 있다면, 그는 6일 전체를 일하려고 하지 않을 것이라는 말은 너무나 많은 사람들로부터 들을 수 있는 진부한 말인데, 나는 이것에 대해 언급하지 않고서는 이 간략한 서술을 끝마칠 수 없다. 그들은 수공업·매뉴팩처 노동자들로 하여금 1주일에 6일 동안 쉬지 않고 노동하도록 하기 위해 [세금 또는 다른 어떤 수단으로] 생활필수품의 가격까지도 비싸게 할 필요가 있다는 결론에 도달하고 있다. 미안하지만 나는 이 나라 노동자들의 영원한 노예상태를 목적으로 투쟁하고 있는 위대한 정치가들과는 의견을 달리한다. 그들은 일만 하고 놀지 않으면 바보가 된다는 격언을 잊어버리고 있다. 이때까지 영국 상품 일반에 신용과 명성을 보장해 준 영국 수공업·매뉴팩처 노동자들의 재능과 기교는 영국 사람들이 자랑하는 바가 아닌가? 이것들은 어디에서 나온 것인가? 그것은 아마도 우리 노동자들이 자기들 특유의 방식으로

---

89) 노동자를 비난한 사람들 중 가장 격렬한 사람은 본문에서 말한 『상공업에 관한 논문』(런던 1770년)의 익명의 저자 커닝엄이다. 벌써 그 이전에도 그는 자기 저서 『조세에 관한 고찰』(런던 1765년)에서 동일한 견해를 발표한 일이 있다. 말할 수 없는 다변가인 통계학자 영도 이 부류에 속한다. 노동자의 옹호자 중 탁월한 사람들은 『화폐만능론』(런던 1734년)의 저자 반더린트, 『현재 식료품의 가격이 높은 원인에 관한 연구』(런던 1767년)의 저자 포스터, 그리고 프라이스, 특히 『상업사전』의 부록과 『영국의 상업적 이익의 해명과 개선』(런던 1759)의 포슬스웨이트다. 언급되고 있는 사실들 자체는 같은 시대의 수많은 다른 저술가들, 특히 터커가 확인한 바다.

기분을 전환시킬 수 있었기 때문일 것이다. 만약 그들이 1주일에 6일 전체를 동일한 작업을 끊임없이 반복하면서 1년 내내 계속 일만 하도록 강요당한다면, 이것은 그들의 창의성을 무디게 하며 민첩하고 재주 있는 그들을 우둔한 바보로 만들지 않겠는가? 그리고 우리 노동자들은 그와 같은 영원한 노예상태의 결과 자기의 명성을 유지하지 못하고 잃어버리지 않겠는가?…우리는 그처럼 혹사당하고 있는 동물들로부터 그 무슨 솜씨를 기대할 수 있겠는가?…그들 중 많은 사람은 프랑스 사람이 5~6일 걸릴 일을 4일에 해치운다. 그러나 만약 영국 사람들이 영원히 힘들고 고된 일을 하는 노동자가 되어야 한다면, 그들은 프랑스 사람들보다 퇴화할 우려가 있다. 우리 국민이 전쟁에서 용맹으로 이름을 날리고 있는데, 우리는 그것이 한편으로 그들이 먹는 훌륭한 소고기와 푸딩의 덕택이며, 다른 한편으로 그보다 못지않게 우리 헌법상의 자유정신의 덕택이라고 말하지 않는가? 그렇다면 어째서 우리의 수공업·매뉴팩처 노동자들의 우수한 재능과 기교가 그들 특유의 방식으로 즐기는 자유의 덕택이라고 할 수 없다는 것인가? 나는 그들로부터 이 특권을 빼앗지 말 것과, 또 그들의 용기와 창의성의 원천인 그들의 좋은 생활을 결코 빼앗지 말 것을 바라는 바다."[90]

이에 대해 『상공업에 관한 논문』의 저자는 다음과 같이 대답한다.

"만약 제7일을 안식일로 지키는 것이 신의 제도라면, 이것은 나머지 6일이 노동"(자본을 가리키는데, 이것은 아래에서 곧 알게 된다)"에 속한다는 것을 암시하고 있으며, 이와 같은 신의 명령을 강행하는 것을 잔인하다고 할 수는 없다…인간은 일반적으로 태어날 때부터 안일

---

90) 포슬스웨이트, 『상업사전』, "제1서론": 14.

과 나태에 빠지기 쉬운 경향을 가지고 있다는 것을 우리는 불행하게도 매뉴팩처 노동자들의 행동에서 경험하는 바며, 그들은 생활수단의 가격이 등귀하지 않는다면 1주일에 평균 4일 이상을 일하지 않는다…이제 1부셸의 밀이 노동자의〔1주일〕생활수단 전체를 대표하며 그 가격이 5실링이고, 노동자는 하루 노동에 의해 1실링을 번다고 하자. 그 경우 그는 1주일에 5일만 일하면 된다. 그리고 만약 1부셸의 밀이 4실링이라면 4일만 일하면 된다. 그런데 이 나라에서는 임금이 생활수단의 가격에 비해 훨씬 높기 때문에…4일 노동하는 매뉴팩처 노동자는 자기의 나머지 날을 놀고 지낼 수 있는 여분의 돈을 가진다…1주 6일 간의 적당한 노동은 결코 노예상태가 아니라는 것을 분명히 했다고 생각한다. 우리의 농업노동자들은 1주 6일간 노동하고 있으며, 또 그들은 어느 모로 보든 노동자들 중에서 가장 행복하다.[91] 네덜란드 사람들은 매뉴팩처에서도 6일간 노동하고 있는데도 매우 행복한 국민인 듯이 보인다. 프랑스 사람들도 공휴일이 중간에 끼어 있지 않은 한 그렇게 하고 있다.[92] 그러나 우리나라 국민들은 영국인으로서 타고난 권리에 의해, 유럽의 다른 어떤 나라보다도 더 많은 자유와 독립을 향유할 특권을 가지고 있는 것처럼 생각한다. 그런데 이런 관념은 우리나라 병사들의 용감성에 영향을 미치는 한, 어느 정도 유익할 것이지만, 매뉴팩처 노동자들은 이런 관념을 적게 가질수록 그들 자신을 위해서나 나라를 위해 더 좋을 것이다. 노동자는 결코 자기의 윗사람으로부터

---

91)『상공업에 관한 논문』의 저자 자신이 그 책의 96쪽에서 1770년에 영국 농업 노동자들의 '행복'이 무엇이었는지를 이야기하고 있다. "그들의 노동력은 항상 극도의 긴장상태에 있다. 그들은 현재 생활하는 것보다 더 나쁘게 생활할 수도 없으며 더욱 심하게 일할 수도 없다."

92) 개신교는 거의 모든 전통적 휴일을 일하는 날로 만들어 버림으로써 자본의 발생사에서 중요한 기능을 했다.

독립되어 있다는 생각을 가져서는 안 된다⋯총인구의 $\frac{7}{8}$ 이 재산을
거의 소유하지 못했거나 전혀 소유하지 않고 있는 우리나라와 같은
상업국에서 국민에게 용기를 북돋아 주는 것은 매우 위험한 일이다.
우리나라의 노동자들이 현재 나흘에 받고 있는 그 임금액으로 기꺼이
엿새를 일하게 될 때까지는 해결책은 완전하지 못할 것이다."[93]

이 목적을 위해, '나태, 방탕, 자유를 근절하고' 근면의 정신을 기르기
위해, 그리고 '구빈세의 경감과 매뉴팩처에서 노동가격의 인하를 위해',
자본의 충실한 대변인은 공적 부조에 의지하고 있는 노동자들(한마디로
말해 극빈자들)을 '이상적 구빈원' [ 노동수용소 ] 에 가두어 두자는 확실한
대책을 제안하고 있다. 이와 같은 구빈원은 '잘 먹이고 잘 입히면서도 노
동을 거의 시키지 않는' 빈민보호원이 되어서는 안 되며, 반드시 '공포의
집'이 되어야 한다.[94] 이 '공포의 집', 이 '이상적 구빈원'에서는 하루에
14시간, 그러나 여기에는 적당한 식사시간까지 포함되어 있으므로 온전
한 12시간이 노동시간으로 되게 해야 한다.'[95]

1770년의 '이상적 구빈원', 즉 '공포의 집'에서 1노동일은 12시간이었
다! 그런데 그로부터 63년 뒤인 1833년 영국 의회가 4개 공업부문에서
13~18세 아동의 노동일을 온전한 12시간으로 단축시켰을 때, 영국공업
의 마지막 심판의 날이 닥쳐온 것같이 떠들었다! 1852년에 루이 보나파
르트가 부르주아지의 지지기반을 다지기 위해 법정노동일을 연장하려 했

---

93) 『상공업에 관한 논문』: 15, 41, 96, 97, 55, 57, 69. 반더린트는 벌써 1734년
   에 노동자들이 게으르다고 자본가들이 불평하고 있으나, 그 속 내용은 노동
   자들이 동일한 임금으로 4노동일 대신 6노동일 일할 것을 요구하고 있다는
   점을 밝혔다.
94) 같은 책: 242~243.
95) 같은 책: 260. 저자는 "프랑스사람은 우리의 열광적인 자유의 사상을 비웃고
   있다."(같은 책: 78)고 말한다.

을 때, 프랑스 국민들은 이구동성으로 "노동일을 12시간으로 단축시킨 법률, 이것만이 공화국의 입법 중에서 우리에게 남아 있는 유일하게 좋은 것이다."[96]고 외쳤던 것이다. 취리히에서는 10세 이상 아동의 노동이 12시간으로 제한되었으며, 아르가우 [ 스위스의 한 주 ] 에서는 1862년에 13~16세 아동의 노동시간은 12시간 반에서 12시간으로 단축되었으며, 오스트리아에서는 1860년에 14~16세 아동의 노동시간이 역시 12시간으로 단축되었다.[97] 1770년 이래의 진보가 "얼마나 훌륭한가!"라고 매콜리는 '기쁨에 넘쳐' 소리칠지도 모른다.

1770년에는 자본가들이 아직 꿈에서만 갈망하고 있던 극빈자들을 위한 '공포의 집'은 그 뒤 몇 해를 지나서는 공장노동자 자신들을 위한 거대한 '구빈원'으로 나타났다. 그것이 바로 공장이다. 그리고 이번에는 현실이 자본가들의 이상을 훨씬 앞지르고 있었다.

---

96) "그들이 하루에 12시간 이상 노동하는 것을 특히 반대한 이유는, 노동일을 12시간으로 제한한 법률이 공화국의 입법들 중에서 그들에게 남은 유일하게 좋은 것이라는 데 있었다."(『공장감독관 보고서. 1855년 10월 31일』: 80) 1850년 9월 5일의 프랑스 12시간 노동법은 1848년 3월 2일의 임시정부 포고의 부르주아적 수정판으로 모든 작업장에 차별 없이 적용되었다. 이 법이 공포되기 전에는 프랑스의 노동일은 제한이 없었다. 공장들에서 노동일은 14, 15시간 또는 그 이상 계속되고 있었다. J. A. 블랑키의 저작 『1848년의 프랑스 노동자계급에 대해』를 보라. 경제학자였지 혁명가가 아니었던 블랑키는 노동자의 실태조사를 정부로부터 위임받았던 것이다. [ 혁명가는 L. A. 블랑키다. ]

97) 벨기에는 노동일의 규제에서 부르주아 국가의 표본으로 되어 있다. 브뤼셀 주재 영국 전권공사 하워드는 1862년 5월 12일 영국 외무성에 다음과 같이 보고했다. "로지어장관이 나에게 말하기를, 아동노동은 현재 일반법에 의해서나 지방법령에 의해서나 아무런 제한도 받지 않고 있으며, 정부는 최근 3년간 의회가 열릴 때마다 이 문제에 관한 법률안을 의회에 제출하려고 생각했으나, 그때마다 노동의 완전한 자유라는 원칙과 모순되는 입법은 어느 것이나 부닥쳤던 이기적인 반대를 극복할 수 없었다고 했다."

## 제6절  표준노동일을 얻기 위한 투쟁 : 법률이 노동시간을 강제로 제한. 1833~1864년의 영국 공장법

자본이 노동일을 그 정상적인 최대한도로까지 연장하고, 그 다음에는 그 한계를 넘어 12시간이라는 자연의 낮시간의 한계에까지 연장하는 데는[98] 수세기가 걸렸지만, 그 뒤 18세기의 마지막 $\frac{1}{3}$ 기에 대공업의 탄생과 더불어 노동일은 눈사태와 같이 모든 장애를 물리치고 연장되기 시작했다. 도덕과 자연, 나이와 남녀, 낮과 밤이 설정하는 모든 한계는 부수어졌다. 종래의 법률들에서는 너무나도 단순했던 낮과 밤의 개념까지도 매우 애매모호해져 영국의 한 재판관은 1860년에 낮이란 무엇이며 밤이란 무엇인가를 '판결에서' 해명하기 위해 유대율법의 해설자와 같은 통찰력을 발휘하지 않으면 안 되었던 것이다.[99] 자본은 성대한 향연을 벌이면서 자기의 성공을 축하하고 있었다.

---

98) "어떤 계급의 사람들이 하루에 12시간씩 힘들고 고된 일에 시달리지 않으면 안 된다는 것은 확실히 통탄할 일이다. 만약 이 12시간에 식사시간과 작업장까지의 왕복시간을 더한다면 그것은 실제로 하루 24시간 가운데 14시간에 달한다…건강은 그만두고라도 노동자계급의 시간을 13세라는 어릴 때부터, 그리고 규제받지 않는 산업부문에서는 심지어 그보다도 훨씬 더 어릴 때부터, 끊임없이 그처럼 완전히 흡수해 버리는 것은, '도덕적 관점에서 보더라도' 매우 편파적이고 비참한 해악이라는 사실을 누구도 부인하지 못하리라고 나는 생각한다…공중도덕을 위해, 건전한 주민을 길러내기 위해, 또 국민의 대다수에게 생활의 적당한 기쁨을 보장하기 위해, 전체 산업부문에서 각 노동일의 일부를 휴식과 여가를 위해 유보해 두어야 한다는 것을 강력히 주장하지 않을 수 없다."(『공장감독관 보고서. 1841년 12월 31일』에 있는 레너드 호너의 말)

99) 오트웨이, 『주 치안판사 오트웨이의 판결』을 보라.

새로운 생산체계의 소음에 귀머거리가 되었던 노동자계급이 어느 정도 제정신을 차리게 되자 곧 그들의 반항이 먼저 대공업의 발생지인 잉글랜드에서 시작되었다. 그러나 30년 동안 노동자계급이 쟁취한 양보란 순전히 명목적인 것에 지나지 않았다. 의회는 1802년부터 1833년까지 5개의 노동관계법들을 통과시켰지만, 교활하게도 이 법률들의 강제적 실시와 이것에 필요한 직원 등에 대한 경비 지출은 한 푼도 의결하지 않았다.[100) 그 법률들은 죽은 문서에 지나지 않았다.

"1833년의 법률 이전에는 아동과 미성년자들은 온밤, 온낮 또는 온낮 온밤 시키는대로 노동하지 않을 수 없었다."[101)

근대적 산업의 표준노동일은 면·모·아마·비단 공장을 포괄하는 1833년의 공장법에서 비로소 나타나기 시작했다. 1833년부터 1864년까지의 영국 공장법의 역사 이상으로 자본의 정신을 더 잘 나타내고 있는 것은 없다.

1833년의 법률은 다음과 같이 규정하고 있다. 공장의 보통 노동일은

---

100) 부르주아 왕인 루이 필립의 통치에서 매우 특징적인 것은, 그의 치하에서 제정된 유일한 공장법인 1841년 3월 22일의 공장법이 끝내 실시되지 않았다는 사실이다. 그리고 이 법률은 아동노동만을 다루고 있다. 그것은 8세 내지 12세의 아동노동을 8시간으로, 12세 내지 16세의 아동노동을 12시간 등으로 제한했지만, 8세의 아동에게도 야간노동을 허용하는 수많은 예외규정이 설정되어 있다. 이 법률의 적용에 대한 감시와 그 집행에 대한 강제는, 쥐 한 마리까지도 경찰의 단속을 받는 이 나라에서는, '장사꾼의 친구'들의 선의에 맡겨져 있었다. 겨우 1853년부터 단 하나의 지역, 즉 노르Nord에만 1명의 유급 정부감독관이 임명되었다. 프랑스 사회의 발전에서 이에 못지않게 특징적인 것은, 모든 것을 법망으로 얽어매는 프랑스의 그 많은 법률들 가운데서 오직 이 루이 필립의 법률만이 1848년 혁명에 이르기까지 유일한 공장법이었다는 사실이다.

101) 『공장감독관 보고서, 1860년 4월 30일』: 50.

아침 5시 반에 시작해 저녁 8시 반에 끝나야 하며, 이 한도 안에서, 즉
15시간의 범위 안에서 미성년자(13~18세)를 1일 중 어떤 시간에 고용하
건 합법적이다. 다만 이때 특별히 규정한 경우를 제외하고는 동일한 미
성년자를 하루에 12시간 이상 일을 시켜서는 안 된다. 이 법률 제6조에
는 "이와 같이 그 노동시간이 제한되고 있는 각 개인에게는 하루 중 적어
도 1시간 반의 식사시간을 허용해야 한다."고 규정하고 있다. 9세 미만
의 아동을 고용하는 것은 뒤에서 말하는 예외를 제외하고는 금지되었고,
9세 내지 13세 아동의 노동은 하루에 8시간으로 제한되었다. 야간노동
(이 법률에서는 저녁 8시 반부터 아침 5시 반까지의 노동)은 9세부터 18
세까지의 모든 사람에게 금지되었다.

입법자들은 성인노동력을 착취할 자본의 자유(그들이 말하는 '노동의
자유')를 침해할 생각은 조금도 없었기 때문에, 그들은 공장법이 자본의
자유를 침해하는 결과를 초래하지 않도록 하기 위해 하나의 특이한 제도
까지 고안했다. 1833년 6월 28일 조사위원회 중앙위의 제1차 보고서에는
이렇게 서술되어 있다.

"현재 행해지고 있는 공장제도의 큰 병폐는 공장제도가 아동노동을
필연적으로 성인노동일의 최대한도까지 연장시키게 된다는 데 있는
것으로 보인다. 성인노동을 제한하지 않고 [성인노동을 제한하면 지금
제거하려고 생각하는 병폐 이상으로 더 큰 폐해가 생길 것이기 때문이
다] 이 병폐를 제거하는 유일한 수단은 생각하건대 아동들의 2교대제
를 채용하는 계획이다."

그리하여 이 '계획'은 '릴레이 제도'('릴레이relay'는 불어에서와 마찬가
지로 영어에서도 각 역에서 역마를 교체하는 것을 의미한다)란 이름 아
래 실시되었는데, 예컨대 아침 5시 반부터 오후 1시 반까지는 9세부터

13세까지의 아동들로 된 한 교대반이 일하고, 오후 1시 반부터 저녁 8시 반까지는 다른 교대반이 일했다.

그 이전 22년 동안 제정된 아동노동에 관한 모든 법률들을 공장주들이 뻔뻔스럽게 무시해 버린 것에 대한 보상으로, 이번에는 쓴 알약에 설탕을 발라 그들에게 준 것이다. 의회는, 1834년 3월 1일 이후에는 11세 미만의 아동이, 1835년 3월 1일 이후에는 12세 미만의 아동이, 그리고 1836년 3월 1일 이후에는 13세 미만의 아동이 한 공장에서 8시간 이상 노동해서는 안 된다고 규정했다. '자본'에 대해 매우 관대한 이 '자유주의'는, 파, 칼라일, 브로디, 벨, 거스리 등, 요컨대 런던의 가장 탁월한 내과 · 외과 의사들이 하원의 증언에서 "지체하면 위험하다."고 천명했던 점을 생각하면, 더욱 주목할 만한 것이었다. 의사 파는 이 문제에 관해 더욱 노골적으로 다음과 같이 자신의 생각을 표현했다.

"젊어서 일찍 죽는 것 [ 요절 ] 이 어떤 형태로 발생하든 죽음을 예방하기 위해서는 입법이 필요한데, 이 방식"(공장의 작업방식)"은 확실히 요절을 일으키는 가장 잔인한 방식의 하나로 여겨야 한다."

'개혁된'의회 [ 1832년의 선거법 개정 뒤의 의회 ] 는 공장주들에 대한 섬세한 배려에서 13세 미만의 아동들을 그 뒤 수 년 동안 1주 72시간의 공장노동이라는 지옥 속에 빠뜨려 두면서도, 다른 한편으로 자유를 한 방울 한 방울씩 베풀어 준 노예해방령에서는 플랜테이션 농장주들이 흑인노예들에게 1주 45시간 이상 노동시키는 것을 처음부터 금지했다.

그러나 자본은 결코 만족하지 않고 오히려 여러 해 동안 시끄러운 선동을 개시했다. 선동의 주된 목표는, 노동이 8시간으로 제한되고 일정한 의무교육을 받아야만 하는 '아동'의 나이에 관한 것이었다. 자본가의 인류학에 따르면, 아동기는 10세 또는 11세에 끝난다는 것이었다. 공장법을 완전히 실시하도록 되어 있는 결정적인 해인 1836년이 다가오면 올수록 공장주들의 분노는 더욱 맹렬해졌다. 사실 이들이 정부를 얼마나 협박했던지 1835년 정부는 아동의 나이를 13세에서 12세로 낮출 것을 제의하는 데까지 이르렀다. 그러는 동안 외부의 압력도 더욱 위협적으로 되었다. 하원은 용기를 잃었다. 하원은 13세의 아동들을 하루 8시간 이상 자본이라는 쟈거노트 수레의 바퀴 밑에 던지는 것을 거부했으며, 그리하여 1833년의 법률은 완전한 효력을 발생하게 되었고 1844년 6월까지 변경되지 않았다.

이 법률이 처음에는 부분적으로, 다음에는 전체적으로 공장노동을 통제하고 있던 10년 동안, 공장감독관들의 공식보고서들은 이 법률을 집행할 수 없다는 고충들로 가득 차 있었다. 1833년의 법률에서는 아침 5시 반부터 저녁 8시 반까지의 15시간 안에서는 각 '미성년자'와 각 '아동'의 12시간 또는 8시간 노동의 시작, 중단, 다시 시작, 그리고 종결에 관한 시간결정은 자본가들에게 일임되었으며, 또한 서로 다른 사람들에게 서로 다른 식사시간을 지정하는 것도 역시 자본가들의 재량에 일임되었기 때문에, 자본가들은 그 뒤 곧 새로운 '릴레이 제도'를 발명했는데, 이에 따르면 노동자라는 말은 고정된 역에서 교체되는 것이 아니라 언제나 다른 역에서 끊임없이 새로 교체되도록 한 것이다. 우리는 뒤에서 다시 이 제도의 교묘함을 살펴보게 될 것이므로 여기에서는 그것을 더 상세하게 다루지는 않을 것이다. 그러나 이 제도가 공장법 전체를 그 정신에서뿐만 아니라 규정에서까지도 무효로 만들어버렸다는 것은 언뜻 보아도 명백하다. 각 아동과 각 미성년자에 관한 그와 같은 복잡한 장부를 가지고 공장감독관들이 어떻게 공장주들로 하여금 법정 노동시간과 법정 식사시간을 준수하도록 강요할 수 있겠는가? 대부분의 공장들에서 곧 종전의 잔인한 만행이 성행했으나 아무런 처벌도 받지 않았다. 내무장관과의 회견(1844년)에서 공장감독관들은 새로 고안된 릴레이 제도에서는 어떤 통

제도 불가능하다는 것을 증언했다.[102] 그러나 그동안 사태는 매우 달라
졌다. 공장노동자들은 특히 1838년 이래 인민헌장People's Charter [ 보통선
거권과 각종의 선거제도 개혁을 요구한 성명서 ]을 자기들의 정치적 선거구호
로 삼은 것과 마찬가지로, 10시간 노동법안을 자기들의 경제적 구호로
삼았던 것이다. 1833년의 법률을 준수한 일부 공장주들까지도 [매우 철
면피한 탓으로 또는 비교적 유리한 지방사정 탓으로 법률을 위반한] '불
성실한 동료들'의 비도덕적 '경쟁'에 관해 의회에 진정서를 제출했다. 더
욱이 개별공장주들이 아무리 옛날부터의 탐욕을 채우기 위해 마음대로
하려고 해도, 공장주계급의 대변인들과 정치적 지도자들은 공장주들에
게 노동자들에 대한 태도와 말씨를 고쳐야 한다고 명령했다. 왜냐하면
공장주들은 이미 곡물법 [ 외국 곡물의 자유로운 수입을 규제하는 법으로, 곡물가
격을 올려 지주가 받는 지대를 증가시키지만, 임금수준을 올려 산업자본가의 이윤을
감소시킴 ]의 폐지를 위한 투쟁을 개시했고, 거기서 승리하기 위해서는
노동자들의 도움이 필요했기 때문이다! 그러므로 공장주들은 자유무역이
라는 천년왕국에서는 임금이 2배로 될 뿐 아니라 10시간 노동법안도 채
용될 것임을 약속했던 것이다.[103] 따라서 그들은 1833년의 법률을 실현
하는 데 지나지 않는 조치들을 감히 반대하고 나서지 못하게 되었다. 마
지막으로 자기들의 신성불가침의 이익인 지대가 위협을 당하자, 토리당
[ 지주계급의 당 ]은 자기들의 적 [ 공장주 ]의 '흉악한 술책'[104]에 대해 의
분에 넘쳐 통렬히 비난했다.

1844년 6월 7일의 추가적 공장법은 이렇게 해서 성립되었고 1844년
9월 10일부터 실시되었다. 그것은 18세 이상의 부녀자라는 새로운 범주

---

102) 『공장감독관 보고서. 1849년 10월 31일』: 6.
103) 『공장감독관 보고서. 1848년 10월 31일』: 98.
104) 레너드 호너는 자기의 공식 보고서에서 '흉악한 술책'이라는 표현을 사용
    하고 있다.(『공장감독관 보고서. 1859년 10월 31일』: 7)

의 노동자를 법률의 보호 아래 두었다. 그들의 노동시간은 12시간으로 제한되었고, 야간노동은 금지되는 등 부녀자들은 모든 점에서 미성년자들과 동등하게 취급되었다. 이 입법에 의해 처음으로 성인노동까지도 직접적이고 공식적인 통제 아래 두게 된 것이다. 1844~1845년의 공장보고서는 풍자적으로 다음과 같이 언급하고 있다.

"성인 여성이 이 법 때문에 자기의 **권리**를 침해당했다고 불평해 온 경우를 우리는 한 건도 알지 못한다."[105]

13세 미만 아동의 노동은 1일 $6\frac{1}{2}$ 시간으로, 그리고 일정한 조건에서는 7시간으로 단축되었다.[106]

허위에 찬 릴레이 제도의 남용을 방지하기 위해 이 법률은 특히 다음과 같은 중요한 세칙을 제정했다.

"아동과 미성년자의 노동일은 아동 또는 미성년자 중 어느 한 사람이라도 아침에 공장에서 노동하기 시작하는 그 시점부터 계산되어야 한다."

그리하여 만약 예컨대 A는 아침 8시에, 그리고 B는 10시에 노동을 시작하는 경우에도 B의 노동일은 A의 노동일과 동일한 시각에 끝나지 않으면 안 된다. '시간은 공공기관이 설치한 시계'[예컨대 근처의 철도시

---

105) 『공장감독관 보고서. 1844년 9월 30일』: 15.

106) 이 법률은 아동들이 매일 노동하지 않고 격일제로 노동하는 경우에만 그들을 하루 10시간 고용하는 것을 허가하고 있다. 이 조항은 대체로 실시되지 않았다.

계]에 의해 측정되어야 하며, 공장의 시계는 이것에 맞추어야 한다. 공장주는 작업의 개시와 종료, 그리고 식사시간을 알리는 '커다랗게' 인쇄된 공고를 공장 안에 게시하지 않으면 안 된다. 오전의 작업을 12시 전에 시작한 아동들에게 오후 1시 이후에 다시 일을 시킬 수는 없다. 따라서 오후의 교대반은 오전의 교대반과는 다른 아동들로 구성되어야 한다. 점심시간으로 배정되는 $1\frac{1}{2}$ 시간은,

> "적어도 한 시간은 오후 3시 전에 주어야 하며… 하루 중 같은 시간에 주어야 한다. 아동 또는 미성년자에게 식사를 위해 적어도 반시간의 휴식을 주지 않은 채 오후 1시 전에 5시간 이상의 일을 시켜서는 안 된다. 아동 또는 미성년자(또는 부녀자)는 식사시간에 노동과정이 진행되고 있는 공장작업실 안에 머물러 있어서도 안 된다."

우리가 이미 본 바와 같이, 노동의 시간·한계·중단을 그와 같이 군대식으로 일률적으로 시계의 종소리에 맞추어 규제하는 이 세밀한 규정들은 결코 의회가 고안해 낸 것이 아니었다. 세밀한 규정들은 근대적 생산양식의 자연법칙으로 당시의 상황에서 점차적으로 발전해 온 것이다. 국가에 의한 그것들의 제정·공식적 인정·선포는 장기간 계급투쟁의 결과였다. 이런 규정들로부터 당장 나타나게 된 결과들 중의 하나는 성인 남성노동자들의 노동일도 동일한 제한을 받게 되었다는 사실이다. 왜냐하면 대다수의 생산과정에서는 아동·미성년자·부녀자의 협조가 필수적이었기 때문이다. 그러므로 대체로 보아 1844~1847년 동안 12시간 노동일은 공장법의 적용을 받는 모든 산업부문에서 전반적으로 한결같이 실시되었다.

그러나 공장주들은 이와 같은 '진보'를 그것을 보상할 '퇴보' 없이는 허용하지 않았다. 이들의 선동에 따라 하원은 [하느님과 인간의 법률에 의

해 자본에 바쳐야 할] '공장아동의 추가공급'을 보장하기 위해 착취되는 아동의 최저연령을 9세에서 8세로 인하했다.[107)

1846~1847년은 영국경제사에서 하나의 획기적인 시기를 이룬다. 곡물법이 폐지되었고, 면화와 기타 원료에 대한 관세가 폐지되었으며, 자유무역이 입법의 지침으로 선포되었다. 한마디로 말해 [이른바] 천년왕국이 시작된 것이다. 다른 한편으로 이 동일한 해에 차티스트운동과 10시간 노동일을 위한 운동이 그 절정에 달했다. 이 운동들은 복수심에 불타고 있던 토리당을 그 동맹자로 삼게 되었다. 브라이트와 콥덴을 선두로 하는 배신적 자유무역주의의 발광적인 반항에도 불구하고, 그처럼 오랫동안 투쟁해 온 10시간 노동법안이 드디어 의회에서 통과되었다.

1847년 6월 8일의 신공장법은 1847년 7월 1일부터 '소년'(13세부터 18세까지)과 여성노동자 전체의 노동일을 먼저 11시간으로 단축할 것과, 1848년 5월 1일부터는 그것을 최종적으로 10시간으로 제한할 것을 규정했다. 그 밖의 점들에서는 이 법률은 1833년과 1844년의 법률에 대한 수정·증보에 지나지 않았다.

자본은 이 법률이 1848년 5월 1일부터 완전히 시행되는 것을 방해하기 위해 예비전쟁을 시도했다. 이리하여 노동자들 자신이 경험을 통해 배운 것처럼 가장하여, 자기들 자신의 업적[공장법]을 파괴하는 것에 참여하게 한 것이다. 시기는 교묘하게 선택되었다.

"1846~1847년의 심각한 공황 결과로 많은 공장들은 조업을 단축했고 그 밖의 공장들은 완전히 문을 닫았기 때문에, 공장노동자들은 2년 동안 극심한 고통을 받고 있었다는 사실을 상기할 필요가 있다. 그 때

---

107) "그들의 노동시간 단축은 고용되는 아동 수를 증가시킬 것이므로, 8세부터 9세까지 아동의 추가공급은 이런 수요 증가를 충족시킬 수 있을 것으로 생각되었다."(『공장감독관 보고서. 1844년 9월 30일』: 13)

문에 많은 수의 노동자가 매우 궁핍한 상태에 있었고, 많은 사람이 빚을 지게 되었다. 그러므로 그들은 과거의 손실을 보충하고 어쩌면 빚도 갚고, 또는 전당잡혔던 가구들을 다시 찾아오고, 또는 팔아치웠던 가구들을 새 것으로 바꾸며, 또는 자신과 가족들의 새 옷을 장만하기 위해, 차라리 더 긴 노동시간을 택하리라는 것은 충분히 짐작할 수 있었다."[108]

공장주들은 10%의 일반적 임금 인하를 통해 이런 사태의 자연적인 영향을 강화하려고 했다. 임금 인하는 말하자면 새로운 자유무역 시대의 개막을 축하하기 위해 행한 것이었다. 다음으로 노동일이 11시간으로 단축되자마자 임금을 또다시 $8\frac{1}{3}$% 인하했으며, 그 뒤 노동일이 최종적으로 10시간으로 단축되자마자 그것의 두 배를 또 인하했다. 그러므로 사정이 허락한 모든 곳에서 임금은 적어도 25% 인하했다.[109] 이처럼 유리하게 조성된 기회를 이용해 1847년의 법률을 폐지하기 위한 공장노동자들에 대한 선동이 개시되었다. 사기·유혹·협박 따위 모든 수단이 동원되었지만, 모든 것이 허사였다. 노동자들이 '이 법률이 그들에게 가한 고난'에 대해 불평하도록 강요당해 제출한 6통의 청원서에 관해 말한다면, 그 청원자들 자신이 구두심문을 당했을 때 자백한 바와 같이, 그들의 서명은 강압에 못 이겨 어쩔 수 없이 한 것이었다. "그들은 자신들이 억압을 당하고 있음을 느꼈다. 그러나 그것은 공장법에 의해서가 아니었다."[110]

---

108) 『공장감독관 보고서. 1848년 10월 31일』: 16.

109) "한 주일에 10실링을 받고 있던 사람들은 10%의 임금 인하로 말미암아 1s.을 깎이고, 다음으로 노동시간의 단축으로 말미암아 또다시 1s. 6d.를 깎여, 합계 2s. 6d.를 깎였는데, 그런데도 그들 대다수는 10시간 노동법안을 확고하게 지지하고 있다는 것을 나는 발견했다."(같은 보고서)

110) "'나는 청원서에 서명하기는 했지만, 이와 동시에 나는 내가 나쁜 일을 하고 있다고 말했다.' '그렇다면 당신은 왜 서명했는가?' '거절할 경우 공장

공장주들은 노동자들로 하여금 자기들이 원하는 대로 말하게 하는 데 성공하지 못하게 되자, 이번에는 그들 자신이 신문과 의회에서 노동자의 이름으로 더 한층 소리 높여 떠들어댔다. 그들은 공장감독관을 [세상을 개선한다는 망상 때문에 불행한 노동자들을 무자비하게 희생시키는] 프랑스 국민의회의 의원과 같은 혁명위원들이라고 비난했다. 그러나 이 술책도 또한 성공하지 못했다. 공장감독관 레너드 호너는 자기 스스로 그리고 자기의 부하인 부감독관들을 통해 랭커셔의 공장들에서 많은 증인을 심문했다. 심문을 받은 노동자 중 약 70%가 10시간 노동일을, 그보다 훨씬 적은 비율이 11시간 노동일을, 그리고 전혀 문제가 되지 않을 정도의 소수가 종전의 12시간 노동일을 지지한다고 말했다.[111]

다른 또 하나의 '온건한' 술책은 성인 남성노동자들을 12~15시간 일을 시킨 다음, 이 사실이 프롤레타리아트의 속마음에서 우러나오는 바람을 가장 잘 보여주는 것이라고 공표하는 것이다. 그러나 '무자비한' 공장감독관 레너드 호너가 또다시 현장에 나타났다. '시간외 근무자들'의 대다수가 언명한 바에 따르면,

"그들은 차라리 더 적은 임금을 받고 10시간 일하는 쪽을 훨씬 더 좋아하지만, 그들에게는 선택의 권리가 없다. 그들 중에는 많은 사람이 실업상태에 있기 때문에(방적공들 가운데는 어쩔 수 없이 실이나 잇는 노동자가 되어 아주 낮은 임금을 받고 있는 사람들도 많다), 만약

---

에서 쫓겨날 것이기 때문이다.' 이 청원자는 사실 '억압을 당하고 있다'는 것을 느끼고 있었으나, 그것은 결코 공장법에 의한 것은 아니었다."(같은 보고서: 102)

111) 같은 보고서: 17. 호너의 관할지역에서는 181개의 공장에서 10,270명의 성인 남성노동자가 심문을 받았다. 그들의 증언은 1848년 10월에 끝나는 반 년간의 공장감독관 보고서의 부록에 실려 있다. 이 증인심문은 다른 점에서도 귀중한 자료를 제공하고 있다.

그들이 노동시간의 연장을 거부한다면 다른 사람들이 즉시 그들의 자리를 차지할 것이다. 그리하여 그들의 선택은 더 장시간 노동하느냐 아니면 해고되느냐."112)

이와 같이 자본의 예비전쟁은 실패로 끝나고 10시간 노동법은 1848년 5월 1일 시행되었다. 그러나 그러는 동안 차티스트운동은 그 지도자들이 투옥되고 그 조직은 해체되는 대실패를 겪게 되었는데, 이것은 영국 노동자계급의 자신감을 뒤흔들어 버렸다. 그 뒤 얼마 되지 않아 파리의 6월 폭동과 그 피비린내 나는 진압은 유럽대륙에서와 마찬가지로 영국에서도 지배계급의 모든 분파들[즉 지주와 자본가, 주식투기업자와 소매상인, 보호무역주의자와 자유무역주의자, 정부와 야당, 목사와 무신론자, 젊은 창녀와 늙은 수녀]을 재산·종교·가족·사회의 구원이라는 공동의 구호 아래 통합시켰던 것이다. 노동자계급은 모든 곳에서 법의 보호를 박탈당했고, 교회로부터 파문당했으며, 각종 탄압법의 단속을 받게 되었다. 그리하여 공장주들은 더 이상 조금도 자제할 필요가 없게 되었다. 그들은 10시간 노동법에 대해서뿐 아니라, 1833년 이래 노동력의 '자유로운' 착취를 제한하려고 시도했던 모든 입법에 대해서도 공공연한 반란을 일으켰다. 그것은 노예제도 옹호반란 [ 미국의 남북전쟁 ]의 축소판으로 2년 이상에 걸쳐 냉소적인 무자비함과 테러리스트적 정력으로 감행되었는데, 반란자인 자본가가 도박에 건 것 [ 졌을 경우 잃게 될 것 ]이라고는 자기 노동자들의 가죽 이외에는 아무것도 없었기 때문에 성공하기도 그만큼 쉬웠다.

---

112) 『공장감독관 보고서. 1848년 10월 31일』의 부록에 있는 호너 자신이 수집한 증언, 제 69, 70, 71, 72, 92, 93호 및 부감독관 A가 수집한 증언, 제 51, 52, 58, 59, 62, 70호를 보라. 공장주 중에도 솔직하게 진술한 사람이 한 사람 있었다. 같은 부록 제14호와 제265호를 보라.

아래에서 말하는 것들을 이해하기 위해서는 다음을 상기할 필요가 있다. 즉 1833년, 1844년, 1847년의 공장법들은 그 하나가 다른 것에 수정을 가하지 않는 한 그 세 개가 모두 법률상 효력을 유지하고 있었다는 것, 어느 것도 18세 이상 남성노동자의 노동일을 제한하지 않았다는 것, 그리고 1833년 이래 여전히 아침 5시 반부터 저녁 8시 반까지의 15시간이 법정 '하루'이며, 그 한도 안에서 미성년자와 부녀자는 법에 규정된 조건들에서 12시간 노동 그리고 나중에는 10시간 노동을 행하게 되었다는 것 등이다.

공장주들은 이곳저곳에서 자기들이 고용하고 있던 미성년자와 여성노동자의 일부를, 많은 경우 그 절반까지 해고하기 시작했으며, 그 대신 거의 폐지되다시피 했던 성인 남성노동자의 야간노동을 부활시켰다. 그들은 10시간 노동법에서는 그밖에 다른 방도가 없다고 주장했다.[113]

두 번째 조치는 식사를 위한 법정 휴식시간에 관한 것이었다. 공장감독관들의 말을 들어보자.

"노동시간이 10시간으로 제한된 때부터 공장주들은, 예컨대 아침 9시부터 저녁 7시까지 작업하는 경우, 그들은 아침 9시 전에 한 시간과 저녁 7시 뒤에 반시간, 합계 $1\frac{1}{2}$ 시간을 식사시간으로 제공하기만 하면 법률의 규정을 충분히 지키는 셈이라고 주장하고 있다[비록 아직까지 철저하게 실천하고 있지는 않지만]. 그들이 현재 점심식사에 반시간 또는 한 시간을 주는 경우도 있으나, 동시에 그들은 10시간 노동일의 경과 중에는 $1\frac{1}{2}$ 시간의 어떤 부분도 허용해 줄 의무는 전혀 없다고 주장하고 있다."[114]

---

113) 『공장감독관 보고서. 1848년 10월 31일』: 133~134.
114) 『공장감독관 보고서. 1848년 4월 30일』: 47.

그러므로 공장주들의 주장에 따르면, 식사시간에 관한 1844년 법률의 엄격한 규정들은 노동자들에게 공장에 출근하기 전과 공장에서 퇴근한 뒤에, 다시 말해 자택에서 식사하는 것을 허가한 것에 지나지 않는다는 것이다! 그리고 왜 노동자들은 아침 9시 이전에 점심식사를 해서는 안 되는가? 그러나 형사재판소는 규정된 식사시간에 대해 다음과 같이 판결했다.

"반드시 작업시간 중의 휴식시간에 제공되어야 하며, 또 아침 9시부터 저녁 7시까지 중단 없이 10시간 동안 계속 노동시키는 것은 위법이다."115)

이처럼 유쾌한 시위운동을 한 뒤, 자본은 1844년의 법률조문에 일치하는 합법적인 조치를 강구함으로써 진정한 반란을 개시했다.

1844년의 법률은 낮 12시 이전에 일을 한 8세 내지 13세의 아동을 오후 1시 이후에 다시 일시키는 것을 분명히 금지했다. 그러나 이 법률은 노동시간이 낮 12시 또는 그보다 늦게 시작하는 아동들의 $6\frac{1}{2}$ 시간의 노동을 전혀 규제하지 않았다. 그러므로 8세의 아동들이 낮 12시에 노동을 시작한다면, 12시부터 1시까지(1시간), 오후 2시부터 4시까지(2시간), 그리고 저녁 5시부터 8시 반까지($3\frac{1}{2}$ 시간), 모아서 법정시간인 $6\frac{1}{2}$ 시간 일을 시킬 수 있다는 것이다! 또는 그보다도 더 좋은 방법이 있었다. 아동의 노동을 저녁 8시 반까지 일하는 성인 남성노동자들의 노동과 일치하도록 하기 위해 공장주들은 아동들에게 오후 2시 이전에는 일거리를 주지 않기만 하면 되었다. 그렇게 한 다음 그들을 저녁 8시 반까지 중단 없이 공장 안에 붙들어 둘 수 있었던 것이다.

---

115) 『공장감독관 보고서. 1848년 10월 31일』: 130.

"그리고 기계설비를 하루 10시간 이상 가동시키려는 공장주들의 욕
구로 말미암아 아동들을 [미성년자들과 부녀자들이 모두 공장에서 퇴
근한 뒤에] 오직 성인남자들과 함께 저녁 8시 반까지 일을 시키는 관
행이 영국에 수립되어 있다는 것은 현재 공공연한 사실이다."116)

노동자들과 공장감독관들은 위생과 도덕상의 이유로 이에 항의했다.
그러나 자본은 다음과 같이 대답했다.

"내 행동의 결과는 감수할 테요. 어서 재판이나 해 주시오.
채무증서에 쓰인 대로 벌금을 받을 거요."

［ 셰익스피어, 『베니스의 상인』에 나오는 샤일록의 말 ］

사실상 1850년 7월 26일 하원에 제출된 통계자료에 따르면, 모든 항의
에도 불구하고 1850년 7월 15일 257개 공장에서 3,742명의 아동이 '관
행'에 따르고 있었다.117) 그것만으로는 충분하지 못했다. 자본의 교활한
눈은, 1844년의 법률이 적어도 30분간의 휴식시간 없이는 오전의 5시간
노동은 허용하지 않고 있지만, 오후노동에 대해서는 그런 규정이 전혀
없다는 것을 발견했다. 그러므로 자본은 8세의 어린 노동자를 오후 2시
부터 저녁 8시 반까지 쉴 새 없이 혹사할 뿐 아니라 굶기기까지 하는 쾌
락을 요구했고 또 얻게 되었다.

"예, 가슴입니다. 증서에 그렇게 쓰여 있습니다!"118) ［ 샤일록의 말 ］

---

116) 같은 보고서: 142.

117) 『공장감독관 보고서. 1850년 10월 31일』: 5~6.

118) 자본의 본성은 자본이 발전하지 못한 형태에서나 발전한 형태에서나 변함
　　이 없다. 미국의 남북전쟁이 일어나기 얼마 전에 노예소유자들이 영향력을

공장주들은 1844년의 법률이 아동노동을 규제하는 한, 그 법률의 문구에 샤일록처럼 집착했으나, 그것이 '미성년자와 부녀자'의 노동을 규제하는 한, 그 법률 자체를 반대하는 공공연한 반란을 준비했다. 우리는 '허위에 찬 릴레이 제도'의 철폐가 이 법률의 주요 목적이며 주요 내용이라는 것을 기억하고 있다. 공장주들은 다음과 같은 간단한 선언으로 그들의 반란을 개시했다. 즉 1844년의 법률에는 15시간이라는 공장노동일 중에서 공장주들이 마음대로 시간을 갈라 미성년자와 부녀자의 노동력을 이용하는 것을 금지하는 조항이 있는데, 이것은 노동시간이 12시간으로 제한되어 있던 동안에는 '비교적 해롭지 않았지만', 10시간 노동법에서는 '매우 큰 곤란'을 준다는 것이었다.[119] 그리하여 공장주들은 감독관들에게, 자기들은 법률조문을 무시하고 옛날 제도를 부활시킬 것이라고 아주 냉정하게 통보했다.[120] 그렇게 하면 '더 높은 임금을 줄 수 있기 때문에,' 분별없는 노동자들 자신에게도 이익이 된다는 것이다.

"이것은 10시간 노동법 아래에서 영국의 공업상 패권을 유지하는 단 하나의 가능한 방안이다." "릴레이 제도에서 불법행위를 적발하는 것

---

행사해 멕시코에 적용시킨 법전에는, 자본가가 노동자의 노동력을 구매한 이상, 노동자는 자본가의 '화폐'라는 말이 있다. 이와 동일한 견해가 로마의 귀족들 사이에도 통용되고 있었다. 귀족이 평민 채무자에게 대부한 화폐는 채무자의 생활수단을 통해 채무자의 피와 살로 되었을 것이므로, 이 '피와 살'은 '귀족의 화폐'였던 것이다. 이로부터 샤일록과 같은 십동표의 법률 ‖ 고대 로마의 법전 ‖ 이 나온 것이다. 귀족인 채권자들이 때때로 티베르 강의 건너편에서 채무자의 살코기로 향연을 베풀었다는 랑게의 가설은 성찬식에 대한 다우머의 가설 ‖ 초기 기독교도들이 성찬식을 할 때 사람고기를 먹었다는 주장 ‖ 과 마찬가지로 여전히 의심스럽지만.

119) 『공장감독관 보고서. 1848년 4월 30일』: 133.
120) 그 중에도 박애주의자 애쉬워스는 레너드 호너에게 보낸 불쾌한 퀘이커교도 다운 편지 가운데서 그렇게 말했다.(『공장감독관 보고서. 1849년 4월』: 4)

은 다소 곤란할지도 모른다. 그러나 그것이 어떻단 말인가? 공장감독
관들과 부감독관들의 수고를 약간 덜어주기 위해 이 나라의 크나큰 공
업적 이익이 부차적인 것으로 취급되어도 좋단 말인가?"[121]

이런 모든 술책은 물론 전혀 도움이 되지 못했다. 공장감독관들은 법
정에 고발했다. 그러자 곧바로 내무장관 조지 그레이에게 공장주들의 탄
원서가 구름같이 모여들었고, 그 결과 그는 1848년 8월 5일자 공람에서
공장감독관들에게 다음과 같이 지시했다.

"미성년자들에게 법에서 허용한 시간 이상으로 실제로 일을 시켰다
고 믿을 만한 이유가 없는 경우에는, 법조문을 위반했다거나 릴레이
제도에 의해 미성년자를 고용했다고 해서 공장주들을 고발하지는 말
것."

이에 따라 공장감독관 스튜어트는 15시간의 공장노동일 범위 안에서
이른바 릴레이 제도를 스코틀랜드 전체에 허가했고, 그 결과 그곳에서는
오래지 않아 이 제도가 옛날처럼 다시 성행하게 되었다. 이와는 달리 잉
글랜드의 공장감독관들은 장관에게는 법률의 효력을 정지시킬 독재권이
없다고 선언하고 '노예제도 옹호반란'에 대한 법적 조치를 계속 행했다.
그러나 재판관들[또는 주의 치안판사들][122]이 자본가들에게 무죄판결
을 내린다면, 아무리 그들을 고발한들 무슨 소용이 있겠는가? 이들 법정
에서는 사실상 공장주들이 자기 자신을 재판했다. 예를 하나 들어 보자.

---

121) 『공장감독관 보고서. 1848년 10월 31일』: 138, 140.

122) 이 '주 치안판사', 즉 코베트가 말하는 이른바 '보수를 받지 않는 위대한
　　사람'은 각 주의 유지들 중에서 나오는 일종의 무급판사다. 사실상 그들은
　　지배계급의 세습적인 사법부를 구성하고 있다.

커쇼·리즈회사의 방적업자인 에스크리지라는 사람이 자기 공장에서 실시할 릴레이 제도의 계획표를 자기 지방의 공장감독관에게 제출했다. 그것을 거절한다는 회신을 받은 뒤 그는 처음에는 조용히 있었다. 몇 달이 지난 뒤 역시 방적업자인 로빈슨이라는 이름을 가진 사람—에스크리지의 충복이 아니라면 적어도 그의 친척이었다—이 에스크리지가 고안한 것과 똑같은 릴레이 제도를 채용했다는 이유로 고발되어 스톡포트시의 치안판사 앞에 불려 나왔다. 4명의 판사가 참석했는데, 그 중 3명은 방적업자였고, 수석에는 바로 그 에스크리지가 앉아 있었다. 에스크리지는 로빈슨의 무죄를 선고했으며, 이제 로빈슨에 대해서 정당한 것은 에스크리지에게도 정당하다고 생각했다. 그는 자기 자신의 합법적인 판결에 근거해 즉시 이 제도를 자기 자신의 공장에도 채용했다.[123] 물론 그 법정의 구성 자체가 하나의 법률위반이었다.[124] 감독관 하우엘은 다음과 같이 외치고 있다.

"재판에서 이와 같은 광대극은 하루 빨리 고쳐야 한다. 이런 소송사건이 재판에 회부되었을 때…이런 판결과 일치하도록 법률을 고치든지, 아니면 결함이 더 적은 법정이 재판하도록 해서 판결을 법률에 일치하게 하든지 해야 한다. 유급판사가 절실히 요망된다."[125]

형사재판소는 1848년의 법률에 대한 공장주들의 해석을 부당하다고

---

123) 『공장감독관 보고서. 1849년 4월 30일』: 21~22. 같은 종류의 실례에 대해서는 같은 보고서: 4~5 참조.

124) 존 홉하우스의 공장법으로 알려져 있는 윌리엄 4세 통치 제1년과 제2년의 법률(제24장, 제10조)에 따르면, 방적공장 또는 직물공장의 소유자 또는 그런 소유자의 부자·형제는 공장법에 관계되는 사건에서는 치안판사의 직무를 수행하지 못하도록 금지하고 있었다.

125) 『공장감독관 보고서. 1849년 4월 30일』: 22.

선언했으나, 사회의 구제자라는 그 재판소도 공장주들의 목적을 거부하지 않았다. 레너드 호너는 다음과 같이 보고하고 있다.

"나는 일곱 군데의 서로 다른 재판 관할구에서 10건을 고발하여…법률을 집행하려고 했으나 단 한 건에 대해서만 치안판사의 지지를 받았다…나는 법률위반을 이유로 더 이상 고발해도 소용없다고 생각했다. 1848년의 법률 중 노동시간을 획일적으로 만들기 위해 제정한 부분은…내 지역(랭커셔)에서는 더 이상 집행하지 못하고 있다. 나와 내 보조관들은 릴레이 제도를 실시하고 있는 공장들에서 미성년자와 부녀자를 10시간 이상 일시키지 않는다고 확증할 아무런 수단도 가지고 있지 않다…1849년 4월 말에는…114개의 공장이 이 방식으로 작업하고 있는데, 그 수는 지난 얼마 동안 급격히 증가한 것이다. 일반적으로 이런 공장들은 아침 6시부터 저녁 7시 반까지 $13\frac{1}{2}$시간 작업하고 있으며…약간의 경우에는 아침 5시 반부터 저녁 8시 반까지 15시간 작업하고 있다."[126]

이미 1848년 12월에 레너드 호너는, 이와 같은 릴레이 제도에서는 어떤 감독제도도 극도의 과도노동을 결코 방지할 수 없다고 한결같이 충고하는 공장주 65명과 공장관리인 29명의 명단을 가지고 있었다.[127] 동일한 아동들과 미성년자들이 15시간 동안 방적실에서 직조실로, 한 공장에서 다른 공장으로 교대되곤 했다.[128] 다음과 같은 제도를 어떻게 통제할 수 있겠는가!

---

126) 같은 보고서: 5.
127) 『공장감독관 보고서. 1849년 10월 31일』: 6.
128) 『공장감독관 보고서. 1849년 4월 30일』: 21.

"그 제도는 교대제라는 핑계로 노동자들을 카드처럼 한없이 다양하게 뒤섞어 놓고, 개개인들의 노동시간과 휴식시간을 매일 변동시킴으로써, 동일한 작업반에 속하는 노동자 전원이 결코 전과 동일한 시간과 장소에서 함께 작업하지 못하게 만든다."[129]

그러나 현실의 과도노동을 완전히 무시하더라도, 이 이른바 릴레이 제도는 푸리에의 유머가 넘치는 '단기복무'〔노동자들이 노동에 싫증을 내지 않도록 다양한 노동에 짧은 시간씩 근무하게 하는 것〕도 도저히 따라가지 못할 자본 망상의 산물이다. 물론 이 경우 '노동의 즐거움'이 '자본의 즐거움'으로 바뀌고 있기는 하지만. '존경할만한 신문'이 '적당한 배려와 순서가 달성할 수 있는 것'의 모델이라고 찬양한 공장주들의 릴레이 계획을 살펴보자. 노동자 전원은 흔히 12~14개의 부류로 나누어지고, 그 구성원은 끊임없이 교체되었다. 15시간의 공장노동일 동안 자본은 노동자를 때로는 30분, 때로는 한 시간씩 이 부류로 끌어들였다가는 밀어내고, 다시 저 부류로 끌어들였다가는 또다시 밀어냈다 하면서, 10시간 노동이 끝날 때까지 그들을 놓아주지 않고 분산된 토막시간씩 노동자들을 이리저리로 몰아댔다. 무대 위에서와 마찬가지로, 동일한 인물이 번갈아 가면서 다른 막의 다른 장면에 등장하지 않으면 안 되었다. 그러나 연극이 계속되는 동안 배우가 무대를 떠날 수 없는 것과 마찬가지로, 이제 노동자들은 공장에 오고 가는 데 필요한 시간을 빼고도 15시간 동안 공장에서 떠날 수 없었다. 그러므로 휴식시간은 억지로 쉬지 않을 수 없는 시간으로 변했으며, 그리하여 소년노동자들은 술집으로, 젊은 여공들은 창녀촌으로 갈 수밖에 없게 되었다. 자본가가 노동자 수를 증가시키지 않고 자기의 기계설비를 12시간 내지 15시간 가동시키기 위해 날마다 새로운 계획을

---

129) 『공장감독관 보고서, 1848년 10월 31일』: 95.

생각해 낼 때마다, 노동자는 자기의 식사를 때로는 이 자투리 시간에 또는 저 자투리 시간에 삼킬 수밖에 없었다. 10시간 노동일 쟁취투쟁 당시 공장주들은 노동자 무리들이 10시간 노동에 대해 12시간분의 임금을 받으려고 청원한 것이라고 외쳤다. 지금은 공장주들이 그렇게 하고 있으며, 노동력을 12시간 내지 15시간 마음대로 사용하고 10시간분의 임금만을 지급했다.[130] 이것이 문제의 요점이었고, 이것이 10시간 노동법의 공장주 판이었다! 이 공장주들은 바로 노동자들을 동정하면서 아양을 떨던 자유무역론자들인데, 그들은 곡물법 반대운동이 전개된 10년 동안 노동자들을 향해 곡물 수입이 자유롭게만 된다면 영국산업의 자본력으로 자본가를 부유롭게 만드는 데에는 10시간의 노동으로 아주 충분하다는 것을 1파운드, 1실링, 1페니까지 계산해 가면서 증명했던 것이다.[131] 2년간에 걸친 자본의 반란은 영국의 4대 최고재판소 중 하나인 재무재판소의 판결에 의해 드디어 최후의 승리를 획득했는데, 이 재판소는 1850년 2월 8일에 제기된 한 소송사건에서, 공장주들은 1844년의 법률 취지에 어긋나는 행동을 한 것은 사실이지만, 이 법률 자체가 자기 법률을 무의미하게 만드는 몇 개의 어구를 포함하고 있다는 판결을 내렸다. "이 판결로 10시간 노동법은 폐지된 것과 마찬가지다."[132] 이때까지는 미성년자와 부녀자에 대한 릴레이 제도의 적용을 꺼리고 있던 다수의 공장주들도

---

130) 『공장감독관 보고서. 1849년 4월 30일』: 6과, 『공장감독관 보고서. 1848년 10월 31일』에 게재된 공장감독관 하우엘과 손더즈의 교대제에 관한 상세한 설명을 보라. 또 1849년 봄 애쉬톤과 그 부근 목사들이 이 제도에 반대해 여왕에게 제출한 청원서를 보라.

131) 예컨대 그레그, 『공장문제와 10시간 노동법안』(런던 1837)을 참조하라.

132) 엥겔스, 「영국의 10시간 노동법안」(내가 편집한 『신 라인신문, 정치경제 평론』, 1850년 4월호, p.13). [ CW 10: 297 ] 이 '최고'재판소는 미국 남북전쟁 때도 해적선의 무장을 금지한 법 조문의 의미를 그 반대로 해석하게 만드는 문구의 애매성을 발견했다.

이제는 그것을 대대적으로 실시하기 시작했다.[133]

그러나 자본의 이런 외견상의 결정적 승리에 뒤이어 곧바로 반격이 왔다. 이때까지 노동자들이 해온 저항은 비록 완강하고 끊임없이 되풀이되기는 했으나 소극적인 것이었다. 이제야 그들은 랭커셔와 요크셔에서 위협적인 집회를 열고 큰 소리로 항의하기 시작했다. 즉 10시간 노동법이라는 것은 단순한 사기고, 의회의 기만이며, 실제로는 존재하지도 않았다는 것이다! 공장감독관들은 계급적 적대관계가 들어보지 못한 정도의 긴장상태에 도달해 있다는 것을 정부에 긴급히 경고했다. 일부 공장주들까지도 다음과 같이 불평했다.

"치안판사들의 모순된 판결로 말미암아 매우 비정상적인 무정부 상태가 지배하게 되었다. 요크셔에서 시행되고 있는 법률과 랭커셔에서 시행되고 있는 법률이 서로 다르며, 같은 랭커셔 안에서도 어떤 교구의 법률은 그 인접한 교구의 법률과 다르다. 대도시의 공장주는 법망을 피할 수 있으나, 농촌지방의 공장주는 릴레이 제도에 필요한 인원, 더욱이 노동자들을 한 공장에서 다른 공장으로 이동시키는 제도에 필요한 인원을 구할 수 없다."

노동력을 착취하는 데 모든 자본가들이 평등해야 하는 것은 자본의 법이 규정하는 자본가들의 기본권리다.

이와 같은 사정에서 공장주와 노동자 사이에는 타협이 성립되었고, 그것은 1850년 8월 5일의 새로운 추가적 공장법으로 의회의 승인을 받았다. '미성년자와 부녀자'의 노동일은 1주일의 첫 5일은 10시간에서 $10\frac{1}{2}$시간으로 연장되었고, 토요일에는 $7\frac{1}{2}$시간으로 제한되었다. 작업

---

133) 『공장감독관 보고서. 1850년 4월 30일』.

은 아침 6시부터 저녁 6시 사이에 수행되어야 하며,[134] 식사를 위한 $1\frac{1}{2}$ 시간의 휴식이 허용되어야 하는데, 이 식사시간은 전원에게 동시에, 그리고 1844년의 규정들을 따라야 했다. 이것으로 릴레이 제도는 영원히 폐지되었다.[135] 아동노동에 대해서는 1844년의 법률이 계속 효력을 유지했다.

한 부류의 공장주들은 이번에도 이전과 마찬가지로 프롤레타리아트 아동에 대한 특권을 확보했다. 견직물 공장주들이 그들이었다. 1833년에 그들은 협박조로 "만약 온갖 나이의 아동들에게 하루 10시간씩 일을 시킬 자유가 박탈된다면, 우리들의 사업은 중단될 것이다."[136]고 외쳤다. 그들은 충분한 수의 13세 이상의 아동들을 구할 수 없게 된다고 주장했으며, 그리하여 그들은 바랐던 특권을 쟁취했다. 이런 구실은 새빨간 거짓말이라는 것이 나중의 조사에서 판명되었다. 그런데도 그 뒤 10년 동안 의자에 앉혀주지 않으면 일을 할 수 없을 정도의 어린 아동들의 피로 매일 10시간씩 명주실을 뽑아내도록 내버려 두었던 것이다.[137] 1844년의 법률은 견직물 공장주로부터 11세 미만의 아동을 하루 $6\frac{1}{2}$ 시간 이상 일시키는 '자유'를 '박탈'했지만, 그 대신 그들에게 11~13세의 아동을 하루 10시간씩 일 시킬 특권을 보장해 주었으며, 또 다른 모든 아동들에게 강제적으로 적용되고 있던 취학 의무를 면제해 주었다. 이번에는 다음과 같은 것이 구실로 되었다.

---

134) 겨울에는 아침 7시부터 저녁 7시까지로 변경해도 된다.

135) "현행법(1850년)은 노동자계급의 처지에서 보면, 노동시간이 제한되고 있는 사람들[미성년자와 부녀자]에게 노동의 시작과 종료를 동일하게 한다는 이익을 얻는 대신 '10시간' 노동법의 이익을 포기한 타협의 산물이었다." (『공장감독관 보고서, 1852년 4월 30일』: 14)

136) 『공장감독관 보고서, 1844년 9월 30일』: 13.

137) 같은 보고서.

"섬세한 견직물을 만들기 위해서는 손끝이 부드러워야 하는데, 그것은 어려서부터 공장에 들어와 일함으로써 확보할 수 있다."[138]

남부 러시아에서 뿔 달린 가축들이 가죽과 기름 때문에 도살되는 것과 마찬가지로, 아동들은 부드러운 손끝 때문에 도살되었다. 드디어 1850년에는 1844년에 허용된 특권이 명주실을 꼬는 부문과 명주실을 감는 부문에만 남게 되었다. 그러나 '자유'를 박탈당한 자본의 손해를 보상하기 위해 11~13세 아동의 노동시간이 10시간에서 $10\frac{1}{2}$ 시간으로 연장되었다. 그 구실은 "견직물 공장의 노동은 다른 섬유공장의 노동보다 쉬우며  또 건강에 덜 해롭다."[139]는 것이다. 그 뒤 정부의 의학적 조사가 증명한 바에 따르면, 이와는 반대로

"견공업 지방의 평균사망률은 매우 높고, 주민 중 여성들의 사망률은 심지어 랭커셔의 면공업 지방보다도 더 높다."[140]

공장감독관들의 반년마다 반복되는 항의에도 불구하고, 이런 폐해는 현재까지도 계속되고 있다.[141]

1850년의 법률은 다만 '미성년자와 부녀자들'을 위해 아침 5시 반부터 저녁 8시 반까지의 15시간을 아침 6시부터 저녁 6시까지의 12시간으로

---

138) 『공장감독관 보고서. 1846년 10월 31일』: 20.

139) 『공장감독관 보고서. 1861년 10월 31일』: 26.

140) 같은 보고서: 27. 일반적으로 공장법 때문에 노동자들은 육체적으로 현저하게 좋아졌다. 의사들의 모든 증언은 이 점에서 일치하며, 또 나 자신의 관찰에 의해 그것을 확신한다. 그런데도 출생 뒤 몇 년 사이의 유아사망률이 매우 높은 것은 무시하더라도, 그린하우의 공식보고는 공장지역의 건강상태가 '표준적 건강상태인 농업지역'보다 나쁘다는 것을 보여주고 있다. 그 증거로 그의 1861년 보고 중에서 특히 다음 표를 보라.

변경시킨 데 지나지 않았다. 그리하여 이 법률은 아동들에 대해서는 달라진 것이 없으며, 비록 아동들의 총노동시간은 $6\frac{1}{2}$ 시간을 초과할 수 없었지만, 앞에서 말한 12시간이 시작되기 전 $\frac{1}{2}$ 시간과 끝난 뒤의 $2\frac{1}{2}$ 시간에는 아동을 여전히 고용할 수 있었다. 이 법률이 심의될 때 공장감독관들은 이와 같은 변칙적인 것의 파렴치한 남용에 관한 통계자료를 의회에 제출했다. 그러나 아무 소용이 없었다. 경기가 좋은 해에는 아동들을 보조로 붙여 성인노동자의 노동일을 15시간까지 연장시키려는 의도가 배후에 숨어 있었던 것이다. 그 뒤 3년간의 경험은 그와 같은 시도가 성인 남성노동자들의 저항에 부딪혀 좌절될 수밖에 없었다는 것을 보여주었다.[142] 그러므로 1850년의 법률은 1853년에 이르러 드디어 "아침에는 미성년자와 부녀자의 노동이 시작되기 전에, 그리고 저녁에는 이들의 노동이 끝난 뒤에, 아동을 고용하는 것"을 금지하는 조항이 보충되었다. 이

| 성인남성 중 공장취업자 | 남성 10만 명 중 폐병 사망자 수 | 지방명 | 여성 10만 명 중 폐병 사망자 수 | 성인여성 중 공장취업자 | 여성의 직업 종류 |
|---|---|---|---|---|---|
| 14.9 % | 598 명 | 위건 | 644 명 | 18.0 % | 면 |
| 42.6 | 708 | 블랙번 | 734 | 34.9 | 면 |
| 37.3 | 547 | 핼리팩스 | 564 | 20.4 | 털실 |
| 41.9 | 611 | 브랫포드 | 603 | 30.0 | 털실 |
| 31.0 | 691 | 매클즈필드 | 804 | 26.0 | 명주 |
| 14.9 | 588 | 리크 | 705 | 17.2 | 명주 |
| 36.6 | 721 | 스토크-어폰-트렌트 | 665 | 19.3 | 토기 |
| 30.4 | 726 | 울스탄톤 | 727 | 13.9 | 토기 |
| – | 305 | 8개 건강한 농업지방 | 340 | – | – |

141) 잘 아는 바와 같이, 영국의 '자유무역주의자들'은 비단제품에 대한 보호관세를 마지못해 단념했다. 이제 프랑스로부터 수입을 막는 보호 대신에 영국 공장아동들을 보호하지 않는 것이 그들의 이익에 봉사하고 있다.

142) 『공장감독관 보고서. 1853년 4월 30일』: 30.

때부터 1850년의 공장법은 거의 예외없이 그것이 적용되는 산업부문들에서 모든 노동자들의 노동일을 규제하게 되었다.[143] 최초의 공장법이 제정된 이래 이미 반세기나 지난 뒤의 일이었다.[144]

공장법은 1845년의 날염공장법에서 처음으로 자기 본래의 적용영역을 넘어섰다. 자본이 이 새로운 '탈선행위'를 용인할 때의 불만은 이 법률의 한 자 한 구가 말하고 있다. 이 법률은 8세에서 13세까지의 아동과 부녀자의 노동일을 아침 6시부터 저녁 10시까지의 16시간으로 제한하면서, 그 사이에 식사를 위한 법정휴식시간은 전혀 규정하지 않고 있다. 또한 그것은 13세 이상의 남성노동자를 밤낮을 통해 마음대로 노동시키는 것을 허용하고 있다.[145] 이 법률은 의회가 낳은 기형아인 것이다.[146]

---

143) 영국 면공업의 전성기인 1859년과 1860년에 공장주들은 시간외 노동에 대해 높은 임금이라는 미끼로 성인 남성노동자로 하여금 노동일의 연장에 찬성하게 만들려고 시도했다. 수동 뮬방적기와 자동방적기로 일하는 방적공들은 자기들의 고용주에게 건의서를 제출함으로써 이 시도에 종말을 짓게 했는데, 그 건의서에는 특히 다음과 같이 쓰여 있다. "솔직히 말해 우리의 생명이 우리에게 무거운 짐이 되고 있다. 그리고 우리가 다른 직종의 노동자들보다 1주에 거의 2일(20시간)이나 오래 공장에 얽매여 있는 한, 우리는 스스로가 이 나라의 노예와 같다고 느끼게 되며, 또 우리 자신과 우리 후손에게 해독을 끼치는 제도를 우리 자신이 영구화하고 있다고 느낀다… 그러므로 크리스마스 휴일과 새해 휴일을 마치고 또다시 일을 시작할 때 우리는 $1\frac{1}{2}$ 시간의 휴식시간을 포함해 6시부터 6시까지, 1주일 60시간 이상은 노동하지 않겠다는 것을 귀하에게 정중히 알려드리는 바다."(『공장감독관 보고서. 1860년 4월 30일』: 30)

144) 이 법률의 문구가 어떻게 법률 자체를 위반하게 하는가에 대해서는 「공장규제법」(1859년 8월 9일)에 관한 의회 보고와, 거기에 들어 있는 레너드 호너의 "감독관들이 현재 성행하고 있는 위법적 노동을 방지할 수 있도록 공장법을 개정하기 위한 제안"을 보라.

145) "지난 반년 동안 내 관할구에서는 8세와 그 이상의 아동들이 사실상 아침 6시부터 저녁 9시까지 혹사당하고 있었다."(『공장감독관 보고서. 1857년 10월 31일』: 39)

그러나 공장법의 원칙은 현대적 생산방식의 독특한 창조물인 대공업부문들을 통제함으로써 승리를 거두었다. 1853~1860년에 대공업부문들의 놀라운 발전과 공장노동자들의 육체적·정신적 재건은 아무리 아둔한 사람의 눈에도 선명하게 보일 정도였다. 반세기 동안의 내전[노동자와 자본가 사이의 투쟁]에 의해 한 걸음 한 걸음씩 노동일의 법률적 제한과 규제를 어쩔 수 없이 받아들이게 된 공장주들 자신이 자기들의 공업부문과 아직도 '자유로운' 착취가 남아 있는 공업부문들 사이의 현저한 대조를 자랑스럽게 지적하고 있다.[147] '정치경제학'의 바리새인[위선자]들은 새삼스럽게 노동일의 법적 규제의 필요성에 대한 통찰이 그들 '과학'의 특징적인 성과라고 선언했다.[148] 쉽게 이해할 수 있는 일이지만, 대공장주들이 불가피한 대세에 체념해 순응하게 된 뒤 자본의 저항력은 점차 약화되어 갔고, 이에 반해 노동자계급의 공격력은 공장법에 직접적인 이해관계가 없는 사회계층 속에서 노동자계급의 동맹자 수가 증가함에 따라 강화되어 갔다. 이리하여 1860년 이래 공장법은 비교적 급속한 발전을 이룩했다.

염색공장과 표백공장은 1860년에,[149] 레이스공장과 양말공장은 1861

---

146) "날염공장법은 교육에 관한 규정에서 보나 노동보호에 관한 규정에서 보나 실패작으로 인정되고 있다."(『공장감독관 보고서. 1862년 10월 31일』: 52)

147) 예컨대 1863년 3월 24일자 『더 타임즈』에 보낸 편지에서 포터가 이런 견해를 표명하고 있다. 『더 타임즈』는 그에게 10시간 노동법을 반대한 공장주들의 반란을 상기시키고 있다.

148) 투크의 『가격의 역사』의 공저자이고 편집자인 뉴마치가 이런 견해를 표명했다. 여론에 대해 비겁한 양보를 하는 것이 과학적 진보인가?

149) 1860년에 제정된 표백업과 염색업에 관한 법률에 따르면, 노동일은 1861년 8월 1일부터 잠정적으로 12시간으로 단축되었다가 1862년 8월 1일부터 최종적으로 10시간으로, 즉 평일에는 $10\frac{1}{2}$시간, 토요일에는 $7\frac{1}{2}$시간으로 단축하기로 되어 있었다. 그러나 결정적인 해 1862년에는 종전과 같은 연극이 되풀이되었다. 공장주들은 의회에 진정서를 제출해 미성년자와 부녀

년에 각각 1850년 공장법의 적용을 받게 되었다.

『아동노동 조사위원회』의 제1차 보고(1863년)의 결과, 모든 토기(도자기뿐 아니라)·성냥·뇌관·탄약·카펫·능직포의 제조공장, 그리고 '마무리 작업'이라는 이름 아래 총괄되는 수많은 과정들에 노동자를 고용하고 있는 공장들도 역시 동일한 운명에 처하게 되었다. 1863년에는 '야외표백업'150)과 빵제조업이 특별법의 적용을 받게 되었는데, 이 법에 의

---

자의 12시간 노동을 앞으로 1년만 더 용인해 달라고 요청했다. "산업의 현재와 같은 상태에서"(면화 기근)"만약 노동자들이 하루 12시간씩 노동하고 가급적 많은 임금을 받을 수 있도록 허락해 준다면, 그것은 노동자들에게 큰 이익이 될 것이다." 이런 취지의 법률안이 하원에 제출되었는데, "그것이 폐기된 것은 주로 스코틀랜드 표백공장 노동자들의 운동 결과였다."(『공장감독관 보고서. 1862년 10월 31일』: 14~15) 노동자들의 이름으로 말하는 체하다가 바로 그 노동자들로부터 이처럼 격퇴를 당하자, 자본은 법률가의 돋보기안경의 도움을 받아, 1860년의 법률도 '노동보호'를 위한 모든 의회 법률과 마찬가지로 의미가 애매한 문구로 쓰여 있어, '다림질공'과 '마무리공'을 그 적용대상에서 제외시킬 수 있는 구실을 준다는 것을 발견했다. 언제나 자본에 충실하게 봉사하는 영국 사법당국은 민사재판소를 통해 이와 같은 궤변을 승인했다. "노동자들은 크게 실망했다…그들은 과도노동에 대해 불평했다. 그리고 입법의 명백한 취지가 용어의 불완전한 정의 때문에 허사가 된다는 것은 유감천만이라 하지 않을 수 없다."(같은 보고서: 18)

150) '야외표백업자들'은 부녀자는 야간노동을 하지 않는다는 거짓말에 의해 1860년의 표백공장법의 적용을 면제받고 있었다. 이 거짓말은 공장감독관들에 의해 폭로되었고, 동시에 의회도 노동자들의 진정서에 의해 야외표백은 즐거운 초원 위에서 진행되는 것이라는 목가적인 생각을 버리게 되었다. 이 야외표백업에서는 화씨 90~100도[섭씨 32~38도]의 건조실이 사용되고 있는데, 거기에서는 주로 소녀들이 일하고 있다. '냉각'이라는 말은 때때로 건조실에서 밖으로 나가 바람을 쐬는 것을 의미하는 용어다. "건조실에는 15명의 소녀가 있고 온도는 보통아마포의 경우에는 80~90도[섭씨 27~32도]이고, 고급아마포의 경우에는 100도[섭씨 38도] 이상이다. 한가운데 밀폐식 난로를 놓은 약 10평방피트의 조그만 방에서 12명의 소녀가 다

해 전자에서는 미성년자·부녀자의 야간노동(저녁 8시부터 아침 6시까
지)이 금지되었고, 후자에서는 저녁 9시부터 아침 5시 사이에 18세 미만
빵제조 직인의 고용이 금지되었다. 아동노동 조사위원회는 농업·광산
업·운수업을 제외한 영국의 모든 중요한 산업부문들로부터 '자유'〔착취

---

림질을 하며, 또 천을 개는 일을 한다. 소녀들은 무섭게 달아 있는 난로를
뺑 둘러싸고 있으며, 난로의 열은 다림질공들을 위해 아마포를 삽시간에
말린다. 이 직공들의 작업시간은 제한되어 있지 않다. 바쁠 때에는 며칠이
고 계속 밤 9시 내지 12시까지 일한다."(『공장감독관 보고서. 1862년 10월
31일』: 56) 한 의사는 다음과 같이 진술하고 있다. "바람을 쐬기 위해 특
별한 시간이 주어져 있는 것은 아니다. 그러나 온도가 견디기 어려울 정도
로 높아지든가 여공들의 손이 땀으로 더러워질 때 몇 분간 밖에 나가는 것
이 허가된다…이 여공들의 질병을 치료해 온 내 경험은 나로 하여금 그들
의 건강상태가 방적여공들의 건강상태보다 나쁘다는 것을 말하지 않을 수
없게 한다."(그런데 자본은 의회에 제출한 청원서에서 그들을 화가 루벤스
와 같은 수법으로 건강미 넘치는 모습으로 묘사했다!)"그들이 가장 자주 걸
리는 병은 폐결핵·기관지염·자궁병·악성 히스테리·류머티즘이다. 이 병들
이 생기는 직접·간접의 원인은 공장 안의 공기가 탁하고 지나치게 덥다는
것과 그들이 겨울에 집으로 돌아갈 때 차고 습기찬 공기로부터 그들을 보호
해 줄만한 따뜻한 의복이 없다는 사실이다."(같은 보고서: 56, 57) 이 즐거
운 '야외표백업자들'로부터 얻어낸 1863년의 법률에 관해 공장감독관들은
다음과 같이 말하고 있다. "이 법률은 외견상 제공하고 있는 보호를 노동
자에게 전혀 보장해 주지 못할 뿐 아니라…규정의 용어가 애매모호해 아
동과 부녀자가 저녁 8시 이후 작업하는 현장이 발각되지 않는 한 결코 보
호조항의 혜택을 받지 못하게 되어 있으며, 발각된 경우에도 입증방법이
어려워 법률위반자가 처벌을 받는 일은 거의 없다."(같은 보고서: 52) "이
법률은 인도적인 목적이나 교육적인 목적을 추구하는 법률로서는 완전한
실패작이다. 왜냐하면 그것은 나이에 대한 제한이나 남녀의 구별도 없이
또 표백공장 부근에 사는 가정의 사회적 관습도 고려하지 않고, 부녀자와
아동에게 하루에 14시간[식사시간은 형편에 따라 있기도 하고 없기도 한
다] 또는 그보다 더 장시간 노동하는 것을 허용하고 있는데(이 경우에는
허용이라기보다는 강제다), 이것을 인도적이라고 말할 수는 없기 때문이
다."(『공장감독관 보고서. 1863년 4월 30일』: 40)

의 자유 ]를 박탈하려는 제안들을 내놓았는데, 그것들에 대해서는 뒤에
논의하려 한다.151)

## 제7절  표준노동일을 얻기 위한 투쟁 : 영국 공장법이 타국 에 준 영향

노동이 자본에 종속함으로써 생기는 생산방식의 변화들은 잠깐 무시
하더라도, 자본주의적 생산의 독특한 내용과 목적은 잉여가치의 생산 또
는 잉여노동의 착취라는 것을 독자는 기억할 것이다. 독자는 또 우리가
지금까지 전개해 온 관점에서는 오직 자립적인 노동자, 따라서 법률적으
로 성년에 이른 노동자만이 상품의 판매자로 자본가와 계약을 맺는다는
것을 기억할 것이다. 그러므로 만약 우리의 역사적 개관에서 한편으로
근대적 산업이, 다른 한편으로 육체적 · 법률적 미성년자의 노동이 주요
한 구실을 했다면, 전자는 다만 노동착취의 특수한 분야로서, 후자는 오
직 노동착취의 특히 주목할 만한 실례로서만 의의를 가진 것이었다. 앞
으로의 연구 전개를 예상하지 않더라도 지금까지의 역사적 사실들을 단
순히 결합하면 다음과 같은 결론이 나온다.
첫째로 노동일을 무제한으로 또 무자비하게 연장하려는 자본의 충동
은, 수력 · 증기 · 기계에 의해 맨 처음 혁명이 일어난 산업부문들, 근대
적 생산방식의 최초 창조물인 면화 · 양모 · 아마 · 명주의 방적업과 직조
업에서 먼저 충족된다. 물질적 생산방식의 변화와 이에 어울리는 생산자
들의 사회적 관계의 변화는152) 처음에는 노동일의 한계를 무제한으로 확

---

151) 내가 이 글을 쓴 1866년 이래 또다시 반동이 시작되었다.

대했고, 다음에는 그에 대한 반작용으로 휴식시간을 포함하는 노동일을 법률이 제한하고 규제하며 균일화하는 사회적 통제를 초래했다. 그러므로 19세기 전반기에는 이런 통제는 다만 예외적인 입법으로 나타났던 것이다.[153] 그러나 공장법이 새로운 생산방식의 이 최초의 영역을 정복하자마자, 그 사이에 다른 수많은 생산부문이 동일한 공장제도를 채택했을 뿐 아니라, 도자기공업, 유리공업 등과 같이 다소 시대에 뒤떨어진 경영방식을 가지고 있던 매뉴팩처도, 또 빵제조업과 같은 구식의 수공업도, 그리고 마지막으로 못제조업 등과 같은 분산적인 이른바 가내공업[154]까지도 벌써 오래 전부터 공장공업과 마찬가지로 완전히 자본주의적 착취 아래에 있다는 것이 판명되었다. 그러므로 공장법은 그 예외법적 성격에서 점차 벗어나거나, 또는 영국에서와 같이 입법이 로마 가톨릭교회의 결의법 [ 보편적인 도덕법칙을 개개의 행위나 양심문제에 적용하는 법 ] 의 방식을 따르는 곳에서는 노동이 수행되고 있는 가옥을 모두 공장이라고 선포하지 않을 수 없었다.[155]

둘째로 어떤 생산부문에서 일어났던 노동일 규제의 역사와, 다른 생산부문에서 지금도 계속되고 있는 이 규제를 둘러싼 투쟁은, 자본주의적

---

152) "이들 계급 각자"(자본가와 노동자)"의 행동은 그들이 처해 있는 상대적 상황의 결과였다."(『공장감독관 보고서. 1848년 10월 31일』: 113)

153) "제한이 가해진 업종들은 증기력이나 수력에 의한 섬유제품 제조와 관련된 것들이었다. 감독을 받는 기업은 두 개의 조건이 필요했다. 즉 증기력 또는 수력의 사용과, 특정한 종류의 섬유의 가공이 그것이었다."(『공장감독관 보고서. 1864년 10월 31일』: 8)

154) 아동노동 조사위원회의 최근 보고서는 이른바 가내공업의 상태에 관한 매우 값진 자료를 포함하고 있다.

155) "지난 회기(1864년)에 제정된 법률들은 … 그 작업방식이 서로 다른 여러 가지 업종을 포괄하고 있다. 기계를 움직이기 위한 기계력의 사용은 더 이상 종전과 같이 '공장'을 구성하는 데 필요한 요소들 중의 하나가 아니게 되었다."(『공장감독관 보고서. 1864년 10월 31일』: 8)

생산이 일단 일정한 성숙단계에 도달하면 개별 노동자[자기 노동력의
'자유로운' 판매자로서 노동자]는 아무런 저항 없이 굴복하게 된다는 사
실을 증명하고 있다. 그러므로 표준노동일의 제정은 장기간에 걸친 자본
가계급과 노동자계급 사이의 다소 은폐된 내전의 산물인 것이다. 이 투
쟁은 근대산업의 영역에서 개시되는 것이므로 먼저 근대산업의 모국 잉
글랜드에서 일어났다.156) 영국의 공장노동자들은, 자기들의 이론가가 자
본가들의 이론에 대한 최초의 도전자였던 것과 마찬가지로,157) 영국의
노동자계급뿐 아니라 근대적 노동자계급 일반의 투사였다. 그러므로 공
장철학자 유어는, '노동 [ 자본 ] 의 완전한 자유'를 위해 당당하게 싸우는
자본에 대항해 영국 노동자계급이 '공장법이라는 노예제도'를 자기들의
기치로 삼았던 것은 노동자계급의 씻을 수 없는 치욕이라고 비난하고 있

156) 대륙적 자유주의의 낙원인 벨기에에서는 이 운동의 흔적도 없다. 이 나라
에서는 탄광과 금속광산에서조차 모든 나이의 남녀노동자들이 몇 시간이
든 어느 때든 가리지 않고 완전히 '자유롭게' 소비되고 있다. 거기에 종사
하고 있는 노동자 1,000명당 733명은 성인남성, 88명은 성인여성, 135명
은 16세 미만의 소년, 그리고 44명은 16세 미만의 소녀다. 용광로 등에서
는 1,000명당 668명이 성인남성, 149명이 성인여성, 98명이 16세 미만의
소년, 그리고 85명이 16세 미만의 소녀다. 성숙한 그리고 미성숙한 노동력
에 대한 가공할만한 착취에 비해 지급되는 임금은 매우 낮은데, 1일 평균
성인남성은 2s. 8d., 성인여성은 1s. 8d., 소년은 1s. $2\frac{1}{2}$ d.다. 그 결과 벨
기에는 1850~1863년에 석탄·철 등의 수출량과 수출액을 거의 두 배로 늘
렸다.
157) 1810년 직후 로버트 오언은 노동일 제한의 필요성을 이론적으로 주장했을
뿐 아니라, 10시간 노동일을 뉴래너크에 있는 자기 공장에 실제로 도입했
는데, 이것을 세상 사람들은 공산주의적 공상Utopia이라고 비웃었다. 그리
고 그가 실시한 '아동의 교육과 생산적 노동의 결합', 그리고 그가 창설한
노동자들의 협동조합도 공산주의적 공상이라고 비웃음을 샀다. 그러나 오
늘날 첫 번째 공상은 공장법이 되었고, 두 번째 공상은 모든 공장법에 있는
공식적인 관용구가 되었으며, 세 번째 공상은 이미 [ 자본가계급의 ] 반동적
속임수를 숨기는 가면으로 쓰이고 있을 정도다.

다.158)

프랑스는 영국의 뒤를 천천히 따라오고 있다. 프랑스의 12시간 노동법159)이 탄생하기 위해서는 2월 혁명 [ 1848년 ]이 필요했는데, 이 법률도 그것의 원형인 영국의 12시간 노동법에 비해 결함투성이었다. 그런데도 프랑스의 혁명적 방법은 자기 특유의 장점을 가지고 있다. 왜냐하면 영국의 입법이 이런저런 사태의 압력에 마지못해 굴복한 결과 서로 모순되는 법조항에 얽매여 헤어나지 못하는 데 반해,160) 프랑스의 혁명적 방법은 한꺼번에 전체 작업장과 공장에 대해 무차별적으로 노동일에 대한 동일한 제한을 부과하고 있기 때문이다. 더욱이 영국에서는 오직 아동과

---

158) 유어, 『공장철학』(불어 번역판) 제2권: 39, 40, 67, 77, 기타.

159) 1855년 파리 국제통계회의의 「보고」는 특히 다음과 같이 쓰고 있다. "공장과 작업장의 매일 노동을 12시간으로 제한하는 프랑스 법률은 이 노동을 일정한 고정적인 시간에 국한하지 않고 있다. 오직 아동노동에 대해서만 오전 5시와 저녁 9시 사이로 규정하고 있다. 그러므로 일부 공장주는 [이 치명적인 침묵이 그들에게 주는 권리를 이용해] 일요일을 제외하고는 날마다 밤낮 중단 없이 일을 시키고 있다. 그들은 이렇게 하기 위해 서로 다른 2개 팀의 노동자를 사용하고 있는데, 그 중 어느 팀도 12시간 이상을 작업장에서 지내지는 않으나, 공장의 작업은 밤낮으로 계속된다. 법은 준수되고 있다. 그러나 인도적 측면은 어떠한가?'야간노동이 인체에 미치는 파괴적 영향' 이외에 '어두컴컴한 동일한 작업장에서 남녀가 밤에 함께 일하는 데서 생겨나는 파멸적인 영향'도 역시 강조하고 있다.

160) "예컨대 내 관할구역에서는 동일한 공장건물에서 동일한 공장주가 표백업자와 염색업자로서는 표백공장법·염색공장법의 적용을 받고, 날염업자로서는 날염공장법의 적용을 받으며, 마무리업자로서는 공장법의 적용을 받고 있다."(『공장감독관 보고서. 1861년 10월 31일』: 20에 실린 베이커의 보고) 이 법률들의 서로 다른 규정과 이로부터 나오는 복잡한 관계를 열거한 뒤 베이커는 다음과 같이 말한다. "만약 공장주들이 어떻게 해서든 법망을 피하려고 생각한다면, 이 3개 법률의 실시를 보장하는 것이 얼마나 곤란하겠는가는 이로부터도 알 수 있다." 그러나 이것 때문에 법률가들에게는 소송사건이 보장되고 있다.

미성년자와 부녀자의 이름으로 쟁취했을 뿐이고 또 최근에 와서야 비로소 일반적 권리로 요구하기 시작한 것을, 프랑스의 법률은 원칙으로서 선언하고 있기 때문이다.[161]

미국에서는 노예제도가 공화국의 일부를 망가뜨리고 있던 동안 독립적인 노동운동은 마비상태에 빠져 있었다. 검은 피부의 노동자에게 낙인을 찍고 있는 곳에서는 흰 피부의 노동자도 해방될 수 없다. 그러나 노예제도의 폐지에서 즉시 새로운 생명의 싹이 돋아났다. 남북전쟁의 첫 번째 성과는 8시간 노동일을 위한 운동이었는데, 이 운동은 대서양에서 태평양까지, 뉴잉글랜드에서 캘리포니아까지 천리마의 기세로 퍼져 나갔다. 볼티모어에서 열린 전국노동자대회General Congress of Labour(1866년 8월)는 다음과 같이 선언했다.

"이 나라의 노동을 자본주의적 노예제도로부터 해방시키는 데 필요한 최대의 급선무는 아메리카 연방의 모든 주에서 표준노동일을 8시간으로 만드는 법률의 제정이다. 우리는 이 영예로운 성과를 달성하기까지 전력을 다할 것을 결의한다."[162]

---

161) 그리하여 공장감독관들은 드디어 다음과 같이 과감하게 말한다. "이와 같은 반대"(노동시간의 법률적 제한에 대한 자본의 반대)"는 노동자의 권리라는 대원칙 앞에 굴복하지 않으면 안 된다…자기 노동자의 노동에 대한 고용주의 권리가 정지되고, 노동자의 시간이 노동자 자신의 것으로 되는 그런 시점이 있는 법이다. 비록 이 문제를 철저하게 규명하지 않더라도." (『공장감독관 보고서. 1862년 10월 31일』: 54)

162) "우리들 던커크 [ 미국 뉴욕 주의 도시 ] 의 노동자들은 지금의 제도가 요구하는 노동시간의 길이가 너무나 길어 우리에게 휴식과 교육을 위한 시간을 남겨주지 않으며, 도리어 우리를 노예제도보다 별로 나을 것이 없는 예속 상태로 빠뜨리고 있다고 선언한다. 그러므로 우리는 8시간이 1노동일로써 충분하며, 또 그것이 충분하다고 법적으로 승인해야 한다고 결의하며, 유력한 신문이 우리에게 도움을 줄 것을 호소한다…우리에게 이 도움을 거

이와 때를 같이 하여 〖 1866년 9월 초 〗 제네바에서 열린 국제노동자협회 총회 Congress of the International Working Men's Association 〖 제1인터내셔널 총회 〗는 런던 총무위원회의 제안에 따라 다음과 같이 결의했다.

"노동일의 제한은, 그것 없이는 개선과 해방을 위한 앞으로의 모든 노력이 좌절되지 않을 수 없는 예비조건이라고 우리는 선언한다…우리는 8시간을 노동일의 법정한도로 제안한다."〖 이 결의는 마르크스 자신이 기초한 것이다. 〗

이와 같이 대서양의 양쪽에서 생산관계 그 자체로부터 자연적으로 성장한 노동운동은 영국 공장감독관 손더즈의 다음과 같은 진술이 정당하다는 것을 확증해 주고 있다.

"만약 노동시간이 제한되지 않고, 또 제정된 그 한계가 엄격히 준수되지 않는다면, 사회개혁의 더 이상의 진전은 기대할 수 없다."163)

우리의 노동자는 생산과정에 들어갈 때와는 다른 모습으로 생산과정으로부터 나온다는 것을 인정하지 않으면 안 된다. 시장에서 그는 '노동력'이라는 상품의 소유자로 다른 상품 〖 화폐 〗의 소유자와 상대하고 있었다. 즉 상품소유자에 대해 상품소유자로 상대했다. 그가 자본가에게 자기의 노동력을 판매했을 때의 계약은 그가 자기 자신을 자유롭게 처분한다는 사실을 이를테면 흰 종이 위에 검은 글씨로 증명한 것이었다. 거래가 완결된 뒤에야 비로소 그는 '자유로운 행위자'가 결코 아니었다는 것,

---

부하는 사람은 모두 노동개혁과 노동자의 권리에 대한 적으로 여길 것을 결의한다."(1866년, 뉴욕 주, 던커크 노동자들의 결의)

163) 『공장감독관 보고서. 1848년 10월 31일』: 112.

그가 자유롭게 자기의 노동력을 판매할 수 있는 기간은 그가 어쩔 수 없이 그것을 판매해야만 하는 기간이라는 것,164) 사실상 흡혈귀는 "착취할 수 있는 한 조각의 근육, 한 가닥의 힘줄, 한 방울의 피라도 남아 있는 한"165) 그를 놓아주지 않는다는 것이 폭로된다. 노동자들은 '자기들을 괴롭히는 뱀'으로부터 자신을 '방어'하기 위해, 이마를 맞대고 의논하지 않으면 안 되고, 계급으로서 하나의 법률을, 즉 자기 자신이 자본과의 자발적인 계약에 의해 자기 자신과 자기 가족을 죽음과 노예상태로 팔아넘기는 것을 방지해줄 매우 강력한 사회적 장벽을 제정하도록 강요하지 않으면 안 된다.166) '양도할 수 없는 인권'이라는 화려한 목록 대신 법적으로 제한된 노동일이라는 겸손한 대헌장이 등장하는데, 그것은 "노동자가 판매하는 시간은 언제 끝나며, 자기 자신의 시간은 언제 시작되는가"167)

164) "더욱이 이런 행동"(예컨대 1848~1850년의 자본의 술책)"은 그처럼 빈번하게 제기한 다음과 같은 주장의 부당성을 논박의 여지없이 증명했다. 그 주장이란, 노동자들은 보호가 필요 없으며, 자기의 유일한 재산—손의 노동과 이마의 땀—을 자유롭게 처분할 수 있는 권리의 소유자로 여길 수 있다는 것이다."(『공장감독관 보고서. 1850년 4월 30일』, p.45) "자유로운 노동(만약 이런 말을 쓸 수 있다면)은 자유로운 나라에서조차도 그것을 보호하기 위해 법률이라는 강력한 팔뚝이 필요하다."(『공장감독관 보고서. 1864년 10월 31일』, p.34) "식사시간도 없이 하루에 14시간…노동하는 것을 허용하는 것, 또는 같은 말이지만 강요하는 것."(『공장감독관 보고서. 1863년 4월 30일』: 40).
165) 엥겔스, 「영국의 10시간 노동법안」『신 라인신문』, 1850년 4월호: 5. 〖CW 10: 288〗
166) 10시간 노동법은 그 적용을 받는 산업부문들에서 "이전의 장시간 노동자들의 조기 노쇠현상에 종지부를 찍었다."(『공장감독관 보고서. 1859년 10월 31일』: 47) "자본"(공장에서의)"은 노동자들의 건강과 도덕을 해치지 않고서는 결코 제한된 시간을 넘어 기계를 가동할 수 없다. 그런데 노동자들은 자기 자신들을 보호할 수 있는 입장에 있지 않다."(같은 보고서: 8)
167) "그보다도 더 큰 이익은 노동자 자신의 시간과 고용주의 시간이 드디어

를 비로소 명확히 밝혀주고 있다. 이전과 비교해 얼마나 큰 변화인가!

---

명백하게 구별되었다는 점이다. 노동자는 이제 자기가 판매하는 시간이 언제 끝나고 언제부터 자기 자신의 시간이 시작되는가를 알고 있으며, 그리고 이것을 미리 정확히 알기 때문에 자기 자신의 시간을 자기 자신의 목적을 위해 미리 배정할 수 있게 된다."(같은 보고서: 52) "그것(공장법)은 노동자들을 자기 자신의 시간의 주인이 되게 함으로써 정치적 권력을 궁극적으로 장악할 수 있게 하는 정신적 에너지를 그들에게 부여했다."(같은 보고서: 47) 공장감독관들은 조심스러운 풍자와 매우 신중한 표현으로 현재의 10시간 노동법이 또한 자본의 단순한 화신인 자본가에게 내재하는 난폭성으로부터 자본가를 어느 정도 해방시켜 그에게 약간의 '교양'을 위한 시간을 주었다는 것을 암시하고 있다. "전에는 공장주는 돈벌이 이외의 다른 일을 위한 어떤 시간도 가져본 적이 없고, 노동자는 노동 이외의 다른 일을 위한 어떤 시간도 가져본 적이 없었다."(같은 보고서: 48)

# 제11장
# 잉여가치율과 잉여가치량

우리는 이 장에서도 이전과 마찬가지로 노동력의 가치, 따라서 노동일 중 노동력의 재생산 또는 유지에 필요한 부분을 주어진 변하지 않는 크기라고 가정한다.

이와 같이 가정하면, 잉여가치율은 개별 노동자가 일정 기간 자본가에게 제공하는 잉여가치량을 직접적으로 우리에게 알려 준다. 만약 예컨대 필요노동이 하루에 6시간이고 그것을 금량으로 표현한 것이 3원이라고 한다면, 3원은 1노동력의 하루 가치 또는 1노동력을 사는 데 드는 자본의 가치다. 더 나아가, 만약 잉여가치율이 100%라고 한다면, 이 3원의 가변자본은 3원의 잉여가치량을 생산할 것이다. 바꾸어 말해 노동자는 매일 6시간의 잉여노동량을 제공할 것이다.

그러나 가변자본은 자본가가 동시에 고용하는 모든 노동력의 총가치의 화폐적 표현이다. 따라서 투하한 가변자본의 가치는 1노동력의 평균가치에다 고용한 노동력의 수를 곱한 것과 같다. 그러므로 노동력의 가치가 주어져 있는 경우, 가변자본의 크기는 동시에 고용하는 노동자의 수에 정비례한다. 그리하여 만약 1노동력의 하루 가치가 3원이라면, 매일 100노동력을 착취하기 위해서는 300원의 자본을, 매일 n노동력을 착취하기 위해서는 3n원의 자본을 투하해야 할 것이다.

이와 마찬가지로, 만약 1노동력의 하루 가치인 3원의 가변자본이 매일 3원의 잉여가치를 생산한다면, 300원의 가변자본은 매일 300원의 잉여가치를 생산할 것이며, 3n원의 가변자본은 매일 3n원의 잉여가치를 생산할 것이다. 따라서 생산되는 잉여가치량은 개별 노동자의 1노동일이 제공하는 잉여가치에다 고용한 노동자의 수를 곱한 것과 같다. 그러나 더 나아가 개별 노동자가 생산하는 잉여가치량은 (노동력의 가치가 주어져 있는 경우) 잉여가치율에 의해 결정되기 때문에, 다음과 같은 제1법칙이 나온다. 즉 생산되는 잉여가치량은 투하한 가변자본의 크기에 잉여가치율을 곱한 것과 같다. 바꾸어 말해, 그것은 동일한 자본가에게 동시에 착취당하는 노동력의 수와 [ 1노동력의 평균가치 및 ] 개별 노동력의 착취도의 곱에 의해 결정된다.

우리가 잉여가치량을 S로, 개별 노동자가 하루에 평균적으로 제공하는 잉여가치를 s로, 1노동력의 구매에 매일 투하하는 가변자본을 v로, 가변자본의 총액을 V로, 평균노동력의 가치를 P로, 그 착취도를 $\frac{a'}{a}\left(\frac{\text{잉여노동}}{\text{필요노동}}\right)$ 으로, 그리고 고용되는 노동자의 수를 n으로 각각 표시한다면, 우리는 다음과 같은 공식을 얻는다.

$$S = \begin{cases} \dfrac{s}{v} \times V \\ P \times \dfrac{a'}{a} \times n \end{cases}$$

하나의 평균노동력의 가치가 불변이라는 것뿐 아니라, 자본가가 고용하는 노동자들이 평균적 노동자로 환원되어 있다는 것도 항상 전제하고 있다. 생산되는 잉여가치가 착취되는 노동자의 수에 비례해 증가하지 않는 예외적인 경우도 있으나, 그런 경우에는 노동력의 가치도 또한 불변적인 것으로 머물러 있지 않는다.

일정한 양의 잉여가치를 생산할 때 어떤 한 요인의 감소는 다른 요인의 증대에 의해 보상할 수 있다. 가변자본은 감소하지만 이와 동시에 잉여가치율이 동일한 비율로 증가한다면, 생산되는 잉여가치량은 여전히 불변일 것이다. 앞의 가정에서 자본가가 하루에 100명의 노동자를 착취하기 위해서는 300원을 투하해야 하고, 잉여가치율은 50%라고 한다면, 300원의 가변자본은 150원[또는 3시간 × 100명]의 잉여가치를 생산할 것이다. 만약 잉여가치율이 2배로 되며 [노동일이 6시간에서 9시간 대신 12시간으로 연장되며], 동시에 가변자본이 절반[150원]으로 감소한다면, 이때에도 150원[또는 6시간 × 50명]의 잉여가치가 생산될 것이다. 따라서 가변자본의 감소는 이와 비례하는 노동력 착취도의 증가에 의해 보상할 수 있으며, 또는 고용되는 노동자 수의 감소는 이와 비례하는 노동일의 연장에 의해 보상할 수 있다. 그리하여 일정한 한계 안에서는 자본이 착취할 수 있는 노동의 공급은 노동자의 공급과는 관계가 없다.[1] 반대로, 잉여가치율의 감소는, 만약 가변자본의 크기 또는 고용되는 노동자의 수가 이에 비례해 증가한다면, 생산되는 잉여가치량을 변동시키지 않을 것이다.

그러나 노동자의 수[또는 투하한 가변자본의 크기]의 감소를 잉여가치율의 증대[또는 노동일의 연장]에 의해 보상하는 데에는 넘을 수 없는 한계가 있다. 노동력의 가치가 어떻든, 노동자의 생활유지에 필요한 노동시간이 2시간이든 10시간이든, 한 노동자가 매일 생산할 수 있는 총가치는 24노동시간이 대상화되는 가치보다 항상 적을 것이다. 만약 이 대상화된 24노동시간의 화폐적 표현이 12원이라고 한다면, 총가치는 항상 12

---

[1] 이 초보적인 법칙이 속류경제학자들에게는 알려져 있지 않은 모양이다. 그들은 거꾸로 선 아르키메데스처럼, 노동의 시장가격이 수요·공급에 의해 결정된다는 사실에서, 세계를 움직이기 위한 지렛목이 아니라 세계를 정지시키기 위한 지렛목을 발견했다고 믿고 있다.

원보다 적을 것이다. 노동력 자체를 재생산하기 위해, 또는 노동력을 구
매하는 데 투하한 자본가치를 대체하기 위해, 매일 6노동시간이 필요하
다는 앞의 가정에 따르면, 100%의 잉여가치율[즉 12시간 노동일]로 500
명의 노동자를 고용하는 1,500원의 가변자본은 매일 1,500원[또는 6시간
×500명]의 잉여가치를 생산한다. 그런데 매일 200%의 잉여가치율[즉
18시간 노동일]로 100명의 노동자를 고용하는 300원의 자본은 겨우 600
원[또는 12시간×100명]의 잉여가치량을 생산할 뿐이다. 그리고 이 자본
의 총가치생산물[투하한 가변자본 더하기 잉여가치]은 결코 매일 1,200
원[또는 24시간×100명]에 이를 수 없다. 평균노동일의 절대적 한계—이
것은 본래 24시간보다 항상 짧다—는 가변자본의 감소를 잉여가치율의
증대에 의해 보상하는 것의 절대적 한계, 또는 착취되는 노동자 수의 감
소를 노동력의 착취도를 올리는 것에 의해 보상하는 것의 절대적 한계를
이루고 있다. 이 자명한 제2법칙은 이후에 전개되는 자본의 경향, 즉 고
용하는 노동자의 수[즉 노동력으로 전환되는 가변적 자본부분]를 가능한
한 축소시키려는 자본의 경향—이것은 가능한 한 많은 잉여가치량을 생
산하려는 자본의 또 다른 경향과 모순된다—으로부터 발생하는 수많은
현상들을 설명하기 위해 중요하다. 다른 한편으로 만약 고용되는 노동력
의 양[즉 가변자본의 크기]이 잉여가치율이 감소하는 것과 같은 비율로
증대하지 못한다면, 생산되는 잉여가치량은 감소할 것이다.

   제3법칙은 생산되는 잉여가치량이 잉여가치율과 투하하는 가변자본량
이라는 두 요인에 의해 결정된다는 사실로부터 나온다. 만약 잉여가치율
[노동력의 착취도]과 노동력의 가치[필요노동시간]가 주어져 있다면, 가
변자본이 크면 클수록 생산되는 가치량과 잉여가치량도 더 커진다는 것
은 자명하다. 만약 노동일의 한계가 주어져 있고 또 필요노동부분의 한
계도 주어져 있다면, 개별 자본가가 생산하는 가치와 잉여가치의 양은
전적으로 그가 움직이는 노동량에 의해 결정된다는 것도 분명하다. 그러

나 이 노동량은 앞의 가정에서는 그가 착취하는 노동력의 양 또는 노동
자의 수에 의해 결정되고, 이 수는 또한 그가 투하하는 가변자본의 크기
에 의해 결정된다. 따라서 잉여가치율이 주어져 있고 또 노동력의 가치
가 주어져 있는 경우, 생산되는 잉여가치량은 투하가변자본의 크기에 정
비례한다. 우리가 알고 있는 바와 같이 자본가는 자기의 자본을 두 부분
으로 나누고 있다. 한 부분을 그는 생산수단에 지출한다. 이것은 그의 자
본의 불변부분이다. 다른 부분을 그는 살아 있는 노동력에 지출한다. 이
부분은 그의 가변자본을 형성한다. 동일한 생산방식에서도 생산부문이
다르면 불변부분과 가변부분 사이의 자본의 분할도 달라지며, 동일한 생
산부문에서도 생산과정의 기술적 토대와 사회적 결합이 달라짐에 따라
그 분할은 달라진다. 그러나 주어진 자본의 불변부분과 가변부분 사이의
비율이 어떻든 [즉 1 : 2이든 1 : 10이든 1 : x이든] 바로 앞에서 정립한
법칙은 조금도 영향을 받지 않는다. 왜냐하면 앞의 분석에 따르면, 불변
자본의 가치는 비록 생산물의 가치 속에 다시 나타나기는 하지만, 새로
생산되는 가치[즉 새로 창조되는 가치생산물] 속에는 들어가지 않기 때
문이다. 1,000명의 방적공을 고용하기 위해서는 물론 100명의 방적공을
고용할 때보다 더 많은 원료·방추 등이 요구되지만, 이 추가적인 생산수
단의 가치는 [등귀할 수도 하락할 수도 불변일 수도, 또 클 수도 작을 수
도 있지만] 생산수단을 움직이는 노동력에 의해 수행되는 가치증식과정
에는 아무런 영향도 끼치지 않는다. 따라서 여기에서 확인된 법칙 [ 제3법
칙 ] 은 다음과 같은 형태를 취한다. 즉 서로 다른 자본이 창조하는 가치
· 잉여가치의 양은, 노동력의 가치가 주어져 있고 노동력의 착취도가 같
은 경우, 이들 자본의 가변부분의 크기[살아 있는 노동력으로 전환되는
부분의 크기]에 정비례한다.

이 법칙은 현상의 겉모습에 의거한 모든 경험 [ 평균이윤율의 형성 ] 과는
분명히 모순된다. 누구나 아는 일이지만, 사용되는 총자본에 대한 백분

율을 고찰하면, 많은 불변자본과 적은 가변자본을 사용하는 방적업자가 상대적으로 많은 가변자본과 적은 불변자본을 사용하는 빵제조업자보다 더 적은 이윤[잉여가치]을 얻는 것은 아니다. 이런 겉모습의 모순을 해결하기 위해서는 아직도 많은 매개항이 필요한데, 그것은 마치 $\frac{0}{0}$ 이 현실적인 크기를 표시할 수 있다는 것을 이해하기 위해서는 초등 대수학의 처지에서는 많은 매개항이 필요한 것과 마찬가지다. 고전파 경제학은 비록 이 법칙[제3법칙]을 정식화하지는 못했지만 본능적으로 이 법칙을 고수했다. 왜냐하면 이 법칙은 가치법칙의 필연적인 결론이기 때문이다. 고전파 경제학은 무리한 추상에 의해 이 법칙을 현상의 모순으로부터 구해 내려고 시도하고 있다. 리카도학파가 어떻게 이 돌부리에 걸려 넘어졌는가는 나중에[2] 보게 될 것이다. '사실 아무것도 배우지 못한' 속류경제학은 다른 곳에서와 마찬가지로 이곳에서도 현상을 규제하고 설명하는 법칙을 무시하고, 이와는 반대로 현상의 외관에 매달리고 있다. 스피노자와는 반대로, 속류경제학은 "무지는 충분한 근거가 된다."[하느님 이외에는 현상의 원인이 무엇인지 모르기 때문에, 하느님이 그 현상의 원인이라고 주장하는 것에 대해, 스피노자는 "무지는 결코 충분한 근거가 될 수 없다."고 말한 바 있다.] 고 믿고 있는 것이다.

한 사회의 총자본이 매일 움직이는 노동은 하나의 단일노동일로 여길 수 있다. 만약 예컨대 노동자의 수가 100만이고 한 노동자의 평균노동일이 10시간이라면, 사회적 노동일은 1,000만 시간으로 된다. 한 노동자의 평균노동일의 길이가 주어져 있는 경우[그 한계가 육체적 조건에 의해 설정되건 사회적 조건에 의해 설정되건] 잉여가치량은 오직 노동자 수[즉 노동인구]의 증가에 의해서만 증가할 수 있다. 이 경우 인구 증가는 사회적 총자본에 의한 잉여가치 생산의 수학적 한계가 된다. 반대로 인

---

2) 이에 대해서는 제4권[『잉여가치학설사』, 제20장]에서 상세하게 설명할 것이다.

구의 크기가 주어져 있는 경우, 이 한계는 노동일 연장의 가능성에 의해 규정된다.[3] 다음 장에서 보는 바와 같이, 이 법칙은 오직 지금까지 고찰한 형태의 잉여가치 [절대적 잉여가치]에만 해당되는 것이다.

잉여가치의 생산에 관한 이때까지의 고찰로부터 알 수 있는 것처럼, 어떤 임의의 화폐액[또는 가치액]이 모두 자본으로 전환될 수는 없고, 일정한 '최소한도'의 화폐[또는 교환가치]가 개별적인 화폐소유자 또는 상품소유자의 수중에 있어야 한다. 가변자본의 최소한도는 잉여가치의 생산을 위해 1년 내내 고용하는 1노동력을 구매하는 데 필요한 금액이다. 만약 노동자가 자기 자신의 생산수단을 가지고 있으며, 노동자로 사는 것에 만족한다면, 그는 자기 생활수단의 재생산에 필요한 노동시간[이를 테면 하루에 8시간]만 노동하면 충분할 것이다. 따라서 그가 필요로 하는 생산수단도 역시 8노동시간분만 있으면 충분할 것이다. 이와는 반대로, 이 노동자로 하여금 이 8시간 이외에 이를테면 4시간의 잉여노동을 하게 하는 자본가는 추가적 생산수단을 마련하기 위해 추가적 화폐액을 필요로 한다. 그러나 우리의 가정에서는, 자본가가 매일 취득하는 잉여가치로 노동자와 같은 수준의 생활을 하기 위해서도, 다시 말해 자기의 필수적인 욕구를 충족시킬 수 있기 위해서도, 벌써 두 사람의 노동자를 고용하지 않으면 안 된다. [노동자 한 사람이 4시간의 잉여노동을 제공하기 때문에, 노동자 두 사람은 8시간의 잉여노동을 제공하며, 따라서 8시간의 노동은 노동자의 필요노동과 동일하다.] 이 경우 그의 생산 목적은 단순한 생활의 유지이고 부의 증가는 아닐 것이다. 그러나 자본주의적 생산은 부의 증가를 전

---

3) "사회의 노동[즉 경제적 시간]은 일정한 크기를 가지고 있다. 예컨대 인구 100만이 하루에 각각 10시간씩 노동하면 합계 1,000만 시간으로 되는 것과 같다…자본의 증식에는 한계가 있다. 이 한계는 [어떤 주어진 시기에도] 사용되는 경제적 시간의 현실적 범위 안에 있다."(『국민경제학에 관한 평론』. 런던 1821: 47, 49)

제하고 있다. 그가 보통의 노동자보다 겨우 2배 낮게 생활하며, 또 생산
된 잉여가치의 절반을 자본으로 재전환시키기 위해서는, 그는 노동자의
수와 투하자본의 최소한도를 8배로 증가시키지 않으면 안 될 것이다.
[ 왜냐하면 그는 32시간의 잉여노동을 획득해야 하기 때문이다. ] 물론 그는 몸소
자기의 노동자와 마찬가지로 직접 생산과정에 참가할 수도 있으나, 그렇
게 하는 경우 그는 자본가와 노동자 사이의 혼혈아, 즉 '소경영주'에 지
나지 않는다. 자본주의적 생산이 일정한 발전단계에 이르면, 자본가는
자본가로서 [즉 인격화한 자본으로서], 기능하는 시간 전체를 타인노동
의 취득과 관리, 그리고 노동생산물의 판매에 바쳐야 한다.4) 중세의 길
드제도는 개별 장인 [ 마스터 ] 이 고용할 수 있는 노동자 수의 최대한도를
매우 적은 수로 제한함으로써 수공업적 장인이 자본가로 전환하는 것을
강제로 저지하려 했다. 화폐소유자 또는 상품소유자는 [생산을 위해 투
하하는 최소금액이 중세의 최대한도를 훨씬 초과하게 될 때] 비로소 현
실적으로 자본가로 전환한다. 여기에서도 자연과학에서와 마찬가지로,
헤겔이 자기의『논리학』에서 발견한 법칙, 즉 단순한 양적 차이가 일정

---

4) "차지농업가는 자기 자신의 노동에 의지할 수 없다. 만약 그가 그렇게 한다면
그는 손해를 볼 것이다. 그가 해야 할 일은 전체에 대한 전반적인 관리다. 그는
탈곡하는 사람을 감시해야 한다. 그렇게 하지 않으면 탈곡되지 않은 곡물 때문
에 임금이 그의 손실로 될 것이다. 또 그는 풀을 베는 사람, 수확하는 사람 등
을 감시하지 않으면 안 된다. 그는 항상 자기의 농장 구내를 순회해야 하며,
태만이 생기지 않도록 감시해야 한다. 만약 그가 어떤 한 장소에 매달려 있으
면, 태만이 생길 것이다."(아버스노트,『식료품의 현재가격과 농장규모 사이의
관계 연구』. 런던 1773: 12) 이 책은 대단히 흥미있다. 우리는 이 책에서 '자본
가적 차지농업가' 또는 '상인적 차지농업가'의 발생사를 연구할 수 있고, 생계
유지를 주로 하는 '소농장주'에 대비한 그들의 자기 찬양을 들을 수 있다. "자
본가계급은 처음에는 부분적으로, 그러나 결국에 가서는 완전히 육체노동의 필
요성으로부터 해방된다."(리처드 존스,『국민경제학 교과서』. 허트포드 1852.
제3강의: 39)

한 점에 도달하면 질적 차이로 이행한다는 법칙의 정당성이 증명되고 있다.[5]

개별적 화폐소유자 또는 상품소유자가 자본가로 전환되기 위해 반드시 가져야 하는 가치액의 최소한도는 자본주의적 생산의 발전단계에 따라 달라지며, 또 주어진 발전단계에서도 생산분야가 다르면 각 분야의 특수한 기술적 조건에 따라 달라진다. 어떤 생산분야들은 이미 자본주의적 생산의 초기부터 각 개인의 수중에 없을 정도로 큰 규모의 최소한도의 자본을 필요로 한다. 이 사실 때문에, 한편으로는 콜베르 시대의 프랑스와 현재에 이르기까지의 여러 독일 주들처럼 국가가 개인들에게 보조금을 주게 되었고, 다른 한편으로는 일정한 공업부문과 상업부문의 경영에 법률상의 독점권을 갖는 회사[6]——근대적 주식회사의 선구자——가 설립되었다.

우리는 생산과정의 진행 중에 자본가와 임금노동자 사이의 관계에 일어나는 변화의 상세한 내용들은 더 이상 취급하지 않겠으며, 따라서 자본 그 자체의 특성에 대해서도 더 이상 이야기하지 않으려 한다. 다만 몇 가지 요점만을 강조해 둔다.

---

5) 로랑과 제라르에 의해 처음 과학적으로 전개된 근대화학의 분자설은 바로 이 법칙에 기반을 두고 있다. {엥겔스: 화학을 잘 모르는 사람들에게는 상당히 어렴풋한 이 주를 설명하기 위해 다음의 것을 지적해 둔다. 마르크스가 여기에서 말하는 것은 1843년에 C. 제라르가 처음으로 명명한 탄소화합물의 '동족열'에 관한 것인데, 그 각 계열은 각각 특유의 대수적 구조식을 가지고 있다. 예컨대 파라핀 계열은 $C_nH_{2n+2}$이고, 표준적 알코올 계열은 $C_nH_{2n+2}O$이고, 표준적 지방산 계열은 $C_nH_{2n}O_2$ 등. 이들 예에서는 분자식에 $CH_2$를 단순히 양적으로 추가하면 그때마다 질적으로 상이한 물체가 형성된다. 이 중요한 사실의 확정에서 (마르크스의 과대한 평가를 받은) 로랑과 제라르의 기여에 관해서는 코프의 『화학의 발달』(뮌헨 1873: 708, 716)과 숄렘머의 『유기화학의 성립과 발달』(런던 1879: 54)을 참조하라.}

6) 이런 종류의 회사를 루터는 '독점회사'라고 부른다.

생산과정의 내부에서 자본은 노동[활동 중에 있는 노동력 또는 노동자 그 자체]을 지휘하는 데까지 발전했다. 인격화한 자본인 자본가는 노동자가 자기 일을 규칙적으로 또 상당한 강도를 가지고 수행하도록 감시한다.

더 나아가, 자본은 노동자계급으로 하여금 노동자 자신의 좁은 범위의 욕구가 요구하는 것보다 더 많은 노동을 수행하게끔 하는 강제적 관계로까지 발전했다. 그리고 타인으로 하여금 일을 하도록 만들고, 잉여노동을 짜내며, 노동력을 착취하는 자본은 그 정력과 탐욕과 능률의 면에서 직접적인 강제노동에 기반을 둔 종전의 모든 생산제도를 능가한다.

자본은 먼저 역사적으로 현존하는 기술적 조건을 그대로 이용해 노동을 자기에게 예속시킨다. 따라서 자본은 곧장 생산방식을 변경시키지는 않는다. 그러므로 우리가 이때까지 고찰해 온 형태의 잉여가치의 생산[즉 노동일의 단순한 연장에 의한 잉여가치의 생산]은 생산방식 그 자체의 어떤 변화와도 관계없이 나타났다. 이런 잉여가치의 생산은 구식 빵 제조업에서나 근대적 면공장에서나 마찬가지로 효과적인 것이었다.

만약 우리가 생산과정을 단순한 노동과정의 관점에서 고찰한다면, 노동자는 생산수단을 자본으로 대하는 것이 아니라 자기의 합목적적 생산활동의 단순한 수단과 재료로 대한다. 예컨대 가죽공장에서 그는 가죽을 단순히 자기의 노동대상으로 취급한다. 그가 무두질하는 것은 자본가를 위한 것은 아니다. 그러나 생산과정을 가치증식과정의 관점에서 고찰할 때 사정은 달라진다. 생산수단은 즉시 타인의 노동을 흡수하기 위한 수단으로 전환한다. 더 이상 노동자가 생산수단을 사용하는 것이 아니라 생산수단이 노동자를 사용한다. 노동자가 생산수단을 자기의 생산활동의 소재적 요소로 소비하는 것이 아니라, 생산수단이 노동자를 자기 자신의 생활과정에 필요한 효모로 소비하는데, 자본의 생활과정은 자기증식하는 가치로서 자본의 운동에 지나지 않는다. 야간에 가동이 중단되어, 살아 있는 노동을 조금도 흡수하지 못하는 용광로와 작업장은 자본가로 보아서는 '순전한 손실'이다. 그러므로 용광로와 작업장은 노동력의 '야간노동을 요구할 권리'를 가지고 있다. 화폐가 생산과정의 객체적 요소[즉 생산수단]로 전환되자마자, 생산수단은 당연한 권리와 힘에 의해 타인의 노동과 잉여노동을 요구할 수 있는 자격을 얻게 된다. 죽은 노동과 살아 있는 노동 [즉 가치와 가치창조력] 사이의 이와 같은 전도 또는 왜곡—이것은 자본주의적 생산에 특유한 특징이다—이 어떻게 자본가들의 의식에 반영되고 있는가를 하나의 실례에 의해 마지막으로 보이려고 한다. 영국의 공장주들이 반란을 일으킨 1848~1850년에 서부 스코틀랜드에서 가장 역사가 길고 가장 명성 있는 회사의 하나인 칼라일 부자회사[1752년 이래 1세기 동안 존속하고 있으며, 동일한 가족에 의해 4대째 경영되고 있는 페이즐리의 아마와 면화 방적공장]의 사장인 매우 유식한 신사가 1849년 4월 25일자 『글래스고우 데일리 매일』지에 '릴레이 제도'라는 제목의 한 편지를 기고했는데,[7] 거기에는 믿을 수 없을 정도로 소박한 다음과 같은 구절이 있다.

"이제 노동시간을 12시간에서 10시간으로 단축하는 데서 생기는 해악을 살펴보기로 하자…그것은 공장주의 기대와 재산에 대한 가장 중대한 손상을 일으킨다. 만약 그가"(즉 그의 '직공들'이)"과거에는 12시간 작업했는데 앞으로는 10시간으로 제한된다면, 그의 공장에 있는 기계나 방추의 수는 12개마다 10개로 축소될 것이며, 또 만약 그가 자기 공장을 판매할 생각을 가진다 해도 그것은 오직 10개로 평가될 것이며, 따라서 전국의 모든 공장이 자기 가치의 6분의 1을 잃어버리게 될 것이다."[8]

---

7) 『공장감독관 보고서. 1849년 4월 30일』: 59.

8) 같은 보고서: 60. [그 자신 스코틀랜드사람이고, 잉글랜드의 공장감독관들과는 달리 전적으로 자본가적 사고방식에 사로잡힌] 공장감독관 스튜어트는 자

'4세대의 자본가적 속성'을 물려받은 이 서부 스코틀랜드사람의 자본가적 두뇌에는, 방추 등의 생산수단의 가치가, 생산수단이 자본으로서 가지는 속성[즉 자기 자신의 가치를 증식시키며 매일 타인의 지불받지 않는 노동을 일정량 흡수한다는 속성]과 구별 없이 서로 뒤섞여 있다. 이리하여 이 칼라일 회사 사장은, 만약 자기 공장을 판매한다면 그는 방추 등 생산수단의 가치에 대해서 뿐만 아니라 그 위에 또 방추 등의 잉여가치 취득력에 대해서도 대가를 지불받을 것으로, 실제로 예상하고 있는 것이다. 다시 말해 방추 등 생산수단에 체현되어 있는 노동[즉 방추 등의 생산에 필요한 노동]에 대해서 뿐만 아니라 방추 등의 도움으로 매일 페이즐리의 용감한 서부 스코틀랜드사람들로부터 짜내는 잉여노동에 대해서까지도 대가를 지불받을 것으로 망상하고 있다. 바로 이런 이유 때문에 그는 노동일을 [ 12시간에서 10시간으로 ] 2시간 단축하면 방적기계 12대의 판매가격이 10대의 판매가격으로 축소되어 버린다고 생각하는 것이다!

---

기 보고서에 수록한 이 편지가 "릴레이 제도를 사용하고 있는 어떤 공장주가 쓴 것이고, 특히 이 제도에 대한 편견을 제거할 목적으로 쓴 매우 유용한 편지다."고 명백히 말하고 있다.

# 제4편
# 상대적 잉여가치의 생산

# 제**12**장
# 상대적 잉여가치의 개념

　노동일 중 자본이 지불한 노동력 가치의 등가물이 생산되는 부분을 우리는 이때까지 변하지 않는 크기로 여겼는데, 실제로도 사회의 일정한 경제적 발전단계의 주어진 생산조건에서는 불변의 크기다. 우리가 본 바와 같이, 노동자는 이런 필요노동시간을 넘어 2시간, 3시간, 4시간, 6시간 등 더 일할 수 있었고, 이 연장의 크기에 따라 잉여가치율과 노동일의 길이가 결정되었다. 필요노동시간은 불변이었지만, 1노동일 전체는 변할 수 있었다. 이제 우리는 노동일의 길이와, 필요노동과 잉여노동 사이의 분할이 주어져 있다고 가정하자. 예컨대 선분 AC, 즉 A──B─C가 12시간 노동일을 표시하며, AB부분은 10시간의 필요노동을, BC부분은 2시간의 잉여노동을 표시한다고 하자. AC를 더 이상 연장하지 않고, 또는 AC의 더 이상의 연장과는 전혀 관계없이, 어떻게 잉여가치의 생산을 증대시킬 수 있는가? 다시 말해 어떻게 잉여노동을 연장시킬 수 있는가?

　노동일 AC의 한계는 주어져 있지만, BC는 그 종점 C[그것은 동시에 노동일 AC의 종점이다]를 넘어 연장되지 않더라도 그 시발점 B를 반대 방향인 A쪽으로 이동시킴으로써 연장될 수 있을 것 같다. 가령 직선 A──B′─B─C에서 B′-B는 BC의 절반[즉 1노동시간]과 같다고 하자.

이제 만약 12시간 노동일 AC에서 점 B를 B′으로 이동시킨다면 BC는 B′C의 길이로 연장되어, 노동일은 종전과 마찬가지로 12시간이지만 잉여노동은 50%만큼 [즉 2시간에서 3시간으로] 증가할 것이다. 그러나 이와 같이 잉여노동이 BC에서 B′C로 [즉 2시간에서 3시간으로] 연장되는 것은, 동시에 필요노동이 AB에서 AB′으로 [즉 10시간에서 9시간으로] 단축되지 않고서는 분명히 불가능하다. 잉여노동의 연장에 필요노동의 단축이 대응하고 있다. 즉 노동자가 이때까지 사실상 자기 자신을 위해 쓰고 있던 노동시간의 일부가 자본가를 위해 지출되는 노동시간으로 전환되는 것이다. 달라지는 것은 노동일의 길이가 아니라 노동일이 필요노동과 잉여노동으로 분할되는 비율이다.

다른 한편 만약 노동일의 길이와 노동력의 가치가 주어져 있다면 분명히 잉여노동의 크기도 주어진다. 노동력의 가치[즉 노동력의 생산에 필요한 노동시간]는 그 가치의 재생산에 필요한 노동시간을 규정한다. 만약 1노동시간이 0.5원의 금량으로 표현되며 노동력의 하루 가치가 5원이라면, 노동자는 자본이 노동력의 대가로 지불한 가치를 대체하기 위해 [다시 말해 그가 매일 필요로 하는 생활수단의 가치의 등가물을 생산하기 위해] 하루에 10시간 노동하지 않으면 안 된다. 생활수단의 가치가 주어지면 노동력의 가치가 주어지고,[1] 노동력의 가치가 주어지면 필요노

---

1) 하루의 평균임금의 가치는 노동자가 '생활하고 노동하며 생식하기 위해' 필요한 것에 의해 결정된다.(페티, 『아일랜드의 정치적 해부』: 64) "노동의 가격은 항상 생활수단의 가격으로 구성된다…노동자의 임금이 [다수의 노동자들이 흔히 가지고 있는] 가족을 노동자의 낮은 신분과 지위에 맞게 부양하는 데 충분하지 못한 경우" 그는 적당한 임금을 받고 있는 것이 아니다. (반더린트, 『화폐만능론』: 15) "자기의 팔과 근면 이외에는 아무 것도 가진 것이 없는 단순한 노동자는, 자기의 노동을 타인에게 판매할 수 있는 경우에만 무엇인가를 갖게 된다…어떤 종류의 노동에서도 노동자의 임금은 노동자가 자기의 생계를 유지하는 데 필요한 것에 국한된다는 사실은 그렇게 될 수밖에 없고 또 실제로 그렇

동시간의 길이가 주어진다. 그런데 잉여노동의 크기는 노동일 전체에서 필요노동시간을 **뺀** 것과 같다. 12시간에서 10시간을 빼면 2시간이 남는데, 주어진 조건에서 이 2시간 이상으로 잉여노동을 증대시킬 수 있는 방법을 알아내기는 쉽지 않다. 물론 자본가는 노동자에게 5원 대신 4.5원을, 또는 이보다도 더 적은 금액을 지불할 수도 있다. 이 4.5원의 가치를 재생산하기 위해서는 9노동시간이면 충분할 것이고, 따라서 이제는 12시간 노동일 중 2시간 대신 3시간이 잉여노동으로 될 것이며, 잉여가치도 1원에서 1.5원으로 증가할 것이다. 그러나 이와 같은 결과는 오직 노동자의 임금을 그의 노동력의 가치 이하로 인하함으로써만 달성할 수 있을 것이다. 노동자는 9시간에 생산하는 4.5원을 가지고는 이전보다 10분의 1만큼 적은 양의 생활수단을 얻게 되며, 이로 말미암아 그의 노동력의 재생산은 위축된 형태로 행해질 수밖에 없다. 이 경우 잉여노동은 정상적 한계를 넘어섬으로써만 연장될 수 있으며, 잉여노동의 영역은 필요노동시간의 영역을 강탈함으로써만 확대될 수 있다. 잉여노동의 이와 같은 증대방법이 현실적으로는 중요한 역할을 한다고 하더라도, 여기에서는 고찰하지 않는다. 왜냐하면 우리는 모든 상품이 자기의 완전한 가치대로 매매된다고 전제하기 때문이다. 이것이 전제되고 있는 한, 노동력의 생산[또는 그 가치의 재생산]에 필요한 노동시간은 노동자의 임금이 노동력의 가치 이하로 하락하는 것에 의해서는 감소할 수 없고, 오직 노동력의 가치 그 자체가 하락하는 것에 의해서만 감소할 수 있다. 노동일의 길이가 주어져 있는 경우, 잉여노동의 연장은 필요노동시간이 단축된 결과 생기는 것이며, 그 반대로 필요노동시간의 단축이 잉여노동이 연장

---

게 되고 있다."(튀르고, 『부의 형성과 분배의 고찰』: 10) "생활필수품의 가격은 사실상 노동의 생산비다."(맬더스, 『지대의 성질과 성장 및 지대를 규제하는 원리에 관한 연구』: 48, 주)

된 결과 생기는 것은 아니다. 우리의 예에서 필요노동시간이 $\frac{1}{10}$ 만큼 [즉 10시간에서 9시간으로] 축소되고 따라서 잉여노동이 2시간에서 3시간으로 연장되기 위해서는, 노동력의 가치가 현실적으로 $\frac{1}{10}$ 만큼 떨어져야 한다.

그러나 이와 같이 노동력의 가치가 10분의 1만큼 하락한다는 것은, 이전에는 10시간에 생산되던 것과 동일한 양의 생활수단이 이제는 9시간에 생산된다는 것을 의미한다. 그런데 이것은 노동생산성의 향상 없이는 불가능하다. 예컨대 어떤 제화공이 주어진 생산수단으로 12시간 노동일에 한 켤레의 장화를 만들 수 있다고 하자. 그가 이와 동일한 시간에 두 켤레의 장화를 만들 수 있으려면 그의 노동생산성이 2배가 되어야 한다. 그리고 이것은 그의 노동수단이나 노동방법 또는 이 두 가지가 변화하지 않고서는 불가능하다. 따라서 노동의 생산조건[그의 생산방식], 그리고 노동과정 그 자체에 혁명이 일어나야 한다. 여기서 노동생산성의 상승이라는 말은 노동과정에 변화가 일어나 상품의 생산에 사회적으로 필요한 노동시간이 단축되며, 그리하여 주어진 양의 노동이 더 많은 양의 사용가치를 생산할 수 있게 되는 것을 의미한다.[2] 지금까지 노동일의 연장에 의한 잉여가치의 생산을 고찰할 때 우리는 생산방식이 주어져 있고 변하지 않는 것으로 전제했다. 그러나 필요노동이 잉여노동으로 전환됨으로써 잉여가치가 생산되어야 하는 경우에는, 자본이 역사적으로 전해 내려온 형태의 노동과정을 그대로 계승하여 그 노동과정의 계속시간을 연장하는 것만으로는 결코 충분하지 않다. 노동생산성이 증가할 수 있으려면

---

2) "산업이 개량된다고 할 때, 그것이 의미하는 것은 상품을 이전보다 적은 노동자에 의해, 또는 (같은 말이지만) 이전보다 더 짧은 시간에, 만들 수 있는 새로운 방법을 발견한 것에 지나지 않는다."(갈리아니, 『화폐에 대해』: 158, 159) "생산비의 절약은 생산에 사용되는 노동량의 절약일 수밖에 없다." (시스몽디, 『정치경제학 연구』, 제1권: 22)

먼저 노동과정의 기술적·사회적 조건, 따라서 생산방식 그 자체가 변혁되어야 한다. 그렇게 됨으로써만 노동력의 가치는 저하할 수 있으며, 노동일 중 이 가치의 재생산에 필요한 부분도 단축할 수 있는 것이다.

노동일의 연장에 의해 생산되는 잉여가치를 나는 절대적 잉여가치라고 부른다. 이에 대해 필요노동시간의 단축과 이에 따라 노동일의 두 부분들의 길이 변화로부터 생기는 잉여가치를 나는 상대적 잉여가치라고 부른다.

노동력의 가치를 저하시키기 위해서는, 노동력의 가치를 결정하는 생산물[따라서 일상적 생활수단에 속하거나 그것을 대신할 수 있는 생산물]이 생산되는 산업부문들에서 노동생산성이 상승해야 한다. 그러나 상품의 가치는 그 상품에 최종형태를 주는 노동의 양에 의해 결정될 뿐 아니라 그 상품의 생산수단들에 들어 있는 노동의 양에 의해서도 결정된다. 예컨대 장화의 가치는 제화공의 노동에 의해서 뿐 아니라 가죽·왁스·실 등의 가치에 의해서도 규정된다. 따라서 생활수단의 생산에 필요한 불변자본의 물질적 요소들[즉 노동수단과 노동재료]을 공급하는 산업부문들에서 노동생산성의 증가와, 이에 어울리는 상품가격의 저하도 노동력의 가치를 저하시킨다. 그러나 필요한 생활수단을 공급하지도 않으며, 생활수단의 생산을 위한 생산수단을 공급하지도 않는 생산부문들에서 노동생산성이 높아진다 하더라도 노동력의 가치에는 아무런 영향도 미치지 않는다.

어떤 상품이 값싸게 되는 경우, 그것은 [그 상품이 노동력의 재생산에 참여하는 비율에 따라] 노동력의 가치를 저하시킨다. 예컨대 속옷은 하나의 필요한 생활수단이지만 수많은 생활필수품 중의 하나에 지나지 않는다. 이 상품이 값싸게 되는 경우, 그것은 속옷에 대한 노동자의 지출을 감소시킬 뿐이다. 생활필수품의 총량은 상이한 산업부문들의 생산물인 각양각색의 상품으로 구성되며, 그런 상품들 하나하나의 가치는 노동력

가치의 일부를 형성한다. 노동력의 가치는 노동력의 재생산에 필요한 노동시간이 감소함에 따라 저하하는데, 필요노동시간의 총감소량은 위에서 말한 상이한 생산부문들 전체에서 일어난 노동시간 단축의 총계와 같다. 우리는 여기에서 이런 일반적 결과〔노동력의 가치 저하〕를 마치 각 개별 자본이 직접적으로 목표로 삼아 곧 얻게 되는 결과인 것처럼 취급한다. 그렇지만 개별 자본가가 노동생산성을 향상시켜 예컨대 속옷의 가치를 저하시킬 때, 그는 결코 노동력의 가치를 저하시켜 그만큼 필요노동시간을 단축시키려는 목적을 반드시 가지고 있는 것은 아니다. 그가 결국 속옷의 가치를 저하시켜 노동력의 가치를 저하시키고 필요노동시간을 단축시키는 것에 기여하는 한, 그는 일반적 잉여가치율의 상승에 기여하게 되는 것이다.[3] 자본의 일반적이고 필연적인 경향들은 그것들의 현상형태와는 구별되어야 한다.

자본주의적 생산의 내재적 법칙이 개별 자본들의 외적 운동에 표현되어 경쟁이 강제하는 법칙으로 스스로를 드러내며, 그리하여 개별 자본가를 추진하는 동기로서 그의 의식에 도달하는 방식을 여기에서 고찰하려는 의도는 없다. 그러나 이 점만은 분명하다. 즉 경쟁의 과학적 분석은 자본의 내적 본성을 파악한 뒤에라야 비로소 가능하게 되는데, 이것은 마치 천체의 외관상의 운동은 〔감각적으로 직접 인식할 수 없는〕 천체의 진정한 운동을 익히 알고 있는 사람에게만 이해되는 것과 마찬가지다. 그러나 상대적 잉여가치의 생산을 이해하기 위해, 그리고 이미 얻어진 결과들만을 토대로, 다음과 같은 것을 추가할 수 있을 것이다.

만약 1노동시간이 6원으로 체현된다면, 12시간의 1노동일에는 72원의

---

[3] "기계설비의 개량에 의해 공장주의 생산물이 2배로 증가한다면…공장주는 총 생산물 중 더 적은 몫으로 노동자들을 입힐 수 있기 때문에…그의 이윤은 증가할 것이다. 그의 이윤은 다른 방법으로 변경될 수는 없지 않은가?"(랍지, 『부의 분배에 관한 평론』: 168~169)

가치가 생산[창조]될 것이다. 현재의 지배적인 노동생산성으로 이 12노동시간에 12개의 상품이 생산된다고 가정하고, 이 상품 한 개에 소비되는 원료와 기타 생산수단의 가치가 6원이라고 하자. 이와 같은 사정에서는 상품 1개의 가치는 12원[$=(6 \times 12 + 72)/12 = 6 + 6$]이다. 즉 6원은 생산수단의 가치고, 6원은 이런 생산수단을 처리할 때 노동이 새로 첨가한 가치다. 이제 어떤 자본가가 노동생산성을 2배로 하는 데 성공하여 그 결과 그는 12시간의 1노동일에 이 종류의 상품을 12개가 아니라 24개를 생산하게 되었다고 가정하자. 만약 생산수단의 가치가 변동하지 않고 그대로 있다면, 1개의 상품의 가치는 이제 9원[$=(6 \times 24 + 72)/24 = 6 + 3$]으로 떨어질 것이다. 즉 생산수단의 가치가 6원이고 노동에 의해 새로 첨가된 가치가 3원으로 될 것이다. 노동생산성이 2배가 되었음에도 1노동일은 이전과 마찬가지로 72원의 새로운 가치를 창조한다. 다만 이 새로운 가치가 이제는 2배의 생산물에 할당될 뿐이다. 따라서 1개의 생산물은 새로운 가치의 $\frac{1}{12}$ 대신 $\frac{1}{24}$ 을 [즉 6원 대신 3원을] 포함하게 된다. 또는 결국 같은 말이지만, 생산수단이 각 생산물로 전환될 때, 이제는 상품 1개당 전과 같이 1노동시간이 아니라 $\frac{1}{2}$ 노동시간만이 생산수단에 첨가된다. 이 상품의 개별 가치는 이제 그 사회적 가치보다 낮다. 즉 이 상품에는 사회적 평균조건에서 생산된 같은 종류의 대다수의 상품에 비해 적은 노동시간이 들어 있다. 1개의 상품은 평균적으로 12원이 소요되어 2시간의 사회적 노동을 대표하고 있다. 그러나 변경된 생산방식에서는 1개의 상품에는 9원만이 소요되고 $1\frac{1}{2}$ 시간의 노동만이 들어 있다. 그러나 상품의 현실적 가치는 그 상품의 개별 가치가 아니라 사회적 가치다. 다시 말해 상품의 현실적 가치는 각각의 개별적인 경우에 실제로 드는 노동시간에 의해서가 아니라 그 상품의 생산에 사회적으로 필요한 노동시간에 의해 측정된다. 따라서 만약 새로운 방법을 채용하는 자본가가 자기의 상품을 12원이라는 사회적 가치로 판매한다면, 그는 그 상품을 개별 가치보다 3원 더 비싸게 판매하는 것으로 되며, 따라서 3원의 특별 잉여가치를 얻게 된다. 그러나 다른 한편 그에게는 12시간 노동일이 이제 는 종전의 12개가 아니라 24개의 상품으로 나타나므로, 1노동일분의 생 산물을 판매하기 위해서는 판로가 2배로, 즉 시장이 2배로 커져야 한다. 기타의 조건이 같다면, 그의 상품은 오직 가격 인하를 통해서만 시장을 확대할 수 있다. 그러므로 자본가는 상품을 그 개별 가치보다는 비싸게, 그러나 그 사회적 가치보다는 싸게, 예컨대 1개당 10원에 판매할 것이 다. 이렇게 하더라도 그는 상품 1개당 1원의 특별잉여가치를 얻게 된다. 이런 잉여가치의 증대는, 그가 생산하는 상품이 노동력의 일반적 가치를 결정하는 데 참여하는 생활필수품에 속하든 속하지 않든, 자본가 자신이 가지게 된다. 따라서 각 개별 자본가들은 노동생산성을 향상시킴으로써 상품 가치를 저렴하게 하려는 동기를 가지게 된다.

그러나 이 경우에도 잉여가치의 생산증대는 필요노동시간의 단축과 이에 따른 잉여노동의 연장에서 발생한다.[4] 필요노동시간이 10시간[즉 노동력의 하루 가치가 60원]이고, 잉여노동이 2시간[따라서 매일 생산되 는 잉여가치가 12원]이라고 하자. 우리의 자본가는 이제 24개의 상품을 생산해 그것을 1개당 10원에, 즉 합계 240원에 판매한다. 생산수단의 가 치는 144원[ = 6원×24개 ]이기 때문에 $14\frac{2}{5}$개[ =144원÷10원 ]의 상품 은 투하된 불변자본의 가치를 대체한다. 12시간 노동일의 노동은 나머지 $9\frac{3}{5}$개[ = 24개 − $14\frac{2}{5}$개 ]로 표현된다. 노동력의 가격이 60원이기 때문

---

4) "어떤 사람의 이윤은 그가 타인 노동의 생산물을 지배한다는 사실에 의존하는 것이 아니라 그가 타인 노동 그 자체를 지배한다는 사실에 의존한다. 만약 그 가 자기 노동자의 임금을 변동시키지 않고 자기의 제품을 더 비싸게 팔 수 있 다면, 그가 이윤을 볼 것은 분명하다⋯그때에는 그가 생산하는 것 중 더 적은 부분으로도 이 노동을 고용하는 데 충분할 것이며, 따라서 더 많은 부분이 자 기 자신을 위해 남게 된다." (캐즈노브, 『정치경제학 개론』: 49, 50)

에 필요노동시간은 6개의 생산물로 표현되고 잉여노동은 $3\frac{3}{5}$ 개의 생산물로 표현된다. 필요노동과 잉여노동의 비율은 사회적 평균조건에서는 5 : 1 [ =10시간 : 2시간 ] 이었으나 여기에서는 5 : 3 [ =6 : $3\frac{3}{5}$ ]으로 된다. 다음과 같은 방식으로도 위와 동일한 결과가 나온다. 12시간 노동일의 생산물가치는 240원 [ =10원×24개 ] 이다. 그 중 144원은 [생산물가치에 재현되는 데 지나지 않는] 생산수단의 가치에 해당한다. 따라서 96원이 남는데, 이것은 1노동일 동안 새로 창조된 가치의 화폐적 표현이다. 이 화폐적 표현은 동일한 종류의 사회적 평균노동의 화폐적 표현보다 더 크다. 왜냐하면 사회적 평균노동의 12시간은 다만 72원으로 표현되기 때문이다. 예외적으로 생산성이 높은 노동은 강화된 노동으로 작용한다. 다시 말해 동일한 시간 안에 동일한 종류의 사회적 평균노동보다 더 많은 가치를 창조한다. 그러나 우리의 자본가는 노동력의 하루 가치에 대해 지금도 종전대로 60원만 지급한다. 따라서 노동자는 이제 이 가치를 재생산하는데 종전의 10시간이 아니라 $7\frac{1}{2}$ 시간 [ 96원 : 12시간=60원 : 7.5 시간 ] 이 필요할 뿐이다. 그러므로 그의 잉여노동은 $2\frac{1}{2}$ 시간만큼 증가하며, 그가 생산하는 잉여가치는 12원에서 36원 [ = 96 − 60 ] 으로 증가한다. 그리하여 개선된 생산방식을 채용하는 자본가는 동일한 생산부문의 다른 자본가에 비해 1노동일 중 더 큰 부분을 잉여노동으로 취득한다. 그는 총체로서의 자본이 상대적 잉여가치를 생산할 때 집단적으로 수행하는 일을 개별적으로 행하는 셈이다. 그러나 다른 한편, 새로운 생산방식이 일반화되고 그리하여 상품의 개별 가치와 사회적 가치 사이의 차이가 제거되자마자, 이 특별잉여가치는 사라진다. 노동시간에 의한 가치결정 법칙은, 새로운 생산방법을 채용하는 자본가로 하여금 자기의 상품을 그 사회적 가치 이하로 판매하도록 강요하는 것으로 스스로를 드러내며, 그리고 또 바로 이 법칙이 경쟁의 강제법칙으로 작용해 자기 경쟁자들로 하여금 새로운 생산방법을 도입하지 않을 수 없게 하는 것이다.[5] 이런

과정 전체를 거쳐 최후로 일반적 잉여가치율이 상승하는 것은, 노동생산
성의 증가가 생활필수품 생산에 기여하는 산업부문들에서 일어나서 노동
력의 가치를 구성하는 상품들을 값싸게 했을 때 비로소 가능하게 된다.

  상품의 가치는 노동생산성에 반비례한다. 노동력의 가치도 역시 노동
생산성에 반비례한다. 왜냐하면 노동력의 가치는 상품의 가치에 의해 규
정되기 때문이다. 그러나 상대적 잉여가치는 노동생산성에 정비례한다.
그것은 노동생산성의 증가에 따라 증가하며, 그 저하에 따라 저하한다.
화폐가치가 불변이라면 12시간이라는 사회적 평균노동일은 항상 72원이
라는 동일한 새로운 가치를 생산하는데, 그것은 이 가치총액이 임금과
잉여가치로 분할되는 비율 여하와는 관계가 없다. 그러나 만약 노동생산
성이 증가한 결과 생활수단의 가치가 저하하고 따라서 노동력의 하루 가
치가 60원에서 36원으로 떨어진다면, 잉여가치는 12원에서 36원으로 증
가할 것이다. 노동력의 가치를 재생산하는 데 이전에는 10노동시간이 필
요했지만 이제는 다만 6노동시간 [ 72원 : 12시간=36원 : 6시간 ] 이 필요하
다. 4노동시간이 떨어져 나와 잉여노동의 영역에 편입될 수 있다. 그러
므로 상품을 값싸게 하기 위해 그리고 그렇게 함으로써 노동자 자체를
값싸게 하기 위해, 노동생산성을 증가시키려는 것은 자본의 내재적 충동
이며 끊임없는 경향이다.[6]

---

5) "만약 내 이웃사람이 적은 노동으로 많이 생산함으로써 싸게 팔 수 있다면,
  나도 그와 마찬가지로 싸게 팔도록 노력해야 할 것이다. 그 결과 더 적은 직공
  의 노동으로 더 싸게 생산하는 온갖 기술·방법·기계는, 다른 사람들에게 동일
  한 기술·방법·기계를 이용해야 할, 또는 그것들과 비슷한 어떤 발명을 해야
  할 일종의 필요성과 경쟁심을 일으킴으로써, 모든 사람이 동등한 조건에 처하
  게 되며, 누구도 자기의 이웃사람보다 더 싸게 팔 수 없게 된다."(마틴,『잉글
  랜드에 대한 동인도 무역의 이익』: 67)
6) "노동자의 생활비가 어떤 비율로 감소되든, 만약 이와 동시에 노동에 대한 규
  제들이 제거된다면, 그의 임금도 동일한 비율로 저하할 것이다."([『곡물 수출

상품을 생산하는 자본가는 상품의 절대적 가치 그 자체에는 관심을 가지지 않는다. 자본가가 관심을 가지는 것은 오직 상품에 들어 있는, 그리고 판매에 의해 실현되는 잉여가치뿐이다. 잉여가치의 실현은 투하한 가치의 회수를 반드시 수반한다. 상품의 가치는 노동생산성의 발전에 반비례하지만, 상대적 잉여가치는 노동생산성의 발전에 정비례하여 증가한다. 바꾸어 말해 하나의 동일한 과정 [ 노동생산성의 발전 ] 이 상품을 싸게 만드는 동시에 상품에 들어 있는 잉여가치를 증대시키기 때문에, 교환가치의 생산만을 염두에 두고 있는 자본가가 왜 상품의 교환가치를 끊임없이 떨어뜨리려고 노력하는가 하는 수수께끼가 해명된다. 이 수수께끼를 가지고 경제학 창시자의 한 사람인 케네는 자기의 논적들을 괴롭혔는데, 이에 대해 그 논적들은 아무런 대답을 하지 못했던 것이다. 케네는 다음과 같이 말하고 있다.

"당신들이 인정하는 바와 같이, 공산품의 제조에는 [생산에 해를 끼치지 않고] 노동에 대한 지출 또는 노동비용을 감축하면 할수록, 그 감축은 그만큼 더 유리하다. 왜냐하면 그것은 제품의 가격을 인하시키기 때문이다. 그런데도 당신들은 노동자들의 노동에서 생기는 부의 생산은 그들의 생산물의 교환가치가 증대하는 데 있다고 믿고 있다."[7]

___

장려금의 폐지에 관한 고찰』] 런던 1753: 7) "산업의 이익은 곡물과 일체의 식료품이 가능한 한 싸게 되기를 요구한다. 왜냐하면 그것들을 비싸게 하는 모든 것은 노동을 역시 비싸게 하지 않을 수 없기 때문이다…노동이 규제되지 않는 모든 나라에서는 식료품 가격이 노동가격에 영향을 미치지 않을 수 없다. 노동의 가격은 필요한 생활수단이 싸게 될 때에는 언제나 싸게 된다."(같은 책: 3) "임금은 생산력이 증가하는 것과 동일한 비율로 감소한다. 기계가 생활수단을 싸게 하는 것은 사실이지만, 그것은 또한 노동자도 싸게 한다."([『경쟁과 협동의 장점 비교에 관한 현상논문』]: 27)
7) 케네, 『상업과 수공업자의 노동에 대한 대화』: 188~189.

그러므로 자본주의적 생산에서는 노동생산성의 발전에 의한 노동의 절약[8])은 결코 노동일의 단축을 목적으로 하지 않는다. 그것이 겨냥하는 것은 오직 일정한 양의 상품을 생산하는 데 필요한 노동시간의 단축이다. 노동자가 자기의 노동생산성을 향상시킨 결과 1시간에 가령 종전의 10배의 상품을 생산하게 되고, 그리하여 각 1개의 상품에 이전의 10분의 1의 노동시간을 지출하게 된다는 사실은, 결코 그로 하여금 종전과 같이 하루에 12시간 노동하고 또 그 12시간 동안 120개가 아니라 1,200개를 생산하도록 하는 것을 막지 않는다. 사실 그의 노동일은 단축되기는커녕 연장되기조차 하여 14시간 동안 1,400개를 만들도록 강요되는 수도 있다. 그러므로 매컬록, 유어, 시니어 등과 같은 부류에 속하는 경제학자들의 저서를 보면, 어떤 페이지에는 생산력의 발전에 의해 필요노동시간이 단축되기 때문에 노동자는 이에 대해 자본가에게 감사해야 한다고 쓰여 있고, 다음 페이지에는 노동자는 앞으로 하루에 10시간이 아니라 15시간 노동함으로써 이 감사를 표시하지 않으면 안 된다고 쓰여 있다. 자본주의적 생산의 테두리 안에서는 노동생산성의 상승은 노동일 중 노동자가 자기 자신을 위해 노동해야 할 부분을 단축하며, 바로 그렇게 함으로써 노동일 중 노동자가 자본가를 위해 공짜로 노동할 수 있는 나머지 부분을 연장시키는 것을 목적으로 하고 있다. 상품을 싸게 하지 않고 이런 결과를 어느 정도까지 달성할 수 있는가는 우리가 다음에 고찰하려고 하는 상대적 잉여가치의 여러 특수한 생산방식들을 검토할 때 밝혀질 것이다.

---

8) "그들이 지급하지 않으면 안 되는 노동자들의 노동을 이처럼 절약하는 투기꾼들."(비도, 『공업과 상업에서 발생하는 독점에 대해』: 13) "고용주는 시간과 노동을 절약하기 위해 항상 전력을 다할 것이다."(스튜어트, 『정치경제학 강의』: 318) "그들"(자본가들)"의 관심사는 그들이 고용하는 노동자의 생산력을 가능한 한 크게 하는 것이다. 생산력의 증진에 그들의 주의가 집중되고 있으며 거의 전적으로 집중되고 있다."(존스, 『국민경제학 교과서』: 39)

# 제13장
# 협 업

    이미 본 바와 같이, 자본주의적 생산은 각 개별 자본이 다수의 노동자를 동시에 고용하고, 따라서 노동과정이 대규모로 수행되어 대량의 생산물을 공급하게 되는 그때부터 비로소 실제로 시작한다. 많은 노동자가 같은 시간에, 같은 장소에서(또는 같은 노동의 장소에서), 같은 종류의 상품을 생산하기 위해, 같은 자본가의 지휘 밑에서 함께 일한다는 것은 역사적으로나 개념적[논리적]으로나 자본주의적 생산의 출발점을 이룬다. 생산방식 그 자체에 대해 말한다면, 초기의 매뉴팩처는 동일한 개별 자본에 의해 동시에 고용된 노동자의 수가 더 많다는 것 이외에는 길드[동업조합]의 수공업과 거의 차이가 없다. 길드의 장인(마스터)의 작업장이 확대된 것일 따름이다.

    그러므로 처음에는 오직 양적인 차이뿐이었다. 우리가 이미 본 바와 같이, 주어진 자본이 생산하는 잉여가치의 양은 개별 노동자가 생산하는 잉여가치에다 동시에 고용된 노동자의 수를 곱한 것과 같다. 노동자의 수는 그 자체로서는 잉여가치율 또는 노동력의 착취도에 아무런 변화도 가져오지 않으며, 그리고 상품가치 일반의 생산에서도 그것은 노동과정의 어떤 질적 변화도 가져오지 않는 것처럼 보인다. 만약 12시간 노동일

하루가 6원으로 대상화된다면, 그런 노동일 1,200일은 6원×1,200으로 대상화될 것이다. 1,200명의 노동자의 경우에는 12×1,200 노동시간이, 개별 노동자의 경우에는 12노동시간이 생산물에 합쳐지고 있다. 가치의 생산에서 다수의 노동자는 언제나 개별 노동자의 단순한 합계로서만 계산된다. 따라서 1,200명의 노동자가 각각 개별적으로 생산하든, 또는 그들이 동일한 자본의 지휘 아래에 통합되어 생산하든, 생산되는 가치에는 아무런 차이가 없다.

그러나 일정한 한계 안에서는 약간의 변화가 발생한다. 가치로 대상화되는 노동은 사회적으로 평균적인 질의 노동이다. 다시 말해 가치는 평균적 노동력이 지출된 것이다. 그러나 평균량은 언제나 크기만 다를 뿐 종류가 같은 다수의 개별량의 평균일 뿐이다. 각 산업부문에서 개별 노동자는 평균적 노동자와는 다소 차이가 있다. 수학에서 '오차'[편차]라고 부르는 이와 같은 개별적 차이는 우리가 어떤 최소한도의 노동자를 함께 고용하기만 하면 서로 상쇄되어 없어진다. 유명한 궤변가이며 아첨꾼인 버크는 차지농업가로서 자기의 실제 경험에 의거해 다음과 같이 주장하고 있다. 즉 5명의 농업노동자로 구성되는 '그처럼 작은 집단'에서도 벌써 노동에서 모든 개인적 차이는 서로 상쇄되어 소멸되며, 따라서 어떤 5명의 성인 농업노동자도 동일한 시간 안에 다른 임의의 5명의 성인 농업노동자가 하는 일과 똑같은 일을 한다는 것이다.[1] 어쨌든, 동시에

---

1) "서로 다른 사람들의 노동의 가치는 힘과 숙련과 성실성에 따라 큰 차이가 있다는 것은 의심의 여지가 없다. 그러나 어떤 임의의 5명은 전체로서는, 내가 앞에서 말한 나이에 속하는 다른 어떤 5명과도 같은 양의 노동을 한다는 것을 나는 면밀한 관찰에 근거해 확신하는 바다. 이것은 이 5명 중 1명은 훌륭한 일꾼의 모든 자격을 갖추고 있으며, 다른 1명은 서투른 일꾼이고, 다른 3명은 전자에 가깝거나 후자에 가까운 중간 일꾼일 것이라는 것을 의미한다. 그리하여 5명밖에 안 되는 그처럼 작은 집단에서 당신들은 5명의 인간이 만들어 낼 수 있는 전체량을 발견하게 될 것이다."(버크, 『곡물부족에 관한 의견과 상세

고용되는 많은 노동자의 집단적 노동일을 노동자의 수로 나눈 것이 하루의 사회적 평균노동인 것은 명백하다. 한 사람의 1노동일이 예컨대 12시간이라고 하자. 그렇다면 동시에 고용되는 12명의 노동자들의 집단적 노동일은 144시간이다. 그리고 12명 각각의 노동은 사회적 평균노동과는 다소 차이가 있어 개개인이 동일한 작업을 하는 데 상이한 시간이 걸릴지도 모르지만, 각 개인의 노동은 144시간이라는 집단적 노동일의 $\frac{1}{12}$ 로서 사회적으로 평균적인 질을 가지고 있다. 12명의 노동자를 고용하는 자본가의 처지에서 보면 노동일은 12명 전체의 노동일로서만 존재한다. 각 개별 노동자의 노동일은 [이들 12명이 서로 협력해 가면서 노동을 하건, 또는 그들의 작업 사이의 관련이 단순히 동일한 자본가를 위해 일한다는 점뿐이건] 집단적 노동일의 구성부분으로서만 존재한다. 그런데 만약 이 12명의 노동자들이 2명씩 나뉘어져 각각 6명의 '소경영주'에게 고용된다면, 이들 각 소경영주가 동일한 가치량을 생산하는가 어떤가, 따라서 일반적 잉여가치율을 얻게 되는가 어떤가는 확실하지 않을 것이다. 이런 조건에서는 개별적 편차가 나타날 것이다. 가령 어떤 노동자가 어떤 상품의 생산에 사회적으로 필요한 것보다 현저하게 많은 시간을 들인다면, 그의 경우에는 개별적으로 드는 노동시간이 사회적으로 필요한 노동시간[즉 평균적 노동시간]과 현저하게 차이가 나게 될 것이며, 따라서 그의 노동은 평균적 노동으로 인정될 수 없고, 그의 노동력도 평균적 노동력으로 인정될 수 없다. 그런 노동력은 전혀 팔리지 않든가 또는 노동력의 평균가치 이하로 팔릴 것이다. 그러므로 노동능률의 일정한 최저한도가 모든 노동에 대해 전제되고 있는데, 우리가 뒤에서 보는 바와 같이, 자본주의적 생산은 이 최저한도의 설정방법을 제시하고 있다〔예: 성과급〕. 그런데도 이 최저한도는 평균과는 떨어져 있다. 그렇지만 자본가는

---

한 논의』: 15~16) 평균적 개인에 대해서는 케틀레의 의견을 참조하라.

노동력에 대해 그 평균가치를 지급하지 않으면 안 된다. 그러므로 6명의 소경영주 중 어떤 사람은 일반적 잉여가치율보다 더 많은 것을 뽑아내며, 어떤 사람은 그보다 더 적은 것을 뽑아낸다. 이 불균등은 사회 전체적으로는 서로 상쇄되지만 개별 소경영주들에게는 그렇지 않다. 따라서 개별 생산자에게 가치증식의 법칙이 완전히 실현되는 것은, 개별 생산자가 자본가로서 생산하며 다수의 노동자를 동시에 고용함으로써, 그들의 노동이 집단적 성격에 의해 곧 사회적 평균노동으로 여겨질 때뿐이다.[2]

작업방식에 변동이 없는 경우라도, 많은 노동자의 동시적 고용은 노동과정의 객체적 조건에 혁명을 일으킨다. 노동자들이 일하는 건물, 원료를 위한 창고, 그들이 동시에 또는 번갈아 사용하는 용기·기구·장치 등등, 한 마디로 말해 생산수단의 일부가 이제는 노동과정에서 공동으로 소비된다. 이 때문에 한편으로 이런 생산수단의 교환가치가 등귀하는 것은 아니다. 왜냐하면 한 상품의 교환가치는 그것의 사용가치가 더 철저하게 이용된다고 해서 등귀하지는 않기 때문이다. 다른 한편으로 생산수단은 공동으로 사용되며 이전보다 대규모로 사용된다. 20명의 직조공이 20대의 직조기를 가지고 일하는 방은 독립적인 1명의 직조공이 2명의 도제를 데리고 일하는 방보다는 넓어야 할 것이지만, 노동자 20명을 수용하는 작업장 하나를 건축하는 데는 노동자 2명씩을 수용하는 10개의 작업장을 건축하는 데 드는 것보다 적은 노동이 든다. 따라서 대규모로 공동 사용하는 거대한 생산수단의 가치는 이 생산수단의 규모와 유용한 효과에 비례해 증가하지는 않는다. 공동으로 사용하는 생산수단은 개개의 생산물에 자기 가치의 더 적은 부분을 이전하게 된다. 왜냐하면 한편으

---

2) 로셔는 자기 부인이 이틀간 일시켰던 한 재봉사는 자기 부인이 하루 동안 동시에 일시켰던 두 사람의 재봉사보다 더 많은 일을 해낸다는 사실을 발견했다고 주장한다. 이 교수는 자본주의적 생산과정을 유치원에서 또는 주연배우인 자본가가 없는 상황에서 연구하려고 해서는 안 될 것이다.

로 이 생산수단의 총가치가 더 많은 양의 생산물에 분배되기 때문이며, 다른 한편으로 이 생산수단은 개별적으로 사용되는 생산수단에 비해 비록 절대적으로는 더 큰 가치를 가진다 하더라도, 그 작용범위를 고려하면 상대적으로 더 적은 가치를 가지고 생산과정에 들어가기 때문이다. 이 때문에 각 상품의 총가치에 포함되는 불변자본 일부의 가치는 저하하며, 이 저하의 크기에 비례해 상품의 총가치도 역시 저하한다. 그 효과는 마치 그 상품의 생산수단이 더 싸게 생산되는 것과 같다. 생산수단 사용의 이런 절약은 전적으로 노동과정에서 많은 사람이 생산수단을 공동으로 소비하기 때문에 생긴다. 그리하여 이런 생산수단이, [고립적이고 독립적인 노동자나 소경영주가 가지고 있는] 분산되고 상대적으로 더 비싼 생산수단과는 달리, 사회적 노동의 필요조건이라는 성격을 가지게 되는 것은, 많은 사람들이 서로 협력해 일하지 않고 다만 공간적으로 한 곳에 모여 일하는 경우에도 가능하다. 노동수단의 일부는, 노동과정 그 자체가 이런 사회적 성격을 획득하기 전에, 벌써 이런 사회적 성격을 획득한다〖 큰 건물 안에 많은 노동자들이 모이면 그렇게 된다 〗.

생산수단의 절약은 두 가지 측면에서 고찰해야 한다. 첫째로 그것이 상품을 값싸게 하며, 또 그렇게 함으로써 노동력의 가치 또한 저하시키는 측면이다. 둘째로 그것이 총투하자본[즉 불변부분과 가변부분의 가치 총액]에 대한 잉여가치의 비율〖 이윤율 〗을 변동시키는 측면이다. 두 번째 측면은 이 책의 제3권 제1편〖 제5장 〗에서 비로소 고찰할 것이다. 그리고 여기서 다루어야 할 다른 많은 문제들도 서술의 적절한 내적 연관을 위해 그곳으로 미룰 것이다. 이와 같은 연구 대상의 분할은 분석의 진행상 불가피한 것인데, 이런 분할은 동시에 자본주의적 생산의 정신과도 합치한다. 왜냐하면 자본주의적 생산에서 노동자들은 노동수단을 자기와는 독립해 존재하는 타인의 소유로 상대하며, 이리하여 노동수단 사용상의 절약도 [자기와는 전혀 상관없는, 따라서 자기 자신의 생산성을 향상시키는 방법과도 관련이 없는] 하나의 별개의 조작으로 자기에게는 나타나기 때문이다.

하나의 동일한 생산과정에, 또는 서로 다르지만 상호 연관된 생산과정에 많은 사람이 계획적으로 함께 협력해 일하는 노동형태를 협업3)이라고 부른다.

기병 1개 중대의 공격력이나 보병 1개 연대의 방어력이 개별 군인이 제각기 전개할 수 있는 공격력이나 방어력의 합계와는 본질적으로 구별되는 것과 마찬가지로, 개별 노동자들의 기계적인 힘의 총계는, 많은 사람이 동시에 동일한 불가분의 작업에 참가할 때 [예컨대 무거운 짐을 들어 올리거나 윈치를 돌리거나, 장애물을 제거할 때] 발휘하는 사회적 역량과는 본질적으로 구별된다.4) 이 경우 결합된 노동의 성과는, 고립된 개별 노동이 결코 달성할 수 없거나 훨씬 더 많은 시간이 들거나 또는 매우 작은 규모로만 달성할 수 있을 것이다. 이와 같이 협업에 의해 개인의 생산력이 높아질 뿐 아니라 하나의 새로운 생산력[즉 집단적인 힘]이 창조되는 것이다.5)

다수의 힘이 하나의 총력으로 융합되는 데서 생기는 새로운 역량을 무시하더라도, 대부분의 생산적 노동에서는 단순한 사회적 접촉만으로도 벌써 각 개별 노동자들의 작업능률을 증대시키는 경쟁심이나 혈기animal spirits라는 자극이 생긴다. 그 결과 함께 일하는 12명은 144시간이라는 집

---

3) "힘의 결합."(데스튀트 드 트라시, 『의지와 의지작용론』: 80)
4) "분할할 수 없을 정도로 단순하지만, 다수 노동자들의 협력 없이는 수행할 수 없는 작업이 많이 있다. 예컨대 큰 통나무를 짐마차에 들어 올리는 일…요컨대 많은 사람의 손이 하나의 불가분의 동일한 작업에서 동시에 상호협조하지 않고서는 수행할 수 없는 온갖 일."(웨이크필드, 『식민방법에 관한 견해』: 168)
5) "1톤의 무게를 들어 올리는 일은 한 사람으로는 전혀 불가능하며, 열 사람이면 전력을 다해야 겨우 가능하지만, 백 사람이면 각자가 손가락 하나만을 움직여도 할 수 있다."(벨러즈, 『산업전문학교의 설립에 관한 제안』: 21)

단적 1노동일에, 각각 12시간씩 제각기 일하는 12명의 고립된 노동자들보다, 또는 12일 동안 계속 일하는 1명의 노동자보다, 훨씬 더 많이 생산해 낸다.[6] 이것은 인간이 아리스토텔레스가 생각한 것처럼 정치적 동물[7]은 아닐지 몰라도 여하튼 사회적 동물이라는 데 기인한다.

비록 많은 사람이 동일한 작업 또는 같은 종류의 작업에 동시적으로 협동하더라도, 각 개인의 노동은 총노동의 일부로 그 노동과정의 상이한 국면을 이룰 수 있는데, 이때 노동대상은 협업의 결과 이 국면들을 더 빨리 통과하게 된다. 예컨대 만약 12명의 벽돌공이 벽돌을 사다리 밑바닥에서 꼭대기까지 운반하기 위해 열을 지어 선다면, 그들 각 개인은 동일한 일을 하지만, 그들 개개의 행위는 하나의 전체적인 작업의 연속된 부분들을 이룬다. 즉 각자의 행위는 각 벽돌이 노동과정에서 통과하지 않으면 안 되는 특수한 국면들인 것이다. 그리하여 벽돌은 전체 노동자의 24개의 손을 통과함으로써 각 개별 노동자들이 사다리를 오르내리면서 벽돌을 운반할 때보다 더 빨리 운반된다.[8] 노동대상은 동일한 거리를

---

6) "이 경우에도"(각각 30에이커씩을 가진 10명의 차지농업가들이 고용하는 수의 노동자를 1명의 차지농업가가 300에이커의 경지에 고용하는 경우) "역시 농업 노동자의 수가 많아짐으로써 생기는 이익이 있는데, 이것은 실무자가 아니면 쉽게 이해하지 못할 것이다. 1대 4의 비율이 3대 12의 비율과 같다는 것은 당연하지만, 실제로는 이 명제가 들어맞지 않는다. 왜냐하면 수확기에나 기타 긴급한 많은 작업들에서는 많은 노동자를 결합시킨다면 일은 더 잘, 더 신속하게 수행되기 때문이다. 예컨대 수확을 할 때 2명의 마부, 2명의 짐 싣는 사람, 2명의 던지는 사람, 2명의 갈퀴질하는 사람, 건초를 쌓거나 곡물창고에서 일하는 몇 명의 사람들은, 서로 다른 농장에서 서로 다른 조로 나뉘어 일하는 같은 수의 노동자들보다 2배나 많은 일을 할 것이다."(아버스노트, 『식료품의 현재가격과 농장규모 사이의 관계의 연구』: 7~8)
7) 아리스토텔레스의 이 정의가 가진 진정한 의미는, 인간은 태어날 때부터 시민이라는 것이다. 인간은 도구를 만드는 동물이라고 한 프랭클린의 정의가 양키나라의 특징을 표현하고 있는 것과 마찬가지로, 아리스토텔레스의 이 정의는 고전적 고대의 특징〔시민이 아니면 인간이 아니다〕을 표현하고 있다.

더 짧은 시간에 통과한다. 또한 예컨대 건물을 지을 때 여러 방면에서 동시에 착수하는 경우, 비록 협업하는 사람들은 이때에도 같은 작업 또는 같은 종류의 작업을 하기는 하지만, 노동의 결합이 일어난다. 건물을 짓는 데 1명의 벽돌공이 12일간[즉 144시간] 작업하는 것보다 12명의 벽돌공이 144시간의 집단적 1노동일에 작업하는 것이 훨씬 더 빠르다. 그 이유는 협력해 작업하는 노동자 집단은 앞과 뒤로 팔과 눈을 가지고 있어 어느 정도까지는 전면성을 가지고 있기 때문이다. 그리하여 생산물의 상이한 부분들이 동시에 완성되어 간다.

위에서 우리는 많은 노동자가 같은 작업 또는 같은 종류의 작업을 한다는 점을 강조했는데, 그 이유는 공동노동의 이런 가장 단순한 형태가 협업에서 [심지어 협업의 가장 발달한 형태에서도] 큰 역할을 하기 때문이다. 만약 노동과정이 복잡하면, 함께 일하는 사람들이 다수라는 사실만으로도 상이한 작업을 각각의 노동자에게 분배할 수 있게 되며, 따라서 그 작업을 동시에 수행할 수 있게 된다. 그리하여 전체 작업을 완수하는 데 필요한 노동시간은 단축된다.[9]

---

8) "또한 지적해야 할 것은, 이와 같은 부분적 분업은 모든 노동자가 하나의 동일한 작업을 하는 경우에도 일어날 수 있다는 점이다. 예컨대 건물의 높은 곳으로 벽돌을 손에서 손으로 나르는 벽돌공들은 모두가 동일한 작업을 하지만, 그들 사이에는 일종의 분업이 이루어지고 있다. 그들 각자는 벽돌을 일정한 거리만 옮겨 놓지만, 전체로 보면 그들은 각자가 벽돌을 단독으로 높은 곳에 운반하는 경우보다 훨씬 더 빠르게 그것을 옮겨놓게 된다."(스카르베크, 『사회적 부의 이론』: 97~98)

9) "어떤 복잡한 노동을 하는 경우, 몇 가지 작업을 동시에 하지 않으면 안 된다. 이 사람은 이 일을 하고 저 사람은 저 일을 함으로써 한 사람으로는 실현할 수 없는 성과에 모두가 함께 기여한다. 한 사람은 노를 젓고 또 한 사람은 키를 잡고 세 번째 사람은 그물을 던지거나 작살로 고기를 찌르거나 한다. 그리하여 고기잡이는 이런 협업 없이는 불가능한 성과를 얻고 있다."(데스튀트 드 트라시, 앞의 책: 78)

많은 생산부문에는 결정적 순간[즉 노동과정 그 자체의 성질에 의해 규정되며 그 기간에 노동의 일정한 성과가 달성되어야 하는 시기]이 있다. 예컨대 한 떼의 양의 털을 깎는다든가 일정한 면적의 곡물을 베어 거두어들여야 할 때, 생산물의 양과 질은 이 작업이 일정한 시간에 시작되어 일정한 시간에 끝나느냐 아니냐에 달려 있다. 이런 경우 노동과정이 수행되어야 할 기간은 [예컨대 청어잡이의 경우와 같이] 미리 정해져 있다. 각 개인은 하루에 예컨대 12시간 이상의 1노동일을 만들어낼 수 없지만, 100사람의 협업은 1노동일을 1,200시간으로 확대할 수 있다. 작업에 허용되는 기간이 짧다는 점은 결정적 순간에 생산 장소에 투입되는 노동의 커다란 규모에 의해 보충된다. 이 경우 제때에 작업을 마무리 짓는 것은 다수의 결합된 노동일을 동시에 사용하는 것에 달려 있으며, 유용한 효과의 대소는 노동자의 수에 달려 있다. 그러나 이 경우 노동자의 수는 [동일한 기간에 동일한 규모의 작업을 하는 데 필요한] 고립된 노동자의 수보다 언제나 적다.[10] 이런 종류의 협업이 행해지지 않기 때문에 미국의 서부에서는 매년 많은 곡물이, 그리고 영국의 통치에 의해 옛날의 공동체가 파괴된 인도의 동부 지역에서는 매년 대량의 면화가 낭비되고 있다.[11]

---

10) "그것"(농업노동)"을 결정적 순간에 행한다는 것은 엄청난 중요성을 가진다."(아버스노트, 앞의 책: 7) "농업에서는 시간이라는 요인보다 더 중요한 것은 없다."(리비히, 『농업의 이론과 실제』: 23)

11) "그 다음의 불행[아마 중국과 영국을 제외하고는 세계의 다른 어느 나라보다도 더 많은 노동을 수출하고 있는 나라[ 인도 ]에서 있으리라고는 거의 아무도 생각할 수 없는 불행]은 면화의 수확에 필요한 노동자를 얻을 수 없다는 사실이다. 그 결과 대량의 면화가 수확되지 못하고 내버려지며, 또 일부는 면화가 이미 땅에 떨어져 변색되고 또 부분적으로 썩어버린 뒤에 땅에서 거두어 모은다. 이리하여 바로 그 계절에 일손이 부족하기 때문에 재배업자는 [영국에서 그처럼 애타게 기다리는] 면화의 많은 부분을 어쩔 수 없이 잃어버리게 된다."(『벵갈 통신, 격월 해외정보 요약』, 1861년 7월 22일자)

협업은 한편으로 작업을 넓은 공간에서 수행할 수 있도록 해주는데, 어떤 노동과정에서는 노동대상의 물리적 구조 그 자체가 벌써 협업을 요구한다. 예컨대 배수공사 · 둑공사 · 관개공사 · 운하건설 · 도로건설 · 철도부설 등에서 그렇다. 다른 한편으로 협업은 생산규모를 확대하면서도 생산의 공간적 영역을 상대적으로 축소할 수 있다. 이와 같이 생산규모의 확대와 동시에 노동의 공간적 범위의 축소[이것은 거액의 공비空費 [생산에 직접 공헌하지 않는 비용]를 절약하게 한다]는 많은 노동자의 밀집, 각종 노동과정의 집합과 생산수단의 집적에서 생긴다.[12)]

결합된 노동일은 이것과 동일한 크기의 개별 노동일의 합계에 비해 더 많은 양의 사용가치를 생산하며, 따라서 주어진 유용효과의 생산에 필요한 노동시간을 감소시킨다. 결합된 노동일이 생산력을 증대시키는 원인이 무엇이건, 즉 그것이 노동의 기계적 힘을 증가시키거나, 노동의 공간적 작용범위를 확대하거나, 생산규모에 비해 생산의 공간적 장소를 축소하거나, 결정적 순간에 많은 노동을 가동시키거나, 개개인의 경쟁심을 자극해 활기를 띠게 하거나, 많은 사람들에 의해 수행되는 같은 종류의 작업에 연속성과 다면성을 부여하거나, 서로 다른 작업들을 동시적으로 수행하거나, 공동사용에 의해 생산수단을 절약하거나, 또는 개개인의 노동에 사회적 평균노동의 성격을 부여하기 때문이건, 어떤 경우라도 결합된 노동일의 특수한 생산력은 노동의 사회적 생산력 또는 사회적 노동의 생산력이다. 이 생산력은 협업 그 자체로부터 생긴다. 다른 노동자들과

---

12) 농경의 진보에 따라 "이전에는 500에이커의 조방적 경작에 사용되던 모든 자본과 노동이 [아마도 그 이상이] 이제는 100에이커의 한층 더 집약적인 경작에 집적되고 있다." "사용되는 자본과 노동의 양에 비해 면적은 상대적으로 축소되었지만, 생산의 범위 [예: 양계 · 낙농]는 이전에 하나의 독립 생산자에 의해 경작될 때보다 확대되었다."(존스, 『부의 분배와 세원에 관한 연구』, 제1부, 지대에 관해: 191)

체계적으로 협력하고 있는 노동자는 자기의 개별성의 족쇄를 벗어 던지고 자기 종족 [ 인류 ]의 능력을 발전시킨다.[13]

일반적으로 노동자들은 함께 모이지 않고서는 협력할 수 없으며, 그들이 일정한 장소에 집결하는 것이 그들의 협업의 필요조건이다. 따라서 임금노동자는 동일한 자본, 동일한 자본가에 의해 동시에 고용되는 경우에만, 즉 그들의 노동력이 동시에 구매되는 경우에만 비로소 협업할 수 있다. 그러므로 이런 노동력의 총가치[노동자들에 대한 하루 또는 1주일 등의 임금총액]가 자본가의 주머니에 미리 준비되어 있어야 노동자들이 생산과정을 개시할 수 있다. 300명의 노동자에게 단 하루분을 지불하는 데도 소수의 노동자에게 1주일에 한 번씩 1년간 지불하는 것보다 더 많은 자본지출이 필요할 수 있다. 그러므로 협업노동자의 수[즉 협업의 규모]는 먼저 개별 자본가가 노동력의 구매에 지출할 수 있는 자본의 크기 [다시 말해 각 개별 자본가가 다수 노동자의 생활수단을 구매할 수 있는 정도]에 의존한다.

그리고 그것은 가변자본에 대해서와 마찬가지로 불변자본에 대해서도 해당된다. 예컨대 300명의 노동자를 고용하는 자본가가 원료에 대해 지불하는 금액은 10명의 노동자를 고용하는 자본가가 지출하는 것의 30배나 된다. 공동으로 이용하는 노동수단의 가치나 양은 노동자의 수와 같은 비율로 증가하지는 않지만 현저하게 증가한다. 그리하여 개별 자본가들의 수중으로 대량의 생산수단이 집적되는 것은 임금노동자들의 협업을 위한 물질적 조건이며, 협업의 범위 또는 생산의 규모는 이런 집적의 정도에 의존한다.

---

13) "개개인의 힘은 보잘 것 없지만, 이 보잘 것 없는 힘의 결합은 모든 부분적인 힘의 합계보다 더 큰 집단적인 힘을 창조한다. 그리하여 힘은 그것을 단순히 결합시키기만 해도 시간을 단축하고 자기의 작용범위를 확대할 수 있다."(베리, 『정치경제학에 관한 고찰』: 196에 대한 칼리의 주)

앞의 장에서 본 바와 같이, 동시에 고용하는 노동자의 수, 그리고 그들이 생산하는 잉여가치량이 고용주 자신을 육체노동에서 해방하고 그를 소경영주로부터 자본가로 전환시켜, 자본관계 [또는 노자관계] 가 형태적으로 성립되기 위해서는, 일정한 최소한도의 자본액이 필요했다. 이제는 자본의 이 최소한도가 다수의 분산되고 상호독립적인 노동과정들을 하나의 결합된 사회적 노동과정으로 전환시키기 위한 물질적 조건으로 나타난다.

이와 마찬가지로, 자본에 대한 노동의 종속도 처음에는 노동자가 자신을 위해서가 아니라 자본가를 위해서, 따라서 자본가 밑에서 노동한다는 사실의 형태적인 결과였을 따름이다. 그러나 많은 임금노동자의 협업에 따라 자본의 지휘는 노동과정 그 자체의 수행을 위한 필요조건으로, 생산의 현실적 조건으로 발전해 간다. 생산 장소에서 자본가의 지휘는 이제 전쟁터에서 장군의 지휘와 마찬가지로 필수적인 것으로 된다.

대규모로 수행되는 모든 직접적으로 사회적인 노동 또는 공동노동은, 개인들의 활동을 조화시키기 위해, 그리고 [생산유기체의 독립 기관들의 운동과는 구별되는 생산유기체 전체의 운동으로부터 생기는] 일반적 기능을 수행하기 위해, 지휘자를 필요로 한다. 바이올린 독주자는 자신이 직접 지휘자가 되지만 교향악단은 독립적인 지휘자를 필요로 한다. 지휘·감독·조절의 기능은 자본의 지배 아래에 있는 노동이 협업적으로 되자마자 자본의 한 기능으로 된다. 자본의 독자적인 기능으로서 지휘의 기능은 자기 자신의 특수한 성격을 획득하게 된다.

자본주의적 생산을 추진하는 동기, 그리고 그것을 규정하는 목적은 자본을 가능한 최대한도로 증식시키는 것, 다시 말해 가능한 한 최대의 잉여가치를 생산하는 것,[14) 따라서 가능한 한 최대로 노동력을 착취하는

---

14) "이윤은…사업의 유일한 목적이다."(밴더린트, 『화폐만능론』: 11)

것이다. 협업하는 노동자의 수가 증가함에 따라 자본의 지배에 대한 그들의 반항도 증대하며, 또한 이 반항을 억누르기 위한 자본의 압력도 필연적으로 증대한다. 자본가에 의한 통제는, 사회적 노동과정의 성질에서 유래하는 하나의 특수기능일 뿐 아니라, 동시에 이 사회적 노동과정을 착취하는 기능이며, 따라서 착취자와 그의 착취대상 [ 노동자 ] 사이의 불가피한 적대관계에 뿌리를 두고 있다.

또한 타인의 소유물로서 임금노동자와 대립하는 생산수단의 규모가 증대함에 따라 생산수단이 적절하게 사용되도록 효과적으로 통제할 필요도 증대한다.[15] 더욱이 임금노동자들의 협업은 전적으로 그들을 고용하는 자본에 의해 생긴 것이다. 그들을 단일의 생산체로 통일하고, 그들의 개별 기능들 사이에 하나의 관련을 형성하는 것은 노동자들의 능력 밖의 일이다. 다시 말해 그들 자신의 행위에 속하는 것이 아니라 그들을 모아 함께 일하도록 만든 자본의 행위에 속하는 것이다. 그러므로 그들의 다양한 노동 사이의 상호관련은, 관념적으로는 자본가의 계획으로서, 그리고 실무적으로는 노동자들의 활동을 자본가의 목적에 종속시키는 자본가의 권위[타인의 강력한 의지]로서, 노동자들과 대립하고 있다. 그리하여 자본가의 지휘는 그 내용에서 이중의 성격을 띠고 있는데, 그 이유는 그

---

15) 영국의 저급신문인 『스펙테이터』지는 1866년 5월 26일자에서 다음과 같이 보도하고 있다. 「맨체스터 철사제조회사」에 자본가와 노동자의 일종의 공동출자제도가 도입된 이후 "첫 번째 결과는 재료의 낭비가 갑자기 감소한 사실이다. 이것은 노동자들이 다른 기업가의 재산이라면 모르지만 자기 자신의 재산을 낭비해야 할 이유가 없었기 때문이다. 그런데 재료의 낭비는 아마 악성채무 다음가는 사업상 손실의 최대의 원천이다." 이 신문은 로치데일 협동조합 실험의 근본적 결함으로 다음과 같은 것을 들고 있다. "그 실험은 노동자들의 조합이 매점이나 공장이나 거의 모든 형태의 사업을 성공적으로 관리할 수 있다는 것을 보여주었으며, 또 노동자들 자신의 상태를 크게 개선했다. 그러나 그것은 고용주들을 위해 빈자리를 남겨 놓지 않았다." 얼마나 잘못한 짓인가!

가 지휘하는 생산과정 자체가 한편으로 생산물의 생산을 위한 사회적 노동과정이고, 다른 한편으로 자본의 가치증식과정이라는 이중의 성격을 띠기 때문이다. 그러나 자본가의 지휘는 그 형식에서는 독재적이다. 협업의 규모가 확대됨에 따라 이 독재도 자기의 특유한 형태들을 전개한다. 자본가는, 자기의 자본이 진정한 자본주의적 생산을 개시할 수 있을 만한 최소한도에 도달하자마자, 먼저 육체노동으로부터 해방된 것과 마찬가지로, 자본가는 이제 개별 노동자들과 노동자 집단들에 대한 직접적이고 끊임없는 감독 업무를 특수한 종류의 임금노동자들에게 넘겨준다. 군대가 장교와 하사관을 필요로 하는 것과 마찬가지로, 동일한 자본의 지휘 아래에 있는 산업노동자집단도 노동과정의 진행 중에 자본의 이름으로 지휘할 장교(지배인)와 하사관(십장·감시자)을 필요로 한다. 감독이라는 업무가 그들의 전문기능으로 확정된다. 분산된 농민이나 독립적 수공업자의 생산방식을 노예제도에 의한 농장경영과 비교할 때, 경제학자들은 노예제도의 감독노동을 생산상의 공비로 계산한다.[16] 그러나 경제학자들이 자본주의적 생산양식을 고찰할 때는 이와 반대로 집단적인 노동과정의 성질에서 발생하는 지휘기능과, 노동과정의 자본주의적, 따라서 적대적 성격에 의해 필요하게 되는 지휘기능 [ 감독기능 ] 을 동일한 것으로 취급한다.[17] 산업의 지도자이기 때문에 자본가로 되는 것이 아니

---

16) 케언즈는 '노동에 대한 감독'을 미국 남부 주의 노예제 생산의 하나의 주요 특징이라고 말한 뒤 다음과 같이 계속한다. "자기 노동의 생산물 전체를 자신이 갖는 (북부의) 자작농은 노동에 대한 다른 자극을 필요로 하지 않는다. 여기에서는 감독이라는 것이 전혀 불필요하다."(케언즈, 『노예의 힘』: 48~49)

17) 서로 다른 생산양식들 사이의 특징적인 사회적 차이점을 통찰하는 데 탁월했던 제임스 스튜어트는 다음과 같이 말하고 있다. "제조업 대기업이 개인경영을 몰락시킬 수 있는 이유는, 대기업이 노예노동의 단순성에 더욱 접근하고 있기 때문이 아니고 무엇이겠는가?"(『정치경제학 원리의 연구』. 제1권: 167~168)

라, 반대로 자본가이기 때문에 산업의 지도자로 된다. 봉건시대에는 장군·판사의 기능이 토지소유의 속성이었던 것과 마찬가지로, 이제는 산업의 지도자는 자본의 속성으로 된다.[18]

노동자는 자기 노동력의 판매를 위해 자본가와 흥정을 끝낼 때까지는 자기 노동력의 소유자며, 그는 오직 자기가 소유하고 있는 것, 즉 자기의 개인적이고 고립된 노동력만을 판매할 수 있다. 이런 사정은, 자본가가 1명의 노동력이 아니라 100명의 노동력을 구입하며, 그리고 1명이 아니라 서로 사이에 아무 관련이 없는 100명의 노동자와 계약을 체결한다는 사실에 의해 조금도 달라지지 않는다. 자본가는 이 100명의 노동자를 협업시키지 않고서도 일을 시킬 수 있다. 자본가는 100명의 독립적인 노동력의 가치를 지불하는 것이지 100명의 결합된 노동력의 가치를 지불하는 것은 아니다. 서로 독립한 인격으로서 노동자들은 제각각인 사람들이며, 그들은 자본가와 관계를 맺지만 자기들 서로 간에는 아무런 관계도 맺지 않는다. 그들의 협업은 노동과정에서 비로소 시작되는데, 그때에는 이미 노동자들은 자기 자신에 속하지 않는다. 왜냐하면 노동과정에 들어가자마자 그들은 자본에 편입되어 버리기 때문이다. 협업하는 사람으로서, 또는 하나의 활동하는 유기체의 구성원으로서, 노동자들은 자본의 특수한 존재양식에 지나지 않는다. 그러므로 노동자가 협업에서 발휘하는 생산력은 자본의 생산력이다. 노동의 사회적 생산력은 노동자들이 일정한 조건 아래 놓일 때는 언제나 무상으로 발휘되며, 그리고 자본은 노동자들을 바로 이런 조건 아래 놓는다. 노동의 사회적 생산력은 자본에게는 아무런 비용도 들지 않는 것이고, 또 노동자의 노동이 자본에 속하기 전에는 노동자 자신에 의해 발휘되지 못하기 때문에, 노동의 사회적 생산력은 자본이 본래부터 가지고 있는 생산력으로, 자본에 내재하는 생산력

---

18) 그러므로 콩트와 그의 학파는 자본가들의 영원한 필요성을 실증했던 것과 똑같은 방식으로, 봉건영주들의 영원한 필요성을 실증할 수 있었을 것이다.

으로 나타난다.

　단순협업의 엄청난 효과는 고대 아시아사람, 이집트사람, 에트루리아
사람 등이 세운 거대한 건물에서 볼 수 있다.

> "과거 이 아시아 국가들은 행정비와 군사비를 충당하고도 생활수단
> 의 잉여를 가지고 있었으므로, 그것을 호화스러운 건축물을 짓고 유용
> 한 토목공사를 하는 데 쓸 수 있었다. 그리고 그 국가들은 거의 모든
> 비농업인구의 노동을 지배할 수 있었기 때문에 오늘날까지 그들의 위
> 력을 과시하는 거대한 기념물들을 만들 수 있었던 것이다. 비옥한 나
> 일강 유역은…수많은 비농업인구를 먹여 살릴 식량을 생산했고, 왕과
> 승려가 소유하던 식량은 국토 가득히 거대한 기념비들을 세울 수단을
> 제공했던 것이다…거대한 석상들과 대량의 자재들이 운송될 때는—그
> 런 것들을 운반한다는 것 자체가 불가사의한 일이다—거의 전적으로
> 인간의 노동이 아낌없이 사용되었다…그것을 위해서는 수많은 일꾼들
> 과 그들의 노력의 집중만으로 충분했다. 우리는 거대한 산호초가 바다
> 의 깊은 물속으로부터 솟아올라 섬과 육지로 되는 것을 보지만, 그것
> 이 형성되는 과정에서 하나하나의 침전물은 보잘 것 없고 미약하고 가
> 소로운 것에 지나지 않는다. 아시아 왕국의 비농업일꾼들은 개인적인
> 육체적 힘 이외에는 그런 공사에 기여할 만한 아무것도 가지고 있지
> 않았지만, 그들의 수가 그들의 힘이었다. 그리고 이 큰 무리들을 지휘
> 하는 권력이 [오늘날 남아서 우리들을 놀라게 하고 황홀하게 만드는]
> 궁전과 사원과 피라미드와 거대한 석상들을 탄생시켰던 것이다. 일꾼
> 들을 먹여 살릴 만한 소득이 한 사람 또는 소수의 수중에 집중되어 있
> 었기 때문에 그런 종류의 사업이 가능했던 것이다."[19]

---

19) 존스, 『국민경제학 교과서』: 77~78. 런던과 기타 유럽의 수도들에 있는 고대
　　앗시리아, 이집트 등의 수집품들은 우리에게 이런 협업적 노동과정을 보여준

아시아와 이집트의 왕들과 에트루리아의 승려 등의 이와 같은 권력은 근대사회에서는 자본가에게로 넘어갔는데, 여기서 자본가가 개별 자본가로 등장하느냐 또는 주식회사에서 보는 바와 같이 집단적 자본가로 등장하느냐는 아무래도 좋다.

[우리가 인류문명의 초기에 수렵민족들[20] 사이에서 발견하거나, 또는 인도공동체의 농업에서 볼 수 있는] 노동과정의 협업은, 한편으로 생산조건의 공동소유에 기반을 두고 있으며, 다른 한편으로 개개인이 [마치 개개의 꿀벌이 벌집에서 벗어나지 못하듯이] 씨족 또는 공동체의 탯줄을 끊어버리지 못하고 있다는 사정에 기반을 두고 있다. 이와 같은 두 가지의 사정으로 말미암아 이 협업은 자본주의적 협업과 구별된다. 고대와 중세 및 근대 식민지에서 때때로 이용되는 대규모의 협업은 직접적인 지배와 예속의 관계[대부분의 경우 노예제도]에 기반을 두고 있다. 이와는 반대로 자본주의적 형태의 협업은 처음부터 [자기의 노동력을 자본에게 판매하는] 자유로운 임금노동자를 전제한다. 그러나 역사적으로 보면, 자본주의적 형태의 협업은 소농민적 경영과 독립적 수공업[길드의 형태를 취하든 말든]에 대립해 발전한다.[21] 소농민과 수공업자의 관점에서 볼 때, 자본주의적 협업이 협업의 특수한 역사적 형태로 나타나는 것이

---

다.

20) 랭게는 자기의 『민법이론』에서 수렵을 협업의 최초 형태며 또 인간사냥(전쟁)을 수렵의 최초 형태의 하나라고 말하고 있는데, 그것은 아마도 맞는 말일 것이다.

21) 소규모 농민적 경영과 독립적인 수공업경영은 한편으로 봉건적 생산양식의 토대를 이루며, 다른 한편으로 봉건적 생산양식이 해체된 뒤에는 자본주의적 경영과 나란히 나타난다. 또한 그것들은 [토지의 원시적 동양적 공동소유제도가 벌써 해체되었으나 노예제도가 아직 본격적으로 생산을 장악하지 못했던] 전성기의 고전적 고대의 공동체의 경제적 토대를 이룬다.

아니라, 오히려 협업 그 자체가 자본주의적 생산과정의 특유한 그리고
독특한 역사적 형태로 나타난다.

　협업에 의해 발휘되는 노동의 사회적 생산력이 자본의 생산력으로 나
타나듯이, 협업 그 자체도 [분산적이고 독립적인 노동자 또는 소경영주
에 의해 수행되는 생산과정과 대립해서] 자본주의적 생산과정의 독특한
형태로 나타난다. 이것은 현실의 노동과정이 자본에 종속될 때 경험하는
최초의 변화다. 이 변화는 자연발생적으로 일어난다. 동일한 노동과정에
많은 임금노동자를 동시에 고용하는 것이 이 변화의 전제조건이며 또한
자본주의적 생산의 출발점이다. 이 출발점은 자본 그 자체의 출현과 일
치한다. 그러므로 한편으로 자본주의적 생산방식은 노동과정을 사회적
과정으로 전환시키기 위해 역사적으로 필요한 조건이지만, 다른 한편으
로 노동과정의 이런 사회적 형태는 자본이 노동의 생산력을 높여 노동을
더 유리하게 착취하는 방법이다.

　이상에서 본 바와 같은 단순한 형태의 협업은 모든 대규모 생산의 필
연적인 부수물이지만, 단순협업 그 자체가 자본주의적 생산방식의 어떤
특수한 발전단계를 특징짓는 하나의 고정적인 형태는 아니다. 단순협업
이 기껏해서 대략이나마 위와 비슷한 것으로 나타난 것은, 매뉴팩처의
수공업적인 초기에서,22) 그리고 [매뉴팩처 시기에 해당하며 주로 동시에
고용되는 노동자의 수와 집적된 생산수단의 규모에 의해] 농민적 경영과
구별되는 대규모 농업에서였다. 자본이 큰 규모로 사용되기는 하나 분업
과 기계가 아직 중요한 역할을 하지 않는 생산부문에서는, 단순협업이
언제나 지배적 형태였으며 여전히 그러하다.

---

22) "같은 일을 함께 하는 많은 사람들의 결합된 숙련과 근면과 경쟁심이 그 일을
　진척시키는 방법이 아닌가? 그리고 영국은 과연 이 방법에 의거하지 않고 양
　모공업을 그처럼 고도로 완성시킬 수 있었겠는가?"(버클리, 『질문자』: 56,
　제521절)

협업의 단순한 형태는 더욱 발전된 형태들과 나란히 하나의 특수한 형태로 나타나지만, 협업은 언제나 자본주의적 생산방식의 기본형태다.

# 제14장
# 분업과 매뉴팩처

## 제1절 매뉴팩처의 두 가지 기원

분업에 토대를 두는 협업은 매뉴팩처에서 그 전형적인 형태를 취한다. 그리고 그것은 자본주의적 생산과정의 하나의 특징적인 형태로 [대략 16세기 중엽에서 18세기의 마지막 $\frac{1}{3}$ 기에 이르는] 진정한 매뉴팩처 시대를 통해 지배적이었다.

매뉴팩처는 두 가지 방식으로 생긴다.

(1) 여러 종류의 독립적 수공업에 종사하는 노동자들[어떤 하나의 생산물이 완성되기까지는 이들의 손을 통과하지 않으면 안 된다]이 동일한 자본가의 통제 아래 하나의 작업장에 모이는 경우. 예컨대 이전에는 한 대의 마차는 수레바퀴 제조업, 마구 제조공, 재봉공, 자물쇠공, 가구공, 선반공, 레이스공, 유리공, 화공, 도장공, 도금공 등 수많은 독립수공업자들의 노동생산물이었다. 그러나 마차 매뉴팩처에서는 이들 각종 수공업자들 모두가 하나의 작업장에 모여 거기서 미완성품을 이 사람으로부터 저 사람에게로 옮긴다. 마차의 제작이 끝나기 전에 마차에 도금할 수 없는 것은 물론이지만, 여러 대의 마차가 동시에 제작된다면 어떤 것이

생산과정의 앞 단계를 통과하고 있는 동안 다른 어떤 것은 도금할 수 있다. 여기까지는 우리가 아직도 단순협업[이것에 필요한 재료들이 인간과 물건의 형태로 준비되어 있다]의 영역 안에 머물러 있다. 그러나 오래지 않아 하나의 중요한 변화가 일어난다. 재봉공, 자물쇠공, 가구공 등은 이제 마차제작을 전업으로 하게 되며, 그리하여 자기들의 종전의 수공업을 그 전체적 범위에서 수행하는 습관과 능력을 점차로 잃게 된다. 그러나 다른 한편으로 그들의 완전히 일면적인 활동이 이런 협소해진 활동영역에 가장 적합한 형태를 취하게 된다. 최초에는 마차 매뉴팩처는 다양한 독립수공업들이 결합된 것이었다. 그러나 점차 마차생산은 각종 부분과정들로 세분되었고, 각각의 부분과정은 특정 노동자의 전문 기능으로 고정되었으며, 전체로서 매뉴팩처는 이와 같은 부분노동자들의 결합에 의해 수행되었다. 이와 같은 방식으로, 직조 매뉴팩처나 다른 모든 매뉴팩처들도 한 자본가의 통제 아래 여러 종류의 수공업들을 결합시킴으로써 생겼다.[1]

---

1) 매뉴팩처의 이와 같은 형성방식의 더욱 근대적인 예를 보여주기 위해 다음의 글을 인용한다. 리용과 님의 견방적 공업과 견직물 공업은 "완전히 가부장제적 성격을 띠고 있다. 이 공업부문은 많은 여성과 아동을 고용하고 있으나 그들을 지나치게 일시키거나 타락시키는 일은 없다. 노동자들은 이전대로 드롬, 바르, 이제르, 보클뤼즈의 아름다운 계곡에 살면서 누에를 치고 고치에서 실을 뽑는다. 그것은 결코 진정한 공장경영은 되지 않는다. 그러나 분업의 원칙이 특수한 성격을 띠고 있어…여기에서는 필요한 높은 수준으로 적용될 수 있다. 그곳에는 실을 감는 사람, 실을 꼬는 사람, 염색공, 풀먹이공, 또 끝으로 직물공도 있다. 그러나 그들은 동일한 하나의 작업장에 모여 있지도 않고, 또 동일한 한 사람의 주인에게 종속되어 있지도 않다. 그들은 모두가 독립적으로 일하고 있다."(블랑키, 『산업경제학 강의』: 79) 블랑키가 이 책을 쓴 이후 이 각종 독립노동자들은 어느 정도 공장에 통합되었다. {엥겔스: 그런데 마르크스가 이것을 쓴 이후, 이 공장들에서는 동력직기가 채용되어 급속하게 수직기를 몰아내고 있다. 크레펠트의 견직공업도 이와 같은 것을 체험하고 있다.}

(2) 매뉴팩처는 위와는 반대의 방식으로도 생긴다. 하나의 자본가가 같은 작업 또는 같은 종류의 작업을 수행하는 [예컨대 종이·활자·바늘 등을 만드는] 수많은 수공업자들을 동시에 동일한 작업장에 고용한다. 이것은 가장 단순한 형태의 협업이다. 이 수공업자들은 각각 (아마 한 사람 또는 두 사람의 도제와 더불어) 하나의 완전한 상품을 만들며, 따라서 그 상품의 제조에 필요한 모든 작업을 차례차례 수행한다. 그는 여전히 자기의 종전의 수공업적 방식으로 작업한다. 그러나 머지않아 외부사정 때문에, 동일한 장소에 노동자들이 집중되어 있다는 점과 그들의 노동이 동시에 이루어지고 있다는 점을 다른 방식으로 이용하게 된다. 예컨대 일정한 기일 안에 더 많은 양의 완성상품을 공급해야 할 필요가 생긴다고 하자. 이를 위해 작업이 분할된다. 동일한 수공업자에게 다양한 여러 가지 작업을 차례차례 시키는 대신 그 작업들을 분리·고립시키고 공간적으로 나란히 세워 각각의 작업을 서로 다른 수공업자에게 할당한다. 그리하여 전체 작업이 협업하는 노동자들에 의해 동시에 수행된다. 이와 같은 우연적인 분할이 반복되고 그 자체의 장점을 전개하면서 점차 체계적인 분업으로 굳어진다. 상품은 [여러 가지 작업을 수행하는] 하나의 독립수공업자의 개인적 생산물로부터 [각자가 언제나 단 한 가지의 부분작업만을 수행하는] 수공업자 연합의 사회적 생산물로 된다. 독일 길드에 속하는 제지업에서는 하나의 수공업자가 행하는 일련의 순차적 작업들이, 네덜란드의 제지 매뉴팩처에서는 다수의 협업노동자들이 동시에 나란히 수행하는 수많은 부분작업으로 독립되어 있다. 뉘렘베르크의 길드적 제침업은 영국 제침 매뉴팩처의 토대가 되었는데, 뉘렘베르크의 제침수공업자는 아마 20가지나 되는 일련의 작업을 하나씩 차례차례로 수행하지만, 영국의 제침 매뉴팩처에서는 얼마 전부터 20명의 수공업자 각각이 20가지의 작업 중 한 가지만을 수행하되 모두가 동시에 작업한다. 이런 작업들은 경험이 축적됨에 따라 한층 더 세분되고 고립되며 완전히 독립적인

것으로 되어 개별 노동자들의 전문 기능으로 되었다.

매뉴팩처가 생기는 방식, 수공업에서 그것이 성장하는 방식은 이와 같이 이중적이다. 한편으로 매뉴팩처는 각종 독립적 수공업의 결합에서 생기는데, 이 경우 독립적 수공업은 그들의 독립성을 상실해 [하나의 특수한 상품의 생산에서 상호보완적 부분작업으로 전환되어 버릴 정도로] 전문화한다. 다른 한편으로 매뉴팩처는 같은 종류의 수공업자들의 협업에서 생긴다. 이 경우 매뉴팩처는 그 수공업을 여러 가지의 부분작업들로 분해하고 고립시켜, 이 부분작업들이 각각 한 노동자의 전문 기능으로 될 정도로까지 독립한다. 그러므로 매뉴팩처는 한편으로 생산과정에 분업을 도입하거나 분업을 한층 더 발전시키며, 다른 한편으로 이전에는 서로 분리되어 있던 수공업을 결합시킨다. 그러나 그것의 출발점이 무엇이든 그 최종적 형태는 항상 동일하다. 즉 인간을 그것의 기관器官organ으로 하는 생산메커니즘이다.

매뉴팩처 안의 분업을 올바로 이해하기 위해서는 다음과 같은 점을 명심하는 것이 중요하다. 첫째로 생산과정을 그 특수국면으로 분할하는 것은, 수공업을 각종 부분작업으로 분할하는 것과 완전히 일치한다. 그 작업이 복잡한 것이든 단순한 것이든, 각각의 작업은 언제나 손으로 수행하고, 수공업적 성격을 보존하고 있으며, 따라서 각각의 작업은 각 노동자가 자기의 도구를 사용할 때 발휘하는 힘·기교·민첩성·정확성에 의존한다. 수공업이 여전히 그 토대며, 그 기술적 토대가 협소하기 때문에 생산과정을 그 구성부분들로 과학적으로 분할하는 것은 불가능하다. 왜냐하면 생산물이 통과하는 각각의 부분과정은 손으로 수행할 수 있어야 하고, 하나의 독립된 수공업을 형성할 수 있어야 하기 때문이다. 이와 같이 수공업자의 숙련이 여전히 생산과정의 토대로 되어 있기 때문에, 각 노동자는 오로지 하나의 부분 기능만을 수행하게 되고, 그의 노동력은 이 부분 기능의 평생 기관으로 전환된다. 둘째로 이 분업은 하나의 특수한 종류의 협업이며, 분업의 이점 중 많은 것은 협업 일반의 성질로부터 나오는 것이지 협업의 이 특수한 형태로부터 나오는 것은 아니다.


## 제2절   부분노동자와 그의 도구


더욱 세부적으로 들어가면 먼저 명백한 것은, 일생 동안 하나의 동일한 단순작업을 수행하는 노동자는 자기의 신체를 그 작업을 위한 자동적이고 일면적인 도구로 전환시킨다는 점이다. 따라서 그 작업을 하는 데 그는 작업 전체를 순차적으로 수행하는 수공업자보다 적은 시간을 소비하게 된다. 매뉴팩처의 살아 있는 메커니즘을 형성하고 있는 집단적 노동자는 순전히 이와 같이 일면적으로 전문화된 부분노동자들로 구성되어 있다. 그러므로 독립적 수공업에 비해 더 적은 시간에 더 많은 것이 생산된다. 다시 말해 노동생산성이 향상된다.[2] 더욱이 이 부분노동이 한 사람의 전문 기능으로 확립되면 부분노동의 방법도 개선된다. 동일한 단순작업을 계속 반복하고 그 작업에 주의를 집중하기 때문에, 어떻게 하면 힘을 가장 적게 들여 원하는 효과를 얻을 수 있을지를 경험을 통해 알게 된다. 그런데 같은 시대를 살아가는 여러 세대들이 어떤 일정한 상품의 매뉴팩처 안에서 함께 일하기 때문에, 이렇게 체득한 기술과 작업요령은 확립되고 축적되며 또 다음 세대로 전달된다.[3]

---

2) "다양한 작업과정들이 분할되어 서로 다른 노동자들에게 할당되면 될수록, 동일한 작업이 그만큼 더 적은 시간과 노동으로도 더 훌륭하고 빠르게 수행된다."( [『잉글랜드에 대한 동인도 무역의 이익』]: 71)

3) "노동이 쉬워지는 것은 이어져 내려 온 기능 때문이다."(호지스킨, 『대중경제학』: 48)

매뉴팩처는 이미 사회에 존재하던 직업의 자연발생적 분화를 작업장
안에서 재생산하고 또 그것을 체계적으로 끝까지 추진함으로써 부분노동
자들의 숙련을 생산해 낸다. 다른 한편으로 매뉴팩처가 부분노동을 한
사람의 평생의 직업으로 전환시키는 것은 이전의 사회들에서 볼 수 있는
직업의 세습화 경향에 어울리는 것이다. 옛날에는 직업이 카스트 [ 인도의
세습적 신분 ] 로 화석화되었거나, 또는 [일정한 역사적 조건이 개인에게
카스트제도와 양립할 수 없는 변화를 낳는 경우] 직업이 길드로 굳어버
렸다. 카스트나 길드는 [동식물의 종이나 아종亞種으로의 분화를 규제하
는 것과 동일한] 자연법칙의 작용에서 발생하지만, 그 차이점은 일정한
발전단계에 이르면 카스트의 세습성이나 길드의 배타성은 사회의 법률로
규정된다는 점이다.4)

"다카 [ 현재는 방글라데시의 수도 ] 에서 생산되는 모슬린 [ 얇고 부드러운
모직물 ] 은 그 섬세한 점에서, 또 코로만델에서 생산되는 캘리코 [ 옥양
목 ] 와 기타의 직물은 그 색채가 화려하고 오래간다는 점에서 아직까
지 최고다. 그러나 그것들은 자본도 기계도 분업도 없이 생산되며, 또

---

4) "기술도 이집트에서는…상당한 정도 발달했다. 왜냐하면 이집트에서는 수공
  업자가 다른 시민계급들의 일에 참여하는 것이 완전히 금지되고, 법률에 의해
  자기 부족에게 세습된 직업에만 종사해야 하는 유일한 나라이기 때문이다…다
  른 나라들의 경우에는 산업종사자들이 주의를 너무나 많은 대상으로 분산시키
  는 것을 본다. 그들은 어떤 때는 경작을 하고, 어떤 때는 상업에 종사하며, 또
  어떤 때는 동시에 두세 가지 일에 관계하기도 한다. 자유로운 나라에서는 그들
  은 흔히 대중집회에 참석한다…이와는 반대로, 이집트에서는 수공업자가 국가
  의 일에 개입하거나 한꺼번에 몇 가지 일에 종사하면 엄벌을 받는다. 그러므로
  그 어떤 것도 그들이 자기의 직업에 열중하는 것을 방해할 수가 없다. 더욱이
  그들은 선조로부터 수많은 직업상의 비법들을 전승받고 있으며 또 새로운 개선
  점들을 발견해 내려고 열심히 노력한다."(디오도루스 시쿨루스, 『역사문고』,
  제1부, 제74장)

유럽의 제조업에 그처럼 많은 편익을 제공하는 수단들 중 어느 하나도 사용하지 않고 생산된다. 직조공은 개인 단독으로 고객의 주문에 따라 제조하는데, 사용하는 기계라고는 몇 개의 나뭇가지나 막대기로 엉성하게 얽은 가장 단순한 구조의 직기다. 그 직기에는 심지어 날실[經絲]을 감아두는 장치조차 없으며, 따라서 직기는 언제나 그 전체 길이대로 늘어놓아야 하고, 생산자의 오두막 안에는 놓을 수도 없을 정도로 크다. 따라서 생산자는 어쩔 수 없이 밖에서 일을 해야 되는데, 날씨가 변할 때마다 일을 중단하게 된다."5)

대대로 축적되어 아버지로부터 아들에게 전해지는 독특한 기술이 이 인도사람들에게 거미와도 같은 기교를 제공하고 있다. 그런데도 이런 인도 직조공의 작업은 대다수 매뉴팩처 노동자들의 작업에 비해 대단히 복잡하다.

하나의 완성품 생산에서 여러 가지 부분과정을 혼자 차례차례 수행하는 수공인은 때로는 장소를 이동해야 하고 때로는 도구를 바꾸어야 한다. 어떤 하나의 작업에서 다른 작업으로 옮기는 것은 그의 노동 흐름을 중단시키며, 그의 노동일에 이를테면 틈을 만들어 낸다. 그가 하루 종일 하나의 동일한 작업을 계속한다면 이런 틈은 좁아질 것이며, 또 그의 작업 전환이 감소하는 것에 비례해 그 틈은 없어진다. 이 경우 노동생산성 상승은 주어진 시간 안에 노동력 지출의 증대[즉 노동강도의 강화] 때문이거나, 또는 노동력의 비생산적 소비가 감소하기 때문이다. 즉 정지에서 운동으로 이행할 때마다 필요했던 힘의 추가적 지출은 [한 번 도달한 표준속도의] 작업의 계속시간을 연장하는 것에 의해 보상되기 때문이다. 그러나 다른 한편으로 단조로운 노동의 연속은 노동자의 긴장감과 활기

---

5) 머리, 윌슨 등, 『영령 인도의 역사적 개관』 제2권: 449~450. 인도의 직기는 직립식이어서 날실이 수직으로 뻗는다.

를 약화시키는데, 그것은 활동의 전환 자체에 의해 조성되는 기분전환과 자극이 없어지기 때문이다.

노동생산성은 노동자의 숙련뿐 아니라 그의 도구의 질에도 달려 있다. 칼·천공기·송곳·망치 등의 도구들이 서로 다른 노동과정에서 사용되기도 하고, 또는 같은 도구들이 동일한 노동과정에서 서로 다른 목적으로 사용되기도 한다. 그러나 한 노동과정의 서로 다른 작업들이 서로 분리되고 각각의 부분작업이 [부분노동자의 손에 맞는] 특색있는 형태를 취하게 되면, 이전에는 여러 가지 목적에 사용되던 도구들에 변화가 일어나게 된다. 도구의 이와 같은 형태변화의 방향은, 종래의 도구가 노동자에게 어떤 곤란을 주었는가에 의해 결정된다. 매뉴팩처의 특징은 노동도구의 분화와 특수화인데, 노동도구의 분화에 의해 도구가 특수한 용도에 맞는 형태로 고정되며, 노동도구의 특수화에 의해 각각의 특수한 도구들은 특수한 부분노동자의 손에서만 그 능력을 충분히 발휘할 수 있게 된다. 버밍엄에서만도 약 500종에 달하는 망치들이 생산되고 있는데, 그 한 가지 한 가지가 모두 하나의 특수한 노동과정에만 사용될 뿐 아니라 가끔 여러 가지 망치들이 하나의 동일한 노동과정에서 상이한 작업들에 사용된다. 매뉴팩처 시대는 노동도구를 각 부분노동자들의 전문적인 특수기능에 적합하게 만듦으로써 그것을 단순화하고 개량하며 다양하게 한다.6) 그리하여 또한 이 시대는 [다수의 간단한 도구들의 결합으로 구성되는] 기계의 출현을 위한 물질적 조건의 하나를 창조한다.

---

6) 다윈은 자기의 획기적인 저서『종의 기원』에서 동식물의 자연적 기관organ에 대해 다음과 같이 말하고 있다. "동일한 기관이 여러 가지 일을 하지 않으면 안 되는 한, 그 기관이 하나의 특수한 목적에만 봉사해야 되는 경우에 비해, 자연도태가 형태상의 작은 변이를 덜 세밀하게 나타내게 된다. 예컨대 여러 가지 종류의 물건을 베는 데 쓰는 칼은 대체로 한 가지 형태를 갖지만, 어떤 한 가지 용도만을 위해 만들어진 도구는 각각의 용도에 필요한 특수한 형태를 취해야만 한다."

부분노동자와 그의 도구는 매뉴팩처의 가장 단순한 요소들이다. 이제 우리는 매뉴팩처의 전체 모습을 보도록 하자.

## 제3절 매뉴팩처의 두 가지 기본형태 : 이질적 매뉴팩처와 유기적 매뉴팩처

매뉴팩처의 조직에는 두 가지 기본형태가 있는데, 이들은 때로는 서로 뒤섞여 있는 경우도 있지만 본질적으로 서로 다른 두 가지 종류며, 더욱 이 매뉴팩처가 기계에 의한 근대적 공업으로 전환될 때 전혀 상이한 기능을 하게 된다. 매뉴팩처의 이 두 형태는 생산되는 제품의 성질— 즉 그 제품이 독립적으로 만들어진 부품들의 단순한 기계적 조립에 의해 완성되는가, 또는 그 완성형태가 상호 관련된 일련의 과정과 조작에 의해 주어지는가—로부터 생긴다.

예컨대 한 대의 기관차는 5,000개 이상의 독립적인 부품들로 구성된다. 그러나 그것은 대공업의 생산물이므로 진정한 매뉴팩처의 첫 번째 종류의 실례로 들 수는 없다. 그러나 시계라면 그 실례로 적합하다. 윌리엄 페티도 일찍이 매뉴팩처적 분업을 설명하기 위해 시계를 예로 들었다. [옛날에는 뉴렘베르크의 한 수공업자의 개인적 생산물이었던] 시계는 다음과 같은 무수한 부분노동자들의 사회적 생산물로 전환되었다. 즉 큰 태엽 제조공, 지침반 제조공, 나선형 용수철 제조공, 보석 박을 구멍을 뚫는 사람, 루비로 된 레버 제조공, 시계바늘 제조공, 시계케이스 제조공, 나사못 제조공, 도금공. 그리고 이들에 부속되어 있는 많은 세부구분이 있다. 예컨대 톱니바퀴 제조공(놋쇠 톱니바퀴와 강철 톱니바퀴는 각각 별도로 만들어진다), 시계핀 제조공, 시계추 제조공, 연동장치 완성공(톱니바퀴를 축에 고정시키고 자른 면을 간다), 추축제조공, 조립공(각종 톱니바퀴와 나사들을 제자리에 맞추어 놓는다), 태엽바퀴 완성공(바퀴에 톱니를 만들고 적당한 크기의 구멍을 뚫는다), 지동기 제조공, 실린더 지동기인 경우에는 실린더 제조공, 지동륜 제조공, 평형륜 제조공, 완급침(시계의 진행속도를 조절하는 장치) 제조공, 지동기 설치공(진정한 지동기 제조공), 다음에는 태엽통 완성공, 강철 연마공, 톱니바퀴 연마공, 나사못 연마공, 문자 기입공, 에나멜공(구리에 에나멜칠을 한다), 용두 제조공(시계 케이스의 용두고리만을 만든다), 접철 완성공(시계 케이스의 접철에 놋쇠 축을 꼽는다), 뚜껑 스프링 장치공(뚜껑이 열리게 하는 스프링을 시계 케이스에 붙인다), 조각공, 시계케이스 연마공 등등, 그리고 마지막으로 시계 전체를 최종적으로 조립해 시계가 돌아가도록 하는 완성공. 시계의 부품 중 여러 사람의 손을 거치는 것은 몇 개 되지 않으며, 이 모든 분산된 부품들은 [그것들을 하나의 기계적 전체로 결합시키는] 한 사람의 손으로 집합한다. 완성된 생산물과 그 다종다양한 구성요소들 사이의 이와 같은 외적인 관계는, 시계생산의 경우 [이와 유사한 다른 제품의 경우도 마찬가지이지만] 부분노동자들이 동일한 작업장 안에 함께 모이는 것을 우연적인 것으로 만든다. 세분화된 작업들은 한편으로 스위스의 보 주와 누샤텔 주에서처럼 개별적인 독립적 수공업으로 수행할 수 있고, 다른 한편으로 제네바에 있는 대규모 시계 매뉴팩처처럼 한 자본가의 지휘 아래 부분노동자들이 직접적으로 협업하고 있다. 후자의 경우에도 지침반, 태엽과 케이스는 매뉴팩처 자체에서 만들지 않는다. 시계공업의 경우 노동자들을 한 곳에 집중시키는 매뉴팩처적 제작방식은 예외적인 경우에만 유리하다. 왜냐하면 자기 집에서 일하고자 하는 노동자들 사이에 경쟁이 매우 치열하고 [따라서 그들이 만드는 부품의 가격을 인하할 수 있고], 수많은 이질적 과정으로 작업의 분할은 노동도구의 공동이용을 허용하는 일이 거의 없으며, 또 자본가는 작업을 분산시킴으로써 작업용 건물 등에 대한 비용을 절약할 수 있기 때문이다.[7] 그러나 비록 자기 집에서 일한다 하더라도 자본가(제조업자, 기업가)를 위해 노동하는 이 부분노동자들의 지위는, 자기 자신의 고객을 위해 노동하는 독립 수공업자의 지위〚자영업주〛와는 전혀 다르다.[8]

두 번째 종류의 매뉴팩처의 완성형태는 서로 연관된 전후단계들을 통과하는 [즉 일련의 과정들을 한 단계씩 차례차례 통과하는] 제품을 생산한다. 예컨대 바늘 매뉴팩처에서 철사는 72명, 때로는 심지어 92명의 특수한 부분노동자의 손을 통과한다.

이런 매뉴팩처가 원래는 분산되어 있던 수공업들을 결합시키는 것인 한, 그것은 [여러 생산단계들을 서로 분리시키고 있던] 공간적 거리를 단축시킨다. 이와 동시에 제품이 한 단계로부터 다른 단계로 이동하는 데 필요한 시간이 단축되며, 이 이동을 매개하는 노동도 절약된다.[9] 그리하

---

7) 1854년 제네바는 8만 개의 시계를 생산했으나, 이것은 누샤텔 주의 시계생산의 $\frac{1}{5}$ 에도 미치지 못한다. 하나의 거대한 시계 매뉴팩처라고 볼 수 있는 쇼-드-폰이 매년 제네바보다 2배나 많은 시계를 생산하고 있다. 1850년부터 1861년까지 제네바는 72만 개의 시계를 생산했다. 『상공업 등에 관한 영국 공사관 서기관 보고서』, 제6호, 1863년 중의 '시계업에 관한 제네바로부터의 보고'를 보라. 부품들을 조립해 만들어 내는 제품의 생산이 여러 과정들로 분할되어 있으면서도 그 과정들 사이에 관련이 없다는 사실은, 이런 매뉴팩처를 기계제 대공업으로 전환시키는 것을 어렵게 한다. 그런데 시계의 경우에는 이밖에도 두 개의 다른 장애가 첨가된다. 즉 시계의 부품들이 아주 작고 섬세하다는 것, 그리고 또 시계는 사치품의 성격을 가지고 있다는 점이다. 따라서 종류가 매우 다양해, 예컨대 런던의 최고급 시계제조소에서는 1년 내내 같은 모양의 시계가 12개도 제조되지 않는다. 기계 사용에 성공하고 있는 바세론 앤드 콘스탄틴 시계공장은 크기와 형태에서 기껏해야 3~4종의 시계를 생산하고 있을 뿐이다.
8) 이질적 매뉴팩처의 전형적인 예인 시계제조업에서, 우리는 수공업적 작업의 분할로부터 생기는 노동도구의 분화와 특수화를 매우 정확하게 연구할 수 있다.

여 수공업에 비해 노동생산성이 증대하는데, 이런 증대는 매뉴팩처의 일반적인 협업적 성격에서 생긴다. 다른 한편으로 매뉴팩처의 특유한 원칙인 분업은 상이한 생산단계들의 고립화와 상호 독립화를 요구한다. 고립화된 기능들 사이의 관련을 확립하고 유지하기 위해서는, 한 사람으로부터 다른 사람으로, 한 과정으로부터 다른 과정으로 제품이 끊임없이 운반될 필요가 있다. 대공업의 처지에서 볼 때, 이것은 하나의 특징적이고 비용이 드는, 그리고 또 매뉴팩처의 원칙에 내재하는, 약점이다.[10]

어떤 일정한 양의 원료[예컨대 제지 매뉴팩처의 넝마나 바늘 매뉴팩처의 철사]에 우리의 관심을 국한시키면, 그것은 [최종적 형태로 완성될 때까지] 다양한 부분노동자들의 손을 거쳐 일련의 생산단계를 차례차례로 통과한다. 이와는 반대로 작업장 전체를 보면, 원료는 생산의 모든 단계에 동시적으로 존재한다. [많은 부분노동자들의 결합으로 구성되고 있는] 집단적 노동자는 어떤 한 종류의 도구로 무장한 하나의 손으로 철사를 뽑고, 동시에 다른 종류의 도구로 무장한 다른 손으로 이 철사를 곧게 펴고, 또 다른 손으로 그것을 끊으며, 또 다른 손으로 그 끝을 뾰족하게 하는 등의 일을 한다. 이전에는 시간상 차례차례로 수행한 서로 다른 부분과정들이 이제는 공간상 병행해서 동시에 수행된다. 그러므로 동일한 기간에 더 많은 완성품이 생산된다.[11] 이 동시성이 총과정의 일반적 협

---

9) "사람들이 이와 같이 밀집해 일하는 곳에서는 운반은 더 적어질 수밖에 없다."([『잉글랜드에 대한 동인도 무역의 이익』]: 106)

10) "[손노동을 사용하기 때문에 생기는] 매뉴팩처의 서로 다른 생산단계들의 고립화는 생산비를 매우 높이는데, 이 손실은 주로 한 과정에서 다른 과정으로 운반 때문에 생긴다."([『국민의 산업. 제2부』]: 200)

11) "그것"(분업)"은 한 가지 일을 서로 다른 부분작업으로 분할해 그 부분작업이 모두 동시적으로 수행될 수 있게 함으로써 시간을 절약한다…개인의 경우에는 하나씩 수행해야만 했을 상이한 노동과정 전체를 한꺼번에 수행함으로써, 혼자서 한다면 겨우 단 한 개의 핀을 절단하거나 그 끝을 뾰족하게 만들 수

업형태에서 생긴다는 것은 사실이지만, 매뉴팩처는 협업의 기존 조건들
을 이용할 뿐 아니라 어느 정도까지는 수공업적 노동을 다시 세분화함으
로써 협업의 조건들을 창조해 내기도 한다. 다른 한편으로 매뉴팩처는
각각의 노동자들을 단 한 가지의 세부작업에 묶어 둠으로써만 노동과정
의 사회적 조직을 이룩한다.

부분노동자 각각의 부분생산물은 동시에 하나의 동일한 완성품을 만
드는 특정 진행단계의 하나에 지나지 않으므로, 각각의 노동자[또는 노
동자집단]는 다른 노동자[또는 노동자집단]에게 원료를 공급하는 것이
다. 한 노동자의 노동 결과는 다른 노동자의 노동 출발점이 된다. 그리하
여 한 노동자는 다른 노동자에게 직접 일거리를 주고 있다. 각 부분과정
에서 원하는 효과를 달성하는 데 필요한 노동시간은 경험에 의해 확정되
며, 그리하여 매뉴팩처의 기구mechanism 전체는 일정한 노동시간 안에 일
정한 결과가 달성될 것이라는 전제에 의거하고 있다. 오직 이 전제에서
만 상호보완적인 각종 노동과정은 동시에 병행해 중단 없이 수행될 수
있다. 개별 작업들 [그리고 개별 노동자들] 사이의 직접적 상호의존성이
각각의 노동자로 하여금 자기의 작업에 필요시간만을 지출하도록 강요하
며, 그 결과 [독립적 수공업에서나 단순협업에서 볼 수 있는 것과는 전혀
다른] 노동의 연속성·일률성·규칙성·질서12) 그리고 특히 노동의 강
도가 생긴다. 어떤 한 상품의 생산에 지출되는 노동시간은 그것의 생산
에 사회적으로 필요한 노동시간을 초과해서는 안 된다는 법칙은 상품생
산 일반에서는 경쟁의 외적 강제로 나타나며, 이 법칙을 피상적으로 표

---

있었을 뿐인 시간에 수많은 완성품을 생산할 수 있게 된다."(스튜어트, 『정
치경제학 강의』: 319)

12) "매뉴팩처에서 일하는 수공인들의 종류가 다양하면 할수록…각각의 작업의
질서와 규칙성은 그만큼 더 증대하며, 동일한 작업이 더 적은 시간에 수행되
고 노동은 더 적게 든다."([『잉글랜드에 대한 동인도 무역의 이익』]: 68).

현한다면, 개별 생산자는 누구든지 자기 상품을 시장가격으로 판매하지 않으면 안 된다는 것이다. 그런데 매뉴팩처에서는 일정한 노동시간에 일정한 양의 생산물을 생산한다는 것이 생산과정 그 자체의 기술적 법칙이 된다.[13]

그러나 서로 다른 작업에 드는 시간은 서로 같지 않으며, 따라서 같은 시간에 서로 다른 양의 부분생산물이 생산된다. 그러므로 같은 노동자가 날마다 같은 작업을 해야 한다면, 각각의 작업에는 상이한 수의 노동자가 고용되어야 한다. 예컨대 어떤 활자 매뉴팩처에서 주자공 한 사람은 한 시간에 활자 2,000개를 주조하고, 절단공 한 사람은 4,000개를 끊고, 연마공 한 사람은 8,000개를 연마한다면, 이 매뉴팩처에서는 연마공 1명에 대해 주자공 4명과 절단공 2명이 고용되어야 한다. 여기서 또다시 동일한 종류의 작업을 하는 많은 사람의 동시취업이라는 가장 단순한 형태의 협업원칙이 나타난다. 그러나 이 원칙은 이제 하나의 유기적 관계를 표현하는 것이다. 그리하여 매뉴팩처제도의 분업은 사회의 집단적 노동자의 질적으로 상이한 부분들을 단순화시키고 증가시킬 뿐 아니라, 이 부분들의 양적 규모를 규정하는 고정된 수학적 비율[즉 각각의 전문 기능을 수행하는 노동자들의 상대적인 수 또는 노동자그룹의 상대적 크기]도 만들어 낸다. 매뉴팩처적 분업은 사회적 노동과정의 질적 편성과 더불어 그 과정의 양적 규칙과 비례성까지도 발전시킨다.

일정한 생산규모에서 각 집단 사이에 부분노동자 수의 가장 적합한 비율이 경험적으로 일단 확정되면, 생산규모는 오직 각 개별집단 노동자 수의 배수를 고용함으로써만 확대될 수 있다.[14] 여기서 덧붙여 말해 두

---

13) 그러나 많은 산업부문에서 매뉴팩처제도는, 생산과정의 일반적인 화학적·물리적 조건들을 정확히 통제하는 데 필요한 지식을 가지고 있지 않기 때문에, 이런 결과를 매우 불완전하게만 달성한다.

14) "(각 매뉴팩처 생산물의 특수한 성질에 따라) 가장 유리하게 분할할 수 있는

어야 할 것은, 어떤 종류의 작업은 그 규모가 크든 작든 동일한 개인에 의해 마찬가지로 잘 수행될 수 있다는 점이다. 예컨대 감독이라는 노동이나 부분생산물을 한 생산단계에서 다른 생산단계로 운반하는 노동 등이 그러하다. 그러므로 이런 기능을 분리시켜 특정한 노동자에게 할당하는 것은 사용노동자의 수가 증가할 때만 비로소 유리해진다. 그런데 이런 증가는 각각의 노동자집단에게 비례적으로 영향을 미쳐야만 한다.

   [어떤 특정한 전문기능을 수행하고 있는] 각각의 노동자집단은 동질적인 요소들로 구성되어 있으며, 전체 기구의 한 특수 기관을 이루고 있다. 그러나 많은 매뉴팩처에서는 노동자집단 자체는 하나의 편성된 노동조직이고, 전체 기구는 이런 기본적 생산유기체의 중복 또는 배가에 의해 형성되고 있다. 한 예로 유리병 매뉴팩처를 보자. 그것은 본질적으로 구분되는 세 단계로 나누어진다. 그 첫째는 준비단계로, 유리의 구성요소들을 준비하고 모래와 석회 등을 혼합하며 이 혼합물을 유동상태의 유리액으로 용해한다.[15) 이 첫째 단계에서 각종 부분노동자들이 작업을 하는데, 그것은 마지막 단계[즉 건조로에서 유리병을 끄집어내고, 그들을 품종별로 분류하고, 포장하는 등]에서도 마찬가지다. 이 두 단계의 중간에 진정한 유리병 제조, 즉 유동상태의 유리액의 조작단계가 있다. 유리로의 아궁이마다 한 집단의 노동자('구멍'이라고 부른다)가 작업을 하는데, 이들은 1명의 병제조공 또는 마무리공과 1명의 취공blower, 1명의 모음공, 1명의 쌓음공 또는 닦음공과 1명의 운반공으로 이루어진다. 이 5명

---

작업과정의 수와 각 작업과정에 필요한 노동자의 수가 알려진다면, 이 숫자의 정확한 배수를 고용하지 않는 매뉴팩처는 제품의 생산에 많은 비용을 들이게 될 것이다…이것은 매뉴팩처들이 대규모로 확대되는 원인들 중의 하나다."(배비지, 『기계와 매뉴팩처 경제론』: 172~173)

15) 영국에서는 용해로가 유리의 가공에 사용되는 유리로와 상이하나, 벨기에에서는 동일한 하나의 노furnace가 두 과정 모두에 사용되고 있다.

의 부분노동자들은 단일 노동유기체의 다섯 개 특수한 기관이며, 이 노동유기체는 하나의 통일체로서만, 따라서 오직 다섯 사람의 직접적 협업에 의해서만 활동할 수 있다. 이 노동유기체는 그 다섯 개 기관 중 어느 하나라도 없으면 마비되어 버린다. 그러나 하나의 유리로에는 몇 개의 아궁이(영국에서는 4개 내지 6개)가 있는데, 그 각각의 아궁이마다 액체 상태의 유리가 들어 있는 내화도가니가 묻혀 있고, 각 아궁이마다 5명으로 이루어진 노동자 집단이 일하고 있다. 이때 각 집단의 편성은 분업에 의거하고 있으나, 서로 다른 집단들 사이의 관계는 단순협업으로서 생산수단의 하나인 유리로를 공동사용에 의해 더 경제적으로 이용하고 있다. 이와 같은 유리로 하나와 그에 부속되어 있는 4~6개의 노동자 집단이 하나의 유리 제조장을 구성하는데, 유리 매뉴팩처는 몇 개의 이런 제조장과 준비단계 및 마지막 단계를 위한 설비와 노동자를 포괄하고 있다.

끝으로, 매뉴팩처가 일부는 각종 수공업의 결합으로부터 발생하는 것과 마찬가지로 다양한 매뉴팩처의 결합으로 발전해 가기도 한다. 예컨대 영국의 대규모 유리공장들은 내화도가니를 자체에서 제조하고 있는데, 그 이유는 이 도가니의 품질 여하에 따라 생산과정의 성패가 결정되기 때문이다. 이 경우 생산수단을 생산하는 매뉴팩처가 생산물을 생산하는 매뉴팩처와 결합되어 있다. 다른 한편으로 생산물을 생산하는 매뉴팩처는 그 생산물 자체를 다시 원료로 쓰는 다른 매뉴팩처, 또는 그 생산물을 자기의 생산물과 혼합시키는 다른 매뉴팩처와 결합할 수도 있다. 예컨대 납유리 매뉴팩처는 유리 가공 매뉴팩처나 황동주조 매뉴팩처와 결합하는 일이 있는데, 황동은 여러 가지 유리제품의 금속장식에 필요하다. 이와 같이 결합된 각종 매뉴팩처는 하나의 전체 매뉴팩처의 다소 분리된 부문들을 형성하고 있지만, 그와 동시에 그 각각은 자기 고유의 분업을 가진 독립된 생산과정이다. 매뉴팩처의 결합으로 발생하는 수많은 이점에도 불구하고, 이 결합은 그 자체의 토대 위에서는 완벽한 기술적 통일성을 달성할 수 없다. 이 통일성은 매뉴팩처가 기계에 의한 생산으로 전환될 때 비로소 발생한다.

매뉴팩처 시대의 초기에, 상품의 생산에 필요한 노동시간의 단축이라는 원칙16)이 의식적으로 공식화되고 표명되었다. 그리고 기계의 사용도, 특히 거대한 힘이 요구되며 대규모로 수행해야 하는 단순한 초보과정을 위해, 여기저기서 나타났다. 예컨대 초기의 제지 매뉴팩처에서는 넝마의 분쇄가 제지용 분쇄기에 의해 수행되었으며, 야금업에서는 광석을 분쇄하는 일이 쇄광기에 의해 수행되었다.17) 로마제국은 물레방아의 형태로 모든 기계의 초보적인 형태를 물려주었다.18)

수공업 시대는 나침반·화약·인쇄술·자동시계와 같은 위대한 발명을 남겼다. 그러나 대체로 기계는 분업과 대비할 때 부차적 역할을 하고 있었는데, 이것은 애덤 스미스를 보면 잘 알 수 있다.19) 17세기에 일정

---

16) 이것은 특히 페티, 벨러즈, 야런턴, 『잉글랜드에 대한 동인도 무역의 이익』의 익명의 저자, 그리고 반더린트에서 볼 수 있다.

17) 16세기 말 무렵에도 아직 프랑스에서는 광석을 분쇄하며 세광하는 데 절구와 체가 사용되고 있었다.

18) 기계발전의 전체 역사는 제분기의 역사에서 찾아볼 수 있다. 영국에서는 지금도 공장을 mill〔물방앗간〕이라고 부른다. 19세기 처음 십년간의 독일 기술 서적들을 보면 Mühle〔물레방아〕라는 용어가 자연력에 의해 움직이는 모든 기계에 대해서뿐 아니라 기계적 장치를 사용하는 모든 공장에 대해서까지 사용되고 있다.

19) 이 책의 제4권〔잉여가치학설사. CW 30: 264-306〕에서 자세한 내용을 보게 되겠지만, 애덤 스미스는 분업에 관해 단 하나의 새로운 명제도 내놓지 못했다. 그러나 그를 매뉴팩처 시대의 대표적 경제학자로 특징짓는 것은 그가 분업을 특히 강조한 점 때문이다. 그가 기계에 준 종속적 지위는 대공업의 초기에는 로더데일의 반박을, 그리고 더 나중의 시기에는 유어의 반박을 불러일으켰다. 애덤 스미스는 또한 도구의 분화〔이것에는 매뉴팩처의 부분노동자들 자신이 적극적인 구실을 했다〕를 기계의 발명과 혼동하고 있다. 기계의 발명에서는 노동자들이 아니라 학자, 장인master, 심지어는 농민들(예: 브린들리)이

한 시간을 두고 나타난 기계의 사용이 대단히 중요한 의의를 가지게 된 것은, 그것이 그 당시의 위대한 수학자들에게 근대적 역학의 창조를 위한 실질적인 토대와 자극을 제공했기 때문이다.

매뉴팩처 시대의 특징적 기계는 바로 수많은 부분노동자들의 결합에 의해 형성되는 집단적 노동자 자신이다. 노동과정에서 한 상품의 생산자가 차례차례로 수행하는 각종 작업들은 그 생산자에게 여러 가지 능력을 발휘할 것을 요구한다. 그는 한 작업에서는 더 많은 힘을, 다른 작업에서는 더 많은 숙련을, 제3의 작업에서는 더 많은 주의력을 발휘하지 않으면 안 된다. 그러나 한 사람이 이런 모든 자질을 같은 정도로 갖추지는 못한다. 각종 작업이 분리·독립·고립된 뒤, 노동자들은 자기의 뛰어난 자질에 따라 구분·분류·편성된다. 만약 노동자들의 타고난 재능이 분업의 토대라고 한다면, 매뉴팩처는, 일단 도입된 뒤에는, 일면적이고 특수한 기능에만 적합한 새로운 능력(노동자의 능력)을 발전시킨다. 이제 집단적 노동자는 생산에 필요한 모든 자질을 같은 정도로 우수하게 구비하게 되며, 그리고 집단적 노동자는 자기의 모든 기관[개별 노동자나 노동자의 집단]을 오직 그 기관의 독특한 기능을 수행하는 데만 사용함으로써 그 자질을 가장 경제적으로 사용한다.[20] 부분노동자의 일면성과 불완전성조차도 그가 집단적 노동자의 한 기관일 때는 장점으로 된다.[21] 한 가지 일만을 수행하는 습관은 부분노동자를 결코 실수하는 일이 없는 기

---

중심적인 기능을 했다.

20) "작업을 [각각 다른 정도의 숙련과 힘이 요구되는] 다수의 서로 다른 과정으로 분할함으로써, 매뉴팩처 경영자는 각각의 과정에 필요한 정확한 양의 힘과 숙련을 구입할 수 있다. 이와는 반대로 작업 전체가 한 사람의 노동자에 의해 수행되어야 한다면, 그 노동자는 가장 섬세한 작업을 하기에 충분한 숙련과 가장 힘든 작업을 하기에 충분한 힘을 모두 가져야 할 것이다."(배비지, 앞의 책, 제19장)

21) 예를 들면 어떤 근육의 비정상적 발달이나 골격의 굴절 등.

관으로 만들며, 그리고 전체 기구와의 관련은 그로 하여금 기계의 일부와 같은 규칙성을 가지고 일하지 않을 수 없게 한다.22)

집단적 노동자가 수행하는 각종 기능에는 단순한 것과 복잡한 것, 저급의 것과 고급의 것이 있기 때문에, 그 구성원인 개별 노동력은 정도가 서로 다른 훈련을 필요로 하며 따라서 각각 다른 가치를 가지고 있음에 틀림없다. 그러므로 매뉴팩처는 노동력의 등급제를 발전시키며, 이것에 임금의 등급이 대응하게 된다. 개별 노동자는 한정된 기능에 일생동안 묶이고, 등급이 매겨진 각종 작업이 선천적·후천적 능력에 따라 노동자들 사이에 할당된다.23) 그러나 어떤 생산과정에서도 누구나 할 수 있는 간단한 조작들이 있게 마련인데, 그런 조작들도 이제는 내용이 더 풍부한 활동과의 끊임없는 상호작용에서 분리되어 특수한 개인의 배타적인 기능으로 굳어 버린다.

이리하여 매뉴팩처는 자기가 장악하는 모든 업종에서 이른바 미숙련 노동자라는 하나의 부류[수공업은 그 성질상 이런 부류를 엄격히 물리친

---

22) "어떻게 젊은이들을 꾸준히 일하도록 할 수 있는가?"하는 한 조사위원회 위원의 질문에 대해, 유리 매뉴팩처의 총지배인인 마샬은 다음과 같이 매우 정확하게 답변하고 있다. "그들은 자기의 일을 도저히 게을리 할 수 없다. 그들은 일단 일을 시작하면 계속하지 않을 수 없다. 그들은 기계의 부속품과 똑같다."(『아동노동 조사위원회. 제4차 보고서』. 1865: 247)

23) 유어는 대공업에 대한 찬양에서 매뉴팩처 특유의 성격을 이전의 경제학자들[이 문제에 관해 관심을 가지지 않았다]보다도, 또는 동시대의 학자들—예컨대 배비지[그는 수학자·기계학자로는 유어를 능가하지만 대공업을 매뉴팩처의 관점에서만 고찰했다]—보다도 더 날카롭게 포착하고 있다. 유어는 다음과 같이 말한다. "각각의 특수작업에, 적절한 가치와 비용의 노동자를 배치하는 것이 분업의 본질을 이룬다." 다른 한편, 그는 이 분업을 '노동을 상이한 개인적 능력에 적용시키는 것'이라고 묘사하며, 끝으로 전체 매뉴팩처제도를 '분업 또는 노동등급제'로, '숙련도의 차이에 따른 분업' 등으로 특징짓고 있다.(유어, 『공장철학』: 19~23의 이곳 저곳).

다]를 만들어낸다. 매뉴팩처가 인간의 전반적 노동능력의 희생 위에서 일면적 전문성을 완벽한 경지에까지 발전시킨다면, 그것은 또한 미숙련 노동자에서 보는 바와 같이 전혀 발전하지 않은 것을 하나의 전문성으로 여기기 시작한다. 등급제의 등급과 나란히 숙련공과 미숙련공이라는 단순한 구분이 나타난다. 미숙련공은 수련비가 들지 않고, 숙련공은 자기의 기능이 단순하게 된 결과 수련비가 수공업노동자의 경우에 비해 줄어든다. 어느 경우에나 노동력의 가치는 떨어진다.[24] 물론 이 법칙의 예외는 [수공업적 경영에서는 전혀 나타나지 않았거나 동일한 정도로는 나타나지 않았던] 새로운 포괄적 기능들이 노동과정의 분할로 말미암아 생기는 경우다. 수련비의 소멸 또는 감소로 말미암은 노동력의 상대적 가치저하는 자본의 가치증식 정도가 더 높아지는 것을 직접적으로 가리킨다. 왜냐하면 노동력의 재생산에 드는 필요노동시간을 단축하는 모든 것은 잉여노동의 영역을 연장하기 때문이다.

## 제4절 매뉴팩처 안의 분업과 사회 안의 분업

우리는 첫째로 매뉴팩처의 기원을 고찰했고, 다음에는 그 단순한 요소들[부분노동자와 그의 도구], 그리고 마지막으로 그 전체 메커니즘을 고찰했다. 이제는 매뉴팩처 안의 분업과 [모든 상품생산의 토대를 형성하는] 사회 안의 분업 사이의 관계를 간단히 고찰하려 한다.

만약 우리가 노동 그 자체만을 염두에 둔다면, 농업·공업 등과 같은 주요부문들로 생산이 분할하는 것을 일반적general 분업, 그리고 이들 생

---

24) "각 수공인은…한 가지 일만을 되풀이함으로써 자기 일을 더 완벽하게 할 수 있게 되므로…더 값싼 노동자로 되었다."(유어, 같은 책: 19)

산부문이 종이나 아종으로 분할하는 것을 특수한particular 분업, 그리고 한 작업장 안의 분업을 개별적individual 분업이라고 부를 수 있을 것이다.25)

사회 안의 분업과 이것에 대응해 개인이 특수한 직업에 묶이게 되는 것은 매뉴팩처 안의 분업에서처럼 두 개의 서로 대립하는 출발점에서 발전한다. 한 가족26) 안에서 그리고 더욱 발전해 한 종족 안에서 남녀와 나이의 차이로 말미암아 [즉 순전히 생리적 토대 위에서] 자연발생적 분업이 나타나는데, 이런 분업은 공동체의 확대, 인구의 증가 그리고 특히 서로 다른 종족 사이의 충돌과 한 종족이 다른 종족을 예속하는 것과 더불어 발전하게 된다. 다른 한편으로 앞 [ 제2장 '교환과정' ]에서 지적한 바와 같이, 생산물의 교환은 서로 다른 가족들, 종족들이나 공동체들이 상호 접촉하는 지점에서 발생한다. 왜냐하면 인류문명의 초기에는 독립된 단위로 상호관계를 맺는 것은 개인이 아니라 가족이나 종족 등이기 때문이다. 서로 다른 공동체들은 그들의 자연환경 속에서 서로 다른 생산수

---

25) "분업에는 매우 다종다양한 직업의 구분에서 시작해서, 매뉴팩처에서 보는 바와 같이 동일한 하나의 생산물을 완성하는 데 많은 노동자가 분담하는 것까지 있다."(슈토르히, 『정치경제학 강의』: 173) "우리는 일정한 정도의 문명에 도달한 국민들 사이에서 세 종류의 분업을 볼 수 있다. 우리가 일반적 분업이라고 부르는 첫째 종류는 생산자가 농업생산자·공업생산자·상인으로 분할되는 것인데, 이것은 국민 노동의 3대 주요부문에 대응한다. 특수한 분업이라고 부를 수 있는 둘째 종류는 각 노동부문이 종으로 분할되는 것이다…끝으로 제3의 분업은 작업의 분할 또는 진정한 분업이라고 할 수 있는 것으로, 개별 수공업 또는 직업 안에서 일어나며…대다수의 매뉴팩처와 작업장에서 행해지고 있는 것이다."(스카르베크, 『사회적 부의 이론』: 84~85)

26) {엥겔스: 인류의 원시상태에 관한 그 뒤의 매우 근본적인 연구에 의해, 마르크스는 다음과 같은 결론에 도달했다. 즉 본래 가족이 종족으로 발전한 것이 아니라, 반대로 종족이 혈연관계에 기반을 두는 인간집단의 본원적인 자연발생적 형태였으며, 종족의 결속이 느슨해지기 시작한 이후에 비로소 여러 가지 가족형태가 발전했다.}

단과 생활수단을 발견한다. 그러므로 그 공동체들의 생산방식·생활양식·생산물은 서로 다르다. 바로 이 자연발생적 차이 때문에 공동체가 서로 접촉할 때 생산물이 서로 교환되고, 따라서 이 생산물들이 점차 상품으로 전환되는 것이다. 교환이 생산영역들 사이의 차이를 만들어내는 것이 아니라, 교환은 기존의 상이한 영역들을 서로 관련 맺게 하며, 그들을 확대된 사회적 총생산의 다소 상호의존적인 부문들로 전환시키게 된다. 후자의 경우, 사회적 분업 [ 사회 안의 분업 ]은 본래부터 상이하며 상호 독립적인 생산영역들 사이의 교환에서 성립한다. 이와 반대로, 생리적 분업이 출발점인 전자의 경우에는, 긴밀하게 결합된 전체의 특수한 기관들이 분열되어[다른 공동체와 상품을 교환하는 것이 이 분열에 큰 자극을 준다] 상당한 정도의 독립성을 획득하게 됨으로써, 각종 작업들을 연결하는 유일한 유대관계는 생산물을 상품으로 교환하는 것이 된다. 한 경우에는 이전에 독립적이었던 것이 의존적으로 되며, 다른 경우에는 이전에 의존적이었던 것이 독립적으로 된다.

일정한 발전수준에 도달한, 그리고 상품의 교환을 통해 생긴, 모든 분업의 토대는 도시와 농촌의 분리다.[27] 사회의 경제사 전체는 이 대립의 운동으로 요약된다고 말할 수 있다. 그러나 여기서는 이에 대해 더 이상의 언급은 하지 않으려고 한다.

동시에 고용되는 노동자의 일정한 수가 매뉴팩처 안의 분업을 위한 물질적 전제조건인 것과 마찬가지로, 인구의 크기와 밀도[이것은 하나의

---

27) 제임스 스튜어트는 이 점을 가장 잘 설명했다. 애덤 스미스의 『국부론』보다 10년이나 먼저 출판된 그의 저작 [ 『정치경제학 원리의 연구』 ]이 현재에도 전혀 알려지지 않고 있는 것은, 인구에 관한 맬더스 저작의 초판은, 그 순전히 연설 투의 부분을 제외한다면, 거의 대부분을 스튜어트로부터 표절했고 목사 월리스와 타운센드로부터도 조금 표절했다는 것을 맬더스 숭배자들이 전혀 알지 못하고 있다는 사실에 의해서도 알 수 있다.

작업장으로 노동자들이 밀집하는 것과 같은 의미를 가진다]는 사회 안의
분업을 위한 전제조건이다.28) 그러나 이 밀도라는 것은 다소 상대적인
것이다. 인구는 비교적 희박하나 발전한 교통수단을 가지고 있는 나라
는, 인구는 더 많으나 교통수단이 발전하지 못한 나라에 비해 인구밀도
가 더 높다. 이런 의미에서, 예컨대 미국 북부의 주들은 인도에 비해 인
구밀도가 더 높다.29)

  상품생산과 상품유통은 자본주의적 생산양식의 일반적 전제이므로,
매뉴팩처 안의 분업은 사회 안의 분업이 이미 일정한 정도로 발전하고
있는 것을 필요로 한다. 또한 거꾸로 매뉴팩처 안의 분업은 사회적 분업
에 반작용해서 그것을 발전시키며 증가시킨다. 노동도구의 분화에 따라
이 도구를 생산하는 산업들도 더욱 더 분화된다.30) 이때까지는 동일한
생산자가 본업 또는 부업이라는 형태로 함께 경영해 오던 업종들은, 매
뉴팩처적 경영이 장악하면, 즉시 분리되고 독립한다. 매뉴팩처적 경영이
어떤 상품의 하나의 특수한 생산단계를 장악하게 되면, 그 상품의 다른
생산단계들은 각각 독립 산업으로 전환된다. 이미 지적한 바와 같이, 다
수의 부품이 조립되어 제품을 만드는 경우에는, 부분작업 그 자체가 다
시 독자적인 수공업으로 독립할 수도 있다. 매뉴팩처 안의 분업을 더욱

---

28) "사회적 교류를 위해 그리고 노동생산물을 증대시킬 힘의 결합을 위해 필요
한 일정한 인구밀도가 있다."(제임스 밀, 『정치경제학 원리』: 50) "노동자의
수가 증가함에 따라, 사회의 생산력은 그 증가에다 분업의 효과가 곱해진 복
비례로 증가한다."(호지스킨, 『대중경제학』: 125~126)

29) 1861년 이후 면화에 대한 수요가 증가한 결과, 동인도의 인구가 조밀한 몇몇
지방에서는 면화의 생산이 쌀 생산을 희생하면서 확장되었다. 그 때문에 국
지적 기근이 생겼는데, 그것은 교통수단의 부족[따라서 물질적인 연결망의
부족]으로 말미암아 한 지방의 쌀 생산 부족을 다른 지방으로부터 반입에 의
해 보충할 수 없었기 때문이다.

30) 그리하여 네덜란드에서는 북shuttle의 제조가 17세기에 벌써 하나의 특수한 산
업부문으로 되었다.

완전하게 달성하기 위해, 하나의 생산부문이 그 원료의 차이에 따라, 또
는 동일한 원료가 취하는 형태의 차이에 따라, 서로 다른 수많은 매뉴팩
처[부분적으로는 전혀 새로운 매뉴팩처]로 분할된다. 그리하여 벌써 18
세기 전반 프랑스에서는 100종 이상의 견직물이 생산되었고, 또 예컨대
아비뇽에서는 "모든 도제들은 각각 한 종류의 직물에만 전념해야 하며
여러 가지 직물의 제조방법을 동시에 배우려 해서는 안 된다."고 법적으
로 규정했다. 특정의 생산부문을 국내의 특정지역에 국한시키는 지역적
분업은 자연적 특성을 적극적으로 이용하려는 매뉴팩처적 경영에 의해
새로운 자극을 받는다.[31] [매뉴팩처 시대를 탄생시킨 일반적 조건의 일
부를 형성하는] 세계시장의 확대와 식민제도는 사회 안 분업의 발전에
크게 기여한다. 분업이 사회의 경제영역뿐 아니라 다른 모든 영역을 장
악하며, 그리고 분업이 도처에서 한 인간으로 하여금 다른 모든 능력을
희생시키면서 단 한 가지의 능력만을 발전시키도록 하는 점에 대해 여기
에서는 자세히 설명할 수 없다. 다만 후자의 사실은 이미 애덤 스미스의
스승인 퍼거슨으로 하여금 "우리는 노예들로만 이루어진 국민이며, 우리
가운데 자유로운 인간은 하나도 없다."[32]고 외치게 했던 것이다.

그러나 사회 안의 분업과 작업장 안의 분업은, 비록 그들 사이에 수많
은 유사점과 연관성이 있기는 하나, 정도에서뿐 아니라 본질에서도 서로
다르다. 유사점이 가장 잘 나타나는 것은 하나의 내적 유대에 의해 여러
가지 업종이 결합되어 있는 경우다. 예컨대 목축업자는 날가죽을 생산하

---

31) "영국의 양모 매뉴팩처는 각각 특정 지역에 적합한 몇 개 부분 또는 부문으로
   나누어져 있고, 각 지역에서는 전적으로 또는 주로 그 부문만이 제조되고 있
   지 않은가? 예컨대 세포細布 fine cloth는 서머셋셔에서, 조포粗布 coarse cloth는 요
   크셔에서, 폭이 넓은 천은 엑서터에서, 견모교직絹毛交織 serge은 서드베리에
   서, 크레이프crape 천은 노리지에서, 교직물交織物은 켄달에서, 모포는 휘트
   니에서 생산되는 것 등과 같다."(버클리, 『질문자』. 제520절)
32) 퍼거슨, 『시민사회사』: 285.

며, 피혁업자는 그것을 가죽으로 전환시키며, 제화업자는 그것을 구두로 전환시킨다. 이 경우 각자의 생산물은 완성품으로 나아가는 하나의 단계에 불과하며, 이 마지막의 완성품은 부분노동들의 결합생산물이다. 그밖에도 목축업자·피혁업자·제화업자에게 생산수단을 제공하는 각종 산업부문이 있다. 여기에서, 애덤 스미스처럼 사회적 분업과 매뉴팩처 안의 분업 사이의 차이는 오직 주관적이며 관찰자에게만 존재하는 것이라고 생각할 수도 있다. 왜냐하면 이 관찰자는 매뉴팩처에서는 한 장소에서 수행되고 있는 수많은 작업들을 한 눈에 볼 수 있지만, 사회적 분업에서는 작업이 넓은 지역에 분산되어 있고 각 노동부문에 종사하는 사람들의 수가 많아 그 상호관련성이 애매하기 때문이다.[33] 그러나 목축업자·피혁업자·제화업자의 독립된 노동들 사이의 유대를 형성하는 것은 무엇인가? 그것은 그들 각각의 생산물이 상품이라는 사실이다. 다른 한편

---

33) 스미스에 따르면, 진정한 매뉴팩처에서는 분업이 더욱 진전되고 있는 것처럼 보이는데, 그것은 "소수인의 작은 수요를 충족시키는 소규모 제조업 manufacture〔매뉴팩처〕에서는 노동자 수가 적을 수밖에 없어서 관찰자가 작업의 각 부문에 종사하는 노동자들을 동일한 작업장에서 한눈으로 볼 수 있기 때문이다. 이와는 반대로, 다수 국민의 대규모 수요를 충족시키는 대규모 제조업에서는(!), 작업의 각 부문이 매우 많은 노동자들을 고용하기 때문에, 그들 모두를 동일한 작업장으로 모을 수 없고, 그리하여 하나의 부문에 종사하는 노동자들보다 더 많은 숫자를 한눈에 볼 수도 없다. 그러므로 대규모 제조업에서는 소규모 제조업에서보다 사실상 작업이 훨씬 많은 부분으로 분할되어 있을지라도, 그 분할은 그렇게 분명하게 보이지 않고 따라서 훨씬 주목을 덜 받는다."(A. 스미스, 『국부론』(상): 7~8) 같은 장에 있는 유명한 단락, 즉 "번영하는 문명국의 가장 일반적 수공업자 또는 일용노동자의 생활용품을 관찰해 보면"(같은 책: 15)으로 시작해서, 한 사람의 보통노동자의 욕망을 충족시키기 위해 얼마나 많은 여러 생산부문이 공헌하고 있는가를 묘사하고 있는 단락은, 거의 단어 하나하나를 맨더빌이 자기의 저서 『꿀벌들의 우화, 또는 사적 죄악과 공적 이익』에 붙인 주로부터 그대로 복사한 것이다(주가 없는 초판은 1705년에 출판되었고 주가 있는 판은 1714년에 출판되었다).

으로 매뉴팩처적 분업을 특징짓는 것은 무엇인가? 그것은 부분노동자가 생산하는 것은 상품이 아니라는 점이다.[34) 상품으로 되는 것은 모든 부분노동자들의 공동생산물뿐이다.[35) 사회 안의 분업은 서로 다른 산업부문들 사이에서 생산물 매매에 의해 매개되고 있지만, 매뉴팩처 안의 여러 부분노동들 사이의 관련은 여러 노동력이 동일한 자본가에게 판매되어 그를 통해 결합노동력으로 사용된다는 것에 의해 매개되고 있다. 매뉴팩처 안의 분업은 한 자본가의 수중에 생산수단이 집적되는 것을 전제하지만, 사회 안의 분업은 서로 독립된 다수의 상품생산자 사이로 생산수단이 분산되는 것을 전제한다. 매뉴팩처 안에서는 비례성의 철칙이 일정한 수의 노동자들을 일정한 기능들에 종속시키지만, 매뉴팩처 밖의 사

---

34) "우리가 개인의 노동에 대한 자연적 보수라고 부를 수 있는 것은 벌써 아무 것도 없다. 각 노동자는 오직 전체의 부분만을 생산하며 또 그 각 부분은 그 것만으로는 아무런 가치도 유용성도 가지지 못하기 때문에, 노동자가 손에 쥐고 이것은 내 생산물이다, 이것은 내가 가지겠다고 말할 수 있는 것은 하나도 없다."(『자본의 요구에 대한 노동의 방어』: 25) 이 탁월한 저서의 저자는 호지스킨이다.

35) 이와 같은 사회 안의 분업과 매뉴팩처 안의 분업 사이의 차이는 양키[미국 남북전쟁 때의 북부사람]에게 실제로 설명되었다. 남북전쟁 당시 워싱턴에서 새로 고안된 세금의 하나는 '모든 공업생산물'에 부과된 6%의 소비세였다. 질문: 공업생산물이란 무엇인가? 입법자의 답: 어떤 물건이든 '만들어지면' 생산물이 되고, 판매될 준비가 되면 그것은 만들어진 것이다. 이제 많은 실례 중 하나를 들어보자. 뉴욕과 필라델피아의 매뉴팩처는 이전에는 우산을 그 모든 부속품과 함께 '만들고 있었다'. 그러나 우산은 전혀 이질적인 부품들의 합성물이므로, 이 부품들은 점차 서로 다른 장소에서 독립적으로 경영되는 각종 업종들의 생산물로 되었다. 이제 이런 부품들은 독립 상품으로 우산 매뉴팩처에 들어오게 되었고, 우산 매뉴팩처는 이 상이한 부품들을 조립할 뿐이다. 양키는 이런 종류의 제품을 '조립상품'이라고 불렀는데, 이 제품은 그 명칭에 어울리게 세금도 조립했다. 즉 우산은 먼저 그 부품 각각의 가격에 대한 6%의 세금을 '조립'하고, 다음에는 그 자신의 총가격에 대한 6%의 세금을 또한 '조립'한다.

회에서는 우연과 변덕이 작용해 사회적 노동의 각종 부문들 사이에 생산자들과 그들의 생산수단이 분배되는 것은 제멋대로다. 물론 여러 가지 생산영역들이 끊임없이 균형을 지향하는 것은 사실이다. 왜냐하면 한편으로 각각의 상품생산자는 어떤 사용가치를 생산해서 일정한 사회적 욕구를 충족시켜야 하기 때문이며(이 욕구들의 크기는 양적으로 서로 다르지만 이 상이한 크기의 욕구들을 하나의 자연발생적 체계에 연결하는 내적 유대가 존재한다), 다른 한편으로 상품의 가치법칙은 사회가 자신이 처분할 수 있는 전체 노동시간 중 얼마만큼을 각각의 상품종류의 생산에 지출할 수 있는가를 궁극적으로 결정하기 때문이다. 그러나 여러 가지 생산영역들이 균형으로 향하는 이 끊임없는 경향은 이 균형의 끊임없는 파괴에 대한 반작용으로 작용할 뿐이다. 매뉴팩처 안의 분업이 의거하고 있는 계획되고 규제되는 사전적 체계는, 사회 안의 분업에서는 생산자들의 규제받지 않는 변덕을 통제해야 하는 자연적인 사후적 필연성(이것은 시장가격의 변동에서 알 수 있다)으로 변한다. 매뉴팩처 안의 분업은 자본가에게 속하는 전체 메커니즘의 구성원에 지나지 않는 노동자들에 대한 자본가의 무조건적 권위를 내포하지만, 사회 안의 분업은 경쟁이라는 권위 밖에는, 즉 상품생산자들 상호간의 이익 대립이 자기들에게 가하는 강제 외에는 다른 어떤 권위도 인정하지 않는 독립적 상품생산자들을 서로 대립시킨다. 이것은 마치 동물계에서 '만인에 대한 만인의 투쟁'이 대체로 모든 종의 생존조건으로 되어 있는 것과 마찬가지다. 작업장 안의 분업, 노동자를 평생 하나의 부분작업에 묶어두는 것, 자본에 대한 노동자의 완전한 종속 등을 노동생산성을 향상시키는 노동의 조직화라고 찬양하는 바로 그 부르주아적 의식은, 생산과정을 사회적으로 통제하고 조정하려는 온갖 의식적 시도를 개별 자본가의 소유권·자유·자율적 '독창성' 등과 같은 신성한 것에 대한 침해라고 열렬히 비난하고 있다. 공장제도의 열광적 변호인들이 사회적 노동의 일반적 조직화를 반대하면서,

이것은 사회 전체를 하나의 공장으로 전환시킬 것이라고 비난하는 것은 매우 웃기는 일이다.

자본주의적 생산양식이 지배하는 사회에서는 사회적 분업의 무정부상태와 매뉴팩처적 분업의 독재가 서로 다른 것의 조건으로 되고 있으나, 이와는 반대로 [직업의 분화가 자연발생적으로 생겨 응고되고 최후로 법률에 의해 고정된] 이전의 사회형태에서는, 한편으로 사회의 노동이 공인된 권위적인 계획에 따라 조직되는 것을 볼 수 있으며, 다른 한편으로 작업장에서는 분업을 완전히 배제하든가 그렇지 않으면 그것을 작은 규모로 이따금 우연적으로만 발전시키는 것을 볼 수 있다.[36]

예컨대 인도의 매우 오래된 작은 공동체[부분적으로는 지금까지도 존속하고 있다]는 토지의 공동소유, 농업과 수공업의 직접적 결합, 그리고 고정불변의 분업에 기반을 두고 있는데, 이 분업은 새로운 공동체를 건설할 때마다 완전한 계획서와 설계도로 기능한다. 이와 같은 공동체는 자급자족적인 완결된 생산조직을 이루고 있는데, 그 영역은 100에이커에서 수천 에이커에 달한다. 생산물의 대부분은 공동체 자체의 직접적인 수요를 위한 것이고 상품은 아니다. 따라서 여기의 생산은 상품교환에 의해 매개되는 인도 사회 전체의 분업과는 무관하다. 오직 생산물의 잉여만이 상품으로 되며, 그리고 그 잉여의 일부는 [옛날부터 현물지대의 형태로 생산물의 일정한 양을 징수해 온] 국가의 수중에서 비로소 상품으로 된다. 공동체의 형태는 인도의 지방에 따라 다르다. 가장 단순한 형태의 공동체에서는 토지가 공동으로 경작되며 생산물은 그 구성원들에게

---

36) "일반적 원칙으로 다음과 같이 말할 수…있다. 즉 권위가 사회 안의 분업을 지배하는 것이 적으면 적을수록, 분업은 작업장 안에서 그만큼 더 발전하며, 한 개인의 권위에 그만큼 더 종속하게 된다. 그러므로 분업의 관점에서 볼 때, 작업장 안의 권위와 사회 안의 권위는 서로 반비례한다."(마르크스, 『철학의 빈곤』[CW 6: 185])

분배된다. 동시에 방적·직조는 각 가정의 부업으로 경영되고 있다. 이와 같이 하나의 동일한 작업에 종사하는 주민들 이외에 다음과 같은 사람들이 있다. 재판관·경찰관·징세관을 한 몸에 겸하고 있는 '공동체의 우두머리', 농경에 관한 계산과 이에 관계되는 모든 것을 기록하는 부기 담당자, 범죄인을 추궁하며 외부로부터 온 여행자를 보호해 그를 다른 마을로 안내하는 관리, 이웃 공동체 사이의 경계선을 경비하는 경계선 경비원, 농경을 위해 공동저수지로부터 물을 분배하는 저수지 감시인, 종교적 의식을 수행하는 브라만, 모래 위에서 공동체의 아동들에게 쓰기와 읽기를 가르치는 교사, 파종이나 수확의 시기와 기타 여러 가지 농사일에 좋은 날과 나쁜 날을 알려주는 역술 브라만 또는 점성가, 모든 농기구를 제작하고 수리하는 대장장이와 목수, 촌락에서 쓰는 모든 그릇들을 제조하는 도자기공, 이발사, 의복을 세탁하는 세탁사, 은 세공인, 어떤 공동체에서는 은 세공인을 대신하고 또 어떤 공동체에서는 교사를 대신하는 시인. 이런 10여 명의 사람들은 공동체 전체의 비용으로 부양된다. 만약 인구가 증가하면 새로운 공동체가 원래의 것을 본떠 미개간지에 세워진다. 이 공동체의 전체 메커니즘은 체계적인 분업을 보여주고 있으나, 매뉴팩처에서와 같은 분업은 있을 수 없다. 왜냐하면 대장장이나 목수 등은 변하지 않는 시장과 대면하고 있으며, 촌락의 크기에 따라 대장장이나 목수 등은 1명이 아니면 기껏해야 두세 명 있기 때문이다.[37] 공동체의 분업을 규제하는 법칙은 자연법칙과 같은 불가항력적인 권위를 가지고 작용하지만, 대장장이나 목수 등과 같은 각 개별 수공업자는 전통적인 방식에 따라 그러나 독립적으로, 어떤 권위도 인정하지 않으면서, 자기의 작업장 안에서 자기의 모든 작업을 수행한다. [끊임없이 동일한 형태로 자기를 재생산하며 어쩌다가 파괴되더라도 동일한 장소에 동

---

37) 윌크스, 『인도 남부의 역사적 개관』 제1권: 118~120. 인도 공동체의 각종 형태에 대한 훌륭한 묘사는 캠벌의 『현대인도』(런던 1852)에서 볼 수 있다.

일한 명칭으로 재건되는] 자급자족적인 공동체의 단순한 생산유기체38)
는 [아시아 국가들의 끊임없는 흥망, 왕조의 쉴 새 없는 교체와 현저한
대조를 이루는] 아시아 사회의 불변성이라는 수수께끼를 해명하는 열쇠
를 제공한다. 이 사회의 경제적 기본요소들의 구조는 정치라는 상공에서
일어나는 폭풍우에 의해서는 조금도 영향을 받지 않는다.

이미 앞에서 말한 바와 같이, 길드의 규칙은 1명의 장인이 고용할 수
있는 직인과 도제의 수를 엄격하게 제한함으로써 장인이 자본가로 전환
하는 것을 의식적으로 저지했다. 더욱이 장인은 자기가 몸소 장인으로
있는 수공업에서만 직인들을 고용할 수 있었다. 길드는 [자기들과 마주
하고 있는 단 하나의 자유로운 자본형태였던] 상인자본의 온갖 침투를
열렬히 격퇴했다. 상인은 어떤 상품이라도 살 수 있었으나 노동을 상품
으로 살 수는 없었다. 상인은 수공업 생산물을 매매하는 장사꾼으로서만
용인되었을 뿐이다. 사정에 의해 분업을 더욱 세분화할 필요가 생기면,
기존의 길드가 아종들로 분열되거나, 새로운 길드를 원래의 길드 옆에
설치했지만, 여러 가지 수공업을 하나의 동일한 작업장에 집중시키는 일
은 없었다. 그러므로 비록 길드조직이 수공업의 분리 · 고립 · 개선에 의
해 매뉴팩처의 물질적 존재조건의 창조에 크게 공헌했지만, 길드조직은
매뉴팩처의 특징인 작업장 안의 분업을 허용하지 않고 있었다. 길드조직
에서는 대체로 노동자와 그의 생산수단은 마치 달팽이와 달팽이집처럼

---

38) "이런 단순한 형태로…이 나라 주민들은 옛날부터 생활했다. 마을들의 경계
선이 변동되는 일은 드물다. 비록 마을 그 자체는 때로는 전쟁·기근·전염병
에 의해 훼손되며 심지어 황폐화되는 일까지 있었지만, 동일한 명칭·동일한
경계선·동일한 이해관계, 또 심지어 동일한 가족들이 오랫동안 존속했다. 나
라의 멸망이나 분할에 대해 주민들은 거의 걱정하지 않는다. 마을이 온전하
게 남아 있기만 하면, 그것이 어떤 권력의 수중에 넘어가든 어떤 군주에게
맡겨지든 그들은 걱정하지 않는다. 마을의 내부 경제는 여전히 변함이 없
다."(전 자바의 부총독, 라플즈, 『자바사』 제1권: 285)

서로 긴밀하게 통일되어 있었고, 따라서 매뉴팩처의 제1토대—즉 노동자
에 대해 생산수단이 자본으로 독립하는 것—는 존재하지 않았다.

전체 사회 안의 분업은, 상품교환에 의해 매개되든 아니든, 매우 다양
한 경제적 사회구성체에 존재할 수 있지만, 매뉴팩처에서 수행되고 있는
바와 같은 작업장 안의 분업은 자본주의적 생산양식의 전혀 독특한 창조
물이다.


## 제5절    매뉴팩처의 자본주의적 성격


동일한 자본가의 지휘 아래 많은 노동자가 있다는 것은 협업 일반과
매뉴팩처의 자연발생적 출발점이다. 그러나 매뉴팩처적 분업에서는 노
동자 수의 증가가 기술상 필요하다. 1명의 자본가가 고용해야 하는 최소
한도의 노동자 수는 기존의 분업에 의해 미리 결정되어 있다. 다른 한편
으로 더욱 진전된 분업의 이익은 오직 노동자의 수를 증가시킴으로써 얻
을 수 있는데, 이런 노동자 수의 증가는 모든 부분집단이 일정한 비율로
갑절로 느는 방식으로만 실현될 수 있다. 그러나 자본의 가변적 구성부
분의 증가는 그 불변적 구성부분의 증가도 요구한다. 즉 건물·용광로
등 공동적 생산조건의 규모뿐 아니라 특히 원료[이것에 대한 수요는 노
동자의 수보다 훨씬 더 급속하게 증가한다]가 증가해야 한다. 일정한 기
간 중 일정한 노동량에 의해 소비되는 원료량은 분업의 결과 노동생산성
이 향상하는 데 비례해서 증가한다. 그리하여 개별 자본가가 수중에 가
지고 있어야 할 최소한도의 자본규모가 계속 증대한다는 것, 다시 말해
사회적 생산수단과 생활수단이 자본으로 전환되는 것이 계속 증대해야
한다는 것은 매뉴팩처의 기술적 성격으로부터 생기는 하나의 법칙이

다.39)

집단적 노동유기체는 단순협업에서와 마찬가지로 매뉴팩처에서도 자본의 존재형태다. 다수의 개별 부분노동자로 구성되는 사회적 생산조직은 자본가에게 속한다. 그러므로 각종 노동의 결합으로부터 발생하는 생산력은 자본의 생산력으로 나타난다. 진정한 매뉴팩처는 이전에는 독립적이었던 노동자를 자본의 지휘와 규율에 복종시킬 뿐 아니라, 노동자 자신들 사이에 등급적 계층을 만들어 낸다. 단순협업은 개개인들의 노동방식을 대체로 변경시키지 않지만, 매뉴팩처는 그것을 철저히 변혁시키며 개별 노동력을 완전히 장악한다. 매뉴팩처는 노동자의 모든 생산적 능력과 소질을 억압하면서 특수한 기능만을 촉진함으로써 노동자를 기형적인 불구자로 만든다. 이것은 마치 라플라타강의 여러 나라들[아르헨티나, 파라과이, 우루과이]에서 가죽 또는 지방fat을 얻기 위해 동물 한 마리 전체를 죽이는 것과 마찬가지다. 각각의 부분노동이 서로 다른 개인들에게 분배될 뿐 아니라 개인 그 자체가 분할되어 하나의 부분노동의 자동장치로 전환되며,40) 그리하여 인간을 그 자신의 신체의 일부로 묘사하는 메네니우스 아그리파의 우화[위장인 귀족이 손발인 평민에게 영양분을 공급한다.]가 현실화된다.41) 처음에는 노동자가 상품생산을 위한 물질적 수단

---

39) "수공업의 세분화에 필요한 자본"(저자는 필요한 생활수단과 생산수단이라고 말했어야 할 것이다)"이 사회에 있는 것만으로는 충분하지 않다. 이런 자본이 [고용주로 하여금 자기의 작업을 대규모로 수행할 수 있도록 하는 데] 충분할 만큼 많이 고용주의 수중에 축적되는 것이 필요하다…분업이 진전하면 할수록, 동일한 수의 노동자를 취업시키기 위해서도 도구·원료 등에 대한 자본지출이 더욱 필요하게 된다."(슈토르히, 『정치경제학 강의』 제1권: 250~251) "생산수단의 집중과 분업이 불가분의 관계에 있는 것은 마치 정치분야에서 공권력의 집중과 사적 이익의 분열이 불가분의 관계에 있는 것과 같다."(마르크스, 『철학의 빈곤』[CW 6: 187])

40) 듀갈드 스튜어트는 매뉴팩처 노동자를 '부분작업에 사용되는…살아 있는 자동장치'라고 불렀다. (듀갈드 스튜어트, 『정치경제학 강의』: 318)

을 가지지 못했기 때문에 자기의 노동력을 자본에게 판매했다면, 이제는 그의 개별 노동력은 자본에 판매되지 않는 한 소용없는 것으로 되어버린다. 개별 노동력은 오직 다른 노동력들과의 관련 속에서만 기능할 수 있는데, 이 관련은 노동력이 판매된 뒤 자본가의 작업장에서 비로소 생기게 된다. 독립적으로 어떤 물건을 만드는 것에 부적합해진 매뉴팩처 노동자는 자본가의 작업장의 부속물로서만 생산적 활동을 발휘할 수 있을 뿐이다.[42) 여호와가 선택한 인민은 몸에 자기가 여호와의 소유물이라는 표시[할례]를 지니고 있는 것과 마찬가지로, 분업은 매뉴팩처 노동자에게 자본의 소유물이라는 낙인을 찍는다.

　야만인이 모든 전쟁기술을 개인의 책략으로 발휘한 것과 마찬가지로, 비록 작은 규모에서이기는 하지만 독립적 농민 또는 수공업자도 지식·판단력·의지를 발휘했다. 그러나 매뉴팩처에서는 그런 능력은 오직 작업장 전체를 위해서만 요구될 뿐이다. 생산 상의 정신적 능력이 한 방면에서는 확대되면서 다른 여러 방면에서는 완전히 소멸된다. 부분노동자들이 잃어버리는 것은 그들과 대립하고 있는 자본에 집적된다.[43) 부분노동자들이 물질적 생산과정의 정신적 능력을 타인의 소유물로 또 자기를 지배하는 힘으로 상대하게 되는 것은 매뉴팩처적 분업의 결과다. 이 분

---

41) 산호에서는 각 개체가 사실상 전체 집단의 밥통이다. 그러나 그것은 로마의 귀족과 같이 전체 집단으로부터 영양을 빼앗는 것이 아니라 전체 집단에게 영양을 공급한다.

42) "하나의 수공업 전체에 숙달한 노동자는 어디서나 일할 수 있고 생활수단을 획득할 수 있다. 그러나 그렇지 못한 노동자"(매뉴팩처 노동자)"는 하나의 부속물에 지나지 않아 자기의 동료들과 떨어져서는 어떤 능력도 독립성도 가지지 못하고 고용주가 마음대로 강요하는 규율에 따르지 않을 수 없다."(슈토르히, 『정치경제학 강의』제1권: 240)

43) "한 사람은 다른 사람이 잃어버린 것을 얻었을 것이다."(퍼거슨, 『시민사회사』: 281)

리과정 [ 예: 지식과 노동의 분리 ] 은, 개개의 노동자에 대해 자본가가 결합된 노동의 통일성과 의지를 대표하게 되는 단순협업에서 시작된다. 그리고 이 분리과정은 노동자를 부분노동자로 전락시켜 불구자로 만드는 매뉴팩처에서 더욱 발전한다. 끝으로, 이 분리과정은 과학을 자립적 생산력으로 노동과 분리시켜 자본에 봉사하게 하는 대공업에서 완성된다.[44)

매뉴팩처에서는 집단적 노동자와 이를 통해 자본의 사회적 생산력을 풍부하게 하기 위해, 노동자의 개인적 생산력은 빈약하게 만들지 않으면 안 된다.

"무지는 미신의 어머니인 동시에 또 근면의 어머니다. 숙고와 상상은 과오를 범하기 쉽지만, 손이나 발을 움직이는 습관은 숙고나 상상과는 무관하다. 그러므로 매뉴팩처가 가장 번영하는 곳은, 인간이 거의 정신을 쓰지 않는 곳, 그리고 작업장이…인간을 그 부품으로 하는 기계로 여길 수 있는 곳이다."[45)

사실 18세기 중엽 일부 매뉴팩처는 단순하지만 기업비밀로 되어 있는 일정한 작업에 반半백치를 고용하기를 더 선호했다.[46) 애덤 스미스는 다음과 같이 말한다.

"대부분 사람들의 이해력은 그들의 일상적 업무에 의해 필연적으로

---

44) "지식인과 생산적 노동자는 서로 멀리 떨어지게 되고, 지식은 노동자의 수중에서 그의 생산력을 증대시키는 수단으로 되지 않고…거의 어디에서나 노동자에 대립하게 되었다.""지식은, 노동에서 떨어져 나와 노동에 대립할 수 있는 하나의 도구"로 된다. (톰슨, 『부의 분배원리에 관한 연구』: 274)
45) 퍼거슨, 『시민사회사』: 280.
46) 터케트, 『노동인구의 과거·현재 상태의 역사』: 148.

형성된다. 일생을 몇 가지 단순한 작업[그것의 결과물도 항상 같거나 거의 같다]에 소비하는 사람들은 예기치 않은 어려움을 제거하는 방법을 발견하는 데 그의 이해력을 발휘하거나 그의 창조력을 행사할 기회를 가지지 못한다. 따라서 그는 자연히 그런 노력을 하는 습관을 잃게 되고, 일반적으로 인간으로서 가장 둔해지고 무지해진다."

스미스는 부분노동자가 어리석고 둔한 것을 묘사한 뒤, 다음과 같이 계속한다.

"그의 생활이 단조로워 변화가 없기 때문에 그는 자연히 용기도 잃게 되며, 불규칙적이고 불안정하며 모험적인 군인생활을 꺼리게 된다. 또한 육체의 활발한 활동이 불가능하며, 그때까지 그가 배워 온 직업 이외의 어떤 직업에서도 활기 있고 참을성 있게 그의 힘을 발휘할 수 없게 된다. 그의 특수한 직무상의 기교는 지적 · 사회적 · 군사적 덕목을 희생해서 얻게 되는 것 같다. 발달한 모든 문명사회에서는 정부의 방지노력이 없는 한, 노동빈민 즉 대다수 국민들은 이런 상황에 필연적으로 빠지게 된다."[47]

---

47) A. 스미스, 『국부론』(하): 272, 273. 분업의 해로운 결과를 지적한 A. 퍼거슨의 제자로서 A. 스미스는 이 점을 잘 알고 있었다. 분업을 공공연히 찬양하고 있는 자기 저서의 서두에서 그는 다만 지나가는 말투로 분업이 사회적 불평등의 원천이라고 지적하고 있다. 그는 '왕 또는 국가의 세입'에 대해 설명하고 있는 제5편에 가서야 비로소 퍼거슨의 이론을 그대로 되풀이하고 있다. 『철학의 빈곤』에서 나는 분업의 비판에서 퍼거슨, 스미스, 르몽티, 세 사이의 역사적 관계를 충분히 설명했다. 그리고 거기에서 나는 처음으로 매뉴팩처적 분업이 자본주의적 생산방식의 하나의 특수한 형태임을 밝혔다. (마르크스, 『철학의 빈곤』[ CW 6: 178-190 ])

분업에 의해 국민 대중이 완전히 퇴화하는 것을 방지하기 위해 스미스는 국가가 국민교육을 신중하게 최소한도로 실시할 것을 권장하고 있다. 그의 저서의 불어 역자이며 주석자인 가르니에[그는 프랑스 제1제정 아래에서 아주 당연하게 원로원 의원이 되었다]는 국민교육을 철저히 반대한다. 가르니에에 따르면, 국민교육은 분업의 제1법칙을 위반하며, 국민교육이 실시되면 "우리의 사회제도 전체는 폐지될 것이다." 그는 다음과 같이 말하고 있다.

"다른 모든 분업들과 마찬가지로, 손노동과 두뇌노동 사이의 분업 48)도 사회"(그는 이 용어를 자본, 토지소유와 [이 둘에 속하는] 국가를 가리키는 의미로 옳게 사용하고 있다)"가 부유해짐에 따라 더욱 명백해지고 결정적으로 된다. 다른 모든 분업과 마찬가지로, 이 분업도 과거 진보의 결과이며, 또 장래 진보의 원인이다…그런데도 정부가 이 분업을 방해하고 그 자연적 진행을 저지해야 한단 말인가? 분할과 분리를 지향하는 이 두 종류의 노동을 혼합하고 뒤섞어 놓기 위한 시도에 정부가 국고금의 일부를 지출해야 한단 말인가?"49)

어느 정도의 정신적·육체적 불구화는 사회의 전반적 분업의 경우에도 불가피하다. 그러나 매뉴팩처는 노동부문들의 이런 사회적 분할을 훨씬 더 추진시키고, 또한 매뉴팩처 특유의 분업을 통해 개인 생명의 근원을 공격하기 때문에, 매뉴팩처는 산업병리학50)에 재료와 자극을 제공한

---

48) 퍼거슨은 이미『시민사회사』: 281에서 다음과 같이 말했다. "생각하는 일 그 자체가 이 분업의 시대에는 특수한 직업으로 될 수 있다."

49) 가르니에, 자기의『국부론』불어 번역, 제5권: 4~5.

50) 파두아의 임상의학 교수인 라마치니는 1713년에 자기 저서『수공업자의 질병에 대해』를 발표했다. 그것은 1777년에 불어로 번역되었고, 또 1841년에는

첫 번째 장본인이다.

"인간을 세분subdivide하는 것은, 만약 그가 세분 선고를 받는다면 그
를 사형에 처하는 것이고, 만약 세분 선고를 받지 않는다면, 그를 암살
하는 것이다…노동의 세분은 국민의 암살이다."51)

분업에 기반을 두는 협업, 즉 매뉴팩처는 시초에는 자연발생적으로 형
성되었다. 매뉴팩처가 어느 정도의 일관성과 적용범위를 가지게 되자마
자, 그것은 자본주의적 생산의 의식적·규칙적·체계적 형태로 된다. 진
정한 매뉴팩처의 역사가 보여주는 바에 따르면, 그것에 특유한 분업은
최초에는 경험에 의해, 등장인물들의 배후에서 가장 적합한 형태를 얻
고, 그 다음에는 [길드적 수공업과 마찬가지로] 일단 찾아낸 그 형태를
고수하려고 애쓰게 되며, 이곳저곳에서 그것을 수세기에 걸쳐 고수하는
데 성공한다. 만약 이 형태에 어떤 변화[작은 것은 제외]가 일어난다면,
그것은 전적으로 노동도구의 혁명 때문이다. 근대적 매뉴팩처(나는 여기
서 기계에 기반을 두는 대공업을 말하는 것은 아니다)는, 예컨대 대도시
의 의복 매뉴팩처에서 보는 바와 같이, 이미 존재하는 자기의 분산된 사

---

『의학백과사전, 제7부, 고전저자편』에 다시 수록되었다. 대공업 시대는 물론
노동자의 직업병 종류를 크게 증가시켰다. 특히 다음의 두 책을 보라. 퐁트
레, 『대도시 일반, 특히 리용시 노동자의 육체적·정신적 위생』; 로하치, 『계
층·나이·남녀에 특유한 질병』. 1854년에는 기예협회Society of Arts가 산업
병리학에 관한 조사위원회를 임명했다. 이 위원회가 수집한 자료는 「트위크넘
경제박물관」의 목록에 들어 있다. 정부의 『공중보건에 관한 보고서』도 대단히
중요하다. 또 라이히의 『인류의 퇴화에 관해』도 보라.

51) 어콰트, 『상용어』: 119. 헤겔은 분업에 관해 매우 이단적인 견해를 가지고
있었다. "교양 있는 사람이란 무엇보다도 다른 사람이 하는 것이라면 무엇이
나 할 수 있는 사람을 의미한다."고 자기의 『법철학』에서 말하고 있다.

지四肢[ 각종의 부분노동자들 ]를 모으기만 하면 되는 경우도 있고, 또는 제 본업의 경우처럼 수공업의 각종 작업들을 개별 노동자들에게 전적으로 떠맡김으로써 분업의 원리를 쉽게 적용할 수도 있다. 위와 같은 경우 각각의 기능에 필요한 노동자 수 사이의 비율을 결정하는 데에는 1주일의 경험만으로도 충분하다.[52]

수공업적 활동의 분해, 노동도구의 전문화, 부분노동자의 형성, 부분노동자들을 분류해 단일 기구에 결합시키는 것 등을 통해, 매뉴팩처적 분업은 사회적 생산과정에 질적 편성과 양적 비례성을 제공한다. 그리하여 그것은 사회적 노동의 일정한 조직을 창조하며, 동시에 노동의 새로운 사회적 생산력을 발전시킨다. 매뉴팩처적 분업은 사회적 생산과정의 독특한 자본주의적 형태[그리고 그것은 주어진 조건에서는 자본주의적 형태를 취하지 않을 수 없었다]에서는 상대적 잉여가치를 생산하는 하나의 특수한 방법, 또는 노동자의 희생 위에서 자본[흔히 사회적 부, '국민의 부' 등으로 부르는]의 자기증식을 증대시키는 하나의 특수한 방법에 지나지 않는다. 매뉴팩처적 분업은 노동의 사회적 생산력을, 노동자를 위해서가 아니라 자본가를 위해서, 더욱이 개별 노동자를 불구로 만듦으로써, 증대시킨다. 매뉴팩처적 분업은 노동에 대한 자본의 지배를 강화하는 새로운 조건을 만들어낸다. 이리하여 매뉴팩처적 분업은 역사적으로, 한편에서는 사회의 경제발전에서 하나의 진보이고 하나의 필연적인 단계로 나타나고, 다른 한편에서는 더 문명화되고 세련된 착취의 한 방

---

52) 개별 자본가가 분업에서 발명의 천재를 선험적으로 발휘한다는 소박한 신념은 오늘날에는 오직 독일 교수들 사이에만 남아 있다. 예컨대 로셔는 분업이 자본가의 주피터 신과 같은 두뇌로부터 완성되어 나오는 것이라고 생각하고 자본가에 대한 보답으로 '각종의 임금'을 헌납하고 있다. 그러나 분업이 적용되는 범위의 크기는 돈주머니의 크기에 의존하는 것이지 천재의 크기에 의존하는 것은 아니다.

법으로 나타난다.

매뉴팩처 시대에 비로소 독립된 과학으로 등장한 경제학은, 사회 안의 분업을 매뉴팩처 안의 분업의 관점에서 고찰할 수밖에 없었다.[53] 그리하여 사회 안의 분업을 같은 양의 노동으로 더 많은 상품을 생산하는 수단, 즉 상품가격을 싸게 하며 자본의 축적을 촉진하는 수단으로서만 고찰했다. 이와 같이 양과 교환가치를 강조하는 것은 [오로지 질과 사용가치에만 관심을 가졌던] 고전적 고대의 저술가들의 태도와는 정반대다.[54] 고전적 고대의 저술가에 따르면, 사회적 생산부문들이 분리된 결과, 상품들은 더 좋게 만들어지고, 사람들의 여러 가지 성향과 재능은 자기에게 적합한 활동분야를 선택하게 되며,[55] 활동분야가 어느 정도 제한되지 않

---

53) 스미스보다는 페티와 『잉글랜드에 대한 동인도 무역의 이익』의 익명저자 등 이전의 저술가들이 매뉴팩처에 적용되고 있는 분업의 자본주의적 성격을 더 명확하게 지적하고 있다.

54) 근대인들 가운데서도 베카리아와 해리스와 같은 18세기의 몇몇 저술가들은 예외에 속하는데, 이들은 분업에 관해 거의 전적으로 고대인을 추종하고 있다. 베카리아는 다음과 같이 쓰고 있다. "누구나 자신의 경험으로 알고 있는 바와 같이, 손과 머리를 항상 동일한 종류의 작업과 동일한 생산물의 제조에 사용한다면, 각자가 자기에게 필요한 것 모두를 스스로 제조하는 경우보다 생산물을 더 쉽게, 더 많이 그리고 더 좋게 생산할 수 있을 것이다…그리하여 인간은 다양한 계급들과 신분들로 나뉘어져 공공의 이익과 자기 자신의 이익을 증진시키게 된다."(베카리아, 『공공경제학 원론』: 28) 나중에 맘즈베리 백작이 된 해리스는 자기가 페테르부르크 주재 공사로 있던 시절에 쓴 『일기』로 유명한데, 그는 자기 저서 『행복에 관한 대화』(런던 1741) (뒤에 『세 개의 논문…』에 재수록되었다)의 한 주에서 "사회가 자연적이라는 것을 (직업의 분할에 의해) 증명하려는 모든 논법은…플라톤의 『국가』제2부에서 따온 것이다."고 말하고 있다.

55) 예컨대 『오디세이』제14장 제228절에는 "사람마다 제각기 좋아하는 일이 다르다."는 구절이 있고, 또 섹스투스 엠피리쿠스가 인용한 아르키로쿠스에 따르면, "사람의 마음을 기쁘게 하는 것은 사람마다 다르다."

고서는 어떤 부문에서도 훌륭한 성과가 얻어질 수 없게 된다.[56] 즉 분업에 의해 생산물도 생산자도 개선된다는 것이다. 고전적 고대의 저술가들이 때로 생산량의 증가에 언급하는 일이 있다 하더라도, 그것은 다만 사용가치가 더욱 풍부하게 된다는 것을 염두에 두고 하는 말이다. 교환가치나 상품의 저렴화에 관해서는 한 마디도 하지 않는다. 이런 사용가치의 관점은 분업을 사회의 신분적 구분의 토대로 여기는 플라톤[57]이나,

---

56) "그는 다양한 일을 할 수 있었지만, 잘 하는 것은 하나도 없었다." 아테네사람은 자기들이 상품생산자로서는 스파르타사람보다 우월하다는 자부심을 가지고 있었다. 왜냐하면 스파르타사람들은 전쟁할 때 인간을 사용할 줄은 알았지만 화폐를 사용할 줄은 몰랐기 때문이다. 예컨대 투키디데스는 페리클레스로 하여금 펠로폰네소스 전쟁에 참여하는 아테네사람들을 고무하는 연설 가운데서 다음과 같이 말하게 했다. "자급자족하는 사람들은 전쟁에서 화폐보다는 자기 몸으로 싸우려고 한다."(투키디데스, 『펠로폰네소스 전쟁사』, 제1부, 제141절) 그런데도 아테네사람들의 이상은 물질적 생산에서 분업에 대립하는 자급자족이었다. "왜냐하면 분업이 있는 곳에는 풍요가 있지만, 자급자족이 있는 곳에는 독립도 있기 때문이다." 이것과 관련해 염두에 두어야 할 것은, 30명의 공포정치가들이 몰락하던 시기[기원전 404년]에 토지를 소유하지 않은 아테네사람은 5,000명에도 달하지 않았다는 사실이다.

57) 플라톤은 공동체 안의 분업을 개인의 욕구 다양성과 자질 일면성에 의해 설명한다. 그의 주된 관점은 노동자가 일에 적응해야지 일을 노동자에게 적응시켜서는 안 된다는 것인데, 노동자가 동시에 여러 직업에 종사하는 경우 [즉 직업들 중의 어느 하나를 부업으로 수행하는 경우] 일을 노동자에게 적응시키게 된다는 것이다. "왜냐하면 일이 노동자의 여가를 기다리게 해서는 안 되며, 오히려 노동자가 자기 일을 부업으로서가 아니라 전심전력으로 수행하도록 하지 않으면 안 되기 때문이다." "이것은 당연하다." "그러므로 사람이 자기의 소질에 따라 적당한 시기에 다른 일로부터 방해받지 않고 한 가지 일만을 수행한다면, 더 많은 물건이 더 좋고 더 쉽게 생산될 것이다."(『국가』, 제1부, 제2절). 이와 비슷한 견해를 투키디데스의 앞의 저서, 제142장에서도 볼 수 있다. "항해술은 하나의 기술이며 어떤 경우에도 부업으로 수행할 수는 없다. 아니, 오히려 어떤 부업도 이 항해술과 함께 수행할 수는 없다." 플라톤은, 만약 일이 노동자를 기다리게 된다면 생산 상의 결정적인 순간을 때때로

자기의 특징적인 부르주아적 본능 때문에 이미 작업장 안의 분업에 더욱
접근하고 있는 크세노폰58)도 채택하고 있다. 플라톤의 공화국Republic은,
『상이한 시민 신분 사이의』 분업을 국가의 형성원리로 여기고 있는 한, 이
집트식 신분제도를 아테네사람이 이상화한 것에 지나지 않는다. 이집트
는 플라톤과 같은 시대 사람인 다른 저술가들[예: 이소크라테스59)]에게

---

놓쳐버리게 될 것이며 제품은 못쓰게 될 것이라고 말한다. 우리는 [전체 노동
자에게 고정된 식사시간을 제공해야 한다고 규정한] 공장법의 조항을 반대하
는 영국 표백업자들의 항의에서 바로 이 플라톤적 관념을 보게 된다. 그들은
사업을 노동자들의 편의에 맞출 수는 없다고 말한다. 왜냐하면 "천의 보풀 태
우기 · 세척 · 표백 · 다림질 · 윤내기 · 염색 등 각종 작업 중 그 어느 하나도
손상의 위험을 무릅쓰지 않고서는 일정한 순간에 중지할 수 없기 때문이다…
전체 노동자에게 동일한 식사시간을 강제하는 것은 때로는 미완성 작업으로
말미암아 귀중한 상품을 손상시킬 위험에 빠뜨리게 된다." 플라톤주의는 다
음에 어디에서 발견될 것인가!

58) 크세노폰은 페르시아 왕의 식탁에서 음식물을 받는 것은 영광일 뿐 아니라,
그 음식은 다른 음식보다 더 맛이 있다고 말한다. "그리고 이것은 조금도 놀
라운 일이 아니다. 왜냐하면 대도시에서는 다른 모든 기술이 특별히 발달되
어 있는 것과 마찬가지로, 왕의 음식도 독특한 방식으로 조리되기 때문이다.
소도시에서는 동일한 사람이 침대·문짝·쟁기·책상을 만든다. 또 그는 가끔
집도 지어서 판다. 그리고 그는 자기 생계를 유지할 만큼의 고객만 있으면
만족한다. 그처럼 여러 가지 일을 하는 사람이 모든 것을 다 잘 할 수는 도저
히 없다. 그러나 대도시에서는 한 사람 한 사람이 많은 구매자를 발견할 수
있기 때문에, 생계를 위해서는 단 하나의 수공업으로 충분하다. 심지어 하나
의 수공업 전체도 필요 없고 어떤 사람은 남자용 구두만을 만들고 다른 사람
은 여자용 구두만을 만든다. 가끔 어떤 사람은 구두를 꿰매는 일만으로 살아
가고 다른 사람은 그것을 재단하는 일만으로 살아간다. 또 어떤 사람은 천을
재단하는 일만을 하고 다른 사람은 천 조각을 꿰매는 일만을 한다. 가장 단순
한 한 가지 일만을 하는 사람이 그 일을 가장 잘 한다는 것은 너무도 당연하
다. 요리술에서도 이와 마찬가지다."(크세노폰, 『큐로페디아』, Ⅷ, 제2장) 크
세노폰은 분업의 정도가 시장의 크기에 의존한다는 것을 벌써 알고 있었지
만, 여기에서는 오로지 사용가치의 질적 향상만을 강조하고 있다.

산업상의 모범국으로 여겨졌으며, 로마제국시대의 그리스사람들에게도
그러했다.[60]

진정한 매뉴팩처 시대[매뉴팩처가 자본주의적 생산방식을 지배하던
시대]에는 매뉴팩처 특유의 경향들의 완전한 발전은 여러 가지 장애에
부닥친다. 비록 매뉴팩처는 우리가 이미 본 바와 같이 노동자들을 숙련
노동자와 미숙련노동자로 간단히 구분해 그들을 등급구조에 집어넣지만,
숙련노동자의 압도적 우세로 말미암아 미숙련노동자의 수는 여전히 매우
제한되어 있다. 비록 매뉴팩처는 여러 가지 부분작업들을 살아 있는 노
동도구들[노동자들]의 성숙·힘·발전의 다양한 정도에 적응시키며, 그
렇게 함으로써 부녀자와 아동에 대한 착취의 길을 개척하기는 하지만,
이와 같은 경향은 관습과 성인 남성노동자들의 저항에 부딪쳐 대체로 좌
절된다. 비록 수공업의 분할은 노동자의 육성비를 저하시키며 따라서 그
의 가치를 저하시키지만, 비교적 어려운 부분노동은 여전히 긴 수련기간
을 필요로 하며, 또 그것이 불필요한 경우에도 노동자들은 그것을 열렬
히 고집한다. 예컨대 영국에서는 7년간의 수련기간을 규정한 도제법이
매뉴팩처 시대의 말기까지 효력을 완전히 유지했으며, 그것이 완전히 폐
지된 것은 대공업의 출현 이후였다. 수공업적 숙련은 여전히 매뉴팩처의

---

59) "그"(부시리스)"는 모든 사람을 각각 특수한 신분으로 나누어…동일한 사람은
   항상 동일한 직업에 종사할 것을 명령했다. 왜냐하면 자기의 직업을 변경하는
   사람은 어떤 직업에도 숙달하지 못하지만, 항상 동일한 직업에만 종사하는 사
   람은 그것을 가장 완벽하게 수행한다는 것을 그는 알고 있었기 때문이다. 또
   우리가 알고 있는 바와 같이, 기술과 수공업에 관해서는, 이집트사람들은 거
   장이 서투른 사람을 능가하는 정도 이상으로 그들의 경쟁자들을 능가했으며,
   또한 군주제나 기타 국가제도를 유지하기 위해 그들이 고안해 낸 제도는 너무
   나 훌륭해, 이 문제를 취급한 유명한 철학자들이 이집트의 국가제도를 다른
   어느 나라의 것보다 찬양했다."(이소크라테스, 『부시리스』, 제8장)
60) 시쿨루스, 『역사문고』, 제1부.

토대며, 매뉴팩처의 메커니즘 전체가 노동자 자신들로부터 독립된 어떤 객관적 골격을 가지고 있지 않기 때문에, 자본은 끊임없이 노동자의 불복종행위와 싸우지 않으면 안 된다. 우리가 잘 알고 있는 유어는 다음과 같이 말하고 있다.

"인간성이 가지고 있는 결함 때문에, 노동자는 숙련되면 될수록 한층 더 제멋대로 되고 다루기 어렵게 되며, 그리고 당연히 기계적 체계의 부품으로 잘 맞지 않게 된다…그는 전체 기구에 막대한 손해를 끼치게 된다."61)

그러므로 매뉴팩처 시대 전체를 통해 노동자의 규율부족에 대한 불평이 그치지 않는다.62) 비록 이 불평에 관한 당시 저술가들의 증언이 없다 하더라도, 다음과 같은 간단한 두 가지 사실은 수많은 책 이상으로 이를 잘 말해주고 있다. 한 가지 사실은 16세기부터 대공업시대에 이르기까지 자본은 매뉴팩처 노동자들의 이용가능한 노동시간 전체를 자기의 것으로 만드는 데 성공하지 못했다는 것이고, 다른 한 가지는 매뉴팩처는 노동자들의 이동에 따라 한 지방에서 다른 지방으로 그 소재지를 바꿈으로써 수명이 짧았다는 사실이다. "어떻게 해서든 질서를 확립하지 않으면 안 된다."고 [우리가 자주 인용했던] 『상공업에 관한 평론』의 저자는 1770년에 호소했다. 그로부터 66년이 지난 뒤 유어는, '질서'는 '분업의 스콜라적 [ 형식에 얽매인 ] 교리'에 기반을 두는 매뉴팩처에서는 부족했지만, 이제 "아크라이트 [ 방적기계 발명자 ] 가 질서를 창조했다."고 말하고 있다.

---

61) 유어, 『공장철학』: 20.

62) 이것은 프랑스보다는 영국에, 그리고 네덜란드보다는 프랑스에 훨씬 더 잘 들어맞는다.

그와 동시에, 매뉴팩처는 사회의 생산 전체를 완전히 장악할 수도 없었고 사회의 생산을 근본적으로 변혁할 수도 없었다. 매뉴팩처는 도시의 수공업과 농촌의 가내공업이라는 광범한 기반 위에 우뚝 선 인위적 경제 조직이었다. 매뉴팩처가 일정한 발전단계에 이르자, 매뉴팩처 자신의 협소한 기술적 토대는 매뉴팩처 자신에 의해 만들어진 생산 상의 여러 가지 필요 [ 예: 대량생산 ] 와 모순하게 되었다.

매뉴팩처의 가장 완전한 성과 중의 하나는 노동도구 그 자체[특히 이미 사용하고 있던 복잡한 기계적 장치]를 생산하는 작업장이었다. 유어는 다음과 같이 말하고 있다.

"기계공장 [ 노동도구 그 자체를 생산하는 작업장 ] 은 수많은 단계의 분업을 보여주었다. 절단기 · 착공기 · 선반은 각각 숙련등급에 따라 편성된 노동자를 가지고 있었다."

매뉴팩처적 분업의 성과인 이 작업장은 이번에는 기계를 생산했다. 기계는 수공업적 노동자가 사회적 생산의 규제원리로 기능하는 것을 철폐한다. 그리하여 한편으로 노동자를 일정한 부분적 기능에 일생 동안 얽매어 두는 기술적 이유가 사라지고, 다른 한편으로 위의 규제원리가 자본의 지배에 가한 장애물들도 사라져 버린다.

**▎ 옮긴이 약력**

김 수 행 (1942~2015)

서울대학교 경제학 학사 · 석사
런던대학교 경제학 석사 · 박사
서울대학교 교수 · 명예교수
성공회대학교 석좌교수


『자본론』 I, II, III 완역 출판. 비봉출판사
『국부론』(상 · 하). 비봉출판사
『청소년을 위한 국부론』. 두리미디어
『청소년을 위한 자본론』. 두리미디어
『알기 쉬운 정치경제학』. 서울대학교출판문화원
『『자본론』의 현대적 해석』. 서울대학교출판문화원
『세계대공황: 자본주의의 종말과 새로운 사회의 사이』. 돌베개
『마르크스가 예측한 미래사회: 자유로운 개인들의 연합』. 한울
『자본론 공부』. 돌베개